C++
Einführung in die
objektorientierte Programmierung

Stephen Prata

C++

Einführung in die objektorientierte Programmierung

te-wi Verlag

Die Deutsche Bibliothek – CIP-Einheitsaufnahme

Prata, Stephen:
C++ : Einführung in die objektorientierte Programmierung /
Stephen Prata. – München : te-wi Verl., 1992
(Waite group)
Einheitssacht.: C++ primer plus <dt.>
  ISBN 3-89362-701-4

Amerikanischer Originaltitel: C++ Primer Plus

Der Verlag macht darauf aufmerksam, daß die genannten
Firmen- und Markennamen sowie Produktbezeichnungen in der
Regel marken-, patent- oder warenzeichenrechtlichem Schutz
unterliegen.

Die Herausgeber übernehmen keine Gewähr für die
Funktionsfähigkeit beschriebener Verfahren, Programme oder
Schaltungen.

Dieses Buch wurde aus umweltfreundlichen Materialien, wie
chlorfreiem Papier und biologisch abbaubarer Polyethylenfolie,
ohne Verwendung umweltschädlicher Zusätze hergestellt.

3. Auflage 1993

© 1991 by the Waite Group Press, Mill Valley, USA
© 1992 by te-wi Verlag GmbH

Gestaltung/Konzeption: tm technik marketing GmbH, München
Herstellung: Barbara Alt
Übersetzung: Rainer Aumiller, Denise Luda
Satz: D. LUDA Software und Literatur
Druck: Kösel, Kempten
62701C/1932.0
Printed in Germany

ISBN 3-89362-701-4

Inhaltsverzeichnis

Vorwort

Als die Waite Gruppe 1984 das Buch »*C Primer Plus*« herausgab, existierte die Programmiersprache C schon seit ca. 10 Jahren, aber der Boom begann gerade erst. Wir sind stolz darauf, daß unser Buch eine wichtige Rolle bei der Unterweisung von Programmierern in C gespielt hat. Heutzutage befindet sich C++, eine Programmiersprache, die von C abgeleitet wurde, auf einem ähnlichen Entwicklungsstand. C++ boomt, da es eine revolutionäre Neuerung beinhaltet – die objektorientierte Programmierung, kurz OOP genannt. Dadurch kann sich C++ ideal den modernen Programmierbedingungen anpassen. AT&T schreibt zur Zeit UNIX in C++ um, da C++ die Verläßlichkeit, die Bearbeitungsmöglichkeiten und die Wiederverwendbarkeit des Codes verbessert. Apple entwickelt aus demselben Grund mit C++ Systemsoftware für die Macintoshlinie und auch weil OOP-Techniken sich ganz natürlich an Programmbedürfnisse, wie Fenster und Dialogboxen, anpassen. Auch Einzelprogrammierer greifen gern auf C++ zurück, da das Programmieren dadurch wieder aufregend wird. Es ist deshalb an der Zeit, das Buch *C++ Einführung in die objektorientierte Programmierung* herauszugeben, um den Boom zu verstärken.

Ein Unterschied zwischen heute und damals besteht darin, daß seither viel mehr Bücher über C++ geschrieben wurden, als es damals über C gab. Keines der neuen C++-Bücher spielt jedoch die Rolle, die das Waite Group Einführungs-Buch spielt. Bei vielen C++-Büchern wird davon ausgegangen, daß Sie über gute C-Kenntnisse verfügen. Das hilft denjenigen unter Ihnen wenig, die von – sagen wir – Pascal oder BASIC zu C++ kommen oder denen, die zwar schon einige Erfahrungen mit C haben, sich aber keinen Expertstatus erworben haben. Die meisten anderen Bücher über C++ stellen die gesamte Sprache vor, nicht nur die neuen Elemente, setzen aber trotzdem voraus, daß Sie gut über C und Programmieren im allgemeinen Bescheid wissen. Einige C++-Bücher sind zwar ausgezeichnete Referenzen, aber zu kompliziert, um das Lernen der Programmiersprache zu ermöglichen. Einige C++-Titel wurden im Vorübergehen geschrieben. Sie hängen lediglich einige Kapitel an ein altes C-Buch an und bringen nicht das gesamte neue Material oder würdigen die C++-OOP-Fähigkeiten nicht genügend.

Schlagen Sie das Buch *C++ Einführung in die objektorientierte Programmierung* der Waite Group auf und Sie werden folgende Inhalte vorfinden. Wir setzen nicht voraus, daß Sie C kennen. Wir besprechen deshalb bei der Vorstellung der C++-Funktionen die Grundlagen von C. Wir setzen jedoch voraus, daß Sie über etwas Programmiererfahrung verfügen, aber wir erwarten nicht, daß Sie ein Experte sind. Wir haben versucht, ein C++-Buch zu präsentieren, das über die wohlbekannten, traditionellen Eigenschaften der Waite Group Einführungen verfügt:

- Eine Einführung sollte benutzerfreundlich sein.
- Eine Einführung setzt nicht voraus, daß Sie schon mit den wichtigsten Programmierkonzepten vertraut sind.
- Eine Einführung erleichtert das Erlernen der Programmiersprache durch kurze, einprägsame Beispiele, die Sie Schritt für Schritt weiterbringen.
- Eine Einführung verdeutlicht Konzepte durch Illustrationen.

▶ Eine Einführung beinhaltet Übungsaufgaben, mit deren Hilfe Sie Ihren Wissensstand überprüfen können. Dadurch eignet sich das Buch ebensogut für das Lernen in der Gruppe wie auch für Autodidakten.

Im Buch *C++ Einführung in die objektorientierte Programmierung* finden Sie die Grundlagen der Programmiersprache C++. Sie werden anhand kurzer, auf den Punkt gebrachter Beispiele illustriert, die einfach zu kopieren sind und mit denen man gut experimentieren kann. Das Buch stellt keinen Anspruch auf lexikonartige Abdeckung aller Fähigkeiten und Nuancen von C++. Aber die wichtigsten Aspekte werden präsentiert und so wird die Grundlage für weiterführende Studien gelegt. Sie werden erfahren, was es mit der Ein-/Ausgabe auf sich hat, wie man Programme dazu bringt, mehrfach dieselbe Aufgabe durchzuführen und eine Auswahl zu treffen, wie viele Möglichkeiten es gibt, Daten zu bearbeiten und wie Funktionen eingesetzt werden. Sie lernen die wichtigen OOP-Konzepte Datenverbergen (macht viel Spaß), Polymorphie (ist nicht so schlimm, wie es sich anhört) und Vererbung kennen. Außer den Basistechniken erfahren Sie auch eine Menge über die OOP-Philosophie. Wir haben versucht, den Stoff so kurz, einfach und ansprechend wie möglich darzubieten. Unser Ziel ist es, daß Sie nach Lektüre des Buches in der Lage sind, solide, effektive Programme zu schreiben und Spaß an der ganzen Sache haben.

1

Einführung

Herzlich Willkommen! Diese aufregende junge Programmiersprache verbindet die Eigenschaften von C mit der Möglichkeit, objektorientiert zu programmieren. C++ ist wohl eine der wichtigsten Programmiersprachen der 90er Jahre. Da C++ von C abstammt, handelt es sich um eine effektive, kompakte, schnelle und portable Programmiersprache. Aufbauend auf der objektorientierten Programmiertechnik verfügt C++ über eine neue Programmiermethodik, mit deren Hilfe die immer komplexer werdenden Programmierprobleme gelöst werden können. Diese Fähigkeiten sind Segen und Fluch zugleich. C++ ist dadurch zwar sehr mächtig, aber Sie müssen mehr lernen. In diesem Kapitel erfahren Sie einiges über die Geschichte von C++ und lernen einige Grundregeln zur Erstellung von C++-Programmen kennen. In den übrigen Kapiteln erfahren Sie, wie C++ eingesetzt wird. Wir beginnen dabei mit den Grundlagen von C++ und gelangen schließlich bis zu den komplexen Themen der objektorientierten Programmierung und den dazu gehörenden Fachausdrücken – Objekte, Klassen, Kapselung, verborgene Daten, Polymorphie und Vererbung. (Aber keine Angst, während Sie C++ erlernen, wird diesen Fachausdrücken das notwendige Leben eingehaucht.)

1.1 Das Erlernen von C++

C++ verbindet zwei verschiedene Programmiertraditionen – die traditionelle prozedurale Programmierweise wird dabei von C repräsentiert und die objektorientierte Programmierung von den Verbesserungen, über die C++ gegenüber C verfügt. In diesem Kapitel erhalten Sie einen kurzen Einblick in die Geschichte dieser Programmiersprachen. Zuerst wollen wir jedoch abklären, was dieses doppelte Erbe für das Erlernen von C++ bedeutet. Hauptsächlich wird C++ immer dann eingesetzt, wenn man in den Genuß der objektorientierten Fähigkeiten gelangen möchte. Damit das klappt, ist jedoch ein solides Grundwissen in C notwendig, da die grundlegenden Datentypen, Operatoren, Kontrollstrukturen und Syntaxregeln von C stammen. Kennen Sie also C bereits, sind Sie prädestiniert C++, zu erlernen. Es genügt jedoch nicht, einige neue Schlüsselworte und Konstruktionen zu lernen. Will man von C ausgehend C++ erlernen, bedarf es genausoviel Anstrengung, wie für das gründliche Erlernen von C notwendig ist. Kennen Sie C, müssen Sie einige der dort gebräuchlichen Programmiermethoden wieder vergessen. Kennen Sie C nicht, müssen Sie sowohl C als auch die OOP-Komponenten erlernen, um den Einstieg in C++ zu schaffen. Dafür bleibt Ihnen das Verlernen einiger Programmiermethoden erspart. Sie denken nun vielleicht, daß es einiges an Anstrengungen Ihrerseits bedarf, C++ zu erlernen – dem ist in der Tat so. Doch dieses Buch will Sie auf Ihrem schweren Weg in einer klaren und hilfreichen Weise Schritt für Schritt begleiten, damit sich die Strapazierung Ihres Gehirns in Grenzen hält.

Das Buch »C++, Einführung in die objektorientierte Programmierung« bringt Ihnen C++ sowohl durch das Lehren von C als auch der OOP-Komponenten näher. Das heißt, es ist nicht notwendig, vorher etwas über C gewußt zu haben. Sie werden also zuerst C lernen. Auch wenn Sie C schon beherrschen, kann es nicht schaden, sich diesen Teil des Buches durchzulesen. Sie finden dort auch Konzepte näher erläutert, die später wichtig sein werden und Sie erfahren, worin sich C++ von C unterscheidet. Kennen Sie sich mit den Grundlagen von C gut aus, steht nichts mehr im Wege, die zusätzlichen Strukturen von C++ zu erlernen. Sie werden erfahren, was Objekte und Klassen sind und wie C++ sie implementiert.

Dieses Buch stellt nicht den Anspruch, ein komplettes C++-Nachschlagewerk zu sein. Sie finden darin also nicht jedes Detail über die Programmiersprache. Sie werden jedoch das Wichtigste über C++ erfahren, unter anderem alles, was es seit der Version 2.0 Neues gibt (wie beispielsweise die Mehrfachvererbung).

So, jetzt ist es an der Zeit, einen Blick auf die Geschichte von C++ zu werfen.

1.2 Geschichtlicher Überblick

Die Computertechnologie erfuhr in den letzten Jahrzehnten eine enorme Entwicklung. Heutzutage arbeitet ein Laptop schneller und kann mehr Informationen speichern als ein Main-Frame-Computer vor 25 Jahren. (Nur noch wenige Programmierer erinnern sich an die Zeiten, als umfangreiche Lochkartenstapel in ein sehr großes raumfüllendes Computersystem gesteckt werden mußten, das über den damals wahnsinnigen Speicherausbau von 100 Kbyte verfügte – das reicht heute nicht einmal mehr aus, um auf einem Personalcomputer ein Spiel ablaufen zu lassen.) Auch die Programmiersprachen wurden weiterentwickelt. Die Veränderungen auf diesem Gebiet sind zwar nicht so dramatisch, aber sie sind wichtig. Auf größeren und leistungsfähigeren Computern können umfangreichere und komplexere Programme eingesetzt werden, dadurch entstehen neue Probleme bei der Handhabung und Anwendung der Programme. In den 70er Jahren wurde durch strukturierte Programmiersprachen wie C und Pascal Ordnung und Disziplin in einen Bereich gebracht, der es bitter nötig hatte. Bei C gibt es nicht nur die zum strukturierten Programmieren notwendigen Funktionen, sondern es können kompakte und schnell ablaufende Programme erzeugt werden, mit denen Hardwareprobleme wie zum Beispiel die Verwaltung der Schnittstellen oder der Diskettenlaufwerke in den Griff gebracht werden können. Aus diesen und anderen Gründen wurde C in den 80er Jahren zur meistbenutzten Programmiersprache. Gleichzeitig entstand jedoch auch ein neuartiges Programmierkonzept, das objektorientierte Programmieren, kurz OOP genannt. Diese Technik wird von Programmiersprachen wie Smalltalk oder C++ vertreten. Wir wollen uns nun die Entstehungsgeschichte von C und OOP etwas näher betrachten.

Die Programmiersprache C

In den frühen 70er Jahren arbeitete Dennis Ritchie bei den Bell Laboratorien an einem Projekt zur Entwicklung des UNIX-Betriebssystems. (Bei einem Betriebssystem handelt es sich um eine Reihe von Programmen oder Routinen, die die Ressourcen des Computers verwalten und die Kommunikation mit den Anwendern steuern. Das Betriebssystem plaziert beispielsweise das Systemprompt auf dem Bildschirm und startet Ihre Programme.) Dazu benötigte Ritchie eine präzise Programmiersprache, die kompakte und schnelle Programme erzeugen und mit der die Hardware effektiv kontrolliert werden kann. Traditionsgemäß benutzten Programmierer aus diesen Gründen Assembler, da diese Sprache eng mit der internen Maschinensprache verbunden ist. Assembler ist jedoch eine *Low-level-Sprache*, das heißt, jeder Prozessor verfügt über seine eigene Assemblersprache. Möchten Sie also ein Programm auf einen anderen Computertyp übertragen, müssen Sie das gesamte Programm mit Hilfe eines anderen Assemblers umschreiben. Das ist ungefähr so, als ob Sie bei jeder neuen Automarke das Autofahren neu erlernen müßten. UNIX sollte jedoch auf möglichst vielen Computertypen laufen. Deshalb war bei der Entwicklung von UNIX eine *High-level-Sprache* erforderlich. Eine High-level-Programmiersprache ist problemorientiert und nicht hardwareorientiert. Spezielle Programme, die *Compiler* heißen, übersetzen High-level-Sprachen in die interne Sprache von jedem Computer. Sie können also dasselbe High-level-Programm auf verschiedenen Computertypen benutzen, indem Sie jeweils einen für den Computertyp spezifischen Compiler einsetzen. Ritchie benötigte eine Programmiersprache, bei der die Low-level-Effizienz und die Hardware-Zugriffsmöglichkeiten mit der Allgemeingültigkeit und Übertragbarkeit einer High-level-Sprache kombiniert sind. Deshalb entwickelte er auf der Basis älterer Programmiersprachen C.

Die Programmierphilosophie von C

Da C++ einen anderen philosophischen Hintergrund hat als C, sollten wir zuerst das philosophische Konzept von C näher betrachten. Allgemein kann gesagt werden, daß Computersprachen mit zwei unterschiedlichen Dingen arbeiten – Daten und Algorithmen. Die Daten stellen die Informationen dar, die ein Programm benutzt und verarbeitet. Die Algorithmen sind dagegen die Methoden, mit denen das Programm arbeitet. C ist wie die meisten Programmiersprachen heutzutage eine *prozedurale* Sprache. Das heißt, die Betonung liegt bei den Algorithmen. Grundsätzlich wird beim prozeduralen Programmieren vorher überlegt, welche Aktionen der Computer ausführen soll, anschließend werden diese Aktionen mit Hilfe der Programmiersprache implementiert. Ein Programm beinhaltet eine Reihe von Prozeduren, an die sich der Computer halten muß, um etwas Bestimmtes zu bewerkstelligen. Das entspricht einem Rezept, das zum Beispiel beschreibt, wie eine Torte hergestellt wird (siehe Bild 1.1).

Ältere prozedurale Sprachen, wie FORTRAN und Basic, geraten in organisatorische Schwierigkeiten, wenn die Programme umfangreicher werden. Viele Programme benutzen zum Beispiel häufig Sprunganweisungen, von denen die Ausführung abhängig vom Ergebnis eines Tests an den einen oder anderen Instruktionensatz übertragen wird. Viele ältere Programme beinhalteten derart verschlungene Pfade (bekannt unter der Bezeichnung »Spaghetticode«), daß es deshalb meistens unmöglich war, den Programmablauf beim Lesen zu verstehen. Wollte man ein solches Programm ändern, endete es meistens im Chaos. Deshalb entwickelten Computerspezialisten einen disziplinierteren Programmierstil, der als *strukturierte Programmierung* bezeichnet wird. C enthält Merkmale, die diesem Programmierstil sehr entgegenkommen. Beim strukturierten Programmieren darf beispielsweise nicht beliebig verzweigt werden, sondern man muß sich auf einen nicht sehr umfangreichen Satz von Konstruktionen beschränken. Das Vokabular von C kennt diese Konstruktionen (die *for*-Schleife, die *while*-Schleife, die *do*-Schleife und die *if else*-Anweisung).

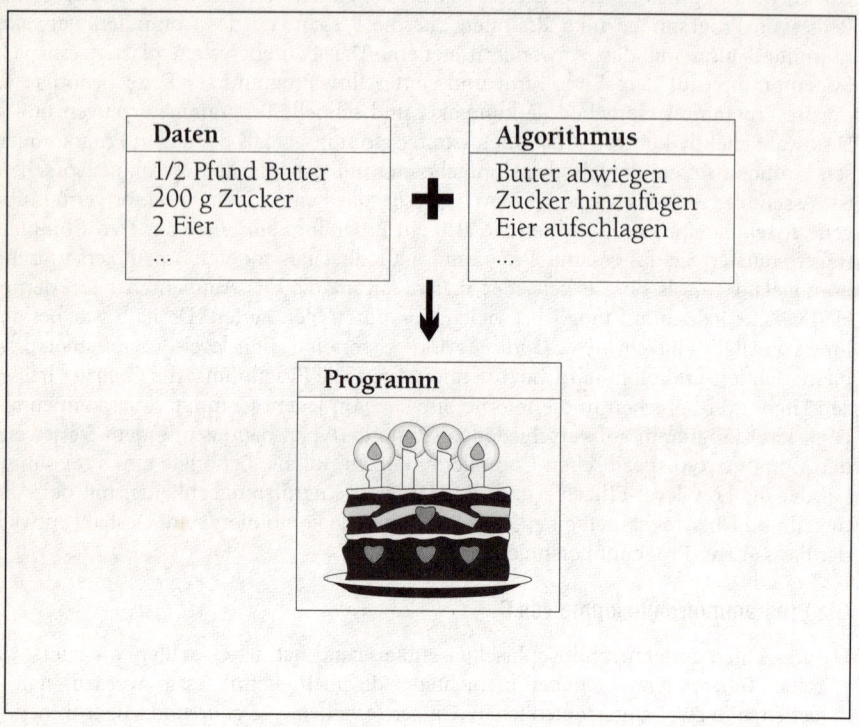

Bild 1.1: Daten + Algorithmus = Programm

Ein weiteres neues Prinzip war die Programmentwicklung von *oben nach unten*. Zugrunde liegt dieser Technik die Idee, ein umfangreiches Programm in kleinere und besser zu bearbeitende Teilbereiche zu untergliedern. Ist einer dieser Teilbereiche immer noch sehr groß, kann er weiter unterteilt werden. Dieser Prozeß wird so lange fortgesetzt, bis das Programm aus lauter kleinen, einfach zu bearbeitenden Modulen besteht. (Bringen Sie Ordnung in Ihre Arbeit. Oje! Das heißt, machen Sie Ordnung auf Ihrem Schreibtisch, in Ihrem Aktenschrank und in Ihren Bücherregalen. Oje! Beginnen Sie dabei mit Ihrem Schreibtisch, ordnen Sie alle Bleistifte, beginnend mit dem mittleren. Hmm, vielleicht ist diese Aufgabe doch zu lösen.) C erleichtert diesen Prozeß und ermutigt Sie zur Entwicklung von Programmeinheiten, die als *Funktionen* bezeichnet werden. Funktionen repräsentieren die einzelnen Programm-Module. Wie Sie vielleicht bemerkt haben, reflektiert die strukturierte Programmierung prozedurale Gedankengänge. Ein Programm setzt sich dabei aus vielen separaten Abläufen zu einem Ganzen zusammen.

Objektorientierte Programmierung

Obwohl durch die Prinzipien der strukturierten Programmierung die Verständlichkeit, Verläßlichkeit und die Einfachheit der Handhabung von Programmen verbessert wird, bleibt die Programmierung von umfangreichen Programmen eine Herausforderung. Die objektorientierte Programmierung (OOP) erleichtert diese Herausforderung etwas. Im Gegensatz zur prozeduralen Programmierung, bei der ja, wie bekannt, das Hauptaugenmerk auf die Algorithmen gerichtet wird, liegt der Schwerpunkt der OOP bei den Daten. Das Problem wird bei der OOP nicht auf die prozedurale Methodik der Sprache zugeschnitten, sondern die Sprache auf das Problem. Die zugrundeliegende Idee besteht dabei darin, eine Datenform zu entwickeln, die auf die Hauptbestandteile eines Problems eingeht. In C++ ist eine *Klasse* eine Spezifikation, von der ein solches neues Datenformat beschrieben wird. Ein *Objekt* hingegen ist eine mit Hilfe dieses Plans konstruierte Datenstruktur. Mit einer Klasse zum Beispiel können die Hauptmerkmale (Name, Titel, Gehalt, ungewöhnliche Fähigkeiten usw.) des Geschäftsführers einer Firma festgelegt werden. Ein Objekt dagegen repräsentiert einen bestimmten Geschäftsführer (Herbert Schafsblatt, Vizepräsident, DM 325.000, weiß, was eine CONFIG.SYS-Datei ist usw.). Allgemein kann gesagt werden, daß durch eine Klasse definiert wird, welche Daten ein Objekt definieren *und* was mit diesen Daten gemacht werden kann. Stellen Sie sich einmal vor, Sie müßten ein Zeichenprogramm entwickeln, mit dem ein Rechteck gezeichnet werden kann. Sie können dann eine Klasse zur Beschreibung des Rechteckes definieren. Der Datenteil der Definition kann solche Dinge wie die Position der Ecken, die Höhe, die Breite, die Farbe, den Stil der Umrandungslinien, die Füllfarbe und das Füllmuster beinhalten. Der Operationsteil der Definition kann die Methoden zum Bewegen des Rechteckes, zum Verändern seiner Größe, zum Rotieren, zum Verändern der Farben und Muster und zum Kopieren des Rechteckes an eine andere Stelle beinhalten. Benutzen Sie dann das Programm zum Zeichnen eines Rechteckes, wird ein Objekt erzeugt, das der Klassenspezifikation entspricht. Dieses Objekt beinhaltet alle Daten, von denen das Rechteck beschrieben wird. Mit den Klassenmethoden können Sie das Rechteck verändern. Zeichnen Sie zwei Rechtecke, erzeugt das Programm zwei Objekte, eines für jedes Rechteck.

Beim objektorientierten Programmieren müssen zuerst die Klassen entworfen werden, von denen genau die Dinge repräsentiert werden, um die es bei dem Programm geht. Bei einem Zeichenprogramm beispielsweise können Klassen definiert werden, die Rechtecke, Linien, Kreise, Pinsel, Stifte und ähnliches repräsentieren. Die Klassendefinition beinhaltet, wie Sie wissen, auch eine Beschreibung aller zulässigen Operationen jeder Klasse, wie zum Beispiel das Bewegen eines Kreises oder das Rotieren einer Linie. Daraufhin fahren Sie fort, das Programm zu entwickeln, indem Sie mit den Objekten dieser Klassen arbeiten. Geht man von einer niederen Organisationsebene, wie beispielsweise den Klassen, zu einer höheren Ebene, wie zum Beispiel dem Programmdesign, wird dies *Bottom-up*-Programmierung genannt (von unten nach oben Programmierung).

Die objektorientierte Programmierung besteht aus mehr als nur aus der Fähigkeit, Daten und Methoden zu einer Klassendefinition zu verbinden. Mit der OOP wird zum Beispiel die Erstellung von wiederverwendbarem Code erleichtert. Dadurch kann eine Menge Arbeit gespart werden. Daten können durch Verbergungsmechanismen vor unerwünschtem Zugriff geschützt werden. Mit der Polymorphie können Sie viele verschiedene Definitionen für ein- und dieselben Operatoren und Funktionen erzeugen. Dabei wird vom Programmkontext bestimmt, welche Definition benutzt werden soll. Neue Klassen können aus alten Klassen abgeleitet werden (Vererbung). Wie Sie sehen, eröffnet die objektorientierte Programmierung viele neue Perspektiven und verwendet einen anderen Ansatz als die prozedurale Programmierung. Man muß sich nicht mehr auf einzelne Arbeitsschritte konzentrieren, sondern kann sich dem Gesamtkonzept widmen. Und anstatt von oben nach unten zu programmieren, kann der umgekehrte Weg von unten nach oben gewählt werden. Dieses Buch bringt Ihnen das alles mit einer Vielzahl leicht nachvollziehbarer Beispiele näher.

C++

Wie C so erblickte auch C++ bei den Bell Laboratorien das Licht der Welt. Bjarne Stroustrup entwickelte die Sprache dort in den frühen 80ern. Er selbst sagt dazu: »C++ wurde eigentlich entwickelt, damit der Autor und seine Freunde nicht in Assembler, C oder einer anderen modernen Computerhochsprache programmieren mußten. C++ soll hauptsächlich das Schreiben von guten Programmen erleichtern und für den Programmierer angenehmer machen.«[1] Stroustrup baute C++ auf C auf, da C prägnant ist, sich gut zum Systemprogrammieren eignet, überall zu erhalten und eng mit dem UNIX-Betriebssystem verbunden ist. Das OOP-Konzept von C++ wurde von der Computersimulationssprache mit dem Namen Simula67 abgeleitet. Stroustrup fügte die OOP-Funktionen in der Weise C hinzu, ohne daß er die C-Komponenten wesentlich veränderte. C++ ist also eine Obermenge von C, das heißt, jedes gültige C-Programm ist auch ein gültiges C++-Programm. Es gibt zwar einige kleinere Diskrepanzen, aber nichts von Bedeutung. C++-Programme können existierende C-Bibliotheken benutzen. Bibliotheken sind Sammlungen von Programm-Modulen, die von einem anderen Programm aus aufgerufen werden können. Bibliotheken beinhalten ausgetestete Lösungen für viele häufig auftretende Programmierprobleme. Dadurch kann eine Menge Zeit und Mühe gespart werden. Dies kam alles der Verbreitung von C++ zugute.

Der Name C++ stammt vom C-Inkrement-Operator ++. Dieser Operator fügt zum Wert einer Variablen 1 hinzu. Der Name C++ bedeutet nichts anderes, als daß C++ eine Erweiterung von C ist.

Ein Computerprogramm setzt ein Problem aus dem richtigen Leben in eine Reihe von Handlungen um, die von einem Computer ausgeführt werden. Während der OOP-Bestandteil von C++ die Sprache in die Lage versetzt, mit den den Problemen innewohnenden Konzepten eine Verbindung herzustellen, verleiht der C-Teil von C++ der Sprache die Fähigkeit, eng mit der Hardware zusammenzuarbeiten (siehe Bild 1.2). Diese Verbindung verschiedener Fähigkeiten trug auch zur Verbreitung von C++ bei. Wechselt man von einem Programmaspekt zu einem anderen, bedarf es einiger geistiger Anstrengungen. (Einige OOP-Puristen behaupten allerdings, daß das Hinzufügen von OOP-Eigenschaften zu C dem Ausstatten eines Schweines mit Flügeln gleichkommt – immerhin eines leidlich nützlichen Schweines.) Da C++ OOP-Eigenschaften sozusagen auf C aufpfropft, können Sie die objektorientierten Fähigkeiten von C++ ignorieren, aber dann entgeht Ihnen vieles.

---

1   Bjarne Stroustrup, »The C++ Programming Language«, Reading, MA: Addison Wesley Publishing Company, 1986

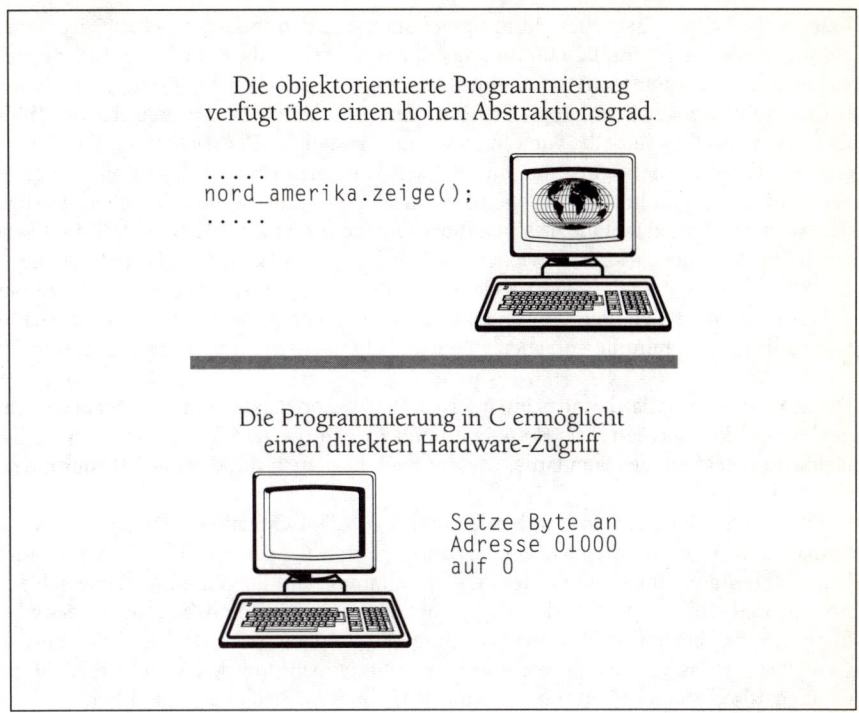

Bild 1.2: Die Dualität von C++

1.3 Übertragbarkeit und Standards

Stellen Sie sich vor, Sie haben ein nützliches C++-Programm für einen 286er AT-PC geschrieben. Plötzlich entscheidet sich die Geschäftsleitung, den Computer durch eine Sun-Workstation zu ersetzen. Dieser Computer hat einen anderen Prozessor und ein anderes Betriebssystem. Läuft Ihr Programm auf dem neuen Computer? Sie müssen das Programm natürlich zuerst mit einem C++-Compiler erneut kompilieren, der zum neuen Computer paßt. Müssen Sie jedoch irgendwelche Veränderungen an Ihrem Quelltext vornehmen? Kann das Programm, ohne Veränderungen vorzunehmen, rekompiliert werden und läuft es nach der Kompilation, so nennt man das Programm *übertragbar*.

Es gibt einige Schwierigkeiten im Zusammenhang mit der Übertragbarkeit. Eine davon besteht in der Hardware. Ein Programm, das hardwarespezifisch ist, ist nicht übertragbar. Ein Programm beispielsweise, das eine VGA-Karte direkt kontrolliert, wird einem Sun-Computer nicht viel zu sagen haben. Solche Programme kommen in diesem Buch nicht vor. (Im Buch »Object-Oriented Programming in Turbo C++« der Waite Gruppe finden Sie hardwarespezifische Themen.)

Eine zweite Schwierigkeit besteht in Sprachunterschieden. Bei gesprochenen Sprachen kann das ein großes Problem sein. Beschreibt jemand aus Yorkshire die Tagesereignisse, versteht man das vielleicht in Brooklyn nicht ganz, obwohl in beiden Bereichen Englisch gesprochen wird. Auch bei Computersprachen können sich Dialekte entwickeln. Ist zum Beispiel die IBM-PC-Implementation von C++ dieselbe wie die Sun-Implementation? Die meisten Entwickler wollen zwar, daß ihre C++-Version kompatibel mit anderen Versionen ist, aber das ist ohne allgemeingültigen Standard, der genau beschreibt, wie die Sprache aufgebaut ist, nicht möglich. Deshalb gründete das American National Standards Institute (ANSI) ein Komitee (ANSI X3J16) und beauftragte es, einen Standard für C++ zu entwickeln. (ANSI hat schon einen Standard für C entwickelt.) Der Entschluß von ANSI zeigt, daß C++ eine wichtige, weitverbreitete Sprache ist. Außerdem kann daraus ersehen werden, daß C++ einen bestimmten Reifegrad erreicht hat, da es sich nicht lohnt, Standards für Programmiersprachen zu entwickeln, die sich rasch weiterentwickeln.

Der ANSI-C++-Standard und sein internationales Äquivalent, der ISO-Standard, müssen erst noch entwickelt werden. Das Komitee nimmt jedoch die AT&T-Version 2.0 von C++ als Basis für die Entwicklung des Standards. Diesem Buch liegt auch die Version 2.0 zugrunde.

Der ANSI-C++-Standard wird außerdem auf dem ANSI-C-Standard aufgebaut, da C++ bekanntermaßen so weit wie möglich eine Obermenge von C sein soll. Das heißt, im Idealfall sollte jedes C Programm auch ein gültiges C++-Programm sein. Es gibt einige Unterschiede zwischen ANSI C und den entsprechenden Regeln für die Version 2.0 von C++, aber sie sind nur geringfügig. ANSI C beinhaltet zum Beispiel einige Funktionen, die es erst seit der Entwicklung von C++ gibt, wie das Verwenden von Funktions-Prototypen und den Modifizierer *const*. Der ANSI-C-Standard beschreibt nicht nur die Sprache C sondern auch eine C-Standardbibliothek, die von ANSI-C-Implementationen unterstützt werden muß. C++ benutzt diese Bibliothek auch. Wir bezeichnen diese Bibliothek als *C-Standardbibliothek* oder als *Standardbibliothek*.

Vor Veröffentlichung von ANSI C hielt sich die C-Gemeinde an einen *de facto*-Standard, dem das Buch »The C Programming Language« von Kernigan und Ritchie zugrunde liegt. Dieser Standard wurde häufig als K&R C bezeichnet. Nach Veröffentlichung von ANSI C wird das einfachere K&R C öfter klassisches C genannt.

Bevor wir tiefer in C++ einsteigen, wollen wir einige Hintergründe im Zusammenhang mit dem Erstellen von Programmen und zur Benutzung des Buches erhellen.

1.4 Programmerzeugungsmechanismen

Angenommen, Sie haben ein C++-Programm geschrieben. Wie bekommt man es zum Laufen? Das hängt von Ihrer Systemkonfiguration und dem benutzten C++-Compiler ab. Aber die folgenden Schritte kommen fast immer vor (siehe auch Bild 1.3).

▷ Benutzen Sie einen Texteditor, um das Programm zu schreiben und in einer Datei abzulegen. Die Datei enthält den *Quelltext* Ihres Programmes.

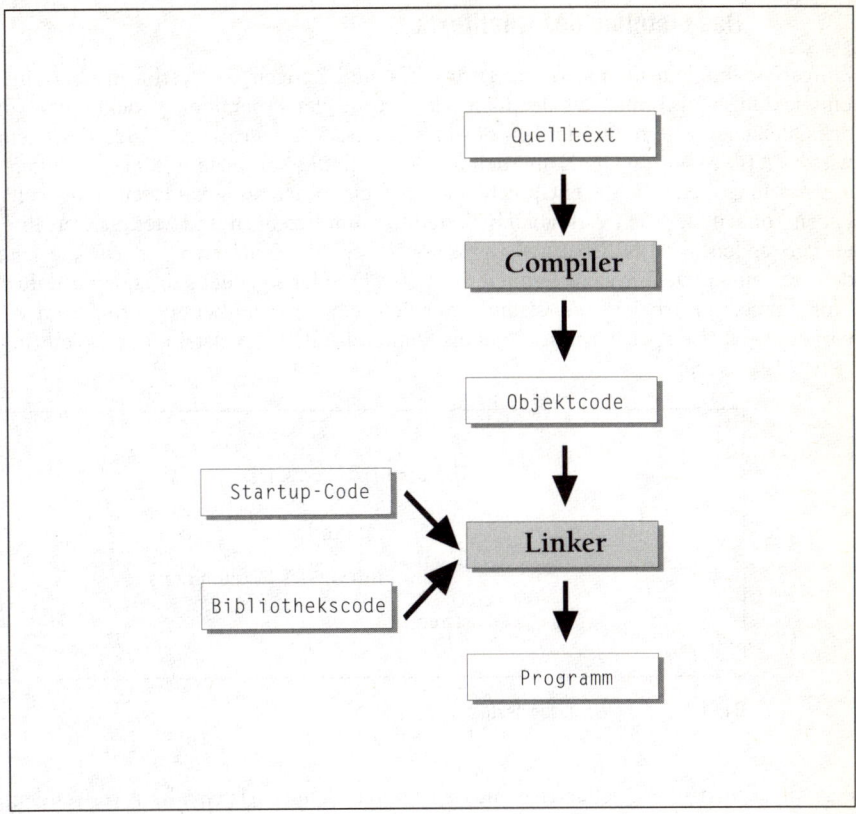

Bild 1.3: Notwendige Schritte für die Programmerstellung

▷ Kompilieren Sie den Quelltext. Das heißt, benutzen Sie ein Programm, das den Quelltext in die interne Computersprache, *Maschinensprache* genannt, übersetzt, die vom Hostcomputer benutzt wird. Die Datei, in der sich das übersetzte Programm befindet, ist der *Objektcode* Ihres Programmes.

▷ Linken Sie den Objektcode mit zusätzlichem Objektcode. C++-Programme zum Beispiel verwenden normalerweise *Bibliotheken*. Eine C++-Bibliothek beinhaltet den Objektcode einer Reihe von Routinen, die als *Funktionen* bezeichnet werden. Diese Funktionen erledigen solche Aufgaben wie das Darstellen von Informationen auf dem Bildschirm oder das Berechnen der Quadratwurzel einer Zahl. Beim Linken wird Ihr Objektcode mit dem Objektcode der benutzten Funktionen und dem Startup-Code kombiniert, damit eine lauffähige Version Ihres Programmes erzeugt werden kann. Die Datei, in der sich das Endprodukt befindet, wird *ausführbar* genannt.

Bei den Programmen in diesem Buch handelt es sich um Programmskelette, die auf jedem System laufen, auf dem die Version 2.0 von C++ installiert ist. Wie die Programme kompiliert werden, kann jedoch leicht variieren. Diese dazu notwendigen Schritte werden wir nun näher untersuchen.

Das Erstellen des Quelltexts

Einige C++-Implementationen wie Turbo C++ und Zortech C++ verfügen über eine integrierte Entwicklungsumgebung, mit der man alle Schritte der Programmentwicklung – vom Erfassen des Quelltexts bis hin zum Linken des Programmes – steuern kann. Andere Implementationen wie das AT&T C++ auf UNIX übernehmen lediglich die Kompilation und das Linken und erwarten von Ihnen, daß Sie die entsprechenden Befehle in der Kommandozeile eingeben. In solchen Fällen können Sie jeden verfügbaren Texteditor zum Erzeugen und Modifizieren Ihres Quelltextes verwenden. Bei UNIX beispielsweise können Sie die Editoren *vi*, *ed*, *ex* oder *emacs* verwenden. Bei einem DOS-System können Sie mit *edlin* oder irgendeinem anderen dafür geeigneten Programmeditor arbeiten. Es ist auch möglich, ein Textverarbeitungsprogramm zu benutzen, vorausgesetzt, Sie speichern die Datei als Standard-ASCII-Textdatei ab und nicht in einem speziellen Textformat.

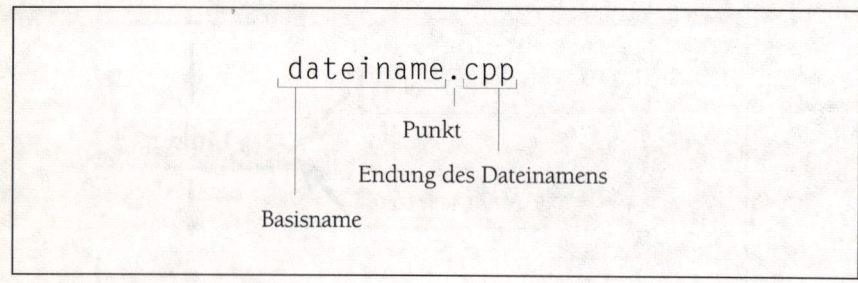

Bild 1.4: Endung einer Quelltextdatei

Beim Benennen von Quelldateien müssen Sie die richtige Dateiendung verwenden, damit die Datei als C++-Datei gekennzeichnet wird. Nicht nur Sie wissen dann, daß die Datei eine C++-Quelldatei ist, sondern auch der Compiler weiß Bescheid. (Gibt ein UNIX-Compiler eine Meldung der Form »falsche magische Zahl« aus, ist das nichts anderes als seine umständliche Art, Ihnen mitzuteilen, daß Sie die falsche Endung benutzt haben.) Die Endung besteht aus einem Punkt, gefolgt von einem Zeichen oder einer Zeichengruppe, die *Extension* genannt wird (siehe Bild 1.4).

Was für eine Endung Sie verwenden, hängt von der vorliegenden C++-Implementation ab. In Tabelle 1.1 sehen Sie einige häufig benutzte Endungen. So ist zum Beispiel *spiffy.C* ein gültiger AT&T C++-Quelltextdateiname. UNIX unterscheidet zwischen Groß- und Kleinschreibung, Sie sollten deshalb ein großes C benutzen. Ein kleines *c* geht auch, aber diese Endung wird normalerweise von Standard C verwendet. Damit das UNIX-Betriebssystem nicht durcheinandergerät, benutzen Sie bitte *c* bei C-Programmen und *C* bei C++-Programmen. Macht es Ihnen nichts aus, ein oder zwei Zeichen mehr einzugeben, können Sie bei einigen UNIX-Betriebssystemen auch die Endungen *cc* und *cxx* verwenden. DOS ist etwas einfältiger als UNIX und unterscheidet deshalb auch nicht zwischen Groß- und Kleinschreibung. Man muß aus diesem Grund bei DOS-Implementationen zusätzliche Buchstaben verwenden (siehe Tabelle 1.1), damit zwischen C- und C++-Programmen unterschieden werden kann.

C++-Implementation	Endung der Quelltextdatei
UNIX AT&T	C, cc, ccx, c
Zortech	cxx
Borland Turbo	cpp

Tabelle 1.1: Dateiendungen der Quelltextdateien

Kompilieren und Linken

Ursprünglich implementierte Stroustrup C++ in Form eines C++-nach-C-*Übersetzungsprogrammes*, anstatt direkt einen C++-Compiler zu entwickeln. Das Übersetzungsprogramm mit dem Namen *cfront* übersetzte C++-Quelltext in C-Quelltext, der daran anschließend von einem Standard-C-Compiler kompiliert werden konnte. Dadurch wurde die Verbreitung von C++ in C-Kreisen natürlich beschleunigt. Andere Entwickler versuchten auf diese Art und Weise, C++ auf andere Systeme übertragbar zu machen. Als C++ immer populärer wurde, gingen die Softwarehersteller mehr und mehr dazu über, richtige C++-Compiler zu entwickeln, die aus dem C++-Quelltext gleich Objektcode erzeugen. Dadurch wird der Kompilationsprozeß beschleunigt und betont, daß es sich bei C++ um eine eigenständige Sprache handelt.

Häufig ist der Unterschied zwischen einem Übersetzungsprogramm und einem richtigen Compiler für den Anwender nicht auf den ersten Blick zu erkennen. Bei einem UNIX-System beispielsweise übergibt der Befehl *CC* Ihr Programm möglicherweise zuerst an das *cfront*-Übersetzungsprogramm. Die Ausgabe des Übersetzungsprogrammes wird anschließend automatisch an den C-Compiler weitergeleitet, und dieser Compiler heißt meist *cc*. Der Begriff »Compiler« wird im Verlauf dieses Buches auch zur Bezeichnung von kombinierten Übersetzungs- und Kompilationsvorgängen herangezogen. Wie kompiliert wird, hängt von der Implementation ab. Einige gebräuchliche Formen werden im folgenden erklärt.

Das Kompilieren und Linken unter UNIX

Angenommen, Sie haben ein UNIX-System installiert und arbeiten mit der aktuellen AT&T-Version 2.0 von C++. Sie können dann Ihre Programme mit dem Befehl *CC* kompilieren. Dieser Befehl besteht aus Großbuchstaben, damit der Unterschied zum Standard-UNIX-C-Compiler *cc* verdeutlicht wird. Der Compiler *CC* ist ein Kommandozeilen-Compiler. Das heißt, es ist erforderlich, daß Sie die Kompilationsbefehle in der UNIX-Kommandozeile eingeben. Damit zum Beispiel die C++-Quelltextdatei *spiffy.C* kompiliert wird, müssen Sie folgenden Befehl eingeben:

```
CC spiffy.C
```

Ist Ihr Programm aufgrund von Können, Zufall oder Glück fehlerfrei, generiert der Compiler eine Objektcodedatei mit der Endung *o*. In diesem Fall erzeugt der Compiler die Datei *spiffy.o*. Anschließend übergibt der Compiler die Objektcodedatei an den Linker des Systems. Der Linker ist ein Programm, von dem Ihr Objektcode mit dem Bibliothekscode verbunden wird, um eine ausführbare Datei zu erzeugen. Standardgemäß wird die ausführbare Datei mit dem Namen *a.out* versehen. Liegt lediglich eine Quelldatei vor, löscht der Linker die Datei *spiffy.o*, da sie nicht mehr benötigt wird. Damit das Programm gestartet wird, müssen Sie nur den Namen der ausführbaren Datei eingeben:

```
a.out
```

Kompilieren Sie im folgenden ein neues Programm, wird durch die neue ausführbare Datei *a.out* die alte Datei *a.out* ersetzt. (Das geschieht, weil ausführbare Dateien ziemlich viel Platz benötigen. Durch das Überschreiben alter, nicht mehr benötigter ausführbarer Dateien kann Speicherplatz gespart werden.) Entwickeln Sie ein Programm, das Sie aufbewahren möchten, müssen Sie den Namen der ausführbaren Datei mit dem UNIX-Befehl *mv* ändern.

Bei C++ können Sie – wie bei C – ein Programm auf mehr als eine Datei verteilen. (Bei vielen Programmen ab Kapitel 8 ist das der Fall.) Sie können das Programm dann kompilieren, indem Sie in der Kommandozeile alle Dateien aufführen:

```
CC my.C precious.C
```

Der Compiler löscht die Objektcodedateien in diesem Fall nicht. Verändern Sie also nur die Datei *my.C*, können Sie das Programm mit folgendem Befehl rekompilieren:

```
CC my.C precious.o
```

Dadurch wird *my.C* rekompiliert und mit der vorher kompilierten Version von *precious.o* zusammengelinkt.

Das Kompilieren und Linken unter Turbo C++ und Borland C++

Die integrierten Entwicklungsumgebungen von Turbo C++ und Borland C++, zu denen ein eingebauter Editor gehört, besitzen einen Menübalken, auf den, um Ihre Anweisungen zu erteilen, Sie mit der Maus oder einer Alt-Tastenkombination zugreifen können. Mit dem Menü *File* zum Beispiel können Sie Dateien erzeugen, sichern und öffnen. Das Menü *Edit* hilft Ihnen beim Editieren Ihrer Quelldateien. Das Menü *Compile* beinhaltet mehrere Optionen zum Kompilieren, und das Menü *Run* stellt einige Möglichkeiten für das Starten Ihres Programmes zur Verfügung. Haben Sie mit dem eingebauten Editor ein Programm erstellt, ist es am einfachsten, den Punkt *Run* aus dem Menü *Run* auszuwählen. Dadurch wird Borland C++ und Turbo C++ veranlaßt, Ihr Programm zu kompilieren, zu linken und ablaufen zu lassen. Stößt der Compiler auf einen Fehler, startet er das Programm natürlich nicht, sondern es erscheint eine Fehlerliste und die betreffenden Zeilen in Ihrem Quelltext werden hervorgehoben. Da die Entwicklungsumgebung auch einen Debugger beinhaltet, können Sie das Programm zeilenweise überprüfen und jeden gewünschten Variablenwert betrachten.

Entwickeln Sie ein Programm mit mehr als einer Quelltextdatei, können Sie mit dem Menü *Project* ein neues Projekt anlegen. Anschließend ist es möglich, mit weiteren Menüoptionen die notwendigen Dateien in der Projektliste unterzubringen. Anhand der Projektliste wissen Borland C++ und Turbo C++, aus welchen Komponenten sich das Programm zusammensetzt. Verändern Sie eine der Dateien aus der Projektliste, weiß der Compiler, daß er das ausführbare Programm auf den neuesten Stand bringen muß. Bei Borland C++ oder Turbo C++ können Sie mehrere Quelltextdateien, die sich jeweils in ihren eigenen Fenstern befinden, simultan bearbeiten. Außerdem ist es möglich, rasch von einer Datei zu einer anderen zu wechseln.

Sowohl zu Borland C++ als auch zu Turbo C++ gehört ein Tutorialprogramm, das Ihnen alles Notwendige über Borland C++ und Turbo C+++ mitteilt. Sie können selbstverständlich auch die Handbücher lesen.

Das Kompilieren und Linken unter Zortech C++

Wie Turbo C++ von Borland übersetzt Zortech C++ Ihr Quellprogramm direkt in Objektcode und benutzt dazu keine dazwischengeschaltete C-Quelldatei. Seit der Version 2.1 verfügt Zortech C++ über eine integrierte Entwicklungsumgebung, die sich Zortech Work Bench (ZWB) nennt. Bevor Sie die ZWB starten, rufen Sie bitte das speicherresidente On-line-Hilfeprogramm *Ztchelp.exe* auf. Dadurch ist eine optimale Hilfestellung während der Arbeit mit ZWB gewährleistet.

Es gibt auch einen Kommandozeilencompiler, der zusammen mit Programmen eingesetzt werden kann, die sehr viel Speicher beanspruchen. Mit Zortech C++ 2.1 können auch C++-Programme erzeugt werden, die erweiterten Speicher benutzen können. Sie müssen dazu allerdings zuerst ein zusätzliches Produkt kaufen, den Rational Systems DOS Extender.

Das Funktionsspektrum von ZWB umfaßt Menübalken, mehrere, verschiebbare und in ihrer Größe veränderbare Fenster sowie vollständige Mausunterstützung. Es gibt die Menüs *File*, *Edit*, *Search*, *Window*, *Compile*, *Options*, *Browse* und *Help*. Besonders nützlich für die Programmentwicklung ist die ZWB deshalb, da viele verschiedene Fenster zugleich bearbeitet werden können und Sie so Ihr Programm ganz leicht untersuchen können, Dateien hinzufügen und mit Hilfe von »Browsern« gemeldete Fehler, Quelldateistellen und Programmfunktionen auffinden können. Die verbesserte Make-Funktion entspricht der Turbo-C++-Funktion *Project*.

Damit mit Hilfe von Zortech C++ ein Programm entwickelt werden kann, müssen Sie mit den Editier-Funktionen eine Quelldatei erstellen. Anschließend können Sie das Programm durch Auswahl des Punktes *Run Program* aus dem Menü *Compile* in einem Arbeitsgang kompilieren und starten. Sie können aber auch den Menüpunkt *Compile* auswählen, damit das Programm für spätere Zwecke kompiliert wird. Tritt einer der nicht zu vermeidenden Fehler auf, können Sie einen der vier verschiedenen Zortech-Debugger aktivieren: den Standarddebugger, einen Remote-Debugger (dieser Debugger befindet sich auf einem anderen PC, der mit Ihrem PC durch eine serielle Schnittstelle verbunden ist), einen Debugger, der sich im erweiterten Speicher befindet, und einen virtuellen Debugger, der Ihnen mehr Schutz gegen Abstürze bei 80386er Systemen bietet. Diese Debugger ermöglichen Ihnen den für die Fehlersuche notwendigen Einblick in die Vorgänge in den Klassen und Funktionen Ihres Programmes.

1.5 In diesem Buch benutzte Übereinkünfte

Damit Sie zwischen verschiedenen Texttypen unterscheiden können, haben wir verschiedene typografische Elemente verwendet, die wir Ihnen im folgenden kurz erläutern möchten. Kursive Schrift erscheint bei:

▶ Namen oder Werten aus einem Programm wie *starship*, *x* und *3.14*.

▶ Wichtigen Wörtern oder Ausdrücken, die das erste Mal benutzt werden, wie *strukturierte Programmierung*.

▶ Schlüsselwörtern wie *int* und *if else*

▶ Dateinamen wie *iostream.h*

▶ Funktionen wie *main()* und *puts()*

C++-Quelltext sieht wie folgt aus:

```
#include <iostream.h>
int main(void)
{
    cout << "Is' was Doc?\n";
```

Ausgaben von Beispielprogrammen besitzen dasselbe Format, außer daß die Anwendereingaben in kursiver Schrift erscheinen:

```
Bitte geben Sie Ihren Namen ein:
Plato
```

Da dieses Buch die objektorientierte Programmierung zum Thema hat, finden Sie im Verlauf des Buches Piktogramme zur Kennzeichnung verschiedener Sachverhalte. Regeln, Empfehlungen und Hinweise (beispielsweise die Kompatibilität betreffend) sind mit einem »Professor« versehen (siehe unten) und Tips sind mit dem Piktogramm »TIP« gekennzeichnet.

Eine Regel oder Empfehlung erscheint also in folgendem Format:

 Lernen Sie durch praktische Anwendung, arbeiten Sie deshalb mit den Beispielen und experimentieren Sie damit.

Sie haben übrigens gerade tatsächlich eine wichtige Empfehlung gelesen und nicht nur ein Beispiel dafür, wie eine Empfehlung aussieht.

Ein Tip erscheint so:

 Nehmen Sie obige Empfehlung wirklich ernst.

Führen Sie mit der Tastatur eine Programmeingabe durch, müssen Sie normalerweise die Return- oder die Entertaste drücken, um die Eingabe abzuschließen. Einige Tastaturen besitzen eine Return-, andere eine Entertaste. In diesem Buch wird das Symbol (RETURN) für beide benutzt.

1.6 Unser System

In diesem Buch wird die Version 2.0 von C++ beschrieben. Die Beispiele funktionieren also mit allen C++-Implementationen, die zu der Version 2.0 von C++ und ANSI C kompatibel sind. (So sollte es jedenfalls sein.) Die Version 2.0 ist jedoch noch sehr neu und es treten vielleicht einige Diskrepanzen auf. Während dieses Buch zum Beispiel geschrieben wurde, verfügten einige C++-Compiler, einschließlich Zortech C++, zwar über die neuen Sprachmerkmale der Version 2.0, nicht aber über die neuen Ein- und Ausgabeklassen. Systeme, die mit dem Übersetzer *cfront* der Version 2.0 (oder späteren Versionen) arbeiten, übergeben den übersetzten C-Quelltext möglicherweise an einen C-Compiler, der nicht ganz ANSI-kompatibel ist. Dies hat zur Folge, daß einige Funktionen nicht implementiert sind und einige Standard-ANSI-Bibliotheksfunktionen sowie Header-Dateien nicht unterstützt werden. Außerdem sind manche Dinge wie beispielsweise die Anzahl der Bytes, die von einem Integer eingenommen werden, implementationsabhängig. Die Beispiele in diesem Buch wurden mit Turbo C++ 2.0 von Borland auf einem IBM-kompatiblen 386er PC mit einer Harddisk entwickelt, der unter MS DOS 3.3 lief. Die Programme wurden außerdem mit Hilfe des Zortech C++-Compilers auf einem ähnlichen System überprüft. Für den gleichen Zweck wurde der C++-Compiler Sun 2.0 und 2.1 auf einem Sun-Computer, der GNU G++-Compiler für C++, der AT&T C++ 2.0-Compiler sowie das AT&T *Cfront* 2.01 unter UMaXC 4.3 Unix benutzt. Alle Unterschiede, die uns aufgefallen sind, wurden aufgeführt.

Alle Programmlistings besitzen einen Untertitel, dem Sie den Dateinamen des Listings, wie er auf der beiliegenden DOS-Diskette erscheint, entnehmen können.

2

Der Einstieg in C++

Baut man ein Haus, beginnt man mit dem Fundament und einem Gerüst. Erstellt man am Anfang keine solide Grundstruktur, können später beim Ausführen der Details wie Fenstern, Türrahmen, Observationstürmen und Ballräumen Schwierigkeiten auftauchen. Genauso sollte man beim Erlernen einer Programmiersprache mit der zur Programmerstellung benötigten Basisstruktur beginnen. Daran anschließend kann man zu den Details übergehen, wie Schleifen und Objekten. Dieses Kapitel dient als Überblick der Grundstruktur eines C++-Programmes. Dabei werden einige Themen angesprochen – wie Funktionen und Klassen –, die im weiteren Verlauf des Buches ausführlicher besprochen werden. (Der zugrundeliegende Gedanke besteht darin, die Grundkonzepte Schritt für Schritt einzuführen und so langsam auf die komplizierteren Themen vorzubereiten.)

2.1 Eine Einführung in C++

Wir wollen mit einem einfachen C++-Programm beginnen, das eine Meldung ausgibt. In Listing 2.1 wird die C++-Funktion *cout* zur Zeichenausgabe benutzt. Der Quelltext enthält auch mehrere für den Leser interessante Kommentare; die entsprechenden Zeilen enthalten die Zeichen »//«. Sie werden vom Compiler ignoriert und leiten einen Kommentar ein. C++ unterscheidet zwischen Groß- und Kleinschreibung. Das heißt, Sie müssen alles genauso schreiben, wie im Beispiel angegeben. Im angesprochenen Programm zum Beispiel wird *cout* verwandt. Schreiben Sie statt dessen *Cout* oder *COUT*, weist der Compiler Ihr Ansinnen zurück, da er mit diesen Worten nichts anfangen kann. (Der Compiler kennt auch Rechtschreibregeln. Schreiben Sie also nicht *kout* oder *coot*.) Die Dateinamensendung *cpp* gilt für Turbo C++. Sie müssen vielleicht eine andere Endung verwenden (siehe Kapitel 1).

```
// hallo.cpp -- zeigt eine Meldung an
#include <iostream.h>        // Eine PRÄPROZESSOR-Direktive
int main(void)               // Funktionsheader
{                            // Beginn des Funktionsrumpfes
   cout << "Öfters mal C++ benutzen.";  // Meldung
   cout << "\n";             // Zeilenende
   return 0;                 // main() verlassen
}
```

Listing 2.1: hallo.cpp

Kompatibilitätshinweis

Einige C++-Implementationen, einschließlich Gnu G++ und Zortech C++, sind noch nicht dazu übergegangen, das *iostream.h*-Paket einzuführen. Arbeiten Sie mit so einem Compiler, müssen Sie *#include <stream.h* anstelle von *#include <iostream.h>* in diesem und allen nachfolgenden Programmen verwenden. Normalerweise ist das die einzige Änderung, die Sie vornehmen müssen.

Nachdem Sie mit Ihrem Editor dieses Programm erstellt haben, können Sie Ihren C++-Compiler zur Erzeugung des ausführbaren Programmes, wie in Kapitel 1 beschrieben, benutzen. Folgendes wird ausgegeben, wenn man das kompilierte Programm ablaufen läßt:

```
Öfters mal C++ benutzen.
```

C-Ein- und -Ausgabe

Sind Sie ein versierter C-Programmierer, ist es für Sie vielleicht eine große Überraschung *cout* anstelle von *printf()* zu erblicken. C++ kann natürlich auch *printf()*, *scanf()* und alle anderen C-Ein-/Ausgabefunktionen benutzen, falls Sie die C-Datei *stdio.h* verwenden. Aber hier handelt es sich um ein C++-Buch und deshalb benutzen wir die neuen C++-Ein-/Ausgabefunktionen, die in vielerlei Hinsicht besser als die entsprechenden C-Versionen sind.

C++-Programme werden durch Zusammenfügen von Blöcken mit dem Namen *Funktionen* erstellt. Meistens unterteilt man ein Programm in einzelne Bereiche und entwickelt Funktionen zur Bearbeitung der Teilbereiche. Das nun folgende erste Beispiel ist so einfach, wie es ein erstes Beispiel sein sollte, und es enthält nur eine einzige Funktion mit der Bezeichnung *main()*. Das Beispiel *hallo.cpp* besteht aus folgenden Elementen:

- durch die Vorsilbe // gekennzeichnete Kommentare,
- einer Präprozessor *#include*-Anweisung,
- einem Funktionsheader: *int main(void)*,
- einem Funktionshauptteil oder -rumpf, der durch die Zeichen { und } begrenzt wird,
- einer Anweisung, die mit Hilfe der Funktion *cout* eine Meldung ausgibt
- und einer *return*-Anweisung, mit der die *main()*-Funktion beendet wird.

Wir wollen uns die verschiedenen Elemente im folgenden näher betrachten.

Die Funktion main()

Das Beispielprogramm hat die folgende fundamentale Struktur:

```
int main(void)
{
    Anweisungen
    return 0;
}
```

Aus diesen Zeilen ist zu ersehen, daß eine Funktion mit dem Namen *main()* vorliegt und wie sich die Funktion verhält. Zusammengenommen ergibt das eine *Funktionsdefinition*. Diese Definition besteht aus zwei Teilen: die erste Zeile – *int main(void)* – wird als *Funktionsheader* bezeichnet und der Teil in den geschweiften Klammern ({ und }) ist der *Funktionsrumpf*. Der Funktionsheader ist eine Zusammenfassung der Kommunikations-Schnittstelle der Funktion mit dem Rest des Programmes. Der Funktionsrumpf repräsentiert die Anweisungen, die Sie den Computer ausführen lassen und die die Arbeitsweise der Funktion festlegen. Bei C++ heißt jede vollständige Instruktion *Anweisung*. Jede Anweisung muß durch ein Semikolon abgeschlossen werden. Vergessen Sie also beim Abtippen der Beispiele die Semikolons nicht.

Die letzte Anweisung in *main()* mit der Bezeichnung *return* beendet die Funktion. Später erfahren Sie mehr über die *return*-Anweisung.

Anweisungen und Semikolons

Bei einer Anweisung handelt es sich um eine vollständige Instruktion für den Computer. Damit der Compiler Ihren Quelltext versteht, muß er wissen, wo eine Anweisung endet und eine andere beginnt. Bei einigen Programmiersprachen gibt es dazu Anweisungstrennzeichen. Bei FORTRAN zum Beispiel wird durch das Zeilenende das Ende einer Anweisung gekennzeichnet. Bei Pascal werden Anweisungen durch Semikolons voneinander getrennt. Und bei Pascal können Sie allerdings in manchen Fällen die Semikolons weglassen. Beispielsweise bei einer Anweisung, die direkt vor END kommt, also immer dann, wenn man eigentlich keine zwei Anweisungen voneinander trennt. (Pragmatiker und Minimierungsfanatiker werden nicht immer mit unserer Schreibweise einverstanden sein, und zwar immer in den Fällen, in denen *kann sollte* heißen müßte.) Bei C++ wird wie bei C anstelle eines Trennzeichens ein *Terminator-(Beendigungs-)zeichen* verwendet. Deshalb ist das Semikolon, von dem das Ende der Anweisung gekennzeichnet wird, ein Teil der Anweisung und nicht nur ein Markierungszeichen zwischen zwei Anweisungen. (Das harmlose Semikolon zeigt Ihnen, daß man nicht wie Arnold Schwarzenegger aussehen muß, um ein Terminator zu sein.) Praktisch heißt das, daß bei C++ das Semikolon nicht vergessen werden darf.

Der Funktionsheader als Schnittstelle

Programmieren Sie in C++, ist es erforderlich, die Definition der Funktion *main()* mit dem folgenden Header zu beginnen: *int main(void)*. Die Details folgen in Kürze, für diejenigen, die es nicht mehr erwarten können, folgt ein kurzer Überblick.

Im allgemeinen wird eine C++-Funktion von einer anderen Funktion aktiviert oder *aufgerufen*. Mit dem Funktionsheader wird die Schnittstelle zwischen einer Funktion und der Funktion, die diese Funktion aufruft, beschrieben. Der Teil, der vor dem Funktionsnamen steht, wird *Typ des Rückgabewerts* der Funktion genannt. Als Rückgabewert werden die Informationen bezeichnet, die eine Funktion der Funktion übermittelt, die sie aufgerufen hat. Der auf den Funktionsnamen folgende Teil in geschweiften Klammern wird als *Argumentenliste* bezeichnet. Dort werden die Informationen beschrieben, die die aufrufende Funktion der definierten Funktion mitteilt. Dieses allgemeine Format ist vielleicht etwas verwirrend, wenn man es auf die Funktion *main()* bezieht, da *main()* normalerweise nicht von einer anderen Funktion aufgerufen wird. Sie können sich jedoch vorstellen, daß *main()* vom Betriebssystem (UNIX, DOS etc.) beim Starten des Programmes aufgerufen wird. Im Fall von *main()* stellt also der Funktionsheader die Beschreibung der Schnittstelle zwischen *main()* und dem Betriebssystem dar.

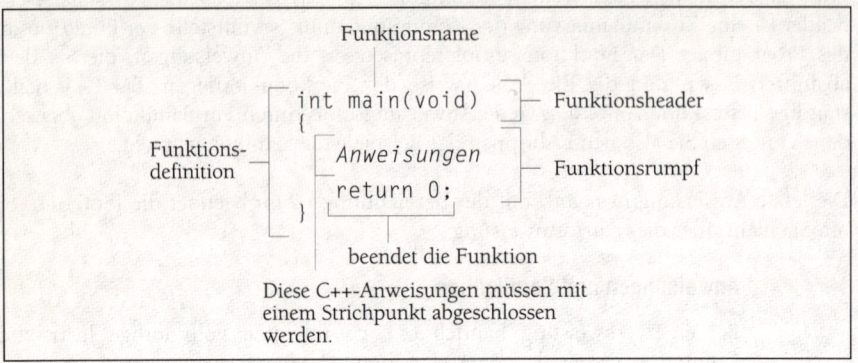

Bild 2.1: Die Funktion main()

Fangen wir bei der Betrachtung von *main()* beim *int*-Teil an. Eine C++-Funktion, die von einer anderen Funktion aufgerufen wird, kann einen Wert an die aufrufende Funktion übergeben. Dieser Wert wird als *Rückgabewert* bezeichnet. In diesem Fall kann *main()* einen Integerwert übergeben, wie es durch das Schlüsselwort *int* gekennzeichnet wird. Schauen Sie sich nun bitte das Wort *void* an. Im allgemeinen kann eine C++-Funktion einer anderen Funktion beim Aufrufen Informationen übermitteln. Der in geschweiften Klammern stehende Teil des Funktionsheaders beschreibt die Art dieser Informationen. In diesem Fall bedeutet *void*, daß die Funktion *main()* keine Informationen übernimmt, oder, um mit der üblichen Terminologie zu sprechen, *main()* akzeptiert keine Argumente. (Sagt man, daß *main()* keine Argumente akzeptiert, bedeutet das nicht, daß *main()* eine grundlos autoritäre Funktion ist. *Argument* ist eben der Ausdruck, den Computercracks benutzen, um damit Informationen zu bezeichnen, die von einer Funktion an eine andere übergeben werden.)

Der folgende Header

```
int main(void)
```

bedeutet, daß die Funktion *main()* einen Integerwert *an* die Funktion übergeben kann, von der sie aufgerufen wird, und daß *main()* keine Informationen von der Funktion übernimmt, von der sie aufgerufen wird.

Die Besonderheit des Namens main()

Es gibt einen besonderen Grund, die Funktion im Programm *main()* zu nennen: Sie müssen es. In jedem C++-Programm muß es eine Funktion mit dem Namen *main()* geben. (Nicht mit dem Namen *Main()* oder *MAIN()* oder *mane()*. Sie wissen ja Bescheid.) Da in unserem Erstlings-Programm *hallo.cpp* nur eine Funktion vorkommt, muß diese *main()* genannt werden. Lassen Sie ein

C++-Programm ablaufen, beginnt die Ausführung immer bei der Funktion *main()*. Gibt es keine *main()*-Funktion, handelt es sich nicht um ein vollständiges Programm und der Compiler wird sich beschweren, daß Sie keine *main()*-Funktion definiert haben.

C++-Kommentare

Ein C++-Kommentar wird durch zwei Querstriche (//) eingeleitet. Kommentare werden vom Programmierer zur besseren Verständlichkeit im Programm untergebracht. Meistens wird ein bestimmter Programmabschnitt gekennzeichnet oder ein Aspekt erklärt. Der Compiler ignoriert Kommentare. Der Compiler kennt C++ mindestens so gut wie Sie, kann aber dennoch die Kommentare nicht verstehen. Was den Compiler betrifft, sieht das Listing 2.1 ohne Kommentare wie folgt aus:

```
#include <iostream.h>
int main(void)
{
    cout << "Öfters mal C++ benutzen.";
    cout << "\n";
    return 0;
}
```

C++-Kommentare erstrecken sich von den zwei Slashes (//) bis zum Ende der Zeile. Ein Kommentar kann in einer eigenen Zeile untergebracht werden oder in derselben Zeile wie Code. Schauen Sie sich nun bitte einmal die erste Zeile von Listing 2.1 an:

```
// hallo.cpp -- zeigt eine Meldung an
```

In diesem Buch beginnen alle Programme mit einem Kommentar, der den Dateinamen des Quelltexts und eine kurze Programmbeschreibung enthält. Wie schon in Kapitel 1 erwähnt wurde, hängt die Dateinamensendung für Quelltexte von Ihrem C++-System ab. Einige Systeme erfordern als Dateinamen *hallo.C* oder *hallo.cxx*.

Sie sollten Ihre Programme mit Kommentaren leserlicher machen. Je komplexer ein Programm wird, desto wichtiger werden Kommentare. Sie helfen nicht nur andere Ihre Programme zu verstehen, sondern sich selbst, falls Sie eine Weile nicht mehr damit gearbeitet haben.

C-Kommentare

C++ akzeptiert auch C-Kommentare, die zwischen den Symbolen /* und */ stehen:

```
#include <iostream.h> /* ein C-Kommentar */
```

Da C-Kommentare durch ein */-Zeichen beendet werden und nicht durch das Zeilenende, können diese Kommentare länger als eine Zeile sein. Sie können entweder nur eine Kommentarart oder beide in Ihren Programmen benutzen. Wir tendieren zu C++-Kommentaren. Blickt Ihnen dann ein C-Programmierer über die Schulter, kann er gleich erkennen, daß Sie ein versierter Programmierer sind.

Der C++-Präprozessor und die Datei iostream.h

C++ arbeitet wie C mit einem Präprozessor. Dabei handelt es sich um ein Programm, das eine Quelldatei bearbeitet, bevor die Hauptkompilation beginnt. (Einige C++-Implementationen – wie Sie schon aus Kapitel 1 wissen – konvertieren C++-Programme mit einem Übersetzer in C-Programme. Dieser Übersetzer ist auch eine Art Präprozessor, aber über *diesen* Präprozessor sprechen wir hier nicht. Wir wollen hier den Präprozessor besprechen, der Direktiven bearbeitet, die mit dem #-Zeichen anfangen.) Sie müssen nichts Bestimmtes tun, um diesen Präprozessor aufzurufen. Er arbeitet ganz automatisch, sobald Sie ein Programm kompilieren.

In unserem Listing kommt die Anweisung *#include* vor:

```
#include <iostream.h> // Eine PRÄPROZESSOR-Direktive
```

Diese Anweisung bewirkt, daß der Präprozessor den Inhalt der Datei *iostream.h* in Ihrem Programm unterbringt. Das ist eine typische Präprozessoraufgabe – Text im Quelltext hinzufügen oder ersetzen, bevor er kompiliert wird.

Dadurch wird die Frage aufgeworfen, warum der Inhalt der Datei *iostream.h* zum Programm hinzugefügt werden soll. Die Antwort liegt in der Tatsache, daß Ihr Programm mit der Außenwelt kommuniziert. Die Zeichen *io* des Dateinamens *iostream.h* stehen für *input* (Eingabe) und *output* (Ausgabe). Bei den Eingaben handelt es sich um Informationen, die dem Programm übergeben werden, und bei den Ausgaben um Informationen, die das Programm ausgibt. Das Ein-/Ausgabe-Schema von C++ umfaßt mehrere Definitionen, die sich in der Datei *iostream.h* befinden. Das Programm benötigt diese Definitionen, um die Funktion *cout* benutzen zu können. Die Anweisung *#include* bewirkt, daß der Inhalt der Datei *iostream.h* zusammen mit dem Inhalt Ihrer Datei an den Compiler übergeben wird. Genauer gesagt, wird die Zeile #include <iostream.h> durch den Inhalt der Datei *iostream.h* ersetzt. Ihre Originaldatei wird dabei nicht verändert, aber eine aus Ihrer Datei und der Datei *iostream.h* zusammengesetzte Datei wird an die nächste Kompilationsstufe übergeben.

 Programme, die *cin* und *cout* zur Ein-/Ausgabe verwenden, müssen die Datei *iostream.h* beinhalten.

Vor der C++-Version 2.0 benutzten C++-Programme eine Header-Datei mit dem Namen *stream.h* anstelle von *iostream.h*. Die Datei *iostream.h* stellt eine Verbesserung der C++-Ein-/Ausgabe-Bearbeitung dar. In diesem Buch geht es um die Version 2.0. Sollten Sie mit einer älteren Version arbeiten, müssen Sie an den Beispielen unter Umständen einige Korrekturen vornehmen.

C++-Ausgabe mit cout

Schauen wir uns jetzt einmal an, wie eine Meldung ausgegeben wird. Das Programm *hallo.cpp* benutzt die folgende C++-Anweisung:

```
cout << "Öfters mal C++ benutzen.";
```

Der Teil in den doppelten Anführungszeichen ist die Meldung, die ausgegeben wird. Bei C++ wird jede Zeichenfolge, die in doppelten Anführungszeichen steht, als *String* (Zeichenkette) bezeichnet. Die beiden spitzen Klammern (<<) zeigen an, daß in der obigen Anweisung der String an *cout* übergeben wird. Die Ausrichtung der Klammerspitze bestimmt, in welcher Richtung sich die Informationen bewegen. Aber was ist *cout*? Es ist ein vordefiniertes Objekt, das weiß, wie eine Vielzahl von Dingen ausgegeben werden muß, einschließlich Strings, Zahlen und Einzelzeichen. (Ein Objekt ist, wie Sie aus Kapitel 1 wissen, die Verkörperung einer Klassendefinition, von der beschrieben wird, wie Daten gespeichert und benutzt werden.)

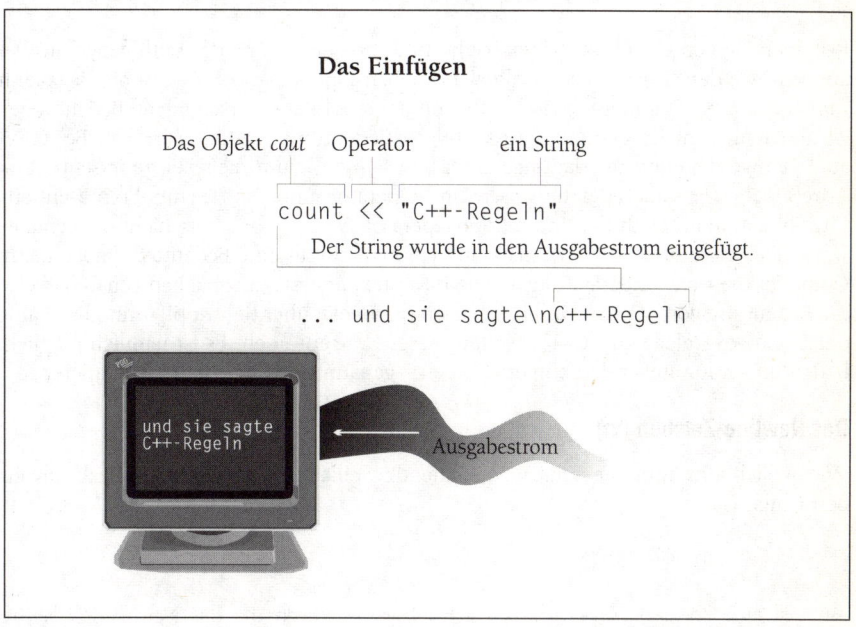

Bild 2.2: Einen String mit cout ausgeben

Das alles ist etwas verwirrend. Aber Objekte werden erst einige Kapitel weiter hinten genau beschrieben und jetzt wollen wir sie lediglich benutzen. Das zeigt gleichzeitig eine der Stärken von Objekten. Man muß gar nicht genau wissen, was ein Objekt ist und kann es trotzdem benutzen. Alles, was Sie kennen müssen, ist das Interface des Objektes. Das heißt, Sie müssen wissen, wie das Objekt benutzt wird. Das Objekt *cout* hat ein recht einfaches Interface. Repräsentiert *string* einen String, müssen Sie folgendes verwenden, um den String auszugeben:

```
cout << string;
```

Mehr müssen Sie zur Ausgabe des Strings nicht wissen. Wir wollen uns nun einmal anschauen, wie sich der Prozeß aus der Sicht von C++ darstellt. Dabei ist die Ausgabe ein *Strom* (Stream), das heißt eine Zeichenfolge, die aus dem Programm herausfließt – eine etwas idyllische Vorstellung. Das Objekt *cout*, dessen Zusammensetzung in der Datei *iostream.h* definiert ist, repräsentiert diesen Strom. Zum Objekt *cout* gehört ein *Einfügeoperator* (<<), der die rechts von ihm stehenden Informationen in den Strom einfügt. Die folgende Anweisung (beachten Sie das abschließende Semikolon)

```
cout << "Öfters mal C++ benutzen.";
```

fügt den String *"Öfters mal C++ benutzen."* in den Ausgabestrom ein. Man kann also nicht nur sagen, daß das Programm eine Meldung ausgibt, sondern auch, daß es einen String in den Ausgabestrom einfügt. Das klingt irgendwie eindrucksvoller (siehe Bild 2.2).

Kommen Sie von C zu C++, haben Sie bestimmt bemerkt, daß der Einfügeoperator (<<) genauso aussieht wie der Bitweise-nach-links-verschieben-Operator (<<). Das ist ein Beispiel für die *Operatorüberladung*. Das heißt, dasselbe Operatorsymbol kann verschiedene Bedeutungen haben. Es ist abhängig vom Programmkontext, welche Bedeutung der Operator hat. Bei C selbst gibt es auch einige Operatorüberladungen. Das &-Symbol zum Beispiel repräsentiert sowohl den Adreßoperator als auch den bitweisen Und-Operator, und das *-Symbol repräsentiert sowohl die Multiplikation als auch den Indirektionsoperator. Wichtig dabei ist nicht die genaue Funktionsweise der Operatoren, sondern daß ein Symbol mehr als eine Bedeutung haben kann, wobei der Compiler die richtige Bedeutung aus dem Kontext abliest. (Sie machen genau dasselbe, wenn Sie die Bedeutung von »Decke« in »Er zog sich die Decke über den Kopf.« mit »Die Lampe hängt an der Decke.« vergleichen.) C++ erweitert dieses Konzept noch. Es ist nämlich möglich, Operatorbedeutungen für anwenderdefinierte Typen – genannt Klassen – neu zu definieren.

Das Newline-Zeichen (\n)

Wie wollen uns nun die seltsam aussehende Stelle in der zweiten Ausgabeanweisung näher betrachten:

```
cout << "\n";
```

»\n« ist eine spezielle C++-(und C-)Schreibweise, durch die das *Newline-Zeichen* repräsentiert wird. Obwohl Sie für das Newline-Zeichen zwei Zeichen (\ und n) verwenden, zählt es als Einzelzeichen. Verwenden Sie unbedingt das \-Zeichen und nicht das /-Zeichen. Gibt man ein Newline-Zeichen auf dem Bildschirm aus, wird der Cursor an den Anfang der nächsten Zeile gebracht. Schickt man das Newline-Zeichen zu einem Drucker, wird der Druckkopf an den Anfang der nächsten Zeile gebracht. So kam das Newline-Zeichen zu seinem Namen.

Die Funktion *cout* geht nicht automatisch zur nächsten Zeile, wenn ein String ausgedruckt wird. Deshalb beläßt die erste *cout*-Anweisung in Listing 2.1 den Cursor hinter dem Punkt am Ende des Ausgabestrings. Damit der Cursor zum Anfang der nächsten Zeile gebracht wird, müssen Sie ein Newline-Zeichen ausgeben. Oder, um mit C++ zu sprechen, Sie müssen ein Newline-Zeichen in den Ausgabestrom einfügen.

Das Newline-Zeichen kann wie jedes andere Zeichen benutzt werden. In Listing 2.1 wurde es in einem separaten String untergebracht, aber es hätte genausogut an den Originalstring angehängt werden können. Das heißt, Sie können die beiden ursprünglichen Ausgabeanweisungen durch folgende Anweisung ersetzen:

```
cout << "Öfters mal C++ benutzen.\n";
```

Sie können das Newline-Zeichen sogar in der Mitte eines Strings unterbringen. Schauen Sie sich dazu bitte die folgende Anweisung an:

```
cout << "Ich bin ein mächtiger Strom\nleuchtend\nund klar.\";
```

Jedes Newline-Zeichen bringt den Cursor an den Anfang der nächsten Zeile und ergibt dementsprechend die folgende Ausgabe:

```
Ich bin ein mächtiger Strom
leuchtend
und klar.
```

Läßt man das Newline-Zeichen weg, erscheinen die Ausgaben aufeinanderfolgender *cout*-Anweisungen in derselben Zeile. Die folgenden Anweisungen beispielsweise:

```
cout <<"Das Gute, das ";
cout <<"Böse ";
cout <<"und die Ukulele\n";
```

ergeben folgende Ausgabe:

```
Das Gute, das Böse und die Ukulele.
```

Beachten Sie, daß der Anfang eines Strings unmittelbar nach dem Ende des vorhergehenden Strings zu liegen kommt. Möchten Sie, daß an der Stelle, an der zwei Strings aufeinanderstoßen, ein Leerzeichen erscheint, müssen Sie es in einem der Strings unterbringen. (Denken Sie daran, daß Sie diese Ausgabebeispiele zum Ausprobieren in einem vollständigen Programm zusammen mit einem *main()*-Funktionsheader und den öffnenden und schließenden geschweiften Klammern unterbringen müssen.)

C++-Quelltextformatierung

Einige Programmiersprachen wie FORTRAN zum Beispiel sind zeilenorientiert, das heißt, es befindet sich eine Anweisung in einer Zeile. Bei diesen Sprachen dient das Carriage-Return-Zeichen zum Separieren von Anweisungen. Aber bei C++ beendet das Semikolon das Ende von Anweisungen. Somit kann C++ das Carriage-Return-Zeichen genauso wie ein Leer- oder Tabulatorzeichen benutzen. Das heißt, Sie können an jeder Stelle, an der Sie ein Carriage-Return-Zeichen benutzen würden, ein Leerzeichen verwenden und umgekehrt. Das bedeutet also, daß Sie eine Anweisung über mehrere Zeilen verteilen oder mehrere Anweisungen in einer Zeile zusammenfassen können. Sie können beispielsweise *hallo.cpp* wie folgt neu formatieren:

```
#include <iostream.h>
    int
main
(void) { cout
    <<
"Öfters mal C++ benutzen.";
    cout << "\n"; return 0; }
```

Das sieht zwar seltsam aus, ist jedoch zulässig. Sie müssen jedoch einige Regeln beachten. Bei C und C++ können Sie kein Leer-, Tab- oder Returnzeichen in der Mitte eines Elementes wie einem Namen oder String unterbringen:

```
int ma in(void) // UNZULÄSSIG -- Leerzeichen im Namen
re
turn 0; // UNZULÄSSIG -- CR-Zeichen im Wort
cout << "Jenseits von
Afrika"; // UNZULÄSSIG -- CR-Zeichen im String
```

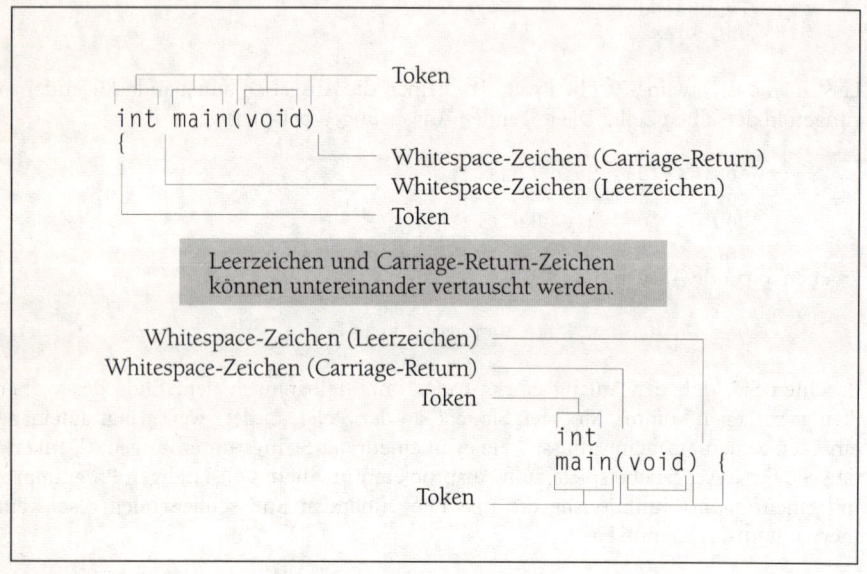

Bild 2.3: Tokens und Whitespace-Zeichen

Die nicht teilbaren Elemente in einer Zeile werden als *Token* bezeichnet (siehe Bild 2.3). Allgemein gesprochen, müssen Sie ein Token vom nächsten durch ein Leer-, Tab- oder Carriage-Return-Zeichen trennen. Diese Zeichen werden als *Whitespace-Zeichen* bezeichnet. C++ erkennt einige Spezialtoken wie zum Beispiel runde Klammern, ohne daß ein trennendes Whitespace-Zeichen notwendig ist:

```
return0;        // UNZULÄSSIG, muß return 0; heißen
return(0);      // ZULÄSSIG, Whitespace kann weggelassen werden
return( 0 );    // ZULÄSSIG, Whitespace benutzt
int main(void)  // ZULÄSSIG, Whitespace kann weggelassen werden
int main ( void ) // ZULÄSSIG, Whitespace benutzt
```

C++-Quelltextstil

Obwohl Sie beim Formatieren von C++-Quelltext viele Freiheiten haben, wird Ihr Programm leserlicher, wenn Sie einige Stilregeln befolgen:

▶ Nur eine Anweisung pro Zeile.

▌ Eine öffnende und eine schließende geschweifte Klammer pro Funktion, jeweils in einer eigenen Zeile.

▌ Anweisungen in einer Funktion, bezogen auf die geschweiften Klammern einrücken.

▌ Keine Whitespace-Zeichen um Klammern herum, die zu einem Funktionsnamen gehören.

2.2 Mehr über C++-Anweisungen

Ein C++-Programm ist eine Sammlung von Funktionen und jede Funktion eine Sammlung von Anweisungen. C++ kennt mehrere Anweisungstypen. Wir wollen uns nun einige davon anschauen. In Listing 2.2 werden zwei neue Anweisungstypen vorgestellt. 1. Eine *Deklarationsanweisung* erzeugt eine *Variable*. 2. Eine *Zuweisungsanweisung* weist dieser Variablen einen Wert zu. Das Programm zeigt auch eine neue Einsatzmöglichkeit für *cout*.

```
// floehe.cpp -- Zeigt den Wert einer Variablen an
#include <iostream.h>
int main(void)
{
    int floehe;              // Erzeugt eine Integervariable

    floehe = 28;             // Weist der Variablen einen Wert zu
    cout << "Meine Katze hat ";
    cout << floehe;          // Zeigt den Wert von floehe an
    cout << " Flöhe.\n";
        return 0;
}
```

Listing 2.2: floehe.cpp

Eine Leerzeile trennt die Deklaration vom Rest des Programmes. Das entspricht der C-Konvention, ist aber in C++ nicht unbedingt üblich. Es folgt die Programmausgabe:

```
Meine Katze hat 28 Flöhe
```

Wir werden das Programm auf den nächsten Seiten genau untersuchen.

Deklarationsanweisungen und Variablen

Computer sind präzise, disziplinierte Maschinen. Damit ein Informationselement im Computer abgespeichert werden kann, müssen Sie bestimmen, wieviel Speicher für diese Information benötigt wird. Außerdem müssen Sie eine Möglichkeit finden, die Speicherstelle zu identifizieren. Eine relativ einfache Methode in C++ besteht darin, mit einer Deklarationsanweisung den Speichertyp zu bestimmen und einen Namen für die Speicherstelle zur Verfügung zu stellen. So befindet sich beispielsweise die folgende Deklarationsanweisung (beachten Sie das Semikolon) in unserem Programm:

```
int floehe;
```

Durch diese Anweisung wird festgelegt, daß das Programm genügend Speicher zum Aufnehmen eines Informationselementes vom Typ *int* benötigt. Der Compiler übernimmt die Details der Speicherallokation und der Kennzeichnung der Speicherstelle mit dem Namen. C++ kann mehrere Datenarten oder *Typen* verarbeiten. *int* ist der Basisdatentyp und bezeichnet einen *Integer* oder eine ganze Zahl. Der C-Typ *int* kann positiv oder negativ sein. Der Wertebereich hängt allerdings von der Implementation ab. In Kapitel 3 finden Sie Näheres zum Thema *int* und anderen Datentypen.

Außer den Typ festzulegen, deklariert die Deklarationsanweisung, daß das Programm im weiteren Verlauf den Namen *floehe* zur Kennzeichnung des Wertes, der an dieser Stelle abgelegt ist, benutzen wird. *floehe* wird als *Variable* bezeichnet, da der Wert verändert werden kann. Bei C++ müssen Sie alle Variablen deklarieren. Lassen Sie die Deklaration in *floehe.cpp* weg, gibt der Compiler eine Fehlermeldung aus, wenn das Programm im weiteren Verlauf versucht, *floehe* zu verwenden. (Sie können die Deklaration einmal weglassen, um zu testen, wie Ihr Compiler reagiert. Erhalten Sie dann in Zukunft diese Meldung, wissen Sie, daß Sie irgendwo eine Deklaration vergessen haben.)

Warum müssen Variablen deklariert werden?

Einige Programmiersprachen, unter anderem Basic, erzeugen jedesmal eine neue Variable, wenn Sie einen neuen Namen verwenden, ohne daß dazu eine Deklaration benötigt wird. Das sieht auf den ersten Blick zwar anwenderfreundlich aus, ist es aber nicht. Schreibt man nämlich den Namen einer Variablen falsch, wird versehentlich eine neue Variable erzeugt und Sie merken es gar nicht. Das heißt, bei Basic ist folgendes möglich:

```
SpukSchloss = 34
...
SpuckSchloss = SpukSchloss + VieleGeister
...
PRINT SpukSchloss
```

Da *SpuckSchloss* falsch geschrieben ist, wird diese Variable verändert und *SpukSchloss* bleibt unverändert. Solche Fehler sind nicht leicht aufzuspüren, da keine Basic-Regeln verletzt werden. Bei C++ wird durch äquivalenten Quelltext die Regel gebrochen, niemals eine Variable ohne Deklaration zu benutzen. Deshalb findet der Compiler den Fehler und er kann unschädlich gemacht werden.

Allgemein kann gesagt werden, daß eine Deklaration den abzuspeichernden Datentyp und den Namen, der für die an dieser Stelle abgelegten Daten gilt, angibt. In diesem bestimmten Fall wurde eine Variable mit dem Namen *floehe* erzeugt, in der ein Integer abgelegt werden kann (siehe Bild 2.4).

Die Deklarationsanweisung in unserem Programm wird als *definierende* Deklarationsanweisung oder kurz *Definition* bezeichnet. Das heißt, durch ihre Präsenz wird der Compiler veranlaßt, Speicher für die Variable zu allokieren. In komplexeren Situationen können Sie auch *Referenzdeklarationen* benutzen. Dadurch wird der Computer veranlaßt, eine Variable zu benutzen, die schon an anderer Stelle definiert wurde. Eine Deklaration muß keine Definition sein, in unserem Beispiel ist es aber so.

Kennen Sie sich in C oder Pascal aus, wissen Sie schon über Variablendeklarationen Bescheid. Wir haben aber noch eine kleine Überraschung für Sie in peto. Bei C und Pascal befinden sich alle Variablendeklarationen normalerweise am Anfang einer Prozedur oder Funktion. Bei C++ gibt es keine solche Beschränkung. Es ist üblich, in C++ eine Variable an der Stelle vor ihrem ersten Einsatz zu deklarieren. So müssen Sie nicht lange im Programm herumsuchen, um herauszufinden, von welchem Typ die Variable ist. Ein Beispiel dazu folgt in Kürze. Der Nachteil dieser Methode besteht darin, daß sich nicht alle Variablennamen an einer Stelle befinden. So kann man nicht auf einen Blick erkennen, was für Variablen eine Funktion benutzt.

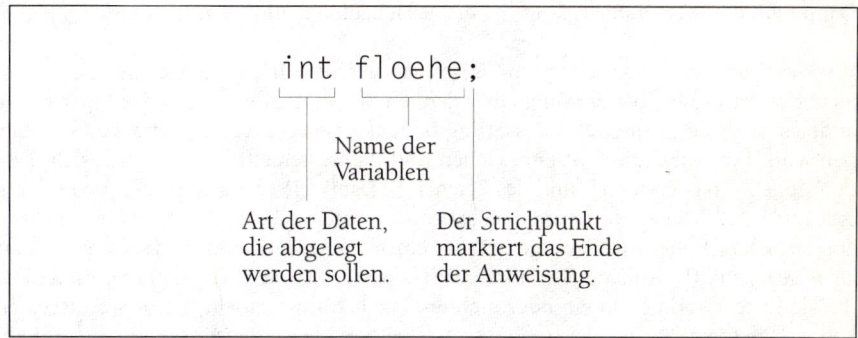

Bild 2.4: Eine Variablen-Deklaration

 Bei C++ ist es üblich, Variablen möglichst unmittelbar vor ihrem ersten Einsatz zu deklarieren.

Die Zuweisungsanweisung

Mit einer Zuweisungsanweisung wird einer Speicherstelle ein Wert zugewiesen. Die Anweisung

```
floehe = 28
```

zum Beispiel weist den Integer 28 der Speicherstelle zu, die durch die Variable *floehe* repräsentiert wird. Das Symbol »=« wird als *Zuweisungsoperator* bezeichnet. Ein ungewöhnliches C++- (und C-)Merkmal ist, daß man den Zuweisungsoperator seriell benutzen kann. Das heißt, folgender Quelltext ist zulässig.

```
int steinway;
int baldwin;
int yamaha;
yamaha = baldwin = steinway = 88;
```

Die Zuweisung erfolgt von rechts nach links. Zuerst wird *88 steinway* zugewiesen, dann wird der Wert von *steinway*, der jetzt 88 ist, *baldwin* zugewiesen und schließlich wird der *baldwin* Wert *88 yamaha* zugewiesen. (C++ hat wie C eine Vorliebe für verwursteten Code.)

Ein neuer Trick in bezug auf cout

Weiter vorn ließen wir *cout* Strings ausdrucken. In Listing 2.2 wird *cout* mit einer Variablen versehen, deren Wert ein Integer ist:

```
cout << floehe;
```

Das Programm gibt nicht das Wort *floehe* aus, sondern den in *floehe* abgespeicherten Integerwert, der gleich 28 ist. Zuerst muß *cout floehe* durch den aktuellen numerischen Wert 28 ersetzen. Dann muß der Wert in die richtige Ausgabezeichenfolge umgewandelt werden.

Wie Sie sehen, kann *cout* sowohl mit Strings als auch mit Integern zusammenarbeiten. Das ist für Sie vielleicht keine Überraschung, aber denken Sie immer daran, daß der Integer 28 etwas ganz anderes ist als der String "28". Der String besteht aus den Zeichen, mit denen die Zahl geschrieben wird. Das heißt, die 2 ist ein Zeichen und die 8 ebenfalls. Intern merkt sich das Programm den Code für das Zeichen 2 und das Zeichen 8. Damit ein String ausgegeben werden kann, muß *cout* nur jedes Zeichen des Strings ausgeben. Der Integer 28 wird dagegen als numerischer Wert abgespeichert. Dabei wird nicht jede Ziffer einzeln abgelegt, sondern der Computer speichert 28 als *binäre* Zahl. (In Anhang A erfahren Sie Näheres zu diesem Thema.) *cout* muß also eine Zahl, die als Integer vorliegt, in ein oder mehrere Zeichen umwandeln, bevor sie ausgegeben werden kann. Außerdem ist *cout* clever genug zu erkennen, daß *floehe* ein Integer ist und eine Konversion vorgenommen werden muß.

Durch eine Gegenüberstellung mit C können Sie ersehen, wie clever *cout* ist. Damit der String "28" und der Integer 28 in C ausgegeben werden kann, können Sie die für viele Zwecke dienliche C-Funktion *printf()* einsetzen:

```
printf("Einen String ausgeben: %s\n", "28");
printf("Einen Integer ausgeben: %d\n", 28);
```

Ohne näher auf *printf()* einzugehen, muß doch gesagt werden, daß Sie spezielle Zeichen (%s und %d) benutzen müssen, die festlegen, ob ein String oder ein Integer ausgegeben werden soll. Veranlassen Sie die Funktion *printf()* beispielsweise zur Ausgabe eines Strings, übergeben ihr aber aus Versehen einen Integer, bemerkt *printf()* Ihren Fehler nicht. Sie gibt einfach Unsinn aus.

Das intelligente Verhalten von *cout* ist den objektorientierten C++-Merkmalen zu verdanken. Der C++-Einfügeoperator (<<) paßt sein Verhalten an den ihm folgenden Datentyp an. In späteren Kapiteln, bei der Besprechung von Funktions- und Operatorüberladungen werden Sie erfahren, wie Sie selbst solche eleganten Konstruktionen erstellen können.

cout und printf()

Kennen Sie C und *printf()*, kommt Ihnen *cout* eventuell komisch vor. Sie möchten vielleicht sogar Ihr liebgewonnenes *printf()* nicht missen. Aber *cout* ist wirklich nicht ungewöhnlicher als *printf()* mit all seinen Konversionsspezifikationen. Und was weitaus wichtiger ist, *cout* hat mehrere Vorteile. Aus seiner Fähigkeit, Datentypen selbständig zu unterscheiden, läßt sich sein intelligenteres und narrensichereres Design erkennen. Außerdem ist es lernfähig. Das heißt, Sie können *cout* beibringen, neue Datentypen zu erkennen und auszugeben, die von Ihnen entwickelt wurden. Gefällt Ihnen der Kontrollmechanismus von *printf()*, ist es ein Leichtes, dieselben Effekte mit *cout* zu erzielen (siehe Kapitel 12).

2.3 Weitere C++-Anweisungen

Wir wollen uns nun einige weitere Beispiele zu Anweisungen anschauen. Das Programm in Listing 2.3 erweitert das vorhergehende Beispiel, indem es Ihnen erlaubt, einen Wert einzugeben, während das Programm abläuft. Wir verwenden hierzu *cin* – das Eingabependant zu *cout*. Bei den ersten beiden Beispielen wurde auch nicht verdeutlicht, wie eine Funktion wie *main()* eine andere Funktion aufruft. Deshalb ruft bei diesem Beispiel *main()* die Funktion *puts()* auf. Diese Funktion stammt aus der C-Standardbibliothek, die von C++ übernommen wurde. Mit dieser Funktion wird ein String ausgegeben. Außerdem zeigt das Programm eine weitere Möglichkeit, den Verwandlungskünstler *cout* zu benutzen.

```
// diekatze.cpp -- Ein- und Ausgabe
#include <iostream.h>
#include <stdio.h>      // wird für die alten
                        // C-Ein-/Ausgabefunktionen benutzt
int main(void)
{
    int floehe;

    puts("Wieviele Flöhe hat Ihre Katze?");  // Altes C
    cin >> floehe;                           // C++-Eingabe
    // Die nächste Zeile verkettet mehrere Ausgaben
    cout << "Das sind " << floehe << " Flöhe zu viel.\n";
    return 0;
}
```

Listing 2.3: diekatze.cpp

Es folgt eine Beispielausgabe:

```
Wieviele Flöhe hat Ihre Katze?
112
Das sind 112 Flöhe zu viel.
```

Die neuen Anweisungen in diesem Programm benutzen *cin* zum Lesen der Tastatureingabe, rufen die Funktion *puts()* auf und verbinden drei Ausgabeelemente in einer Zeile. Wir wollen uns diese Anweisung nun näher betrachten.

Der Einsatz von cin

Wie aus dem Beispielablauf zu ersehen ist, wurde der mit der Tastatur eingegebene Wert (112) der Variablen *floehe* zugewiesen. Es folgt die Anweisung, die dieses Wunder vollbrachte:

```
cin >> floehe
```

Schaut man sich diese Anweisung näher an, kann man förmlich sehen, wie die Informationen von *cin* an *floehe* übermittelt werden. Dieser Vorgang kann natürlich auch formaler beschrieben werden. Genau wie C++ die Ausgabe als Strom von Zeichen betrachtet, der aus dem Programm fließt, faßt es die Eingabe als einen Strom von Zeichen auf, die in das Programm fließen. Die Datei *iostream.h* definiert *cin* als Objekt, das diesen Strom repräsentiert. Bei der Ausgabe fügt der <<-Operator Zeichen in den Ausgabestrom ein. Bei der Eingabe benutzt *cin* den >>-Operator zum *Herausziehen* von Zeichen aus dem Eingabestrom. Sie werden deshalb meistens eine Variable rechts vom >>-Operator plazieren, um die Informationen zu empfangen. (Die Symbole << und >> wurden ausgewählt, um die Richtung des Informationsflusses zu verdeutlichen.)

Wie *cout* ist auch *cin* ein cleveres Objekt. Es konvertiert die Eingabe, bei der es sich ja um eine Reihe von Zeichen, die mit der Tastatur eingegeben wurden, handelt, in eine Form, die von der Variablen akzeptiert wird, die für die Entgegennahme der Informationen zuständig ist. In diesem Fall wurde *floehe* als Integervariable deklariert. Deshalb wird die Eingabe in die numerische Form umgewandelt, die der Computer zum Abspeichern von Integern benutzt.

Funktionsaufrufe

Die zweite neue Möglichkeit, die im Programm *diekatze.cpp* gezeigt wird, besteht im Aufrufen einer Bibliotheksfunktion. C++-Programme benutzen häufig Anweisungen, von denen Funktionen zum Ausführen der verschiedensten Aufgaben aufgerufen werden. Für Funktionen gibt es zwei Quellen: Sie können von Ihnen oder aus Bibliotheken stammen. Bald werden Sie einige Beispiele für anwenderdefinierte Funktionen kennenlernen. Bibliotheksfunktionen befinden sich in Bibliotheksdateien, auf die der Compiler beim Kompilieren eines Programmes zugreift. Der Compiler *linkt* (verbindet) Ihren Code mit dem betreffenden Bibliothekscode, um das ausführbare Programm zu erzeugen. Die Funktion *puts()* in Listing 2.3 ist eine Standardbibliotheksfunktion, die sowohl in C als auch in C++ zur Verfügung steht. Die Header-Datei *stdio.h* enthält Informationen, die diese Funktion betreffen, genauso wie *iostream.h* Informationen zu *cout* und *cin* beinhaltet. Die Funktion *puts()* gibt einen String aus und bringt daran anschließend den Cursor in die nächste Zeile. Sie ist eine einfach zu benutzende Funktion, aber sie ist gleichzeitig etwas eingeschränkt. Es können beispielsweise keine Integer ausgegeben werden. Wir haben *puts()* verwendet, da sie relativ einfach handzuhaben ist, bei weiteren Beispielen werden wir jedoch auf *cout* zurückgreifen.

Wir wollen uns nun die zum Aufrufen von Funktionen notwendigen Mechanismen anschauen. In Listing 2.3 wird die Funktion *puts()* wie folgt aufgerufen:

```
puts("Wieviele Flöhe hat Ihre Katze?");
```

Folgendes passiert: Beginnt das Programm mit der Ausführung, führt der Computer die Anweisungen in *main()* aus. Wird der Funktionsaufruf erreicht, verläßt der Computer kurzfristig *main()* und führt die Anweisungen in *puts()* aus. Ist die Ausführung von *puts()* beendet, kehrt der Computer zu *main()* zurück und fährt dort mit der Ausführung fort. Da der Funktionsaufruf von *puts()* sich in *main()* befindet, wird *main()* als *aufrufende* Funktion und *puts()* als *aufgerufene* Funktion bezeichnet (siehe Bild 2.5).

Damit eine Funktion aufgerufen werden kann, müssen hinter den Funktionsnamen zwei runde Klammern (()) gesetzt werden. Viele Funktionen benötigen Informationen von der aufrufenden Funktion. Die Funktion *puts()* zum Beispiel benötigt einen String, der dann ausgegeben wird. Damit solche Informationen an eine Funktion übergeben werden können, müssen Sie sie in die runden Klammern setzen. Diese Informationen werden als *Argumente* bezeichnet (siehe Bild 2.6).

Aufrufende Funktion   **Aufgerufene Funktion**

```
int main(void)
{
    ...                    Funktionsaufruf        Code von puts()
    ...          ──────────────────────────►      ...
    puts("Hallo Mama!");                          ...
    ...          Rückkehr zur aufrufenden Funktion ...
    ...          ◄──────────────────────────       ...
}
```

Bild 2.5: Eine Funktion aufrufen

Bei einem Argument kann es sich um einen String, einen Integer oder einen anderen Datentyp handeln. Es ist auch möglich, das Argument ganz wegzulassen. Ist das der Fall, müssen die runden Klammern trotzdem gesetzt werden:

```
showtime(); // Eine Funktion ohne Argumente aufrufen
```

Mehrere Argumente werden durch Kommata getrennt:

```
add_em_up(x, y, z, q, r); // Eine Funktion mit mehreren Argumenten
```

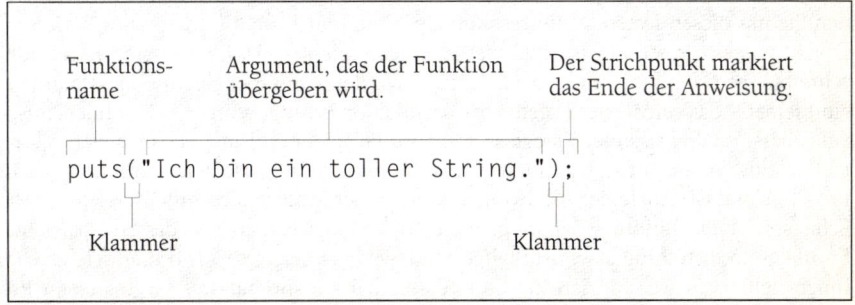

Funktions-   Argument, das der Funktion   Der Strichpunkt markiert
name   übergeben wird.   das Ende der Anweisung.

```
puts("Ich bin ein toller String.");
```

Klammer   Klammer

Bild 2.6: Anweisung für einen Funktionsaufruf

Mehr zum Thema cout

Die dritte neue Möglichkeit im Programm *diekatze.cpp* besteht in der Kombination von drei Ausgabeanweisungen zu einer. Die Datei *iostream.h* definiert den <<-Operator so, daß Sie Ausgaben wie folgt kombinieren (das heißt *verketten*) können:

```
cout << "Das sind " << floehe << " Flöhe zu viel.\n";
```

So können Sie String- und Integerausgaben zu einer Anweisung zusammenfassen. Die resultierende Ausgabe entspricht übrigens der Ausgabe, die von folgenden Anweisungen erzeugt wird:

```
cout << "Das sind ";
cout << floehe;
cout << " Flöhe zu viel.\n";
```

Mehr noch, Sie können die Ausgabe von mehreren Elementen mit *cout* wie folgt umschreiben:

```
cout << "Das sind "
     << floehe
     << " Flöhe zu viel.\n";
```

Dies ist möglich, da es bei C++ dank der freien Formatierungsregeln zulässig ist, Newline- und Leerzeichen beliebig zwischen Token zu plazieren. Diese Art der Formatierung ist übrigens immer dann abgebracht, wenn alle Ausgabeelemente nicht in einer Zeile untergebracht werden können.

Klassen

Sie wissen jetzt genug über *cin* und *cout*, um etwas mehr über Objekte zu erfahren. Insbesondere sollten wir uns den *Klassen* widmen. Klassen sind ein Grundelement der objektorientierten C++-Programmierung.

Eine Klasse ist ein Datentyp, der vom Anwender definiert wird. Bei der Definition einer Klasse beschreiben Sie, welche Informationstypen davon repräsentiert werden sollen und welche Aktionen Sie mit diesen Daten ausführen können. Eine Klasse steht in derselben Beziehung zu einem Objekt wie ein Typ (zum Beispiel *int*) zu einer Variablen. Das heißt, eine Klassendefinition beschreibt eine Datenform und wie sie benutzt werden kann. Bei einem Objekt handelt es sich um ein Element, das gemäß der Datenformspezifikation erzeugt wurde. Oder anders ausgedrückt, ist eine Klasse analog zu einer Kategorie wie zum Beispiel berühmte Schauspieler, dann ist ein Objekt analog zu einem bestimmten Vertreter dieser Kategorie wie zum Beispiel Kermit dem Frosch. Um diese Analogie auszuweiten, können wir festlegen, daß die Klassenrepräsentation der Schauspieler Definitionen der möglichen Darstellungsformen wie das Ausdrücken von Sorge, Fröhlichsein, Betonung usw. beinhaltet. Sind Sie an andere OOP-Terminologie gewöhnt, kann es Ihnen helfen, zu wissen, daß die C++-Klasse dem entspricht, was bei manchen Programmiersprachen als *Objekttyp* bezeichnet wird. Das C++-Objekt entspricht einem *Instanzenobjekt* oder einer *Instanzenvariablen*.

Nur wollen wir etwas mehr ins Detail gehen. Rufen Sie sich die folgende Variablendeklaration ins Gedächtnis:

```
int floehe;
```

Dadurch wird eine bestimmte Variable (*floehe*) erzeugt, die die Eigenschaften des Typs *int* besitzt. Das heißt, *floehe* kann einen Integerwert aufnehmen und auf verschiedene Arten manipuliert werden – mit der Addition und Subtraktion zum Beispiel. Widmen wir uns jetzt aber *cout*. Es ist ein Objekt, das erzeugt wurde, um die Eigenschaften der Klasse *ostream* zu verkörpern. Die *ostream*-Klassendefinition (befindet sich in der Datei *iostream.h*) beschreibt, was für Daten ein *ostream*-Objekt repräsentiert und welche Operationen Sie mit und an ihm ausführen können, wie beispielsweise das Einfügen einer Zahl oder eines Strings in einen Ausgabestrom. Dementsprechend ist *cin* ein Objekt, das die Eigenschaften der Klasse *istream* verkörpert. Auch diese Klasse ist in *iostream.h* definiert.

 Eine Klasse beschreibt alle Eigenschaften eines Datentyps und ein Objekt ist eine Einheit, die in Übereinstimmung mit dieser Beschreibung erzeugt wurde.

Wir haben gesagt, daß Klassen anwenderdefinierte Typen sind, aber wir – als Anwender – haben sicherlich die Klassen *ostream* und *istream* nicht selbst entworfen. Genauso wie es Funktionen in Funktionsbibliotheken gibt, existieren für Klassen *Klassenbibliotheken*. Das ist auch bei den Klassen *ostream* und *istream* der Fall. Technisch gesehen, sind diese Klassen nicht in C++ eingebaut, sondern sie sind Vertreter von Klassen, die zusammen mit C++ ausgeliefert werden. Die betreffenden Klassendefinitionen befinden sich in der Datei *iostream.h* und sind nicht in den Compiler eingebaut. Sie können diese Klassendefinitionen sogar modifizieren, aber das ist keine so gute Idee. Die Familie der *iostream.h*-Klassen und die damit verwandte Familie von Klassen in der Datei *fstream.h* (Datei-Ein-/Ausgabe) sind die einzigen Klassendefinitionen, die alle Implementationen von C++ gemeinsam haben. Viele Implementationen – einschließlich Turbo C++ und Zortech C++ – stellen zusätzliche Klassendefinitionen zur Verfügung. Einer der großen Vorzüge von C++ ist die Existenz vieler nützlicher Klassendefinitionen, durch die das Programmieren unter UNIX, dem Macintosh und Windows ermöglicht und erleichtert wird.

Die Klassenbeschreibung legt alle Operationen fest, die mit den Objekten einer Klasse durchgeführt werden können. Um eine zulässige Aktion mit einem bestimmten Objekt ausführen zu können, müssen Sie dem Objekt eine *Meldung* senden. Möchten Sie beispielsweise, daß das Objekt *cout* einen String ausgibt, müssen Sie dem Objekt eine Meldung der Form »Objekt! Gib das aus!« übermitteln. Bei C++ gibt es mehrere Möglichkeiten, Meldungen zu schicken. Eine besteht darin, eine *Klassenmethode* zu verwenden, das kommt im Endeffekt einem Funktionsaufruf gleich. Die andere Methode – die mit *cin* und *cout* benutzt wird – besteht darin, einen Operator neu zu definieren. Die Anweisung

```
cout << "Ich bin kein Gauner."
```

benutzt den neu definierten <<-Operator, um die »Ausgabe-Meldung« an *cout* zu schicken. In diesem Fall hat die Meldung ein Argument, wobei es sich um den String handelt, der ausgegeben werden soll (siehe Bild 2.7).

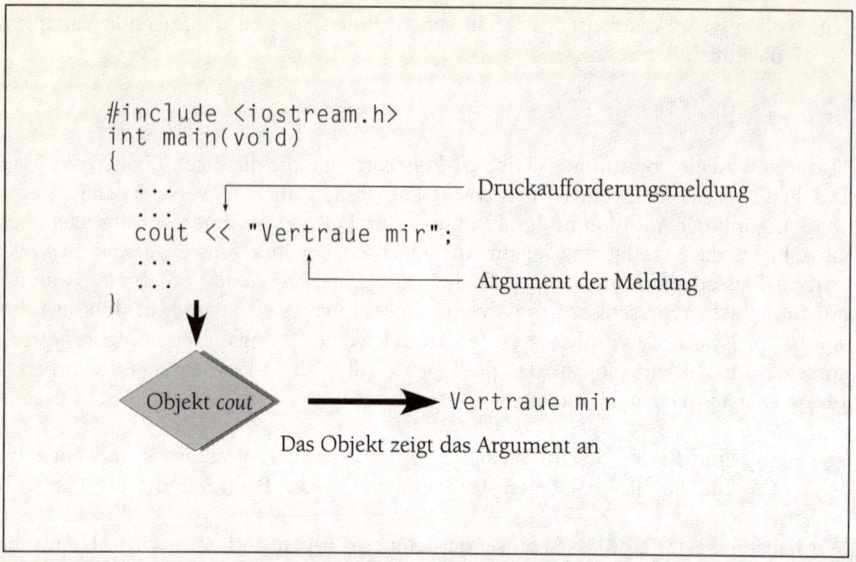

```
#include <iostream.h>
int main(void)
{
    ...
    ...                          ──────────── Druckaufforderungsmeldung
    cout << "Vertraue mir";
    ...
    ...                          ──────────── Argument der Meldung
}
```

Objekt *cout* ──────▶ Vertraue mir

Das Objekt zeigt das Argument an

Bild 2.7: Einem Objekt eine Meldung übermitteln

Zusammenfassung zum Thema Anweisungen

Wir haben mehrere C++-Anweisungen benutzt und besprochen und wollen nun das Gesagte kurz zusammenfassen:

▶ Deklarationsanweisungen geben den Namen und den Typ von Variablen an, die in Funktionen benutzt werden.

▶ Zuweisungsanweisungen benutzen den Zuweisungsoperator (=), um einer Variablen einen Wert zuzuweisen.

▶ Funktionsaufrufe aktivieren Funktionen. Ist die aufgerufene Funktion beendet, kehrt das Programm zu der Anweisung in der aufrufenden Funktion zurück, die unmittelbar auf den Funktionsaufruf folgt.

▶ Meldungsanweisungen schicken eine Meldung zu einem Objekt und lösen dadurch eine bestimmte Aktion aus.

2.4 Funktionen

Da Funktionen die Module darstellen, aus denen C++-Programme bestehen und da sie essentiell für C++-OOP-Definitionen sind, sollten Sie genau darüber Bescheid wissen. Einige Aspekte sind im Moment noch zu kompliziert, deshalb folgt der Hauptteil der Funktionsbesprechung in den Kapiteln 7 und 8. Wir wollen uns jetzt auf einige Grundaspekte beschränken, so fällt es Ihnen später leichter, den Rest zu verstehen.

Es gibt zwei Funktionstypen in C++: solche Funktionen, die Werte übergeben und solche, die das nicht tun. Beispiele für beide Arten finden Sie in der C++-Standardfunktionsbibliothek. Sie können auch eigene Funktionen beiderlei Typs erzeugen. Wir wollen uns nun eine Funktion betrachten, die einen Wert übergibt und daran anschließend untersuchen, wie Sie selbst einfache Funktionen schreiben können.

Der Einsatz einer Funktion, die einen Wert übergibt

Eine Funktion, die einen Wert übergibt, erzeugt einen Wert, der einer Variablen zugewiesen werden kann. Die Standard-C++-Bibliothek beinhaltet zum Beispiel eine Funktion mit dem Namen *sqrt()*, von der die Quadratwurzel einer Zahl übergeben wird. Angenommen, Sie möchten die Quadratwurzel von 6,25 in der Variablen *x* ablegen. (Das ist ein ganz normaler Wunsch, der Sie nicht erstaunen sollte.) Sie können dann die folgende Anweisung in Ihrem Programm unterbringen:

```
x = sqrt(6.25); // übergibt den Wert 2,5 und weist ihn x zu
```

Der Ausdruck *sqrt(6.25)* ruft die Funktion *sqrt()* auf und übergibt ihr den Wert *6,25* als Argument. Die Funktion berechnet als Antwort *2,5* und übergibt diesen Wert an das aufrufende Programm. Sie können sich vorstellen, daß der Übergabewert anstelle des Funktionsaufrufes in die Anweisung eingesetzt wird.

Mehr muß im Moment nicht dazu gesagt werden, außer, daß der C++-Compiler vor der Benutzung einer Funktion wissen muß, was für Argumente die Funktion verwendet und was für einen Übergabewert sie hat. Das heißt, übergibt die Funktion einen Integer? Ein Zeichen? Eine Zahl mit Dezimalbruch? Einen Schuldspruch? Oder etwas ganz anderes? Ohne diese Information weiß der Compiler nicht, wie der Übergabewert zu interpretieren ist. In C++ werden diese Informationen mit Hilfe eines *Funktionsprototypen* zur Verfügung gestellt.

 Ein C++-Programm sollte für jede Funktion, die im Programm vorkommt, einen Prototyp beinhalten.

Ein Funktionsprototyp ist für eine Funktion das, was eine Variablendeklaration für eine Variable ist – man kann daran erkennen, mit was für Typen gearbeitet wird. In der C++-Bibliothek ist zum Beispiel die Funktion *sqrt()* so definiert, daß sie eine Zahl mit (möglicherweise) einem Nachkommateil (wie bei 6,25) als Argument entgegennehmen kann und eine Zahl desselben Typs als Rückgabewert liefert. Bei einigen Programmiersprachen werden solche Zahlen als *reelle* Zahlen bezeichnet, bei C++ dagegen heißt dieser Typ *double*. (Mehr zu diesem Thema erfahren Sie in Kapitel 3.) Der Funktionsprototyp von *sqrt()* sieht wie folgt aus:

```
double sqrt(double); // Funktionsprototyp
```

Das *double* am Anfang bedeutet, daß *sqrt()* einen Wert des Typs *double* übergibt. Das *double* in runden Klammern bedeutet, daß *sqrt()* ein *double*-Argument erwartet. Dieser Prototyp beschreibt *sqrt()* also genauso, wie wir es benutzt haben. Das abschließende Semikolon kennzeichnet diese Textzeile übrigens als vollständige Anweisung und macht so einen Funktionsprototyp daraus und keinen Funktionsheader. Lassen Sie das Semikolon weg, interpretiert der Compiler die Zeile als Funktionsheader und erwartet, daß Sie dahinter einen Funktionsrumpf plazieren, der die Funktion definiert.

Benutzen Sie *sqrt()* in einem Programm, müssen Sie auch den Prototyp angeben. Dazu gibt es zwei Möglichkeiten:

▶ Sie können den Funktionsprototyp selbst in Ihrer Quelltextdatei aufführen.

▶ Sie können die Header-Datei *math.h*, in der sich der Prototyp befindet, in Ihrem Programm unterbringen.

Die zweite Möglichkeit ist besser, da die Header-Datei den Prototyp mit größerer Wahrscheinlichkeit richtiger angibt als Sie. Zu jeder Funktion in der C++-Bibliothek gibt es einen Prototyp in einer oder mehreren Header-Dateien. Lesen Sie sich die Funktionsbeschreibung in Ihrem Handbuch durch, oder benutzen Sie die On-line-Hilfe, falls Sie darüber verfügen. Aus der Beschreibung können Sie ersehen, welche Header-Datei benutzt werden muß. Aus der Beschreibung von *sqrt()* beispielsweise sollte hervorgehen, daß Sie die Header-Datei *math.h* benutzen müssen.

Verwechseln Sie den *Funktionsprototyp* nicht mit der *Funktionsdefinition*. Der Prototyp beschreibt – wie Sie gesehen haben – lediglich das Funktionsinterface. Die Definition dagegen beinhaltet die Anweisungen, mit denen die Funktion ihren Aufgaben nachkommt. C und C++ trennen diese beiden Bereiche – Prototyp und Definition – bei Bibliotheksfunktionen. Die Bibliotheksdateien beinhalten den kompilierten Code für die Funktionen, die Header-Dateien die Prototypen.

Der Funktionsprototyp sollte vor der Stelle plaziert werden, an der die Funktion das erste Mal benutzt wird. Es ist üblich, Prototypen vor der Definition der *main()*-Funktion zu plazieren. In Listing 2.4 sehen Sie, wie die Bibliotheksfunktion *sqrt()* benutzt wird und wie man den Prototypen mit Hilfe der Datei *math.h* einbindet.

```
// sqrt.cpp -- benutzt die Funktion sqrt
#include <iostream.h>
#include <math.h>            // Bei Math.-Funktionen erforderlich
int main(void)
{
    double flaeche;          // Typ double für reelle Zahlen verwenden

    cout << "Wieviele qcm umfassen Ihre Papierblätter?\n";
    cin >> flaeche;
    double seite;            // Eine weitere Variable anlegen
    seite = sqrt(flaeche);  // Funktion aufrufen und Wert zuweisen
    cout << "Sie können ein Quadrat mit einer Seitenlänge von ";
    cout << seite << " cm\nmit Ihren Blättern belegen.\n";
    return 0;
}
```

Listing 2.4: sqrt.cpp

Der Einsatz von Bibliotheksfunktionen

C++-Bibliotheksfunktionen befinden sich in Bibliotheksdateien. Kompiliert der Compiler ein Programm, muß er in den Bibliotheksdateien nach den verwendeten Funktionen suchen. Jeder Compiler durchsucht automatisch bestimmte Bibliotheksdateien, welche das sind, variiert von Compiler zu Compiler. Möchten Sie das Programm in Listing 2.4 ablaufen lassen und erhalten die Meldung, daß _sqrt eine unbekannte externe Funktion ist (das hört sich nicht sehr gut an!), besteht der Verdacht, daß Ihr Compiler die mathematische Bibliothek nicht automatisch durchsucht. (Compiler plazieren gerne einen Unterstrich »_« vor Funktionsnamen – ein weiterer Hinweis dafür, daß sie letztendlich das Sagen bezüglich Ihrer Programme haben.) Erhalten Sie eine solche Meldung, müssen Sie in Ihrer Compilerdokumentation nachschauen, wie man den Compiler dazu bringen kann, in der richtigen Bibliothek zu suchen. Alle gängigen UNIX-Implementationen zum Beispiel verlangen, daß Sie die Option *-lm* am Ende der Kommandozeile verwenden:

```
CC sqrt.C -lm
```

Benutzt man nur die Header-Datei *math.h*, wird zwar der Prototyp zur Verfügung gestellt, aber der Compiler wird nicht notwendigerweise veranlaßt, die richtige Bibliotheksdatei zu durchsuchen.

Es folgt ein Beispieldurchlauf:

```
Wieviele qcm umfassen Ihre Papierblätter?
123.21
Sie können ein Quadrat mit einer Seitenlänge von 11.1 cm
mit Ihren Blättern belegen.
```

Da *sqrt()* mit Werten des Typs *double* arbeitet, haben wir auch unsere Variablen mit diesen Typ versehen. Deklariert man eine Variable des Typs *double*, hat das dieselbe Form oder Syntax wie die Deklaration einer *int*-Variablen:

```
Typname Variablenname;
```

Liegt der Variablentyp *double* vor, können die Variablen *flaeche* und *seite* Werte mit Nachkommastellen wie beispielsweise *123,21* und *11,1* aufnehmen. Wie Sie in Kapitel 3 sehen werden, wird durch den Typ *double* ein viel größerer Wertebereich abgedeckt als durch den Typ *int*.

Bei C++ können Sie an jeder Stelle des Programmes neue Variablen deklarieren. In *sqrt.cpp* wird die Variable *seite* so lange nicht deklariert, bis sie benutzt wird. C++ läßt auch zu, daß Sie einer Variablen bei ihrer Definition einen Wert zuweisen. Sie können also auch folgendes machen:

```
double seite = sqrt(flaeche);
```

Mehr zu diesem Prozeß, der als *Initialisierung* bezeichnet wird, in Kapitel 3.

cin kann Informationen aus dem Eingabestrom in den Typ *double* umwandeln und *cout* kann den Typ *double* korrekt an den Ausgabestrom anhängen. Wie Sie ja schon wissen, sind diese Objekte recht clever.

Anwenderdefinierte Funktionen

In der Standard-C-Bibliothek befinden sich über 140 vordefinierte Funktionen. Entspricht eine davon Ihren Bedürfnissen, verwenden Sie sie unbedingt. Es kommt aber häufig vor, daß Sie eigene Funktionen erstellen müssen besonders bei der Entwicklung von Klassen. Es macht auch viel mehr Spaß, eigene Funktionen zu entwickeln. Schauen wir uns also an, wie das geht. Sie haben bis jetzt schon mehrere anwenderdefinierte Funktionen benutzt und alle wurden als *main()* bezeichnet. In jedem C++-Programm muß es eine *main()*-Funktion geben, die vom Anwender definiert werden muß. Wir wollen nun sehen, wie man eine zweite anwenderdefinierte Funktion in einem Programm unterbringt. Genau wie bei einer Bibliotheksfunktion können Sie eine anwenderdefinierte Funktion mit Hilfe ihres Namens aufrufen. Und auch genau wie bei einer Bibliotheksfunktion müssen Sie einen Funktionsprototyp bereitstellen, bevor die Funktion benutzt wird. Üblicherweise wird der Funktionsprototyp vor der *main()*-Definition plaziert. Bei anwenderdefinierten Funktionen müssen Sie zusätzlich den Quelltext der Funktion im Programm unterbringen. Am einfachsten geht das, indem man den Quelltext in derselben Datei ablegt, in der sich der Quelltext von *main()* befindet. in Listing 2.5 wird das soeben Besprochene illustriert.

```
// unserfun.cpp -- eine eigene Funktion definieren
#include <iostream.h>
void simon(int);          // Prototyp von simon()
int main(void)
{
    simon(3);             // Funktion simon() aufrufen
    cout << "Integer eingeben: ";
    int count;
    cin >> count;
    simon(count);         // Nochmals aufrufen
    return 0;
}

void simon(int n)         // Definition der Funktion simon()
{
    cout << "Simon sagt, daß Sie Ihre Zehen " << n;
    cout << " Mal berühren sollen.\n";
}                         // void-Funktion erfordern kein return
```

Listing 2.5: unserfun.cpp

Die Funktion *main()* ruft die Funktion *simon()* zweimal auf, einmal mit dem Argument 3 und einmal mit der Variablen *count* als Argument. Dazwischen wird der Anwender aufgefordert, einen Integer einzugeben, der anschließend *count* zugewiesen wird. In der Eingabeanforderung haben wir kein Newline-Zeichen benutzt. Dadurch erscheint die Anwendereingabe in derselben Zeile wie die Meldung. Es folgt ein Beispielablauf:

```
Simon sagt, daß Sie Ihre Zehen 3 Mal berühren sollen.
Integer eingeben: 512
Simon sagt, daß Sie Ihre Zehen 512 Mal berühren sollen.
```

Format einer Funktion

Die Definition der Funktion *simon()* richtet sich nach demselben allgemeinen Format, wie es bei der Definition von *main()* eingesetzt wurde. Zuerst kommt der Funktionsheader. Darauf folgt in geschweiften Klammern der Funktionsrumpf. Eine Funktionsdefinition hat also das folgende allgemeine Format:

```
Typ Funktionsname(Argumentenliste)
{
      Anweisungen
}
```

Der Quelltext, der die Funktion *simon()* definiert, folgt auf die schließende geschweifte Klammer von *main()*. Wie bei C und anders als bei Pascal erlaubt C++ nicht, daß eine Funktionsdefinition in einer anderen untergebracht wird. Jede Funktionsdefinition liegt unabhängig von den anderen vor. Alle Funktionen werden auf dieselbe Art und Weise erzeugt (siehe Bild 2.8).

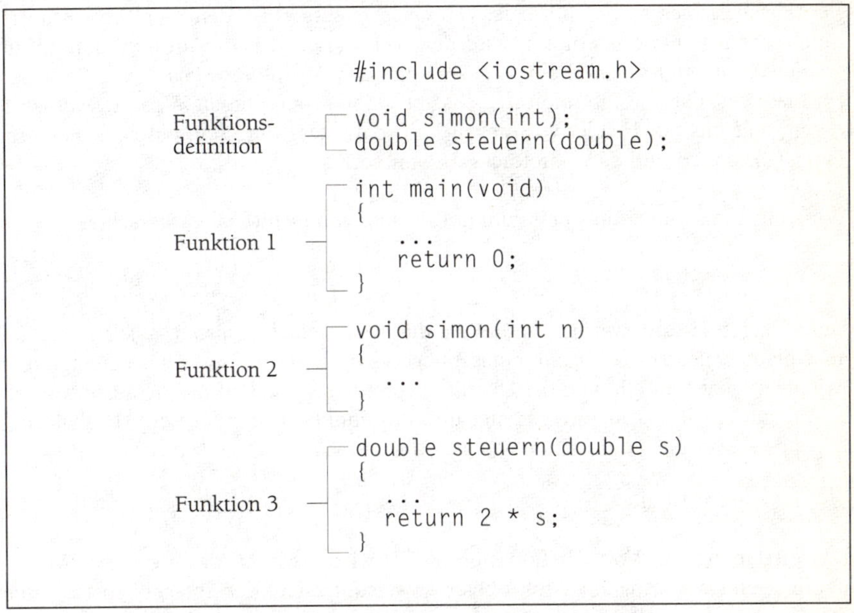

```
                              #include <iostream.h>

Funktions-          ⌐ void simon(int);
definition        ⌐│ double steuern(double);

                    ⌐ int main(void)
                    │ {
Funktion 1        ─│      ...
                    │      return 0;
                    └ }

                    ⌐ void simon(int n)
                    │ {
Funktion 2        ─│      ...
                    └ }

                    ⌐ double steuern(double s)
                    │ {
Funktion 3        ─│      ...
                    │      return 2 * s;
                    └ }
```

Bild 2.8: Funktionsdefinitionen werden nacheinander im Quelltext abgelegt

Der Funktionsheader

Die Funktion *simon()* hat folgenden Header:

```
void simon(int n)
```

Das *void* am Anfang deutet daraufhin, daß *simon()* keinen Übergabewert hat. Der Aufruf von *simon()* ergibt also auch keine Zahl, die einer Variablen in *main()* zugewiesen werden kann. Der erste Funktionsaufruf sieht demgemäß wie folgt aus:

```
simon(3);              // OK bei void-Funktionen
```

Da *simon()* ein Übergabewert fehlt, kann diese Funktion nicht wie folgt eingesetzt werden:

```
simple = simon(3);     // bei void-Funktionen nicht zulässig.
```

Der Ausdruck *int n* in den runden Klammern bedeutet, daß Sie *simon()* mit einem einzelnen Argument vom Typ *int* benutzen müssen. Das *n* ist eine neue Variable, der der Wert zugewiesen wird, der während des Funktionsaufrufes übergeben wurde. Der Funktionsaufruf

```
simon(3);
```

weist der Variablen *n*, die im Header von *simon()* definiert ist, den Wert *3* zu. Benutzt die Anweisung *cout* im Funktionsrumpf *n*, wird der Wert verwendet, der im Funktionsaufruf übergeben wurde. Darum gibt *simon(3)* eine 3 aus. Durch den Aufruf von *simon(count)* in unserem Beispiel wird bewirkt, daß die Funktion *512* ausgibt, da wir *count* diesen Wert zugewiesen haben. Kurz gesagt, teilt uns der Header von *simon()* mit, daß diese Funktion ein einzelnes Argument vom Typ *int* akzeptiert und daß kein Rückgabewert vorliegt.

Wir wollen uns nun einmal den Funktionsheader von *main()* näher betrachten:

```
int main(void)
```

Durch diesen Header werden die Rollen, die *int* und *void* in *simon()* spielen, vertauscht. Das *int* am Anfang bedeutet, daß *main()* einen Integerwert übergibt. Das *void* bedeutet, daß *main()* keine Argumente hat. Funktionen, die Übergabewerte haben, sollten das Schlüsselwort *return* benutzen, damit ein Rückgabewert erzeugt und die Funktion beendet wird. Deshalb haben wir die folgende Anweisung an das Ende von *main()* gesetzt:

```
return 0;
```

Das ist nur logisch: Von der Funktion *main()* wird erwartet, daß sie einen Wert vom Typ *int* übergibt und wir bringen sie mit obiger Anweisung dazu, den Integerwert *0* zu übergeben. Sie werden sich jetzt vielleicht fragen, wem ein Wert übergeben werden soll. Bis jetzt kam es noch in keinem Programm vor, daß irgendwo *main()* aufgerufen wurde:

```
squeeze = main();      // Kommt in unseren Programmen nicht vor
```

Sie können sich jedoch vorstellen, daß das Betriebssystem des Computers (zum Beispiel UNIX oder DOS) Ihr Programm aufruft. Der Übergabewert von *main()* wird also nicht an irgendeinen Teil des Programmes übergeben, sondern an das Betriebssystem. Viele Betriebssysteme können Übergabewerte von Programmen verarbeiten. UNIX-Shellscripts und DOS-Batchdateien beispielsweise können so ausgelegt werden, daß sie Programme starten und deren Übergabewerte testen, die man im allgemeinen als *Exitwerte* bezeichnet. Übereinkunftsgemäß bedeutet ein Exitwert von Null, daß das Programm ordnungsgemäß abläuft und ein Exitwert von ungleich Null, daß ein Problem vorliegt. Sie können also ein C++-Programm entwickeln, das einen Wert von ungleich Null übergibt, falls, sagen wir, das Öffnen einer Datei nicht gelingt. Daran anschließend können Sie ein Shellscript oder eine Batchdatei erzeugen, mit dem/der das Programm gestartet wird und sobald ein Fehler auftritt, auf eine Alternative ausgewichen wird.

Schlüsselwörter

Schlüsselwörter bilden das Vokabular einer Programmiersprache. In diesem Kapitel wurden vier C++-Schlüsselwörter benutzt: *int*, *void*, *return* und *double*. Da diese Schlüsselwörter eine spezielle Bedeutung für C++ besitzen, können sie nicht für andere Zwecke eingesetzt werden. Das heißt, Sie können *return* nicht als Variablennamen verwenden oder *double* als Funktionsnamen. Sie können sie jedoch als Teil eines Namens benutzen, wie *interessant* oder *return_wert*. In Anhang B finden Sie eine vollständige Liste der C++-Schlüsselwörter. Übrigens, *main* ist kein Schlüsselwort, da es nicht zum Vokabular der Programmiersprache gehört. Es handelt sich vielmehr um den Namen einer für den Programmablauf erforderlichen Funktion. Sie könnten *main* also als Variablennamen verwenden. (Das kann unter Umständen zu Problemen führen, deren Erklärung im Moment zu weit geht und Sie nur durcheinander bringt, also lassen Sie es am besten bleiben.) Genauso sind auch alle anderen Funktions- und Objektnamen keine Schlüsselwörter. Verwendet man in einem Programm denselben Namen, sagen wir *cout*, sowohl für ein Objekt als auch für eine Variable, gerät der Compiler in Schwierigkeiten. Das heißt, Sie können zwar *cout* als Variablennamen in einer Funktion einsetzen, von der das Objekt *cout* nicht für die Ausgabe verwendet wird, aber es ist nicht möglich, *cout* für beide Zwecke in derselben Funktion einzusetzen.

Anwenderdefinierte Funktion mit einem Rückgabewert

Wir wollen einen Schritt weitergehen und eine Funktion schreiben, die eine *return*-Anweisung verwendet. Die Funktion *main()* haben wir bereits als Beispiel für eine Funktion, von der ein Wert übergeben wird, kennengelernt: dort wurde der Typ des Rückgabewerts im Funktionsheader angegeben und *return* am Ende des Funktionsrumpfes verwendet. Wir werden eine solche Funktion benutzen, damit ein Gewichtsproblem für alle diejenigen gelöst werden kann, die sich mit der Geschichte des alten Preußens beschäftigen. Dort gab es das Gewichtsmaß Lot, das 4 Quentchen entsprach (1 Lot sind übrigens 14,6 g). Das Programm in Listing 2.6 benutzt eine Funktion, um die gewünschte Umwandlung vorzunehmen.

```
// lot.cpp -- Lot in Quentchen umrechnen
#include <iostream.h>
int lotnachquent(int);    // Funktionsprototyp
int main(void)
{
    int lot;
    cout << "Das Gewicht in Lot eingeben: ";
    cin >> lot;
    int quentchen = lotnachquent(lot);
    cout << lot << " Lot sind ";
    cout << quentchen << " Quentchen.\n";
    return 0;
}
```

```
int lotnachquent(int lt)
{
    return 4 * lt;
}
```

Listing 2.6: lot.cpp

Ein Beispielablauf:

```
Das Gewicht in Lot eingeben: 24
24 Lot sind 96 Quentchen.
```

Innerhalb von *main()* wird *cin* benutzt, um einen Wert für die Integervariable *lot* zu holen. Dieser Wert wird der Funktion *lotnachquent()* als Argument übergeben und der Variablen *lt* in dieser Funktion zugewiesen. Anschließend wird mit dem Schlüsselwort *return* der Wert von *14 * lt* an *main()* zurückgegeben. Dadurch wird illustriert, daß Sie hinter *return* nicht nur eine einfache Zahl setzen können. Durch die Verwendung eines komplexeren Ausdruckes wird das Anlegen einer neuen Variablen vermieden, der zuerst der berechnete Wert zugewiesen werden muß, bevor der Wert übergeben werden kann. Das Programm berechnet den Wert dieses Ausdruckes unmittelbar (in unserem Beispiel 96) und übergibt den resultierenden Wert. Irritiert Sie diese Vorgehensweise, können Sie auch den längeren Weg wählen:

```
int lotnachquent(int lt)
{
    int quentchen = 4 * lt;
    return quentchen;
}
```

Beide Versionen haben dasselbe Ergebnis, aber die zweite Version dauert etwas länger als die erste.

Allgemein kann gesagt werden, daß Sie eine Funktion mit Rückgabewert an jeder Stelle benutzen können, an der Sie sonst eine einfache Konstante desselben Typs verwenden würden. *lotnachquent()* zum Beispiel übergibt einen Wert des Typs *int*. Das bedeutet, daß Sie die Funktion wie folgt einsetzen können:

```
int ameise = lotnachquent(20);
int ameisen = ameise + lotnachquent(10);
cout << "Ferdie die Ameise wiegt " << lotnachquent(16);
cout << " Quentchen.\n";
```

In allen Fällen berechnet das Programm zuerst den Übergabewert und benutzt anschließend die Zahl in diesen Anweisungen.

Wie aus diesen Bespielen zu ersehen ist, beschreibt der Funktionsprototyp das Interface der Funktion. Das heißt, es wird gezeigt, wie die Funktion mit dem Rest des Programmes zusammenarbeitet. Die Argumentliste zeigt, was für Informationen der Funktion übergeben werden, und der Funktionstyp gibt den Typ des Rückgabewertes an. Programmierer bezeichnen Funktionen manchmal als *schwarze Kästchen* (oder Black Boxes – dieser Ausdruck stammt aus der

Elektronik), von denen nur bekannt ist, welche Informationen in sie hineinfließen und welche Informationen aus ihnen herauskommen. Der Funktionsprototyp entspricht exakt dieser Sichtweise (siehe Bild 2.9).

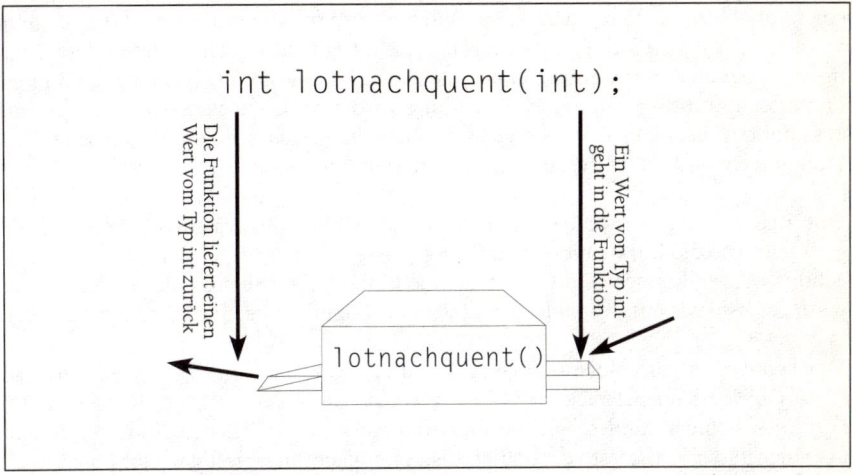

Bild 2.9: Der Funktionsprototyp und die Funktion als Black Box

Die Funktion *lotnachquent()* ist kurz und einfach, beinhaltet jedoch alle wichtigen Merkmale einer Funktion:

▶ Sie besitzt einen Header und einen Rumpf.

▶ Sie akzeptiert ein Argument.

▶ Sie übergibt einen Wert.

▶ Sie benötigt einen Prototyp.

Sie können *lotnachquent()* als Vorlage für die eigene Entwicklung von Funktionen heranziehen. Mehr zum Thema Funktionen erfahren Sie in den Kapiteln 7 und 8. Die in diesem Kapitel vorgestellten Informationen haben Ihnen einen Überblick darüber gegeben, wie Funktionen arbeiten und in C++ eingebunden werden können.

2.5 Zusammenfassung

Ein C++-Programm besteht aus einem oder mehreren Modulen, die als Funktionen bezeichnet werden. Die Programmausführung beginnt bei der Funktion *main()*. Diese Funktion darf deshalb in keinem Programm fehlen. Eine Funktion wiederum besteht aus einem Header und einem Rumpf. Der Funktionsheader gibt an, was für einen Wert die Funktion übergibt (falls einer übergeben wird), und was für Informationen der Funktion als Argumente übergeben werden können. Der Funktionsrumpf besteht aus einer Reihe von C++-Anweisungen, die in geschweiften Klammern stehen ({}).

Die verschiedenen Typen von C++-Anweisungen umfassen Deklarationsanweisungen, Zuweisungsanweisungen, Funktionsaufrufanweisungen, Objektmeldungsanweisungen und Return-Anweisungen. In einer Deklarationsanweisung befindet sich der Name einer Variablen und es wird der Datentyp festgelegt, den die Variable aufnehmen kann. Mit einer Zuweisungsanweisung wird einer Variablen ein Wert zugewiesen. Durch einen Funktionsaufruf wird die Programmkontrolle an die aufgerufene Funktion übertragen. Ist die Bearbeitung der Funktion fertig, wird die Kontrolle wieder an die Anweisung in der aufrufenden Funktion übergeben, die unmittelbar auf den Funktionsaufruf folgt. Durch eine Meldung wird ein Objekt veranlaßt, eine bestimmte Aktion auszuführen. Bei einer Return-Anweisung handelt es sich um den Mechanismus, mit dem eine Funktion einen Wert an die aufrufende Funktion übergibt.

Eine Klasse ist eine anwenderdefinierte Spezifikation eines Datentyps. Diese Spezifikation gibt genau an, wie die Informationen vorliegen müssen und welche Operationen mit den Daten ausgeführt werden können. Ein Objekt ist eine Einheit, die anhand einer Klassendefinition erzeugt wird, genauso wie eine Variable eine Einheit ist, die mit Hilfe eines Datentyps erzeugt wird.

C++ kennt zwei vordefinierte Objekte (*cin* und *cout*) zum Verarbeiten von Ein- und Ausgaben. Diese Objekte sind Beispiele der Klassen *istream* und *ostream*. Diese Klassen sind in der Datei *iostream.h* definiert und sehen die Ein- und Ausgabe als Zeichenströme. Der Einfügeoperator (<<), der in der Klasse *ostream* definiert ist, ermöglicht das Einfügen von Daten in den Ausgabestrom und der Extraktionsoperator (>>), der in der *istream*-Klasse definiert ist, ermöglicht Ihnen das Herausziehen von Informationen aus dem Eingabestrom. *cin* und *cout* sind sehr clevere Objekte. Sie sind in der Lage, Informationen automatisch von einer Form in eine andere zu konvertieren, und zwar abhängig vom Programmkontext.

Sie haben jetzt einen Überblick über den Aufbau einfacher C++-Programme, deshalb können wir im nächsten Kapitel Details aufzeigen und den Horizont erweitern.

2.6 Übungsaufgaben

Hinweis: Die Antworten zu diesen und allen anderen Übungsaufgaben in diesem Buch finden Sie in Anhang G.

1. Wie heißen die Module, aus denen C++-Programme bestehen?

2. Was bewirkt die folgende Präprozessoranweisung?

    ```
    #include <iostream.h>
    ```

3. Was für eine Anweisung wird benötigt, wenn der Satz »Hallo Welt« ausgegeben und anschließend eine neue Zeile begonnen werden soll?

4. Was für eine Anweisung erzeugt eine Integervariable mit dem Namen *kaese*?

5. Mit was für einer Anweisung kann der Wert 32 der Variablen *kaese* zugewiesen werden?

6.   Mit was für einer Anweisung kann ein Wert aus der Tastatureingabe in die Variable *kaese* eingelesen werden?

7.   Mit was für einer Anweisung kann »Es gibt X Käsesorten« ausgegeben werden, wobei X durch den aktuellen Wert der Variablen *kaese* ersetzt werden soll.

8.   Was sagt der folgende Funktionsheader über die Funktion aus?

```
int froop(double t)
```

9.   Wann wird das Schlüsselwort *return* bei der Definition einer Funktion nicht benutzt?

10.   Schreiben Sie ein C++-Programm, das eine Fläche in Morgen vom Anwender holt und diese in Ar umwandelt (ein Morgen entspricht 25 a).

11.   Erledigen Sie die Aufgabe 10 noch einmal, mit dem Unterschied, daß *main()* eine anwenderdefinierte Funktion aufruft, die den Wert in Morgen als Argument besitzt und den Wert in Ar als Rückgabewert liefert.

3

Das Arbeiten mit Daten

Der Sinn und Zweck der objektorientierten Programmierung besteht darin, eigene Datentypen zu entwickeln. Bei selbst designten Datentypen handelt es sich nicht um so etwas wie trendgerechte Designerkleider, sie sind vielmehr das Resultat einer Anstrengung, einen Typ zu finden, der am besten zu bestimmten Daten paßt. Geben Sie sich dabei Mühe, ist es später viel leichter, mit den zugehörigen Daten zu arbeiten. Bevor Sie jedoch Ihre eigenen Datentypen erstellen können, müssen Sie wissen und verstehen, wie die bereits vorhandenen Typen von C++ aufgebaut sind, da diese Typen die Grundbausteine Ihrer Datentypen werden.

Bei den eingebauten C++-Typen gibt es zwei Arten: fundamentale Typen und abgeleitete Typen. In diesem Kapitel wollen wir uns den fundamentalen Typen widmen, dazu gehören Integer und Fließkommazahlen. Das hört sich nach nur zwei verschiedenen Typen an, C++ kennt jedoch keinen Integer- und keinen Fließkommatyp, der allen Anforderungen eines Programmes gerecht wird. Deshalb gibt es mehrere Variationen zu diesen beiden Datenformen. Im nächsten Kapitel lernen Sie die aus den Grundtypen abgeleiteten Datentypen kennen. Zu den abgeleiteten Typen gehören Felder, Strings, Zeiger und Strukturen.

Ein Programm muß in der Lage sein, Daten in irgendeiner Weise zu identifizieren. Sie werden hierfür eine Methode, bei der mit Variablen gearbeitet wird, kennenlernen. Anschließend erfahren Sie, wie man mit C++ arithmetische Operationen durchführen kann. Und schließlich sehen Sie, wie C++ Werte von einem Typ in einen anderen umwandelt.

3.1 Einfache Variablen

Programme müssen Informationen speichern können. Zum Beispiel den aktuellen Kurs der IBM-Aktie oder die durchschnittliche Niederschlagsmenge von New York im August oder den am häufigsten in der Verfassung vorkommenden Buchstaben oder die Anzahl der existierenden Elvis Presley-Imitatoren. Damit eine Informationseinheit auf einem Computer abgespeichert werden kann, muß das Programm über drei grundlegende Dinge Bescheid wissen:

▶ Wo sich die Information befindet.
▶ Was für ein Wert dort vorliegt.
▶ Was für eine Information abgespeichert ist.

Bis jetzt haben wir zu diesem Zweck immer Variablen deklariert. Der in der Deklaration verwendete Typ beschreibt die Informationsart und der Variablenname repräsentiert den Wert symbolisch. Angenommen, der Chefassistent Igor benutzt die folgenden Anweisungen:

```
int intelligenzquotient;
intelligenzquotient = 5;
```

Diese Anweisungen teilen dem Programm mit, daß ein Integerwert aufgenommen werden muß und daß der Name *intelligenzquotient* den Wert des Integers – 5 in diesem Fall – repräsentieren soll. Aus diesen Anweisungen können wir (oder Igor) aber nicht erkennen, wo sich der Wert im Speicher befindet – aber das Programm weiß es. Sie können mit dem &-Operator die Speicheradresse von *intelligenzquotient* bestimmen. Im nächsten Kapitel bei der Untersuchung einer zweiten Methode, Daten zu repräsentieren – unter Verwendung von Zeigern –, erfahren Sie mehr über diesen Operator.

Variablennamen

C++ ermöglicht es Ihnen, aussagekräftige Namen für Ihre Variablen zu verwenden. Repräsentiert eine Variable zum Beispiel die Kosten einer Reise, können Sie sie *reisekosten* oder *KostenderReise* nennen und nicht nur *x* oder *kost*. Sie müssen allerdings einige einfache C++ Regeln für die Namensgebung beachten:

▌ Es dürfen lediglich alphabetische Zeichen, Ziffern und Unterstrichzeichen (_) verwendet werden.

▌ Das erste Zeichen eines Namens darf keine Ziffer sein.

▌ Es wird zwischen Groß- und Kleinschreibung unterschieden.

▌ C++-Schlüsselwörter können nicht als Namen vergeben werden.

▌ Bei C++ gibt es keine Beschränkung hinsichtlich der Namenslänge und alle Zeichen eines Namens sind von Bedeutung.

Durch den letzten Punkt unterscheidet sich C++ von ANSI C. Bei ANSI C sind nur die ersten 31 Zeichen eines Namens von Bedeutung. (Das heißt, liegen bei ANSI C zwei Namen vor, die in den ersten 31 Zeichen übereinstimmen, werden sie als identisch angesehen, auch wenn sie sich im 32ten Zeichen unterscheiden.) Auch wenn es beim Sprachstandard keine Beschränkungen hinsichtlich der Namenslänge gibt, kann es solche Beschränkungen bei einigen Implementationen geben.

Es folgen einige gültige und ungültige C++Namen:

```
int pudel;        //gültig
int Pudel         //gültig und hat eine andere Bedeutung als pudel
int PUDEL;        //gültig, wieder mit anderer Bedeutung
Int terrier;      //ungültig -- muß int nicht Int heißen
int mein_stern3;  //gültig
int _meinstern3;  //gültig -- Unterstrich am Anfang ist erlaubt
int 1drauf;       //ungültig, da der Name mit einer Ziffer beginnt
int double;       //ungültig -- double ist ein C++-Schlüsselwort
int begin;        //gültig -- begin ist ein Pascal-Schlüsselwort
int die_beste_Variable_die_es_geben_kann_Version_112; //gültig
int honky-tonk;   //ungültig -- Gedankenstriche sind unzulässig
```

Obwohl es möglich ist, einen Variablennamen mit einem Unterstrich zu beginnen, wie bei _meinstern3, sollten Sie das besser unterlassen. C- und C++-Implementationen und Bibliotheken verwenden nämlich Identifizierungszeichen, die mit einem oder mehreren Unterstrichen beginnen, die eigenen, internen Zwecken dienen.

Möchten Sie einen Namen aus einem oder mehreren Wörtern bilden, werden die einzelnen Wörter normalerweise durch einen Unterstrich getrennt, wie bei *meine_meinung*. Es besteht auch die Möglichkeit, den ersten Buchstaben von jedem Wort groß zu schreiben, wie bei *meinAugen-Stern*. (C-Veteranen bevorzugen die Unterstrichmethode, Pascalianer Großbuchstaben.)

Einige C++-Implementationen weisen strengere Regeln bezüglich der Bezeichnung von Variablen auf, falls diese Variable bei einem aus mehreren Dateien bestehenden Programm von mehreren Dateien gemeinsam genutzt wird. Einige Betriebssysteme wie PC DOS beispielsweise haben nämlich eigene Regeln hinsichtlich Variablen, die von mehreren Dateien gemeinsam genutzt werden. Bei PC DOS sind zum Beispiel die Namen (sie werden als *externe Identifizierungszeichen* bezeichnet) für solche Variablen auf acht Zeichen beschränkt und es wird nicht zwischen Groß- und Kleinschreibung unterschieden.

Integertypen

Integer sind ganze Zahlen wie 2, 98, -5286 und 0. Sie besitzen keinen Nachkommateil. Es gibt viele Integerwerte, wenn man eine unendliche Anzahl als sehr viel bezeichnet, so daß ein endlicher Computerspeicher nie alle möglichen Integerwerte aufnehmen kann. Deshalb kann in einer Programmiersprache nur eine Untermenge aller Integerwerte behandelt werden. Einige Sprachen wie Standard Pascal beinhalten lediglich einen Integertyp (ein Typ für alle Integerwerte!!). Bei C++ dagegen gibt es mehrere Möglichkeiten. So können Sie den Integertyp auswählen, der am besten zu bestimmten Programmbedingungen paßt. Dieser Ansatz, den Datentyp den Daten anzupassen, ist ein Grundstein für die OOP-Datentypen.

Die verschiedenen Integertypen beanspruchen unterschiedlich viel Speicherplatz, um einen Integerwert aufnehmen zu können. Ein größerer Speicherblock kann einen größeren Integerwertebereich repräsentieren. Einige Typen (*vorzeichenbehaftete* Typen genannt) können sowohl positive als auch negative Werte repräsentieren. Andere (*vorzeichenlose* Typen) können keine negativen Werte repräsentieren. Die C++-Basisintegertypen werden – in der Reihenfolge des beanspruchten Speicherbedarfs – als *char*, *short*, *int* und *long* bezeichnet. Von jedem Typ gibt es eine vorzeichenbehaftete und eine vorzeichenlose Version. So können Sie aus acht verschiedenen Integertypen wählen! Wir wollen uns nun diese Integertypen etwas näher betrachten. Da der Typ *char* einige Besonderheiten aufweist (er wird meistens für die Aufnahme von Zeichen und nicht von Zahlen herangezogen), wollen wir zuerst die anderen Typen besprechen.

Die Integertypen short, int und long

Computerspeicher ist in Einheiten mit dem Namen Bytes angeordnet (siehe auch den Hinweis zu Bits und Bytes). Indem eine variierende Anzahl von Bytes verwendet wird, um Werte abzuspeichern, können die C++-Typen *short*, *int* und *long* bis zu drei verschiedene Integergrößen repräsentieren. Es wäre kein Problem, wenn jeder Typ bei jedem System die gleiche Größe umfassen würde, wenn also *short* beispielsweise immer aus zwei Bytes, *int* immer aus vier Bytes usw. bestehen würde. Aber leider ist das Leben (auch das ++-Leben) nicht so einfach. Der Grund für die Schwierigkeiten besteht darin, daß keine Größe passend für alle Computersysteme ist. Deshalb existiert in C++ ein flexibler Standard mit einigen garantierten Minimalgrößen:

▶ Ein *short*-Integer umfaßt mindestens zwei Bytes.

▶ Ein *int*-Integer ist mindestens so groß wie ein *short*-Integer.

▶ Ein *long*-Integer umfaßt mindestens vier Bytes und ist mindestens so groß wie ein *int*-Integer.

Bits und Bytes

Die Speicherkapazität wird in *Bytes* gemessen. Ein Byte besteht aus acht *Bits*. Ein Bit ist die kleinste Speichereinheit. Sie können sich ein Bit als elektronischen Umschalter vorstellen, der entweder ein- oder ausgeschaltet ist. Ist er ausgeschaltet, wird der Wert 0 repräsentiert, ist er eingeschaltet, der Wert 1. Das aus acht Bits bestehende Byte kann also in 256 verschiedenen Kombinationen vorliegen. Die Zahl 256 ergibt sich aus der Tatsache, daß es für jedes Bit zwei Einstellungsmöglichkeiten gibt. Die Gesamtanzahl der Kombinationsmöglichkeiten für 8 Bits beträgt also 2 x 2 x 2 x 2 x 2 x 2 x 2 x 2 oder 256. Ein Byte kann also zum Beispiel die Werte 0 bis 255 oder -128 bis 127 repräsentieren. Jedes weitere Bit verdoppelt die Kombinationsmöglichkeiten. Das bedeutet, daß eine aus zwei Byte bestehende Einheit 65536 Werte repräsentieren kann und eine vier Byte bestehende Einheit kann 4294672296 verschiedene Werte annehmen.

Viele Systeme arbeiten zur Zeit mit der Minimalvariante, bei der ein *short* zwei Bytes und ein *long* vier Bytes umfaßt. Es existieren dann aber immer noch mehrere Möglichkeiten für die Größe des Datentyps *int*. Er kann sowohl aus **zwei**, drei oder vier Bytes bestehen und immer dem Standard entsprechen. Üblicherweise besteht ein *int* bei IBM-Implementationen aus zwei Bytes (genau wie ein *short*) und beim Macintosh, VAX und vielen anderen Implementationen aus vier Bytes (genau wie ein *long*). (Mit was arbeitet Ihre Implementation? Im nächsten Beispiel erfahren Sie, wie man die Größenwerte eines Systems ohne Aufschlagen des Handbuches feststellen kann.) Der Größenunterschied hinsichtlich der Typgröße zwischen einzelnen Implementationen kann zu Problemen führen, wenn Sie ein C++-Programm von einer Umgebung in eine andere übertragen möchten. Ein wenig Sorgfalt kann diese Probleme minimieren. Näheres dazu in Kürze.

Die Typen werden in Deklarationen wie folgt eingesetzt:

```
short score;  // Es wird eine Integervariable vom Typ short erzeugt
int temperatur;// Es wird eine Integervariable vom Typ int erzeugt
long position; // Es wird eine Integervariable vom Typ long erzeugt
```

short ist übrigens die Abkürzung für *short int* und *long* für *long int*, aber fast niemand benutzt die längere Form (aber *int* ist nicht die Kurzform für *int int*).

Bei den drei Typen *int*, *short* und *long* handelt es sich um vorzeichenbehaftete Typen. Das heißt, jeder teilt seinen Wertebereich annähernd gleich zwischen positiven und negativen Werten auf. Ein zwei Bytes umfassendes *int* kann beispielsweise Werte von -32768 bis +32767 repräsentieren.

Wenn Sie wissen möchten, welche Größen die Integer Ihres Systems umfassen, können Sie mit Hilfe eines C++-Werkzeuges in einem Programm feststellen, was für Typgrößen vorliegen. Zum einen kann der *sizeof*-Operator eingesetzt werden, um die Größe eines Typs in Bytes oder einer Variablen zu bestimmen. (Bei einem Operator handelt es sich um ein Sprachelement, das ein oder mehrere Elemente bearbeitet und einen Wert zurückliefert. Der Additionsoperator zum Beispiel, der durch das Zeichen »+« repräsentiert wird, addiert zwei Werte.) Zum anderen enthält die Header-Datei *limits.h* Informationen über Beschränkungen in bezug auf Integertypen. Insbesondere sind dort symbolische Namen definiert, die verschiedene Beschränkungen aufzeigen. Dort ist beispielsweise *INT_MAX* definiert, das den größtmöglichen positiven *int*-Wert darstellt. In Listing 3.1 sehen Sie, wie das abläuft. Das Programm illustriert auch den Prozeß der *Initialisation*, bei dem eine Deklarationsanweisung benutzt wird, um einer Variablen einen Wert zuzuweisen.

```
// grenzen.cpp -- einige Integer-Grenzen
#include <iostream.h>
#include <limits.h>             // definiert Grenzen von Datentypen
int main(void)
{
    int n_int = INT_MAX;       // initialisiert n_int mit dem
                               // größten Integerwert
    short n_short = SHRT_MAX;   // weitere Symbole, die in limits.h
                               // definiert sind
    long n_long = LONG_MAX;

    // Der sizeof-Operator bestimmt die Größe eines Typs oder einer
    // Variablen
    cout << "int umfaßt " << sizeof (int) << " Byte.\n";
    cout << "short umfaßt " << sizeof n_short << " Byte.\n";
    cout << "long umfaßt " << sizeof n_long << " Byte.\n\n";

    cout << "Maximale Werte:\n";
    cout << "int: " << n_int << "\n";
    cout << "short: " << n_short << "\n";
    cout << "long: " << n_long << "\n\n";

    cout << "Minimaler int-Wert = " << INT_MIN << "\n";
    return 0;
}
```

Listing 3.1: grenzen.cpp

Kompatibilitätshinweis

Die Header-Datei *limits.h* ist eine ANSI-C-Erweiterung. Einige C++-Implementationen gewährleisten keine vollständige ANSI-C-Kompatibilität und beinhalten deshalb unter Umständen die Header-Datei *limits.h* nicht. Arbeiten Sie mit einem solchen System, können Sie das folgende Beispiel nur in Gedanken ausführen.

Es folgt eine Beispielausgabe:

```
int umfaßt 2 Byte.
short umfaßt 2 Byte.
long umfaßt 4 Byte.
Maximale Werte:
```

```
int: 32767
short: 32767
long: 2147483647
Minimaler int-Wert = -32768
```

Programmdetails

Wir wollen uns nun die Hauptbestandteile dieses Programmes näher anschauen.

Der Operator *sizeof* meldet, daß der Typ *int* zwei Bytes auf unserem System beansprucht. Sie können dem *sizeof*-Operator einen Typ- oder einen Variablennamen übergeben. Benutzen Sie den Operator zusammmen mit einem Typnamen wie *int*, müssen Sie den Typnamen in runde Klammern setzen. Verwenden Sie den Operator jedoch mit einem Variablennamen wie *n_short*, müssen Sie die runden Klammern nicht unbedingt setzen:

```
cout << "int umfaßt " << sizeof(int) << " Byte.\n";
cout << "short umfaßt " << sizeof n_short << " Byte.\n";
```

Symbolische Konstante	enthält
CHAR_BIT	Anzahl der Bits des Typs *char*
CHAR_MAX	größter *char*-Wert
CHAR_MIN	kleinster *char*-Wert
SCHAR_MAX	größter *signed char*-Wert (mit Vorzeichen)
SCHAR_MIN	kleinster *signed char*-Wert (mit Vorzeichen)
UCHAR_MAX	größter *unsigned char*-Wert (ohne Vorzeichen)
SHRT_MAX	größter *short*-Wert
SHRT_MIN	kleinster *short*-Wert
USHRT_MAX	größter *unsigned short*-Wert (ohne Vorzeichen)
INT_MAX	größter *int*-Wert
INT_MIN	kleinster *int*-Wert
UINT_MAX	größter *unsigned int*-Wert (ohne Vorzeichen)
LONG_MAX	größter *long*-Wert
LONG_MIN	kleinster *long*-Wert
ULONG_MAX	größter *unsigned long*-Wert (ohne Vorzeichen)

Tabelle 3.1: Symbolische Konstanten in limits.h

In der Header-Datei *limits.h* sind symbolische Konstanten definiert (siehe Tabelle 3.1), die die Grenzwerte der verschiedenen Typen angeben. Wie erwähnt, repräsentiert *INT_MAX* den größt-möglichen Wert, den ein *int* aufnehmen kann. Bei unserem System ist das der Wert 32767. Zu jedem Compiler wird eine *limits.h*-Datei mitgeliefert, die die dem Compiler entsprechenden Wer-te enthält. So ist in der *limits.h*-Datei von einem System, bei dem der Typ *int* vier Byte umfaßt, die symbolische Konstante *INT_MAX* mit einem Wert von 2147483647 definiert. Sowohl C++ als auch ANSI C verwenden die Datei *limits.h*, deshalb ist sie so ausgelegt, daß sie kompatibel zu beiden Sprachen ist. In der Tabelle 3.1 finden Sie alle symbolischen Konstanten, die in dieser Datei definiert sind. Einige beziehen sich auf Typen, die noch nicht besprochen wurden.

Die Initialisation kombiniert eine Zuweisung mit einer Deklaration. Die folgende Anweisung zum Beispiel

```
int n_int = INT_MAX;
```

deklariert die Variable *n_int* und setzt sie auf den größtmöglichen Wert des Typs *int*. Sie können auch mit regulären Konstanten Variablen initialisieren. Es ist auch möglich, eine Variable mit dem Wert einer anderen Variablen zu initialisieren, vorausgesetzt, daß die andere Variable vorher definiert wurde. Sie können eine Variable sogar zu einem Ausdruck initialisieren, vorausgesetzt, daß alle Werte des Ausdruckes beim Kompilieren bekannt sind:

```
int onkel = 5;                  // mit 5 initialisieren
int tanten = onkel;             // mit 5 initialisieren
int stuehle = tanten + onkel + 4;   // mit 14 initialisieren
```

Würde man die Deklaration von *onkel* an das Ende der obigen Anweisungen bringen, wären die anderen beiden Initialisationen ungültig, da der Wert von *onkel* zu der Zeit nicht bekannt ist, zu der der Compiler versuchte, die anderen Variablen zu initialisieren.

Initialisieren Sie eine Variable, die innerhalb einer Funktion definiert wurde, nicht, bleibt der Wert der Variablen *undefiniert*. Das bedeutet, die Variable besitzt den Wert, der sich gerade an der Speicherstelle befindet, an der die Variable plaziert wird.

Wissen Sie, wie der Initialisierungswert einer Variablen lauten soll, initialisieren Sie die Variable damit. Natürlich wird durch die Trennung der Variablendeklaration von der Zuweisung ihres Wertes etwas Spannung erzeugt:

```
short jahr;  // Was könnte es sein?
jahr = 1492; // Aha
```

Initialisieren Sie die Variable jedoch beim Deklarieren, können Sie das Zuweisen des Wertes später nicht mehr vergessen.

Symbolische Konstanten des Präprozessors

Die Datei *limits.h* enthält Anweisungen der folgenden Art:

```
#define INT_MAX 32767
```

Beim C++-Kompilationsprozeß wird der Quelltext, wie Sie schon wissen, zuerst durch einen Präprozessor geschickt. Im vorliegenden Fall ist *#define* wie *#include* eine Präprozessoranweisung. Diese Anweisung veranlaßt den Präprozessor im Programm nach dem Auftreten einer bestimmten Zeichenkette – in unserem Beispiel *INT_MAX* – zu suchen und diesen Ausdruck jedesmal durch eine andere Zeichenkette – hier *32767* – zu ersetzen. Die Anweisung *#define* funktioniert also genauso wie ein globaler »Suchen und Ersetzen«-Befehl eines Editors oder eines Textverarbeitungsprogrammes. Das veränderte Programm wird nach der Durchführung der Ersetzungen kompiliert. Der Präprozessor untersucht allerdings nur einzelne Wörter und läßt Suchzeichenketten, die in Wörter eingebettet sind, unberührt. Das heißt, der Präprozessor ersetzt im vorliegenden Beispiel *PRINT_MAXIM* nicht durch *P32767IM*. Sie können mit #*define* Ihre eigenen symbolischen Konstanten definieren (siehe Listing 3.2). Die Anweisung #*define* ist jedoch ein C-Relikt. C++ verfügt über einen besseren Weg, um symbolische Konstanten zu erzeugen (mehr zum Schlüsselwort *const* in Kürze), deshalb werden wir #*define* nicht häufig benutzen. Einige Header-Dateien, besonders die, die sowohl mit C als auch mit C++ eingesetzt werden können, verwenden diese Anweisung aber.

Vorzeichenlose Typen

Von jedem der drei soeben besprochenen Integertypen gibt es eine vorzeichenlose Variante, die keine negativen Werte aufnehmen kann. Das hat den Vorteil, daß dadurch der größtmögliche Wert, den die Variable aufnehmen kann, größer wird. Repräsentiert *short* den Wertebereich -32768 bis +32767, kann die vorzeichenlose Version den Bereich von 0 bis 65536 abdecken. Sie sollten vorzeichenlose Typen aber nur bei Größen verwenden, die niemals negativ sind, wie zum Beispiel die Bevölkerungsdichte, Inventarlisten usw. Um vorzeichenlose Versionen der Integergrundtypen zu erzeugen, müssen Sie die Deklarationen mit dem Schlüsselwort *unsigned* versehen:

```
unsigned short change;    // vorzeichenloser short-Typ
unsigned int rovert;      // vorzeichenloser int-Typ
unsigned quarterback;     // ebenfalls vorzeichenloses int
unsigned long gone;       // vorzeichenloser long-Typ
```

Wird *unsigned* allein eingesetzt, wird dies als die Abkürzung für *unsigned int* betrachtet.

In Listing 3.2 wird der Gebrauch von vorzeichenlosen Typen illustriert. Es wird auch gezeigt, was passieren kann, falls Ihr Programm die Grenzen der Integertypen nicht respektiert. Außerdem können Sie sich zum letzten Mal die Präprozessoranweisung #*define* anschauen.

```
// ueberl.cpp -- Integergrenzen mißachten
#include <iostream.h>
#define ZERO 0              // ZERO wird ein Symbol für den Wert 0
#include <limits.h>         // definiert INT_MAX als größten
Integerwert
int main(void)
{
    int sam = INT_MAX;      // initialisiert eine Variable mit dem
                            // maximalen Wert
    unsigned sue = sam;     // funktioniert, falls sam bereits
                            // definiert ist

    cout << "Sam hat " << sam << " Dollar und Sue hat " << sue;
    cout << " Dollar.\n1 Dollar jedem hinzufügen.\nJetzt hat ";
    sam = sam + 1;
    sue = sue + 1;
    cout << "Sam ".<< sam << " Dollar und Sue hat " << sue;
    cout << " Dollar.\nArmer Sam!\n";
    sam = ZERO;
    sue = ZERO;
    cout << "Sam hat " << sam << " Dollar und Sue hat " << sue;
    cout << " Dollars.\n";
    cout << "Jedem 1 Dollar wegnehmen.\nJetzt hat ";
```

```
        sam = sam - 1;
        sue = sue - 1;
        cout << "Sam " << sam << " Dollar und Sue hat " << sue;
        cout << " Dollar.\nGlückliche Sue!\n";
        return 0;
}
```

Listing 3.2: ueberl.cpp

Kompatibilitätshinweis

In diesem Beispiel wird – wie bei Listing 3.1 – die Datei *limits.h* verwendet, die unter Umständen auf C++-Systemen nicht zur Verfügung steht, die keine vollständige ANSI C-Kompatibilität gewährleisten.

Es folgt die Ausgabe:

```
        Sam hat 32767 Dollar und Sue hat 32767 Dollar.
        1 Dollar jedem hinzufügen.
        Jetzt hat Sam -32768 Dollar und Sue 32768 Dollar.
        Armer Sam!
        Sam hat 0 Dollar und Sue hat 0 Dollar.
        Jedem 1 Dollar wegnehmen.
        Jetzt hat Sam -1 Dollar und Sue 65535 Dollar.
        Glückliche Sue!
```

Das Programm setzt eine *int*-Variable (*sam*) und eine vorzeichenlose *unsigned int*-Variable (*sue*) auf den größten *int*-Wert, der bei unserem System 32767 beträgt. Daraufhin wird zu jedem Wert 1 hinzugefügt. Das ergibt für *sue* keine Probleme, da der neue Wert immer noch kleiner als der maximale Wert eines vorzeichenlosen Integers ist. Aber der Wert von *sam* springt von 32767 zu -32768! Genauso ergeben sich bei der Subtraktion von 1 keine Probleme für *sam*, aber der Wert der vorzeichenlosen Variablen *sue* geht von 0 auf 65535. Wie Sie sehen, verhalten sich diese Variablen wie ein Zähler beim Videorecorder. Wird das Limit überschritten, beginnen die Werte am anderen Ende des Wertebereiches (siehe Bild 3.1). Der C++-Standard garantiert übrigens nicht, daß die Integertypen ihre Wertebereichsgrenzen ohne Komplikationen über- oder unterschreiten können, aber das ist bei den meisten Implementationen der Fall.

Welcher Typ?

Da es so viele C++-Integertypen gibt, fällt es schwer, sich für einen zu entscheiden. Allgemein kann gesagt werden, daß der Typ *int* der »natürlichsten« Integergröße des Zielcomputers entspricht. Als natürliche Größe soll hierbei die Integerform verstanden werden, die der Computer am besten bearbeiten kann. Gibt es keinen zwingenden Grund einen anderen Typ zu verwenden, nehmen Sie *int*.

Wir wollen uns nun einige Gründe anschauen, die dafür sprechen, andere Typen einzusetzen. Repräsentiert eine Variable etwas, das niemals negativ wird, wie zum Beispiel die Anzahl der Wörter eines Dokumentes, können Sie einen vorzeichenlosen Typ benutzen. Dadurch ist es der Variablen möglich, höhere Werte anzunehmen.

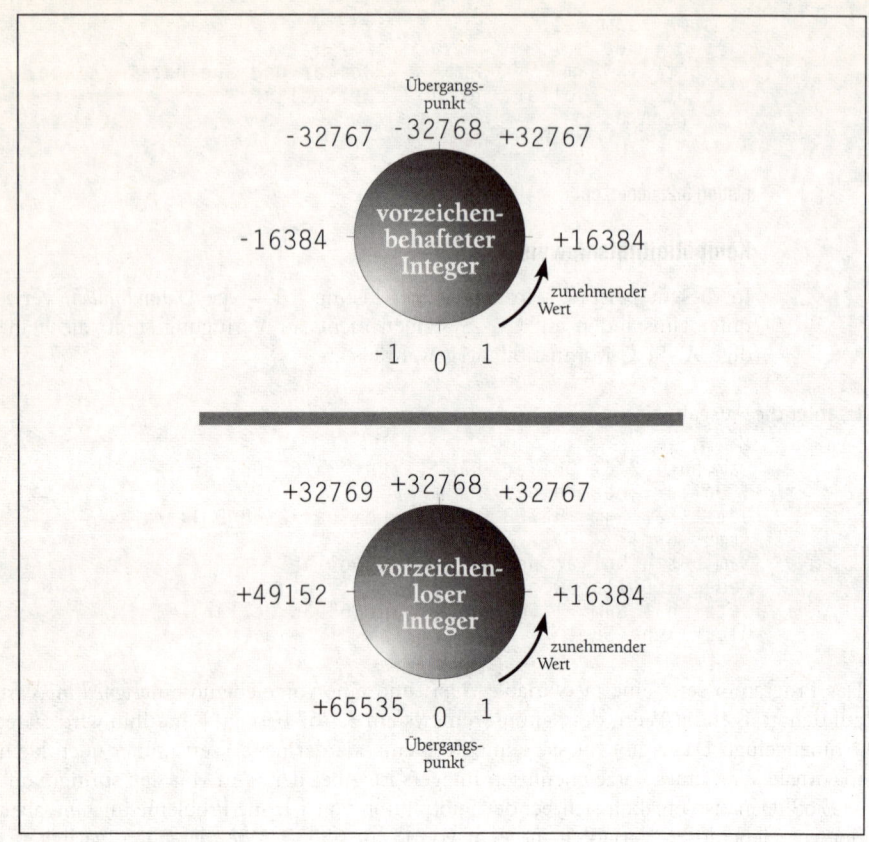

Bild 3.1: Typisches Überlaufverhalten bei Integertypen

Wissen Sie, daß die Variable Integerwerte repräsentieren muß, die zu groß für einen aus zwei Bytes bestehenden Integer sind, verwenden Sie den Typ *long*. Das gilt auch dann, falls ein *int* auf Ihrem System vier Bytes einnimmt. Übertragen Sie nämlich später Ihr Programm auf ein System mit einem aus zwei Bytes bestehenden *int*, überrascht Sie Ihr Programm nicht mit einer plötzlichen »Arbeitsniederlegung« (siehe Bild 3.2).

Der Einsatz von *short* kann Speicher sparen, falls der Typ *short* kleiner als der Typ *int* ist. Das ist aber meistens nur dann von Belang, wenn große Integerfelder vorliegen. (Bei einem Feld handelt es sich um eine Datenstruktur, in der mehrere Werte desselben Typs nacheinander im Speicher abgelegt sind.) Muß mit dem Speicherplatz hausgehalten werden, sollten Sie immer *short* anstelle von *int* verwenden, auch wenn beide Typen gleich groß sind. Angenommen, Sie übertragen Ihr Programm später von einem PC-System, bei dem der Typ *int* aus zwei Bytes besteht, auf ein VAX-System, bei dem ein *int* vier Bytes einnimmt, verdoppelt sich der für ein *int*-Feld benötigte Speicherplatz. Die Speicherplatzbedürfnisse für ein *short*-Feld werden jedoch nicht verändert. Denken Sie immer daran, ein gespartes Byte ist immer ein gewonnenes Byte.

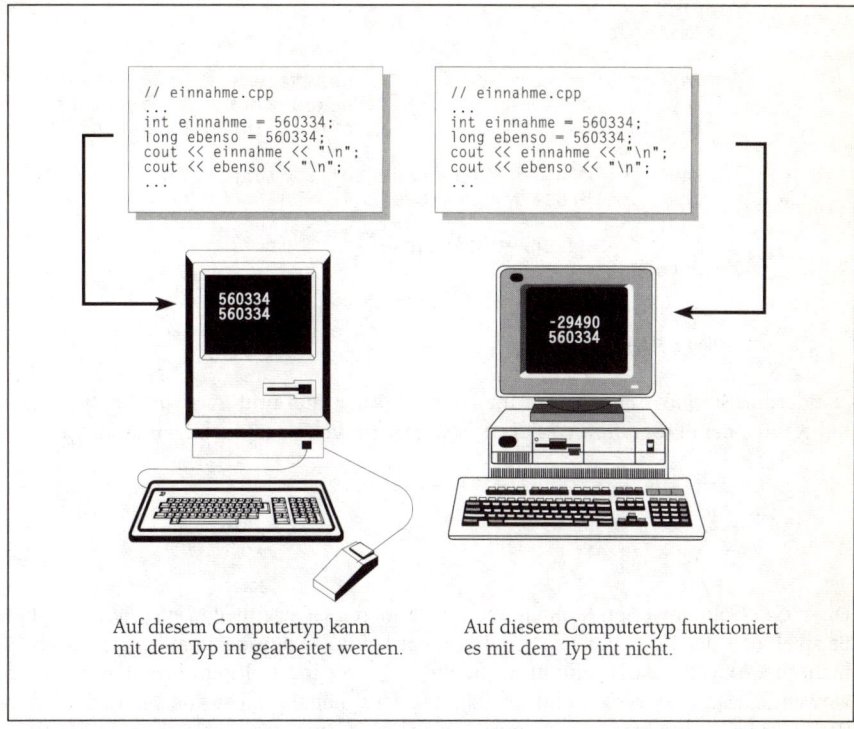

```
// einnahme.cpp
...
int einnahme = 560334;
long ebenso = 560334;
cout << einnahme << "\n";
cout << ebenso << "\n";
...
```

```
// einnahme.cpp
...
int einnahme = 560334;
long ebenso = 560334;
cout << einnahme << "\n";
cout << ebenso << "\n";
...
```

560334
560334

-29490
560334

Auf diesem Computertyp kann
mit dem Typ int gearbeitet werden.

Auf diesem Computertyp funktioniert
es mit dem Typ int nicht.

Bild 3.2: Aus Kompatibilitätsgründen sollte für große Integer long benutzt werden

Benötigen Sie lediglich ein einzelnes Byte, können Sie den Typ *char* verwenden. Mehr dazu in Kürze.

Integerkonstanten

Bei einer Integerkonstanten handelt es sich um eine Konstante, die Sie explizit ausschreiben, wie 212 oder 1776. Bei C++ können Integerkonstanten wie bei C in drei verschiedenen Zahlenbasen dargestellt werden: Basis zehn (allgemeiner Favorit), Basis acht (UNIX-Favorit) und Basis sechzehn (Favorit der Hardwarecracks). In Anhang A werden diese Basen beschrieben. Wir wollen uns hier anschauen, wie eine Zahl bei C++ in diesen Zahlenbasen ausgedrückt werden kann. C++ benutzt die erste oder die ersten beiden Ziffern zur Identifizierung der Basis einer Zahlenkonstante. Befindet sich die erste Ziffer im Bereich 1-9, ist die Zahlenbasis 10 (dezimal); 93 ist also eine Zahl zur Basis 10. Ist die erste Ziffer eine 0 und die zweite liegt im Bereich 1-7, so ist die Zahlenbasis 8 (oktal). 042 ist also oktal und gleich 34 dezimal. Sind die ersten beiden Zeichen 0x oder 0X, ist die Zahlenbasis 16 (hexadezimal); 0x42 ist also hexadezimal und gleich 66 dezimal. Bei hexadezimalen Werten repräsentieren die Zeichen a-f und A-F die hexadezimalen Ziffern entsprechend den Werten 10-15. 0xF ist 15 und 0xA5 ist 165 (zehnmal die 16 plus fünfmal die 1). Listing 3.3 zeigt die Anwendung der drei Zahlenbasen.

```
// hexokt.cpp -- zeigt hexadezimale und oktale Konstanten
#include <iostream.h>
int main(void)
{
    int brust = 42;            // dezimale Integerkonstante
    int taille = 0x42;         // hexadezimale Integerkonstante
    int gesaess = 042;         // oktale Integerkonstante

    cout << "Monsieur hat eine tolle Figur!\n";
    cout << "Brust = " << brust << "\n";
    cout << "Taille = " << taille << "\n";
    cout << "Gesäß = " << gesaess << "\n";
    return 0;
}
```

Listing 3.3: hexokt.cpp

Standardmäßig gibt *cout* Integer im Dezimalformat aus und zwar unabhängig davon, wie die Integer in einem Programm vorliegen. Schauen Sie sich dazu die folgende Ausgabe an:

```
Monsieur hat eine tolle Figur!
Brust = 42
Taille = 66
Gesäß = 34
```

Diese C++-Schreibweisen können auch bei anderen Gelegenheiten nützlich sein. Lesen Sie zum Beispiel, daß das CGA-Videospeichersegment bei B000 hexadezimal liegt, müssen Sie den Wert nicht in 45056 zur Basis zehn umwandeln, bevor Sie ihn in Ihrem Programm einsetzen können, verwenden Sie statt dessen einfach 0xB000. Unabhängig davon, ob Sie den Wert zehn als 10, 012 oder 0xA schreiben, er wird immer gleich im Computer abgelegt – nämlich als binärer Wert (zur Basis zwei).

Möchten Sie einen Wert in hexadezimalem oder oktalem Format ausgeben lassen, können Sie einige Spezialfunktionen von *cout* verwenden. Näheres dazu in Kapitel 12. (Sie können ja das Kapitel kurz überfliegen.) Bei der Eingabe erkennt *cin* die C++-Notation für die unterschiedlichen Zahlenbasen. Geben Sie also 0x20 ein, interpretiert *cin* das als äquivalent zu 32.

Wie C++ feststellt, von welchem Typ eine Konstante ist

Die Deklarationen eines Programmes teilen dem C++-Compiler mit, was für einen Typ eine bestimmte Integervariable hat. Aber was ist mit Konstanten? Angenommen, Sie verwenden in einem Programm eine konstante Zahl:

```
cout << "Jahr = " << 1492 << "\n";
```

Speichert das Programm 1492 als *int*, *long* oder als anderen Integertyp ab? C++ speichert Integerkonstanten generell als *int* ab, wenn es keine zwingenden Gründe gibt, anders vorzugehen. Ein Grund wäre der Einsatz einer speziellen Nachsilbe zur Kennzeichnung eines bestimmten Typs und ein anderer Grund wäre es, wenn ein Wert zu groß ist, um als *int* dargestellt werden zu können.

Zuerst wollen wir uns den Nachsilben widmen. Diese bestehen aus Buchstaben und werden am Ende einer numerischen Konstanten plaziert, um den Typ zu kennzeichnen. Die Nachsilbe *l* oder *L* zeigt an, daß es sich bei dem Integer um eine *long*-Konstante handelt. Die Nachsilbe *u* oder *U* gibt an, daß eine *unsigned int*-Konstante vorliegt und *ul* (in beliebiger Reihenfolge und Kombination aus Groß-/Kleinschreibung) gibt eine Konstante des Typs *unsigned long* an. (Da das kleine l der Ziffer 1 ziemlich ähnelt, empfehlen wir bei Nachsilben das große L zu verwenden.) Bei einem System mit zwei Byte umfassenden *int*- und vier Byte umfassenden *long*-Integern wird die Zahl *22022* in zwei Byte als *int* abgelegt und die Zahl *22022L* in vier Byte als *long*.

Jetzt wollen wir uns den Faktor Größe anschauen. C++ verwendet bei Dezimalintegern etwas andere Regeln als bei hexadezimalen und oktalen Integern. (Dezimal bedeutet in diesem Fall zur Basis 10, hexadezimal zur Basis 16. Der Ausdruck hat nichts mit einem Dezimalpunkt zu tun). Ein Dezimalinteger ohne Nachsilbe wird vom kleinsten der folgenden Typen, der ihn aufnehmen kann, repräsentiert: *int*, *long*, *unsigned long*. Bei einem Computersystem mit einem aus zwei Byte bestehenden *int*- und vier Byte umfassenden *long*-Typ wird 20000 als *int*-Typ abgelegt, 40000 als *long* und 3000000000 als *unsigned long*. Ein hexadezimaler oder oktaler Integer ohne Nachsilbe wird vom kleinsten der folgenden Typen, der ihn aufnehmen kann, repräsentiert: *int*, *unsigned int*, *long*, *unsigned long*. Dasselbe Computersystem, das 40000 als *long* behandelt, verwendet für das hexadezimale Äquivalent *unsigned int*. Das liegt daran, daß die hexadezimale Notation zum Darstellen von Speicheradressen herangezogen wird, die grundsätzlich vorzeichenlos sind. Der Typ *unsigned int* eignet sich also für eine aus zwei Byte bestehende Adresse besser als der Typ *long*.

Der Typ char: Zeichen und kleine Integer

Jetzt wollen wir uns dem letzten Integertyp widmen – *char*. Der Typ *char* dient dazu, Zeichen wie Buchstaben und Ziffern aufzunehmen. Das Abspeichern von Zahlen ist keine große Herausforderung für einen Computer, die Abspeicherung von Buchstaben schon. Programmiersprachen machen es sich leicht, indem sie zur Abspeicherung von Buchstaben einen Zahlencode verwenden. Deshalb handelt es sich beim Typ *char* eigentlich um einen Integertyp. Dieser Typ ist garantiert groß genug, um den gesamten Bereich der Grundsymbole des Zielcomputersystems aufnehmen zu können – alle Buchstaben, Ziffern, Satzzeichen usw. In der Praxis kennen die meisten Systeme weniger als 256 verschiedene Zeichen, deshalb kann ein einzelnes Byte den gesamten Bereich abdecken. Der Typ *char* wird meistens zur Verarbeitung von Zeichen herangezogen, kann jedoch auch als Integertyp benutzt werden, der kleiner als *short* ist.

Der gebräuchlichste Zeichensatz ist der ASCII-Zeichensatz. Er wird in Anhang C erläutert. Ein numerischer Code (der ASCII-Code) repräsentiert die Zeichen des Zeichensatzes. So ist zum Beispiel 65 der Code für das Zeichen A. Der Einfachheithalber verwenden wir in unseren Beispielen den ASCII-Code. Eine C++-Implementation verwendet jedoch immer den Code, der zum Hostsystem gehört, beispielsweise EBCDIC auf einem IBM-Mainframesystem.

Wir wollen den Typ *char* in Listing 3.4 ausprobieren.

```
// typchar.cpp -- der Typ char
#include <iostream.h>
int main(void)
{
```

```
    char ch;        // eine char-Variable deklarieren

    cout << "Ein Zeichen eingeben:\n";
    cin >> ch;
    cout << "Mampf! ";
    cout << "Danke für das " << ch << "-Zeichen.\n";
    return 0;
}
```

Listing 3.4: typchar.cpp

Wie üblich ist die Notation \n die C++-Repräsentation des Newline-Zeichens. Es folgt die Ausgabe:

```
Ein Zeichen eingeben:
M
Mampf! Danke für das M-Zeichen!
```

Das Interessante daran ist, daß wir ein M und nicht den entsprechenden Zeichencode 77 eingegeben haben und daß das Programm ein M ausgab und nicht 77. Schauen Sie jedoch in den Speicher, werden Sie feststellen, daß der Wert 77 in der Variablen *ch* abgespeichert ist. Primär verantwortlich für das Ganze ist nicht der Typ *char* sondern *cin* und *cout*. Diese einmaligen Funktionen führen die Konversionen automatisch aus. Nach der Eingabe konvertiert *cin* das M in den Wert 77. Bei der Ausgabe wandelt *cout* den Wert 77 in das Zeichen M um. *cin* und *cout* bestimmen dazu den Variablentyp und reagieren entsprechend. Hätten wir den Wert 77 in einer *int*-Variablen untergebracht, hätte *cout* ihn als 77 ausgegeben. (Das heißt, *cout* gibt zweimal das Zeichen 7 aus.) In Listing 3.5 wird das gezeigt. Sie können daraus auch ersehen, wie eine Zeichenkonstante in C++ dargestellt wird. Das Zeichen muß in einfache Anführungszeichen gesetzt werden, wie bei 'M'. (Beachten Sie, daß keine doppelten Anführungszeichen verwendet werden. C++ benutzt einfache Anführungszeichen für Zeichen- und doppelte Anführungszeichen für Stringkonstanten. Wie Sie in Kapitel 4 sehen werden, besteht hierbei ein großer Unterschied.) Außerdem zeigt das Programm einen *cout*-Ableger – die Funktion *cout.put()*.

```
// mehrchar.cpp -- die Typen char und int gegenübergestellt
#include <iostream.h>
int main(void)
{
    char c = 'M';        // c den ASCII-Code von M zuweisen
    int i = c;           // dasselbe in einem int ablegen

    cout << "Der ASCII-Code für " << c << " ist " << i << "\n";

     cout << "Eins dem ASCII-Code hinzufügen:\n";

    c = c + 1;
    i = c;
    cout << "Der ASCII-Code für " << c << " ist " << i << '\n';

    // Elementfunktion cout.put() benutzen,
    // um ein Zeichen anzuzeigen
    cout << "Die Variable char c mit cout.put(c) anzeigen: ";
    cout.put(c);
```

```
        // cout.put() konvertiert int-Typen in char-Typen
        cout << "\nDie Variable int i mit cout.put(i) anzeigen: ";
        cout.put(i);

        cout << "\nFertig\n";
        return 0;
}
```

Listing 3.5: mehrchar.cpp

Es folgt die Ausgabe:

```
        Der ASCII-Code für M ist 77
        Eins dem ASCII-Code hinzufügen:
        Der ASCII-Code für N ist 78
        Die Variable char c mit cout.put(c) anzeigen: N
        Die Variable int i mit cout.put(i) anzeigen: N
        Fertig
```

Programmhinweise

Die Notation 'M' ist ein Stellvertreter für den numerischen Wert des Zeichens M. Wird also die *char*-Variable *c* mit 'M' initialisiert, wird *c* auf den Wert 77 gesetzt. Das Programm weist daraufhin den identischen Wert der *int*-Variablen *i* zu. Sowohl *c* als auch *i* haben also den Wert 77. Daraufhin gibt *cout* *c* als M und *i* als 77 aus. Wie schon gesagt wurde, entscheidet *cout*, wie die Variable ausgegeben werden soll, anhand des Typs der Variablen. Das ist ein weiteres Beispiel zur Cleverness von Objekten.

Da es sich bei *c* tatsächlich um einen Integer handelt, können mit dieser Variablen Integeroperationen durchgeführt werden, wie zum Beispiel die Addition von 1. Dadurch wird der Wert von *c* auf 78 erhöht. Daraufhin setzt das Programm *i* auf den neuen Wert. *cout* gibt wieder die *char*-Version des Wertes als Zeichen aus und die *int*-Version als Zahl.

Bei der Tatsache, daß C++ Zeichen als Integerwerte behandelt, handelt es sich um eine reine Konvention. Dadurch wird die Bearbeitung von Zeichenwerten erleichtert. Man muß nicht mit komplizierten Konversionsfunktionen Zeichen in den ASCII-Code und umgekehrt umwandeln.

Das Programm benutzt am Schluß die Funktion *cout.put()* zur Ausgabe von *c* und *i*. Anders als *cout* kümmert sich diese Funktion nicht darum, ob ihr Argument vom Typ *char* oder *int* ist. In beiden Fällen wird der Wert als Zeichen ausgegeben.

Eine Elementfunktion: cout.put()

Um was handelt es sich bei *cout.put()*? Und warum befindet sich ein Punkt in diesem Namen? Die Funktion *cout.put()* ist das erste Beispiel für ein wichtiges C++-OOP-Konzept – dem Konzept der *Elementfunktionen*. Eine Klasse, wie Sie sich vielleicht erinnern werden, definiert wie Daten repräsentiert und bearbeitet werden. Eine Elementfunktion gehört zu einer Klasse und beschreibt eine Methode zur Manipulation der Klassendaten. Die Klasse *ostream* beispielsweise enthält die Elementfunktion *put()*, die zum Ausgeben von Zeichen dient. Sie können eine Elementfunktion nur zusammen mit einem bestimmten Objekt dieser Klasse einsetzen. In diesem Fall zum Beispiel mit dem Objekt *cout*. Damit eine Klassen-Elementfunktion mit einem Objekt wie *cout* benutzt werden kann, wird mit Hilfe eines Punktes der Objektname (*cout*) mit dem Funktionsnamen (*put()*) verbunden. Der Punkt wird als *Elementoperator* bezeichnet. Die Notation *cout.put()* weißt also darauf hin, daß die Klassen-Elementfunktion *put()* zusammen mit dem Klassenobjekt *cout* eingesetzt wird. Näheres zu diesem Thema finden Sie bei der Besprechung von Klassen. Bis dahin begnügen wir uns mit dem Untersuchen der Klassen *istream* und *ostream*. Mit deren Elementfunktionen können wir experimentieren, um mit dem Konzept vertraut zu werden.

Der Einsatz von *cout.put()* entspricht nicht dem Einsatz des <<-Operators. Wie aus Listing 3.5 zu ersehen ist, gibt *cout* << einen *char*-Wert als Zeichen aus und einen *int*-Wert als Zahl. *cout.put()* jedoch gibt beide Typen als Zeichen aus. Sie werden sich vielleicht fragen, für was man *cout.put()* überhaupt braucht. Die Antwort beinhaltet viel Geschichtliches. Vor der Version 2.0 von C++ gab *cout* Zeichen-*Variablen* als Zeichen aus, Zeichen-*Konstanten* wie 'M' und '\n' jedoch als Zahlen. Das Problem dabei bestand darin, daß frühere Versionen von C++, wie auch C, Zeichenkonstanten als *int*-Typ abspeicherten. Das heißt, der Code 77 für 'M' wurde in einer zwei oder vier Byte umfassenden Einheit abgelegt. Inzwischen beanspruchen *char*-Variablen üblicherweise ein Byte. Eine Anweisung wie

```
char c = 'M';
```

kopierte nur ein Byte (das wichtige Byte) von der Konstanten 'M' zur Variablen *c*. Unglücklicherweise bedeutete dies, daß 'M' und *c* für *cout* recht verschieden aussahen, obwohl beide denselben Wert enthielten. Deshalb gab eine Anweisung der folgenden Art

```
cout << '$';
```

den ASCII-Code für das $-Zeichen anstatt des Zeichens $ aus. Aber

```
cout.put('$');
```

gab das Zeichen wie gewünscht aus. Jetzt legt die Version 2.0 von C++ Zeichenkonstanten, die aus einzelnen Zeichen bestehen, als *char*-Typ und nicht als *int*-Typ ab. Das bedeutet, daß *cout* Zeichenkonstanten nun korrekt behandelt. C++ konnte den String "\n" schon immer zum Beginnen einer neuen Zeile einsetzen. Jetzt geht das auch mit '\n':

```
cout << "\n";    // Einen String benutzen
cout << '\n';    // Eine Zeichenkonstante verwenden
```

Ein String wird anstelle von einfachen Anführungszeichen in doppelte Anführungszeichen gesetzt und kann mehr als ein Zeichen beinhalten. Strings – auch solche, die aus einem Zeichen bestehen – sind *nicht* dasselbe wie Konstanten vom Typ *char*. Mehr zum Thema Strings im nächsten Kapitel.

Das Objekt *cin* verfügt über einige Möglichkeiten, um Zeichen aus der Eingabe zu lesen. Diese Möglichkeiten können viel einfacher mit Hilfe eines Programmes, das eine Schleife zum Lesen von mehreren Zeichen benutzt, verdeutlicht werden. Deshalb wollen wir dieses Thema bei der Besprechung von Schleifen mit abhandeln.

char-Konstanten

Sie haben mehrere Möglichkeiten, Zeichenkonstanten in C++ zu schreiben. Die einfachste Methode bei normalen Zeichen wie Buchstaben, Ziffern und Satzzeichen besteht darin, diese Zeichen in einfache Anführungszeichen zu setzen. Diese Schreibweise repräsentiert dann den numerischen Code des Zeichens. So hat ein ASCII-System beispielsweise die folgenden Entsprechungen:

```
'A' ist 65, der ASCII-Code für A
'a' ist 97, der ASCII-Code für a
'5' ist 53, der ASCII-Code für die Ziffer 5
' ' ist 32, der ASCII-Code für das Leerzeichen
'!' ist 33, der ASCII-Code für das Ausrufungszeichen
```

Es ist besser, man verwendet die obige Notation als den numerischen Code. Das ist eindeutiger und setzt kein bestimmtes System voraus. Falls ein System die EBCDIC-Codierung benutzt, dann ist 65 nicht der Code für A, aber die Schreibweise 'A' repräsentiert immer noch das Zeichen A.

Einige Zeichen können nicht direkt mit der Tastatur in das Programm eingefügt werden. Sie können zum Beispiel das Newline-Zeichen nicht zum Teil eines Strings machen, indem Sie die Return- oder Entertaste drücken. Der Programmeditor wird diesen Tastendruck als Signal zum Beginnen einer neuen Zeile in Ihrer Quelltextdatei interpretieren. Bei bestimmten anderen Zeichen gibt es Schwierigkeiten, da sie in C++ eine spezielle Bedeutung besitzen. So schließt das doppelte Anführungszeichen zum Beispiel Strings ein. Es ist deshalb nicht möglich, ein solches Zeichen mitten in einem String unterzubringen. Bei C++ gibt es für mehrere dieser Zeichen spezielle Notationen (siehe Tabelle 3.2), die als *Escapesequenzen* bezeichnet werden.\a zum Beispiel repräsentiert das *Alarmzeichen*. Dieses Zeichen läßt den Terminallautsprecher piepsen oder läutet seine Glocke. \" repräsentiert das doppelte Anführungszeichen als normales Zeichen und nicht als Stringbegrenzungszeichen. Sie können diese Schreibweisen in Strings und in Zeichenkonstanten einsetzen:

```
char alarm = '\a';
cout << alarm << "Machen Sie das nicht noch einmal!\a\n";
cout << "Ben \"Bugsie\" der Hacker war da!\n";
```

Die letzte Zeile ergibt folgende Ausgabe:

```
Ben "Bugsie" der Hacker war da!
```

Beachten Sie, daß eine Escapesequenz wie \a genau wie ein normales Zeichen, zum Beispiel ein Q, behandelt wird. Das heißt, Sie müssen es in einfache Anführungszeichen setzen, um eine Zeichenkonstante zu erzeugen und Sie dürfen keine einfachen Anführungszeichen verwenden, wenn das Zeichen in einem String untergebracht werden soll.

Sie können eine Escapesequenz für ein Zeichen auch mit Hilfe der oktalen oder hexadezimalen Schreibweise für den ASCII-Code bilden. Control-Z zum Beispiel hat einen ASCII-Code von 26, das ist 032 oktal bzw. 0x1A hexadezimal, so daß Sie dieses Zeichen durch eine der folgenden

Escapesequenzen darstellen können: \032 oder \x1A. Sie können daraus eine Zeichenkonstante machen, indem Sie die Escapesequenzen in einfache Anführungszeichen setzen, wie bei '\032' und Sie können sie als Teil eines Strings einsetzen, wie bei *"Hallo\x1a ihr da"*.

Name	ASCII-Symbol	C++-Schreibweise	ASCII-Code dezimal	ASCII-Code hexadezimal
Newline	NL (LF)	\n	10	0x0A
Horizontaler Tabulator	HT	\t	9	0x09
Vertikaler Tabulator	VT	\v	11	0x0B
Backspace (Rückschritt)	BS	\b	8	0x08
Carriage-Return	CR	\r	13	0x0D
Alarm	BEL	\a	7	0x07
Backslash	\	\\	92	0x5C
Fragezeichen	?	\?	63	0x3F
Einfache Anführungszeichen	'	\'	39	0x27
Doppelte Anführungszeichen	"	\"	34	0x22

Tabelle 3.2: Escape-Sequenzen

Haben Sie die Wahl zwischen einer numerischen Escapesequenz und einer symbolischen Escapesequenz wie bei *\0x8* und *\b*, benutzen Sie bitte die symbolische Variante. Die numerische Repräsentation ist abhängig von einer bestimmten Codierungsart wie zum Beispiel ASCII. Die symbolische Repräsentation dagegen ist davon unabhängig und wesentlich leichter zu lesen.

In Listing 3.6 werden einige Escapesequenzen demonstriert. Es wird ein Alarmzeichen verwendet, um Ihre Aufmerksamkeit zu erregen, das Newline-Zeichen dient dazu, den Cursor vorzurücken, und mit dem Backspace-Zeichen wird der Cursor ein Zeichen nach links gerückt.

```
// bondini.cpp -- zeigt den Einsatz von Escapesequenzen
#include <iostream.h>
int main(void)
{
    cout << "\aOperation \"HyperHype\" ist jetzt aktiviert!\n";
    cout << "Geben Sie Ihren Agentencode ein:";
    cout << "_____\b\b\b\b\b\b\b\b";
    long code;
    cin >> code;
    cout << "\aSie haben " << code << " eingegeben ...\n";
    cout << "\aCode verifiziert! Fahren Sie mit Plan 23 fort!\n";
}
```

Listing 3.6: bondini.cpp

Kompatibilitätshinweis

Einige C++-Systeme, die auf prä-ANSI-C-Compilern basieren, kennen die Sequenz \a nicht. Sie können bei solchen Systemen und wenn sie den ASCII-Zeichencode verwenden, \a durch \007 ersetzen.

Starten Sie das Programm, erscheint folgender Text auf dem Bildschirm:

```
Operation "HyperHype" ist jetzt aktiviert!
Geben Sie Ihren Agentencode ein:_____
```

Nach dem Ausgeben der Unterstriche verwendet das Programm das Backspace-Zeichen, um den Cursor auf den ersten Unterstrich zu setzen. Anschließend können Sie Ihren Geheimcode eingeben und fortfahren. Es folgt der vollständige Ablauf:

```
Operation "HyperHype" ist jetzt aktiviert!
Geben Sie Ihren Agentencode ein:42007007
Sie haben 42007007 eingegeben ...
Code verfiziert! Fahren Sie mit Plan 23 fort!
```

Die Typen signed char und unsigned char

Anders als der Typ *int* ist *char* nicht standardmäßig vorzeichenbehaftet (das heißt, es sind sowohl positive als auch negative Werte zulässig), noch ist der Typ *char* standardmäßig vorzeichenlos (daß heißt, es sind nur positive Werte erlaubt). Was genau vorliegt, ist abhängig von der C++-Implementation, damit der Hersteller des Compilers den am besten zur jeweiligen Hardwarekonfiguration passenden Typ verwenden kann. Ist es für Sie wichtig, daß der Typ *char* ein bestimmtes Verhalten an den Tag legt, können Sie entweder *signed char* oder *unsigned char* explizit als Typ benutzen:

```
char fodo;          // kann sowohl vorzeichenlos, als auch
                    // vorzeichenbehaftet sein
unsigned char bar;  // definitiv vorzeichenlos
signed char snark;  // definitiv vorzeichenbehaftet
```

Diese Unterschiede sind besonders wichtig, falls Sie *char* als numerischen Typ einsetzen. Der Typ *unsigned char* repräsentiert in der Regel den Wertebereich von 0 bis 255 und *signed char* den Bereich von -128 bis 127. Angenommen, Sie möchten in einer *char*-Variablen Werte unterbringen, die größer als 200 sein können. Das funktioniert zwar bei einigen Systemen, bei anderen wieder nicht. Sie können jedoch für diesen Zweck auf jedem beliebigen System eine Variable vom Typ *unsigned char* einsetzen. Verwenden Sie aber eine *char*-Variable, um ein Standard-ASCII-Zeichen aufzunehmen, macht es übrigens keinen Unterschied, ob der Typ *char* vorzeichenbehaftet oder vorzeichenlos ist.

3.2 Der Modifizierer const

Wir wollen uns noch einmal dem symbolischen Namen für Konstanten widmen. Durch einen symbolischen Namen kann ausgedrückt werden, was die Konstante repräsentiert. Benutzen Sie die Konstante an verschiedenen Stellen im Programm und muß der Wert verändert werden, müssen Sie lediglich die Symboldefinition verändern. Im Abschnitt über die *#define*-Anweisungen weiter vorn in diesem Kapitel wurde gesagt, daß es bei C++ eine bessere Möglichkeit gibt, um mit symbolischen Konstanten zu arbeiten. Diese Möglichkeit besteht darin, mit dem Schlüsselwort *const* die Deklaration und die Initialisation einer Variablen zu verändern. Angenommen, Sie benötigen eine symbolische Konstante für die Anzahl der Monate eines Jahres. Geben Sie dazu folgendes ein:

```
const int Monate = 12;      // Monate ist eine symbolische Konstante
                            // für 12
```

Sie können jetzt *Monate* anstelle von *12* in einem Programm einsetzen. (Eine 12 kann in einem Programm die verschiedensten Dinge repräsentieren, der Name *Monate* jedoch sagt genau, um was es geht.) Nachdem *Monate* initialisiert wurde, ist sein Wert festgelegt. Turbo C++ zum Beispiel gibt eine Fehlermeldung aus, die besagt, daß ein L-Wert benötigt wird. Dieselbe Meldung erhalten Sie übrigens, falls Sie beispielsweise versuchen, 3 den Wert 4 zuzuweisen. (Ein L-Wert ist ein Wert, wie zum Beispiel eine Variable, der auf der linken Seite eines Zuweisungsoperators stehen kann.) Das Schlüsselwort *const* wird als *Modifizierer* bezeichnet, da es die Bedeutung einer Deklaration modifiziert.

Schreibt man den Namen groß, kann man sich leichter merken, daß es sich bei *Monate* um eine Konstante handelt. Das ist keinesfalls eine allgemeingültige Übereinkunft, aber es hilft Ihnen beim Lesen von Programmen, Variablen von Konstanten zu unterscheiden. Eine weitere Übereinkunft besteht darin, einen Konstantennamen ausschließlich mit Großbuchstaben zu schreiben. Wir halten uns an die C-Konvention und schreiben nur die Konstantennamen ausschließlich mit Großbuchstaben, die mit Hilfe von *#define* erzeugt wurden, wie zum Beispiel *INT_MAX*. Eine weitere Übereinkunft besteht darin, einen Konstantennamen mit dem Buchstaben *k* zu beginnen, wie bei *kmonate*.

Die allgemeine Form zum Erzeugen einer Konstanten sieht wie folgt aus:

```
const Typ Name = Wert;
```

Lassen Sie den Typ weg, verwendet C++ den Typ *int*.

Kennen Sie sich mit C aus, denken Sie vielleicht, daß die Anweisung *#define*, die weiter vorn besprochen wurde, ebensogut für diese Aufgabe geeignet ist. Aber *const* ist besser. Einerseits können Sie damit den Typ explizit angeben und andererseits können Sie mit Hilfe der C++-Regeln für den Gültigkeitsbereich die Definition auf bestimmte Funktionen oder Dateien beschränken. (Der Gültigkeitsbereich gibt Auskunft darüber, inwieweit ein Name in unterschiedlichen Modulen bekannt ist. Mehr zu diesem Thema in Kapitel 8.) Außerdem ist es möglich, *const* mit komplexeren Typen wie Feldern und Strukturen, die im nächsten Kapitel beschrieben werden, einzusetzen.

Kommen Sie von C zu C++ und wollen zur Definition einer symbolischen Konstanten *#define* benutzen, nehmen Sie statt dessen *const*.

Auch in ANSI C wird der Modifizierer *const* verwendet. Ist Ihnen die Funktionsweise der ANSI-C-Version von *const* geläufig, sollten Sie wissen, daß die C++-Version einige Unterschiede dazu aufweist. Ein Unterschied steht im Zusammenhang mit dem Gültigkeitsbereich (mehr dazu in Kapitel 8). Ein weiterer Unterschied besteht darin, daß Sie bei C++ (aber nicht bei C) mit einem *const*-Wert die Größe eines Feldes deklarieren können. Beispiele dazu finden Sie im nächsten Kapitel.

3.3 Fließkommazahlen

Jetzt, da Sie alle C++-Integertypen kennen, können wir uns den Fließkommatypen widmen, von denen die zweite große Gruppe der fundamentalen C++-Typen gebildet wird. Mit diesen Zahlen können Sie Zahlen darstellen, die Nachkommastellen enthalten. Außerdem kann durch Fließkommazahlen ein viel größerer Wertebereich abgedeckt werden. Ist eine Zahl zu groß, um als *long*-Typ dargestellt werden zu können, zum Beispiel die Anzahl aller Sterne unserer Galaxie (geschätzt ca. 400.000.000.000), können Sie einen der Fließkommatypen verwenden.

Mit Fließkommatypen können Sie Zahlen wie 2,5 und 3,14159 und 122442,32 darstellen. Ein Computer speichert solche Werte zweigeteilt ab. Ein Teil repräsentiert einen Wert, der andere Teil legt die Größenordnung des Wertes fest. Es folgt ein Beispiel. Schauen Sie sich die beiden Zahlen 34,1245 und 34124,5 an. Sie sind bis auf die Größenordnung identisch. Die erste Zahl kann in 0,341245 (dem Grundwert) und 100 (dem Skalierungsfaktor) zerlegt werden. Die zweite Zahl kann in 0,341245 (demselben Grundwert) und 100000 (einem größeren Skalierungsfaktor) aufgeteilt werden. Der Skalierungsfaktor dient also dazu, das Dezimalkomma zu verschieben, daher auch der Ausdruck *Fließkomma*. C++ arbeitet intern mit einer ähnlichen Methode, um Fließkommazahlen darzustellen. Diese Methode basiert jedoch auf Binärzahlen, die Skalierung erfolgt also mit dem Faktor 2 und nicht mit dem Faktor 10. Glücklicherweise müssen Sie sich nicht um derartige Interna kümmern. Es ist lediglich wichtig, zu wissen, daß man mit Fließkommazahlen Zahlen mit Nachkommateil[1] repräsentieren kann, daß die Darstellung sehr großer und sehr kleiner Werte möglich ist und daß die interne Repräsentation von Fließkommazahlen sich wesentlich von der von Integern unterscheidet.

Das Schreiben von Fließkommazahlen

In C++ gibt es zwei verschiedene Möglichkeiten, Fließkommazahlen zu schreiben. Die erste besteht darin, mit der standardmäßigen Dezimalkommanotation zu arbeiten, die Sie schon Ihr ganzes Leben benutzt haben (mit dem kleinen Unterschied, daß C++, da es aus dem englischen Sprachraum kommt, einen Dezimalpunkt erwartet):

```
12.34       // Fließkommazahl
939001.32   // Fließkommazahl
0.00023     // Fließkommazahl
8.0         // auch eine Fließkommazahl
```

---

1   Als Nachkommateil soll im folgenden der Teil einer Zahl bezeichnet werden, der nach der Einerstelle folgt. Dieser Nachkommateil wird gelegentlich auch als Bruchteil bezeichnet.

Auch wenn der Nachkommateil gleich 0 ist – wie bei 8.0 –, wird durch den Dezimalpunkt gewährleistet, daß die Zahl im Fließkommaformat und nicht als Integer abgespeichert wird.

Die zweite Methode zur Repräsentation von Fließkommawerten wird als *E-Notation* bezeichnet und hat folgende Gestalt: 3.45E6. In diesem Fall bedeutet das, daß der Wert 3,45 mit 1.000.000 multipliziert wird. E6 ist gleichbedeutend mit 10 hoch sechs, ein Wert mit einer 1, gefolgt von sechs Nullen. 3.45E6 steht also für 3.450.000. Die 6 wird als *Exponent* bezeichnet und 3,45 als *Mantisse*. Es folgen weitere Beispiele:

```
2.52e+8      // Sie können E oder e verwenden, + ist optional
8.33E-4      // Der Exponent kann negativ sein
7E5          // Entspricht 7.0E+05
-18.32e13    // Vorn kann ein »+«- oder ein »-«-Zeichen stehen
2.857e12     // Schulden der USA, 1989
5.98E24      // Gewicht der Erde in Kilogramm
9.11e-31     // Masse eines Elektrons in Kilogramm
```

Wie Sie vielleicht bemerkt haben, eignet sich die E-Notation besonders gut für sehr große und sehr kleine Zahlen.

Durch die E-Notation wird sichergestellt, daß die Zahlen auch dann im Fließkommaformat abgespeichert werden, wenn kein Dezimalpunkt verwendet wird. Sie können entweder E oder e benutzen und der Exponent kann ein positives oder negatives Vorzeichen haben (siehe Bild 3.3). Es dürfen jedoch keine Leerzeichen in einer Zahl vorkommen – 7.6 E6 ist also unzulässig.

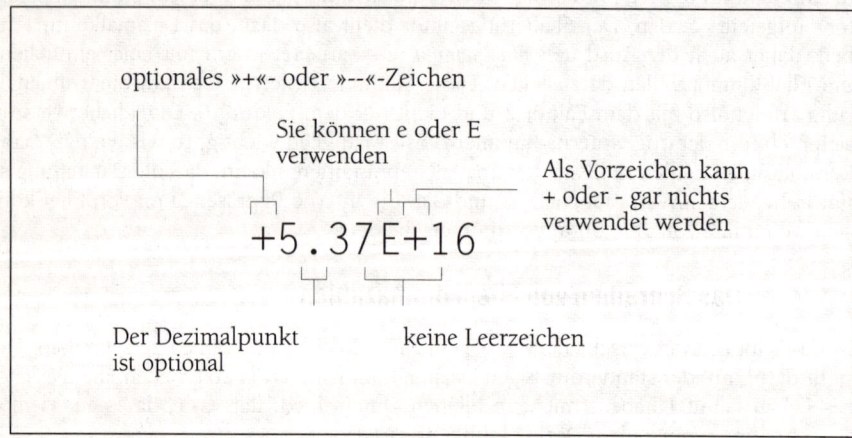

Bild 3.3: Die E-Notation

Wird ein negativer Exponent verwendet, bedeutet das, daß durch eine Zehnerpotenz dividiert anstatt multipliziert wird. 8.33E-4 ist also gleichbedeutend mit $8,33 * 10^4$ oder 0,000833. Dementsprechend ist die Elektronenmasse von 9.11e-31 kg gleich dem Wert von 0,00000000000000000000000000000911kg. (Da wir gerade beim Thema sind, 911 ist die Notrufnummer in den USA und die Telefongespräche werden von Elektronen übertragen. Zufall oder wissenschaftliche Verschwörung? Urteilen Sie selbst.) -8.33E4 entspricht -83300. Ein Vorzeichen vor der Zahl bezieht sich also auf den Zahlenwert. Ein Vorzeichen im Exponenten dagegen auf die Größenordnung.

 Die Formel *d,dddE+n* besagt, daß das Dezimalkomma *n* Stellen nach rechts bewegt werden soll. Durch die Formel *d,dddE-n* wird das Dezimalkomma *n* Stellen nach links verschoben.

Fließkommatypen

Wie beim ANSI C gibt es bei C++ drei Fließkommatypen: *float*, *double* und *long double*. Diese Typen unterscheiden sich in der Anzahl der signifikanten Stellen und dem zulässigen Wertebereich des Exponenten untereinander. Als signifikante Stellen bezeichnet man die Ziffern, die die Genauigkeit einer Zahl bilden. Gibt man zum Beispiel an, daß der Mount Shasta in Kalifornien 14.162 Fuß hoch ist, werden dabei fünf signifikante Stellen verwendet, die Höhe wird also auf einen Fuß genau angegeben. Sagt man jedoch, daß der Mount Shasta 14.000 Fuß hoch ist, werden nur zwei signifikante Stellen benutzt, da der Wert auf tausend Fuß genau gerundet wurde. In diesem Fall dienen die verbleibenden drei Ziffern nur als Platzhalter. Die Anzahl der signifikanten Stellen hängt nicht von der Position des Dezimalpunktes ab. Man kann beispielsweise die Höhe auch als 14,162 Tausend-Fuß angeben. Dabei werden wieder fünf signifikante Ziffern verwendet, da der Wert bis zur fünften Ziffer genau ist.

Gemäß den Genauigkeits-Anforderungen, die C und C++ an den Typ *float* stellen, nimmt dieser mindestens vier Byte ein. Der Typ *double* erfordert mindestens sechs Byte und darf nicht kleiner als der Typ *float* sein. Der Typ *long double* muß mindestens so groß wie *double* sein. Alle drei Typen können gleich groß sein. Meistens jedoch umfaßt der Typ *float* vier Byte, *double* acht Byte und *long double* zehn, zwölf oder sechzehn Byte. Der Wertebereich des Exponenten reicht bei allen drei Typen mindestens von -37 bis +37. Sie können mit Hilfe der Datei *float.h* die Grenzen Ihres Systems in Erfahrung bringen. Es folgen als Beispiel einige Einträge aus der Datei *float.h* von Turbo C++:

```
// Es folgt die minimale Anzahl der signifikanten Ziffern
#define DBL_DIG 15       // double
#define FLT_DIG 6        // float
#define LDBL_DIG 19      // long double
// Es folgt die Anzahl der zur Repräsentation der Mantisse
// verwendeten Bits
#define DBL_MANT_DIG  53
#define FLT_MANT_DIG  24
#define LDBL_MANT_DIG 64
// Es folgen die maximalen und minimalen Exponentenwerte
#define DBL_MAX_10_EXP+308
#define FLT_MAX_10_EXP+38
#define LDBL_MAX_10_EXP    +4932
#define DBL_MIN_10_EXP-307
#define FLT_MIN_10_EXP-37
#define LDBL_MIN_10_EXP    -4931
```

Kompatibilitätshinweise

Einige C++-Implementationen, die auf prä-ANSIC-C-Compilern basieren, verfügen nicht über die Datei *float.h*.

In Listing 3.7 werden die Typen *float* und *double* vorgestellt. Sie sehen dort auch, was für Unterschiede zwischen den beiden in der Genauigkeit, mit der sie Zahlen repräsentieren, bestehen (der Aspekt der signifikanten Stellen). Das Programm zeigt ebenfalls, wie *cout* in Abhängigkeit von der Größe der auszugebenden Zahl entweder die Dezimalpunkt- oder die E-Notation auswählt.

```
// floatnum.cpp -- Fließkommatypen in Turbo C++ in Turbo C++
#include <iostream.h>
int main(void)
{
    float tuben = 10.0 / 3.0;       // gut für 6 Stellen
    double becher = 10.0 / 3.0;     // gut für 15 Stellen
    const float million = 1.0e6;

    cout << "Tuben = " << tuben;
    cout << ", eine Million Tuben = " << million * tuben;
    cout << ",\nund 10 Millionen Tuben = ";
    cout << 10 * million * tuben << "\n";

    cout << "Becher = " << becher << " und eine Million Becher = ";
    cout << million * becher << "\n";
    return 0;
}
```

Listing 3.7: floatnum.cpp

Es folgt die Ausgabe:

```
Tuben = 3,333333, eine Million Tuben = 3333333,25,
und 10 Millionen Tuben = 3,333333e+07
Becher = 3,333333 und eine Million Becher = 3333333,333333
```

Programmhinweise

Beachten Sie, wie in der zweiten Zeile der Ausgabe *cout* von der dezimalen Notation zur E-Notation umschaltet, als die Anzahl der Ziffern links vom Dezimalpunkt sieben erreicht. Beachten Sie auch, daß *cout* normalerweise sechs Ziffern rechts vom Dezimalpunkt ausgibt. Eine Ausnahme besteht darin, daß *cout* hinten angehängte Nullen unterdrückt. Das heißt, 3333333,250000 wird als 3333333,25 ausgegeben. Außerdem können Sie sehen, daß *float* nicht so präzise ist wie *double*. Sowohl *tuben* als auch *becher* werden mit 10.0 / 3.0 initialisiert. Das sollte zu 3,3333333333333333... (etc.) führen. Da *cout* nur sechs Ziffern rechts vom Dezimalpunkt ausgibt, sehen Sie, daß *tuben* und *becher* bis dahin in der Genauigkeit übereinstimmen. Aber nachdem das Programm jede Zahl mit einer Million multipliziert hat, sehen Sie, daß *tuben* ab der siebten 3 vom richtigen Wert abweicht. *Tuben* ist also bis zur siebten Ziffer genau. (Bei unserem System wird für den Typ *float* eine sechsstellige Genauigkeit garantiert.) Die Variable vom Typ *double* jedoch wird mit dreizehn Dreien ausgegeben, ist also mindestens auf dreizehn Stellen genau. Das System garantiert fünfzehn Stellen, so daß uns dies nicht überraschen sollte.

Die Klasse *iostream*, zu der *cout* gehört, verfügt ferner über Klassen-Elementfunktionen, mit denen man genau kontrollieren kann, wie die Ausgabe formatiert wird – Feldbreite, Stellen rechts vom Dezimalpunkt, Dezimalform oder E-Form usw. In Kapitel 12 erfahren Sie Genaueres zu diesem Thema. In diesem Buch wurden die Beispiele bewußt einfach gehalten und es wird nur der <<-Operator benutzt. Manchmal werden durch diese Vorgehensweise mehr Ziffern als notwendig ausgegeben, aber das ist nur eine Frage der Ästhetik. Sie können ja schon einen kurzen Blick auf Kapitel 12 und die Beschreibung der Formatierungsmethoden werfen. Erwarten Sie aber nicht, daß Sie alles verstehen werden, was dort gesagt wird.

Fließkommakonstanten

Bringen Sie in einem Programm eine Fließkommakonstante unter, als was für einen Fließkommatyp speichert das Programm sie dann ab? Standardmäßig sind Fließkommakonstanten wie 8.24 und 2.4E8 vom Typ *double*. Soll eine Konstante vom Typ *float* sein, müssen Sie die Endung *f* oder *F* verwenden. Beim Typ *long double* müssen Sie die Endung *l* oder *L* nehmen.

```
1.234f          // float-Fließkommakonstante
2.45E20F        // float-Fließkommakonstante
2.345324E28     // double-Konstante
2.2L            // long double-Konstante
```

Vorteile und Nachteile von Fließkommazahlen

Fließkommazahlen haben gegenüber Integern zwei Vorteile. Erstens, können sie Werte zwischen den ganzen Zahlen repräsentieren. Zweitens, können sie aufgrund des Skalierungsfaktors einen viel größeren Wertebereich abdecken. Andererseits sind Fließkommaoperationen normalerweise langsamer als Integeroperationen und nicht so präzise. In Listing 3.8 wird das soeben Gesagte illustriert.

```
// fltadd.cpp -- Genauigkeitsprobleme mit float
#include <iostream.h>
int main(void)
{
    float a = 2.34E+22;
    float b = a + 1;

    cout << "a = " << a << "\n";
    cout << "b - a = " << b - a << "\n";
    return 0;
}
```

Listing 3.8: fltadd.cpp

Das Programm nimmt eine Zahl, addiert dazu 1 und subtrahiert davon den Originalwert. Das Resultat sollte der Wert 1 sein. Ist dem wirklich so? Es folgt die Ausgabe:

```
a = 2.34e+22
b - a = 0
```

Das Problem besteht darin, daß 2.34E+22 eine Zahl darstellt, die aus dreiundzwanzig Ziffern links vom Dezimalpunkt besteht. Wird dazu 1 addiert, wird versucht, eine 1 als dreiundzwanzigste Ziffer in dieser Zahl unterzubringen. Aber der Typ *float* kann lediglich die ersten sechs oder sieben Ziffern einer Zahl repräsentieren. Versucht man also, die dreiundzwanzigste Ziffer zu verändern, hat das keine Auswirkungen auf den Wert der Zahl.

3.4 Arithmetische C++-Operatoren

Sie erinnern sich sicher noch an die Rechenübungen in der Schule. Dasselbe Vergnügen, das Sie dabei empfanden, können Sie Ihrem Computer bereiten. C++ benutzt Operatoren, um arithmetische Operationen durchzuführen und kennt Operatoren für fünf verschiedene arithmetische Basisoperationen: Addition, Subtraktion, Multiplikation, Division und Modulus. Jeder dieser Operatoren verwendet zwei Werte (die als *Operanden* bezeichnet werden), um das Endergebnis zu berechnen. Zusammen bilden der Operator und seine Operanden einen *Ausdruck*. Schauen Sie sich dazu die folgende Anweisung an:

```
int raeder = 4 + 2;
```

Die Werte 4 und 2 bilden die Operanden, das Symbol + ist der Additionsoperator und 4 + 2 ist ein Ausdruck, dessen Wert 6 ist.

Es folgen die fünf arithmetischen C++-Basisoperatoren:

- Der Operator + addiert seine Operanden. So ergibt zum Beispiel 4 + 20 den Wert 24.
- Der Operator - subtrahiert den zweiten Operanden vom ersten. So ergibt 12 - 3 das Ergebnis 9.
- Der Operator * multipliziert seine Operanden. So ergibt 28 * 4 den Wert 112.
- Der Operator / dividiert den ersten Operanden durch den zweiten. So hat 100 / 5 das Ergebnis 200.
- Der Operator % bestimmt den Modulus seines ersten Operanden relativ zum zweiten Operanden. Das heißt, es wird der Rest der Division des ersten Operanden durch den zweiten gebildet. So besitzt zum Beispiel 19 % 6 das Ergebnis 1, da 6 dreimal in 19 enthalten ist, wobei ein Rest von 1 bleibt. Beide Operanden müssen Integertypen sein.

Sie können natürlich auch Variablen anstelle von Konstanten als Operanden verwenden. In Listing 3.9 wird genau das gemacht. Da der %-Operator nur mit Integern zusammenarbeitet, wird er erst in einem späteren Beispiel eingesetzt.

```
// arith.cpp -- C++-Arithmetik
#include <iostream.h>
int main(void)
{
    float huete, koepfe;

    cout << "Geben Sie eine Zahl ein: ";
    cin >> huete;
    cout << "Eine andere Zahl eingeben: ";
    cin >> koepfe;
```

```
cout << "Hüte = " << huete << "; Köpfe = " << koepfe << "\n";
cout << "Hüte + Köpfe = " << huete + koepfe << "\n";
cout << "Hüte - Köpfe = " << huete - koepfe << "\n";
cout << "Hüte * Köpfe = " << huete * koepfe << "\n";
cout << "Hüte / Köpfe = " << huete / koepfe << "\n";
return 0;
}
```

Listing 3.9: arith.cpp

Es folgt eine Beispielausgabe. Wie Sie sehen, können Sie C++ einfache arithmetische Operationen anvertrauen:

```
Geben Sie eine Zahl ein: 50.25
Eine andere Zahl eingeben: 11.17
Hüte = 50.25; Köpfe = 11.17
Hüte + Köpfe = 61.419998
Hüte - Köpfe = 39.080002
Hüte * Köpfe = 561.29248
Hüte / Köpfe = 4.498657
```

Aber trauen Sie C++ nicht ganz. Addieren Sie 11.17 zu 50.25, erwarten Sie als Ergebnis sicherlich 61.42, Sie erhalten jedoch 61.419998. Das ist kein arithmetisches Problem. Das Problem besteht vielmehr in der begrenzten Kapazität des Typs *float*, was die Anzahl der signifikanten Stellen einschränkt. Sie wissen ja, daß C++ nur sechs signifikante Stellen für den Typ *float* bereitstellt. Runden Sie 61.419998 auf sechs Stellen, erhalten Sie als Ergebnis 61.4200, das ist der korrekte Wert innerhalb der garantierten Genauigkeit. Wollen Sie also eine höhere Genauigkeit, müssen Sie den Typ *double* oder *long double* verwenden.

Welche Reihenfolge: Vorrang des Operators und Assoziativität

Können Sie C++ auch komplizierte arithmetische Operationen ausführen lassen? Ja, aber Sie müssen wissen, mit welchen Regeln C++ arbeitet. So wird zum Beispiel für manche Ausdrücke mehr als ein Operator benötigt. Dadurch stellt sich die Frage, welcher Operator zuerst bearbeitet wird. Schauen Sie sich dazu die folgende Anweisung an:

```
int flyingpigs = 3 + 4 * 5; // 35 oder 23?
```

Es sieht so aus, als ob die 4 sowohl für den »+«- als auch für den »*«-Operator ein Operand ist. C++ benutzt in solchen Fällen *Vorrangregeln*, um festzulegen, welcher Operator den Vorrang hat. Die arithmetischen Operatoren befolgen die üblichen Algebravorrangregeln, wobei Multiplikation, Division und Modulus vor Addition und Subtraktion ausgeführt werden. Das heißt, 3 + 4 * 5 bedeutet 3 + (4 * 5) und nicht (3 + 4) * 5. Die richtige Antwort muß also 23 und nicht 35 lauten. Sie können natürlich Klammern setzen, um Ihre Präferenzen durchzusetzen. In Anhang D finden Sie die Vorrangregeln aller C++-Operatoren. Sie sehen dort, daß sich *, / und % in derselben Spalte befinden. Das heißt, sie besitzen alle denselben Rang. Genauso teilen sich Addition und Subtraktion einen niedereren Rang.

Manchmal reicht die Vorrangliste nicht aus. Schauen Sie sich doch einmal die folgende Anweisung an:

```
float logs = 120 / 4 * 5;  // 150 oder 6?
```

Wieder dient die 4 als Operand für zwei Operatoren. Aber der »*«- und der »/«-Operator haben denselben Rang. Der Rang allein reicht also nicht aus, um dem Programm mitzuteilen, ob zuerst 120 durch 4 geteilt oder 4 mit 5 multipliziert werden soll. Wird zuerst die Division vorgenommen, lautet das Ergebnis 150. Multipliziert man zuerst, ist das Ergebnis 6. Welcher Weg genommen wird, ist also sehr wichtig. Haben zwei Operatoren denselben Rang, schaut C++ nach, ob die Operatoren eine *Assoziativität* von links nach rechts oder von rechts nach links haben. Eine Assoziativität von links nach rechts bedeutet, daß, falls zwei Operatoren desselben Rangs denselben Operanden bearbeiten, der linke Operator Vorrang hat. Bei einer Assoziativität von rechts nach links hat der rechte Operator Vorrang. Näheres zu diesem Thema finden Sie ebenfalls in Anhang D. Sie werden dort auch erfahren, daß die Multiplikation und Division eine Assoziativität von links nach rechts haben. Das bedeutet, daß die 4 zuerst mit dem Operator ganz links bearbeitet wird. Es wird also zuerst 120 durch 4 dividiert, das ergibt 30. Das Resultat wird dann mit 5 multipliziert, was 150 ergibt.

Die Vorrang- und Assoziativitätsregeln kommen nur ins Spiel, wenn zwei Operatoren sich denselben Operanden teilen. Schauen Sie sich dazu bitte den folgenden Ausdruck an:

```
int dues = 20 * 5 + 24 * 6;
```

Der Rang der obigen Operatoren teilt uns zwei Dinge mit: das Programm muß zuerst 20 * 5 ausführen, bevor die Addition erledigt wird und das Programm muß 24 * 6 zuerst bearbeiten, bevor die Addition erfolgt. Aber weder der Rang noch die Operatorassoziativität geben Auskunft darüber, welche Multiplikation zuerst erledigt werden muß. Sie denken vielleicht, daß die Assoziativität der Multiplikation erfordert, daß die Multiplikation ganz links zuerst ausgeführt werden soll, aber in diesem Fall teilen sich die beiden »*«-Operatoren keinen Operanden. Die Assoziativitätsregeln können also nicht angewandt werden. C++ überläßt es tatsächlich der Implementation, zu entscheiden, welche Reihenfolge auf welchem System am geeignetsten ist. Bei unserem Beispiel ergibt jede Reihenfolge dasselbe Ergebnis, aber es gibt Umstände, bei denen die Reihenfolge sehr wohl einen Unterschied macht. Sie werden dazu Näheres bei der Besprechung des Inkrementoperators in Kapitel 5 erfahren.

Verschiedenes zum Thema Division

Jetzt ist es an der Zeit, den Rest über den Divisionsoperator zu erfahren. Das Verhalten von diesem Operator hängt vom Typ der Operanden ab. Sind beide Operanden Integer, führt C++ eine Integerdivision aus. Das bedeutet, daß ein eventuell auftretender Nachkommateil unterdrückt wird und das Ergebnis ein Integer ist. Handelt es sich bei einem oder beiden Operanden um einen Fließkommawert, so bleibt der Nachkommateil erhalten und das Ergebnis wird dadurch zu einer Fließkommazahl. In Listing 3.10 sehen Sie, wie die C++-Division mit verschiedenen Wertetypen ausgeführt wird.

```
// division.cpp -- Integer- und Fließkommadivisionen
#include <iostream.h>
```

```
int main(void)
{
    cout << "Integer-Division: 9/5 = " << 9 / 5   << "\n";
    cout << "Fließkomma-Division: 9.0/5.0 = ";
    cout << 9.0 / 5.0 << "\n";
    cout << "Gemischte Division: 9.0/5 = " << 9.0 / 5  << "\n";
    cout << "double Konstanten: 1e7/9.0 = ";
    cout << 1.e7 / 9.0 <<  "\n";
    cout << "float Konstanten: 1e7f/9.0f = ";
    cout << 1.e7f / 9.0f <<  "\n";
    return 0;
}
```

Listing 3.10: division.cpp

Kompatibilitätshinweis

Einige C++-Implementationen, die auf prä-ANSI-C-Compilern basieren, unterstützen die Nachsilbe *f* bei Fließkommakonstanten nicht. Sollten Sie einmal vor diesem Problem stehen, können Sie *1,efl9,0f* durch *(float)1,e7/(float)9,0* ersetzen.

Es folgt die Ausgabe:

```
Integer-Division: 9/5 = 1
Fließkomma-Division: 9,0/5,0 = 1,8
Gemischte Division: 9,0/5 = 1,8
double Konstanten: 1e7/9,0 = 1111111,111111
float Konstanten: 1e7f/9,0f = 1111111,125
```

Die erste Zeile der obigen Ausgabe zeigt, daß die Division des Integers 9 durch den Integer 5 die ganze Zahl 1 zum Ergebnis hat. Der Bruchteil 4/5 (oder 0,8) wird weggelassen. Sie werden bei der Besprechung des Modulus-Operators erfahren, was für einen praktischen Nutzen eine derartige Division hat. In den nächsten beiden Zeilen sehen Sie, daß man, wenn mindestens einer der Operanden ein Fließkommaoperand ist, das Fließkommaergebnis 1,8 erhält. Versuchen Sie, verschiedene Typen zu kombinieren, konvertiert C++ alle betreffenden Typen in denselben Typ. Diese automatischen Konversionen werden in Kürze besprochen. Die Genauigkeit der letzten beiden Zeilen zeigt, daß das Resultat vom Typ *double* ist, falls beide Operanden *double* sind und daß es vom Typ *float* ist, falls beide Operanden *float* sind. Denken Sie daran, daß Fließkommakonstanten standardmäßig vom Typ *double* sind.

Das Überladen von Operatoren

In Listing 3.10 repräsentiert der Divisionsoperator drei verschiedene Operationen: die *int-*, die *float-* und die *double-*Division. C++ verwendet den Kontext, in diesem Fall den Typ der Operanden, um zu bestimmen, welcher Operator gemeint ist. Wenn dasselbe Symbol für mehr als eine Operation benutzt wird, wird das als *Überladen von Operatoren* bezeichnet. In C++ gibt es einige Beispiele für das Überladen von Operatoren und es ist möglich, daß Sie das Überladen von Operatoren in Verbindung mit anwenderdefinierten Klassen verwenden. Was wir hier gesehen haben, ist also ein Vorläufer einer wichtigen OOP-Fähigkeit (siehe Bild 3.4).

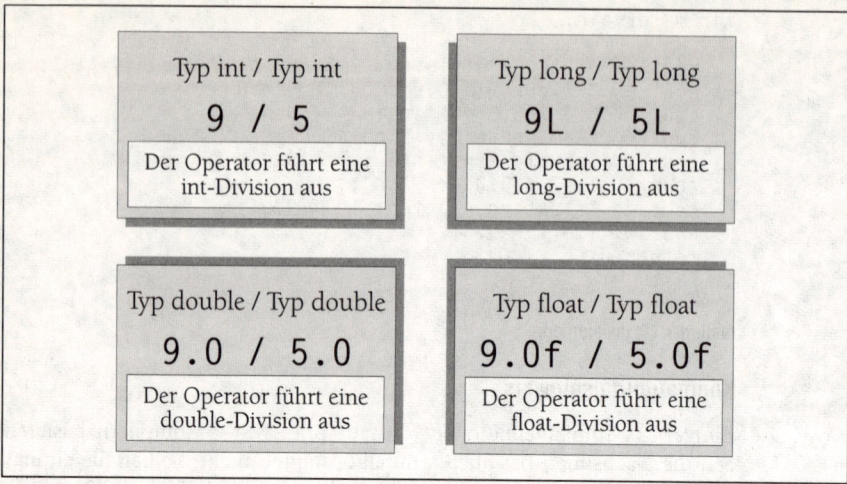

Bild 3.4: Verschiedene Divisionen

Der Modulus-Operator

Die meisten Leute kennen sich mit der Addition, Subtraktion, Multiplikation und Division aus, nicht aber mit dem Modulus-Operator. Deshalb wollen wir diesen Operator hier kurz vorstellen. Der Modulus-Operator übergibt, wie Sie ja wissen, den Rest einer Integer-Division. Zusammen mit der Integer-Division ist der Modulus-Operator sehr geeignet zur Lösung von Problemen, bei denen eine bestimmte Menge in verschiedene, ganzzahlige Einheiten unterteilt werden muß, wie zum Beispiel die Umwandlung von Meter in Zentimeter oder von Kilogramm in Pfund oder eben von Lot in Quentchen, den alten preußischen Gewichtseinheiten, die wir in Kapitel 2 bereits besprochen haben. In Listing 3.11 wird der Rechenvorgang aus Kapitel 2 umgekehrt und Quentchen in Lot umgewandelt. Bei diesem Programm wird mit Hilfe der Integer-Division die größte Anzahl von Lot einer bestimmten Menge Quentchen bestimmt und mit dem Modulus-Operator wird festgestellt, wie viele Quentchen noch übrig sind.

```
// modulus.cpp -- benutzt den Operator % um Quentchen in Lot
//                umzuwandeln
#include <iostream.h>
int main(void)
{
    const int Quent_pro_lot = 4;
    int quent;

    cout << "Das Gewicht in Quentchen eingeben: ";
    cin >> quent;
    int lot = quent / Quent_pro_lot;        // ganze Lots
    int quentchen = quent % Quent_pro_lot;  // Rest in Quentchen
    cout << quent << " Quentchen sind " << lot;
```

```
        cout << " Lot und " << quentchen << " Quentchen.\n";
        return 0;
}
```

Listing 3.11: modulus.cpp

Es folgt ein Beispielablauf:

```
    Das Gewicht in Quentchen eingeben: 121
    121 Quentchen sind 30 Lot und 1 Quentchen.
```

Bei dem Ausdruck *quent / Quent_pro_lot* sind beide Operanden vom Typ *int*. Somit führt der Computer die Integer-Division durch. Bei einem *quent*-Wert von *121* ist das Ergebnis *30*. Das Produkt von 30 und 4 ist 120, der Rest der Division von 121 durch 4 ist 1 und das ist auch der Wert von *quent % Quent_pro_lot*. Jetzt sind Sie vorbereitet – zumindest technisch, wenn auch nicht unbedingt gefühlsmäßig –, um auf die Frage nach Gewichten des alten Preußens richtig zu antworten.

Typumwandlungen

Da es bei C++ eine Fülle von Typen gibt, können Sie jeweils den Ihren Bedürfnissen entsprechenden Typ auswählen. Dadurch kompliziert sich das Leben für den Computer. Zwei *short*-Werte zu addieren, machen unter Umständen andere Hardware-Anweisungen notwendig, als zwei *long*-Werte zu addieren. Da vier Integertypen (*char* mitgezählt) und drei Fließkommatypen vorliegen, muß der Computer viele unterschiedliche Fälle bearbeiten können, besonders wenn Sie beginnen, Typen zu mischen. Um sich in diesem potentiellen Mischmasch zurechtzufinden, nimmt C++ viele Typkonversionen automatisch vor:

▶   C++ konvertiert Werte, wenn Sie den Wert eines Typs einer Variablen eines anderen Typs zuweisen.

▶   C++ konvertiert Werte, wenn Sie verschiedene Typen in Ausdrücken kombinieren.

▶   C++ konvertiert Werte, wenn Sie Argumente an Funktionen übergeben.

Verstehen Sie nicht vollständig, was bei diesen automatischen Umwandlungen passiert, werden Sie sich vielleicht über einige Programmresultate wundern. Deshalb wollen wir hier die Regeln näher erklären. C++ erlaubt es Ihnen ebenfalls, Typkonversionen zu erzwingen, auch diesen Prozeß wollen wir näher betrachten.

Konversionen bei Zuweisungen

C++ ist ziemlich liberal, wenn es darum geht, einen numerischen Wert eines Typs einer Variablen eines anderen Typs zuzuweisen. Immer, wenn Sie das tun, wird der Wert in den Typ der Zielvariablen umgewandelt. Angenommen, *so_long* ist vom Typ *long*, *thirty* vom Typ *short* und Sie haben folgende Anweisung in einem Programm:

```
    so_long = thirty; // Einen short-Wert einer long-Variablen zuweisen
```

Das Programm nimmt den Wert von *thirty* (es handelt sich typischerweise um einen zwei Byte umfassenden Wert) und erweitert ihn bei der Abarbeitung der Zuweisung zu einem *long*-Wert (es handelt sich typischerweise um einen vier Byte umfassenden Wert).

Wandelt man einen Wert in einen Typ mit größerem Wertebereich um, gibt es normalerweise keine Probleme. Wird beispielsweise ein *short*-Wert einer *long*-Variablen zugewiesen, verändert sich der Wert nicht. Der Wert erhält nur ein paar Byte mehr, in denen er sich ausbreiten kann. Weist man jedoch einen umfangreichen *long*-Wert wie 2111222333 einer *float*-Variablen zu, verliert das Ergebnis etwas an Genauigkeit. Da *float* nur bis zu sechs Stellen aufnehmen kann, muß der Wert auf 2,11122E9 gerundet werden. In Tabelle 3.3 werden einige Konversionsprobleme dargestellt.

Konversion	Potentielle Probleme
Größerer Fließkommatyp in kleineren Fließkommatyp, wie beispielsweise *double* nach *float*	Genauigkeitsverlust. Der Original-Wert liegt eventuell außerhalb des Wertebereiches des Zieltyps. In diesem Fall ist das Resultat undefiniert.
Fließkommatyp in Integer-Typ	Verlust des Nachkommateils. Der Original-Wert liegt eventuell außerhalb des Wertebereiches des Zieltyps. In diesem Fall ist das Resultat undefiniert.
Größerer Integer-Typ in kleineren Integer-Typ, wie beispielsweise *long* nach *short*	Der Original-Wert liegt eventuell außerhalb des Wertebereiches des Zieltyps. In diesem Fall werden in der Regel nur die unteren Bytes kopiert.

Tabelle 3.3: Potentielle Konversionsprobleme

Werden Fließkommawerte Integertypen zugewiesen, treten einige Probleme auf. Konvertiert man Fließkommawerte in Integerwerte, führt das zum Verstümmeln der Zahl (der Nachkommateil wird weggelassen). Ein *float*-Wert kann außerdem zu groß sein, um von einer *int*-Variablen aufgenommen werden zu können. In diesem Fall definiert C++ nicht, wie das Resultat aussehen sollte. Das bedeutet, daß unterschiedliche Implementationen unterschiedlich antworten können. In Listing 3.12 wird gezeigt, was bei Turbo C++ passiert.

```
// zuweis.cpp -- Typ-Umwandlungen bei Zuweisungen
#include <iostream.h>
int main(void)
{
    float drei = 3;         // int nach float umwandeln
    int versuch = 3.9832;   // float nach int umwandeln
    int schulden = 3.0E12;  // Ergebnis in C++ nicht definiert
    cout << "drei = " << drei << "\n";
    cout << "versuch= " << versuch << "\n";
    cout << "schulden = " << schulden << "\n";
    return 0;
}
```

Listing 3.12: zuweis.cpp

Es folgt die Ausgabe:

```
drei = 3
versuch = 3
schulden = 0
```

Der Variablen *drei* wird der Fließkommawert *3.0* zugewiesen. Da *cout* jedoch hinten angehängte Nullen bei der Ausgabe wegläßt, wird *3,0* als *3* ausgegeben. Weist man *3,9832* der *int*-Variablen *versuch* zu, wird der Wert auf *3* gekürzt. C++ arbeitet mit Kürzungen (Weglassen des Nachkommateils) und nicht mit Rundungen (die nächste ganze Zahl bestimmen), wenn Fließkommatypen in Integertypen umgewandelt werden. Beachten Sie schließlich noch, daß die *int*-Variable *schulden* nicht in der Lage ist, den Wert *3.0E12* aufzunehmen. Dadurch entsteht eine Situation, in der bei C++ das Ergebnis nicht definiert ist. Bei unserem System bekam *schulden* den Wert *0* zugewiesen. Nun, das ist eine ungewöhnliche Methode, Schulden zu begleichen!

Konversionen bei Ausdrücken

Jetzt wollen wir uns anschauen, was passiert, wenn Sie zwei verschiedene numerische Typen in einem Ausdruck kombinieren. C++ führt in so einem Fall zwei verschiedene Arten von automatischen Konversionen durch. Erstens, einige Typen werden immer automatisch konvertiert, sobald sie auftreten. Zweitens, andere Typen werden umgewandelt, sobald sie mit anderen Typen in einem Ausdruck kombiniert werden.

Wir wollen zuerst die automatische Konversion besprechen, die immer auftritt. Bei der Auswertung von Ausdrücken konvertiert C++ die Typen *char*, *unsigned char*, *signed char* und *short* in den Typ *int*. Dies wird auch als Standardumwandlung oder -konversion bezeichnet. Schauen Sie sich dazu die folgenden »geflügelten« Anweisungen an:

```
short kueken = 20;              // Zeile 1
short enten = 35;               // Zeile 2
short gefluegel = kueken + enten;  // Zeile 3
```

Um die Anweisung in Zeile 3 ausführen zu können, nimmt ein C++-Programm die Werte von *kueken* und *enten* und wandelt beide in den Typ *int* um. Anschließend konvertiert das Programm das Ergebnis wieder in den Typ *short*, da das Ergebnis einer Variablen des Typs *short* zugewiesen wird. Sie finden das vielleicht etwas umständlich, aber es macht Sinn. Der Typ *int* entspricht meistens dem Basistyp des jeweiligen Computers, was zur Folge hat, daß der Computer mit diesem Typ am schnellsten Berechnungen durchführen kann.

Es gibt eine weitere derartige Umwandlung: *unsigned short* wird in *int* umgewandelt, falls *short* kleiner als *int* ist. Sind die beiden Typen gleich groß, wird *unsigned short* in *unsigned int* umgewandelt. Durch diese Regel wird sichergestellt, daß während der Umwandlung von *unsigned short* keine Daten verlorengehen.

Außerdem gibt es die Umwandlungen, die vorgenommen werden, wenn Sie verschiedene Typen in arithmetischen Operationen kombinieren, wie zum Beispiel beim Addieren des Typs *int* mit einem *float*-Typ. Kommen bei einer Operation zwei Typen vor, wird der kleinere in den größeren umgewandelt. Das Programm in Listing 3.10 beispielsweise dividierte *9,0* durch *5*. Da *9,0* vom Typ *double* ist, wurde *5* in den Typ *double* umgewandelt, bevor die Division vorgenommen wurde. Allgemeiner gesprochen: Der Compiler überprüft anhand einer Liste, welche Umwandlungen in einem arithmetischen Ausdruck vorgenommen werden müssen. Es folgt die Liste, die der Computer in der aufgeführten Reihenfolge durchgeht:

▶ Ist einer der Operanden vom Typ *long double*, wird der andere Operand in *long double* umgewandelt.

▶ Ist einer der Operanden *double*, wird der andere Operand in *double* umgewandelt.

▶ Ist einer der Operanden *float*, wird der andere Operand in *float* umgewandelt.

▶ Anderenfalls sind die anderen Operanden Integertypen und die automatischen Standardumwandlungen werden vorgenommen.

▶ Ist in diesem Fall einer der Operanden *unsigned long*, wird der andere Operand in *unsigned long* umgewandelt.

▶ Ist einer der Operanden *long int* und der andere *unsigned int*, hängt die Umwandlung von der relativen Größe der beiden Typen ab. Kann der Typ *long* alle möglichen *unsigned int*-Werte repräsentieren, wird *unsigned int* in *long* umgewandelt.

▶ Anderenfalls werden beide Operanden in *unsigned long* umgewandelt.

▶ Ist einer der beiden Operanden *long*, wird der andere in *long* umgewandelt.

▶ Ist einer der beiden Operanden *unsigned int*, wird der andere in *unsigned int* umgewandelt.

▶ Erreicht der Compiler diesen Punkt in der Liste, sollten beide Operanden *int* sein.

Bei ANSI C gelten dieselben Regeln wie bei C++, aber beim klassischen K&R C gelten etwas andere Regeln. Beim klassischen C wurde *float* immer in *double* umgewandelt, auch wenn beide Operanden vom Typ *float* waren.

Konversionen beim Übergeben von Argumenten

Normalerweise kontrolliert das C++-Funktionsprototyping die Typumwandlung bei der Argumentenübergabe. Mehr dazu in Kapitel 7. Es ist jedoch möglich – meistens aber unklug –, daß bei der Argumentenübergabe auf die Kontrolle durch einen Prototypen verzichtet wird. C++ wendet in einem solchen Fall die Standardumwandlungen auf die Typen *char* und *short* an (vorzeichenbehaftet und vorzeichenlos). Damit die Kompatibilität mit den vielen mit klassischem C verfaßten Programme gewährleistet bleibt, wandelt C++ *float*-Argumente in *double* um, wenn sie an eine Funktion übergeben werden.

Typumwandlungen (Type-Casts)

C++ ermöglicht es Ihnen, Typumwandlungen explizit mit dem *Typumwandlungsmechanismus* (Cast-Mechanismus) zu erzwingen. Vom Typumwandlungsmechanismus gibt es zwei Formen. Um zum Beispiel einen *int*-Wert in einer Variablen mit dem Namen *thorn* in einen *long*-Wert umzuwandeln, können Sie einen der beiden folgenden Ausdrücke verwenden:

```
(long) thorn      // wandelt den Wert von thorn in den Typ long um
long (thorn)      // wandelt den Wert von thorn in den Typ long um
```

Allgemeiner gesagt, können Sie folgendes tun:

```
(Typname) Wert    // wandelt Wert in den Typ Typname um
Typname (Wert)    // wandelt Wert in den Typ Typname um
```

Die erste Form ist reines C. Die zweite Form ist pures C++. Der Grundgedanke dieser neuen Form besteht darin, daß eine Typumwandlung wie ein Funktionsaufruf aussehen soll. Auf diese Art und Weise gleichen Typumwandlungen mit den eingebauten Typen den Typumwandlungen, die Sie für anwenderdefinierte Klassen erstellen können. In Listing 3.13 sehen Sie beide Formen. Stellen Sie sich vor, daß der erste Abschnitt dieses Listings Teil eines ökologischen Modelles ist, das Fließkommaberechnungen ausführt, die in ganzzahlige Anzahlwerte für Vögel und Tiere umgewandelt werden. Das Resultat ist vom Zeitpunkt der Konversion abhängig. Die Berechnung der Anzahl der *Enten* addiert zuerst die Fließkommawerte und konvertiert dann die Summe bei der Zuweisung in den Typ *int*. Bei den Berechnungen der *Fledermäuse* und *Bläßhühner* werden mit Hilfe der Typumwandlung zuerst die Fließkommawerte in *int*-Wert umgewandelt und anschließend die Werte addiert. Der letzte Teil des Programmes zeigt, wie Sie mit der Typumwandlung den ASCII-Code für einen Wert des Typs *char* ausgeben lassen können.

```
// typumw.cpp -- Typumwandlungen erzwingen
#include <iostream.h>
int main(void)
{
    int enten, fledermaeuse, blaesshuehner;

    // Die folgenden Anweisungen addieren die Werte als double
    // und konvertieren dann das Resultat in int
    enten = 19.99 + 11.99;

    // Diese Anweisungen addieren die Wert als int
    fledermaeuse = (int) 19.99 + (int) 11.99;     // alte C-Syntax
    blaesshuehner = int (19.99) + int (11.99);    // neue C++-Syntax
    cout << "Enten = " << enten;
    cout << ", Fledermäuse = " << fledermaeuse;
    cout << ", Bläßhühner = " << blaesshuehner << "\n";

    char ch = 'Z';
    cout << "Der Code für " << ch << " ist ";    // als char ausgeben
    cout << int(ch) << "\n";                      // als int ausgeben
    return 0;
}
```

Listing 3.13: typumw.cpp

So sieht das Ergebnis aus:

```
Enten = 31, Fledermäuse = 30, Bläßhühner = 30
Der Code für Z ist 90
```

Das Addieren von 19.99 zu 11.99 ergibt 31.98. Wird dieser Wert der *int*-Variablen *enten* zugewiesen, wird der Wert auf 31 gekürzt. Arbeitet man mit Typumwandlungen, werden dieselben beiden Werte vor der Addition auf 19 und 11 gekürzt. Dadurch nimmt sowohl der Wert von *fledermaeuse* als auch der von *blaesshuehner* den Wert 30 an. In der anschließenden *cout*-Anweisung wird mit Hilfe einer Typumwandlung eine Variable des Typs *char* in *int* konvertiert, bevor der Wert ausgegeben wird. Dadurch wird *cout* veranlaßt, den Wert als Integer und nicht als Zeichen auszugeben.

Das Programm zeigt zwei Gründe für den Einsatz von Typumwandlungen auf. Sie haben vielleicht Werte, die als *double* abgespeichert sind, jedoch zur Berechnung eines Wertes vom Typ *int* herangezogen werden sollen. So kann es vorkommen, daß Sie zum Beispiel etwas an einem Gitter ausrichten oder mit ganzen Zahlen wie beispielsweise Populationen arbeiten möchten, dafür aber Fließkommawerte heranziehen wollen. Und Sie möchten dann vielleicht, daß bei Berechnungen die Werte als *int*-Werte behandelt werden. Mit der Typumwandlung können Sie genau das erreichen. Beachten Sie aber, daß Sie ein anderes Ergebnis erhalten – zumindest für die vorliegenden Werte –, wenn Sie zuerst in den Typ *int* umwandeln und dann addieren und wenn Sie zuerst addieren und erst anschließend in *int* umwandeln.

Der zweite Teil des Programmes zeigt den häufigsten Grund für den Einsatz einer Typumwandlung – Daten in eine andere vom Programm erwartete Form bringen. In diesem Listing zum Beispiel enthält die *char*-Variable *ch* den Code für den Buchstaben Z. Benutzt man *cout* zusammen mit *ch*, wird das Zeichen Z ausgegeben, da *cout* auf Grund der Tatsache, daß *ch* vom Typ *char* ist, den Variablenwert als Zeichen ausgibt. Wandelt man jedoch *ch* in den Typ *int* um, bringt man *cout* dazu, in den *int*-Ausgabemodus umzuschalten und den ASCII-Code, der in *ch* abgespeichert ist, auszugeben.

3.5 Zusammenfassung

Bei den C++-Grundtypen unterscheidet man zwei Gruppen. Eine Gruppe besteht aus Werten, die als Integer abgespeichert werden. Die zweite Gruppe besteht aus Werten, die im Fließkommaformat abgespeichert werden. Die Integertypen unterscheiden sich durch den zur Abspeicherung von Werten benötigten Speicherplatz voneinander und dadurch, ob sie vorzeichenlos oder vorzeichenbehaftet sind. Es gibt folgende Integertypen (in aufsteigender Reihenfolge): *char*, *signed char*, *unsigned char*, *short*, *unsigned short*, *int*, *unsigned int*, *long* und *unsigned long*. C++ garantiert, daß *char* groß genug ist, um jedes Element des Systemzeichensatzes aufnehmen zu können, daß *short* mindestens zwei Byte umfaßt, *int* mindestens so groß wie *short* ist und daß *long* mindestens vier Byte umfaßt und mindestens so groß wie *int* ist. Die genaue Größe hängt von der Implementation ab.

Zeichen werden durch ihren numerischen Code repräsentiert. Das Ein-/Ausgabe-System bestimmt, ob ein Zeichen-Code als Zeichen oder als Zahl interpretiert wird.

Die Fließkommatypen können nicht ganzzahlige Werte und Werte, die zu groß für die Integertypen sind, repräsentieren. Die drei Fließkommatypen werden *float*, *double* und *long double* genannt. C++ garantiert, daß *float* nicht größer als *double* und daß *double* nicht größer als *long double* ist. *float* belegt in der Regel vier Byte Speicher, *double* acht Byte und *long double* zehn bis sechzehn Byte.

Dadurch, daß es sehr viele verschiedene Typen in unterschiedlichen Größen und sowohl vorzeichenlos als auch vorzeichenbehaftet gibt, können Sie bei C++ den Ihren Bedürfnissen entsprechenden Typ finden.

C++ benutzt Operatoren, um die üblichen arithmetischen Operationen mit numerische Typen auszuführen: Addition, Subtraktion, Multiplikation, Division und Modulus. Bearbeiten zwei Operatoren denselben Wert, bestimmen die C++-Vorrang- und Assoziativitätsregeln, welche Operation zuerst ausgeführt wird.

C++ konvertiert Werte von einem Typ in einen anderen, falls Sie einer Variablen Werte zuweisen, sobald Sie bei Berechnungen Typen mischen und wenn Sie mit Hilfe von Typumwandlungen Typkonversionen erzwingen. Viele Typumwandlungen sind »sicher«, das bedeutet, daß sie ohne Verlust oder Veränderungen der Daten vorgenommen werden. Sie können zum Beispiel einen *int*-Wert ohne Probleme in einen *long*-Wert umwandeln. Andere Umwandlungen, wie beispielsweise das Konvertieren von Fließkommatypen in Integertypen erfordern mehr Aufmerksamkeit.

Anfangs denken Sie vielleicht, daß so viele C++-Grundtypen unnötig sind, besonders da Sie sich an die vielen Konversionsregeln gewöhnen müssen. Aber es wird immer wieder Situationen geben, in denen einer dieser Typen genau der ist, den Sie brauchen und dann sind Sie C++ dankbar dafür.

3.6 Übungsaufgaben

1. Warum gibt es bei C++ mehr als einen Integertyp?

2. Definieren Sie folgendes:
   a. Einen *short*-Integer mit dem Wert 80.
   b. Einen *unsigned int*-Integer mit dem Wert 42110.
   c. Einen Integer mit dem Wert 3000000000.

3. Was für Sicherungen gibt es in C++, um Sie davon abzuhalten, die Grenzen eines Integertyps zu überschreiten?

4. Was ist der Unterschied zwischen 33L und 33?

5. Schauen Sie sich die beiden folgenden C++-Anweisungen an. Sind sie äquivalent?

   ```
   char grade = 65;
   char grade = 'A';
   ```

6. Wie können Sie mit Hilfe von C++ herausfinden, was für ein Zeichen den ASCII-Code 88 besitzt? Zeigen Sie mindestens zwei Lösungsmöglichkeiten auf.

7. Wird ein *long*-Wert einer *float*-Variablen zugewiesen, kann das zu einem Rundungsfehler führen. Was passiert bei der Zuweisung eines *long*-Wertes zu einer *double*-Variablen?

8. Werten Sie die folgenden Ausdrücke so aus, wie C++ es tun würde:
   a. 8 * 9 + 2,+
   b. 6 * 3 / 4,+

c. 3 / 4 * 6,+

d. 6.0 * 3 / 4,+

e. 15 % 4

9. Angenommen, *x1* und *x2* sind zwei Variablen vom Typ *double*, die Sie als Integer addieren und einer Integervariablen zuweisen wollen. Konstruieren Sie für diesen Zweck eine C++-Anweisung.

10. Schreiben Sie ein kurzes Programm, das Sie nach Ihrer Größe in ganzen Zentimetern fragt und das anschließend Ihre Größe in Meter und Zentimeter umwandelt. Im Programm soll das Unterstrichzeichen anzeigen, wo man die Zentimeterangabe eingeben soll. Verwenden Sie auch einen *const*-Typ.

4

Abgeleitete Typen

Sie haben ein Computerspiel entwickelt mit dem Namen »Anwenderfeind«, bei dem man mit einer rätselhaften und widerspenstigen Benutzeroberfläche konfrontiert wird. Und Sie müssen jetzt ein Programm schreiben, das über einen Zeitraum von fünf Jahren darüber Buch führt, wie viele Spiele Sie monatlich verkaufen. Oder Sie möchten eine Inventur Ihrer Visitenkartensammlung berühmter Hacker machen. Sie werden sicher bald feststellen, daß Sie etwas mehr als die einfachen C++-Grundtypen benötigen, um diesen Anforderungen gerecht zu werden. Und in der Tat gibt es in C++ ein adäquates Werkzeug für diese gehobenen Ansprüche – die *abgeleiteten* Typen. Dabei handelt es sich um Typen, die aus den grundlegenden Integer- und Fließkommatypen gebildet werden. Der weitreichendste, abgeleitete Typ ist die Klasse. Wir werden versuchen, diese Bastion der OOP zu erobern. Aber in C++ gibt es auch mehrere harmlosere Typen, die von C übernommen wurden. Ein *Array* zum Beispiel kann mehrere Werte desselben Typs aufnehmen. Ein besonderer Arraytyp dient dazu, einen *String* aufzunehmen. Bei einem String handelt es sich um eine Reihe von Zeichen. *Strukturen* können mehrere Werte unterschiedlicher Typen beherbergen. Außerdem gibt es *Zeiger*. Dabei handelt es sich um Variablen, die dem Computer mitteilen, wo sich bestimmte Daten befinden. Wir werden alle abgeleiteten Typen (außer Klassen) in diesem Kapitel besprechen und auch einen ersten Blick auf die Befehle *new* und *delete* werfen, mit denen Daten verwaltet werden können.

4.1 Arrays

Ein *Array* (Feld) ist eine Datenform, die mehrere Werte desselben Typs aufnehmen kann. So kann ein Array beispielsweise sechzig Werte des Typs *int* umfassen, um die Anzahl der in fünf Jahren verkauften Spiele aufzunehmen. In einem Array können sich auch zwölf *short*-Werte befinden, die die Anzahl der Tage eines jeden Monats repräsentieren. Ein Array kann auch 365 *float*-Werte beinhalten, um die täglichen Kosten für Ihre Lebensmittel aufzulisten. (Das ist sicherlich besser, als dafür 365 verschiedene Variablen zu verwenden!) Jeder Wert wird in einem separaten *Arrayelement* abgespeichert und der Computer legt alle Elemente nacheinander im Speicher ab.

Ein Array wird mit Hilfe einer Deklarationsanweisung erzeugt. Eine Arraydeklaration sollte die folgenden drei Dinge beinhalten:

▶ Was für ein Werttyp jeweils in den Elementen abgelegt werden soll.

▶ Den Namen des Arrays.

▶ Die Anzahl der Arrayelemente.

Die folgende Deklaration beispielsweise

```
short monate[12]; // Ein Array mit 12 short wird erzeugt
```

erzeugt ein Array mit dem Namen *monate*, das 12 Elemente umfaßt. In jedem Element kann ein Wert des Typs *short* abgelegt werden. Jedes Element ist eigentlich eine Variable und kann auch wie eine einfache Variable behandelt werden.

Die allgemeine Form einer Arraydeklaration sieht wie folgt aus:

```
Typname Array-Name[Arraygröße];
```

Der Ausdruck *Arraygröße* – wobei es sich um die Anzahl der Elemente handelt – muß eine Konstante sein, wie zum Beispiel *10* oder ein *const*-Wert oder ein konstanter Ausdruck wie beispielsweise *8 * sizeof(int)*, bei dem alle Werte beim Kompilieren bekannt sind. Insbesondere kann *Arraygröße* keine Variable enthalten, deren Wert während des Programmablaufes gesetzt oder verändert wird. Weiter hinten in diesem Kapitel jedoch werden Sie sehen, wie man mit dem Operator *new* diese Beschränkung umgehen kann.

Das Array als abgeleiteter Typ

Ein Array wird als abgeleiteter Typ bezeichnet, da es auf einem anderen Typ basiert. Sie können nicht einfach irgend etwas als Array deklarieren. Es muß immer ein Array eines bestimmten Typs sein. Es gibt nicht den allgemeingültigen Arraytyp, sondern viele spezifische Arraytypen, wie zum Beispiel ein *char*-Array oder ein *long*-Array. Schauen Sie sich dazu die folgende Deklaration an:

```
float loans[20];
```

Der Typ von *loans* ist nicht »Array«, sondern »Array vom Typ *float*«. Dadurch wird ausgedrückt, daß das Array *loans* vom Typ *float* abgeleitet wurde.

Arrays sind größtenteils deshalb so nützlich, weil man auf die Arrayelemente einzeln zugreifen kann. Das funktioniert mit Hilfe eines *Subscripts* oder *Index*, mit dem die Elemente durchnumeriert werden. Bei C++ beginnt die Arraynumerierung bei 0. (Das ist einfach so, Sie müssen mit 0 anfangen. Pascal- und Basic-Anwender müssen sich damit abfinden.) C++ verwendet im Zusammenhang mit der Elementadressierung die eckigen Klammern, in die der Index gesetzt werden muß. So ist beispielsweise *monate[0]* das erste Element des Arrays *monate* und *monate[11]* das letzte (siehe Bild 4.1). Sie können also mit einer Arraydeklaration sehr viele Variablen mit einer einzigen Deklaration erzeugen und Sie können anschließend mit dem Index individuelle Elemente ansprechen.

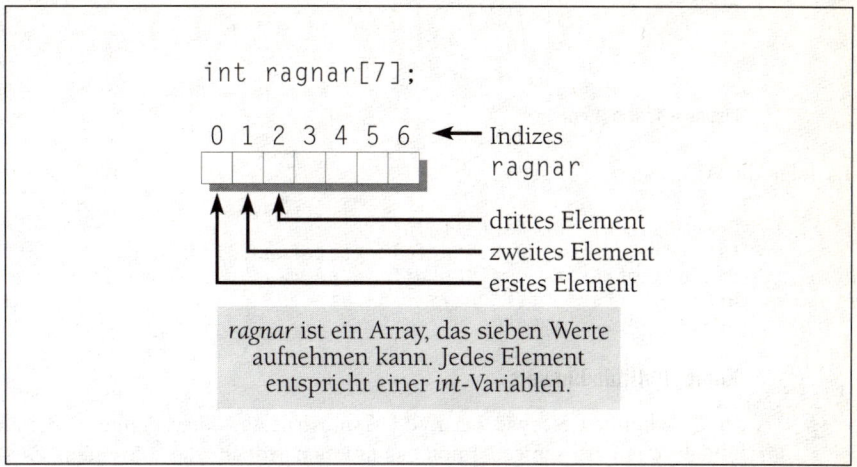

Bild 4.1: Ein Array erzeugen

Das Kartoffelanalyseprogramm in Listing 4.1 demonstriert einige Fähigkeiten von Arrays, einschließlich der Arraydeklaration, dem Zuweisen von Werten an Arrayelemente und dem Initialisieren eines Arrays.

```
// array1.cpp -- kleines Integerarray anlegen
#include <iostream.h>
int main(void)
{
    int kartoffeln[3];    // ein Array mit 3 Elementen erzeugen

    kartoffeln[0] = 7;    // dem ersten Element einen Wert zuweisen
    kartoffeln[1] = 8;
    kartoffeln[2] = 6;

    int kosten[3] = {20, 30, 5}; // Array erzeugen und
                                 // initialisieren
// Hinweis: Sollte Ihr C++-Compiler nicht in der Lage sein,
// dieses Array in dieser Form zu initialisieren, verwenden Sie
// bitte static int kosten[3] anstatt von int kosten[3]

    cout << "Gesamtanzahl der Kartoffeln = ";
    cout << kartoffeln[0] + kartoffeln[1] + kartoffeln[2] << "\n";
    cout << "Eine Packung mit " << kartoffeln[1];
    cout << " Kartoffeln kostet ";
    cout << kosten[1] << " Pfennig pro Kartoffel.\n";
    int total = kartoffeln[0] * kosten[0] + kartoffeln[1] *
                kosten[1];
    total = total + kartoffeln[2] * kosten[2];
    cout << "Die Gesamtkosten der Kartoffeln betragen " << total;
    cout << " Pfennige.\n";

    cout << "\nGröße des Kartoffelarrays = " << sizeof kartoffeln;
    cout << " Byte.\n";
    cout << "Größe eines Elementes = " << sizeof kartoffeln[0];
```

```
        cout << " Byte.\n";
        return 0;
}
```

Listing 4.1: array1.cpp

Es folgt die Ausgabe

```
Gesamtanzahl der Kartoffeln = 21
Eine Packung mit 8 Kartoffeln kostet 30 Pfennig pro Kartoffel
Die Gesamtkosten der Kartoffeln betragen 410 Pfennige
Größe des Kartoffelarrays = 6 Byte
Größe eines Elementes = 2 Byte
```

Kompatibilitätshinweis

In C++ können Sie wie bei ANSI C normale, in einer Funktion definierte Arrays initialisieren. Bei einigen Implementationen jedoch, die mit einem C++-Übersetzer anstelle eines echten Compilers arbeiten, erzeugt der C++-Übersetzer C-Code für einen C-Compiler, der nicht ganz ANSI-C-kompatibel ist. Sie erhalten dann eine Fehlermeldung wie die folgende, die von einem Sun-C++-2.0-System stammt:

```
"array1.cc", line 10: sorry, not implemented: initialization of
kosten (automatic aggregate) Compilation failed
```

Das Problem kann durch den Einsatz des Schlüsselwortes *static* in der Array-deklaration gelöst werden:

```
// prä-ANSI-Initialisation
static int kosten[3] = {20, 30, 5};
```

Das Schlüsselwort *static* veranlaßt den Compiler, ein anderes Speicherschema zum Abspeichern des Arrays zu verwenden, und zwar eines, mit dem die Initialisation sogar bei prä-ANSI C möglich ist. In Kapitel 8 wird *static* im Abschnitt über Speicherklassen erklärt. Die Programmlistings in diesem Buch weisen Sie darauf hin, wenn *static* benötigt wird.

Programmhinweise

Zuerst erzeugt das Programm ein drei Elemente umfassendes Array mit dem Namen *kartoffeln*. Da *kartoffeln* aus drei Elementen besteht, sind die Elemente von 0 bis 2 numeriert. *array1.cpp* verwendet die Indexwerte 0–2, um den drei einzelnen Elementen Werte zuzuweisen. Jedes einzelne *kartoffeln*-Element ist vom Typ int mit allen Rechten und Pflichten dieses Typs. Deshalb kann *array1.cpp* – und macht das auch – Elementen Werte zuweisen, Elemente addieren, multiplizieren und ausgeben.

Das Programm benutzt den aufwendigen Weg, um den *kartoffeln*-Elementen Werte zuzuweisen. In C++ können Sie auch innerhalb der Deklarationsanweisung Arrayelemente initialisieren. In Listing 4.1 werden mit dieser kürzeren Methode dem Feld *kosten* seine Werte zugewiesen:

```
int kosten[3] = {20, 30, 5};
```

Sie können für die Initialisation einfach eine durch Kommata separierte und in Klammern gesetzte Werteliste (die *Initialisationsliste*) verwenden. Initialisieren Sie ein Array, das nicht innerhalb einer Funktion definiert ist, nicht, bleiben die Elementwerte undefiniert. Das bedeutet, daß die Elemente einen beliebigen Wert annehmen, und zwar den, der sich vorher an dieser Speicherstelle befunden hat.

Als nächstes benutzt das Programm die Arraywerte bei einigen Berechnungen. Dieser Programmteil sieht etwas undurchsichtig aus – mit all den Indizes und eckigen Klammern. Die *for*-Schleife (mehr dazu in Kapitel 5) wäre eine gute Alternative beim Arbeiten mit Arrays und macht es unnötig, jedes einzelne Element explizit anzugeben. Bis dahin begnügen wir uns mit kleinen Arrays.

Der Operator *sizeof* übergibt, wie Sie ja wissen, die Größe eines Typs oder Datenobjektes in Bytes. Benutzen Sie den Operator *sizeof* mit einem *Array-Namen*, erhalten Sie die Anzahl der Bytes des ganzen Arrays. Aber wenn Sie *sizeof* mit einem *Arrayelement* einsetzen, erhalten Sie die Größe dieses Elements in Bytes. Dies illustriert, daß mit *kartoffeln* das gesamte Array angesprochen wird und mit *kartoffeln[1]* jedoch nur ein *int*-Element.

Mehr zum Thema Arrayinitialisation

C++ kennt mehrere Regeln zum Initialisieren eines Arrays. Sie schränken ein, wann und wo die Initialisation erfolgen kann und sie bestimmen, was passiert, falls die Anzahl der Arrayelemente nicht mit der Anzahl der in der Initialisation aufgeführten Werte übereinstimmt. Wir wollen uns nun diese Regeln einmal näher betrachten.

Sie können die Initialisation nur bei der Definition eines Arrays ausführen. Später können Sie sie nicht mehr einsetzen und es ist auch nicht möglich, ein ganzes Array einem anderen zuzuweisen:

```
int karten[4] = {3, 6, 8, 10]        // OK
int hand[4];                         // OK

hand[4] = {5, 6, 7, 9};              // Nicht zulässig
hand = karten;                       // Nicht zulässig
```

Sie können den Arrayelementen jedoch jederzeit mit Hilfe von Indizes einzeln Werte zuweisen.

Es ist auch möglich, weniger Werte als Arrayelemente anzugeben. In diesem Fall wird nur der erste Teil des Arrays initialisiert. So werden beispielsweise durch die folgende Anweisung nur die ersten beiden Elemente von *trinkgelder* initialisiert:

```
float trinkgelder[5] = {5.0, 2.5};
```

Bei Arrays, die innerhalb einer Funktion definiert sind, bleiben die restlichen Elemente undefiniert.

Lassen Sie die eckigen Klammern beim Initialisieren eines Arrays leer, zählt der Compiler die Elemente für Sie. Angenommen, Sie führen die folgende Deklaration aus:

```
short dinge[] = {1, 5, 3, 8};
```

Der Compiler macht dann aus *dinge* ein Array mit vier Elementen.

Die Arbeit dem Compiler überlassen

Normalerweise ist es nicht ratsam, den Compiler die Anzahl der Elemente bestimmen zu lassen, da das Ergebnis von dem von Ihnen erhofften abweichen kann. Beim Initialisieren eines Zeichenarrays zu einem String ist es besser – wie Sie bald sehen werden –, dem Compiler die Arbeit zu überlassen. Besteht Ihr Hauptanliegen darin, daß das Programm – nicht Sie – weiß, wie groß ein Array ist, können Sie das folgende tun:

```
short dinge[] = {1, 5, 3, 8};
int anz_elemente = sizeof dinge / sizeof (short);
```

Ob das nützlich ist oder nicht, hängt von den Umständen ab.

4.2 Strings

Bei einem String handelt es sich um eine Zeichenfolge, die in aufeinanderfolgenden Bytes im Speicher abgelegt ist. So bietet es sich an, einen String in einem *char*-Array unterzubringen, wobei jedes Zeichen in einem eigenen Arrayelement untergebracht wird. Strings eignen sich hervorragend, um Textinformationen wie zum Beispiel Meldungen für den Anwender (*"Bitte teilen Sie mir die Nummer Ihres geheimen Kontos in der Schweiz mit"*) oder Antworten des Anwenders (*"Sie machen wohl Scherze"*) aufzunehmen. C++-Strings haben wie C-Strings eine Eigenheit: das letzte Zeichen jedes C++-Strings ist ein *Nullzeichen*. Dieses Zeichen – geschrieben \0 – ist das Zeichen mit dem ASCII-Code 0. Es dient dazu, das Ende des Strings zu markieren. Schauen Sie sich dazu bitte die folgenden beiden Deklarationen an:

```
char hund [4] = { 's', 'h', 'ö', 'n' };        // Kein String!
char katze[5] = {'f', 'e', 't', 't', '\0'}     // Ein String!
```

Bei beiden Arrays handelt es sich um *char*-Arrays, aber nur das zweite ist ein String. Das Nullzeichen spielt bei C++-Strings eine fundamentale Rolle. C++ kennt beispielsweise viele Funktionen zur Bearbeitung von Strings, einschließlich derer, die von *cout* benutzt werden. Sie alle bearbeiten einen String Zeichen für Zeichen, so lange, bis sie auf das Nullzeichen stoßen. Soll *cout* einen netten String – wie *katze* oben – ausgeben, werden die ersten vier Zeichen ausgegeben, dann wird das Nullzeichen entdeckt und die Ausgabe beendet. Sind Sie aber gemein und weisen *cout* an, das Array *hund* oben auszugeben, bei dem es sich nicht um einen String handelt, gibt *cout* die vier Buchstaben des Arrays aus und geht dann den Speicher Byte für Byte durch, wobei jedes Byte als auszugebendes Zeichen interpretiert wird, bis ein Nullzeichen auftritt. Da Nullzeichen – es handelt sich ja eigentlich um ein auf Null gesetztes Byte – recht häufig im Speicher vorkommen, ist der Schaden in der Regel nicht sehr groß. Trotzdem sollten Sie Zeichenarrays ohne abschließendes Nullzeichen nicht als Strings behandeln.

Beim Beispielarray *katze* gewinnt man den Eindruck, daß die Initialisation eines Arrays recht mühsam ist – die vielen einfachen Anführungszeichen und das unvermeidliche Nullzeichen. Aber keine Sorge, es gibt eine bessere Möglichkeit, ein Zeichenfeld mit einem String zu initialisieren. Sie müssen dazu nur einen String in doppelten Anführungszeichen benutzen, der als *Stringkonstante* oder *Stringliteral* bezeichnet wird. Schauen Sie sich dazu das folgende Beispiel an:

```
char vogel[10] = "Piepsie";   // Das Zeichen \0 ist
                              // miteingeschlossen
char fisch[] = "BlubbBlubb";  // Der Compiler soll zählen
```

Strings in Anführungszeichen beinhalten das abschließende Nullzeichen automatisch, so daß Sie es nicht mitangeben müssen (siehe Bild 4.2). Auch die vielfältigen C++-Eingabefunktionen zum Einlesen eines Strings aus der Tastatureingabe in ein char-Array fügen das abschließende Nullzeichen automatisch hinzu. (Haben Sie beim Ausprobieren von Listing 4.1 festgestellt, daß das Schlüsselwort *static* zur Initialisation eines Arrays notwendig ist, müssen Sie es mit diesen char-Arrays auch einsetzen.)

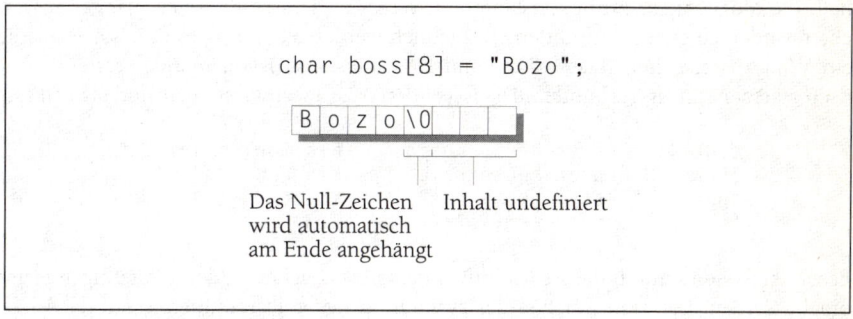

Bild 4.2: Ein Array mit einem String initialisieren

Sie müssen sicherstellen, daß das Array groß genug ist, um alle Zeichen eines Strings einschließlich des Nullzeichens, aufnehmen zu können. Das Initialisieren eines Zeichenfeldes mit einer Stringkonstanten ist ein Beispiel dafür, wann es besser ist, dem Compiler das Zählen der Elemente zu überlassen. Es kann dabei nichts passieren, außer, daß Speicher verschwendet und dadurch das Array größer wird als der String. Das liegt daran, daß Funktionen, die Strings bearbeiten, sich von der Position des Nullzeichens leiten lassen und nicht von der Größe des Arrays. Bei C++ gibt es keine Beschränkungen hinsichtlich der Stringlänge.

 Wird bestimmt, wie groß ein Array mindestens sein muß, um einen String aufnehmen zu können, muß das abschließende Nullzeichen bei der Berechnung immer berücksichtigt werden.

Beachten Sie, daß eine Stringkonstante (doppelte Anführungszeichen) nicht mit einer Zeichenkonstante (einfache Anführungszeichen) verwechselt werden darf. Bei einer Zeichenkonstante wie zum Beispiel 'S' handelt es sich um eine Abkürzung für einen Zeichencode. Bei ASCII-Systemen ist 'S' deshalb lediglich eine andere Schreibweise für 83. Mit der folgenden Anweisung

```
char hemden_groesse = 'S'; // Das ist gut
```

wird der Wert 83 *hemden_groesse* zugewiesen. *"S"* hingegen repräsentiert einen String, der aus zwei Zeichen besteht, nämlich einem S und einem /0-Zeichen. Und was noch schlimmer ist, der Ausdruck *"S"* ist ein Stellvertreter für die Adresse der Speicherstelle, an der sich der String befindet. Die folgende Anweisung also

```
char hemden_groesse = "S"; // Ungültig, keine Typübereinstimmung
```

versucht, *hemden_groesse* eine Speicheradresse zuzuweisen! Da es sich bei einer Adresse um einen eigenständigen C++-Typ handelt, läßt der C++-Compiler solchen Unfug nicht zu. (Mehr zu diesem Thema bei der Besprechung von Zeigern.) Bei C, das etwas nachlässiger bei der Überprüfung von Typen ist, geht diese Anweisung ohne Warnung durch und das Ergebnis ist unsinnig.

Stringverknüpfung

Manchmal ist ein String zu lang, um ganz in eine Quelltextzeile zu passen. In C++ gibt es deshalb die Möglichkeit, Stringkonstanten zu *verketten*. Das heißt, zwei Strings in Anführungszeichen werden zu einem verbunden. Tatsächlich werden alle Stringkonstanten, die lediglich durch ein Whitespacezeichen (Leer-, Tab- und Newlinezeichen) voneinander getrennt sind, automatisch zu einem String verbunden. Die folgenden Ausgabeanweisungen sind also alle äquivalent:

```
cout << "Besser heute reich," " als morgen arm.\n";
cout << "Besser heute reich, als morgen arm.\n";
cout << "Besser heute rei"
"ch, als morgen arm.\n";
```

Beachten Sie, daß durch die Verknüpfung keine Leerzeichen in den endgültigen Strings untergebracht werden. Das erste Zeichen des zweiten Strings folgt unmittelbar auf das letzte Zeichen – ohne das \0-Zeichen – des ersten Strings. Das \0-Zeichen aus dem ersten String wird also durch das erste Zeichen des zweiten Strings ersetzt.

Der Gebrauch von Strings in Arrays

Am häufigsten wird ein String durch die Initialisation eines Arrays mit einer Stringkonstanten und durch das Lesen der Tastatur oder einer Datei in einem Array untergebracht. In Listing 4.2 werden diese beiden Möglichkeiten demonstriert, indem ein Array mit einem String in Anführungszeichen initialisiert wird und mit Hilfe von *cin* ein mit der Tastatur eingegebener String in einem zweiten Array abgelegt wird. Das Programm verwendet weiterhin die Standardbibliotheksfunktion *strlen()*, um die Länge eines Strings zu bestimmen. Die Standard-Header-Datei *string.h* enthält die Deklarationen für diesen Zweck und für viele andere mit Strings zusammenhängende Funktionen.

```
// strings.cpp -- Strings in einem Array ablegen
#include <iostream.h>
#include <string.h>        // für die strlen()-Funktion
int main(void)
{
    const int Groesse = 15;
    char name1[Groesse];                // leeres Array
    char name2[Groesse] = "C++owboy"; // initialisiertes Array
```

```
// Hinweis: einige Implementationen erfordern das Schlüsselwort
// static, damit das Array name2 initialisiert werden kann.

   cout << "Wie geht's! Ich bin ein " << name2;
   cout << "! Wie heißen Sie?\n";
   cin >> name1;
   cout << "Gut, " << name1 << ", Ihr Name besteht aus ";
   cout << strlen(name1) << " Buchstaben und ist\n";
   cout << "in einem " << sizeof name1;
   cout << " umfassenden Array abgelegt.\n";
   cout << "Der erste Buchstabe Ihres Namens ist ein ";
   cout << name1[0] << ".\n";
   name2[3] = '\0';        // Null-Zeichen
   cout << "Es folgen die ersten drei Buchstaben meines Namens: ";
   cout << name2 << "\n";
   return 0;
}
```

Listing 4.2: strings.cpp

Es folgt ein Beispielablauf:

```
Wie geht's! Ich bin ein C++owboy! Wie heißen Sie?
Basicman
Gut, Basicman, Ihr Name besteht aus 8 Buchstaben und ist
in einem 15 Byte umfassenden Array abgelegt.
Der erste Buchstabe Ihres Namens ist ein B.
Es folgen die ersten drei Buchstaben meines Namens: C++
```

Programmhinweise

Was können Sie aus diesem Beispiel lernen? Beachten Sie zuerst, daß der Operator *sizeof* die Größe des ganzen Arrays liefert – fünfzehn Byte. Die Funktion *strlen()* jedoch übergibt die Länge des Strings, der in diesem Feld abgespeichert ist und nicht die Länge des Arrays selbst. *strlen()* zählt außerdem nur die sichtbaren Zeichen und nicht das Nullzeichen. Deshalb wird der Wert 8 und nicht 9 als Länge für *Basicman* übergeben. Handelt es sich beispielsweise bei *cosmic* um einen String, muß ein Array mindestens *strlen(cosmic) + 1* Elemente umfassen, um diesen String aufnehmen zu können.

Da *name1* und *name2* Arrays sind, können Sie mit Hilfe eines Index auf einzelne Zeichen der Arrays zugreifen. Das Programm benutzt beispielsweise *name1[0]*, um das erste Zeichen des Arrays zu bestimmen. Außerdem setzt das Programm *name2[3]* auf das Nullzeichen. Dadurch endet der String nach drei Zeichen, obwohl sich noch weitere Zeichen in diesem Array befinden (siehe Bild 4.3).

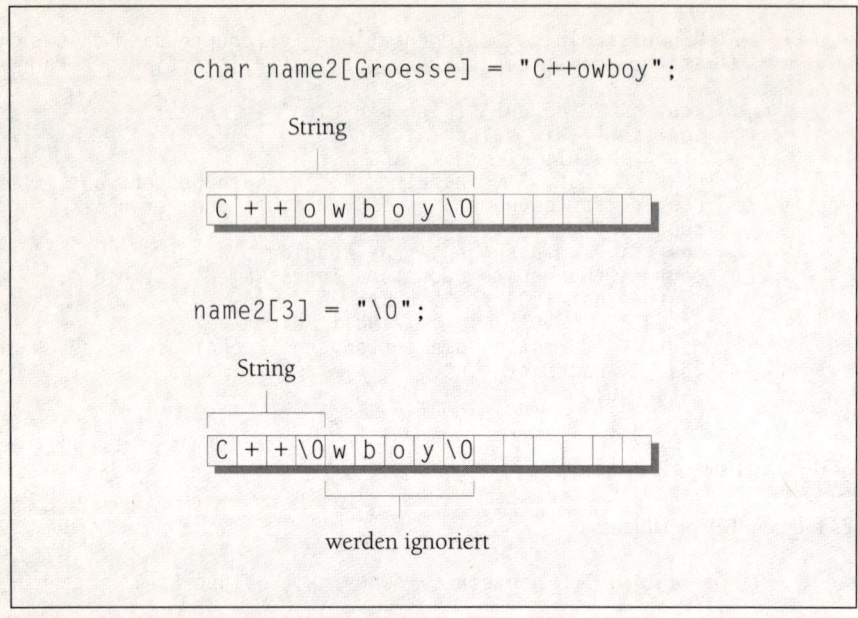

Bild 4.3: Einen String mit \0 kürzen

Abenteuer bei der Stringeingabe

Das Programm *strings.cpp* weist einen Mangel auf, der durch die sorgfältig ausgewählte Eingabe (*Basicman*) verdeckt wurde. Listing 4.3 lüftet den Schleier und zeigt, wie kniffelig die Stringeingabe sein kann.

```
// instr1.cpp -- mehr als einen String einlesen
#include <iostream.h>
const int Groesse = 20;
int main(void)
{
    char name[Groesse];
    char dessert[Groesse];

    cout << "Geben Sie Ihren Namen ein:\n";
    cin >> name;
    cout << "Geben Sie Ihr Lieblingsdessert ein:\n";
    cin >> dessert;
    cout << "Ich habe ein köstliches " << dessert;
    cout << " für Sie, " << name << ".\n";
    return 0;
}
```

Listing 4.3: instr1.cpp

Das Vorhaben ist einfach: der Name eines Anwenders und dessen Lieblingsdessert werden von der Tastatur eingelesen und anschließend die Information ausgegeben. Es folgt ein Beispielablauf:

```
Geben Sie Ihren Namen ein:
Miss Marple
Geben Sie Ihr Lieblingsdessert ein:
Ich habe ein köstliches Marple für Sie, Miss.
```

Sie hatten nicht einmal eine Chance, auf die Frage nach dem Dessert zu antworten! Das Programm gab die Frage zwar aus, fuhr daraufhin unmittelbar damit fort, die letzte Zeile auszugeben.

Das Problem liegt darin, wie *cin* bestimmt, ob Sie die Eingabe eines Strings beendet haben. Sie können das Nullzeichen nicht direkt mit der Tastatur eingeben, deshalb braucht *cin* eine andere Möglichkeit, das Ende des Strings zu lokalisieren. *cin* benutzt dazu ein Whitespacezeichen – Leer-, Tab- und Newlinezeichen –, um das Ende eines Strings zu erkennen. Das bedeutet, daß *cin* nur ein Wort einliest, wenn es einen Zeichenstring einlesen soll. Nachdem dieses Wort gelesen wurde, fügt *cin* automatisch beim Ablegen des Strings im Array das abschließende Nullzeichen hinzu.

Für unser Beispiel bedeutet dies, daß *cin* die Zeichenkette *Miss* als vollständigen String betrachtet und diesen im Array *name* unterbringt. Dadurch verbleibt der »arme« String *Marple* im Eingabestrom. Als *cin* im Eingabestrom die Antwort auf die Frage nach dem Lieblingsdessert holt, befindet sich die Zeichenkette *Marple* immer noch dort. *cin* nimmt also *Marple* und legt es im Array *dessert* ab (siehe Bild 4.4).

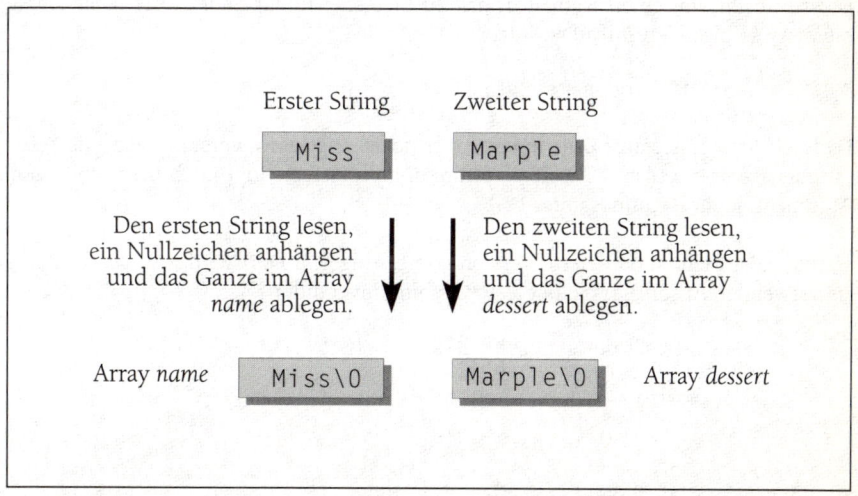

Bild 4.4: Wie cin die Stringzuweisung handhabt

Ein anderes Problem, das bei diesem Beispielablauf nicht auftrat, besteht darin, daß der Eingabestring länger sein kann als das Array, in dem er abgelegt werden soll. Setzt man cin so ein, wie wir es getan haben, besteht kein Schutz dagegen, daß ein beispielsweise 30 Zeichen umfassender String in einem 20 Zeichen großen Array untergebracht wird.

Viele Programme erfordern die Eingabe von Strings, deshalb ist dieses Thema eine nähere Untersuchung wert. Wir müssen dazu einen Blick auf die komplexeren Fähigkeiten von cin, die in Kapitel 12 beschrieben werden, werfen. Wie Sie sehen werden, müssen auf dem Weg zur reibungslosen Eingabeverarbeitung noch einige Klippen umschifft werden. (Wir könnten gleich die Lösung zeigen, aber auf diese Art und Weise lernen Sie nicht viel.)

Zeilenorientierte Eingabe: getline() und get()

Damit ganze Sätze anstelle von einzelnen Worten als Strings eingegeben werden können, müssen Sie die Stringeingabe anders gestalten. Insbesondere benötigen Sie anstelle einer wortorientierten eine zeilenorientierte Methode. Sie haben Glück, da die *istream*-Klasse, von der cin ein Beispiel ist, über einige zeilenorientierte Klassen-Elementfunktionen verfügt. Die Funktion *getline()* zum Beispiel liest eine ganze Zeile und benutzt das Newlinezeichen, das von der Return- oder Entertaste erzeugt wird, um das Ende der Eingabe zu erkennen. Der Funktionsaufruf *cin.getline()* aktiviert diese Methode. Diese Funktion hat zwei Argumente. Das erste Argument ist der Name des Arrays, das dazu bestimmt ist, die Eingabezeile aufzunehmen und das zweite Argument ist die maximale Anzahl von Zeichen, die eingelesen werden können. Beträgt dieses Limit beispielsweise 20 Zeichen, liest die Funktion nicht mehr als 19 Zeichen ein, damit Platz bleibt, um automatisch das Nullzeichen am Ende unterbringen zu können. Die Elementfunktion *getline()* stoppt das Lesen der Eingabe, sobald dieses numerische Limit erreicht wird oder wenn ein Newlinezeichen auftritt – je nachdem, was von beidem zuerst kommt. Angenommen, Sie möchten *cin.getline()* benutzen, um einen Namen in das 20 Elemente umfassende Array *name* einzulesen. Dazu müssen Sie folgenden Aufruf einsetzen:

```
cin.getline(name,20);
```

Dadurch wird eine ganze Zeile in das Array *name* eingelesen, vorausgesetzt, die Zeile besteht aus 19 oder weniger Zeilen. (Die Elementfunktion *getline()* verfügt noch über ein optionales drittes Argument. Mehr dazu in Kapitel 12.)

Listing 4.4 ist eine modifizierte Version von Listing 4.3. Dort wird jetzt *cin.getline()* anstelle von cin verwendet. Ansonsten bleibt das Programm unverändert.

```
// instr2.cpp -- mehr als ein Wort mit getline() einlesen
#include <iostream.h>
int main(void)
{
    const int Groesse = 20;
    char name[Groesse];
    char dessert[Groesse];
    // Hinweis: Zortech-Anwender bitte lesen Sie den
    //          Kompatibilitätshinweis.

    cout << "Geben Sie Ihren Namen ein:\n";
    cin.getline(name, Groesse);     // liest bis ein Newline auftritt
    cout << "Geben Sie Ihr Lieblingsdessert ein:\n";
```

```
cin.getline(dessert, Groesse);
cout << "Ich habe ein köstliches " << dessert;
cout << " für Sie, " << name << ".\n";
return 0;
}
```

Listing 4.4: instr2.cpp

Es folgt eine Beispielausgabe:

```
Geben Sie Ihren Namen ein:
Melanie Ploops
Geben Sie Ihr Lieblingsdessert ein:
Himbeerdessert
Ich habe ein vorzügliches Himbeerdessert für Sie, Melanie Ploops.
```

Das Programm liest jetzt vollständige Namen ein und gibt die bevorzugten Desserts der Anwender an! Die Funktion *getline()* holt jeweils eine ganze Zeile, das heißt, sie liest die Eingabe bis zum nächsten Newlinezeichen, von dem das Zeilenende markiert wird, speichert das Newlinezeichen aber nicht ab. Das Newlinezeichen wird statt dessen beim Abspeichern des Strings durch ein Nullzeichen ersetzt (siehe Bild 4.5).

Quelltext:
```
char name[10];
cout << "Bitte Ihren Namen eingeben:\n";
cin.getline(name,10);
```

Der Anwender gibt *Judit* ein und drückt die Returntaste.

Bitte Ihren Namen eingeben: Judit   **RETURN**

cin.getline() liest den String *Judit*, erkennt und
liest das Newlinezeichen, das durch die Returntaste
erzeugt wurde, und ersetzt dieses durch das Nullzeichen.

| J | u | d | i | t | \0 | | | | |

Das Newlinezeichen wurde durch das Nullzeichen ersetzt.

Bild 4.5: cin.getline() ersetzt das Newlinezeichen durch ein Nullzeichen

Kompatibilitätshinweis

Während dieses Buch geschrieben wurde, waren bei einigen C++-Versionen einschließlich Zortech C++ und Gnu G++ nicht alle Facetten des überarbeiteten Ein-/Ausgabepaketes der C++-Version 2.0 vollständig implementiert. Insbesondere steht die Elementfunktion *getline()* nicht zur Verfügung. Betrifft Sie das, lesen Sie dieses Beispiel und machen dann mit dem nächsten weiter, bei dem eine Elementfunktion verwendet wird, die bei Zortech und Gnu vorhanden ist. Frühere Versionen von Turbo C++ realisierten *getline()* etwas anders, und zwar wird dabei das Newlinezeichen im String mitabgespeichert.

Da nicht jeder Anwender über *getline()* verfügt, wollen wir etwas anderes versuchen. Die Klasse *istream* verfügt über eine andere Elementfunktion mit dem Namen *get()*, von der es mehrere Variationen gibt. Eine Variante arbeitet so ähnlich wie *getline()*. Sie hat dieselben Argumente, interpretiert sie gleich und liest bis zum Ende einer Zeile. Aber das Newlinezeichen wird nicht gelesen. In Listing 4.5 wurde *getline()* durch *get()* ersetzt.

```
// instr3.cpp -- mehr als ein Wort mit get() lesen
#include <iostream.h>
int main(void)
{
    const int Groesse = 20;
    char name[Groesse];
    char dessert[Groesse];

    cout << "Geben Sie Ihren Namen ein:\n";
    cin.get(name, Groesse);              // liest bis zum Newline
    cout << "Geben Sie Ihr Lieblingsdessert ein:\n";
    cin.get(dessert, Groesse);
    cout << "Ich habe ein köstliches " << dessert;
    cout << " für Sie, " << name << ".\n";
    return 0;
}
```

Listing 4.5: instr3.cpp

Es folgt ein Beispielablauf:

```
Geben Sie Ihren Namen ein:
Sparky Bandersnoot
Geben Sie Ihr Lieblingsdessert ein:
Ich habe ein köstliches  für Sie, Sparky Bandersnoot.
```

Hoppla! Das Programm hat zwar den Namen richtig verstanden, aber scheinbar das Dessert verloren. Das Problem besteht darin, daß *cin.get()* zwar bis zum Newlinezeichen liest, aber das Newlinezeichen selbst nicht aus dem Eingabestrom holt. Nach dem ersten Aufruf von *cin.get()* verbleibt dieses Newlinezeichen also im Eingabestrom und wird beim zweiten Aufruf als Markierungszeichen für eine *leere* Zeile angesehen, weshalb ein *Nullstring* im Array *dessert* abgelegt wird. Ein Nullstring ist ein String, der nur aus einem Zeichen besteht – dem Nullzeichen. Deshalb muß sich Sparky mit einem Nulldessert abfinden.

An dieser Stelle sieht es so aus, als ob wir bei unseren Anstrengungen zur Dessertverteilung einen Schritt zurück gemacht hätten. Es ist jedoch auch höchst nützlich zu sehen, wie *cin.get()* sich von seinem *cin.getline()*-Abkömmling unterscheidet. Wie Sie gesehen haben, liest *cin.getline()* eine Zeile einschließlich des Newlinezeichens, das dann gelöscht wird, während *cin.get()* nur bis zum Newlinezeichen liest und es im Eingabestrom für die nächste Eingabeoperation beläßt. Trotzdem können Sie mit *cin.get()* über das störrische Newlinezeichen hinweggelangen, indem Sie tiefer in die Trickkiste der *istream*-Elementfunktionen (mehr dazu in Kapitel 12) greifen. Der Weg zum Erfolg führt über eine andere Variante von *cin.get()*. Benutzen Sie diese Funktion *ohne*

Argumente, wird das nächste Zeichen im Eingabestrom gelesen und dann unterdrückt. Genau das wollen wir. Wir können mit *cin.get(name, Groesse)* eine Eingabezeile mit Ausnahme des Newlinezeichens lesen. Anschließend können wir mit *cin.get()* das Newlinezeichen aus dem Eingabestrom entfernen. Dadurch kann der nächste Aufruf von *cin.get(dessert, Groesse)* die nächste Zeile lesen.

Es gibt zwei Möglichkeiten, den argumentlosen *cin.get()*-Aufruf im Programm unterzubringen. Die erste Möglichkeit besteht darin, eine separate Anweisung zu verwenden:

```
cin.get(name, Groesse);    // Zeile lesen
cin.get();                 // Lesen, nächstes Zeichen entfernen
```

Die zweite Möglichkeit besteht darin, die beiden Klassen-Elementfunktionen wie folgt zu *verketten* oder zu verbinden:

```
cin.get(name,Groesse).get(); // Die Elementfunktionen verbinden
```

Dies ist mit C++-Elementfunktionen möglich, vorausgesetzt, sie sind ordnungsgemäß aufgebaut. Bei den *istream*-Elementfunktionen ist das der Fall, und Sie können diese Technik deshalb mit den Elementfunktionen *cin.get()* und *cin.getline()* anwenden. Die folgende Anweisung zum Beispiel:

```
cin.getline(name1, Groesse).getline(name2, Groesse);
```

liest zwei aufeinanderfolgende Eingabezeilen in die Arrays *name1* und *name2*. Das ist äquivalent zu zwei separaten Aufrufen von *cin.getline()*. Wir wenden diese Verkettungstechnik in Listing 4.6 an. Bei der Besprechung von Klassen zeigen wir Ihnen, wie Sie diese Fähigkeit in Ihren Klassendefinitionen unterbringen können.

```cpp
// instr4.cpp -- mehr als ein Wort mit get() lesen
#include <iostream.h>
int main(void)
{
    const int Groesse = 20;
    char name[Groesse];
    char dessert[Groesse];

    cout << "Geben Sie Ihren Namen ein:\n";
// Hinweis: Zortech-Anwender bitte lesen Sie den
// Kompatibilitätshinweis.
    cin.get(name, Groesse).get();          // String, Newline lesen
    cout << "Geben Sie Ihr Lieblingsdessert ein:\n";
    cin.get(dessert, Groesse);
    cout << "Ich habe ein köstliches " << dessert;
    cout << " für Sie, " << name << ".\n";
    return 0;
}
```

Listing 4.6: instr4.cpp

Kompatibilitätshinweis

Während dieses Buch geschrieben wurde, war bei einigen C++-Versionen einschließlich Zortech C++, die *get()*-Variante ohne Argumente nicht implementiert. Sie verfügen jedoch über eine andere *get()*-Variante, die ein einzelnes *char*-Argument akzeptiert. Damit diese Variante anstelle des argumentlosen *get()* verwendet werden kann, müssen Sie zuerst eine *char*-Variable deklarieren:

```
int ch;
cin.get(name, Groesse).get(ch);
```

Sie können diese Anweisung anstelle der entsprechenden Anweisung in Listing 4.6 verwenden. In den Kapiteln 5 und 12 werden weitere *get()*-Varianten vorgestellt.

Es folgt ein Beispielablauf:

```
Geben Sie Ihren Namen ein:
Mai Parfait
Geben Sie Ihr Lieblingsdessert ein:
Mousse au chocolat
Ich habe ein vorzügliches Mousse au chocolat für Sie, Mai Parfait.
```

Wir haben wieder ein Programm, das den gewünschten Zweck erfüllt!

C++-Programme verwenden immer wieder Zeiger anstelle von Arrays, um Strings zu bearbeiten. Mehr zu diesem Thema erfahren Sie nach der Besprechung von Zeigern. Unterdessen wollen wir uns einem weiteren abgeleiteten Typ, der Struktur, widmen.

4.3 Strukturen

Angenommen, Sie wollen Informationen über einen Baseballspieler abspeichern. Sie werden sicher seinen Namen, sein Gehalt, seine Größe, sein Gewicht, seine Trefferquote, Freiwürfe usw. abspeichern wollen. Dazu benötigen Sie eine Datenform, in der alle diese Informationen als Einheit untergebracht werden können. Bei einem Array geht das nicht. Obwohl ein Array mehrere Elemente aufnehmen kann, muß jedes Element vom selben Typ sein. Das heißt, ein Array kann zwanzig *int*-Elemente und ein anderes zehn *float*-Elemente beinhalten. Aber Sie können nicht in einem Array die Typen *int* und *float* gleichzeitig unterbringen.

Ihr Wunsch wird durch die C++-*Struktur* erfüllt. Eine Struktur ist eine flexiblere Datenform als ein Array, da in einer einzelnen Struktur mehrere Datentypen untergebracht werden können. So können Sie Ihre Daten vereinheitlichen, indem Sie alle zusammengehörigen Baseballinformationen in einer einzelnen Strukturvariablen ablegen. Möchten Sie Informationen über ein ganzes Baseballteam abspeichern, können Sie mit einem Strukturarray arbeiten. Der Strukturtyp ist außerdem ein weiterer Schritt auf dem Weg zum allumfassenden C++-OOP-Typ, der Klasse. Indem Sie hier etwas über Strukturen erfahren, gelangen Sie wieder etwas näher zum OOP-Kernstück von C++.

Eine Struktur ist ein vom Anwender definierbarer Typ, der über eine Schablone verfügt, die die Eigenschaften der Struktur beschreibt. Haben Sie den Typ einmal festgelegt, können Sie Variablen von diesem Typ definieren. Das Erzeugen einer Struktur besteht also aus zwei Teilen. Zuerst definieren Sie eine *Strukturschablone*. Mit dieser Schablone werden die unterschiedlichen Datentypen, die in einer Struktur untergebracht werden können, beschrieben und gekennzeichnet. Dann erzeugen Sie eine *Strukturvariable* oder allgemeiner gesprochen, ein *Strukturdatenobjekt*, das den Anweisungen der Schablone folgt.

Nehmen wir zum Beispiel einmal an, daß die Firma Aufblasbar GmbH einen Typ erzeugen möchte, mit dem die Artikel der Produktlinie »aufblasbare Designerobjekte« beschrieben werden. Der Typ sollte den Namen des Artikels, sein Volumen in Kubikmetern und den Verkaufspreis beinhalten. Es folgt die Strukturschablone, von der diese Anforderungen erfüllt werden:

```
struct aufblasbar // Strukturschablone
{
    char name[20];
    float volumen;
    double preis;
};
```

Das Schlüsselwort *struct* gibt an, daß die folgenden Anweisungen eine Schablone für eine Struktur definieren. Der Bezeichner *aufblasbar* ist der Name oder das *Etikett* (engl. *Tag*), der/das für diese Schablone benutzt wird. Dadurch wird *aufblasbar* zum Namen des neuen Typs. Sie können jetzt also Variablen des Typs *aufblasbar* erzeugen, genau wie Sie Variablen des Typs *char* oder *int* erzeugen. In den Klammern folgt die Liste der Datentypen, die sich in der Struktur befinden. Jedes Listenelement ist eine Deklarationsanweisung. Sie können beliebige C++-Typen verwenden, einschließlich Arrays und anderer Strukturen. Wir haben hier ein *char*-Array benutzt, das einen String aufnehmen soll, sowie die Datentypen *float* und *double*. Jedes einzelne Element der Liste wird als *Strukturelement* bezeichnet. Die Struktur *aufblasbar* hat also drei Elemente (siehe Bild 4.6).

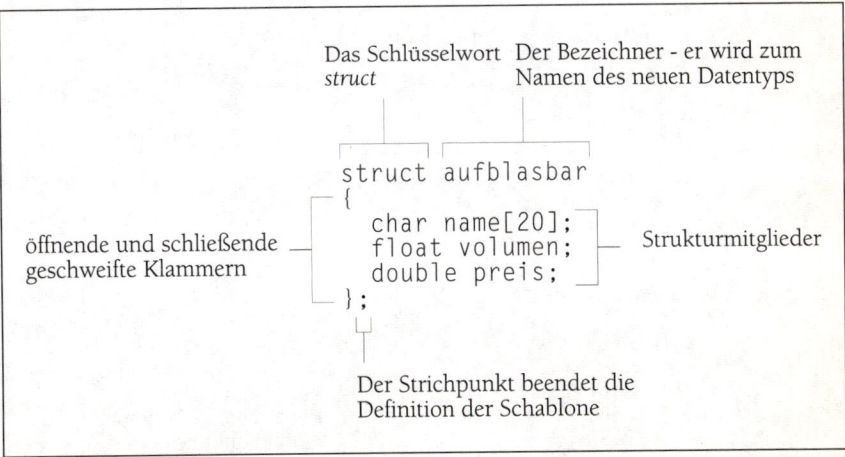

Bild 4.6: Bestandteile einer Struktur-Schablone

Nachdem die Schablone erstellt wurde, können Sie Variablen von diesem Typ erzeugen:

```
aufblasbar hut;                      // hut ist eine Strukturvariable
                                     // des Typs aufblasbar
aufblasbar woopie_cushion;           // Variable des Typs aufblasbar
aufblasbar mainframe;                // Variable des Typs aufblasbar
```

Kennen Sie sich mit C-Strukturen aus, werden Sie bemerken (sicher mit Freude), daß es bei C++ möglich ist, das Schlüsselwort *struct* beim Deklarieren von Strukturvariablen wegzulassen:

```
struct aufblasbar gans;              // Das Schlüsselwort struct wird
                                     // bei C benötigt
aufblasbar vincent;                  // Das Schlüsselwort struct wird
                                     // bei C++ nicht benötigt
```

Bei C++ erfüllt der Strukturbezeichner denselben Zweck wie ein fundamentaler Typname. Diese Veränderung gegenüber C betont, daß eine Strukturschablone einen neuen Typ definiert. Außerdem kann *struct* so von der Liste der häufig verfluchten Fehlerquellen gestrichen werden.

Angenommen, *hut* ist vom Typ *aufblasbar*, dann können Sie mit dem Elementoperator (.) auf einzelne Elemente zugreifen. So bezieht sich *hut.volumen* zum Beispiel auf das Strukturelement *volumen* und *hut.preis* auf das Element *preis*. Dementsprechend bezieht sich *vincent.preis* auf das Element *preis* der Variablen *vincent*. Da das Element *preis* als Typ *double* deklariert wurde, sind *hut.preis* und *vincent.preis* beide äquivalent zu Variablen des Typs *double* und können genauso eingesetzt werden wie jede andere *double*-Variable auch. *hut* ist also eine Struktur, aber *hut.preis* ist eine *double*-Variable. Übrigens, die Methode, die wir benutzten, um auf Klassen-Elementfunktionen wie *cin.getline()* zuzugreifen, hat ihre Ursprünge in der Methode, die zum Zugreifen auf Strukturelementvariablen wie *vincent.preis* benutzt wird.

In Listing 4.7 wird das soeben Gesagte illustriert. Außerdem können Sie daraus ersehen, wie eine Struktur initialisiert wird.

```
// struktur.cpp -- eine einfache Struktur

#include <iostream.h>

struct aufblasbar               // Strukturschablone
{
    char name[20];
    float volumen;
    double preis;
};

int main(void)
{
    aufblasbar gast =
    {
        "Glorreiche Gloria",    // Wert von name
        1.88,                   // Wert von volumen
        29.99                   // Wert von preis
    };          // gast ist eine Strukturvariable des Typs aufblasbar
                // Sie wurde mit den obigen Werten initialisiert
```

```
aufblasbar kamerad =
{
    "Heldenhafter Arthur",
    3.12,
    32.99
};      // kamerad ist eine zweite Variable des Typs aufblasbar

// Hinweis: einige Implementationen erfordern die Verwendung von
//          static aufblasbar gast =

    cout << "Erweitern Sie Ihre Gästeliste um\n";
    cout << gast.name << " und " << kamerad.name << "!\n";
        // kamerad.name ist das Element name der Variablen kamerad
    cout << "Sie können beide für DM ";
    cout << gast.preis + kamerad.preis << " erwerben!\n";
    return 0;
}
```

Listing 4.7: struktur.cpp

Kompatibilitätshinweis

Genauso wie bei einigen Implementationen die Fähigkeit zum Initialisieren eines einfachen Arrays, das in einer Funktion definiert ist, nicht implementiert ist, ist es bei diesen Implementationen auch nicht möglich, eine einfache Struktur zu initialisieren, die in einer Funktion definiert ist. Die Lösung liegt wieder darin, das Schlüsselwort *static* in der Deklaration zu verwenden.

Es folgt eine Beispielausgabe:

```
Erweitern Sie Ihre Gästeliste um
Glorreiche Gloria und Heldenhafter Arthur!
Sie können beide für DM 62,98 erwerben!
```

Programmhinweise

Es ist sehr wichtig, an welcher Stelle die Strukturschablone untergebracht wird. Es gibt zwei Möglichkeiten für das Programm *struktur.cpp*. Die Schablone kann *innerhalb* der *main()*-Funktion gleich hinter der öffnenden Klammer untergebracht werden. Außerdem ist es möglich – und das haben wir in diesem Fall getan – die Schablone *außerhalb* und vor der *main()*-Funktion zu plazieren. Befindet sich eine Definition außerhalb aller Funktionen, wird sie als *externe* Definition bezeichnet. Beim vorliegenden Programm spielt es keine Rolle, wo die Schablone untergebracht wird. Aber bei Programmen, die aus zwei oder mehr Funktionen bestehen, kann es sehr wohl einen Unterschied machen. Eine externe Definition kann von allen Funktionen, die auf sie folgen, verwendet werden. Eine interne Definition dagegen kann lediglich von der Funktion benutzt werden, in der sich die Definition befindet. Meistens werden Sie mit einer externen Schablonendefinition arbeiten, damit alle Funktionen Strukturen von diesem Typ benutzen können (siehe Bild 4.7).

Variablen können ebenfalls intern oder extern definiert werden, wobei externe Variablen von allen Funktionen genutzt werden können (In Kapitel 8 erfahren Sie mehr zu diesem Thema.) Beim Programmieren mit C++ werden Sie nicht zum Einsatz von externen Variablen ermutigt, der Einsatz von externen Schablonen wird allerdings befürwortet.

```
                                    #include <iostream.h>
  externe Schablone - kann      ——— struct teile
  in allen Funktionen der           {
  Datei eingesetzt werden             unsigned long teile_nummer;
                                      float teile_kosten;
                                    };
                                    void post(void);
                                    int main(void)
                                    {
  lokale Schablone - kann       ———   struct parkplatz
  nur in dieser Funktionen            {
  eingesetzt werden                     int schluessel_nummer;
                                        char auto[12];
                                      }
  Variable vom Typ teile        ———   teile haehnchen;
  Variable vom Typ parkplatz    ———   parkplatz herr_mueller;
                                      ...
                                      ...
                                    }
                                    void post(void)
                                    {
  Variable vom Typ teile        ———   teile mercedes;
  Hier kann keine Variable            ...
  vom Typ parkplatz                   ...
  deklariert werden                 }
```

Bild 4.7: Lokale und externe Schablonen

Schauen Sie sich als nächstes die folgende Initialisation an:

```
aufblasbar gast =
{
    "Glorreiche Gloria",    // Wert von name
    1.88,                   // Wert von volumen
    29.99                   // Wert von preis
};
```

Wie bei Arrays können Sie eine durch Kommata separierte Werteliste in geschweiften Klammern für die Initialisation benutzen. Bei unserem Programm wurde pro Zeile ein Wert plaziert, aber Sie können sie alle in derselben Zeile unterbringen. Vergessen Sie jedoch nicht, die einzelnen Elemente durch Kommata zu trennen:

```
aufblasbar ente = { "Daffny", 0.12, 9.98};
```

Jedes Strukturelement kann mit entsprechendem Datentyp initialisiert werden. So ist beispielsweise das Element *name* ein Zeichenarray, das wir mit einem String initialisieren können.

Jedes Strukturelement wird als Variable des betreffenden Typs behandelt. *kamerad.preis* ist also eine *double*-Variable und *kamerad.name* ein *char*-Array. Benutzt das Programm *cout*, um *kamerad.name* auszugeben, wird das Element als String ausgegeben. Da *kamerad.name* ein

Zeichenarray ist, können Sie mit Hilfe von Indizes auf die einzelnen Zeichen des Arrays zugreifen. *kamerad.name[0]* ist zum Beispiel das Zeichen *H*. Aber *kamerad[0]* ist bedeutungslos, da *kamerad* eine Struktur und kein Array ist.

Mehr zum Thema Strukturen

C++ versucht, den Einsatz von anwenderdefinierten Typen dem Gebrauch von eingebauten Typen so weit wie möglich anzupassen. So können Sie beispielsweise Strukturen als Argumente an Funktionen übergeben und eine Funktion kann eine Struktur als Übergabewert besitzen. Außerdem ist es möglich, eine Struktur mit dem Zuweisungsoperator (=) einer anderen Struktur desselben Typs zuzuweisen. Dadurch wird jedes Element der einen Struktur mit dem Wert des entsprechenden Elements der anderen Struktur versehen, auch wenn es sich bei dem Element um ein Array handeln sollte. Mehr zu diesem Thema in Kapitel 7 bei der Besprechung von Funktionen. Wir wollen uns aber kurz anschauen, wie Strukturzuweisungen vor sich gehen. In Listing 4.8 sehen Sie ein Beispiel dazu.

```
// struczuw.cpp -- Strukturen zuweisen
#include <iostream.h>
struct aufblasbar
{
    char name[20];
    float volumen;
    double preis;
};
int main(void)
{
    aufblasbar strauss =
    {
        "Sonnenblumen",
        0.20,
        12.49
    };
// Hinweis: einige Implementationen erfordern die Verwendung von
//          static aufblasbar strauss =

    aufblasbar auswahl;
    cout << "strauss: " << strauss.name << " für DM ";
    cout << strauss.preis << "\n";

    auswahl = strauss;     // eine Struktur einer anderen zuweisen
    cout << "auswahl: " << auswahl.name << " für DM ";
    cout << auswahl.preis << "\n";
    return 0;
}
```

Listing 4.8: struczuw.cpp

Es folgt die Ausgabe:

```
strauss: Sonnenblumen für DM 12.49
auswahl: Sonnenblumen für DM 12.49
```

Wie Sie sehen, wurden den Elementen der Struktur *auswahl* dieselben Werte zugewiesen, die sich in der Struktur *strauss* befanden. Das wird als *elementweise* Zuweisung bezeichnet.

Sie können das Definieren einer Schablone mit der Erzeugung von Strukturvariablen verbinden, indem Sie hinter der abschließenden geschweiften Klammer den oder die Variablennamen aufführen.:

```
struct parkplatz
{
    int schluessel_nummer;
    char auto[12];
} herr_schmitt, frau_berger;    // Zwei parkplatz-Variablen
```

Sie können sogar eine Variable sofort initialisieren, die Sie auf diese Weise erzeugt haben:

```
struct parkplatz
{
    int schluessel_nummer;
    char auto[12];
} herr_glitter =
{
    7,              // Wert für das Element
                    // herr_glitter.schluessel_nummer
    "Porsche"       // Wert für das Element herr_glitter.auto
};
```

Führt man die Schablonendefinition allerdings getrennt von den Variablendeklarationen auf, kann das Programm später besser gelesen und verstanden werden.

Sie können auch Strukturen ohne Typnamen erzeugen, indem Sie beim Definieren einer Schablone und einer Variablen den Bezeichner weglassen:

```
struct           // Kein Bezeichner
{
    int x;       // 2 Elemente
    int y;
} position;      // Strukturvariable
```

Dadurch wird eine Strukturvariable mit dem Namen *position* erzeugt. Sie können auf ihre Elemente mit dem Elementoperator zugreifen, wie bei *position.x*, aber es gibt keinen allgemeingültigen Namen für diesen Typ. Sie können also nachfolgend keine anderen Variablen desselben Typs erzeugen. Wir werden in diesem Buch mit dieser limitierten Strukturform nicht arbeiten.

Abgesehen davon, daß C++ den Strukturbezeichner als Typnamen verwenden kann, weisen C-Strukturen dieselben Fähigkeiten auf, die wir bisher für C++-Strukturen besprochen haben. Aber C++-Strukturen können noch mehr. Anders als C-Strukturen können C++-Strukturen zum Beispiel zusätzlich zu Elementvariablen Elementfunktionen beinhalten. Diese komplexeren Fähigkeiten werden jedoch meistens zusammen mit Klassen und nicht mit Strukturen eingesetzt, deshalb werden wir uns ihnen erst bei der Besprechung von Klassen widmen. Nun wollen wir uns weiter mit den abgeleiteten Typen beschäftigen.

4.4 Zeiger und freier Speicher

Am Anfang von Kapitel 3 haben wir drei grundlegende Dinge erwähnt, über die ein Computerprogramm beim Abspeichern von Daten Bescheid wissen muß. Damit Sie nicht noch einmal zurückblättern müssen, führen wir diese Dinge hier noch einmal auf:

▸ Wo befindet sich die Information

▸ Um was für einen Wert handelt es sich

▸ Was für ein Informationstyp liegt vor

Sie haben bis jetzt nur mit einer Vorgehensweise gearbeitet, die diese Forderungen erfüllte: dem Definieren einer einfachen Variablen. Die Deklarationsanweisung gibt den Typ und einen symbolischen Namen für den Wert an. Außerdem wird das Programm dadurch veranlaßt, Speicher für den Wert zu reservieren und sich die Speicherstelle intern zu merken.

Jetzt wollen wir uns eine zweite Vorgehensweise anschauen, eine die beim Entwickeln von C++-Klassen sehr wichtig werden wird. Diese Vorgehensweise basiert auf *Zeigern*. Zeiger sind Variablen, die die Adressen eines Wertes anstelle des Wertes selbst enthalten. Bevor wir näher auf Zeiger eingehen, wollen wir herausfinden, wie man die Adresse einfacher Variablen feststellen kann. Sie müssen dazu lediglich den Adreßoperator (&) einsetzen. In Listing 4.9 wird der Einsatz dieses Operators demonstriert.

```
// adresse.cpp -- den Adreßoperator einsetzen,
//                 um eine Adresse zu bestimmen
#include <iostream.h>
int main(void)
{
    int donuts = 6;
    double cups = 4.5;

    cout << "Wert von donuts = " << donuts;
    cout << " und die Adresse von donuts = " << &donuts << "\n";
    // Hinweis: eventuell müssen Sie unsigned (&donuts)
    //          und unsigned (&cups) benutzen
    cout << "Wert von cups = " << cups;
    cout << " und die Adresse von cups = " << &cups << "\n";
    return 0;
}
```

Listing 4.9: adresse.cpp

Es folgt die Ausgabe:

```
Wert von donuts = 6 und die Adresse von donuts = 0x8566fff4
Wert von cups = 4.5 und die Adresse von cups = 0x8566ffec
```

Kompatibilitätshinweis

cout ist ein cleveres Objekt, aber einige Versionen sind cleverer als andere. Deshalb erkennen einige Implementationen Zeigertypen nicht. Als dieses Buch geschrieben wurde, war es bei Zortech C++ beispielsweise notwendig, daß Sie mit der Adresse eine Typumwandlung vornahmen, um einen bekannten Typ wie zum Beispiel *unsigned int* zu erzeugen. Was für eine Umwandlung vorgenommen werden muß, hängt vom Speichermodell ab. Das standardmäßige DOS-Speichermodell benutzt eine zwei Byte umfassende Adresse, somit ist *unsigned int* der richtige Typ. Einige DOS-Modelle jedoch arbeiten mit vier Byte umfassenden Adressen, von denen eine Umwandlung in den Typ *unsigned long* verlangt wird.

Werden Adressen ausgegeben, verwendet *cout* die hexadezimale Notation, da diese Schreibweise üblicherweise zur Beschreibung von Speicherstellen herangezogen wird. Unsere Implementation speichert *cups* an einer niedereren Speicherstelle ab als *donuts*. Der Unterschied zwischen den zwei Adressen beträgt 0x8566fff4 - 0x8566ffec oder 8. Das macht Sinn, da *cups* vom Typ *double* ist, der acht Byte benötigt. (Für Interessierte: diese besondere Darstellungsweise der Adresse spiegelt die spezielle Methode des PC wider, eine Adresse anhand eines Segmentwertes und eines Offsetwertes zu beschreiben. Der Segmentwert – in diesem Fall *8566* – bezeichnet den Speicherblock, der zum Abspeichern der Daten verwendet wird. Das ist die aktuelle Adresse geteilt durch sechzehn. Die Offsetwerte – in diesem Fall *ffec* und *fff4* – repräsentieren die Speicherposition relativ zum Anfang des Segments. PC-Programme können mit zwei Byte umfassenden Zeigern arbeiten, die lediglich den Offset beinhalten, falls alle Daten sich in einem Segment befinden. Oder sie benutzen vier Byte umfassende Zeiger, wobei die ersten beiden Bytes den Segmentwert beinhalten und die anderen beiden Bytes den Offsetwert. Turbo C++ gibt die vier Byte umfassende Form aus, auch wenn das Programm intern mit der zwei Byte umfassenden Form arbeitet.)

Beim Einsatz von normalen Variablen wird der Wert dann als eine mit Namen versehene Einheit behandelt und die Speicherposition als eine davon abgeleitete Einheit. Jetzt wollen wir uns der Zeigerstrategie widmen, einer Strategie, die grundlegend für die C++-Programmierphilosophie der Speicherverwaltung ist (siehe folgender Abschnitt).

Zeiger und die C++-Philosophie

Die objektorientierte Programmierung unterscheidet sich von der traditionellen prozeduralen Programmierung dadurch, daß die OOP es bevorzugt, Entscheidungen während der *Laufzeit* anstatt während der *Kompilierzeit* zu fällen. Als Laufzeit wird die Zeit bezeichnet, während ein Programm abläuft, und unter dem Ausdruck Kompilierzeit wird die Zeit verstanden, zu der der Compiler ein Programm zusammensetzt. Werden während der Laufzeit Entscheidungen gefällt, ist das so, als ob Sie während der Ferien abhängig vom Wetter und Ihrer momentanen Laune entscheiden, welche Sehenswürdigkeiten Sie besichtigen wollen. Wird während der Kompilierzeit entschieden, entspricht das dem Abarbeiten eines bestimmten Ablaufplanes, ohne auf die Bedingungen zu achten. Laufzeitentscheidungen gewähren eine hohe Anpassungsfähigkeit an die aktuellen Umstände. Stellen Sie sich einmal die Speicherallokation für ein Array vor. Traditionsgemäß wird ein Array deklariert. Damit in C++ ein Array deklariert werden kann, müssen Sie sich auf eine bestimmte Arraygröße festlegen. Die Arraygröße wird während der Kompilation festgelegt, es handelt sich also um eine Entscheidung während der Kompilierzeit. Sie denken vielleicht, daß ein Array mit 20 Elementen in 80% der Fälle ausreichend ist, aber es kann vorkommen, daß das Programm 200 Elemente bearbeiten muß. Damit Sie sichergehen können, müssen Sie also ein Array mit 200 Elementen verwenden.

Dadurch wird in Ihrem Programm Speicher verschwendet. OOP versucht, Programme flexibler zu gestalten, indem solche Entscheidungen erst während der Laufzeit gefällt werden. Sie können so, während das Programm abläuft, bestimmen, ob Sie 20 oder 205 Elemente benötigen. Kurz gesagt, Sie machen aus der Arraygröße eine Laufzeitentscheidung. Damit das funktioniert, muß die Programmiersprache Ihnen erlauben, ein Array – oder etwas Äquivalentes – zu erzeugen, während das Programm abläuft. Die C++-Methode macht es erforderlich – wie Sie bald sehen werden –, daß mit dem Schlüsselwort *new* gearbeitet wird. Mit *new* können Sie den korrekten Speicherbedarf anfordern und Zeiger benutzen, um darüber auf dem Laufenden zu bleiben, wo sich der neu allokierte Speicher befindet.

Die neue Strategie zum Verarbeiten von Daten dreht den Zusammenhang um, indem die *Speicherposition* als eine mit Namen versehene Einheit und der *Wert* als eine davon abgeleitete Einheit behandelt wird. Ein spezieller Variablentyp – der Zeiger – enthält die Adresse eines Wertes. Der Name des Zeigers repräsentiert also die Position. Verwendet man den »*«-Operator, der als *Indirektionsoperator* bezeichnet wird, kann auf den Wert an der betreffenden Position zugegriffen werden. (Ja, es handelt sich hierbei um dasselbe Symbol, das für die Multiplikation verwendet wird. C++ benutzt den Kontext, um zu bestimmen, ob Sie multiplizieren oder einen Wert ansprechen wollen.) Nehmen Sie zum Beispiel einmal an, daß *manly* ein Zeiger ist. Dann repräsentiert *manly* eine Adresse und *manly* den Wert an dieser Adresse. Die Kombination *manly* ist also äquivalent zu einer normalen *int*-Variablen. In Listing 4.10 wird das soeben Gesagte demonstriert. Es wird auch gezeigt, wie ein Zeiger deklariert wird.

```
// zeiger.cpp -- unsere erste Zeiger-Variable
#include <iostream.h>
int main(void)
{
    int updates = 6;      // eine Variable deklarieren
    int * p_updates;      // einen Zeiger auf ein int-Objekt
                          // deklarieren

    p_updates = &updates; // dem Zeiger die Adresse auf eine
                          // int-Variable zuweisen

// Hinweis: Zortech-Anwender müssen eventuell die Adressen in
//          den cout-Anweisungen mit unsigned versehen

    // Auf den Wert in zwei Art und Weisen zugreifen
    cout << "Werte: updates = " << updates;
    cout << ", *p_updates = " << *p_updates << "\n";

    // Die Adresse auf zwei Arten bestimmen
    cout << "Adressen: &updates = " << &updates;
    cout << ", p_updates = " << p_updates << "\n";

    // den Zeiger benutzen, um den Wert zu ändern
    *p_updates = *p_updates + 1;
    cout << "Jetzt ist updates gleich " << updates << "\n";
    return 0;
}
```

Listing 4.10: zeiger.cpp

Es folgt die Ausgabe:

```
Werte: updates = 6, *p_updates = 6
Adressen: &updates = 0x85b0fff4, p_updates = 0x85b0fff4
Jetzt ist updates gleich 7
```

Wie Sie sehen, sind die Variablen *updates* und die Zeigervariable *p_updates* lediglich zwei Seiten derselben Medaille. Die Variable *updates* repräsentiert primär den Wert und man benutzt den &-Operator, um die Adresse zu bestimmen, während die Variable *p_updates* primär die Adresse repräsentiert und der Wert mit Hilfe des *-Operators bestimmt wird (siehe Bild 4.8). Da *p_updates* auf *updates* zeigt, sind **p_updates* und *updates* vollständig äquivalent. Sie können also **p_updates* genauso wie eine *int*-Variable einsetzen. Wie das Programm zeigt, können **p_updates* sogar Werte zugewiesen werden. Macht man das, wird der Wert der Variablen *updates*, auf den der Zeiger ja zeigt, geändert.

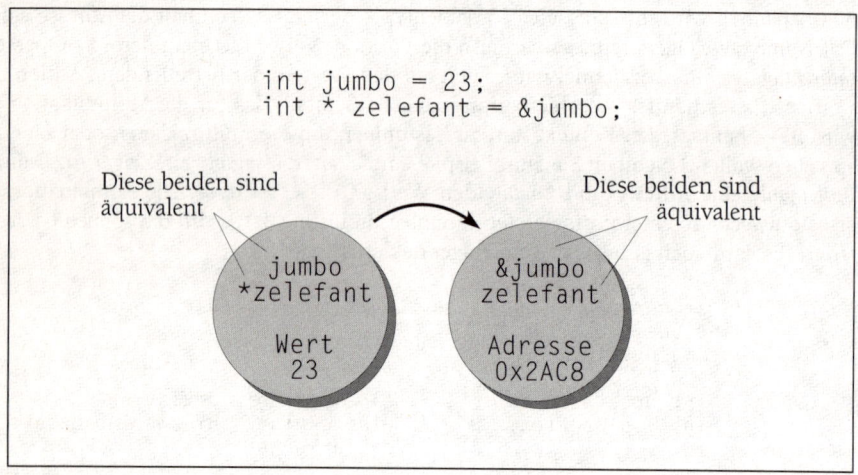

Bild 4.8: Zwei Seiten einer Medaille

Das Deklarieren und Initialisieren von Zeigern

Wir wollen uns nun der Zeigerdeklaration widmen. Ein Computer muß darüber Bescheid wissen, auf was für einen Wertetyp sich ein Zeiger bezieht. Die Adresse auf ein *char*-Objekt sieht genauso aus wie die Adresse auf ein *double*-Objekt, aber die Typen *char* und *double* benutzen eine unterschiedliche Anzahl von Bytes und unterschiedliche interne Formate, um Werte abzuspeichern. Deshalb muß eine Zeigerdeklaration angeben, auf was für Datentypen der Zeiger zeigt. Unser Programm enthält zum Beispiel die folgende Deklaration:

```
int * p_updates;
```

Dadurch wird ausgedrückt, daß die Kombination ** p_updates* den Typ *int* besitzt. (Das Leerzeichen zwischen dem *-Operator und dem Variablennamen ist optional.) Da der *-Operator durch Hinzufügen zu einem Zeiger angewandt wird, muß die Variable *p_updates* selbst ein Zeiger sein.

Man sagt, daß *p_updates* auf ein Objekt des Typs *int* zeigt. Man sagt auch, daß der Typ von *p_updates* ein »Zeiger auf *int*« oder etwas prägnanter *int ** ist. Noch einmal: *p_updates* ist ein Zeiger (und eine Adresse) und **p_updates* ist ein *int* und kein Zeiger (siehe auch Bild 4.9).

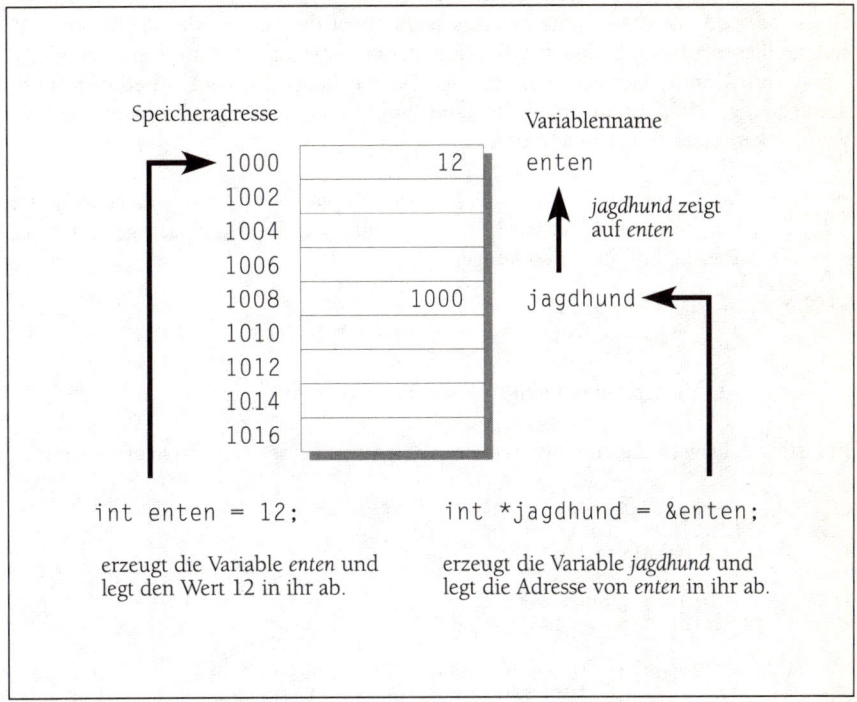

Speicheradresse ... **Variablenname**

```
1000    12      enten
1002
1004            jagdhund zeigt
1006            auf enten
1008    1000    jagdhund
1010
1012
1014
1016
```

```
int enten = 12;
```
erzeugt die Variable *enten* und legt den Wert 12 in ihr ab.

```
int *jagdhund = &enten;
```
erzeugt die Variable *jagdhund* und legt die Adresse von *enten* in ihr ab.

Bild 4.9: Zeiger enthalten Adressen

In C++ ist die Kombination *int** ein abgeleiteter *Typname*, der Typ »Zeiger auf *int*«.

Sie können dieselbe Syntax zum Deklarieren von Zeigern anderer Typen verwenden:

```
double * steuern_zgr; // steuern_zgr zeigt auf den Typ double
char * str;           // str zeigt auf den Typ char
```

Da wir *steuern_zgr* als Zeiger auf den Typ *double* deklariert haben, weiß der Compiler, daß **steuern_zgr* ein Wert vom Typ *double* ist. Das heißt, er weiß, daß **steuern_zgr* eine Zahl repräsentiert, die im Fließkommaformat abgespeichert ist und (bei den meisten Systemen) acht Byte beansprucht. Eine Zeigervariable ist nicht einfach ein Zeiger, sondern immer ein Zeiger auf einen bestimmten Typ. Deshalb ist *steuern_zgr* vom Typ »Zeiger auf *double*« (oder vom Typ *double**) und *str* ist vom Typ »Zeiger auf *char*« (oder *char**). Obwohl beide Zeiger sind, sind es doch Zeiger verschiedenen Typs. Zeiger sind also genauso wie Arrays abgeleitet von anderen Typen.

steuern_zgr und *str* zeigen zwar auf Datentypen mit unterschiedlicher Größe, die beiden Variablen *steuern_zgr* und *str* selbst sind üblicherweise gleich groß. Das heißt, die Adresse eines *char*-Objektes hat dieselbe Größe wie die Adresse eines *double*-Objektes, genauso, wie 1015 die Hausnummer eines Lebensmittelladens und 1022 die Adresse eines kleinen Hauses sein kann. Die Größe oder der Wert einer Adresse sagt nichts über die Größe oder die Art einer Variablen, die sich an dieser Adresse befindet, aus. Normalerweise benötigen Adressen zwei oder vier Byte, das hängt vom Computersystem ab. (Einige Systeme haben größere Adreßwerte und es ist sogar denkbar, daß ein System unterschiedliche Adreßgrößen für unterschiedliche Datentypen verwenden kann, aber das ist nicht üblich.)

Sie können eine Deklarationsanweisung verwenden, um einen Zeiger zu initialisieren. In diesem Fall wird der Zeiger *nicht* der Wert, auf den gezeigt wird, initialisiert. Das heißt, die Anweisungen

```
int higgens = 5;
int * pi = &higgens;
```

versehen *pi* und nicht **pi* mit dem Wert *&higgens*.

In Listing 4.11 wird das Initialisieren eines Zeigers mit einer Adresse demonstriert.

```
// init_zgr.cpp -- einen Zeiger initialisieren
#include <iostream.h>
int main(void)
{
    int higgens = 5;
    int * pi = &higgens;

// Hinweis: Zortech-Anwender müssen eventuell die Adresse in
//          den cout-Anweisungen (&higgens und pi) mit unsigned
//          versehen

    cout << "Wert von higgens = " << higgens
         << "; Adresse von higgens = " << &higgens << "\n";
    cout << "Wert von *pi = " << *pi
         << "; Wert von pi = " << pi << "\n";return 0;
}
```

Listing 4.11: init_zgr.cpp

Es folgt die Ausgabe:

```
Wert von higgens = 5; Adresse von higgens = 0x8fa0fff4
Wert von *pi = 5; Wert von pi = 0xfa0fff4
```

Sie können erkennen, daß das Programm *pi* und nicht **pi* mit der Adresse von *higgens* initialisiert hat.

Gefahr besteht für diejenigen, die Zeiger unvorsichtig einsetzen. Es ist sehr wichtig zu wissen, daß beim Erzeugen eines Zeigers in C++ der Computer Speicher zum Aufnehmen der *Adresse* allokiert, aber nicht für die *Daten*, auf die gezeigt werden soll. Das Allokieren von Speicher für die Daten erfordert einen zusätzlichen Schritt. Läßt man diesen weg, wie beim folgenden Beispiel, führt das zum Chaos:

```
long * fellow;        // Es wird ein »Zeiger auf long« erzeugt
* fellow = 223323;    // Ein Wert wird im Niemandsland plaziert
```

Sicher, *fellow* ist ein Zeiger. Aber wohin zeigt er? Die obigen Anweisungen versäumten es, *fellow* eine Adresse zuzuweisen. Wo wird der Wert *223323* plaziert? Das kann man nicht sagen. Da *fellow* nicht initialisiert wurde, enthält die Variable auch keinen definierten Wert. Was immer für ein Wert das ist, das Programm interpretiert ihn als Adresse, an der *223323* abgespeichert werden soll. Hat *fellow* beispielsweise den Wert 1200, versucht der Computer, die Daten bei der Adresse 1200 abzulegen, auch wenn sich diese Adresse mitten im Programmcode befindet. Es ist also mit hoher Wahrscheinlichkeit so, daß, wohin auch immer *fellow* zeigt, Sie die Zahl *223323* nicht dort ablegen wollen. Solche Fehler sind bei der Fehlersuche am schwersten zu identifizieren.

 Goldene Zeigerregel: Versehen Sie einen Zeiger **immer** mit einer definierten und geeigneten Adresse, bevor Sie ihn mit dem Indirektionsoperator (*) versehen.

Zeiger und Zahlen

Zeiger sind keine Integertypen, obwohl Computer Adressen üblicherweise als Integer behandeln. Vom Konzept her unterscheiden sich Zeiger von Integern in wichtigen Punkten. Integer sind Zahlen, die Sie addieren, subtrahieren, dividieren usw. können. Aber ein Zeiger beschreibt eine Position und es macht keinen Sinn, sagen wir, zwei Positionen miteinander zu multiplizieren. Zeiger und Integer unterscheiden sich also in den Operationen, die Sie mit ihnen ausführen können, voneinander. Daraus ergibt sich, daß es unmöglich ist, einen Integerwert einem Zeiger zuzuweisen:

```
int * pi;
pi = 0xB8000000; // Keine Typübereinstimmung
```

Bei diesem Beispiel steht links ein Zeiger auf ein *int*-Objekt, dem eine Adresse zugewiesen werden kann. Auf der rechten Seite befindet sich ein Integerwert. Sie selbst wissen vielleicht, daß 0xB8000000 die zusammengesetzte Segment-Offset-Adresse des Videospeichers Ihres Systems ist, aber nichts teilt dem Programm mit, daß es sich hierbei um eine Adresse handelt. C erlaubt es Ihnen, solche Zuweisungen vorzunehmen, aber bei C++ müssen die Typen auf beiden Seiten übereinstimmen. Ansonsten, falls die Typen nicht zusammenpassen, gibt der Compiler eine Fehlermeldung aus. Möchten Sie also einen numerischen Wert als Adresse verwenden, sollten Sie mit Hilfe einer Typumwandlung die Zahl in den entsprechenden Adreßtyp umwandeln:

```
int * pi;
pi = (int *) 0xB8000000;   // Jetzt passen die Typen zusammen
```

Jetzt repräsentieren beide Seiten der Zuweisungsanweisung die Adresse eines Integers, deshalb ist die Zuweisung gültig. Liegt eine Adresse eines Wertes vom Typ int vor, bedeutet das nicht, daß pi selbst auch vom Typ int ist. Beim Speichermodell LARGE des IBM-PC ist zum Beispiel der Typ int ein zwei Byte umfassender Wert und die Adresse besteht aus vier Byte.

Zeiger verfügen über einige andere interessante Fähigkeiten, die wir später noch besprechen werden. Jetzt wollen wir uns betrachten, wie Zeiger eingesetzt werden können, um bei der Allokierung von Speicher während der Laufzeit hilfreich zu sein.

Das Allokieren von Speicher mit new

Jetzt, da Sie ein Gefühl dafür haben, wie Zeiger funktionieren, wollen wir sehen, wie man mit Zeigern die wichtige OOP-Technik der Speicherallokation, während ein Programm abläuft, bewerkstelligen kann. Bis jetzt haben wir Zeiger mit Variablenadressen initialisiert. Das wird als *benannte* Speicherallokation während der Kompilation bezeichnet. Die Zeiger stellen dann nur ein Alias für den Speicher dar, auf den Sie sowieso direkt mit einer Variablen zugreifen könnten. Der wirkliche Wert von Zeigern kommt erst zum Tragen, wenn Sie, während ein Programm abläuft, *namenlosen* Speicher allokieren, um Werte abspeichern zu können. In C können Sie Speicher mit der Bibliotheksfunktion *malloc()* allokieren. Das geht auch in C++, aber in C++ gibt es dazu eine bessere Möglichkeit – den Operator *new*.

Wir wollen diese neue Technik durch Erzeugen eines namenlosen Speicherbereiches, während das Programm abläuft, für einen Wert des Typs int ausprobieren. Anschließend soll auf den Wert mit einem Zeiger zugegriffen werden. Der Schlüssel dazu ist der C++ new-Operator. Sie teilen new mit, für welchen Datentyp Sie Speicher benötigen. new sucht dann einen Speicherblock mit der passenden Größe und übergibt die Adresse des Blockes. Diese Adresse wird einem Zeiger zugewiesen und alles läuft wie geplant. Es folgt ein Beispiel für diese Technik:

```
int * pn = new int;
```

Der Teil *new int* teilt dem Programm mit, daß Sie einen Speicherbereich benötigen, der dazu geeignet ist, ein *int*-Objekt aufnehmen zu können. Der Operator *new* bestimmt anhand des Typs, wie viele Bytes gebraucht werden. Anschließend wird der Speicher allokiert und die Adresse übergeben. Wir weisen pn diese Adresse zu. pn ist laut Deklaration vom Typ »Zeiger auf int«. Deshalb ist pn die Adresse und *pn der Wer,t der dort abgelegt ist. Vergleichen Sie das mit dem Zuweisen einer Variablenadresse an einen Zeiger:

```
int higgens;
int *pi = &higgens;
```

In beiden Fällen (*pn* und *pi*) wird die Adresse eines int einem Zeiger zugewiesen. Aber im zweiten Fall können Sie auch mit einem Namen auf die int-Variable zugreifen: *higgens*. Im ersten Fall kann nur mit dem Zeiger darauf zugegriffen werden. Dadurch erhebt sich die Frage: Da der Speicher, auf den pn zeigt, keinen Namen hat, wie wird er dann genannt? Man sagt, daß pn auf ein *Datenobjekt* zeigt. Dabei wird der Ausdruck »Objekt« nicht im Sinne von »objektorientierter Programmierung« benutzt, sondern »Objekt« bedeutet in diesem Zusammenhang schlicht und einfach »Ding«. Der Ausdruck »Datenobjekt« ist allgemeiner als der Ausdruck »Variable«, da damit ein beliebiger Speicherblock bezeichnet werden kann, der für ein Datenelement allokiert ist. Eine Variable ist also auch ein Datenobjekt, aber der Speicher, auf den *pn* zeigt, ist keine Variable. Die Zeigermethode zur Bearbeitung von Datenobjekten sieht auf den ersten Blick etwas umständlich aus, aber ermöglicht Ihnen bessere Kontrolle darüber, wie Ihr Programm den Speicher verwaltet.

Die allgemeine Form, um für ein einzelnes Datenobjekt, das sowohl eine Struktur wie auch ein Grundtyp sein kann, Speicher zu reservieren und einem Zeiger die Speicheradresse zuzuweisen, sieht wie folgt aus:

```
Typ * Zeiger_Name = new Typ;
```

Sie müssen den Datentyp zweimal verwenden, einmal zum Angeben des benötigten Speichertyps und einmal zum Deklarieren eines passenden Zeigers. Haben Sie schon einen Zeiger des richtigen Typs deklariert, können Sie natürlich diesen verwenden, anstatt einen neuen zu deklarieren. In Listing 4.12 wird der Einsatz von *new* mit zwei unterschiedlichen Typen illustriert.

```cpp
// new.cpp -- den new-Operator einsetzen
#include <iostream.h>
int main(void)
{
    int * pi = new int;        // Platz für ein int allokieren
    *pi = 1001;                // einen Wert dort ablegen

// Hinweis: Zortech-Anwender müssen eventuell die Adresse in
//          den cout-Anweisungen (pi und pd) mit unsigned versehen

    cout << "int ";
    cout << "Wert = " << *pi << ": Speicherstelle = " << pi << "\n";

    double * pd = new double;  // Platz für ein double allokieren
    *pd = 10000001.0;          // dort einen double-Wert ablegen

    cout << "double ";
    cout << "Wert = " << *pd << ": Speicherstelle = " << pd << "\n";
    cout << "Größe von pi = " << sizeof pi;
    cout << ": Größe von *pi = " << sizeof *pi << "\n";
    cout << "Größe von pd = " << sizeof pd;
    cout << ": Größe von *pd = " << sizeof *pd << "\n";
    return 0;
}
```

Listing 4.12: new.cpp

Es folgt die Ausgabe:

```
int Wert = 1001: Speicherstelle = 0x857011ec
double Wert = 10000001: Speicherstelle = 0x857011f4
Größe von pi = 2: Größe von *pi = 2
Größe von pd = 2: Größe von *pd = 8
```

Programmhinweise

Das Programm verwendet *new*, um Speicher für ein Datenobjekt des Typs *int* und für ein Datenobjekt des Typs *double* zu allokieren. Das geschieht, während das Programm abläuft. Die Zeiger *pi* und *pd* zeigen auf diese beiden Datenobjekte. Ohne sie können Sie nicht auf diese Speicherbereiche zugreifen. Mit ihnen können Sie die Ausdrücke **pi* und **pd* genau wie Variablen einsetzen. Weist man **pi* und **pd* Werte zu, werden diese den neuen Datenobjekten zugewiesen. Gibt man **pi* und **pd* aus, werden dementsprechend diese Werte angezeigt.

Das Programm zeigt auch einen der Gründe auf, warum Sie den Typ, auf den ein Zeiger zeigt, angeben müssen. Eine Adresse an sich repräsentiert lediglich die Anfangsadresse des abgespeicherten Objektes, nicht aber seinen Typ oder die Anzahl der verwendeten Bytes. Schauen Sie sich die Adressen der beiden Werte an. Es sind nur Zahlen ohne Typ- oder Größeninformationen. Beachten Sie auch, daß die Größe eines Zeigers auf ein *int*-Objekt der Größe eines Zeigers auf ein *double*-Objekt entspricht. Beide sind lediglich Adressen. Da in *new.cpp* jedoch die Zeigertypen deklariert wurden, weiß das Programm, daß **pd* ein *double*-Wert ist, der acht Byte umfaßt und daß **pi* ein *int*-Wert ist, der zwei Byte umfaßt. Gibt also das Programm *new.cpp* den Wert von **pd* aus, weiß *cout*, wie viele Bytes zu lesen und wie sie zu interpretieren sind.

Die Scharfsinnigen unter Ihnen werden sich fragen, wie das Programm eine Zahl wie 0x857011ec, die anscheinend vier Byte lang ist, in einer zwei Byte umfassenden Variablen abspeichern kann. Das System, auf dem wir das Programm ablaufen ließen (IBM PC-kompatibel), teilt den Speicher in Segmente von 64 Kbyte (ein Kbyte sind 1024 Byte) ein, und das Programm benutzt Zeiger, die aus zwei Byte bestehen und nur den Offset bezüglich des Segmentes enthalten, in dem alle Daten untergebracht werden. Aber *cout* wurde so ausgelegt, daß es den zwei Byte umfassenden Segmentwert (0x8570) und den zwei Byte umfassenden Offset (0x11ec) als zusammengesetzten vier Byte umfassenden Wert (0x857011ec) ausgibt.

Kein Speicher mehr frei?

Es ist durchaus möglich, daß der Computer nicht genügend Speicher hat, um Ihren Speicheranforderungen mit *new* zu genügen. Ist das der Fall, übergibt *new* den Wert *0*. In C++ wird ein Zeiger mit dem Wert *0* als *Nullzeiger* bezeichnet. C++ garantiert, daß der Nullzeiger niemals auf gültige Daten zeigt. Deshalb wird der Nullzeiger häufig dazu benutzt, das Mißlingen von Operationen oder Funktionen anzuzeigen, die anderenfalls gültige Zeiger übergeben. Sobald Sie in Kapitel 6 die *if*-Anweisungen kennenlernen, können Sie überprüfen, ob *new* einen Nullzeiger übergibt und so Ihre Programme vor dem Überschreiten ihrer Grenzen schützen.

Mit Hilfe von new dynamische Arrays erzeugen

Benötigt ein Programm nur einen einzelnen Wert, können Sie auch eine einfache Variable deklarieren, da das leichter ist. Es ist außerdem nicht so aufwendig, als wenn Sie mit *new* und einem Zeiger ein einzelnes kleines Datenobjekt bearbeiten müssen. Meistens werden Sie *new* zusammen mit größeren Datenmengen wie Arrays, Strings und Strukturen einsetzen. In solchen Situationen ist *new* äußerst nützlich. Angenommen, Sie schreiben ein Programm, das ein Array benötigt oder auch nicht und zwar abhängig von den Informationen, die Sie während des Programmablaufs angeben. Erzeugen Sie ein Array durch eine Deklaration, wird der Speicher allokiert, während das Programm kompiliert wird. Unabhängig davon, ob das Programm schließlich das Array benutzt oder nicht, das Array ist da und beansprucht Speicherplatz. Dies wird als *statische Bindung* bezeichnet und bedeutet, daß das Array während der Kompilation in das Programm integriert wird. Mit *new* dagegen können Sie ein Array erzeugen, während das Programm abläuft und falls Sie es nicht benötigen, dieses unterlassen. Das wird als *dynamische Bindung* bezeichnet und bedeutet, daß das Array erzeugt wird, während das Programm abläuft. Das Array wird dann als *dynamisches Array* bezeichnet. Bei der statischen Bindung müssen Sie die Arraygröße schon beim Schreiben des Programmes festlegen. Bei der dynamischen Bindung können Sie sich während des Programmablaufes für eine Arraygröße entscheiden.

Jetzt wollen wir uns zwei grundlegende Dinge, die mit dynamischen Arrays zusammenhängen, näher betrachten: Erstens, wie man mit dem C++ *new*-Operator ein Array erzeugt und zweitens, wie man mit einem Zeiger auf Arrayelemente zugreift.

Das Erzeugen eines dynamischen Arrays mit new

Es ist einfach, ein dynamisches Array in C++ zu kreieren. Sie müssen dazu *new* lediglich den Typ der gewünschten Arrayelemente mitteilen und wie viele Elemente Sie benötigen. Die Syntax macht es erforderlich, daß Sie hinter den Typnamen die Anzahl der Elemente in eckige Klammern setzen. Benötigen Sie beispielsweise ein Array mit zehn *ints*, müssen Sie das folgende tun:

```
int * peinige = new int [10];// einen Block mit 10 ints reservieren
```

Der Operator *new* übergibt die *Adresse* vom ersten Element des Blockes. Bei diesem Beispiel wird die Adresse dem Zeiger *peinige* zugewiesen. Beachten Sie, daß *peinige* ein Zeiger auf ein einzelnes *int*_Objekt ist, dem ersten Element des Blockes. Es ist Ihre Aufgabe, sich zu merken, wie viele Elemente sich in dem Block befinden. Das heißt, der Compiler kümmert sich nicht darum, daß *peinige* auf das erste der *zehn* Integer zeigt. Sie müssen also ein Programm so schreiben, daß es sich die Anzahl der Elemente merkt.

Die allgemeine Form zum Allokieren von Speicherplatz und zum Zuweisen der Adresse für ein Array sieht wie folgt aus:

```
Typ_Name * Zeiger_Name = new Typ_Name [Anz_Elemente];
```

Dadurch wird ein Speicherblock reserviert, der groß genug ist, um *Anz_Elemente* Elemente vom Typ *Typ_Name* aufzunehmen, wobei *Zeiger_Name* auf das erste Element zeigt. Wie Sie noch sehen werden, können Sie *Zeiger_Name* genauso einsetzen, wie einen Array-Namen.

Der Einsatz eines dynamischen Arrays

Wie können Sie ein dynamisches Array einsetzen, nachdem Sie es erzeugt haben? Zuerst wollen wir uns einen Begriff von diesem Problem machen. Die Anweisung

```
int * peinige = new int [10];// einen Block mit 10 ints reservieren
```

erzeugt einen Zeiger, der auf das erste Element eines Blockes mit zehn *int*-Werten zeigt. Stellen Sie sich den Zeiger wie einen Finger vor, der auf dieses Element zeigt. Angenommen, ein *int* belegt zwei Byte. Bewegen Sie dann Ihren Finger zwei Byte in die richtige Richtung, zeigen Sie auf das zweite Element. Insgesamt gibt es zehn Elemente, das ist der Bereich, in dem Sie Ihren Finger bewegen können. Die Anweisung *new* versorgt Sie mit allen notwendigen Informationen zur Identifizierung von jedem Element des Blockes.

Stellen Sie sich das Problem jetzt in der Praxis vor. Wie kann man auf diese Elemente zugreifen? Das erste Element ist kein Problem. Da *peinige* auf das erste Element des Feldes zeigt, ist **peinige* der Wert des ersten Elementes. So bleiben weitere neun Elemente, auf die zugegriffen werden kann. Die einfachste Möglichkeit wird Sie vielleicht überraschen, falls Sie noch nicht mit C gearbeitet haben: benutzen Sie den Zeiger so, als wäre er ein Array-Name. Das heißt, Sie können *peinige[0]* anstelle von **peinige* für das erste Element verwenden, *peinige[1]* für das zweite Element usw. Es ist also sehr einfach, einen Zeiger für den Zugriff auf ein dynamisches Array zu benutzen, auch wenn es nicht auf den ersten Blick ersichtlich ist, warum diese Methode funktioniert. Sie können das tun, da C und C++ intern Arrays sowieso mit Zeigern manipuliert. Diese nahe Verwandtschaft von Zeigern und Arrays ist einer der Vorteile von C und C++. Wir werden auf diese Verwandtschaft gleich noch näher eingehen. In Listing 4.13 sehen Sie zuerst noch, wie man mit *new* ein dynamisches Array erzeugen und dann mit der Array-Notation auf die Elemente zugreifen kann. Das Listing verdeutlicht außerdem den grundlegenden Unterschied zwischen einem Zeiger und einem richtigen Array-Namen.

```
// arraynew.cpp -- den new-Operator Platz für ein Array reservieren
#include <iostream.h>
int main(void)
{
    double * p3 = new double [3];   // Platz für 3 double-Werte
    p3[0] = 0.2;                    // p3 als Array-Namen behandeln
    p3[1] = 0.5;
    p3[2] = 0.8;
    cout << "p3[1] ist " << p3[1] << ".\n";
    p3 = p3 + 1;                    // den Zeiger inkrementieren
    cout << "Nun ist p3[0] " << p3[0] << " und ";
    cout << "p3[1] ist " << p3[1] << ".\n";
    return 0;
}
```

Listing 4.13: arraynew.cpp

Es folgt die Ausgabe:

```
p3[1] ist 0.5.
Nun ist p3[0] 0.5 und p3[1] ist 0.8.
```

Wie Sie sehen, benutzt das Programm *arraynew.cpp* den Zeiger *p3*, als wäre er der Name eines Arrays, wobei *p3[0]* das erste Element ist usw. Der grundlegende Unterschied zwischen einem Array-Namen und einem Zeiger ist in der folgenden Zeile zu sehen:

```
p3 = p3 + 1; // OK bei Zeigern, aber falsch bei Array-Namen
```

Sie können den Wert eines Array-Namens nicht verändern. Aber ein Zeiger ist eine Variable, deshalb kann der Wert eines Zeigers verändert werden. Beachten Sie, was für einen Effekt die Addition von *1* zu *p3* hat. Der Ausdruck *p3[0]* bezieht sich jetzt auf das vormals zweite Element des Arrays. Die Addition von *1* zu *p3* bewirkt also, daß jetzt auf das zweite und nicht mehr auf das erste Element gezeigt wird. Die aktuelle Adresse der aufeinanderfolgenden *int*-Elemente differiert jeweils um zwei oder vier Byte. Die Tatsache, daß die Addition von *1* zu *p3* die Adresse des nächsten Elementes ergibt, legt nahe, daß es etwas Besonderes mit der Zeigerarithmetik auf sich hat. Dem ist in der Tat so.

Zeiger, Arrays und Zeigerarrays

Die nahe Verwandtschaft von Zeigern und Array-Namen hängt mit der Zeigerarithmetik und damit, wie C++ Arrays intern behandelt, zusammen. Wir wollen uns zunächst der Arithmetik widmen. Addiert man 1 zu einer Integervariablen, wird der Wert um 1 vergrößert. Addiert man jedoch 1 zu einer Zeigervariablen, wird sie um die Anzahl der Bytes des Typs, auf den der Zeiger zeigt, vergrößert. Die Addition von 1 zu einem Zeiger auf einen *double*-Typ addiert bei Systemen mit acht Byte umfassenden *double*-Typen 8 zum numerischen Wert des Zeigers. Addiert man jedoch 1 zu einem Zeiger auf einen *short*-Typ, wird zwei zum Zeigerwert hinzuaddiert, falls der Typ *short* zwei Byte umfaßt. In Listing 4.14 wird diese Tatsache verdeutlicht. Sie können daraus auch einen zweiten wichtigen Punkt ersehen: C++ interpretiert den Array-Namen als Adresse.

```
// zeigadd.cpp -- Zeiger-Addition
#include <iostream.h>
int main(void)
{
    double sold[3] = {10000.0, 20000.0, 30000.0};
    short stapel[3] = {3, 2, 1};


// Hinweis: Zortech-Anwender müssen eventuelle die Adresse in
//          den cout-Anweisungen (psold und pstapel) mit unsigned
//          versehen

// Zwei Möglichkeiten, um die Adresse eines Arrays zu bestimmen
    double * psold = sold;       // Name des Arrays = Adresse
    short * pstapel = &stapel[0]; // den Adressoperator mit einem
                                  // Arrayelement einsetzen

    cout << "psold = " << psold << ", *psold = " << *psold << "\n";
    psold = psold + 1;
    cout << "1 dem psold-Zeiger hinzufügen:\n";
    cout << "psold = " << psold << ", *psold = " << *psold;
    cout << "\n\n";

    cout << "pstapel = " << pstapel << ", *pstapel = " << *pstapel;
    cout << "\n";
    pstapel = pstapel + 1;
    cout << "1 dem pstapel-Zeiger hinzufügen:\n";
    cout << "pstapel = " << pstapel << ", *pstapel = " << *pstapel;
    cout << "\n\n";

    cout << "Auf zwei Elemente mit der Array-Notation zugreifen\n";
    cout << stapel[0] << " " << stapel[1] << "\n";
    cout << "Auf zwei Flemente mit der Zeigernotation zugreifen\n";
    cout << *stapel << " " << *(stapel + 1) << "\n";

    cout << sizeof sold << " = Größe des sold-Arrays\n";
```

```
        cout << sizeof psold << " = Größe des psold-Zeigers\n";
        return 0;
}
```

Listing 4.14: zeigadd.cpp

Es folgt die Ausgabe:

```
psold = 0x7c87ffd8, *psold = 10000
1 dem psold-Zeiger hinzufügen:
psold = 0x7c87ffe0, *psold = 20000
pstapel = 0x7c87fff0, *pstapel = 3
1 dem pstapel-Zeiger hinzufügen:
pstapel = 0x7c87fff2, *pstapel = 2
Auf zwei Elemente mit der Array-Notation zugreifen
3 2
Auf zwei Elemente mit der Zeigernotation zugreifen
3 2
24 = Größe des sold-Arrays
2 = Größe des psold-Zeigers
```

Programmhinweise

In den meisten Situationen interpretiert C++ den Namen eines Arrays als Adresse des ersten Elementes. Die folgende Anweisung

```
double * psold = sold;
```

macht aus *psold* einen Zeiger auf einen *double*-Typ und initialisiert dann *psold* mit *sold*, der Adresse des ersten Elementes des *sold*-Arrays. Bezüglich *sold* gilt, wie bei jedem anderen Array, die folgende Äquivalenz:

```
sold = &sold[0] = Adresse des ersten Elementes eines Arrays
```

Um Ihnen zu zeigen, daß wir Sie nicht auf den Arm genommen haben, benutzten wir den Adreßoperator explizit in dem Ausdruck *&stapel[0]*, mit dem der Zeiger *pstapel* mit der Adresse des ersten Elementes des Arrays *stapel* initialisiert wurde.

Daran anschließend inspiziert das Programm die Werte von *psold* und **psold*. Der erste Wert ist eine Adresse und der zweite der Wert, der an dieser Adresse abgelegt ist. Da *psold* auf das erste Element zeigt, ist der für **psold* ausgegebene Wert der Wert des ersten Elementes – *10000*. Daran anschließend addiert das Programm 1 zu *psold*. Wie versprochen, wird dadurch 8 (8 + 8 = 10 hexadezimal) dem numerischen Adreßwert hinzugefügt, da der Typ *double* auf unserem System acht Byte umfaßt. Dadurch wird *psold* zur Adresse des zweiten Elementes, und deshalb ist **psold* jetzt *20000*, der Wert des zweiten Elementes (siehe Bild 4.10 – die Adreßwerte sind in dieser Abbildung verändert worden, um das Ganze übersichtlicher zu gestalten.).

Danach führt das Programm dieselben Arbeitsschritte mit *pstapel* durch. Dieses Mal, weil *pstapel* auf den Typ *short* zeigt. Da *short* zwei Byte umfaßt, wird durch das Addieren von 1 der Zeiger um 2 erhöht. Das Resultat besteht wieder darin, daß der Zeiger auf das nächste Element des Arrays zeigt.

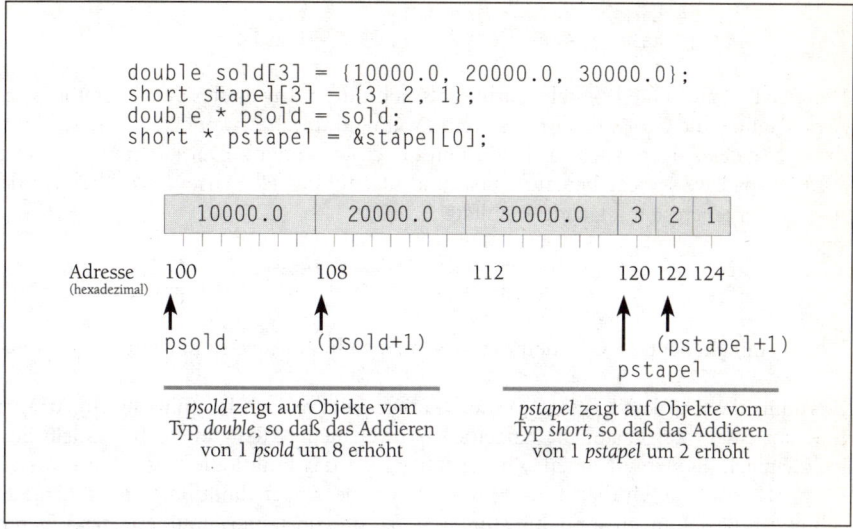

```
double sold[3] = {10000.0, 20000.0, 30000.0};
short stapel[3] = {3, 2, 1};
double * psold = sold;
short * pstapel = &stapel[0];
```

Bild 4.10: Zeigeraddition

 Addiert man 1 zu einer Zeigervariablen, wird deren Wert um die Anzahl der Bytes erhöht, die der Typ umfaßt, auf den der Zeiger zeigt.

Schauen Sie sich jetzt den Ausdruck *stapel[1]* an. Der C++-Compiler behandelt diesen Ausdruck genauso, als ob Sie **(stapel + 1)* geschrieben hätten. Der zweite Ausdruck weist den Compiler dazu an, die Adresse des zweiten Arrayelementes zu berechnen und anschließend den dort abgelegten Wert zu holen. Das Endergebnis entspricht genau dem, was mit *stapel[1]* gemeint war. (Die Operatorvorrangregeln machen das Setzen von Klammern in dem Ausdruck **(stapel + 1)* notwendig. Ohne die Klammern würde 1 zu **stapel* anstatt zu *stapel* addiert werden.)

Die Ausgabe des Programmes demonstriert, daß **(stapel +1)* und *stapel[1]* identisch sind. Genauso sind **(stapel + 2)* und *stapel[2]* gleich. Allgemein kann gesagt werden, daß C++ immer die folgende Umwandlung vornimmt, wenn Sie die Array-Notation verwenden:

```
Array-Name[i] wird zu *(Array-Name + i)
```

Benutzen Sie einen Zeiger anstelle eines Array-Namens, macht C++ dieselbe Umwandlung:

```
Zeigername[i] wird zu *(Zeigername + i)
```

Sie können deshalb Zeiger- und Array-Namen sehr oft auf dieselbe Art und Weise einsetzen. Das heißt, Sie können bei beiden die Array-Notation verwenden und Sie können bei beiden den Indirektionsoperator (*) einsetzen. Bei den meisten Ausdrücken repräsentiert jeder Name eine Adresse. Ein Unterschied besteht darin, daß Sie den Wert eines Zeigers verändern können, einen Array-Namen jedoch nicht, da es sich hierbei um eine Konstante handelt:

```
Zeigername = Zeigername + 1;    // Gültig
Array-Name = Array-Name + 1;    // Ungültig
```

Der zweite Unterschied besteht darin, daß sich durch Anwenden des Operators *sizeof* auf einen Array-Namen die Größe des Arrays ergibt, während durch Anwenden von *sizeof* auf einen Zeiger die Größe des Zeigers zurückgeliefert wird, auch wenn der Zeiger auf ein Array zeigt. In Listing 4.14 beispielsweise beziehen sich *psold* und *sold* auf dasselbe Array. Wendet man den Operator *sizeof* an, ergeben sich folgende Resultate:

```
24 = Größe des sold-Arrays     sizeof sold wird ausgegeben
2 = Größe des psold-Zeigers    sizeof psold wird ausgegeben
```

Das ist ein Fall, bei dem C++ den Array-Namen nicht als Adresse interpretiert.

Zusammenfassend kann gesagt werden, daß es ganz einfach ist, mit *new* ein Array zu erzeugen und mit einem Zeiger auf die einzelnen Arrayelemente zuzugreifen. Behandeln Sie den Zeiger ganz einfach als Array-Namen. Zu verstehen, wie das funktioniert, ist eine echte Herausforderung. Möchten Sie wirklich wissen, wie Arrays und Zeiger funktionieren, sollten Sie ihre wechselseitigen Beziehungen sorgfältig studieren. Sie sind später sogar auf etliches Wissen im Zusammenhang mit Zeigern angewiesen, deshalb wollen wir das bisher über Arrays und Zeiger Gesagte noch einmal kurz wiederholen.

Zusammenfassung zum Thema Zeiger

Das Deklarieren von Zeigern: Damit ein Zeiger auf einen bestimmten *Typ* deklariert wird, müssen Sie wie folgt vorgehen:

```
Typname * Zeigername;
```

Beispiele:

```
double * pn;    // pn zeigt auf einen double-Wert
char * pc;      // pc zeigt auf einen char-Wert
```

pn und *pc* sind in diesem Fall Zeiger und *double* * und *char* * sind die C++-Notationen für die Typen »Zeiger auf *double*« und »Zeiger auf *char*«.

Zeigern Werte zuweisen: Einem Zeiger sollte eine Speicheradresse zugewiesen werden. Sie können einen Variablennamen mit dem &-Operator versehen, um die Adresse eines mit Namen versehenen Speicherbereiches zu erhalten. Der Operator *new* übergibt die Adresse eines namenlosen Speicherbereiches.

Beispiele:

```
double bubble = 3.2;
pn =&bubble;     // Die Adresse von bubble pn zuweisen
pc = new char;   // Die Adresse von mit new allokiertem
                 // Speicher pc zuweisen
```

Indirektion von Zeiger: Unter der Indirektion eines Zeigers versteht man, daß man sich auf den Wert, auf den der Zeiger zeigt, bezieht. Wendet man den Indirektionsoperator (*) auf einen Zeiger an, wird er *dereferenziert*. Zeigt also *pn* auf *bubble*, wie beim letzten Beispiel, ist *pn* der Wert, auf den gezeigt wird, in diesem Fall 3.2.

Beispiele:

```
cout << *pn;   // Den Wert von bubble ausgeben
*pc = 'S';     // Den Wert 'S' im Speicher an der Adresse pc ablegen
```

Zwischen einem Zeiger und dem Wert, auf den gezeigt wird, unterscheiden: Ist *pi* ein Zeiger auf ein *int*-Objekt, ist *pi* kein Zeiger mehr auf ein *int*-Objekt. *pi* ist dagegen ein Äquivalent zu einer Variablen des Typs *int*. *pi* selbst ist der Zeiger.

Beispiele:

```
int * pi = new int;   // Dem Zeiger pi eine Adresse zuweisen
*pi = 5;              // Speichert den Wert 5 an dieser Adresse ab
```

Array-Namen: In den meisten Fällen behandelt C++ den Namen eines Arrays als Äquivalent zur Adresse des ersten Arrayelementes.

Beispiel:

```
int tacos[10];        // tacos entspricht &tacos[0]
```

Eine Ausnahme besteht, wenn Sie den Namen eines Arrays zusammen mit dem Operator *sizeof* benutzen. In diesem Fall übergibt *sizeof* die Größe des ganzen Arrays in Byte.

Zeigerarithmetik: In C++ ist es möglich, einem Zeiger einen Integerwert hinzuzuaddieren. Das Resultat entspricht dem Originaladreßwert plus der Anzahl der Bytes, die das Objekt, auf das gezeigt wird, beansprucht.

Beispiele:

```
float fog = 2.2;
float * pf = &fog;    // Angenommen pf und &fog stellen die Adresse
                      // 3000 dar
pf = pf + 1;          // Jetzt ist pf gleich 3004, falls ein float
                      // vier Byte umfaßt
int tacos[0];         // Angenommen, tacos oder &tacos[0] ist 4000
                      // dann ist tacos + 1 gleich 4002, falls ein
                      // int zwei Byte umfaßt
```

Dynamische und statische Bindung bei Arrays: Um ein Array mit statischer Bindung zu erzeugen, müssen Sie eine Arraydeklaration benutzen. Ein Array mit statischer Bindung ist ein Array, dessen Größe während der Kompilation festgelegt wird:

```
int tacos[10];        // Statische Bindung, Größe wird während der
                      // Kompilation festgelegt
```

Mit dem Operator *new* können Sie ein Array mit dynamischer Bindung erzeugen (ein dynamisches Array). Als dynamisches Array wird ein Array bezeichnet, dessen Speicherplatz und Größe während der Laufzeit eingerichtet wird:

```
int size;
cin >> size;
int * pz = new int [size];      // Dynamische Bindung, Größe wird
                                // während der Laufzeit eingestellt
```

Array-Notation und Zeigernotation: Verwendet man eckige Klammern, ist dies äquivalent zur Indirektion eines Zeigers:

tacos[0] ist äquivalent zu *tacos, das sich seinerseits auf den Wert bei der Adresse tacos bezieht
tacos[3] ist äquivalent zu *(tacos+3), das sich seinerseits auf den Wert bei der Adresse tacos + 3 bezieht

Das gilt sowohl für Array-Namen als auch für Zeigervariablen. Sie können also die Zeigernotation oder die Array-Notation zusammmen mit Zeigern und mit Array-Namen einsetzen.

Beispiele:

```
int * pi = new int [20];    // pi zeigt auf einen Block mit 10 ints
*pi = 5;                    // das erste Element auf 5 setzen
pi[0] = 6;                  // das erste Element auf 6 setzen
pi[10] = 44;                // Element Nummer 10 auf 44 setzen
int tacos[10];
*(tacos + 4) = 12;          // tacos[4] auf 12 setzen
```

Zeiger und Strings

Die spezielle Beziehung zwischen Arrays und Zeigern kann auch auf Strings übertragen werden. Schauen Sie sich einmal die folgenden Anweisungen an:

```
char blume[10] = "Rose";
cout << blume << "n sind rot\n";
```

Der Name eines Arrays repräsentiert die Adresse des ersten Arrayelementes. *blume* in der obigen *cout*-Anweisung stellt also die Adresse auf das *char*-Element dar, in dem sich das Zeichen 'R' befindet. Das Objekt *cout* nimmt an, daß eine Adresse auf den Typ *char* die Adresse eines Strings ist. Deshalb wird das Zeichen an der Adresse ausgegeben und daran anschließend werden so lange nacheinander Zeichen ausgegeben, bis ein Nullzeichen (\0) angetroffen wird. Übergeben Sie *cout* also die Adresse eines Zeichens, wird alles ab diesem Zeichen bis zum ersten Nullzeichen, das auf das Zeichen folgt, ausgegeben.

Der entscheidende Punkt dabei ist nicht, daß *blume* ein Array-Name ist, sondern daß *blume* als Adresse auf den Typ *char* fungiert. Dadurch wird beispielsweise impliziert, daß Sie einen Zeiger auf ein *char*-Objekt als Argument von *cout* verwenden können. Dieser Zeiger sollte natürlich auf den Anfang eines Strings zeigen. Mehr dazu in Kürze. Was ist jedoch mit dem zweiten Teil der obigen *cout*-Anweisung? Falls *blume* wirklich die Adresse des ersten Zeichens eines Strings ist, was ist dann der Ausdruck *"n sind rot\n"*? Dieser String in Anführungszeichen sollte auch eine

Adresse sein, damit eine Übereinstimmung mit der Art und Weise, wie *cout* die Stringausgabe behandelt, besteht. Diese Übereinstimmung besteht tatsächlich, da C++ einen String in Anführungszeichen genau wie einen Array-Namen als Adresse des ersten Elementes behandelt. Die obigen Anweisungen schicken also in Wirklichkeit nicht einen ganzen String zu *cout*, sondern nur die Stringadresse. Das bedeutet, daß Strings in einem Array, Strings in Anführungszeichen und Strings, auf die Zeiger zeigen, alle gleich behandelt werden. Jeder wird als Adresse weitergegeben. Das ist sicherlich weniger aufwendig, als jedes einzelne Zeichen eines Strings zu übergeben.

 Das Objekt *cout* und die meisten C++-Ausdrücke interpretieren den Namen eines *char*-Arrays, einen Zeiger auf ein *char*-Objekt und eine Stringkonstante in Anführungszeichen als Adresse des ersten Stringzeichens.

In Listing 4.15 werden die unterschiedlichen Stringformen vorgestellt. Es werden zwei Funktionen aus der Stringbibliothek benutzt. Die Funktion *strlen()*, die wir schon kennen, übergibt die Länge eines Strings. Die Funktion *strcpy()* kopiert einen String von einer Stelle an eine andere. Für beide Funktionen gibt es Funktionsprototypen in der Header-Datei *string.h*. Das Programm zeigt auch einige Fehler auf, die im Zusammenhang mit Zeigern gemacht werden können und die Sie möglichst vermeiden sollten.

```
// strzeig.cpp -- Zeiger auf Strings benutzen
#include <iostream.h>
#include <string.h>              // strlen(), strcpy() deklarieren
int main(void)
{
    char tier[20] = "Bär";       // tier enthält Bär
    char * vogel = "Pinguin";    // vogel enthält die Adresse des
                                 // Strings
    char * ps;                   // nicht initialisiert

    cout << tier << " und ";     // zeigt Bär an
    cout << vogel << "\n";       // zeigt Pinguin an
    cout << ps << "\n";          // Fehler - zeigt Müll an
    cout << "Geben Sie ein Tier ein: ";
    cin >> tier;                 // Ok, falls Eingabe < 20 Zeichen
    cout << "Geben Sie einen Vogel ein: ";
    cin >> vogel;                // nicht empfehlenswert, kann auf
                                 // einigen System funktionieren, aber
                                 // das Verhalten ist undefiniert.
    // cin >> ps;    Zu schlimm, um ausprobiert zu werden, da ps
    // überall hin zeigen kann
    ps = tier;                   // ps zeigt jetzt auf einen String
    cout << ps << "e!\n";        // Ok, als hätte man tier verwandt
    ps = vogel;                  // ps etwas anderes zuweisen
    cout << ps << "en!\n";       // Ok, als hätte man vogel verwandt

    ps = new char[strlen(tier) + 1];
                                 // neuen Speicherplatz reservieren
    strcpy(ps, tier);            // String dorthin kopieren
    cout << "Jetzt zeigt ps auf " << ps << "!\n";
    return 0;
}
```

Listing 4.15: strzeig.cpp

Es folgt ein Beispielablauf:

```
Bär und Pinguin   Ausgabe von cout <<ps<<"\n";
Geben Sie ein Tier ein: Faultier
Geben Sie einen Vogel ein: Papagei
Faultiere!
Papageien!
Jetzt zeigt ps auf Faultier!
```

Programmhinweise

Das Programm in Listing 4.15 erzeugt ein *char*-Array (*tier*) und zwei Zeiger auf *char*-Variablen (*vogel* und *ps*). Das Programm beginnt mit der Initialisierung des Arrays *tier* mit dem String *"Bär"*. Das identisch ist mit der bisherigen Vorgehensweise bei der Arrayinitialisation. Anschließend macht das Programm etwas Neues. Es initialisiert einen Zeiger auf ein *char*-Objekt mit einem String:

```
char * vogel = "Pinguin"; // vogel enthält die Adresse des Strings
```

Sie wissen ja, daß *"Pinguin"* in Wirklichkeit die Adresse eines Strings repräsentiert. Deshalb wird durch diese Anweisung die Adresse von *"Pinguin"* dem Zeiger *vogel* zugewiesen. Das bedeutet, daß Sie den Zeiger *vogel* genauso einsetzen können, wie Sie den String *"Pinguin"* verwenden würden, zum Beispiel in *cout << "Ein ernster " << vogel << " spricht\n"*. Der Zeiger *ps* bleibt uninitialisiert, er zeigt also auf keinen String. (Das ist, wie Sie wissen, nicht so gut, auch hier nicht.)

Als nächstes zeigt das Programm, wie man den Array-Namen *tier* und den Zeiger *vogel* äquivalent zusammen mit *cout* einsetzen kann. Beide sind nämlich Stringadressen und *cout* gibt die beiden Strings (*Bär* und *Pinguin*), die an dieser Stelle abgespeichert sind, aus. Machen Sie den Fehler, *ps* ausgeben zu wollen, erhalten Sie, wenn Sie Glück haben, eine leere Zeile. Erzeugt man einen nicht initialisierten Zeiger, ist das ein bißchen so wie das Ausstellen eines Blankoschecks. Sie verlieren die Kontrolle darüber, welcher Betrag eingesetzt wird. Wir hatten in diesem Fall Glück, da *ps* auf eine seltsame Position hätte zeigen können. *ps* zeigte aber auf eine Stelle, an der sich eine Null befand, deshalb wurde nichts ausgegeben. Anderenfalls wäre Unsinn angezeigt worden.

Bei der Eingabe gestaltet sich die Situation etwas anders. Das Array *tier* kann solange sicher für Eingabezwecke benutzt werden, solange das Array die Eingabe aufnehmen kann. Verwendet man jedoch eine Stringkonstante können Probleme auftreten. In unserem Fall passierte nichts, da der Originalstring groß genug war, um die Eingabe aufzunehmen. Aber C++ garantiert nicht, daß jede Stringkonstante für sich abgespeichert wird. Setzen Sie also beispielsweise die Stringkonstante *"Pinguin"* an einer anderen Stelle des Programmes nochmals ein, ist es möglich, daß der Compiler *vogel* so setzt, daß er auf diesen String zeigt anstatt auf einen eigenen, separaten String. Wird also ein String verändert, kann das Auswirkungen auf einen zweiten String haben, von dem Sie annahmen, daß er vom ersten unabhängig ist. Sehr verheerend kann es sich auswirken, wenn versucht wird, Informationen an der Stelle abzulegen, auf die von *ps* gezeigt wird. Da *ps* nicht initialisiert ist, wissen wir nicht, wohin diese Informationen gelangen werden. Es können schlimmstenfalls Informationen überschrieben werden, die sich schon im Speicher befanden. Glücklicherweise können derartige Probleme leicht vermieden werden – benutzen Sie einfach ein ausreichend großes *char*-Array für die Eingabe. Verwenden Sie keine Stringkonstanten und benutzen Sie keine nicht initialisierten Zeiger, um Informationen aufzunehmen.

Soll in einem Programm ein String eingelesen werden, sollte man hierzu immer die Adresse von zuvor allokiertem Speicherplatz benutzen. Diese Adresse kann in Form eines Array-Namens oder eines Zeigers vorliegen, der mit *new* initialisiert wurde.

Das Ende des Programmes zeigt einen häufig angewandten Trick, um Speicher zu sparen. Außerdem kehren wir so zum Thema *new* zurück.

```
ps = new char[strlen(tier) + 1];    // Neuen Speicher allokieren
strcpy(ps, tier);    // String an eine neue Speicherstelle kopieren
```

Der String *"Faultier"* füllt das Array *tier* nicht ganz aus, es wird also Platz verschwendet. Die obigen Anweisungen benutzen *strlen()*, um die Länge des Strings herauszufinden. Es wird 1 addiert, um das Nullzeichen zu berücksichtigen. Anschließend allokiert das Programm mit *new* genausoviel Platz, wie notwendig ist, um den String aufnehmen zu können. Zuletzt kopiert die Funktion *strcpy()* den String aus *tier* an den neuen, reservierten Speicherplatz. Die Funktion *strcpy()* besitzt zwei Argumente. Das erste ist die Zieladresse und das zweite die Adresse des Strings, der kopiert werden soll. Sie müssen dafür sorgen, daß die Zieladresse auch wirklich auf einen Speicherplatz zeigt, der ausreichend groß ist, um die Stringkopie aufnehmen zu können. Das haben wir in diesem Fall mit *strlen()*, um die korrekte Größe festzustellen und mit *new*, um den Speicher zu allokieren, erledigt.

Verwenden Sie bitte die folgende Anweisung zum Kopieren eines Strings nicht:

```
ps = tier;    // Dadurch wird kein String kopiert
```

Dadurch wird lediglich *ps* auf die Adresse des Arrays *tier* gesetzt. *ps* und *tier* beziehen sich so beide auf dieselbe Speicherposition. Sie erhalten dadurch nur zwei Namen für dieselbe Sache. Verwendet man jedoch *strcpy()*, wird der String von einer Stelle an eine andere kopiert und Sie erhalten zwei separate, aber identische Strings.

Im vorliegenden Fall haben wir im Grunde keinen Speicherplatz eingespart, da das Array *tier* immer noch vorliegt, aber diese Technik ist der Ausgangspunkt für eine anspruchsvolle Speicherverwaltung.

Mit new dynamische Strukturen erzeugen

Sie haben gesehen, daß es von Vorteil sein kann, Arrays während der Laufzeit anstelle der Kompilierzeit zu erzeugen. Dasselbe gilt für Strukturen. Sie können in diesem Fall lediglich Platz für so viele Strukturen reservieren, wie das Programm während eines bestimmten Abschnitts benötigt. Das funktioniert wieder mit dem *new*-Operator. Mit diesem Operator können Sie dynamische Strukturen erzeugen. »Dynamisch« bedeutet in diesem Zusammenhang, daß der Speicher während der Laufzeit und nicht während der Kompilation allokiert wird. Der Ausdruck besagt nicht, daß die Struktur »pulsiert« oder sich auf andere Weise dynamisch verändert. Da Klassen in vieler Hinsicht ähnlich wie Strukturen sind, können Sie alle Techniken, die Sie im Zusammenhang mit Strukturen gelernt haben, auf Klassen anwenden.

Der Einsatz von *new* zusammen mit Strukturen besteht aus zwei Teilen: dem Erzeugen der Struktur und dem Zugreifen auf die Strukturelemente. Damit eine Struktur erzeugt wird, müssen Sie *new* den Strukturtyp angeben. Damit beispielsweise eine namenlose Struktur vom Typ *aufblasbar* erzeugt und deren Adresse einem passenden Zeiger zugewiesen werden kann, müssen Sie folgendes tun:

```
aufblasbar * ps = new aufblasbar;
```

Dadurch wird *ps* eine Adresse eines freien Speicherbereiches zugewiesen, der groß genug ist, um eine Struktur vom Typ *aufblasbar* aufzunehmen. Die Syntax ist – wie Sie sicher bemerkt haben – exakt gleich wie bei den eingebauten C++-Typen.

Der schwierigere Teil ist das Zugreifen auf die Strukturelemente. Erzeugen Sie eine dynamische Struktur, können Sie nicht den Punkt-Elementoperator in Verbindung mit einem Strukturnamen einsetzen, da die Struktur ja keinen Namen besitzt. Sie verfügen nur über die Adresse der Struktur. In C++ gibt es allerdings genau für diesen Zweck einen Operator, den Pfeil-Elementoperator (->>). Dieser Operator, der aus einem Bindestrich und einem Größer-als-Zeichen besteht, macht das für Zeiger auf Strukturen, was der Punktoperator für Strukturnamen macht. Zeigt *ps* beispielsweise auf eine Struktur vom Typ *aufblasbar*, dann ist *ps->preis* das Element *preis* der Struktur, auf die mit *ps* gezeigt wird (siehe Bild 4.11).

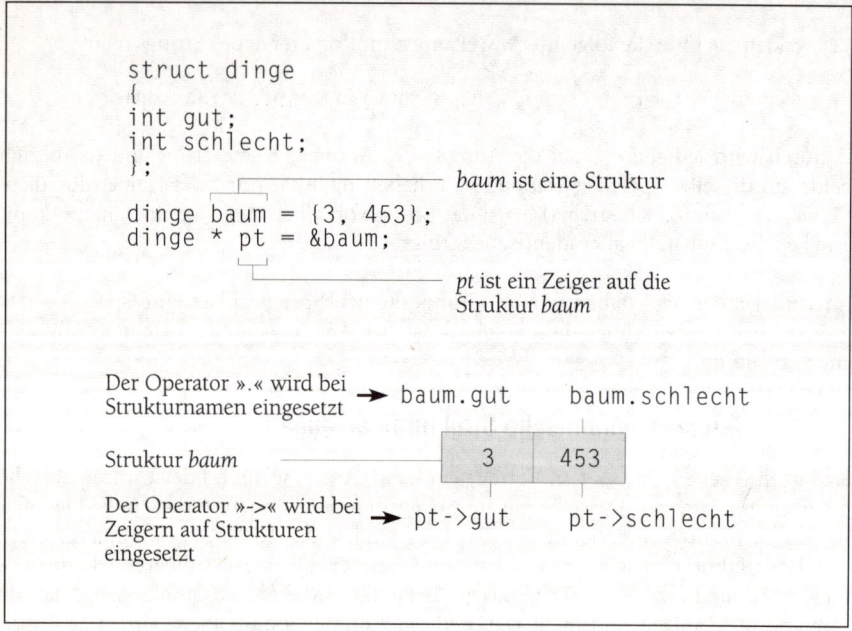

Bild 4.11: Strukturelemente ansprechen

Manchmal sind sich unerfahrene Anwender im Unklaren, wann der Punktoperator und wann der Pfeiloperator eingesetzt werden muß, um auf ein Strukturelement zuzugreifen. Die Regel ist einfach: Ist der Strukturbezeichner der Name einer Struktur, muß der Punktoperator benutzt werden; ist der Bezeichner ein Zeiger auf die Struktur, muß man den Pfeiloperator nehmen.

Eine zweite, etwas unschönere Möglichkeit für den Zugriff auf ein Strukturelement mit einem Zeiger besteht darin, sich zu vergegenwärtigen, daß *ps* ein Zeiger auf die Struktur ist und **ps* daher den Wert repräsentiert, auf den gezeigt wird – nämlich die Struktur selbst. Dann ist – da **ps* eine Struktur ist – *(*ps).preis* das Element *preis* der Struktur. Die C++-Operatorvorrangregeln verlangen bei dieser Konstruktion das Setzen von Klammern.

In Listing 4.16 wird mit Hilfe von *new* eine namenlose Struktur erzeugt und es werden beide Zeigernotationen für den Zugriff auf Strukturelemente gezeigt.

```cpp
// newstruc.cpp -- new in Verbindung mit einer Struktur einsetzen
#include <iostream.h>
struct aufblasbar        // Strukturschablone
{
    char name[20];
    float volumen;
    double preis;
};
int main(void)
{
    aufblasbar * ps = new aufblasbar;// Platz für die Struktur
                                     // allokieren

    cout << "Den Namen für ein aufblasbares Objekt eingeben: ";
    cin.get( (*ps).name, 20);    // Methode 1 für den Zugriff auf
                                 // ein Element
    cout << "Das Volumen in qm eingeben: ";
    cin >> ps->volumen;          // Methode 2 für den Zugriff auf
                                 // ein Element
    cout << "Den Preis in DM eingeben: ";
    cin >> ps->preis;
    cout << "Name: " << ps->name << "\n";
    cout << "Volumen: " << ps->volumen << " qm\n";
    cout << "Preis: DM" << ps->preis << "\n";
    return 0;
}
```

Listing 4.16: newstruc.cpp

Es folgt ein Beispielablauf:

```
Den Namen für ein aufblasbares Objekt eingeben: Kermit der Frosch
Das Volumen in qm eingeben: 1.40
Den Preis in DM eingeben: 17.99
Name: Kermit der Frosch
Volumen: 1.4 qm
Preis: DM 17.99
```

Speicher mit delete freigeben

Setzt man *new* ein, um Speicher im Bedarfsfall abzurufen, ist das nur die eine Seite der C++-Speicherverwaltung. Die andere Hälfte bildet der *delete*-Operator, mit dem Speicher dem Speicherpool zurückgegeben werden kann, wenn Sie ihn nicht mehr benötigen. Das ist ein wichtiger Schritt zur effektiven Speicherplatzausnutzung. Speicher, den Sie *freigeben*, kann dann wieder von anderen Teilen Ihres Programmes benutzt werden. Sie können *delete*, gefolgt von einem Zeiger auf einen Speicherblock, der ursprünglich mit *new* allokiert wurde, benutzen:

```
int * ps = new int;     // Speicher mit new allokieren
delete ps;              // Speicher mit delete freigeben
```

Dadurch wird der Speicher, auf den *ps* zeigt, freigegeben. Der Zeiger *ps* selbst wird nicht davon beeinflußt. Sie können *ps* also weiter verwenden und beispielsweise mit einer anderen Speicheradresse, die von *new* zurückgegeben wurde, versehen.

Sie können mit *delete* keinen Speicher freigeben, der durch die Deklaration von Variablen belegt wurde:

```
int jugs = 5;           // OK
int * pi = & jugs;      // OK
delete pi;              // Nicht zulässig, pi wurde nicht mit new allokiert
```

 Sie können mit *delete* lediglich Speicher freigeben, der mit *new* allokiert wurde.

Der entscheidende Punkt in Zusammenhang mit *delete* besteht darin, daß Sie den Operator nur auf *Speicher* anwenden können, der mit *new* allokiert wurde. Das bedeutet nicht, daß es sich um denselben *Zeiger* handeln muß, den Sie zusammen mit *new* einsetzten, es muß sich aber um dieselbe *Adresse* handeln:

```
int * ps = new int;     // Speicher allokieren
int * pq = ps;          // Den zweiten Zeiger auf denselben Block
                        // zeigen lassen
delete pq;              // Mit diesem Zeiger den Speicher freigeben
```

Normalerweise werden Sie keine zwei Zeiger für denselben Speicherblock anlegen, da dadurch die Möglichkeit besteht, daß derselbe Block zweimal freigegeben wird. Wie Sie bald sehen werden, macht der Einsatz eines zweiten Zeigers dann Sinn, wenn Sie mit einer Funktion arbeiten, die einen Zeiger übergibt.

Ein Beispiel zu new und delete

Was für neue und wunderbare Dinge können Sie mit *new* und *delete* bewältigen? In Listing 4.17 sehen Sie einige Beispiele dazu. Das Programm verwendet eine Funktion, von der ein Zeiger auf einen Eingabestring übergeben wird. Diese Funktion liest die Eingabe in ein großes temporäres Array und kreiert anschließend mit *new* einen Speicherblock, der so groß ist, daß der Eingabestring gerade hineinpaßt. Daraufhin übergibt die Funktion den Zeiger auf diesen Block. Dadurch kann bei Programmen, die viele Zeichenketten einlesen, eine Menge Speicherplatz gespart werden. Angenommen, Ihr Programm muß tausend Strings lesen, bei denen der größte String maximal 79 Zeichen umfaßt, aber die meisten anderen Strings wesentlich kürzer sind. Benutzen Sie *char*-Arrays, um die Strings unterzubringen, müssen Sie tausend Arrays anlegen, die achtzig Zeichen lang sind. Das wären 80000 Byte und das meiste von diesem Speicherplatz bliebe unbenutzt. Alternativ dazu können Sie ein Array mit tausend Zeigern auf *char*-Objekte einrichten und dann mit *new* nur den Speicher allokieren, der für jeden String benötigt wird. Dadurch werden Zehntausende von Bytes eingespart. Anstatt für jeden String ein großes Array einzurichten, können Sie den erforderlichen Speicherplatz der Eingabe anpassen. Sie können sogar mit *new* Speicherplatz reservieren, der nur so viele Stringzeiger wie nötig aufnimmt. Das ist aber im Moment noch zu schwierig. Sogar der Einsatz eines Arrays mit tausend Zeigern ist im Moment noch etwas zu anspruchsvoll, aber Listing 4.17 illustriert einige der Techniken. Um zu zeigen, wie *delete* arbeitet, wird der Operator in diesem Programm zum Freigeben von Speicher eingesetzt.

```
// delete.cpp -- den delete-Operator einsetzen
#include <iostream.h>
#include <string.h>
char * getname(void); // Funktionsprototyp
int main(void)
{
    char * name;        // Zeiger erzeugen

// Hinweis:  Zortech-Anwender müssen name eventuell mit
//           unsigned anstatt von (int *) versehen

    name = getname();  // name die Adresse des Strings zuweisen
    cout << name << " an der Stelle " << (int *) name << "\n";
    delete name;        // Speicher freigeben

    name = getname();  // freigegebenen Speicher wieder benutzen
    cout << name << " an der Stelle " <<' (int *) name << "\n";
    return 0;
}
char * getname(void)  // übergibt den Zeiger auf einen neuen String
{
    char temp[80];

    cout << "Bitte Nachnamen eingeben: ";
    cin >> temp;
    char * pn = new char[strlen(temp) + 1];
    strcpy(pn, temp); // String in den bereitgestellten
                      // Speicherplatz kopieren
    return pn;        // der Inhalt von temp geht nach dem Ende
                      // der Funktion verloren
}
```

Listing 4.17: delete.cpp

Kompatibilitätshinweis

Wie schon früher erwähnt, erkannte die Zortech C++-Implementation von *cout* zu der Zeit, als dieses Buch geschrieben wurde, Zeiger nicht immer. Damit eine Adresse ausgegeben werden kann, müssen Sie die Adresse deshalb in einen Integerwert umwandeln. Die *cout*-Version von Zortech erkennt jedoch Zeiger auf *char*-Typen korrekt und gibt den String an der angegebenen Adresse aus. So ist keine Veränderung notwendig, um Strings auszugeben.

Es folgt ein Beispielablauf:

```
Bitte Nachnamen eingeben: Fredeldumpkin
Fredeldumpkin an der Stelle 0x85b30dd6
Bitte Nachnamen eingeben: Pook
Pook an der Stelle 0x85b30dd6
```

Durch das Freigeben von Speicher kann das Programm dieselbe Adresse für beide Namen verwenden.

Programmhinweise

Schauen Sie sich zuerst die Funktion *getname()* an. Diese Funktion benutzt *cin*, um ein Wort aus der Eingabe im Array *temp* zu plazieren. Daran anschließend wird mit *new* neuer Speicher allokiert, der das Wort aufnehmen soll. Einschließlich des Nullzeichens benötigt das Programm *strlen(temp)* + 1 Zeichen, um den String abspeichern zu können. Deshalb wird dieser Wert an *new* übergeben. Steht der Speicher zur Verfügung, benutzt *getname()* die Standardbibliotheksfunktion *strcpy()*, um den String aus *temp* in den neuen Speicherblock zu kopieren. Die Funktion überprüft nicht, ob der String dort hineinpaßt oder nicht. Dies ist überflüssig, da *getname()* mit *new* die korrekte Anzahl von Bytes reserviert hat. Schließlich übergibt die Funktion mit *pn* die Adresse der Stringkopie.

In *main()* wird der Übergabewert (die Adresse) dem Zeiger *name* zugewiesen. Dieser Zeiger ist in *main()* definiert, zeigt aber auf den Speicherblock, der in der Funktion *getname()* allokiert wurde. Daran anschließend gibt das Programm den String und die Adresse des Strings aus. Wir haben hier mit einem kleinen Trick gearbeitet. Die Variable *name* ist ein Zeiger und *cout* gibt Zeiger normalerweise als hexadezimale Adresse aus. Aber *cout* behandelt einen Zeiger auf ein *char*-Objekt anders als andere Zeiger. Anstatt den Adreßwert des Zeigers auf ein *char*-Objekt auszugeben, gibt *cout* den an dieser Adresse abgespeicherten String aus. Um die Adresse selbst anzeigen zu können, benutzt *main()* eine C++-Typumwandlung, um den Zeiger *name* in einen anderen Typ umzuwandeln – in einen Zeiger auf ein *int*-Objekt. Diesen Typ gibt *cout* als Adresse aus.

Nach der Freigabe des Blockes, auf den *name* zeigt, ruft *main()* *getname()* zum zweitenmal auf. C++ garantiert nicht, daß zuletzt freigegebener Speicher sofort wieder verwendet wird, wenn *new* das nächste Mal benutzt wird, aber bei unserem Beispielprogrammablauf wurde derselbe Speicherblock für die nächste Eingabe verwendet.

Um in den Genuß einiger subtilerer Aspekte von diesem Programm zu gelangen, sollten Sie etwas mehr darüber wissen, wie C++ mit Speicher umgeht. Deshalb wollen wir einen kurzen Blick auf Themen werfen, die eigentlich erst in Kapitel 8 besprochen werden.

Automatische Speicherung, statische Speicherung, freier Speicher

C++ kennt, abhängig von der zum Allokieren von Speicher verwendeten Methode, drei verschiedene Möglichkeiten, Datenspeicher zu verwalten: automatische Speicherung, statische Speicherung und freier Speicher. Datenobjekte, die mit einer der drei Methoden allokiert wurden, unterscheiden sich durch die Dauer ihrer Existenz voneinander. Wir wollen schnell einen Blick auf jeden Typ werfen.

Automatische Variablen

Normale Variablen, die in einer Funktion definiert sind, werden als automatische Variablen bezeichnet. Sie beginnen automatisch zu existieren, sobald die Funktion, in der sie sich befinden, aufgerufen wird. Ihre Existenz endet, sobald die Funktion beendet wird. Das Array *temp* aus Listing 4.17 beispielsweise existiert nur, solange die Funktion *getname()* aktiv ist. Kehrt die Programmkontrolle zu *main()* zurück, wird der für *temp* verwendete Speicher automatisch freigegeben. Hätte *getname()* die Adresse von *temp* übergeben, würde der Zeiger *name* in *main()* auf einen Speicherbereich zeigen, der bald wieder benutzt wird. Das ist ein Grund dafür, warum *new* in *getname()* benutzt werden muß.

Automatische Werte sind an den Block gebunden, in dem sie sich befinden. Ein Block ist ein Quelltextabschnitt, der sich in geschweiften Klammern befindet. Bis jetzt waren alle unsere Blöcke vollständige Funktionen. Aber wie Sie im nächsten Kapitel sehen werden, gibt es auch Blöcke innerhalb von Funktionen. Definieren Sie also eine Variable in einem dieser Blöcke, existiert sie nur, während das Programm Anweisungen innerhalb dieses Blockes ausführt.

Statische Speicherung

Statischer Speicher existiert während der gesamten Ausführung eines Programmes. Es gibt zwei Möglichkeiten, eine Variable statisch zu machen. Eine besteht darin, die Variable außerhalb einer Funktion zu definieren. Die andere besteht darin, beim Deklarieren einer Variablen das Schlüsselwort *static* zu verwenden:

```
static double maut = 56.50;
```

Beim K&R-C können lediglich statische Arrays und Strukturen initialisiert werden, während C++ 2.0 und ANSI C es Ihnen ermöglichen, auch automatische Arrays und Strukturen zu initialisieren. Wie jedoch sicherlich einige von Ihnen schon bemerkt haben, ist bei einigen C++ 2.0-Implementationen die Initialisation von automatischen Arrays und Strukturen noch nicht implementiert.

In Kapitel 8 wird die statische Speicherung detaillierter besprochen. Das Wichtigste bei der automatischen und statischen Speicherung ist, daß durch diese Methoden die Lebensdauer von Variablen rigide festgelegt wird. Entweder existiert die Variable während der gesamten Programmdauer (statische Variable) oder nur während eine bestimmte Funktion oder ein bestimmter Block ausgeführt wird (automatische Variable).

Freier Speicher

Die Operatoren *new* und *delete* sind in dieser Hinsicht jedoch flexibler. Sie verwalten einen Speicherpool, der von C++ als *freier Speicher* bezeichnet wird. Dieser Pool ist von dem Speicher getrennt, der für statische und automatische Variablen benutzt wird. Wie Sie in Listing 4.17 sehen, können Sie mit *new* und *delete* Speicher in einer Funktion allokieren und in einer anderen freigeben. Die Lebensdauer der Daten ist so nicht zwingend mit der Lebensdauer eines Programmes oder einer Funktion verbunden. Setzt man *new* und *delete* zusammen ein, hat man eine bessere Kontrolle darüber, wie ein Programm den Speicher nutzt, als beim Einsatz von normalen Variablen.

Zeiger gehören zu den leistungsfähigsten C++-Werkzeugen. Mit ihnen umzugehen, kann aber auch sehr gefährlich sein, da sie einige computerfeindliche Aktionen zulassen, wie den Einsatz von nicht initialisierten Zeigern, mit denen man auf beliebigen Speicher zugreifen kann oder den Versuch, zweimal denselben Speicherblock freizugeben. Außerdem sind Zeiger, solange man sich noch nicht richtig mit der Zeigernotation und den Zeigerkonzepten auskennt, verwirrend. In diesem Buch werden wir noch häufiger auf das Thema Zeiger zu sprechen kommen, in der Hoffnung, daß Übung den Meister macht.

4.5 Zusammenfassung

Das Array, die Struktur und der Zeiger sind drei abgeleitete C++-Typen. In einem Array können sich mehrere Werte desselben Typs in einem einzigen Datenobjekt befinden. Verwendet man einen Index, können Sie auf die individuellen Elemente in einem Array zugreifen.

In einer Struktur können sich mehrere Werte verschiedenen Typs in einem einzelnen Datenobjekt befinden. Sie können mit dem Elementoperator (.) auf die einzelnen Strukturelemente zugreifen. Der erste Schritt beim Benutzen einer Struktur besteht darin, eine Strukturschablone zu entwerfen, von der definiert wird, was für Elemente die Struktur besitzt. Der Name oder der Bezeichner dieser Schablone wird dadurch zu einem neuen Typspezifizierer. Sie können daran anschließend Strukturvariablen deklarieren, die diesen Typ haben.

Zeiger sind Variablen, die dazu bestimmt sind, Adressen aufzunehmen. Man sagt, daß ein Zeiger auf die Adresse zeigt, die in ihm abgelegt ist. Bei der Zeigerdeklaration wird immer angegeben, auf was für einen Objekttyp ein Zeiger zeigt. Verwendet man den Indirektionsoperator (*) zusammen mit einem Zeiger, wird der Wert angesprochen, der sich an der Stelle befindet, auf die der Zeiger zeigt.

Ein String ist eine Zeichenfolge, die durch ein Nullzeichen abgeschlossen wird. Ein String kann durch eine Stringkonstante in Anführungszeichen repräsentiert werden, wobei das Nullzeichen stillschweigend miteingeschlossen ist. Sie können einen String in einem *char*-Array unterbringen und Sie können einen String durch einen Zeiger auf ein *char*-Objekt repräsentieren. Die Funktion *strlen()* übergibt die Länge eines Strings ohne Nullzeichen. Die Funktion *strcpy()* kopiert einen String von einer Stelle an eine andere. Benutzt man diese Funktionen, muß die Include-Datei *string.h* verwendet werden.

Mit dem Operator *new* ist es möglich, Speicher für ein Datenobjekt anzufordern, während ein Programm abläuft. Der Operator übergibt die Adresse des reservierten Speicherbereiches und Sie können diese Adresse einem Zeiger zuweisen. Man kann nur mit einem Zeiger auf diesen Speicherbereich zugreifen. Handelt es sich bei dem Datenobjekt um eine einfache Variable, können Sie mit dem Indirektionsoperator auf den Wert zugreifen. Ist das Datenobjekt ein Array, können Sie zum Zugreifen auf die Datenelemente einen Zeiger so einsetzen, als würde es sich um einen Array-Namen handeln. Ist das Datenobjekt eine Struktur, können Sie mit dem Zeiger-Elementoperator (->) auf die Strukturelemente zugreifen.

Zeiger und Arrays sind eng miteinander verbunden. Ist *ar* ein Array-Name, wird der Ausdruck *ar[i]* als *(ar + i) interpretiert. Wobei der Array-Name als Adresse des ersten Arrayelementes interpretiert wird. Ein Array-Name hat also dieselbe Aufgabe wie ein Zeiger. Deshalb ist es möglich, einen Zeigernamen in Arrayschreibweise zum Zugreifen auf Elemente in einem Array, das mit *new* allokiert wurde, zu benutzen.

Mit den Operatoren *new* und *delete* können Sie die Allokation von Datenobjekten und ihre Rückführung in den Speicherpool kontrollieren. Automatische Variablen – das sind Variablen, die innerhalb einer Funktion deklariert sind – und statische Variablen – das sind Variablen, die außerhalb einer Funktion oder mit dem Schlüsselwort *static* deklariert wurden – sind nicht so flexibel. Eine automatische Variable »erwacht zum Leben«, sobald der Speicherblock, in dem sie sich befindet (meistens eine Funktionsdefinition) aufgerufen wird, und sie »haucht ihr Leben aus«, wenn der Block abgearbeitet wurde. Eine statische Variable existiert, solange das Programm abläuft.

 ## 4.6 Übungsaufgaben

1. Wie würden Sie folgende Ausdrücke deklarieren?
   a. actors ist ein Array mit 30 *char*-Elementen
   b. bestie ist ein Array mit 100 *short*-Elementen
   c. chuck ist ein Array mit 13 *float*-Elementen
   d. dipsea ist ein Array mit 64 *long double*-Elementen

2. Deklarieren Sie ein Array mit 5 *int*-Elementen und initialisieren Sie es mit den ersten fünf ungeraden Zahlen.

3. Schreiben Sie eine Anweisung, mit der die Summe des ersten und letzten Elementes des Arrays aus Frage 2 der Variablen *gerade* zugewiesen wird.

4. Erstellen Sie eine Anweisung, mit der der Wert des zweiten Elementes des *float*-Arrays *ideen* ausgegeben wird.

5. Deklarieren Sie ein *char*-Array und initialisieren Sie es mit dem String *"cheeseburger"*.

6. Erstellen Sie eine Strukturschablone, die einen Fisch beschreibt. Die Struktur sollte die Fischart, das Gewicht in Gramm und die Länge in Zentimetern (mit Nachkommastellen) beinhalten.

7. Deklarieren Sie eine Variable vom Typ, der in Frage 6 definiert wurde, und initialisieren Sie sie.

8. Angenommen, *ted* ist eine *double*-Variable. Deklarieren Sie einen Zeiger, der auf *ted* zeigt und setzen Sie ihn ein, um den Wert von *ted* auszugeben.

9.   Angenommen, *treakle* ist ein Array mit 10 *float*-Elementen. Deklarieren Sie einen Zeiger, der auf das erste Element von *treakle* zeigt und verwenden Sie den Zeiger, um das erste und das letzte Element des Arrays auszugeben.

10.   Schreiben Sie ein Programmfragment, das vom Anwender die Eingabe eines positiven Integerwertes verlangt und daran anschließend ein dynamisches Array mit genauso vielen *int*-Elementen, wie der Anwender eingegeben hat, erzeugt.

11.   Ist die folgende Anweisung gültig? Falls ja, was gibt sie aus?

```
cout << (int *) "Heim der glücklichen Bytes";
```

12.   Erstellen Sie ein Programmfragment, das dynamisch eine Struktur von dem Typ allokiert, der in Frage 6 beschrieben wurde, und das daraufhin einen Wert für das Strukturelement einliest, das die Fischart repräsentiert.

5

Schleifen und Bedingungen

Computer können mehr als nur Daten abspeichern. Sie analysieren, konsolidieren, ordnen, extrahieren, modifizieren, extrapolieren, verbinden und manipulieren Daten auf alle erdenklichen Arten. Manchmal zerstören sie sogar Daten, aber wir werden auf diese Verhaltensweise nicht näher eingehen. Damit sie ihre wundersamen Manipulationen vornehmen können, benötigen Programme Werkzeuge, mit denen wiederholt Aktionen ausgeführt und Entscheidungen gefällt werden können. In C++ gibt es natürlich solche Werkzeuge. Es werden sogar dieselben *for*-, *while*- und *do*-Schleifen, *if*- und *switch*-Anweisungen verwendet, die es auch beim normalen C gibt. Kennen Sie sich also mit C aus, können Sie dieses und das nächste Kapitel überspringen. (Aber blättern Sie nicht zu schnell – Sie werden sicherlich wissen wollen, wie *cin* die Zeicheneingabe bewerkstelligt!) Die verschiedenen Programmkontrollanweisungen benutzen häufig Bedingungen und logische Ausdrücke, um ihr Verhalten zu steuern. In diesem Kapitel werden Schleifen und Bedingungen besprochen. Im nächsten Kapitel erfahren Sie, wie Verzweigungen und logische Ausdrücke funktionieren.

5.1 Die for-Schleife

Die Umstände bringen es oft mit sich, daß ein Programm eine Aufgabe mehrmals ausführen muß, zum Beispiel das Aufsummieren von Array-Elementen oder das mehrmalige Ausdrucken einer Belobigung. Mit der *for*-Schleife von C++ können solche Dinge leicht bewältigt werden. Wir wollen uns die Schleife in Listing 5.1 einmal näher anschauen, überlegen, was sie bewirkt und ihre Arbeitsweise besprechen.

```cpp
// forschl.cpp -- die for-Schleife
#include <iostream.h>
int main(void)
{
    //   initialisieren; Test ; aktualisieren
    for (int i = 0; i < 5; i++)
        cout << "C++ kennt Schleifen.\n";
    cout << "C++ weiß, wann es aufhören muß.\n";
    return 0;
}
```

Listing 5.1: forschl.cpp

Es folgt die Ausgabe:

```
C++ kennt Schleifen.
C++ kennt Schleifen.
C++ kennt Schleifen.
C++ kennt Schleifen.
C++ kennt Schleifen.
C++ weiß, wann es aufhören muß.
```

Diese Schleife beginnt mit der Definition des Integers i und weist ihm den Wert 0 zu:

```
int i = 0
```

Dies stellt den *Initialisationsteil* der Schleife dar. Anschließend wird im *Testteil* überprüft, ob i kleiner als 5 ist:

```
i < 5
```

Ist das der Fall, führt das Programm die folgende Anweisung aus, die als *Schleifenrumpf* bezeichnet wird:

```
cout << "C++ kennt Schleifen.\n";
```

Daraufhin inkrementiert das Programm im *Aktualisierungteil* der Schleife die Variable i um 1:

```
i++
```

Oben wurde der »++«-Operator benutzt, der als *Inkrementoperator* bezeichnet wird. Er inkrementiert den Wert seines Operanden um 1. Der Inkrementoperator ist nicht auf *for*-Schleifen beschränkt. Sie können folgende Anweisung

```
i++;
```

anstelle von

```
i = i + 1;
```

als Anweisung in einem Programm unterbringen. Durch das Inkrementieren von i wird der erste Schleifendurchlauf abgeschlossen.

Daraufhin beginnt mit dem Vergleichen der Variablen i mit 5 ein neuer Schleifendurchlauf. Da der neue Wert (1) kleiner als 5 ist, gibt die Schleife eine weitere Zeile aus und schließt den Durchlauf wieder mit der Inkrementierung von i ab. Danach wird erneut getestet, eine Anweisung durchgeführt und der Wert von i aktualisiert. Dieser Prozeß wird so lange fortgeführt, bis i den Wert 5 annimmt. In diesem Fall schlägt der nächste Test fehl und das Programm macht mit der Anweisung weiter, die unmittelbar auf die Schleife folgt.

Die einzelnen Teile der for-Schleife

Eine *for*-Schleife führt also nach einem Schritt-für-Schritt-Rezept wiederholt Aktionen durch. Wir wollen uns einmal näher betrachten, wie die *for*-Schleife aufgebaut ist. Üblicherweise führt eine *for*-Schleife die folgenden Arbeitsschritte durch:

▶ Einen Anfangswert setzen.

▶ Einen Test durchführen, um zu überprüfen, ob ein weiterer Schleifendurchlauf erforderlich ist.

▶ Die Schleifenaktionen durchführen.

▶ Den/die für den Test erforderlichen Wert/e auf den neuesten Stand bringen.

Bei der C++-*for*-Schleife sind diese Elemente so angeordnet, daß Sie sie auf einen Blick erfassen können. Die Initialisation, der Test und das Aktualisieren bilden einen dreiteiligen Kontrollabschnitt, der sich in runden Klammern befindet. Bei jedem Teil handelt es sich um einen Ausdruck und Strichpunkte trennen die Ausdrücke. Die Anweisung, die auf den Kontrollabschnitt folgt, wird als *Schleifenrumpf* bezeichnet. Der Schleifenrumpf wird ausgeführt, solange der Testausdruck wahr ist:

```
for (Initialisation; Test-Ausdruck; Aktualisierungs-Ausdruck)
    Rumpf
```

Bei der C++-Syntax gilt eine vollständige *for*-Anweisung als eine einzelne Anweisung, auch wenn sich im Schleifenrumpf eine oder mehrere Anweisungen befinden.

Die Schleife wertet den *Initialisations-Ausdruck* nur einmal aus. Meistens verwenden Programme diesen Ausdruck, um eine Variable auf einen Anfangswert zu setzen. Anschließend werden mit der Variablen in der Regel die Schleifendurchläufe gezählt. Sind Sie vertraut mit C, sind Sie vielleicht etwas überrascht darüber, daß in unserem Beispiel die Variable *i* im Kontrollabschnitt der *for*-Schleife deklariert wurde. In C können Sie dort nämlich keine Deklarationen vornehmen, in C++ dagegen schon. Es ist guter C++-Programmierstil, die Variablen so nah wie möglich, an ihrem ersten Einsatzort zu deklarieren. Dieses Programm benutzt *i* das erste Mal in der Schleife, deshalb deklarierten wir *i* im Initialisationsteil des Kontrollabschnittes. Selbstverständlich könnten Sie, falls Sie das wollen, statt dessen die Variable vor der Schleife deklarieren.

Mit dem *Testausdruck* wird bestimmt, ob der Schleifenrumpf ausgeführt werden soll. Typischerweise ist dieser Ausdruck eine Bedingung, das heißt ein Ausdruck, der zwei Werte miteinander vergleicht. In unserem Beispiel wird der Wert von *i* mit 5 verglichen bzw. es wird überprüft, ob *i* kleiner als 5 ist. Ist der Vergleich positiv oder wahr, führt das Programm den Schleifenrumpf aus. C++-Testausdrücke sind nicht auf Wahr-/Falsch-Vergleiche beschränkt. Sie können einen beliebigen Ausdruck verwenden. Hat der Ausdruck das Ergebnis Null, wird die Schleife beendet. Ist das Ergebnis des Ausdruckes ungleich Null, wird die Schleife weiter ausgeführt. In Listing 5.2 wird das unter Verwendung des Ausdruckes »*i*« als Testbedingung demonstriert. (Im Aktualisierungs-Teil des Beispiels hat *i--* eine ähnliche Aufgabe wie *i++*, mit dem Unterschied, daß der Wert von *i* jedesmal um eins verringert wird.)

```cpp
// numtest.cpp -- numerischen Test in einer for-Schleife verwenden
#include <iostream.h>
int main(void)
{
    cout << "Den Anfangswert eingeben: ";
    int limit;
    cin >> limit;
    for (int i = limit; i; i--)        // Test beim Schleifeneintritt
        cout << "i = " << i << "\n";
    cout << "Fertig, da i = " << i << "\n";
    return 0;
}
```

Listing 5.2: numtest.cpp

Es folgt die Ausgabe:

```
Den Anfangswert eingeben: 4
i = 4
i = 3
i = 2
i = 1
Fertig, da i = 0
```

Die Schleife wird beendet, sobald i den Wert 0 erreicht. Bedingungen wie $i < 5$ liefern übrigens den Wert 1, falls sie wahr sind, und den Wert 0, falls sie falsch sind, und passen damit zur Art und Weise, in der wir den Test-Ausdruck im obigen Beispiel gestaltet haben. Die Variable i ist nicht der Schleife vorbehalten. Es ist möglich, ihren Wert ausgeben zu lassen, nachdem die Schleife beendet ist.

Die *for*-Schleife ist eine Schleife, bei der der Test beim Schleifeneintritt erfolgt. Das heißt, der Testausdruck wird vor jedem Schleifendurchlauf ausgewertet. Die Schliefe führt den Schleifen-rumpf demnach nicht aus, wenn der Testausdruck falsch ist. Angenommen, wir lassen das Pro-gramm in Listing 5.2 noch einmal ablaufen, aber dieses Mal soll 0 als Startwert dienen. Da die Testbedingung bei der ersten Auswertung nicht erfüllt wurde, wird der Schleifenrumpf nie aus-geführt:

```
Den Anfangswert eingeben: 0
Fertig, da i = 0
```

Dieses Überprüfen-bevor-die-Schleife-ausgeführt-wird kann bei vielen Programmen helfen, Ärger zu vermeiden. Der Aktualisierungs-Ausdruck wird am Ende der Schleife ausgeführt, nach-dem der Schleifenrumpf ausgeführt wurde. Meistens wird mit diesem Ausdruck der Wert der Variablen, die auf die Anzahl der Schleifendurchläufe achtet, vergrößert oder verkleinert. Es kann sich aber auch, wie übrigens bei den anderen Kontrollausdrücken ebenfalls, um jeden gül-tigen C-Ausdruck handeln. So kann die *for*-Schleife viel mehr, als einfach nur von 0 bis 5 zählen, wie das bei der ersten Schleife der Fall war. Sie werden dazu später einige Beispiele sehen.

Der *for*-Schleifenrumpf besteht aus einer einzelnen Anweisung, aber Sie werden bald sehen, wie man diese Regel ausweiten kann. C++ erlaubt es nicht, Deklarationsanweisungen im Schleifenrumpf selbst zu verwenden, da dadurch mehrere Deklarationen derselben Variable entstehen können. Es ist auch möglich, daß bei der Programmausführung die Schleife ganz übersprungen wird. In Bild 5.1 sehen Sie den Aufbau einer *for*-Schleife.

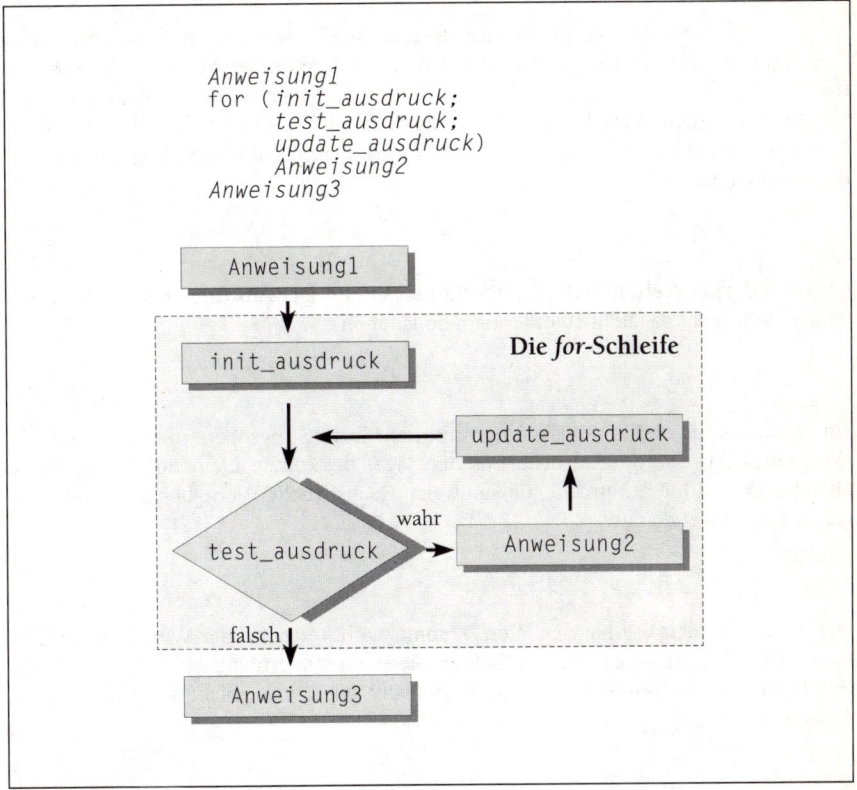

Bild 5.1: Die for-Schleife

Eine *for*-Anweisung sieht aus wie ein Funktionsaufruf, da ein Name, gefolgt von einem Klammernpaar, verwendet wird. Der Status von *for* als C++-Schlüsselwort hält den Compiler jedoch davon ab, zu denken, daß *for* eine Funktion ist. Sie werden übrigens auch davon abgehalten, eine Funktion mit dem Namen *for* zu versehen.

 Es ist üblicher C++-Stil, ein Leerzeichen zwischen *for* und der darauffolgenden runden Klammer zu plazieren und das Leerzeichen bei einem Funktionsnamen und der darauffolgenden runden Klammer wegzulassen:

```
for (int i = 6; i < 10; i++)
    smarty_funktion(i);
```

Andere Kontrollanweisungen wie zum Beispiel *if* und *while* werden gleich wie *for* behandelt. Dadurch wird der Unterschied zwischen einer Kontrollanweisung und einem Funktionsaufruf auch optisch verdeutlicht. Es ist auch üblich, den Schleifenrumpf einer *for*-Anweisung einzurücken, um ihn optisch hervorzuheben.

Ausdrücke und Anweisungen

In einem *for*-Kontrollabschnitt werden drei Ausdrücke benutzt. Innerhalb ihrer selbst gesetzten Syntaxgrenzen ist C++ eine sehr ausdrucksstarke Programmiersprache. Jeder Wert oder jede gültige Kombination von Werten und Operatoren bildet einen *Ausdruck*. So ist beispielsweise 10 ein Ausdruck mit dem Wert 10 (Überraschung) und 28 * 20 ein Ausdruck mit dem Wert 560. In C++ hat jeder Ausdruck einen Wert. Häufig ist dieser Wert offensichtlich. Der folgende Ausdruck zum Beispiel:

```
22 + 27
```

besteht aus zwei Werten und dem Additionsoperator. Der Ausdruck hat den Wert 49. Manchmal ist der Wert nicht so leicht zu erkennen. So ist auch

```
x = 20
```

ein Ausdruck, da er aus zwei Werten und dem Zuweisungsoperator besteht. C++ definiert den Wert eines Zuweisungsausdruckes als den Wert des linken Elements. Der Ausdruck oben hat also den Wert 20. Die Tatsache, daß Zuweisungsausdrücke Werte besitzen, läßt auch Anweisungen wie die folgende zu:

```
kruemmel = (kekse = 4) + 3;
```

Der Ausdruck *kekse = 4* hat den Wert 4, somit wird *kruemmel* der Wert 7 zugewiesen. Bloß weil C++ diese Vorgehensweise zuläßt, sollten Sie noch lange nicht damit arbeiten. Dieselbe Regel, durch die diese seltsame Anweisung ermöglicht wird, ermöglicht auch die folgende sinnvolle Anweisung:

```
x = y = z = 0;
```

Dies ist ein schneller Weg, mehrere Variablen auf denselben Wert zu setzen. Die Vorrangtabelle (siehe Anhang D) zeigt, daß Zuweisungen eine Rechts-nach-links-Assoziativität besitzen. Deshalb wird zuerst der Wert 0 an *z* zugewiesen und anschließend der Wert von *z = 0* an *y* usw.

Bedingungen besitzen den Wert 1, falls sie wahr sind, und 0, falls sie falsch sind. Das kurze Programm in Listing 5.3 zeigt einige wichtige Punkte, die im Zusammenhang mit Werten von Ausdrücken stehen. Der <<-Operator hat einen höheren Vorrang als die Operatoren in den Ausdrücken. Wir haben deshalb Klammern gesetzt, um die richtige Auswertungsreihenfolge zu gewährleisten.

```
// ausdruck.cpp -- Werte von Ausdrücken
#include <iostream.h>
int main(void)
{
    int x;
```

```
cout << "Der Ausdruck x = 100 hat den Wert ";
cout << (x = 100) << "\n";
cout << "Jetzt ist x = " << x << "\n";
cout << "Der Ausdruck x < 3 hat den Wert ";
cout << (x < 3) << "\n";
cout << "Der Ausdruck x > 3 hat den Wert ";
cout << (x > 3) << "\n";
return 0;
}
```

Listing 5.3: ausdruck.cpp

Hier ist die Ausgabe:

```
Der Ausdruck x = 100 hat den Wert 100
Jetzt ist x = 100
Der Ausdruck x < 3 hat den Wert 0
Der Ausdruck x > 3 hat den Wert 1
```

Bei einem C++-Ausdruck handelt es sich um einen Wert oder eine Kombination aus Werten und Operatoren. Jeder C++-Ausdruck hat einen Wert.

Damit der Ausdruck *x = 100* ausgewertet werden kann, muß C++ *x* den Wert 100 zuweisen. Wird durch das Auswerten eines Ausdruckes der Wert eines Datenelementes im Speicher verändert, sagt man, daß die Auswertung einen *Nebeneffekt* besitzt. Der Nebeneffekt beim Auswerten eines Zuweisungsausdruckes besteht darin, daß der Wert der linken Seite verändert wird. Sie denken vielleicht, daß dies der primäre Zweck einer Zuweisung ist, aber betrachtet man es vom Konstruktionsstandpunkt von C++ aus, ist die Auswertung des Ausdruckes der primäre Zweck. Nicht alle Ausdrücke haben Nebeneffekte. Die Auswertung von *x + 15* berechnet beispielsweise einen neuen Wert, aber der Wert von *x* wird dadurch nicht verändert. Die Auswertung von *++x + 15* hat jedoch einen Nebeneffekt, da *x* inkrementiert wird.

Von einem Ausdruck zu einer Zuweisung ist es nur ein kurzer Schritt. Sie müssen lediglich ein Semikolon hinzufügen.

```
alter = 100
```

ist ein Ausdruck.

```
alter = 100;
```

jedoch eine Anweisung. Jeder Ausdruck kann durch Hinzufügen eines Semikolons zu einer Anweisung gemacht werden, aber das Resultat muß nicht unbedingt Sinn machen. Ist *rodents* zum Beispiel eine Variable, dann ist

```
rodents + 6; // Eine gültige, jedoch nutzlose Anweisung
```

eine gültige C++-Anweisung. Der Compiler übersetzt diese Anweisung, aber sie bewirkt nichts Sinnvolles. Das Programm berechnet lediglich eine Summe, macht nichts damit und geht dann zur nächsten Anweisung weiter.

Was Regeln erst interessant macht, sind die Ausnahmen. Die C++-Syntax bestimmt, daß die beiden Strichpunkte im Kontrollabschnitt einer *for*-Schleife als Trennzeichen der dort plazierten Ausdrücke dienen und diese Ausdrücke dadurch nicht zu Anweisungen gemacht werden. Die drei Teile des Kontrollabschnittes sind also in Wirklichkeit Ausdrücke und keine Anweisungen und die ganze Schleife zählt als einzelne Anweisung.

Ungültige Ausdrücke und Anweisungen

Einige Konzepte wie zum Beispiel das Wissen um die Struktur einer *for*-Schleife sind unabdingbar, um C++ zu verstehen. Es gibt aber auch relativ unscheinbare Syntaxaspekte, die Sie zum Wahnsinn treiben können, auch wenn Sie denken, Sie beherrschen die Programmiersprache bereits. Einige davon wollen wir uns nun vornehmen.

Fügt man zu einem beliebigen Ausdruck ein Semikolon hinzu, wird daraus eine Anweisung. Umgekehrt gilt das leider nicht immer. Das heißt, entfernt man von einer Anweisung ein Semikolon, wird daraus nicht notwendigerweise ein Ausdruck. Von den Anweisungen, die wir bis jetzt benutzt haben, passen Returnanweisungen, Deklarationsanweisungen und *for*-Anweisungen nicht in das Schema *Anweisung = Ausdruck + Semikolon*.

```
int henne;
```

ist eine Anweisung. Das Fragment *int henne* ist kein Ausdruck und hat keinen Wert. Darum ist folgende Anweisung ungültig:

```
eier = int henne * 1000;   // Ungültig, kein Ausdruck
cin >> int henne;          // Eine Deklaration kann nicht mit cin
                           // kombiniert werden
```

Es ist auch nicht möglich, einer Variablen eine *for*-Schleife zuzuweisen:

```
int fx = for (int i = 0; i < 4; i++)
    cout >> i;   // Nicht möglich
```

Die *for*-Schleife ist in diesem Fall kein Ausdruck, hat deshalb keinen Wert und kann nicht zugewiesen werden.

Sie haben vielleicht eine Ungereimtheit bemerkt. Trennt das Semikolon im Kontrollabschnitt einer *for*-Anweisung Ausdrücke voneinander und hat das Weglassen des Strichpunktes von einer Deklarationsanweisung keinen Ausdruck zur Folge, um was handelt es sich dann bei *int i = 0* im Initialisationsteil einer *for*-Schleife?

```
for (int i = 0; i< 4; i++)
    cout >> i;
```

Wie wir gesagt haben, ist *int i = 0* kein Ausdruck. Es handelt sich auch nicht um eine Deklarationsanweisung, da das Semikolon kein Teil davon ist. Da diese Form in C nicht zulässig war, wurde in C++ hierfür ein neuer Ausdruck erfunden: *Deklarationsanweisungsausdruck*. Um was es dabei geht, ist folgendes: die Programmierer von C++ wollten, daß es möglich ist, eine Variable im Initialisationsteil einer *for*-Schleife zu deklarieren und zu initialisieren. Um das zu ermöglichen, wurde die C++-Syntax entsprechend angepaßt und ein neues Wort (siehe oben) kreiert.

Zurück zu for-Schleife

Wir wollen uns nun anspruchsvolleren Schleifen widmen. In Listing 5.4 werden mit Hilfe einer Schleife die ersten 16 Fakultäten berechnet und abgespeichert. Fakultäten – sie eignen sich gut zum Berechnen von krummen Zahlen – werden wie folgt berechnet. Die Fakultät von Null, geschrieben 0!, ist definitionsgemäß 1. 1! ist dann 1 * 0! oder 1. 2! ist 2 * 1! oder 2. 3! ist 3 * 2! oder 6 usw. Jede Fakultät einer ganzen Zahl ist das Produkt der Zahl und der vorhergehenden Fakultät. (Eine der bekanntesten Fähigkeiten des Pianisten Victor Borge ist die phonetische Interpunktion. Dabei wird das Ausrufezeichen so ungefähr wie phffft pptzt, mit einem feuchten Akzent ausgesprochen. Während dieses Buch geschrieben wird, hat noch keine angesehene Mathematikerorganisation dementiert, daß Mathematiker privat diese Interpunktion bei der Besprechung von Fakultäten benutzen.) Das Programm verwendet zum Berechnen der Fakultätswerte eine Schleife und speichert die Werte in einem Array ab. Anschließend werden mit Hilfe einer zweiten Schleife die Ergebnisse ausgegeben. Außerdem zeigt das Programm, wie man die externe Deklaration einsetzt.

```cpp
// mehrfor.cpp -- mehr über die for-Schleife
#include <iostream.h>
const int Groesse = 16;        // Beispiel einer externen Deklaration
int main(void)
{
    double fakultaeten[Groesse];
    fakultaeten[1] = fakultaeten[0] = 1.0;
    for (int i = 2; i < Groesse; i++)
        fakultaeten[i] = i * fakultaeten[i-1];
    for (i = 0; i < Groesse; i++)
    {
        cout << i << "! = ";
        cout << fakultaeten[i] << "\n";
    }
    return 0;
}
```

Listing 5.4: mehrfor.cpp

Es folgt die Ausgabe:

```
0! = 1
1! = 1
2! = 2
3! = 6
4! = 24
5! = 120
6! = 720
7! = 5040
8! = 40320
9! = 362880
10! = 3.99168e+07
12! = 4.790016e+08
13! = 6.227021e+09
14! = 8.717829e+10
15! = 1.307674e+12
```

Die Werte der Fakultäten werden schnell recht groß!

Programmhinweise

Das Programm erzeugt ein Array für die Fakultätswerte. Element 0 ist gleich 0!, Element 1 gleich 1! usw. Da die ersten beiden Fakultäten gleich 1 sind, setzt das Programm die ersten beiden Elemente des Arrays *fakultaeten* auf 1.0. (Wie Sie wissen, hat das erste Element eines Arrays den Indexwert 0.) Danach benutzt das Programm eine Schleife, um jede Fakultät mit Hilfe des Produkts des Indexes mit der vorherigen Fakultät zu berechnen. Die Schleife zeigt, daß man den Schleifenzähler als Variable im Schleifenrumpf einsetzen kann.

Nachdem das Programm *i* in der ersten Schleife deklariert hat, kann es *i* auch in der zweiten Schleife einsetzen. Die Variable *i* unterscheidet sich nicht von anderen Variablen, sie wurde lediglich in einer Schleifeninitialisation deklariert. Die Variable *i* kann an einer beliebigen Stelle in der *main()*-Funktion eingesetzt werden.

Das Programm zeigt, wie die *for*-Schleife Hand in Hand mit Arrays arbeitet, da sie sich ausgezeichnet dafür eignet, um nacheinander auf Array-Elemente zuzugreifen. Das Programm *mehr-for.cpp* verwendet *const* zum Erzeugen einer symbolischen Konstanten (*Groesse*) für die Array-Größe. Anschließend wird *Groesse* immer dann eingesetzt, wenn die Array-Größe ins Spiel kommt, zum Beispiel in der Arraydefinition und bei den Grenzwerten für die Schleifen, die das Array bearbeiten. Möchten Sie daraufhin das Programm beispielsweise auf die Berechnung von 20 Fakultäten erweitern, müssen Sie im Programm lediglich *Groesse* auf 20 setzen und es neu kompilieren. Durch den Einsatz einer symbolischen Konstanten müssen Sie nicht jedesmal von Hand 16 in 20 abändern.

 Es ist guter Programmierstil, einen *const*-Wert zu definieren, der die Anzahl der Array-Elemente repräsentiert. Setzen Sie dann den *const*-Wert in der Array-Deklaration und bei allen Verweisen auf die Array-Größe ein, wie zum Beispiel in einer *for*-Schleife.

Das Limit *i < Groesse* spiegelt die Tatsache wider, daß die Indizes eines Arrays mit *Groesse* Elementen von *0* bis *Groesse - 1* reichen. Sie könnten auch *i <= Groesse - 1* für den gleichen Zweck verwenden, aber das sieht bei Vergleichen seltsam aus.

Ein Nebenaspekt des Programmes ist die Tatsache, daß die *const int*-Variable *Groesse* außerhalb von *main()* deklariert wurde. Wie am Ende von Kapitel 4 erwähnt wurde, wird dadurch *Groesse* zu einem externen Objekt. Die beiden Konsequenzen, die sich daraus ergeben, bestehen darin, daß *Groesse* während der gesamten Programmdauer existiert und daß es von allen Funktionen des Programmes benutzt werden kann. In diesem speziellen Fall verfügt das Programm nur über eine Funktion, so daß die externe Deklaration von *Groesse* wenig praktischen Nutzen hat. Aber Programme mit vielen Funktionen haben durch externe Konstanten große Vorteile, deshalb wollen wir ihren Gebrauch jetzt üben.

Die Schrittgröße ändern

Bis jetzt wurde der Schleifenzähler bei jedem Schleifendurchlauf um 1 erhöht. Das kann durch Veränderung des Aktualisierungs-Ausdruckes geändert werden. Das Programm in Listing 5.5 zum Beispiel vergrößert den Schleifenzähler mit einer anwenderdefinierten Schrittgröße. Anstatt i++ als Aktualisierungs-Ausdruck einzusetzen, wird der Ausdruck i = i + *bei* benutzt, wobei *bei* die anwenderdefinierte Schrittgröße ist.

```
// grschrit.cpp -- zählen wie angegeben
#include <iostream.h>
int main(void)
{
    cout << "Eine Zahl eingeben: ";
    int bei;
    cin >> bei;
    cout << bei << "erweise zählen:\n";
    for (int i = 0; i < 100; i = i + bei)
        cout << i << "\n";
    return 0;
}
```

Listing 5.5: grschrit.cpp

Es folgt ein Beispielablauf:

```
Eine Zahl eingeben: 17
17erweise zählen:
0
17
34
51
68
85
```

Sobald i den Wert 102 erreicht, wird die Schleife verlassen. Das Wichtigste dabei ist, daß der Aktualisierungs-Ausdruck jeden gültigen Ausdruck darstellen kann. Möchten Sie beispielsweise i quadrieren und bei jedem Schleifendurchlauf 10 addieren, können Sie i = i * i + 10 benutzen.

Strings mit der for-Schleife bearbeiten

Eine *for*-Schleife eignet sich hervorragend, um nacheinander auf jedes Zeichen eines Strings zuzugreifen. Mit dem Programm in Listing 5.6 zum Beispiel können Sie einen String eingeben und anschließend wird der String Zeichen für Zeichen in umgekehrter Reihenfolge ausgegeben. Die Funktion *strlen()* liefert die Anzahl der Zeichen eines Strings. Die Schleife benutzt diesen Wert in ihrem Initialisierungsausdruck, um i auf den Index des letzten String-Zeichens – ohne das Nullzeichen zu berücksichtigen – zu setzen. Damit rückwärts gezählt werden kann, verwendet das Programm den Dekrementoperator (--). Dadurch wird der Array-Index bei jedem Schleifendurchlauf um 1 verringert. Außerdem benutzt Listing 5.6 den Vergleichsoperator »größer als oder gleich« (>=), um zu überprüfen, ob die Schleife das erste Element erreicht hat. Wir werden alle Vergleichsoperatoren in Kürze besprechen.

```
// forstr1.cpp -- die for-Schleife in Verbindung mit einem String
//                 einsetzen
#include <iostream.h>
#include <string.h>
const int Groesse = 20;
int main(void)
{
    cout << "Ein Wort eingeben: ";
    char wort[Groesse];
    cin >> wort;

    // Buchstaben in umgekehrter Reihenfolge ausgeben
    for (int i = strlen(wort) - 1; i >= 0; i--)
        cout << wort[i];
    cout << "\n";
    return 0;
}
```

Listing 5.6: forstr1.cpp

Es folgt ein Beispielablauf:

```
Ein Wort eingeben: tier
reit
```

Das Programm arbeitet also ordnungsgemäß und gibt *tier* rückwärts aus. Ein Wort wie *tier* demonstriert übrigens die Funktionsweise des Programmes besser als beispielsweise Otto oder Uhu.

Der Inkrementoperator »++« und der Dekrementoperator »--«

C++ kennt mehrere Operatoren, die häufig in Schleifen eingesetzt werden. Deshalb wollen wir sie nun näher untersuchen. Bis jetzt haben wir schon mit zwei dieser Operatoren gearbeitet: dem Inkrementoperator (++), durch den der Name C++ entstand, und dem Dekrementoperator (--). Diese beiden führen sehr häufig auftretende Schleifenoperationen durch: das Vergrößern und Verkleinern des Schleifenzählers um 1. Aber es gibt mehr über sie zu sagen, als Sie bisher wissen. Von jedem Operator gibt es zwei Varianten. Die Präfixversion steht vor dem Operanden, wie bei ++x. Die Postfixversion steht hinter dem Operanden, wie bei x++. Beide Versionen haben für den Operanden denselben Effekt, aber sie unterscheiden sich durch den Zeitpunkt, zu dem sie aktiv werden. Es ist ungefähr damit zu vergleichen, ob man das Geld für das Mähen einer Wiese vor oder nach dem Mähen erhält. Beide Male hat es die gleiche Auswirkung auf Ihren Geldbeutel, aber es besteht ein Unterschied, wann das Geld in Ihren Geldbeutel gelangt. In Listing 5.7 wird der Unterschied mit den Inkrementoperator demonstriert.

```
// pluseins.cpp -- der Inkrementoperator
#include <iostream.h>
int main(void)
{
    int a = 20;
    int b = 20;

    cout << "a   = " << a << ":   b = " << b << "\n";
    cout << "a++ = " << a++ << ": ++b = " << ++b << "\n";
```

```
cout << "a    = " << a << ":    b = " << b << "\n";
return 0;
}
```

Listing 5.7: pluseins.cpp

Es folgt die Ausgabe:

```
a    = 20:    b = 20
a++  = 20:  ++b = 21
a    = 21:    b = 21
```

Die Notation *a++* drückt, grob gesagt, folgendes aus: Nimm den aktuellen Wert von *a* für die Auswertung eines Ausdruckes und inkrementiere anschließend den Wert von *a*. Dementsprechend bedeutet die Notation *++b*: Inkrementiere zuerst den Wert von *b* und nimm dann den neuen Wert für die Auswertung eines Ausdruckes. Es bestehen zum Beispiel die folgenden Beziehungen:

```
int x = 5;
int y = ++x;     // x verändern und anschließend x y zuweisen
                 // y ist 6, x ist 6
int z = 5;
int y = z++;     // z y zuweisen und dann erst z verändern
                 // y ist 5, z ist 6
```

Der Inkrement- und der Dekrementoperator eignen sich gut, um Werte um 1 zu erhöhen oder zu verringern. Sie können diese Operatoren aber auch in Verbindung mit Zeigern einsetzen. Sie erinnern sich: Addiert man 1 zu einem Zeiger, wird sein Wert durch die Anzahl der Bytes, die der Typ, auf den er zeigt, einnimmt, vergrößert. Dieselbe Regel gilt für das Inkrementieren und Dekrementieren von Zeigern.

 Das Inkrementieren und Dekrementieren von Zeigern erfolgt nach den Regeln der Zeigerarithmetik. Zeigt *pt* also auf das erste Element eines Arrays, dann ändert *++pt* den Zeiger *pt* in der Weise ab, daß er anschließend auf das zweite Element zeigt.

Der Inkrement- und der Dekrementoperator sind zwar großartige Operatoren, aber Sie sollten mit ihnen denselben Wert nicht mehr als einmal in derselben Anweisung de- oder inkrementieren. Das Problem besteht darin, daß der Zeitpunkt, wann der Operand verändert wird, von der Auswertungsreihenfolge abhängig ist. Das heißt, eine Anweisung wie die folgende:

```
x++ = 2 * x++ * (3 - ++x);     // Machen Sie das nicht
```

kann bei unterschiedlichen Systemen recht verschiedene Ergebnisse haben. C++ kennt für solche Anweisungen keine Verhaltensregel.

Kombinierte Zuweisungsoperatoren

In Listing 5.5 wird der folgende Ausdruck herangezogen, um den Schleifenzähler auf den neuesten Stand zu bringen:

```
i = i + bei
```

C++ besitzt einen kombinierten Additions- und Zuweisungsoperator, der dasselbe Ergebnis etwas prägnanter erzielt:

```
i += bei
```

Der »+=«-Operator addiert die Werte seiner beiden Operanden und weist das Ergebnis dem linken Operator zu. Das setzt voraus, daß es sich beim linken Operanden um etwas handeln muß, dem etwas zugewiesen werden kann, wie zum Beispiel um eine Variable, ein Array-Element, ein Strukturelement oder Daten, die durch die Indirektion eines Zeigers angesprochen werden:

```
int k = 5;
k += 3;                  // OK, k wird auf 8 gesetzt
int *pa = new int[10];
pa[4] = 12;
pa[4] += 6;              // OK, pa[4] nimmt den Wert 18 ein
*(pa + 4) += 7;          // OK, pa[4] nimmt den Wert 25 ein
34 += 10;                // Ganz falsch
```

Zu jedem arithmetischen Operator gibt es einen entsprechenden Zuweisungsoperator. Schauen Sie sich dazu die Tabelle 5.1 an. Jeder Operator funktioniert analog zum Operator »+=«. Die folgende Anweisung

```
k *= 10;
```

ersetzt den aktuellen Wert von k durch einen zehnmal größeren Wert.

Operator	Effekt	(L = linker Operand und R=rechter Operand)
+=	weist L+R dem Operand L zu.	
-=	weist L-R dem Operand L zu.	
*=	weist L*R dem Operand L zu.	
/=	weist L/R dem Operand L zu.	
%=	weist L%R dem Operand L zu.	

Tabelle 5.1: Kombinierte Zuweisungsoperatoren

Blockanweisungen

Das Format oder die Syntax in dem/der eine C++-*for*-Anweisung verfaßt werden muß, sieht auf den ersten Blick etwas restriktiv aus, da der Schleifenrumpf eine einzelne Anweisung sein muß. Das wäre äußerst hinderlich für den Fall, daß Sie im Schleifenrumpf mehrere Anweisungen unterbringen wollen. Glücklicherweise kennt die C++-Syntax ein Schlupfloch, mit dessen Hilfe Sie so viele Anweisungen, wie Sie wollen, im Schleifenrumpf unterbringen können. Der Trick besteht darin, ein Paar geschweifter Klammern zu verwenden, um eine zusammengesetzte Anweisung bzw. Blockanweisung zu konstruieren. Der Block besteht aus den geschweiften Klammern und den darin eingeschlossenen Anweisungen und das Ganze zählt – aus Syntaxgründen – als einzelne Anweisung. Das Programm in Listing 5.8 beispielsweise verbindet mit Hilfe der geschweiften Klammern drei separate Anweisungen zu einem Block. Dadurch kann mit dem Schleifenrumpf der Anwender gefragt, eine Eingabe gelesen und eine Berechnung durchgeführt werden. Das Programm berechnet fortlaufend die Summe der Zahlen, die Sie eingeben. Übrigens eine gute Gelegenheit, um den +=-Operator einzusetzen.

```cpp
// block.cpp -- eine Blockanweisung einsetzen
#include <iostream.h>
int main(void)
{
    cout << "Der bewundernswerte Addiero wird für Sie fünf\n";
    cout << "Zahlen addieren und den Durchschnitt bilden.\n";
    cout << "Bitte geben Sie fünf Werte ein:\n";
    double zahl;
    double summe = 0.0;
    for (int i = 1; i <= 5; i++)
    {                                       // der Block startet hier
        cout << "Wert " << i << ": ";
        cin >> zahl;
        summe += zahl;
    }                                       // der Block endet hier
    cout << "Fünf ausgezeichnete Werte! ";
    cout << "Sie ergeben zusammen " << summe << "\n";
    cout << "und der Durchschnitt ist " << summe / 5 << ".\n";
    cout << "Der bewundernswerte Addiero ";
    cout << "entbietet Ihnen seinen Gruß!\n";
    return 0;
}
```

Listing 5.8: block.cpp

Es folgt ein Beispielablauf:

```
Der bewundernswerte Addiero wird für Sie fünf
Zahlen addieren und den Durchschnitt bilden.
Bitte geben Sie fünf Werte ein:
Wert 1: 1942
Wert 2: 1948
Wert 3: 1957
Wert 4: 1974
Wert 5: 1980
Fünf ausgezeichnete Werte! Sie ergeben zusammen 9801
und der Durchschnitt ist 1960.2.
Der bewundernswerte Addiero entbietet Ihnen seinen Gruß!
```

Angenommen, Sie haben die Anweisungen zwar eingerückt, aber die Klammern vergessen:

```
for (int i = 1; i <= 5; i++)
    cout << "Wert " << i << ": ";   // Die Schleife endet hier
    cin >> zahl;                     // nach der Schleife
    summe += zahl;
cout << "Fünf ausgezeichnete Werte! ";
```

Der Compiler kümmert sich nicht um Einrückungen, deshalb befindet sich nur die erste Anweisung in der Schleife. Die Schleife gibt also die fünf Eingabeanforderungen aus und macht nichts weiter. Nachdem die Schleife abgearbeitet ist, geht das Programm zu den folgenden Zeilen weiter und liest und summiert nur eine Zahl.

Zusammengesetzte Anweisungen verfügen über einen weiteren interessanten Aspekt. Definieren Sie innerhalb eines Blocks eine neue Variable, bleibt die Variable so lange existent, wie das Programm Anweisungen innerhalb des Blocks ausführt. Ist die Ausführung von diesem Block beendet, wird die Variable freigegeben. Das heißt, die Variable ist nur innerhalb des Blocks bekannt:

```
#include <iostream.h>
int main(void)
{
    int x = 20;
    {                                // Der Block fängt an
        int y = 100;
        cout << x << "\n";           // OK
        cout << y << "\n";           // OK
    }                                // Der Block endet hier
    cout << x << "\n";               // OK
    cout << y << "\n";               // Ungültig, wird nicht kompilier
    return 0;
}
```

Eine Variable, die in einem äußeren Block definiert ist, ist auch im inneren Block bekannt.

Der Kommaoperator (oder weitere Syntaxtricks)

Mit einem Block können Sie – wie Sie gesehen haben – zwei Anweisungen an einer Stelle unterbringen, wo die C++-Syntax eigentlich nur eine zuläßt. Der Kommaoperator bewirkt dasselbe für Ausdrücke. Sie können damit zwei Ausdrücke an einer Stelle unterbringen, wo die C++-Syntax nur einen Ausdruck erlaubt. Angenommen, es liegt eine Schleife vor, bei der bei jedem Schleifendurchlauf eine Variable um 1 inkrementiert und eine zweite Variable um 1 dekrementiert werden soll. Es wäre gut, wenn man beides im Aktualisierungsteil des Kontrollabschnittes einer *for*-Schleife erledigen könnte, aber die Schleifensyntax läßt dort lediglich einen Ausdruck zu. Die Lösung besteht darin, den Kommaoperator zu verwenden und damit die beiden Ausdrücke zu einem zu verbinden:

```
j++, i-- // Zwei Ausdrücke zählen aus Syntaxgründen als einer
```

Das Komma dient nicht immer als ein Kommaoperator. Das Komma in der folgenden Deklaration beispielsweise:

```
int i, j; // Das Komma dient hier als Separator, nicht als Operator
```

dient dazu, zwei aufeinanderfolgende Namen in einer Variablenliste zu trennen.

Im Programm in Listing 5.9, das den Inhalt eines Zeichenarrays umdreht, wird der Kommaoperator zweimal eingesetzt. Beachten Sie, daß in Listing 5.6 der Inhalt eines Arrays lediglich in umgekehrter Reihenfolge ausgegeben wurde, aber in Listing 5.9 werden die Zeichen im Array vertauscht. Das Programm benutzt ferner einen Block, um mehrere Anweisungen zu einer zusammenzufassen.

```
// forstr2.cpp -- den Inhalt eines Arrays umdrehen
#include <iostream.h>
#include <string.h>
const int Groesse = 20;
int main(void)
{
    cout << "Ein Wort eingeben: ";
    char wort[Groesse];
    cin >> wort;

    // das Array modifizieren
    char temp;
    int i, j;
    for (j = 0, i = strlen(wort) - 1; j < i; i--, j++)
    {                               // Blockstart
        temp = wort[i];
        wort[i] = wort[j];
        wort[j] = temp;
    }                               // Blockende
    cout << wort << "\n";
    return 0;
}
```

Listing 5.9: forstr2.cpp

Es folgt ein Beispielablauf:

```
Ein Wort eingeben: Teile
elieT
```

Programmhinweise

Schauen Sie sich den *for*-Kontrollabschnitt an:

```
for (j = 0, i = strlen(wort) - 1; j < i; i--, j++)
```

Zuerst werden mit dem Kommaoperator zwei Initialisationen als ein Ausdruck im ersten Teil des Kontrollabschnittes untergebracht. Anschließend werden wiederum mit dem Kommaoperator zwei Aktualisierungen zu einem Ausdruck zusammengefaßt und im letzten Teil des Kontrollabschnittes untergebracht.

Schauen Sie sich dann den Schleifenrumpf an. Das Programm kombiniert mit Hilfe von geschweiften Klammern mehrere Anweisungen zu einer Einheit. Im Schleifenrumpf dreht das Programm das Wort durch Vertauschen des ersten Array-Elementes mit dem letzten um. Daraufhin wird *j* inkrementiert und *i* dekrementiert, so daß sie jetzt auf das zweite und das vorletzte Element zeigen. Ist das erledigt, vertauscht das Programm diese Elemente. Beachten Sie, daß aufgrund der Testbedingung *j<i* die Schleife anhält, sobald die Mitte des Arrays erreicht wird. Würde es nach diesem Punkt weitergehen, würden die ausgewechselten Elemente an ihren Originalplatz zurückgebracht (siehe Bild 5.2).

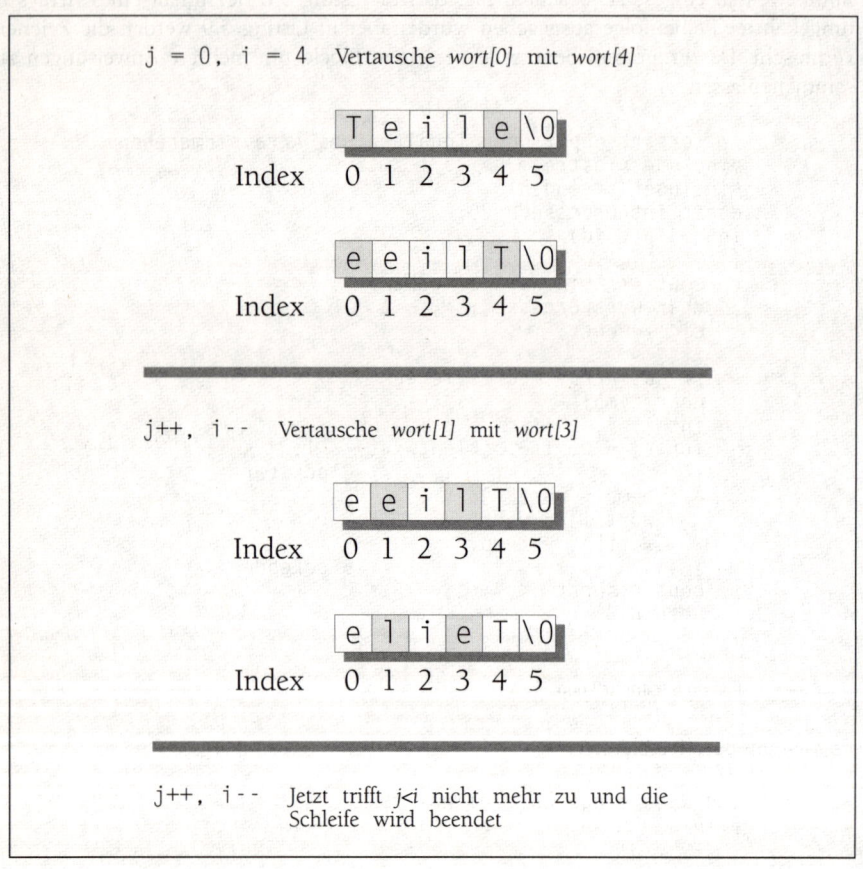

Bild 5.2: Eine Zeichenkette umkehren

Schauen Sie sich auch die Stellen an, an denen die Variablen *temp*, *i* und *j* deklariert werden. *i* und *j* wurden vor der Schleife deklariert, da es nicht möglich ist, zwei Deklarationen mit dem Kommaoperator zu verbinden. Das liegt daran, daß Deklarationen das Komma schon für einen anderen Zweck einsetzen – zum Trennen von Elementen einer Liste. Man könnte zwar einen einzelnen Deklarationsanweisungs-Ausdruck zum Erzeugen und Initialisieren von zwei Variablen hernehmen, aber das ist optisch etwas verwirrend:

```
int j = 0, i = strlen(wort) - 1
```

In diesem Fall ist das Komma lediglich ein Separator und wirkt nicht als Kommaoperator. Deshalb deklariert und initialisiert der Ausdruck sowohl *j* als auch *i*. Aber es sieht so aus, als würde nur *j* deklariert.

Kommaoperator-Leckerbissen

Bei weitem am häufigsten wird der Kommaoperator verwendet, um zwei oder mehr Ausdrücke an einer Stelle in einer *for*-Schleife unterzubringen, wo nur ein Ausdruck erlaubt ist. Aber C++ stattet den Operator mit zwei weiteren Fähigkeiten aus. Erstens, es wird garantiert, daß der erste Ausdruck vor dem zweiten ausgewertet wird. Deshalb sind Ausdrücke wie der folgende eindeutig:

```
i = 20, j = 2 * i // i wird auf 20 gesetzt, j auf 40
```

Zweitens, bei C++ ist festgelegt, daß der Wert eines Kommaausdruckes der Wert des zweiten Teils ist. Der Wert des obigen Ausdruckes zum Beispiel ist 40, da das der Wert von $j = 2 * i$ ist.

5.2 Bedingungen

Computer sind mehr als sture Zahlenfresser. Sie haben auch die Gabe, Werte zu vergleichen. Diese Fähigkeit ist die Grundlage dafür, daß Computer Entscheidungen treffen können. In C++ wird diese Fähigkeit durch Vergleichsoperatoren (auch relationale Operatoren genannt) verkörpert. Da Zeichen durch ihren ASCII-Code repräsentiert werden, können Sie diese Operatoren auch in Verbindung mit Zeichen einsetzen, aber nicht mit Strings. Jeder relationale Ausdruck wird auf den Wert 1 reduziert, falls der Vergleich wahr ist, und auf 0, falls der Vergleich falsch ist. Deshalb eignen sie sich gut zum Einsatz in einer Schleifentestbedingung. In Tabelle 5.2 sind diese Operatoren aufgeführt.

Operator	Bedeutung
<	kleiner als
<=	kleiner gleich
==	gleich
>	größer
>=	größer gleich
!=	ungleich

Tabelle 5.2: Relationale Operatoren

Diese sechs Operatoren sind alle.Vergleichsoperationen, die C++ mit Zahlen zuläßt. Möchten Sie zwei Werte vergleichen, um zu sehen, welcher schöner oder lustiger ist, müssen Sie woanders nachschauen.

Es folgen einige Beispieltests:

```
for (x = 20; x > 5; x--)   // Weitermachen, falls x größer als 5 ist
for (x = 1; y != x; x++)   // Weitermachen, falls y nicht gleich x is
for (cin >> c; c == ' '; cin >> c) // Weitermachen, falls c ein
                                   // Leerzeichen ist
```

Die Vergleichsoperatoren haben einen geringeren Vorrang als die arithmetischen Operatoren. Das bedeutet, der Ausdruck

```
x + 3 > y - 2      // Ausdruck 1
```

entspricht

```
(x + 3) > (y -2)  // Ausdruck 2
```

und nicht dem folgenden:

```
x + (3 > y) - 2   // Ausdruck 3
```

Da der Ausdruck (3 > y) entweder 1 oder 0 ist, ist der Ausdruck 3 ebenso ein gültiger Ausdruck wie Ausdruck 2. Aber die meisten von Ihnen werden wohl bevorzugen, daß Ausdruck 1 Ausdruck 2 entspricht, und genau das tut C++ auch.

Ein Fehler, den Sie wohl machen werden

Verwechseln Sie den Gleichheitstest-Operator (==) nicht mit dem Zuweisungsoperator (=). Der Ausdruck

```
musiker == 4 // Vergleich
```

stellt eine »musikalische« Frage. Ist *musiker* gleich 4? Der Ausdruck hat den Wert 1, falls der Vergleich wahr ist, und 0, falls er falsch ist. Der Ausdruck

```
musiker = 4   // Zuweisung
```

weist *musiker* den Wert 4 zu. Der ganze Ausdruck hat in diesem Fall den Wert 4, da dies der Wert der linken Seite ist.

Das flexible Design der *for*-Schleife stellt einen guten Nährboden für Fehler dar. Vergessen Sie versehentlich ein Gleichheitszeichen (=) des ==-Operators und verwenden ihn so im Testteil einer *for*-Schleife, plazieren Sie dort einen Zuweisungsausdruck anstelle eines Vergleiches. Sie erzeugen damit eine gültige Anweisung, da C++ jeden gültigen Ausdruck als Testbedingung in einer *for*-Schleife akzeptiert. Sie wissen ja, daß die Schleife überprüft, ob der Ausdruck gleich Null oder ungleich Null ist und nicht ob er wahr oder falsch ist. Kommen Sie von einer Programmiersprache wie Pascal oder Basic, bei denen das »=«-Zeichen als Vergleichsoperator verwendet wird, werden Sie wohl in diese Falle tappen.

In Listing 5.10 sehen Sie eine Situation, in der man einen solchen Fehler machen könnte. Das Programm soll ein Array mit Quizpunkten überprüfen und stoppen, sobald die erste Punktzahl erreicht, die nicht gleich 20 ist. Sie finden im Programm eine Schleife, die korrekt eine Vergleichsoperation durchführt und anschließend eine, die fälschlicherweise mit einer Zuweisung in der Testbedingung arbeitet. Das Programm birgt einen weiteren ungeheueren Designfehler, dessen Beseitigung wir später besprechen werden. (Sie lernen aus Fehlern, und Listing 5.10 fühlt sich geehrt, Ihnen in dieser Hinsicht zu helfen.)

```cpp
// gleich.cpp -- Gleichheit contra Zuweisung
#include <iostream.h>
int main(void)
{
    int quizpunkte[10] =
        { 20, 20, 20, 20, 20, 19, 20, 18, 20, 20};

// Hinweis: einige Implementationen erfordern den Einsatz von
// static int quizpunkte[10] damit Initialisation möglich ist
    cout << "Richtig:\n";
    for (int i = 0; quizpunkte[i] == 20; i++)
        cout << "Quizpunkt " << i << " ist 20\n";

    cout << "Gefährlich falsch:\n";
    for (i = 0; quizpunkte[i] = 20; i++)
        cout << "Quizpunkt " << i << " ist 20\n";

    return 0;
}
```

Listing 5.10: gleich.cpp

Es folgt eine Beispielausgabe:

```
Richtig:
Quizpunkt 0 ist 20
Quizpunkt 1 ist 20
Quizpunkt 2 ist 20
Quizpunkt 3 ist 20
Quizpunkt 4 ist 20
Gefährlich falsch:
Quizpunkt 0 ist 20
Quizpunkt 1 ist 20
Quizpunkt 2 ist 20
Quizpunkt 3 ist 20
Quizpunkt 4 ist 20
Quizpunkt 5 ist 20
Quizpunkt 6 ist 20
Quizpunkt 7 ist 20
Quizpunkt 8 ist 20
Quizpunkt 9 ist 20
Quizpunkt 10 ist 20
Quizpunkt 11 ist 20
Quizpunkt 12 ist 20
Quizpunkt 13 ist 20
...
```

Die erste Schleife stoppt nach der Ausgabe der ersten fünf Quizpunktzahlen. Aber die zweite gibt das ganze Array aus. Und noch schlimmer, sie behauptet, daß jeder Wert gleich 20 ist. Und was am schlimmsten ist, die Schleife endet nicht am Ende des Arrays!

Die Dinge geraten bei folgendem Testausdruck außer Kontrolle:

```
quizpunkte[i] = 20
```

Es lassen sich folgende Fakten feststellen. Da der Ausdruck dem Array-Element einen Wert ungleich Null zuweist, ist der Ausdruck immer ungleich Null und damit immer wahr. Da der Ausdruck den Array-Elementen Werte zuweist, werden die Daten des Arrays geändert. Da der Testausdruck immer wahr bleibt, fährt das Programm fort, Daten hinter dem Ende des Arrays zu ändern. Es werden mehr und mehr 20er im Speicher abgelegt! Das ist nicht gut. In diesem Fall stürzt der Computer schließlich ab.

Wie C gewährt C++ Ihnen mehr Freiheiten beim Programmieren als andere Sprachen. Das geht auf Kosten einer größeren Verantwortung Ihrerseits. Nichts außer Ihrer guten Planung hält das Programm davon ab, hinter die Grenzen eines Standard-C++-Arrays zu gehen. Innerhalb der C++-Klassen können Sie jedoch einen geschützten Arraytyp erzeugen, der gegen solchen Unsinn gefeit ist. In Kapitel 11 finden Sie dazu ein Beispiel. Bis dahin sollten Sie, falls erforderlich, Ihren eigenen Schutzmechanismus in Ihre Programme einbauen. In unserer Schleife sollte beispielsweise ein Test untergebracht werden, der dafür sorgt, daß nicht hinter dem letzten Element weitergemacht wird. Das trifft auch auf die »gute« Schleife zu. Handelt es sich bei allen Punktzahlen um den Wert 20, würde auch sie über die Arraygrenzen hinausgehen. Kurz gesagt, die Schleife muß den Wert des Arrays *und* den Wert des Array-Index testen. In Kapitel 6 erfahren Sie, wie man mit logischen Operatoren zwei derartige Tests zu einer Testbedingung verbinden kann.

Das Vergleichen von Strings

Angenommen, Sie möchten überprüfen, ob es sich bei einem String in einem Zeichenarray um das Wort *Malz* handelt. Ist *wort* der Array-Name, bewirkt der folgende Test nicht das, was Sie vielleicht denken:

```
wort == "Malz"
```

Sie wissen ja, daß der Array-Name das Synonym für die Adresse des Arrays ist. Dementsprechend ist eine String-Konstante in Anführungszeichen ein Synonym für die Adresse der Konstanten. Der obige Vergleich testet nicht, ob die Strings gleich sind, sondern es wird überprüft, ob sie sich an derselben Adresse befinden. Die Antwort auf diese Frage wird immer »nein« sein, sogar wenn die beiden Strings aus denselben Zeichen bestehen.

Da C++ Strings als Adresse behandelt, werden Sie wenig Erfolg beim Vergleichen von Strings mit Vergleichsoperatoren haben. Statt dessen können Sie die Funktion *strcmp()* aus der C++-String-bibliothek benutzen und damit Strings vergleichen. Diese Funktion besitzt als Argumente zwei Stringadressen. Das heißt, daß die Argumente Zeiger, String-Konstanten oder ZeichenArray-Namen sein können. Sind die beiden Strings identisch, übergibt die Funktion den Wert Null. Kommt der erste String im Alphabet vor dem zweiten, übergibt *strcmp()* einen negativen Wert. Folgt der erste String alphabetisch auf den zweiten, übergibt *strcmp()* einen positiven Wert. Sich in diesem Fall auf das Alphabet zu beziehen, ist eigentlich nicht ganz korrekt, da die Zeichen anhand des Systemzeichencodes verglichen werden. Beim ASCII-Code haben zum Beispiel alle Großbuchstaben einen kleineren Code als die Kleinbuchstaben. Deshalb kommen die Großbuchstaben vor den Kleinbuchstaben. Der String »Zoo« kommt also vor den String »alt«. Die Tatsache, daß Vergleichsoperationen anhand der Codewerte entscheiden, bedeutet auch, daß sich Groß- und Kleinbuchstaben voneinander unterscheiden. Deshalb ist »HALLO« ein anderer String als »hallo«.

Bei einigen Sprachen wie bei Basic und Standard-Pascal sind Strings, die in unterschiedlich großen Arrays abgespeichert werden, immer ungleich. Aber bei C++ werden Strings durch das abschließende Nullzeichen beendet und darauf hat die Größe des Arrays keinen Einfluß. Das bedeutet, daß zwei Strings identisch sein können, auch wenn sie sich in unterschiedlich großen Arrays befinden:

```
char gross[80] = "Daffy";      // 5 Buchstaben plus \0
char klein[6] = "Daffy";       // 5 Buchstaben plus \0
```

Übrigens, obwohl es nicht möglich ist, Strings mit Vergleichsoperatoren zu vergleichen, können Sie mit ihnen Zeichen vergleichen, da Zeichen eigentlich Integer sind.

```
for (ch = 'a'; ch <= 'z'; ch++)
    cout << ch;
```

ist eine gültige Anweisung zum Ausgeben aller Zeichen des Alphabets.

In Listing 5.11 wird *strcmp()* in der Testbedingung einer *for*-Schleife eingesetzt. Das Programm gibt ein Wort aus, verändert den ersten Buchstaben, gibt das Wort wieder aus und fährt so lange fort, bis *strcmp()* feststellt, daß das Wort dem String *"matte"* entspricht. Sie werden bemerken, daß das Listing die Include-Datei *string.h* aufführt, da sich darin der Funktionsprototyp für *strcmp()* befindet.

```
// strvgl.cpp -- Strings vergleichen
#include <iostream.h>
#include <string.h>      // Prototyp für strcmp()
int main(void)
{
    char wort[6] = "?atte";

// Hinweis: einige Implementationen erfordern die Verwendung von
// static char wort[5], damit die Initialisation möglich wird
    for (char ch = 'a'; strcmp(wort, "matte"); ch++)
      {
        cout << wort << "\n";
        wort[0] = ch;
      }
    cout << "Nach Beendigung der Schleife, ist das Wort gleich ";
    cout << wort << "\n";
    return 0;
}
```

Listing 5.11: strvgl.cpp

Es folgt die Ausgabe:

```
?atte
aatte
batte
catte
datte
eatte
fatte
gatte
hatte
iatte
jatte
katte
latte
Nach Beendigung der Schleife, ist das Wort gleich matte
```

Programmhinweise

Das Programm verfügt über einige interessante Punkte. Einer davon ist natürlich der Test. Die Schleife soll durchlaufen werden, solange *wort* ungleich *matte* ist. Das heißt, der Test soll durchgeführt werden, solange *strcmp()* ergibt, daß die beiden Strings nicht identisch sind. Der offensichtlichste Test dafür sieht wie folgt aus:

```
strcmp(wort, "matte") != 0        // Die Strings sind nicht identisch
```

Diese Anweisung hat den Wert 1 (wahr), falls die Strings ungleich sind und den Wert 0 (falsch), falls sie gleich sind. Aber was ist mit *strcmp(wort, "matte")* selbst? Dieser Ausdruck hat einen Wert ungleich Null (wahr), falls die Strings ungleich sind und den Wert 0 (falsch), falls die Strings gleich sind. Zusammengefaßt kann gesagt werden, daß die Funktion wahr übergibt, falls die Strings unterschiedlich sind, und falsch, wenn sie identisch sind. Sie können also nur die Funktion anstelle des vollständigen Vergleichs verwenden. Das ergibt dasselbe Ergebnis und man muß weniger eintippen. Auf diese Art benutzen übrigens C- und C++-Programmierer traditionsgemäß *strcmp()*.

Daran anschließend verwendet das Programm *strvgl.cpp* den Inkrementoperator, um mit der Variablen *ch* das Alphabet durchzugehen:

```
.ch++
```

Sie können die Inkrement- und Dekrementoperatoren in Verbindung mit Zeichenvariablen einsetzen, da der Typ *char* eigentlich ein Integertyp ist. Der Gebrauch eines Array-Index vereinfacht die Manipulation individueller Zeichen in einem String:

```
wort[10] = ch;
```

Schließlich ist die vorliegende Schleife – anders als die meisten *for*-Schleifen – keine Zählschleife. Das heißt, sie führt keinen Anweisungsblock eine bestimmte Anzahl Mal aus, sondern sie achtet darauf, daß ein bestimmter Umstand eintritt (*wort* soll gleich *"matte"* sein) und nimmt dies als Anlaß, die Schleife zu beenden. Meistens verwenden C++-Programme für diesen Zweck *while*-Schleifen, deshalb wollen wir uns nun diese Art Schleifen betrachten.

5.3 Die while-Schleife

Die *while*-Schleife ist eine *for*-Schleife ohne Initialisierungs- und Aktualisierungsteil. Diese Schleife verfügt lediglich über eine Testbedingung und einen Schleifenrumpf:

```
while (Test-condition)
      Rumpf
```

Zuerst wertet ein Programm die Testbedingung aus. Ergibt die Auswertung des Ausdruckes einen Wert ungleich Null (wahr), führt das Programm die Anweisung(en) im Schleifenrumpf aus. Wie bei der *for*-Schleife besteht der Schleifenrumpf aus einer einzelnen Anweisung oder einem Block, der von einem Paar geschweifter Klammern gebildet wird. Nach Abarbeitung des Schleifenrumpfs kehrt das Programm zur Testbedingung zurück und wertet sie erneut aus. Ergibt das Auswerten der Bedingung einen Wert ungleich Null, wird wieder der Schleifenrumpf ausgeführt. Dieser Zyklus wird so lange durchgeführt, bis die Auswertung der Testbedingung 0 (falsch) ergibt (siehe Bild 5.3). Möchten Sie, daß die Schleife beendet wird, muß etwas innerhalb des Schleifenrumpfs irgend etwas tun, damit die Testbedingung erfüllt wird. Die Schleife könnte beispielsweise eine in der Testbedingung eingesetzte Variable inkrementieren oder einen neuen Wert von der Tastatur lesen.

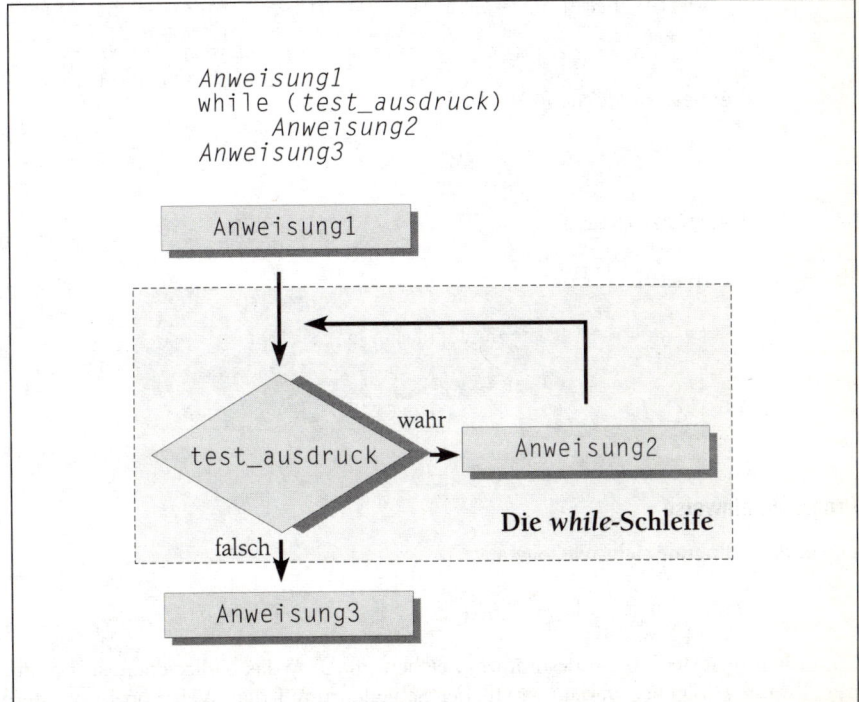

Bild 5.3: Die while-Schleife

Die *while*-Schleife ist genau wie die *for*-Schleife eine Schleife, die die Bedingung beim Schleifeneintritt prüft. Ergibt die Auswertung der Testbedingung gleich beim ersten Mal den Wert 0, führt das Programm den Schleifenrumpf niemals aus.

In Listing 5.12 wird die Arbeitsweise der *while*-Schleife demonstriert. Die Schleife durchläuft jedes Zeichen eines Strings und gibt das Zeichen und seinen ASCII-Code aus. Die Schleife endet, sobald das Nullzeichen erreicht wird. Die Technik, einen String Zeichen für Zeichen abzuarbeiten, bis auf ein Nullzeichen getroffen wird, ist die standardmäßige Methode von C++ für die Stringbearbeitung. Da ein String sein eigenes Endemarkierungszeichen beinhaltet, benötigt das Programm häufig keine gesonderte Information über die Länge des Strings.

```
// while.cpp -- die while-Schleife einsetzen
#include <iostream.h>
const int Groesse = 20;
int main(void)
{
    char name[Groesse];

    cout << "Bitte geben Sie Ihren Vornamen ein: ";
    cin >> name;
    cout << "Es folgt Ihr Name in vertikaler und ASCII-Form:\n";
    int i = 0;                  // beim Anfang des Strings beginnen
    while (name[i] != '\0')     // bis zum Ende des Strings
    {
        cout << name[i] << ": " << int(name[i]) << "\n";
        i++;                    // dieser Schritt darf nicht
vergessen werden
    }
    return 0;
}
```

Listing 5.12: while.cpp

Es folgt ein Beispielablauf:

```
Bitte geben Sie Ihren Vornamen ein: Muffy
M: 77
u: 117
f: 102
f: 102
y: 121
```

Programmhinweise

Die *while*-Bedingung sieht wie folgt aus:

```
while (name[i] != '\0')
```

Damit wird getestet, ob ein bestimmtes Zeichen im Array das Nullzeichen ist. Damit dieser Test irgendwann erfolgreich verläuft, muß der Schleifenrumpf den Wert von *i* verändern. Dies geschieht durch das Inkrementieren von *i* am Ende des Schleifenrumpfs. Läßt man diesen Schritt weg, verweilt die Schleife bei einem Array-Element und gibt dessen Zeichen und ASCII-Code so lange aus, bis Sie es schaffen, das Programm irgendwie zu beenden. Eine solche Endlosschleife ist eines der häufigsten im Zusammenhang mit Schleifen auftretenden Probleme. Oft entsteht eine solche Schleife, wenn man vergißt, irgendeinen Wert im Schleifenrumpf zu aktualisieren.

Sie können die *while*-Bedingung wie folgt umschreiben:

```
while (name[i])
```

Mit dieser Änderung arbeitet das Programm wie bisher. Ist *name[i]* ein normales Zeichen, repräsentiert dieser Ausdruck den Zeichencode, der ungleich Null oder wahr ist. Ist *name[i]* das Nullzeichen, ist sein Zeichencode 0 oder falsch. Diese Schreibweise ist prägnanter, aber nicht so klar wie das, was wir bisher benutzt haben. Dumme Compiler produzieren bei der zweiten Version zwar schnelleren Code, aber kluge Compiler produzieren bei beiden Versionen dieselben Anweisungen.

Damit das Programm den ASCII-Code eines Zeichens ausgibt, muß man *name[i]* mit einer Typumwandlung in einen Integerwert umwandeln. Dann gibt *cout* den Wert als Integer aus, anstatt ihn als Zeichencode zu interpretieren.

for versus while

Bei C++ sind *for*- und *while*-Schleifen weitgehend äquivalent. Die folgende *for*-Schleife zum Beispiel

```
for (Init-Ausdruck; Test-Ausdruck; Aktualisieren-Ausdruck)
{
    Anweisung(en)
}
```

kann so umgeschrieben werden:

```
Init-Ausdruck;
while (Test-Ausdruck)
{
    Anweisung(en)
    Aktualisieren-Ausdruck;
}
```

Genauso kann die *while*-Schleife

```
while (Test-Ausdruck)
    Rumpf
```

wie folgt umgeschrieben werden:

```
for ( ;Test-Ausdruck;)
    Rumpf
```

Die *for*-Schleife benötigt drei Ausdrücke, aber es kann sich dabei auch um leere Ausdrücke handeln. Nur die beiden Strichpunkte sind zwingend vorgeschrieben. Die Auswertung eines fehlenden Testausdruckes in einer *for*-Schleife liefert übrigens das Ergebnis wahr. Deshalb läuft die Schleife

```
for ( ; ; )
      Rumpf
```

ewig.

Da die beiden Schleifen annähernd äquivalent sind, ist es eine Frage des Stils, welche Sie benutzen. (Es gibt einen kleinen Unterschied, falls der Schleifenrumpf eine *continue*-Anweisung beinhaltet, mehr dazu in Kapitel 6.) Meistens verwenden Programmierer die *for*-Schleife als zählende Schleife, da man bei der *for*-Schleife alle relevanten Informationen – Anfangswert, Endwert und die Methode, wie der Zähler aktualisiert wird – an einer Stelle unterbringen kann. Die *while*-Schleife wird meistens benutzt, wenn man vorher nicht genau weiß, wie oft die Schleife ausgeführt werden soll.

Falsche Zeichensetzung

Sowohl die *for*- als auch die *while*-Schleife besitzt einen Schleifenrumpf, der auf die in Klammern eingeschlossenen Ausdrücke folgt und aus einer *einzigen* Anweisung besteht. Wie Sie gesehen haben, kann es sich bei der einzelnen Anweisung auch um einen Block handeln, der verschiedene Anweisungen umfaßt. Denken Sie immer daran, daß Blöcke durch geschweifte Klammern nicht durch Einrückungen definiert werden. Schauen Sie sich dazu die folgende Schleife an:

```
i = 0;
while (name[i] != '\0')
      cout << name[i] << "\n";
      i++;
cout << "Fertig\n";
```

Die Einrückung deutet an, daß der Programmautor wollte, daß die Anweisung *i++;* ein Teil des Schleifenrumpfs wird. Das Fehlen der geschweiften Klammern teilt dem Compiler allerdings mit, daß der Schleifenrumpf nur aus der ersten *cout*-Anweisung besteht. Deshalb gibt die Schleife das erste Zeichen des Arrays unendlich oft aus. Das Programm erreicht die Anweisung *i++;* nie, da sie außerhalb der Schleife liegt.

Im nächsten Beispiel sehen Sie einen weiteren potentiellen Fallstrick:

```
i = 0;
while (name[i] != \'0\);   // Problematisches Semikolon
{
      cout << name[i] << "\n";
      i++;
}
cout << "Fertig\n";
```

Dieses Mal wurden die Klammern zwar richtig gesetzt, aber es wurde ein zusätzliches Semikolon eingefügt. Sie wissen ja, daß ein Semikolon eine Anweisung abschließt. Deshalb wird durch diese Anweisung die Definition der *while*-Schleife abgeschlossen. Mit anderen Worten, der Schleifenrumpf ist eine Nullanweisung, das heißt, er besteht aus nichts, gefolgt von einem Semikolon. Alles, was in den Klammern steht, kommt jetzt hinter der Schleife. Es wird nie erreicht. Die Schleife läuft endlos. Achten Sie also in solchen Fällen auf falsch plazierte Strichpunkte.

Einen Moment bitte

Manchmal ist es nützlich, in ein Programm eine Zeitverzögerung einzubauen. Sie kennen vielleicht Programme, die eine Meldung auf dem Bildschirm erscheinen lassen und weitermachen, bevor Sie die Meldung lesen konnten. Sie bleiben dann mit der Angst zurück, eine sehr wichtige Information verpaßt zu haben. Es wäre also viel besser, wenn solche Programme fünf Sekunden anhielten, bevor sie fortfahren. Dazu eignet sich die *while*-Schleife besonders gut. Eine früher häufig benutzte Technik bestand darin, den Computer eine Weile zählen zu lassen, um die Zeit zu überbrücken:

```
long warten = 0;
while (warten++ < 10000);  // Der Computer zählt »leise« vor sich hin
```

Das Problem bei dieser Methode besteht darin, daß Sie das Limit verändern müssen, wenn Sie die Computerprozessor-Geschwindigkeit ändern. Mehrere Spiele, die für den originalen IBM-PC geschrieben wurden, werden beispielsweise aus ähnlichen Gründen viel zu schnell, um mit ihnen umgehen zu können, wenn Sie auf schnelleren Prozessoren ablaufen. Eine bessere Möglichkeit besteht darin, das Zählen der Systemuhr zu überlassen.

Die ANSI C- und die C++-Bibliotheken verfügen über eine Funktion, die das ermöglicht. Die Funktion heißt *clock()* und übergibt die Zeitdauer, die seit dem Beginn der Programmausführung verstrichen ist. Damit sind leider einige Komplikationen verbunden. Zum einen gibt *clock()* die Zeit nicht unbedingt in Sekunden an. Zum anderen kann der Übergabetyp der Funktion auf einigen Systemen vom Typ *long*, auf anderen vom Typ *unsigned long* und auf wieder anderen ein ganz anderer Typ sein.

Die Header-Datei *time.h* verfügt aber über die Lösung für diese Probleme. Zum einen wird dort eine symbolische Konstante mit dem Namen *TCK_CLK* definiert, die der Anzahl der Zeiteinheiten entspricht, die pro Sekunde verstreichen. Teilt man also die Systemzeit durch diesen Wert, ergibt das die Sekunden. Sie können die Sekunden auch mit *TCK_CLK* multiplizieren, um die Systemeinheiten zu erhalten. Zum anderen definiert *time.h* mit *clock_t* ein Synonym für den Übergabetyp von *clock()*. (Schauen Sie sich dazu die Hinweise über Synonyme an.) Sie können also eine Variable mit dem Typ *clock_t* deklarieren und der Compiler konvertiert diesen Typ in *long* oder *unsigned long* oder was immer bei Ihrem System der richtige Typ ist.

Kompatibilitätshinweis

Einige C++-Implementationen haben unter Umständen Probleme mit dem Programm *warten.cpp*, falls die zugehörige Standard-Bibliothek nicht vollständig zu ANSI C kompatibel ist. Das liegt daran, daß die Funktion *clock()* eine ANSI-Erweiterung der traditionellen C-Bibliothek ist.

In Listing 5.13 wird der Einsatz von *clock()* und der Header-Datei *time.h* gezeigt und wie man mit ihnen eine Zeitverzögerungsschleife realisieren kann.

```
// warten.cpp -- clock() in einer Zeitverzögerungsschleife
einsetzen
#include <iostream.h>
#include <time.h>        // beschreibt die Funktion clock() und den Typ
                         // clock_t
int main(void)
{
    cout << "Bitte die Verzögerungszeit in Sekunden eingeben: ";
    float secs; cin >> secs;
    clock_t delay = secs * CLK_TCK; // in Systemeinheiten
                                    // konvertieren
    cout << "Start\a\n";
    clock_t start = clock();
    while (clock() - start < delay )
        ;                          // warten, bis die Zeit verstrichen ist
    cout << "Fertig \a\n";
    return 0;
}
```

Listing 5.13: warten.cpp

Durch Berechnung der Verzögerung in Systemeinheiten anstelle von Sekunden vermeidet es das Programm, die Systemzeit bei jedem Schleifendurchlauf in Sekunden umzuwandeln.

Synonyme für Typen

C++ kennt zwei Möglichkeiten, einen neuen Namen als Synonym für einen bestehenden Typ zu etablieren. Eine besteht darin, eine Präprozessordirektive zu verwenden:

```
#define BYTE char      // Der Präprozessor ersetzt BYTE durch char
```

Der Präprozessor ersetzt dann, wenn Sie das Programm kompilieren, jedes Auftreten von *BYTE* mit *char*. *BYTE* ist also ein Synonym für *char*.

Die zweite Methode besteht darin, das C++- (und das C-)Schlüsselwort *typedef* zum Erzeugen eines Synonymes einzusetzen. Damit *byte* zum Beispiel ein Synonym für *char* wird, müssen Sie folgendes tun:

```
typedef char byte;     // Dadurch wird byte zu einem Synonym für char
```

Es folgt das allgemeine Format:

```
typedef Typ Synonymname;
```

Die *typedef*-Methode ist leistungsfähiger, da sie mit komplexeren Typen wie Zeigern eingesetzt werden kann:

```
typedef char * byte_zeiger;    // Zeiger auf einen char-Typ
```

Sie können etwas ähnliches mit *#define* versuchen, aber es wird nicht funktionieren, wenn Sie eine Liste von Variablen deklarieren. Schauen Sie dazu einmal folgendes an:

```
#define FLOAT_ZEIGER float *
FLOAT_ZEIGER pa, pb;
```

Die Präprozessorsubstitution konvertiert die Deklaration in folgendes:

```
float * pa, pb;    // pa ist ein Zeiger auf float, pb nur ein float
```

Bei der *typedef*-Methode gibt es dieses Problem nicht.

Beachten Sie, daß *typedef* keinen neuen Typ erzeugt. Es wird lediglich ein neuer Name für einen bestehenden Typ erstellt. Machen Sie aus *wort* ein Synonym für *int*, behandelt *cout* einen Wert vom Typ *wort* als *int*, dem eigentlichen Typ des Wertes.

5.4 Die do while-Schleife

Sie kennen jetzt die *for-* und die *while*-Schleife. Die dritte C++-Schleife ist die *do while*-Schleife. Sie unterscheidet sich von den anderen zwei Schleifen dadurch, daß sie die Schleifenbedingung vor dem Aussprung testet. Das bedeutet, daß diese »verflixte« Schleife zuerst den Schleifenrumpf ausführt und dann den Testausdruck auswertet, um zu überprüfen, ob die Schleife weiter abgearbeitet werden soll. Liefert die Bedingung den Wert 0, wird die Schleife beendet. Anderenfalls beginnt ein weiterer Schleifendurchlauf und das Testen beginnt von neuem. Eine solche Schleife wird mindestens einmal ausgeführt, da das Programm den Schleifenrumpf durchlaufen muß, bevor die Testbedingung erreicht wird. Es folgt die Syntax:

```
do
      Rumpf
while (Test-Ausdruck);
```

Der Rumpf kann eine einzelne Anweisung oder ein durch Klammern begrenzter Anweisungsblock sein. In Bild 5.4 ist der Programmablauf der *do while*-Schleife zusammengefaßt.

Gewöhnlich ist eine Schleife, die die Schleifenbedingung vor dem Eintritt prüft, einer Schleife, die dies vor dem Austritt macht, vorzuziehen. Angenommen, in Listing 5.12 wäre eine *do while*-Schleife anstatt der *while*-Schleife benutzt worden, dann hätte die Schleife das Nullzeichen und dessen Code ausgegeben, bevor sie hätte feststellen können, daß das Ende des Strings bereits erreicht wurde.

Manchmal macht jedoch auch eine *do while*-Schleife Sinn. Soll vom Anwender beispielsweise etwas eingegeben werden, muß das Programm zuerst die Eingabe lesen, bevor es sie weiterverarbeiten und überprüfen kann. In Listing 5.14 sehen Sie, wie man *do while* in so einer Situation einsetzen kann.

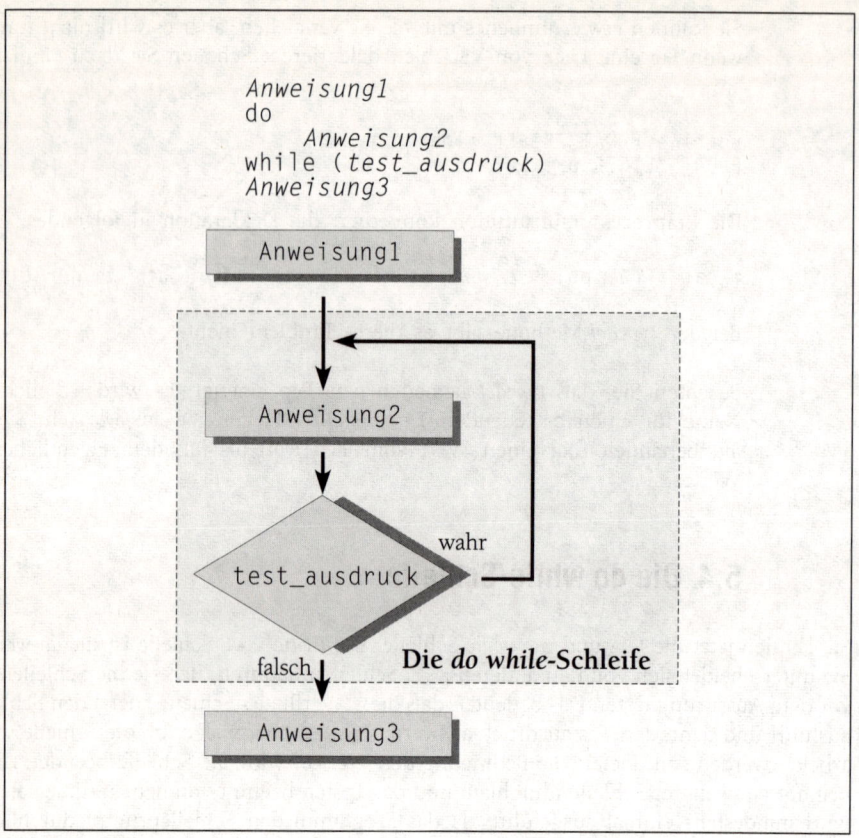

Bild 5.4: Die do while-Schleife

```
// dowhile.cpp -- do while-Schleife
#include <iostream.h>
int main(void)
{
    int n;

    cout << "Bitte eine Zahl aus dem Bereich 1-10 eingeben,\n";
    cout << "um meine Lieblingszahl herauszufinden\n";
    do
    {
        cin >> n;                   // Rumpf ausführen
    } while (n != 7);               // und dann Testen
    cout << "Ja, 7 ist meine Lieblingszahl.\n" ;
    return 0;
}
```

Listing 5.14: dowhile.cpp

Es folgt ein Beispielablauf:

```
Bitte eine Zahl aus dem Bereich 1-10 eingeben,
um meine Lieblingszahl herauszufinden
9
4
7
Ja, 7 ist meine Lieblingszahl
```

5.5 Schleifen und Texteingaben

Jetzt, da Sie wissen, wie Schleifen funktionieren, wollen wir uns einer der Hauptaufgaben von Schleifen widmen: dem zeichenweisen Einlesen von Text aus einer Datei oder von der Tastatur. Sie möchten vielleicht ein Programm schreiben, das die Anzahl der Zeichen, Zeilen und Wörter in der Eingabe bestimmt. Traditionsgemäß benutzt C++ wie auch C für eine solche Aufgabe die *while*-Schleife. Wir werden nun zeigen, wie das realisiert wird. Kennen Sie sich mit C aus, können Sie diesen Abschnitt rasch durchlesen. Aber bitte nicht zu rasch, da, obwohl die C++-*while*-Schleife identisch mit der C-Schleife ist, die C++-Ein-/Ausgabefunktionen anders sind. Dadurch bekommt die C++-Schleife ein etwas anderes Aussehen. Das Objekt *cin* kennt drei verschiedene Modi der Einzelzeicheneingabe. Jeder Modus besitzt eine andere Anwenderschnittstelle. Sie werden nun erfahren, wie man diese Möglichkeiten jeweils mit *while*-Schleifen einsetzt.

Das schlichte cin und die Texteingabe

Benutzt ein Programm zum Lesen der Tastatureingabe eine Schleife, muß es wissen, wann es aufhören muß. Woher kann das Programm das wissen? Eine Möglichkeit besteht darin, ein Spezialzeichen, das manchmal als Trennsymbol bezeichnet wird, als Stoppzeichen einzusetzen. In Listing 5.15 zum Beispiel endet der Einleseprozeß, sobald das Programm auf ein #-Zeichen trifft. Das Programm zählt nicht nur die Zeichen, die es liest, es stellt sie auch auf dem Bildschirm dar. (Durch das Drücken einer Taste wird nicht automatisch ein Zeichen auf dem Bildschirm plaziert. Programme müssen diese ermüdende Arbeit durch Wiedergeben des eingegebenen Zeichens selbst erledigen.) Ist der Einleseprozeß beendet, wird die Gesamtzahl der bearbeiteten Zeichen gemeldet. In Listing 5.15 sehen Sie das Programm.

```cpp
// textein1.cpp -- Zeichen mit einer while-Schleife lesen
#include <iostream.h>
int main(void)
{
    char ch;
    int count = 0;      // normale Eingabe benutzen

    cin >> ch;          // ein Zeichen holen
    while (ch != '#')   // das Zeichen überprüfen
    {
        cout << ch;     // das Zeichen anzeigen
        count++;        // das Zeichen zählen
        cin >> ch;      // das nächste Zeichen holen
    }
```

```
    cout << "\n" << count << " Zeichen gelesen\n";
    return 0;
}
```

Listing 5.15: textein1.cpp

Es folgt ein Beispielablauf:

```
Seht Ken laufen#sehr schnell
SehtKenlaufen
13 Zeichen gelesen
```

Offensichtlich läuft Ken so schnell, daß er ganze Abschnitte überspringt – oder zumindest die Leerzeichen in der Eingabe.

Programmhinweise

Schauen Sie sich als erstes die Programmstruktur an. Das Programm liest das erste Eingabezeichen, bevor es die Schleife erreicht. So kann das erste Zeichen getestet werden, wenn das Programm die Schleifenanweisung erreicht. Das ist wichtig, da es sich beim ersten Zeichen möglicherweise um ein #-Zeichen handeln könnte. Da *textein1.cpp* mit einer Schleife arbeitet, die die Bedingung vor dem Eintritt in die Schleife testet, überspringt das Programm in diesem Fall korrekterweise die ganze Schleife. Und da die Variable *count* vorher auf Null gesetzt wurde, hat *count* dann auch den richtigen Wert.

Angenommen, beim ersten eingelesenen Zeichen handelt es sich nicht um ein #-Zeichen. Dann tritt das Programm in die Schleife ein, gibt das Zeichen aus, inkrementiert den Zähler und liest das nächste Zeichen. Der letzte Schritt ist wichtig. Ohne ihn bearbeitet die Schleife das erste Eingabezeichen unendlich oft. Mit ihm fährt das Programm mit dem nächsten Zeichen fort.

Das hört sich alles gut an. Warum also läßt das Programm bei der Ausgabe die Leerzeichen weg? Das liegt an *cin*. Beim Einlesen von Werten des Typs *char* wie auch beim Einlesen anderer Grundtypen überspringt *cin* Leer- und Newline-Zeichen. Deshalb wurden die Leerzeichen in der Eingabe nicht weitergegeben und somit auch nicht gezählt bzw. angezeigt.

Und was die Dinge noch komplizierter gestaltet – *cin* ist gepuffert. Das bedeutet, daß die Zeichen, die Sie eingeben, nicht bis zum Programm gelangen, bevor Sie die Return- oder Entertaste drücken. Auf diese Art und Weise können Zeichen auch hinter dem #-Zeichen eingegeben werden. Nach dem Drücken der Returntaste wird die gesamte Zeichensequenz zum Programm geschickt, aber das Programm hört mit der Bearbeitung der Eingabe auf, sobald es ein #-Zeichen erreicht.

Der Retter in der Not: cin.get()

Normalerweise müssen Programme, die die Eingabe zeichenweise lesen, jedes Zeichen, einschließlich der Leer-, Tab- und Newline-Zeichen, untersuchen können. In der *istream*-Klasse (definiert in der Datei *iostream.h*), zu der *cin* gehört, befinden sich Elementfunktionen, die genau dies können. Durch den Aufruf der Elementfunktion *cin.get(ch)* wird das nächste Zeichen der

Eingabe gelesen, auch wenn es sich um ein Leerzeichen handelt, und anschließend der Variablen *ch* zugewiesen. Ersetzt man *cin >> ch* durch diesen Funktionsaufruf, kann das Problem aus Listing 5.15 beseitigt werden. In Listing 5.16 sehen Sie das Resultat.

```
// textein2.cpp -- Zeichen mit einer while-Schleife lesen
#include <iostream.h>
int main(void)
{
    char ch;
    int count = 0;

    cin.get(ch);              // die Funktion cin.get(ch) verwenden
    while (ch != '#')
    {
        cout << ch;
        count++;
        cin.get(ch);          // nochmals verwenden
    }
    cout << "\n" << count << " Zeichen gelesen\n";
    return 0;
}
```

Listing 5.16: textein2.cpp

Es folgt ein Beispielablauf:

```
Arbeiten Sie mit einem #2 Bleistift?
Arbeiten Sie mit einem
23 Zeichen gelesen
```

Jetzt zeigt das Programm jedes Zeichen an und zählt auch alle Zeichen – einschließlich der Leerzeichen. Die Eingabe ist weiterhin gepuffert, so ist es immer noch möglich, mehr einzugeben, als vom Programm verarbeitet werden kann.

Sind Sie mit C vertraut, kommt Ihnen das Programm total falsch vor! Der Aufruf *cin.get(ch)* soll einen Wert in der Variablen *ch* ablegen, daß heißt, er soll den Wert der Variablen verändern. In C müssen Sie die Adresse einer Variablen an eine Funktion übergeben, falls Sie den Wert der Variablen verändern wollen. Aber im Aufruf *cin.get()* in Listing 5.16 wird *ch* als Argument übergeben und nicht *&ch*. In C würde eine solche Anweisung nicht funktionieren. In C++ schon, vorausgesetzt, die Funktion deklariert das Argument als *Referenz*. Dabei handelt es sich um einen abgeleiteten, neuen C++-Typ. In der Header-Datei *iostream.h* wird das Argument von *cin.get()* als Referenztyp deklariert, deshalb kann diese Funktion den Wert ihres Argumentes ändern. Mehr dazu in Kapitel 8. Bis dahin können sich die C-Experten unter Ihnen entspannen – normalerweise funktioniert das Übergeben von Argumenten bei C++ genauso wie bei C; nur eben bei *cin.get()* nicht.

Welches cin.get()

In Kapitel 4 kamen folgende Anweisungen vor:

```
char name[Groesse];
...
cout << "Geben Sie Ihren Namen ein:\n";
cin.get(name, Groesse);
```

Dabei hatte *cin.get()* zwei Argumente: den Array-Namen *name*, der die Adresse des Strings darstellt (und technisch gesehen vom Typ *char* * ist), und *Groesse*, das einen Integerwert vom Typ *int* darstellt. (Sie wissen ja, daß der Name eines Arrays die Adresse des ersten Array-Elementes ist. Dadurch wird der Name eines Zeichenarrays zum Typ *char* *.) Und jetzt setzen wir *cin.get()* so ein:

```
char ch;
cin.get(ch)
```

Dieses Mal hat *cin.get()* ein Argument und das ist vom Typ *char*.

Diejenigen unter Ihnen, die mit C vertraut sind, werden wieder entweder überrascht oder verwirrt sein. Hat bei C eine Funktion Argumente des Typs Zeiger auf ein *char*-Objekt und des Typs *int*, können Sie dieselbe Funktion nicht vernünftig mit einem einzelnen Argument eines anderen Typs einsetzen. Das geht jedoch in C++, da diese Programmiersprache über eine OOP-Fähigkeit verfügt, die man als *Funktionsüberladung* bezeichnet. Mit Hilfe der Funktionsüberladung können Sie unterschiedliche Funktionen erzeugen, die alle denselben Namen haben, vorausgesetzt, sie verfügen über verschiedene Argumentenlisten. Benutzen Sie zum Beispiel in C++ *cin.get(name, Groesse)*, sucht der Compiler nach der Version von *cin.get()*, die einen *char* *- und einen *int*-Typ als Argumente hat. Verwenden Sie jedoch *cin.get(ch)*, sucht der Compiler nach der Version mit einem einzelnen Argument vom Typ *char*. Es gibt noch eine weitere Version von *cin.get()*, die keine Argumente hat. Mit der Funktionsüberladung können Sie bei zusammengehörigen Funktionen, von denen eine bestimmte Grundaufgabe unterschiedlich oder mit unterschiedlichen Typen ausgeführt wird, denselben Namen einsetzen. Mehr darüber in Kapitel 8. Gewöhnen Sie sich unterdessen durch Ausprobieren der Beispiele, die in Zusammenhang mit der *istream*-Klasse stehen, an die Funktionsüberladung. Damit zwischen den verschiedenen Versionen einer Funktion unterschieden werden kann, werden wir beim Arbeiten immer die Argumentliste mitangeben. *cin.get()* bedeutet also, daß es sich um die Version ohne Argumente handelt und *cin.get(ch)*, daß die Version mit einem Argument gemeint ist.

Das Dateiende erkennen

Wie Sie in Listing 5.16 gesehen haben, ist der Einsatz eines Symbols, wie dem #-Zeichen als Signal für das Eingabeende, nicht zufriedenstellend, da ein solches Symbol Teil der normalen Eingabe sein kann. Dasselbe trifft auf andere nach dem Zufallsprinzip ausgewählten Symbole wie @ oder % ebenfalls zu. Kommt die Eingabe aus einer Datei, können Sie mit einer viel besseren Technik arbeiten – dem Suchen nach dem Ende der Datei. Die C++-Eingabefunktionen arbeiten mit dem Betriebssystem zusammen, um festzustellen, wenn das Ende einer Datei erreicht ist, und sie geben diese Meldung an das Programm weiter.

Auf den ersten Blick sieht es so aus, als hätte das Einlesen von Informationen aus Dateien wenig mit cin und der Tastatureingabe zu tun. Aber es gibt zwei Zusammenhänge. Viele Betriebssysteme, einschließlich UNIX und MS-DOS, kennen Umleitungsoperationen, mit denen man die Tastatureingabe durch eine Datei ersetzen kann. Angenommen, Sie verfügen unter MS-DOS über ein ausführbares Programm mit dem Namen *fischen.exe* und eine Textdatei mit dem Namen *fischlat.ein*. Sie können dann folgende Befehlszeile verwenden:

```
fischen <fischlat.ein
```

Dadurch holt sich das Programm seine Eingabe aus der Datei *fischlat.ein* anstatt von der Tastatur. Das <-Symbol ist sowohl bei UNIX als auch bei MS-DOS der Umleitungsoperator. Bei vielen Betriebssystemen können Sie das »Dateiende« mit der Tastatur simulieren. Unter UNIX geschieht dies durch Eingabe von Control-D am Anfang einer Zeile. Unter DOS muß man zuerst Control-Z an einer beliebigen Stelle einer Zeile eingeben und dann Return drücken.

Ist Ihr Programm in der Lage, das Ende einer Datei festzustellen, können Sie es in Verbindung mit umgeleiteten Dateien und mit Tastatureingaben, von denen das Ende der Datei simuliert wird, einsetzen. Das hört sich gut an, deshalb wollen wir sehen, wie das geht.

Der Schlüssel für diese Vorgehensweise ist die Benutzung des Übergabewertes des Funktionsaufrufes *cin.get(ch)*. Die Funktion *cin.get(ch)* bewirkt zweierlei. Sie weist *ch* zum einen einen Wert zu. Diese Eigenschaft haben wir schon ausgenutzt. Und die Funktion übergibt zum anderen dem aufrufenden Programm einen Wert. Diese Fähigkeit kannten wir noch nicht. Das heißt, Sie können eine Anweisung der folgenden Form einsetzen:

```
wert = cin.get(ch);
```

Normalerweise übergibt die Funktion *cin.get(ch)* ein Objekt der Klasse *istream*. Die Hauptsache dabei ist, daß das Objekt normalerweise ungleich null ist. Aber stellt die Funktion fest, daß das Ende der Eingabedatei erreicht ist, wird statt dessen ein Wert von Null übergeben und *ch* kein Wert zugewiesen. Mit anderen Worten, der Übergabewert ist ungleich null (wahr), falls *cin.get(ch)* ein weiteres Zeichen lesen konnte und Null (falsch), falls die Funktion das Ende der Datei erreicht. Das bedeutet, die Funktion *cin.get(ch)* kann als Testausdruck in einer *while*-Schleife eingesetzt werden. So ausgerüstet, liest die Schleife so lange Zeichen, bis *cin.get(ch)* den Wert Null übergibt. Eine solche Schleife eignet sich hervorragend zum Lesen von Zeicheneingaben, wie man in Listing 5.17 sehen kann.

```cpp
// textein3.cpp -- Zeichen lesen, bis das Dateiende erreicht ist
#include <iostream.h>
int main(void)
{
    char ch;
    int count = 0;

    while (cin.get(ch))        // cin.get(ch) liefert 0 beim Dateiende
    {
        cout << ch;
        count++;
    }
```

```
    cout << count << " Zeichen gelesen\n";
    return 0;
}
```

Listing 5.17: textein3.cpp

Es folgt eine Beispielausgabe. Da das Programm unter einem DOS-System ablief, haben wir Control-Z und dann Return eingegeben, um das Dateiende zu simulieren. UNIX-Anwender müssen statt dessen Control-D eingeben.

```
Der grüne Vogel singt im Winter. [RETURN]
Der grüne Vogel singt im Winter
Ja, aber die Krähe fliegt im Morgengrauen. [RETURN]
Ja, aber die Krähe fliegt im Morgengrauen.
^Z [RETURN]
74 Zeichen wurden gelesen
```

Mit Hilfe der Umleitungsoperation können Sie dieses Programm dazu veranlassen, eine Textdatei anzuzeigen und mitzuteilen, aus wievielen Zeichen sie besteht. Als nächstes wird eine aus zwei Zeilen bestehende Datei auf einem UNIX-System gelesen, angezeigt und deren Zeichen gezählt (das Dollarzeichen ($) ist das UNIX-Prompt):

```
$ textein3 < stuff
Ich bin eine UNIX-Datei. Ich bin stolz
eine UNIX-Datei zu sein.
62 Zeichen gelesen
$
```

Eine weitere cin.get()-Version

Die etwas nostalgischeren der C-Anwender unter Ihnen werden sich vielleicht nach den C-Zeichenein-/Ausgabefunktionen *getchar()* und *putchar()* sehnen. Sie stehen auch zur Verfügung, falls Sie sie einsetzen wollen. Benutzen Sie dazu nur die Header-Datei *stdio.h* genauso, wie Sie es in C gewohnt sind. Oder verwenden Sie die entsprechenden Elementfunktionen der *istream*- und *ostream*-Klassen. Diese Methode wollen wir nun unter die Lupe nehmen.

Kompatibilitätshinweis

Während dieses Buch geschrieben wurde, unterstützte das Zortech C++ die *cin.get()*-Elementfunktion (ohne Argumente) nicht wie hier besprochen.

Die Elementfunktion *cin.get()* ohne Argumente übergibt das nächste Zeichen aus der Eingabe. Das heißt, Sie müssen diese Funktion wie folgt einsetzen:

```
ch = cin.get()
```

(Sie wissen ja, daß *cin.get(ch)* ein Objekt und nicht das gelesene Zeichen übergibt.) Diese Funktion entspricht weitestgehend *getchar()* von C und übergibt den Zeichencode als Wert vom Typ *int*. Genauso können Sie die Funktion *cout.put()* (siehe Kapitel 3) zum Ausgeben eines Zeichens verwenden:

```
cout.put(ch);
```

Sie funktioniert so wie die C-Funktion *putchar()*. Ihr Argument kann vom Typ *char* oder *int* sein.

Damit *cin.get()* erfolgreich eingesetzt werden kann, müssen Sie wissen, wie diese Funktion mit dem Erreichen des Dateiendes umgeht. Sobald die Funktion das Ende einer Datei antrifft, können keine Zeichen mehr übergeben werden. Statt dessen übergibt *cin.get()* einen Spezialwert, der durch die symbolische Konstante *EOF* repräsentiert wird. Diese Konstante ist in der Header-Datei *iostream.h* definiert. Der *EOF*-Wert muß sich von jedem gültigen Zeichenwert unterscheiden, damit das Programm nicht *EOF* mit einem regulären Zeichen verwechselt. Meistens wird *EOF* deshalb als -1 definiert, da kein Zeichen den ASCII-Code -1 besitzt. Sie müssen den wirklichen Wert nicht kennen. Benutzen Sie einfach *EOF* in Ihrem Programm. Das Kernstück von Listing 5.15 sieht wie folgt aus:

```
cin >> ch;
while (ch != '#')
{
    cout << ch;
    count++;
    cin >> ch;
}
```

Man kann *cin* durch *cin.get()*, *cout* durch *cout.put()* und '#' durch *EOF* ersetzen:

```
ch = cin.get();
while (ch != EOF)
{
    cout.put(ch);
    count++;
    ch = cin.get();
}
```

Ist *ch* ein Zeichen, gibt die Schleife es aus. Ist *ch* *EOF*, wird die Schleife beendet.

Sie sollten wissen, daß *EOF* kein Zeichen der Eingabe darstellt. Es handelt sich vielmehr um ein Zeichen, das angibt, daß keine Zeichen mehr vorhanden sind.

Es gibt noch einen unscheinbaren, aber wichtigen Punkt im Zusammenhang mit *cin.get()*, der nichts mit den bisher vorgenommenen Veränderungen zu tun hat. Da *EOF* einen Wert repräsentiert, der nicht zu den gültigen Zeichencodes gehört, ist es möglich, daß die Konstante nicht mit dem Typ *char* kompatibel ist. Bei einigen Systemen zum Beispiel ist der Typ *char* vorzeichenlos. Somit kann in einer *char*-Variablen nicht der übliche *EOF*-Wert von -1 abgelegt werden. Verwenden Sie also *cin.get()* (ohne Argumente) und testen auf EOF, sollten Sie den Übergabewert in einer *int*-Variablen und nicht in einer *char*-Variablen ablegen. Wandeln Sie *ch* von einer *char*- in eine *int*-Variable um, sollten Sie *cout.put(ch)* anstelle von *cout<<ch* verwenden. *cout* gibt nämlich den Typ *int* als Integer und nicht als Zeichen aus.

In Listing 5.18 sehen Sie, wie *cin.get()* in einer neuen Version von Listing 5.15 untergebracht wurde. Außerdem wurde die Zeicheneingabe direkt im Testausdruck der *while*-Schleife plaziert.

```
// textein4.cpp -- Zeichen mit cin.get() lesen
#include <iostream.h>
```

```
int main(void)
{
    int ch;                 // sollte vom Typ int und nicht vom Typ
                            // char sein
    int count = 0;

    while ((ch = cin.get()) != EOF)  // Test auf das Dateiende
    {
        cout.put(ch);    // wird benutzt da ch vom Typ int
        count++;
    }
    cout << count << " Zeichen gelesen\n";
    return 0;
}
```

Listing 5.18: textein4.cpp

Es folgt ein Beispielablauf:

```
Die grämliche Makrele schmollt im schattigen Gewässer.
Die grämliche Makrele schmollt im schattigen Gewässer.
Ja, aber der blaue Vogel der Glückseligkeit hütet Geheimnisse.
Ja, aber der blaue Vogel der Glückseligkeit hütet Geheimnisse.
^Z
116 Zeichen gelesen
```

Wir wollen die Schleifenbedingung analysieren:

```
while ((ch = cin.get()) != EOF
```

Die runden Klammern, in denen der Unterausdruck *ch=cin.get()* steht, bewirken, daß das Programm diesen Ausdruck zuerst auswertet. Damit die Auswertung ausgeführt werden kann, muß das Programm zuerst die Funktion *cin.get()* aufrufen. Daran anschließend weist die Funktion *ch* den Übergabewert zu. Da es sich beim Wert einer Zuweisungsanweisung um den Wert des linken Operanden handelt, nimmt der gesamte Unterausdruck den Wert von *ch* an. Ist dieser Wert *EOF*, wird die Schleife beendet, anderenfalls wird sie fortgesetzt. Die Testbedingung benötigt sämtliche runden Klammern. Angenommen, wir lassen sie weg:

```
while (ch = cin.get() != EOF)
```

Der !=-Operator hat einen höheren Vorrang als »=«. Deshalb vergleicht das Programm zuerst den Übergabewert von *cin.get()* mit *EOF*. Ein Vergleich ergibt 0 (falsch) oder 1 (wahr) und dieser Wert wird dann *ch* zugewiesen.

Verwendet man andererseits *cin.get(ch)* (mit einem Argument) für die Eingabe, gibt es keine Typprobleme. Wie Sie wissen, weist die Funktion *cin.get(ch)* *ch* keinen speziellen Wert zu, falls das Dateiende angetroffen wurde. Es wird *ch* in diesem Fall überhaupt nichts zugewiesen. Deshalb kommt *ch* niemals in Verlegenheit, einen anderen Wert als einen vom Typ *char* aufzunehmen. In Tabelle 5.3 sind die Unterschiede zwischen *cin.get(ch)* und *cin.get()* aufgeführt.

Eigenschaft	cin.get(ch)	ch = cin.get()
Methode der Zeichenübergabe	Zeichen wird *ch* zugewiesen.	Der Funktionsübergabewert wird *ch* zugewiesen.
Funktionsübergabewert, falls ein Zeichen gelesen werden konnte	Ein Objekt der Klasse *istream*	Zeichencode als *int*-Wert
Funktionsübergabewert, falls kein Zeichen gelesen werden konnte	0	*EOF*

Tabelle 5.3: cin.get(ch) contra cin.get()

5.6 Verschachtelte Schleifen und zweidimensionale Arrays

Sie wissen schon, daß die *for*-Schleife ein geeignetes Werkzeug zur Bearbeitung von Arrays ist. Jetzt wollen wir einen Schritt weitergehen und uns anschauen, was eine *for*-Schleife innerhalb einer anderen *for*-Schleife (verschachtelte Schleifen) in Bezug auf zweidimensionale Arrays bewirken kann.

Wir wollen zuerst untersuchen, was ein zweidimensionales Array ist. Die bis jetzt eingesetzten Arrays werden als eindimensional bezeichnet, da Sie sich jedes Array als einzelne Datenzeile vorstellen können. Ein zweidimensionales Array gleicht mehr einer Tabelle, in der es sowohl Zeilen als auch Spalten gibt. Ein zweidimensionales Array kann zum Beispiel die monatlichen Umsätze von sechs verschiedenen Bezirken beinhalten, wobei jede Zeile die Daten eines Bezirkes enthält. Außerdem kann ein zweidimensionales Array beispielsweise die Position der Figur RoboDork in einem Computerspiel repräsentieren.

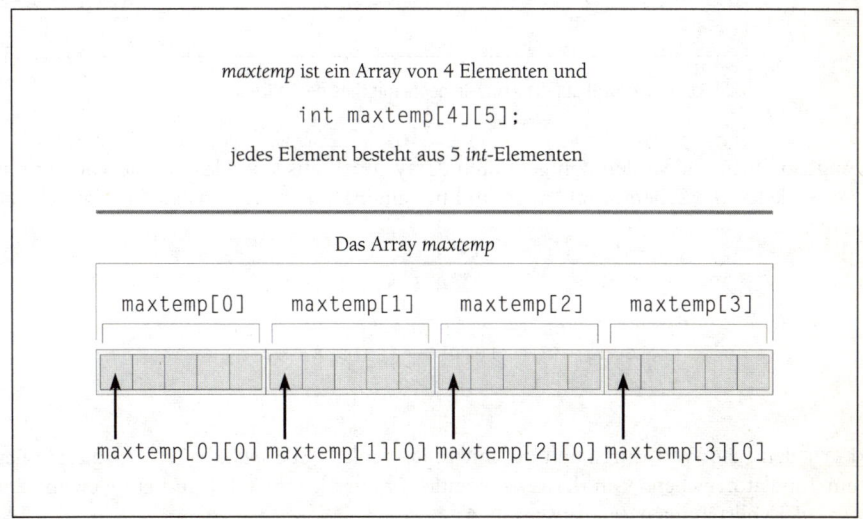

Bild 5.5: Ein aus Arrays bestehendes Array

C++ kennt keinen speziellen zweidimensionalen Arraytyp. Sie erzeugen statt dessen ein Array, bei dem jedes Element seinerseits ein Array ist. Angenommen, Sie wollen die maximalen Temperaturen von fünf Städten innerhalb eines vier Jahre umfassenden Zeitraumes abspeichern. Sie können dann ein Array wie folgt deklarieren:

```
int maxtemp[4][5];
```

Diese Deklaration gibt an, daß *maxtemp* ein Array mit vier Elementen ist. Jedes dieser Elemente ist wiederum ein Array mit fünf Integern (siehe Bild 5.5). Das Array *maxtemp* repräsentiert sozusagen vier Zeilen, in denen sich jeweils fünf Temperaturwerte befinden.

Der Ausdruck *maxtemp[0]* ist das erste Element des Arrays *maxtemp*. Deshalb ist *maxtemp[0]* selbst ein Array, bestehend aus fünf *int*-Werten. Das erste Element des Arrays *maxtemp[0]* ist *maxtemp[0][0]* und dieses Element ist ein einzelner *int*-Wert. Somit benötigen Sie zwei Indizes, um auf die *int*-Elemente zugreifen zu können. Sie können sich vorstellen, daß der erste Index die erste Zeile repräsentiert und der zweite Index die Spalte (siehe Bild 5.6).

```
int maxtemp[4][5];
```

Das Array *maxtemp* als Tabelle betrachtet:

		0	1	2	3	4
maxtemp[0]	0	maxtemp[0][0]	maxtemp[0][1]	maxtemp[0][2]	maxtemp[0][3]	maxtemp[0][4]
maxtemp[1]	1	maxtemp[1][0]	maxtemp[1][1]	maxtemp[1][2]	maxtemp[1][3]	maxtemp[1][4]
maxtemp[2]	2	maxtemp[2][0]	maxtemp[2][1]	maxtemp[2][2]	maxtemp[2][3]	maxtemp[2][4]
maxtemp[3]	3	maxtemp[3][0]	maxtemp[3][1]	maxtemp[3][2]	maxtemp[3][3]	maxtemp[3][4]

Bild 5.6: Der Zugriff auf die Arrayelemente mit Hilfe der Indizes

Angenommen, Sie wollen den gesamten Array-Inhalt ausgeben lassen. Sie können mit einer der *for*-Schleifen die Zeilen durchlaufen und mit einer zweiten, verschachtelten *for*-Schleife die Spalten:

```
for (int zeile = 0; zeile < 4; zeile++)
{
    for (int spalte = 0; spalte < 5; spalte++)
        cout << maxtemp[zeile][spalte] << "\t";
    cout << "\n";
}
```

Für jeden *zeile*-Wert durchläuft die innere *for*-Schleife alle *spalte*-Werte. In diesem Beispiel wird ein Tabulatorzeichen (\t in der C++-Notation) hinter jedem Wert und ein Newline-Zeichen hinter jeder vollständigen Zeile ausgegeben.

Das Initialisieren eines zweidimensionalen Arrays

Erzeugen Sie ein zweidimensionales Array, haben Sie die Möglichkeit, jedes Element zu initialisieren. Diese Technik basiert auf der, die zur Initialisierung von eindimensionalen Arrays eingesetzt wird. Sie müssen – wie Sie vielleicht noch wissen – eine durch Kommata separierte Werteliste in geschweiften Klammern angeben:

```
// Die Initialisierung eines eindimensionalen Arrays
int bus[5] = { 23, 26, 24, 31, 28};
```

Bei einem zweidimensionalen Array ist jedes Element wiederum ein Array. Deshalb können Sie jedes Element mit einer ähnlichen Form wie oben initialisieren. Die Initialisation besteht also aus einer durch Kommata getrennten Serie von eindimensionalen Initialisationen, die sich alle innerhalb eines Paares geschweifter Klammern befinden:

```
int maxtemp[4][5] =        // Zweidimensionales Array
    {24, 28, 17, 33, 31}, // Werte für maxtemp[0]
    {28, 29, 21, 37, 35}, // Werte für maxtemp[1]
    {23, 21, 20, 31, 34}, // Werte für maxtemp[2]
    {25, 30, 18, 35, 33}  // Werte für maxtemp[3]
};
```

Der Ausdruck {24, 28, 17, 33, 31} initialisiert die erste Zeile also maxtemp[0]. Aus Übersichtlichkeitsgründen sollte jede Datenzeile, falls möglich, in einer eigenen Zeile plaziert werden, dadurch wird das Lesen der Daten erleichtert.

In Listing 5.19 wird ein initialisiertes, zweidimensionales Array und eine verschachtelte Schleife eingesetzt. Dabei wurde dieses Mal die Anordnung der Schleifen umgekehrt, wobei die Spaltenschleife (Stadt-Index) außerhalb und die Zeilenschleife (Jahr-Index) innerhalb plaziert wurde. Außerdem wird eine übliche C++-Praxis zur Initialisierung eines Zeigerarrays mit einem Satz von String-Konstanten demonstriert. Das heißt, *staedte* ist als Array des Typs »Zeiger auf *char*-Objekt« deklariert. Dadurch wird jedes Element, wie *staedte[0]*, zu einem Zeiger auf ein *char*-Objekt, das mit der Adresse eines Strings initialisiert werden kann. Das Programm initialisiert *staedte[0]* beispielsweise mit der Adresse des Strings *"Gribble City"* usw. Deshalb ist dieses Zeigerarray eigentlich ein Array aus Strings.

```
// verschac.cpp -- verschaltelte Schleifen und 2-D-Arrays
#include <iostream.h>

const int Staedte = 5;
const int Jahre = 4;

int main(void)
{
    char * staedte[Staedte] =        // Zeigerarray
    {                                // 5 Strings
        "Gribble City",
        "Gribbleton",
        "New Gribble",
        "San Gribble",
        "Gribble Vista"
    };
```

```
int maxtemp[Jahre][Staedte] =       // 2-D Array
{
    {24, 28, 17, 33, 31},           // Wert für maxtemp[0]
    {28, 29, 21, 37, 35},           // Wert für maxtemp[1]
    {23, 21, 20, 31, 34},           // Wert für maxtemp[2]
    {25, 30, 18, 35, 33}            // Wert für maxtemp[3]
};

cout << "Die maximalen Temperaturen von 1990 - 1993\n\n";

for (int stadt = 0; stadt < Staedte; stadt++)
{
    cout << staedte[stadt] << ":\t";
    for (int jahr = 0; jahr < Jahre; jahr++)
        cout << maxtemp[jahr][stadt] << "\t";
    cout << "\n";
}

return 0;
}
```

Listing 5.19: verschac.cpp

Es folgt die Programmausgabe:

```
Die maximalen Temperaturen von 1990 - 1993
Gribble City:      24   28   23   25
Gribbleton:        28   29   21   30
New Gribble:       17   21   20   18
San Gribble:       33   37   31   35
Gribble Vista:     31   35   34   33
```

Verwendet man bei der Ausgabe Tabulatorzeichen, werden die Daten ordentlicher getrennt, als es nur mit Leerzeichen der Fall wäre. In Kapitel 12 werden präzisere, aber komplexere Methoden zum Formatieren der Ausgabe präsentiert.

5.7 Zusammenfassung

C++ kennt drei verschiedene Schleifenarten: die *for*-Schleife, die *while*-Schleife und die *do while*-Schleife. Eine Schleife durchläuft dieselben Instruktionen wiederholt, und zwar solange, solange die Testbedingung ungleich null ist. Die Schleifenausführung wird beendet, sobald die Testbedingung null ist. Die *for*- und die *while*-Schleife sind Schleifen, die die Testbedingung vor der Ausführung der Anweisungen im Schleifenrumpf untersuchen. Die *do while*-Schleife ist eine Schleife, die die Testbedingung nach dem Ausführen der Anweisungen im Schleifenrumpf auswertet.

Die Syntax jeder Schleife erwartet, daß der Schleifenrumpf aus einer Anweisung besteht. Bei dieser Anweisung kann es sich um eine zusammengesetzte Anweisung – Block genannt – handeln, die durch Einschließen von mehreren Anweisungen in geschweifte Klammern entsteht.

Bedingungen, bei denen zwei Werte miteinander verglichen werden, werden häufig als Schleifentestbedingung benutzt. Bedingungen werden unter Verwendung der sechs relationalen Operatoren gebildet: <, <=, ==, >=, >, !=. Bedingungen besitzen den Wert 1, falls sie wahr sind, und 0, falls sie falsch sind.

Viele Programme lesen Texteingaben oder Textdateien Zeichen für Zeichen. Die Klasse *istream* bietet dazu mehrere Möglichkeiten an. Ist *ch* eine Variable vom Typ *char*, liest die Anweisung

```
cin >> ch;
```

das nächste Zeichen und plaziert es in *ch*. Leer-, Newline- und Tabulatorzeichen werden dabei allerdings übersprungen. Der Aufruf der Elementfunktion

```
cin.get(ch);
```

liest das nächste Eingabezeichen unabhängig von seinem Wert und legt es in *ch* ab. Der Elementfunktionsaufruf von *cin.get()* übergibt das nächste Eingabezeichen einschließlich Leer-, Newline- und Tabulatorzeichen. Die Funktion kann also wie folgt eingesetzt werden:

```
ch = cin.get();
```

Die Elementfunktion *cin.get(ch)* meldet das Auftreten des Dateiendes durch Übergabe des Wertes 0, während die Elementfunktion *cin.get()* das Ende der Datei durch Übergabe von *EOF* meldet. *EOF* ist in der Datei *iostream.h* definiert.

Bei einer verschachtelten Schleife handelt es sich um eine Schleife innerhalb einer Schleife. Mit verschachtelten Schleifen können zweidimensionale Arrays bearbeitet werden.

5.8 Übungsaufgaben

1. Was ist der Unterschied zwischen einer Schleife, die den Testausdruck beim Eintritt auswertet und einer Schleife, die dies vor dem Austritt macht?

2. Was gibt das folgende Fragment aus, wenn es Teil eines gültigen Programmes wäre?

```
int i;
for (i = 0; i < 5; i++)
    cout << i;
    cout << "\n";
```

3. Was gibt das folgende Fragment aus, falls es Teil eines gültigen Programmes wäre?

```
int j;
for (j = 0; j < 11; j += 3)
    cout << j;
cout << "\n" << j << "\n";
```

4. Was würde das folgende Fragment ausgeben, falls es Teil eines gültigen Programmes wäre?

```
int j = 5;
while ( ++j < 9)
```

5. Was würde das folgende Fragment ausgeben, falls es Teil eines gültigen Programmes wäre?

```
int k = 8;
do
```

6. Schreiben Sie eine *for*-Schleife, von der die Werte 1 2 4 8 16 32 64 ausgegeben werden, indem bei jedem Schleifendurchlauf der Wert einer Zählervariablen um den Faktor 2 vergrößert wird.

7. Wie kann man in einem Schleifenrumpf mehr als eine Anweisung unterbringen?

8. Ist die folgende Anweisung gültig? Falls nicht, warum? Ist sie gültig, was bewirkt sie?

```
int x = 1,024;
```

9. Wie unterscheidet sich *cin >> ch* von *cin.get(ch)* und *ch=cin.get()*, wenn man die Art und Weise betrachtet, wie sie die Eingabe sehen?

6

Verzweigungen und logische Operatoren

Ein Schlüssel zur Entwicklung von intelligenten Programmen liegt darin, die Programme zu befähigen, Entscheidungen zu treffen. In Kapitel 5 sahen Sie eine Möglichkeit dazu; Schleifen. Dabei entscheidet das Programm, ob die Schleife fortgeführt werden soll oder nicht. Jetzt wollen wir untersuchen, wie man in C++ verzweigte Anweisungen einsetzen kann, um zwischen unterschiedlichen Aktionen auszuwählen. Welche Vampirschutztechnik (Knoblauch oder Kreuz?) soll das Programm benutzen? Was für einen Menüpunkt hat der Anwender ausgesucht? Hat der Anwender eine Null eingegeben? C++ kennt die Anweisungen *if* und *switch*, mit deren Hilfe Entscheidungen getroffen werden können. In diesem Kapitel werden diese beiden genau besprochen. Wir werden uns außerdem den Bedingungsoperator anschauen, der eine andere Möglichkeit darstellt, Entscheidungen zu treffen. Danach betrachten wir die logischen Operatoren, mit denen zwei Tests zu einem verbunden werden können.

6.1 Die if-Anweisung

Muß ein C++-Programm entscheiden, ob eine bestimmte Aktion vorgenommen werden soll oder nicht, können Sie die *if*-Anweisung einsetzen. *if* gibt es in zwei Formen: als *if* und als *if else*. Zuerst wollen wird das einfachere *if* besprechen. Die *if*-Anweisung veranlaßt ein Programm, eine Anweisung oder einen Anweisungsblock auszuführen, falls (engl. if) eine Testbedingung wahr ist, anderenfalls wird die Anweisung oder der Anweisungsblock übersprungen. Die Syntax ist ähnlich wie die Syntax von *while*:

```
if (Testbedingung)
    Anweisung
```

Eine *Testbedingung* ungleich Null (wahr) veranlaßt das Programm zum Ausführen der *Anweisung*, bei der es sich um eine einzelne Anweisung oder einen Anweisungsblock handeln kann (siehe Bild 6.1). Die gesamte *if*-Konstruktion zählt als einzelne Anweisung. Übrigens, im *Anweisungsteil* darf sich keine Deklarationsanweisung befinden. Deklarationen müssen so plaziert werden, daß sie nicht übersprungen werden können.

Meistens handelt es sich bei der *Testbedingung* um einen relationalen Ausdruck (Vergleich), wie die Ausdrücke, die zur Kontrolle von Schleifen dienen. Angenommen, Sie benötigen ein Programm, das sowohl die Leerzeichen als auch die Gesamtzahl der Zeichen in der Eingabe zählt. Mit *cin.get(ch)* in einer *while*-Schleife können Sie die Zeichen einlesen und mit einer *if*-Anweisung die Leerzeichen heraussuchen und zählen. In Listing 6.1 wird genau das gemacht. (Sie wissen ja, daß *cin.get(ch)* das Objekt *cin* übergibt, das normalerweise ungleich null ist und die Schleife deshalb fortgesetzt wird. Aber es wird null übergeben, sobald das Programm das Ende der Datei feststellt, was zur Folge hat, daß die Schleife beendet wird.)

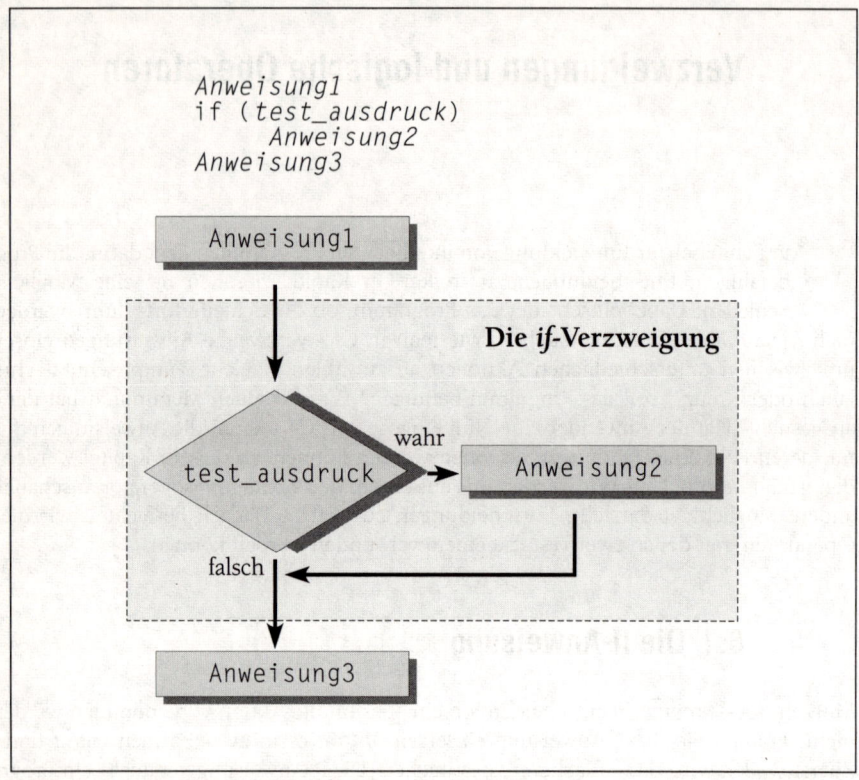

Bild 6.1: Die if-Verzweigung

```
// if.cpp -- die if-Anweisung einsetzen
#include <iostream.h>

int main(void)
{
    char ch;
    int leerzeichen = 0;
    int total = 0;

    while (cin.get(ch))
    {
        if (ch == ' ')        // überprüfen, ob es ein Leerzeichen ist
            leerzeichen++;
        total++;              // wird immer ausgeführt
    }
```

```
        cout << leerzeichen << " Leerzeichen, " << total;
        cout << " Zeichen insgesamt\n";
        return 0;
}
```

Listing 6.1: if.cpp

Es folgt eine Beispielausgabe (Wir haben wieder [RETURN] eingesetzt, um anzuzeigen, daß man die Return- oder Entertaste drücken und ^Z eingeben muß, um das Dateiende zu simulieren):

```
Der Ballonfahrer war ein Luftikus. [ RETURN ]
^Z [ RETURN ]
4 Leerzeichen, 35 Zeichen insgesamt
```

Wie man aus den Kommentaren ersehen kann, wird die Anweisung *leerzeichen*++; nur dann ausgeführt, wenn es sich bei *ch* um ein Leerzeichen handelt. Da sie sich außerhalb der *if*-Anweisung befindet, wird die Anweisung *total*++; jedesmal ausgeführt. Beachten Sie, daß die Gesamtzahl der Zeichen auch das Newline-Zeichen beinhaltet, das durch das Drücken der Return- oder Entertaste eingegeben wurde.

Die if else-Anweisung

Mit der *if*-Anweisung ist es einem Programm möglich, zu entscheiden, ob eine bestimmte Anweisung oder ein bestimmter Block ausgeführt werden soll. Mit der *if else*-Anweisung kann ein Programm entscheiden, welche von zwei Anweisungen oder welcher von zwei Blöcken ausgeführt werden sollen. Diese Anweisung ist unersetzlich beim Anlegen von alternativen Aktionspfaden. Die *if else*-Anweisung hat das folgende allgemeine Format:

```
if (Testbedingung)
        Anweisung1
else
        Anweisung2
```

Ist die *Testbedingung* ungleich Null (oder wahr), führt das Programm die *Anweisung1* aus und überspringt die *Anweisung2*. Ist die *Testbedingung* dagegen gleich null (falsch), überspringt das Programm die *Anweisung1* und führt statt dessen die *Anweisung2* aus. Das folgende Fragment:

```
if (antwort == 1492)
        cout << "Das ist richtig!\n";
else
        cout << "Sie sollten Kapitel 1 noch einmal durcharbeiten..\n";
```

gibt die erste Meldung aus, falls *antwort* 1492 ist und die zweite Meldung im anderen Fall. Bei jeder Anweisung kann es sich um eine einzelne Anweisung oder einen Anweisungsblock in geschweiften Klammern handeln (siehe Bild 6.2). Die gesamte *if else*-Konstruktion gilt syntaxmäßig als einzelne Anweisung.

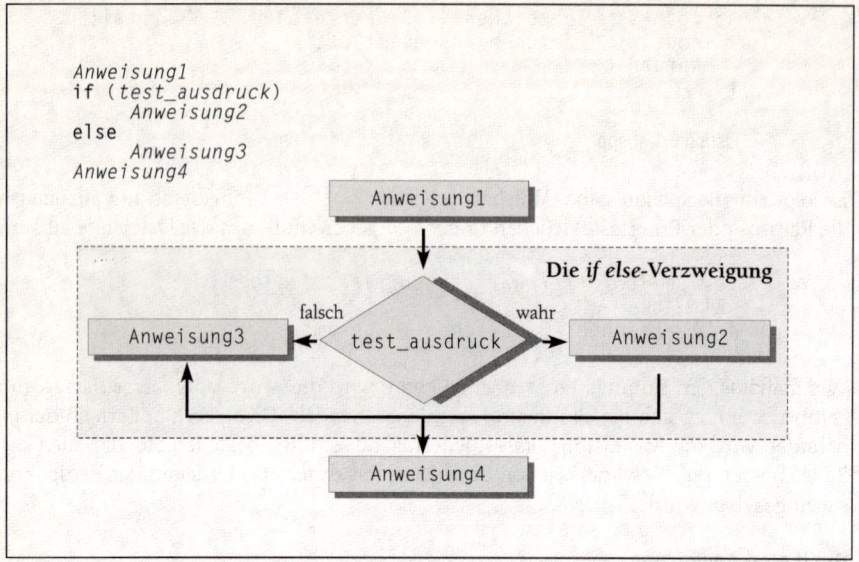

Bild 6.2: Die if else-Verzweigung

Angenommen, Sie möchten ankommenden Text durch Verschlüsseln der Buchstaben verändern, die Newline-Zeichen sollen aber intakt bleiben. Alle Eingabezeilen werden dann in Ausgabezeilen mit jeweils gleicher Länge umgewandelt. Das bedeutet, das Programm muß für die Newline-Zeichen etwas Bestimmtes tun und für die anderen Zeichen etwas ganz anderes. Wie Sie aus Listing 6.2 ersehen können, geht das mit *if else* ganz einfach.

```
// ifelse.cpp -- die if else-Anweisung einsetzen
#include <iostream.h>
int main(void)
{
    char ch;

    cout << "Geben Sie etwas ein, ich werde es wiederholen.\n";
    while (cin.get(ch))
    {
        if (ch == '\n')
            cout << ch;        // falls das Newline-Zeichen
        else
            cout << ++ch;      // falls etwas anderes
    }
    // ersetzen Sie versuchsweise ++ch durch ch + 1
    // und betrachten Sie das Ergebnis
    cout << "Bitte entschuldigen Sie das Durcheinander.\n";
    return 0;
}
```

Listing 6.2: ifelse.cpp

Es folgt eine Beispielausgabe:

```
Geben Sie etwas ein, ich werde es wiederholen.
Ich bin sehr geehrt,
Jdi!cjo!tfis!hffisu-
einen solch leistungsfähigen Computer zu benutzen!
fjofo!tpmdi!mfjtuvohtgàijhfo!Dphgvufs!{v!cfovu{fo"
^Z
Bitte entschuldigen Sie das Durcheinander.
```

Beachten Sie, daß einer der Programm-Kommentare besagt, daß die Veränderung von *++ch* in *ch+1* einen interessanten Effekt hat. Können Sie sich vorstellen, was für einen? Falls nicht, probieren Sie es aus und versuchen Sie zu erklären, was passiert. (Hinweis: Denken Sie daran, wie *cout* verschiedene Typen behandelt.)

Das Formatieren der if else-Anweisungen

Beachten Sie bitte, daß die beiden *if else*-Alternativen aus einzelnen Anweisungen bestehen müssen. Benötigen Sie mehr als eine Anweisung, bringen Sie sie in einem Block in geschweiften Klammern unter. Anders als einige andere Programmiersprachen wie Basic oder Fortran betrachtet C++ nicht automatisch alles, was sich zwischen den *if-* und *else*-Anweisungen befindet, als Block. Um aus den Anweisungen einen Block zu machen, braucht man deshalb die geschweiften Klammern. Die folgenden Anweisungen beispielsweise erzeugen einen Fehler beim Kompilieren. Der Compiler betrachtet die *if*-Anweisung und das darauffolgende *zorro++;* als abgeschlossene Einheit. Als nächstes folgt eine *cout*-Anweisung. Soweit so gut. Aber dann folgt etwas, was der Compiler als nicht gebundenes *else* interpretiert. Und das gilt als Syntaxfehler.

```
if (ch == 'Z')
    zorro++; // if endet hier
    cout << "Ein weiterer Zorro-Kandidat\n";
else
    dull++;
    cout << "Kein Zorro-Kandidat\n";
```

Durch Hinzufügen der geschweiften Klammern wird das Ganze zu dem, was eigentlich beabsichtigt war:

```
if (ch == 'Z')
{   // wahr-Block
    zorro++;
    cout << "Ein weiterer Zorro-Kandidat\n";
}
else
{   // falsch-Block
    dull++;
    cout << "Kein Zorro-Kandidat\n";
}
```

Da C++ eine Programmiersprache mit freier Form ist, können Sie die geschweiften Klammern so anordnen, wie Sie wollen, solange dabei die Anweisungen eingeschlossen werden. Wir haben ein populäres Format gezeigt. Es folgt ein weiteres:

```
if (ch == 'Z') {
    zorro++;
    cout << "Ein weiterer Zorro-Kandidat\n";
    }
else {
    dull++;
    cout << "Kein Zorro-Kandidat\n";
    }
```

Bei der ersten Form wird die Blockstruktur der Anweisungen betont, bei der zweiten dagegen wird der Block näher mit den Schlüsselworten *if* und *else* verbunden. Beide Möglichkeiten sind gleichwertig und Sie können sich eine davon auswählen.

Die if else if else-Konstruktion

Computerprogramme können Sie – wie das wirkliche Leben auch – vor mehr als eine Entscheidung stellen. Sie können die C++-*if else*-Anweisung für diesen Zweck erweitern. Auf das *else*, das Sie schon kennen, sollte eine einzelne Anweisung, bei der es sich auch um einen Block handeln kann, folgen. Da eine *if else*-Anweisung selbst eine einzelne Anweisung ist, kann sie auf *else* folgen:

```
if (ch == 'A')
    a_grade++;          // Alternative # 1
else
    if (ch == 'B')      // Alterative # 2
        b_grade++;      // Unteralternative # 2a
    else
        soso++;         // Unteralternative # 2b
```

Ist *ch* nicht gleich 'A', macht das Programm bei *else* weiter. Dort unterteilt ein zweites *if else* diese Alternative in zwei weitere Alternativen. Aufgrund der freien C++-Formatierung können Sie diese Elemente in ein leichter zu lesendes Format bringen:

```
if (ch == 'A')
    a_grade++;          // Alternative # 1
else if (ch == 'B')
    b_grade++;          // Alternative # 2
else
    soso++;             // Alternative # 3
```

Das sieht wie eine neue Kontrollstruktur aus – eine *if else if else*-Struktur. Aber es handelt sich in Wahrheit nur um ein *if else*, das sich in einem zweiten befindet. Dieses überarbeitete Format ist wesentlich klarer zu lesen. Die gesamte Konstruktion zählt wieder als einzelne Anweisung.

In Listing 6.3 haben wir die zweite Formatierungsmethode angewandt und ein harmloses Quizprogramm konstruiert.

```
// ifelseif.cpp -- der Einsatz von if else if else
#include <iostream.h>

const int Lieblingszahl = 27;
```

```
int main(void)
{
    int n;

    cout << "Geben Sie eine Zahl aus dem Bereich 1-100 ein,\n";
    cout << "um meine Lieblingszahl herauszufinden: ";
    do
    {
        cin >> n;
        if (n < Lieblingszahl)
            cout << "Zu niedrig -- versuchen Sie es noch einmal: ";
        else if (n > Lieblingszahl)
            cout << "Zu hoch -- versuchen Sie es noch einmal: ";
        else
            cout << Lieblingszahl << ", das ist richtig!\n";
    } while (n != Lieblingszahl);
    return 0;
}
```

Listing 6.3: ifelseif.cpp

Es folgt eine Beispielausgabe:

```
Geben Sie eine Zahl aus dem Bereich 1-100 ein,
um meine Lieblingszahl herauszufinden: 50
Zu hoch -- versuchen Sie es noch einmal: 25
Zu niedrig -- versuchen Sie es noch einmal: 37
Zu hoch -- versuchen Sie es noch einmal: 31
Zu hoch -- versuchen Sie es noch einmal: 28
Zu hoch -- versuchen Sie es noch einmal: 27
27, das ist richtig!
```

6.2 Logische Ausdrücke

Sie müssen vermutlich häufig mehr als eine Bedingung überprüfen. Damit ein Zeichen zum Beispiel ein Kleinbuchstabe ist, muß sein Wert größer oder gleich 'a' und kleiner oder gleich 'z' sein. Soll ein Anwender mit 'j' oder 'n' antworten können, müssen Sie sowohl Groß- ('J' und 'N') als auch Kleinbuchstaben zulassen. Um diese Bedürfnisse zu befriedigen, gibt es in C++ drei logische Operatoren, mit denen man bestehende Ausdrücke kombinieren oder modifizieren kann. Es gibt den logischen Oder-Operator, geschrieben ||, den logischen Und-Operator, geschrieben &&, und den logischen Nicht-Operator, geschrieben !. Wir wollen uns diese drei Operatoren nun genauer betrachten.

Der logische Oder-Operator: ||

Das Wort *oder* dient im Deutschen dazu, anzuzeigen, wenn die eine oder die andere oder beide von zwei Bedingungen einer Anforderung genügen. Sie können zum Beispiel zum Picknick der Firma MegaMicro gehen, wenn Sie *oder* Ihre Freundin bei dieser Firma arbeiten. Das C++-Äquivalent ist der logische Oder-Operator, geschrieben ||. Dieser Operator verbindet zwei Ausdrücke zu einem. Ist einer oder beide der originalen Ausdrücke ungleich null (wahr), hat der resultierende Ausdruck den Wert 1 (wahr). Es folgen einige Beispiele:

```
5 == 5 || 5 == 9    // wahr, da der erste Ausdruck wahr ist
5 > 3  || 5 > 10    // wahr, da der erste Ausdruck wahr ist
5 > 8  || 5 < 10    // wahr, da der zweite Ausdruck wahr ist
5 < 8  || 5 > 2     // wahr, da beide Ausdrücke wahr sind
5 > 8  || 5 < 2     // falsch, da beide Ausdrücke falsch sind
```

Da || einen niedereren Vorrang als die Vergleichsoperatoren hat, werden bei diesen Ausdrücken keine runden Klammern benötigt. In Tabelle 6.1 wird dargestellt, wie der ||-Operator funktioniert.

Der Wert von Ausdruck1 || Ausdruck2		
	Ausdruck1 == wahr	Ausdruck1 == falsch
Ausdruck1 == wahr	1 (wahr)	1 (wahr)
Ausdruck1 == falsch	1 (wahr)	0 (falsch)

Tabelle 6.1: Der ||-Operator

In Listing 6.4 wird der ||-Operator in einer *if*-Anweisung eingesetzt, damit ein Zeichen sowohl als Groß- als auch als Kleinbuchstabe eingegeben werden kann. Außerdem wird aufgrund der C++-Stringverkettungsfähigkeit (siehe Kapitel 4) ein einzelner String über drei Zeilen ausgedehnt.

```
// oder.cpp -- der Einsatz des logischen Oder-Operators
#include <iostream.h>
int main(void)
{
    cout << "Dieses Programm kann Ihre Harddisk neu formatieren\n"
            "und alle Ihre Daten vernichten.\n"
            "Möchten Sie weitermachen? <j/n> ";
    char ch;
    cin >> ch;
    if (ch == 'j' || ch == 'J')              // j oder J
        cout << "Sie wurden gewarnt!\a\a\n";
    else if (ch == 'n' || ch == 'N')
        cout << "Eine weise Entscheidung ... Tschüss\n";
    else
        cout << "Das war weder j noch n. Ich nehme deshalb an,\n"
                "Sie möchten Ihre Harddisk dennoch zerstören.\n";
    return 0;
}
```

Listing 6.4: oder.cpp

Es folgt ein Beispielablauf:

```
Dieses Programm kann Ihre Harddisk neu formatieren
und alle Ihre Daten vernichten.
Möchten Sie weitermachen? <j/n>N
Eine weise Entscheidung ... Tschüss
```

Das Programm liest lediglich ein Zeichen, darum zählt auch nur der erste Buchstabe der Antwort. Das bedeutet, der Anwender hätte auch *NEIN!* anstelle von *N* eingeben können. Das Programm hätte trotzdem nur das Zeichen *N* gelesen. Versucht dann das Programm später, weitere Eingabezeichen zu lesen, beginnt es bei dem *E*.

Der logische Und-Operator: &&

Der logische Und-Operator, geschrieben &&, verbindet ebenfalls zwei Ausdrücke zu einem. Der resultierende Ausdruck hat nur den Wert 1 (wahr), wenn beide Originalausdrücke wahr sind. Es folgen einige Beispiele:

```
5 == 5 && 4 == 4    // wahr, da beide Ausdrücke wahr sind
5 == 3 && 4 == 4    // falsch, da der erste Ausdruck falsch ist
5 > 3 && 5 > 10     // falsch, da der zweite Ausdruck falsch ist
5 > 8 && 5 < 10     // falsch, da der erste Ausdruck falsch ist
5 < 8 && 5 > 2      // wahr, da beide Ausdrücke wahr sind
5 > 8 && 5 < 2      // falsch, da beide Ausdrücke falsch sind
```

Da der &&-Operator einen niedereren Vorrang hat als die Vergleichsoperatoren, werden bei diesen Ausdrücken die runden Klammern nicht benötigt. In Tabelle 6.2 wird zusammengefaßt, wie der &&-Operator funktioniert.

Der Wert von Ausdruck1 && Ausdruck2		
	Ausdruck1 == wahr	Ausdruck1 == falsch
Ausdruck1 == wahr	1 (wahr)	0 (falsch)
Ausdruck1 == falsch	0 (falsch)	0 (falsch)

Tabelle 6.2: Der &&-Operator

In Listing 6.5 wird gezeigt, wie der &&-Operator eine häufig auftretende Situation bewältigt: das Beenden einer *while*-Schleife aus zwei unterschiedlichen Gründen. In diesem Listing liest eine *while*-Schleife Werte in ein Array. Ein Test (*i* < *Groesse*) beendet die Schleife, wenn das Array voll ist. Der zweite Test (*temp* >= *0*) gibt dem Anwender die Möglichkeit, das Programm vorzeitig durch Eingabe einer negativen Zahl zu verlassen. Der &&-Operator ermöglicht es Ihnen, zwei Tests zu einer Bedingung zu kombinieren. Das Programm verwendet ebenfalls zwei *if*-Anweisungen, eine *if else*-Anweisung und eine *for*-Schleife. Es werden also Themen aus diesem und dem vorhergehenden Kapitel demonstriert.

```
// und.cpp -- den logischen Und-Operator einsetzen
#include <iostream.h>
const int Groesse = 6;
int main(void)
{
    float iq[Groesse];
    cout << "Geben Sie die IQ's Ihrer Verwandten ein.\nDas Programm"
            "endet nach " << Groesse << " Einträgen\n";
    cout << "oder nach der Eingabe eines negativen Wertes.\n";
```

```
    int i = 0;
    float temp;
    cin >> temp;
    while (i < Groesse && temp >= 0) // 2 Aussprungsbedingungen
    {
        iq[i++] = temp;
        if (i < Groesse)                // das Array hat noch Platz,
            cin >> temp;                // den nächsten Wert holen
    }
    if (i == 0)
        cout << "Keine Daten eingegeben - Ade\n";
    else
    {
        cout << "Geben Sie Ihren IQ ein: ";
        float sie;
        cin >> sie;
        int count = 0;
        for (int j = 0; j < i; j++)
            if (iq[j] > sie)
                count++;
        cout << count;
        cout << " Ihrer Verwandten sind klüger als Sie.\n";
    }
    return 0;
}
```

Listing 6.5: und.cpp

Beachten Sie, daß das Programm die eingegebene Zahl in der temporären Variablen *temp* unterbringt. Erst nachdem verifiziert wurde, daß die Eingabe gültig ist, weist das Programm den Wert dem Array zu.

Es folgen einige Beispielabläufe. Einer endet nach sechs Einträgen und der zweite nachdem ein negativer Wert eingegeben wurde:

```
Geben Sie die IQ's Ihrer Verwandten ein.
Das Programm endet nach sechs Einträgen
oder nach der Eingabe eines negativen Wertes.
120 140 115
85
123
100
Geben Sie Ihren IQ ein: 122
2 Ihrer Verwandten sind klüger als Sie.
Geben Sie die IQ's Ihrer Verwandten ein.
Das Programm endet nach sechs Einträgen
oder nach der Eingabe eines negativen Wertes.
140
120
75
110
-3
Geben Sie Ihren IQ ein: 212.19
0 Ihrer Verwandten sind klüger als Sie.
```

Programmhinweise

Wir wollen uns den Eingabeteil des Programmes näher betrachten:

```
cin >> temp;
while (i < Groesse && temp >= 0) // 2 Aussprungsbedingungen
{
    iq[i++] = temp;
    if (i < Groesse)              // das Array hat noch Platz,
        cin >> temp;              // den nächsten Wert holen
}
```

Das Programm beginnt durch Einlesen des ersten Eingabewertes in eine temporäre Variable mit dem Namen *temp*. Dann überprüft die *while*-Testbedingung, ob noch Platz im Array ist (*i < Groesse*) und ob der Eingabewert größer oder gleich null ist (*temp >= 0*). Ist das der Fall, wird der temporäre Wert in das Array kopiert und der Array-Index um 1 erhöht. Zu diesem Zeitpunkt, und da die Array-Numerierung mit 0 beginnt, entspricht *i* der Gesamtzahl der aktuellen Einträge. Das heißt, falls *i* bei 0 beginnt, dann wird beim ersten Schleifendurchlauf *iq[0]* ein Wert zugewiesen und anschließend *i* auf 1 gesetzt.

Die Schleife endet, sobald das Array voll ist oder wenn der Anwender eine negative Zahl eingibt. Sie können erkennen, daß die Schleife nur dann einen anderen Wert in *temp* ablegt, falls *i* kleiner als *Groesse* ist. Das heißt, nur dann, wenn noch genug Platz im Array ist.

Nach dem Einlesen der Daten benutzt das Programm eine *if else*-Verzweigung, um einen Kommentar auszugeben, falls keine Daten eingegeben wurden (das heißt, falls der erste Eintrag eine negative Zahl war) und um die Daten zu verarbeiten, falls welche vorliegen.

Wertebereiche mit dem &&-Operator einrichten

Der &&-Operator ermöglicht in Verbindung mit der *if else if else*-Anweisung, zu überprüfen, ob ein Wert in eine Reihe von Wertebereichen fällt. In Listing 6.6 wird das verdeutlicht. Es wird dort auch eine nützliche Technik zur Handhabung einer Reihe von Meldungen gezeigt. Genauso wie eine Variable vom Typ »Zeiger auf ein *char*-Objekt« einen String identifizieren kann, kann ein Array vom Typ »Zeiger auf *char*-Objekte« auf eine Reihe von Strings zeigen. Man muß dazu lediglich die Adresse von jedem String einem anderen Array-Element zuweisen. In Listing 6.6 werden im Array *qualify* die Adressen von vier Strings untergebracht. So beinhaltet zum Beispiel *qualify[1]* die Adresse des Strings *"Schlammringen\n"*. Das Programm kann dann *qualify[1]* genauso wie jeden anderen Zeiger auf einen String einsetzen, beispielsweise mit *cout* oder mit *strlen()* oder mit *strcmp()*. Der Modifizierer *const* schützt diese Strings davor, versehentlich überschrieben zu werden.

```
// mehrund.cpp -- den Und-Operator einsetzen
#include <iostream.h>
const char * qualify[4] =            // ein Array von Zeigern
{                                    // auf Strings
    "das 10000-Meter-Rennen",
    "das Schlammringen",
    "die Eierlauf-Meisterschaft",
    "den Tortenweitwurfwettbewerb"
};
```

```
int main(void)
{
    int alter;
    cout << "Geben Sie Ihr Alter in Jahren an: ";
    cin >> alter;
    int index;

    if (alter > 17 && alter < 35)
        index = 0;
    else if (alter >= 35 && alter < 50)
        index = 1;
    else if (alter >= 50 && alter < 65)
        index = 2;
    else
        index = 3;

    cout << "Sie haben sich für den " << qualify[index]
    cout << " qualifiziert.\n";
    return 0;
}
```

Listing 6.6: mehrund.cpp

Kompatibilitätshinweis

Sie wissen vielleicht noch, daß manche C++-Implementationen das Schlüsselwort *static* in einer Array-Deklaration benötigen, damit die Initialisation dieses Arrays ermöglicht wird. Die Einschränkung bezieht sich – wie Sie in Kapitel 8 sehen werden – nur auf Arrays, die innerhalb eines Funktionsrumpfs deklariert wurden. Wird ein Array außerhalb des Funktionsrumpfs deklariert, wie bei *qualify* in Listing 6.6, wird dieses Array als extern bezeichnet. Ein externes Array kann sogar bei prä-ANSI-C-Implementationen initialisiert werden.

Es folgt ein Beispielablauf:

```
Geben Sie Ihr Alter in Jahren an: 84
Sie haben sich für den Tortenweitwurfwettbewerb qualifiziert.
```

Das eingegebene Alter lag in keinem der Wertebereiche, so daß das Programm *index* mit dem Wert 3 versah und den entsprechenden String ausgab.

Programmhinweise

Der Ausdruck *alter > 17 && alter < 35* überprüft, ob das Alter zwischen den beiden Werten liegt. Dadurch wird der Bereich zwischen 18 und 34 abgedeckt. Der Ausdruck *alter >= 35 && alter < 50* verwendet den <=-Operator, um den Wert 35 in den Bereich 35-49 aufzunehmen. Hätten wir *alter > 35 && alter < 50* benutzt, wäre der Wert 35 durch alle Tests gefallen. Arbeiten Sie mit Bereichstests, sollten Sie sichergehen, daß zwischen den Bereichen keine Löcher auftreten. Mehr zu diesem Thema bei der Besprechung von Wertebereichstests.

Schauen Sie sich die Array-Deklaration an:

```
const char * qualify[4] =    // Ein Zeigerarray
{                            // auf Strings
    "das 10000-Meter-Rennen",
    "das Schlammringen",
    "die Eierlauf-Meisterschaft",
    "den Tortenweitwurfwettbewerb"
};
```

Dadurch wird festgelegt, daß *qualify* ein Array mit vier Elementen ist, wobei jedes Element vom Typ *char**, das heißt ein »Zeiger auf ein *char*«-Objekt ist. Jedes Element kann also die Adresse eines Strings aufnehmen. Jeder String in Anführungszeichen repräsentiert wiederum die Adresse seines ersten Zeichens. Das Programm initialisiert also vier Zeiger mit vier Adressen. Der Modifizierer *const* legt fest, daß diese Zeiger auf konstante Zeichen zeigen. Das Programm *mehrund.cpp* verfügt demnach über ein Array mit String-Konstanten, die nicht modifiziert werden können.

Die *if else*-Anweisung dient dazu, einen Array-Index auszuwählen, mit dem wiederum ein bestimmter String angesprochen wird.

Wertebereichstests

Jeder Bestandteil eines Wertebereichstests sollte mit Hilfe eines Und-Operators zwei komplette relationale Ausdrücke verbinden:

```
if (alter > 17 && alter < 35)  // OK
```

Machen Sie es nicht wie in der Mathematik und schreiben folgendes:

```
if (17 < alter < 35)           // Machen Sie das nicht
```

Machen Sie diesen Fehler, findet ihn der Compiler nicht, da er innerhalb der C++-Syntax gültig ist. Der <-Operator besitzt eine von links nach rechts Assoziativität. Deshalb hat der obige Ausdruck die folgende Bedeutung:

```
if ( (17 < alter) < 35)
```

Der Ausdruck *17 < alter* ist entweder wahr bzw. 1 oder falsch bzw. 0. In jedem Fall ist der Ausdruck *17 < alter* kleiner als 35 – der gesamte Test hat also immer das Ergebnis wahr!

Der logische Nicht-Operator: !

Der !-Operator negiert oder kehrt den Wahrheitswert des ihm folgenden Ausdruckes um. Das heißt, ist *ausdr* wahr, dann ist *!ausdr* falsch und umgekehrt. Präziser gesagt, ist *ausdr* ungleich null, ist *!ausdr* gleich null, und ist *ausdr* gleich null, dann ist *!ausdr* gleich eins.

Normalerweise kann eine Beziehung ohne Verwendung dieses Operators deutlicher ausgedrückt werden:

```
if (!(x > 5)         // if (x <= 5) ist deutlicher
```

Aber der !-Operator ist besonders im Zusammenhang mit Funktionen zweckmäßig, die wahr/falsch-Werte übergeben. So übergibt beispielsweise *strcmp(s1,s2)* einen Wert ungleich null (wahr), falls die beiden Strings *s1* und *s2* sich unterscheiden und einen Wert gleich null (falsch), wenn sie gleich sind. Das bedeutet, daß *!strcmp(s1,s2)* wahr ist, falls die beiden Strings gleich sind.

In Listing 6.7 wird diese Technik angewandt (der Einsatz des !-Operators in Verbindung mit einer wahr/falsch-Funktion), um zu testen, ob die Zahl, die der Anwender eingegeben hat, dem Typ *int* zugewiesen werden kann. Die Funktion *is_int()* – die wir gleich detaillierter besprechen werden – übergibt wahr, falls ihr Argument sich in dem Wertebereich bewegt, aus dem dem Typ *int* Werte zugewiesen werden können. Das Programm benutzt hierzu den Test *while(!is_int(num))*, um Werte zurückzuweisen, die nicht aus diesem Bereich sind.

```cpp
// nicht.cpp -- der Einsatz des !-Operators
#include <iostream.h>
#include <limits.h>
int is_int(double);
int main(void)
{
    double num;

    cout << "Hallo, Stadtmensch! Geben Sie einen Integerwert ein: ";
    cin >> num;
    while (!is_int(num))    // solange weitermachen. solange num
                            // nicht aus dem geforderten
                            // Wertebereich ist
    {
        cout << "Liegt nicht im Wertebereich -- "
                "bitte versuchen Sie es noch einmal: ";
        cin >> num;
    }
    int val = num;
    cout << "Sie haben den Integerwert " << val;
    cout << " eingegeben\n";
    return 0;
}

int is_int(double x)
{
    if (x <= INT_MAX && x >= INT_MIN)  // die Werte aus limits.h
                                       // benutzen
        return 1;
    else
        return 0;
}
```

Listing 6.7: nicht.cpp

Es folgt ein Beispielablauf auf einem System mit einem aus zwei Byte bestehenden *int*-Typ:

```
Hallo, Stadtmensch! Geben Sie einen Integerwert ein: 50000
Liegt nicht im Wertebereich -- bitte versuchen Sie es noch einmal:
-42000
```

```
Liegt nicht im Wertebereich -- bitte versuchen Sie es noch einmal:
32767
Sie haben den Integerwert 32767 eingegeben
```

Programmhinweise

Geben Sie einem Programm, das einen *int*-Wert liest, einen zu großen Wert an, kürzen die meisten Implementationen den Wert einfach auf eine passende Größe, ohne Sie darüber zu informieren, daß Daten verlorengingen. Dieses Programm vermeidet dies, indem der potentielle *int*-Wert zunächst als *double*-Wert interpretiert wird. Der Typ *double* besitzt eine ausreichende Genauigkeit und einen entsprechend großen Wertebereich, um einen typischen *int*-Wert aufnehmen zu können.

Die Funktion *is_int()* benutzt zwei symbolische Konstanten (*INT_MAX* und *INT_MIN*), die in der Datei *limits.h* definiert sind (siehe Kapitel 3). Mit diesen Konstanten wird festgestellt, ob sich das Argument der Funktion in den richtigen Grenzen befindet. Ist das der Fall, übergibt das Programm einen Wert von 1, anderenfalls wird 0 übergeben.

Das Programm *main()* weist mit Hilfe einer *while*-Schleife so lange ungültige Werte zurück, bis der Anwender einen richtigen Wert eingibt. Sie können das Programm anwenderfreundlicher gestalten, indem Sie die *int*-Grenzen ausgeben lassen, falls die Eingabe nicht im geforderten Wertebereich liegt. Bestand die eingegebene Zahl die Prüfung, wird sie vom Programm einer *int*-Variablen zugewiesen.

Fakten im Zusammenhang mit logischen Operatoren

Wie bereits erwähnt, besitzen der logische Oder-Operator und der logische Und-Operator einen niedereren Vorrang als die Vergleichsoperatoren. Das bedeutet, daß ein Ausdruck wie der folgende

```
x > 5 && < < 10
```

so interpretiert wird:

```
(x > 5) && (x < 10)
```

Der !-Operator dagegen hat einen höheren Vorrang als jeder relationale oder arithmetische Operator. Damit ein Ausdruck negiert werden kann, sollten Sie ihn in runde Klammern setzen:

```
!(x > 5)     // Ist es falsch, daß x größer als 5 ist
!x > 5       // Ist !x größer als 5
```

Der zweite Ausdruck ist natürlich immer falsch, da !x nur die Werte 1 (wahr) oder 0 (falsch) annehmen kann.

Der logische Und-Operator hat einen höheren Vorrang als der logische Oder-Operator. Der Ausdruck

```
alter > 30 && alter < 45 || gewicht > 300
```

hat also folgende Bedeutung:

```
(alter > 30 && alter < 45) || gewicht > 300
```

Die erste der obigen Bedingung drückt aus, daß *alter* sich im Bereich zwischen 31 und 44 befinden muß. Die zweite Bedingung besagt, daß *gewicht* größer als 300 sein muß. Der ganze Ausdruck ist wahr, falls die eine oder die andere oder falls beide Bedingungen erfüllt werden.

Sie können selbstverständlich auch runde Klammern benutzen, damit das Programm weiß, wie der Ausdruck zu interpretieren ist. Angenommen, Sie wollen mit *&&* die Bedingung *alter* soll größer als 50 oder *gewicht* soll größer als 300 sein, mit der Bedingung *spende* soll größer als 1000 sein, verknüpfen. Dann müssen Sie den Oder-Teil in runde Klammern setzen:

```
(alter > 50 || gewicht > 300) && spende > 1000
```

Anderenfalls verbindet der Compiler die *gewicht*-Bedingung mit der *spende*-Bedingung anstatt mit der *alter*-Bedingung.

Wertet ein Programm logische Ausdrücke aus, ist bei C++ festgelegt, daß sie von links nach rechts ausgewertet werden und daß die Auswertung stoppt, sobald die Antwort bekannt ist. Angenommen, es liegt die folgende Bedingung vor:

```
x != 0 && 1,0 / x > 100,0
```

Ist die erste Bedingung falsch, muß der ganze Ausdruck falsch sein. Damit dieser Ausdruck wahr ist, muß nämlich jede einzelne Bedingung wahr sein. Ist bekannt, daß die erste Bedingung falsch ist, braucht das Programm die zweite Bedingung gar nicht erst zu überprüfen. Das ist bei diesem Beispiel sogar unbedingt notwendig, da die Auswertung der zweiten Bedingung in einer Division durch 0 geendet hätte.

6.3 Die ctype.h-Bibliothek der Zeichenfunktionen

C++ hat von C eine Reihe von Zeichenklassifizierungs-Funktionen übernommen. Die Prototypen dieser Funktionen befinden sich in der Header-Datei *ctype.h*. Diese Funktionen vereinfachen solche Aufgaben wie das Bestimmen, ob ein Zeichen ein Großbuchstabe, eine Ziffer oder ein Satzzeichen ist. Die Funktion *isalpha(ch)* beispielsweise übergibt wahr (ungleich null), falls *ch* ein Buchstabe ist und anderenfalls den Wert falsch (Null). Dementsprechend übergibt *ispunct(ch)* nur dann wahr, wenn *ch* ein Satzzeichen wie zum Beispiel ein Komma oder ein Punkt ist. Diese Funktionen sind bequemer im Umgang als der Einsatz von kombinierten Und- und Oder-Operatoren. Auf die folgende Art und Weise könnten Sie beispielsweise mit *&&* und *||* überprüfen, ob das Zeichen *ch* ein Zeichen aus dem Alphabet ist:

```
if ((ch >= 'a' && ch >= 'z' || (ch >= 'A' && ch >= 'Z')
```

Vergleichen Sie das mit dem Einsatz von *isalpha()*:

```
if (isalpha(ch))
```

Nicht nur, daß die Funktion *isalpha()* wesentlich einfacher zu gebrauchen ist, sie ist auch allgemeingültiger. Bei der Und/Oder-Form wird vorausgesetzt, daß die Zeichencodes für A bis Z in Folge vorliegen und daß keine anderen Zeichen Codes in diesem Bereich haben. Diese Annahme gilt zwar für den ASCII-Code, muß aber nicht allgemeingültig sein.

In Listing 6.8 werden einige Funktionen dieser Familie vorgestellt. Es handelt sich dabei um die Funktion *isalpha()*, die testet, ob alphabetische Zeichen vorliegen, *isdigits()*, die testet, ob Ziffern wie '3' vorliegen, *isspace()*, die testet, ob es sich um Whitespace-Zeichen wie Newline-, Tab- oder Leerzeichen handelt und *ispunct()*, die testet, ob es sich um Satzzeichen handelt. Das Programm zeigt außerdem noch einmal die *if else if else*-Struktur und setzt eine *while*-Schleife zusammen mit *cin.get()* ein.

```cpp
// ctype.cpp -- die ctype.h-Bibliothek verwenden
#include <iostream.h>
#include <ctype.h>          // enthält die Prototypen der
Zeichenfunktionen
int main(void)
{
    cout << "Geben Sie einen Text zum Analysieren ein und "
            "simulieren Sie EOF,\num die Eingabe zu beenden.\n";
    char ch;
    int whitespace = 0;
    int ziffern = 0;
    int zeichen = 0;
    int satzzeichen = 0;
    int andere = 0;

    while(cin.get(ch))
    {
        if(isalpha(ch))         // ist es ein alphabetisches Zeichen?
            zeichen++;
        else if(isspace(ch))    // ist es ein Whitespace-Zeichen?
            whitespace++;
        else if(isdigit(ch))    // ist es eine Ziffer?
            ziffern++;
        else if(ispunct(ch))    // ist es ein Satzzeichen?
            satzzeichen++;
        else
            andere++;
    }
    cout << zeichen << " Buchstaben, "
        << whitespace << " Whitespacezeichen, "
        << ziffern << " Ziffern, "
        << satzzeichen << " Satzzeichen, "
        << andere << " andere.\n";
    return 0;
}
```

Listing 6.8: ctype.cpp

Es folgt ein Beispielablauf. Beachten Sie, daß die Newline-Zeichen zu den Whitespace-Zeichen zählen und die Umlaute anders als die normalen Zeichen behandelt werden:

```
Geben Sie einen Text zum Analysieren ein und simulieren Sie EOF,
um die Eingabe zu beenden.
Freddy "Fuzzball" Fribble hatte während seiner Karriere
143 Homeruns und 1237 Abschläge.
^Z
57 Buchstaben, 12 Whitespacezeichen, 7 Ziffern, 3 Satzzeichen und
0 andere.
```

In Tabelle 6.3 sind die Funktionen des *ctype.h*-Paketes zusammengefaßt. Die Liste entspricht der ANSI-C-Definition, aber bei manchen Systemen werden einige dieser Funktionen fehlen und dafür andere hinzukommen.

Funktionsname	Rückgabewert
isalnum()	Wahr, falls das Argument alphanumerisch ist.
isalpha()	Wahr, falls das Argument alphabetisch ist.
iscntrl()	Wahr, falls das Argument ein Kontrollzeichen ist.
isdigit()	Wahr, falls das Argument eine dezimale Ziffer (0–9)ist.
isgraph()	Wahr, falls das Argument ein druckbares Zeichen (mit Ausnahme des Leerzeichens) ist.
islower()	Wahr, falls das Argument ein Kleinbuchstabe ist.
isprint()	Wahr, falls das Argument ein druckbares Zeichen (einschließlich des Leerzeichens) ist.
ispunct()	Wahr, falls das Argument ein Satzzeichen ist.
isspace()	Wahr, falls das Argument ein Whitespace-Zeichen ist (Leer-, Seitenvorschub-, Newline-, Carriage-Return-, horizontales Tabulator- oder vertikales Tabulatorzeichen).
isupper()	Wahr, falls das Argument ein Großbuchstabe ist.
isxdigit()	Wahr, falls das Argument eine hexadezimale Ziffer ist (0–9, a-f oder A–F).
tolower()	Stellt das Argument einen Großbuchstaben dar, wird dieser in einen Kleinbuchstaben umgewandelt und übergeben. Anderenfalls übergibt die Funktion das Argument unverändert.
toupper()	Stellt das Argument einen Kleinbuchstaben dar, wird dieser in einen Großbuchstaben umgewandelt und übergeben. Anderenfalls übergibt die Funktion das Argument unverändert.

Tabelle 6.3: Die ctype-Funktionen

6.4 Der ?:-Operator

C++ kennt einen Operator, der häufig anstelle einer *if*-Anweisung eingesetzt werden kann. Dieser Operator wird als Bedingungsoperator bezeichnet, schreibt sich »?:« und ist der einzige C++-Operator, der drei Operanden benötigt. Das allgemeine Format sieht wie folgt aus:

```
ausdr1 ? ausdr2 : ausdr3
```

Ist *ausdr1* wahr, dann ist der Wert des gesamten konditionalen Ausdruckes der Wert von *ausdr2*. Anderenfalls ist der Wert des gesamten Ausdruckes der Wert von *ausdr3*.

Es folgen zwei Beispiele, die zeigen, wie dieser Operator funktioniert:

```
5 > 3 ? 10 : 12        // Da 5 > 3 wahr ist, ist der Wert des
                       // Ausdruckes 10
3 == 9 ? 25 : 18       // Da 3 == 9 falsch ist, ist der Wert des
                       // Ausdruckes also 18
```

Das erste Beispiel kann wie folgt interpretiert werden: falls 5 größer als 3 ist, dann besitzt der Ausdruck den Wert 10, anderenfalls 12. In echten Programmiersituationen würden in den Ausdrücken natürlich Variablen eingesetzt werden.

In Listing 6.9 wird mit dem Bedingungsoperator der größere von zwei Werten bestimmt.

```
// bedingun.cpp -- den Bedingungsoperator einsetzen
#include <iostream.h>
int main(void)
{
    int a, b;
    cout << "Geben Sie zwei Zahlen ein: ";
    cin >> a >> b;
    cout << "Der größere Wert von " << a << " und " << b;
    int c = a > b ? a : b;     // c = a falls a > b, ansonsten c = b
    cout << " ist " << c << "\n";
    return 0;
}
```

Listing 6.9: bedingun.cpp

Es folgt ein Beispielablauf:

```
Geben Sie zwei Zahlen ein: 25 027   Achtung, 027 ist oktal
Der größere Wert von 25 und 23 ist 25
```

Dieses Beispiel sollte Sie daran erinnern, daß *cin*, wie C++ im allgemeinen, Integerwerte, die mit der Ziffer 0 beginnen, als oktale Zahlen interpretiert. 027 wird also als der dezimale Wert 23 interpretiert.

Den wichtigen Teil des Programmes stellt die folgende Anweisung dar:

```
int c = a > b ? a : b;
```

Sie hat dasselbe Ergebnis wie die folgenden Anweisungen:

```
int c;
if (a > b)
    c = a;
else
    c = b;
```

Verglichen mit der *if else*-Sequenz, ist der Bedingungsoperator viel prägnanter und kürzer, aber nicht so leserlich. Ein Unterschied zwischen den beiden Möglichkeiten besteht darin, daß der Bedingungsoperator einen Ausdruck erzeugt und somit einen einzelnen Wert, der einer Variablen zugewiesen oder in einem umfangreicheren Ausdruck untergebracht werden kann, genau wie wir es beim Zuweisen des konditionalen Ausdruckes der Variablen *c* gemacht haben. Die prägnante Form des Operators, die unübliche Syntax und das sonderbare Erscheinungsbild machen aus diesem Operator bei allen Programmierern einen Favoriten, die solche Qualitäten schätzen. Ein bevorzugter Trick zum Verschleiern der Absicht eines Programmes besteht darin, konditionale Ausdrücke ineinander zu verschachteln, wie aus dem folgenden, noch harmlosen Beispiel zu ersehen ist:

```
char x[2] [20] = {"Herbert ","zu Ihren Diensten\n"};
char * y = "Wendehals";
for (int i = 0; i < 3 ; i++)
    cout << ((i < 2) ? !i ? x [i] : y : x[1]);
```

Das ist eine mehr als obskure (aber noch nicht maximal obskure) Möglichkeit, die drei folgenden Strings auszugeben:

```
Herbert Wendehals zu Ihren Diensten
```

6.5 Die switch-Anweisung

Angenommen, Sie erzeugen ein Bildschirmmenü, das es dem Anwender ermöglicht, eine von fünf Möglichkeiten auszuwählen. Zum Beispiel Billig, Preiswert, Teuer, Extravagant und Überzogen. Sie können eine *if else if else*-Sequenz so erweitern, daß die fünf Alternativen bearbeitet werden können, aber die C++-*switch*-Anweisung ist besser dazu geeignet, etwas aus einer umfangreichen Liste auszuwählen. Es folgt das allgemeine Format einer *switch*-Anweisung:

```
switch (Integerausdruck)
{
    case Marke1 : Anweisung(en)
    case Marke2 : Anweisung(en)
    ...
    default    : Anweisung(en)
}
```

Eine C++-*switch*-Anweisung dient als Wegweiser, sie teilt dem Computer mit, welche Programmzeile als nächstes ausgeführt werden soll. Sobald eine *switch*-Anweisung erreicht wird, springt das Programm zu der Zeile, die durch den Wert gekennzeichnet wird, der dem Wert des Integer-Ausdruckes entspricht. Hat der Integer-Ausdruck beispielsweise den Wert 4, springt das Programm zu der Zeile mit der Marke *case 4:*. Der Wert des Integer-Ausdruckes muß – wie der Name schon sagt – ein Integerwert sein. Außerdem muß jede Marke eine Integer-Konstante darstellen. Meistens sind die Marken lediglich einfache *char*- oder *int*-Konstanten wie *1* oder *'q'*. Findet der Computer für den Wert des Integer-Ausdruckes keine passende Marke, springt das Programm in die Zeile mit der Marke *default*. Die Marke *default* ist optional. Lassen Sie sie weg und gibt es keine Übereinstimmung, springt das Programm zu der nächsten Anweisung nach *switch* (siehe Bild 6.3).

Die *switch*-Anweisung unterscheidet sich wesentlich von ähnlichen Konstruktionen in Programmiersprachen wie Pascal. Jede C++-Marke dient nur als Sprungmarke, nicht als Abgrenzung zwischen den einzelnen Wahlmöglichkeiten. Das heißt, ist ein Programm zu einer bestimmten Zeile in einer *switch*-Anweisung gesprungen, werden nacheinander alle Anweisungen ausgeführt, die auf diese Zeile in der *switch*-Anweisung folgen, außer Sie erteilen ausdrücklich eine anderslautende Direktive. Die Ausführung stoppt *nicht* automatisch beim nächsten *case*. Damit die Ausführung am Ende einer bestimmten Anweisungsgruppe unterbrochen wird, müssen Sie die *break*-Anweisung benutzen. Dadurch wird die Ausführung bei der Anweisung, die auf die *switch*-Anweisung folgt, fortgeführt.

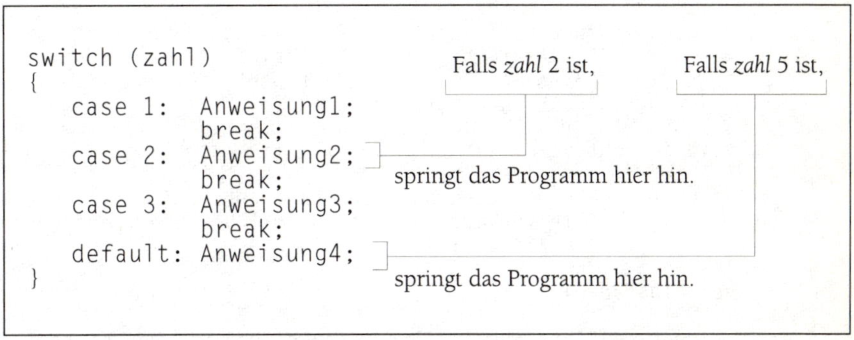

```
switch (zahl)                    Falls zahl 2 ist,        Falls zahl 5 ist,
{
    case 1:   Anweisung1;
              break;
    case 2:   Anweisung2;
              break;             springt das Programm hier hin.
    case 3:   Anweisung3;
              break;
    default:  Anweisung4;
}                                springt das Programm hier hin.
```

Bild 6.3: Die switch-Anweisung

In Listing 6.10 sehen Sie, wie *switch* und *break* zusammen zur Realisierung eines einfachen Menüs eingesetzt werden können. Das Programm verwendet die Funktion *zeigemenu()* zur Ausgabe einer Reihe von Auswahlmöglichkeiten. Eine *switch*-Anweisung selektiert anschließend anhand der Anwenderantwort eine Aktion.

```
// switch.cpp -- die switch-Anweisung verwenden
#include <iostream.h>

void zeigemenu(void);    // Funktionsprototypen
void bericht(void);
void lob(void);

int main(void)
{
    zeigemenu();

    int auswahl;
    cin >> auswahl;
    while (auswahl != 5)
    {
        switch(auswahl)
        {
            case 1 : cout << "\a\n";
                     break;
            case 2 : bericht();
                     break;
            case 3 : cout << "Der Boss war jeden Tag da.\n";
                     break;
```

```
                    case 4 : lob();
                              break;
                    default   : cout << "Das ist keine gültige Auswahl.\n";
                }
            zeigemenu();
            cin >> auswahl;
        }
        cout << "Tschüss!\n";
        return 0;
}


void zeigemenu(void)
{
        cout << "Geben Sie bitte 1, 2, 3, 4 oder 5 ein:\n"
                "1) Alarm          2) Bericht\n"
                "3) Alibi          4) Lob\n"
                "5) Programm verlassen\n";
}
void bericht(void)
{
        cout << "Es war eine ausgezeichnete Woche für die Geschäfte.\n"
                "Die Verkaufsrate stieg um 120%. Die Ausgaben sanken "
                "um 35%.\n";
}
void lob(void)
{
        cout << "Ihre Angestellten denken, daß Sie der beste "
                "Abteilungsleiter der\n"
                "Industriewelt sind. Das Direktorengremium ist der "
                "Meinung, daß Sie\n"
                "der beste Abteilungsleiter der Industriewelt sind.\n";
}
```

Listing 6.10: switch.cpp

Es folgt ein Beispielablauf des Menüprogrammes:

```
Geben Sie bitte 1, 2, 3, 4 oder 5 ein:
1) Alarm          2) Bericht
3) Alibi          4) Lob
5) Programm verlassen
4
Ihre Angestellten denken, daß Sie der beste Abteilungsleiter der
Industriewelt sind. Das Direktorengremium ist der Meinung, daß Sie
der beste Abteilungsleiter der Industriewelt sind.
Geben Sie bitte 1, 2, 3, 4 oder 5 ein:
1) Alarm          2) Bericht
3) Alibi          4) Lob
5) Programm verlassen
2
Es war eine ausgezeichnete Woche für die Geschäfte.
Die Verkaufsrate stieg um 120%. Die Ausgaben sanken um 35%.
Geben Sie bitte 1, 2, 3, 4 oder 5 ein:
1) Alarm          2) Bericht
3) Alibi          4) Lob
5) Programm verlassen
5
Tschüss!
```

Die *while*-Schleife endet, sobald der Anwender eine 5 eingibt. Die Eingabe einer Zahl von 1 bis 4 aktiviert den entsprechenden Menüpunkt aus der *switch*-Liste. Wird eine 6 eingegeben, werden die *default*-Anweisungen ausgeführt.

Wie schon gesagt wurde, benötigt dieses Programm die *break*-Anweisungen, um die Ausführung auf einen bestimmten Teil innerhalb der *switch*-Anweisung zu beschränken. Damit Sie sehen, daß dem wirklich so ist, müssen Sie nur die *breaks* aus dem Listing 6.9 entfernen und verfolgen, wie das Programm danach abläuft. Sie werden sehen, daß beispielsweise die Eingabe von 2 dazu führt, daß alle Anweisungen ausgeführt werden, die mit den Marken 2, 3, 4 und *default* verbunden sind. C++ arbeitet auf diese Weise, da diese Verhaltensweise manchmal nützlich sein kann. Dadurch wird beispielsweise die Verwendung von Mehrfach-Marken ermöglicht. Angenommen, Sie schreiben Listing 6.9 um und verwenden Zeichen anstelle von Integern als Menüauswahlpunkte und *switch*-Marken. Sie können dann sowohl Groß- als auch Kleinbuchstaben als Marken für einen Anweisungsteil verwenden:

```
char auswahl;
cin >> auswahl;
while (auswahl != 'V' && auswahl != 'v')
{
    switch(auswahl)
    {
        case 'a':
        case 'A': cout << "\a\n";
            break;
        case 'b':
        case 'B': bericht();
            break;
        case 'i':
        case 'I': cout << "Der Boss war jeden Tag da.\n";
            break;
        case 'l':
        case 'L': lob();
            break;
        default : cout << "Das ist keine gültige Auswahl.\n";
    }
    zeigemenu();
    cin >> auswahl;
}
```

Da kein *break* unmittelbar auf *case 'a'* folgt, wird die Programmausführung bei der nächsten Zeile fortgesetzt, wobei es sich um die Anweisung handelt, die auf *case 'A'* folgt.

switch und if else

Sowohl die *switch*-Konstruktion als auch die *if else*-Konstruktion ermöglichen es einem Programm, gezielt eine Anweisung aus einer Liste von Anweisungen anzuspringen. Die *if else*-Konstruktion ist allerdings vielseitiger. Mit dieser Anweisung können zum Beispiel wie folgt Wertebereiche abgefragt werden:

```
if (alter > 17 && alter < 35)
        index = 0;
    else if (alter >= 35 && alter < 50)
        index = 1;
```

```
       else if (alter >= 50 && alter < 65)
           index = 2;
       else
           index = 3;
```

Mit der *switch*-Anweisung ist so etwas nicht möglich. Jeder *case*-Marke muß ein einzelner Wert folgen. Außerdem muß dieser Wert ein Integer sein (einschließlich *char*), deshalb können mit *switch*-Anweisungen keine Fließkommatests durchgeführt werden. Der Wert der *case*-Marke muß eine Konstante sein. Sind in Ihrem Programm Wertebereiche oder Fließkommatests oder das Vergleichen zweier Variablen notwendig, müssen Sie *if else* benutzen.

Können jedoch alle Alternativen mit Integer-Konstanten versehen werden, können Sie eine *switch*- oder eine *if else*-Anweisung verwenden. Da dies jedoch genau die Situation ist, für die die *switch*-Anweisung entwickelt wurde, ist die *switch*-Anweisung die bessere Wahl hinsichtlich des Programmumfangs und der Ausführungsgeschwindigkeit. Als Faustregel können Sie sich merken, daß die *switch*-Anweisung benutzt werden sollte, falls mehr als drei Alternativen zur Auswahl stehen.

6.6 Die Anweisungen break und continue

Die Anweisungen *break* und *continue* versetzen ein Programm in die Lage, bestimmte Programmteile zu überspringen. Die *break*-Anweisung kann in Verbindung mit einer *switch*-Anweisung und in jeder Schleife eingesetzt werden. Diese Anweisung bewirkt, daß die Programmausführung bei den Anweisungen fortgesetzt wird, die auf das *switch* oder die Schleife folgen. Die *continue*-Anweisung wird in Schleifen eingesetzt und veranlaßt ein Programm zum Überspringen der restlichen Anweisungen im Schleifenrumpf (siehe Bild 6.4).

In Listing 6.11 sehen Sie, wie diese beiden Anweisungen funktionieren. Das Programm ermöglicht Ihnen die Eingabe einer Textzeile. Die Schleife zeigt jedes Zeichen an und benutzt *break*, um die Schleife zu beenden, falls es sich bei dem Zeichen um einen Punkt handelt. Sie können daraus ersehen, daß *break* zum Beenden einer Schleife innerhalb der Schleife eingesetzt werden kann, sobald eine bestimmte Bedingung erfüllt wird. Daraufhin zählt das Programm alle Leerzeichen. Die Schleife springt mit Hilfe von *continue* über den Teil der Schleife, der die Zeichen zählt, hinweg, falls das Zeichen kein Leerzeichen ist.

```
// springe.cpp -- continue und break verwenden
#include <iostream.h>
const int Groesse = 80;
int main(void)
{
    char zeile[Groesse];
    int leerzeichen = 0;

    cout << "Bitte eine Textzeile eingeben:\n";
    cin.get(zeile, Groesse);
    for (int i = 0; zeile[i] != '\0'; i++)
    {
        cout << zeile[i];          // Zeichen anzeigen
        if (zeile[i] == '.')       // Programm verlassen, falls es
                                   // sich um einen Punkt handelt
```

```
        break;
    if (zeile[i] != ' ')        // Rest der Schleife überspringen
        continue;
    leerzeichen++;
}
    cout << "\n" << leerzeichen << " Leerzeichen\n";
    return 0;
}
```

Listing 6.11: springe.cpp

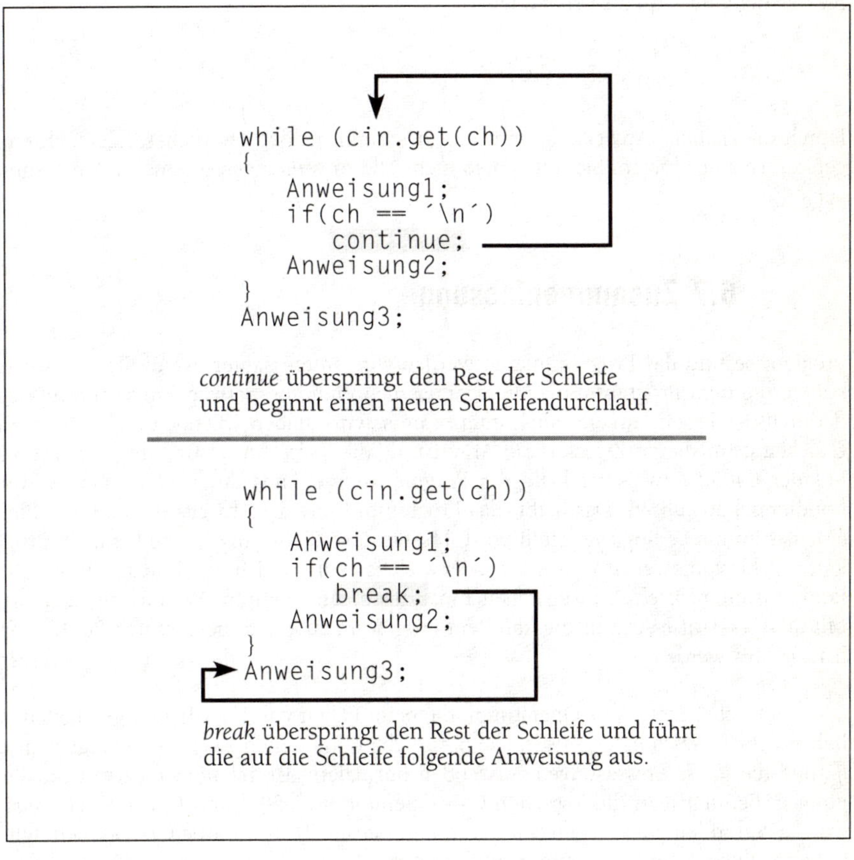

```
                    ┌──────────────────────────┐
                    ↓                          │
        while (cin.get(ch))                    │
        {                                      │
            Anweisung1;                        │
            if(ch == '\n')                     │
                continue; ──────────────────────┘
            Anweisung2;
        }
        Anweisung3;
```

continue überspringt den Rest der Schleife
und beginnt einen neuen Schleifendurchlauf.

```
        while (cin.get(ch))
        {
            Anweisung1;
            if(ch == '\n')
                break; ─────────────────┐
            Anweisung2;                  │
        }                                │
   ┌──→  Anweisung3;                     │
   └─────────────────────────────────────┘
```

break überspringt den Rest der Schleife und führt
die auf die Schleife folgende Anweisung aus.

Bild 6.4: Die break- und continue-Anweisungen

Es folgt ein Beispielablauf:

```
Bitte eine Textzeile eingeben:
Laß uns Abendessen gehen. Du darfst zahlen!
Laß uns Abendessen gehen.
3 Leerzeichen
```

Programmhinweise

Auch wenn die *continue*-Anweisung das Programm veranlaßt, über den Rest des Schleifenrumpfs zu springen, ist der Aktualisierungsteil der Schleifen hiervon nicht betroffen. Bei einer *for*-Schleife bewirkt die *continue*-Anweisung, daß das Programm direkt zum Aktualisierungsteil springt und dann zum Testausdruck. Bei einer *while*-Schleife jedoch hat *continue* zur Folge, daß das Programm direkt zum Testausdruck springt. Folgt also im Schleifenrumpf ein Aktualisierungsteil hinter der *continue*-Anweisung, wird er übersprungen. Das ist manchmal problematisch.

Das folgende Programm benötigt die *continue*-Anweisung eigentlich nicht. Statt dessen könnten Sie die folgende Sequenz verwenden:

```
if (zeile[i] != ' ')
    leerzeichen++;
```

Durch die *continue*-Anweisung wird das Programm jedoch leserlicher, falls mehrere Anweisungen auf *continue* folgen. Sie müssen so nicht alle Anweisungen in einer *if*-Anweisung unterbringen.

6.7 Zusammenfassung

Programme und das Programmieren werden/wird interessanter, wenn Sie mit Anweisungen arbeiten, die dem Programm die Wahl unter mehreren alternativen Programmwegen lassen. (Ob dadurch der Programmierer auch interessanter wird, haben wir noch nicht vollständig geklärt.) C++ kennt für diesen Zweck die *if*-Anweisung, die *if else*-Anweisung und die *switch*-Anweisung. Mit der C++-*if*-Anweisung kann ein Programm eine Anweisung oder einen Anweisungsblock konditional ausführen. Das heißt, das Programm führt die Anweisung oder den Block aus, falls eine bestimmte Bedingung erfüllt wird. Mit der C++-*if else*-Anweisung kann ein Programm wählen, welche von zwei Anweisungen oder welcher von zwei Blöcken ausgeführt werden soll. Sie können weitere *if else*-Anweisungen hinzufügen, um mehrere Wahlmöglichkeiten zuzulassen. Mit der C++-*switch*-Anweisung kann ein Programm zu einem bestimmten Punkt einer Auswahlliste geführt werden.

C++ kennt eine Reihe von Operatoren, die beim Fällen von Entscheidungen helfen. In Kapitel 5 haben wir die relationalen Ausdrücke besprochen, mit denen zwei Werte verglichen werden. Die *if*- und die *if else*-Anweisungen verwenden normalerweise relationale Ausdrücke als Testbedingungen. Benutzt man die logischen C++-Operatoren (*&&*, *||* und *!*), kann man relationale Ausdrücke verbinden oder modifizieren und komplexere Tests ausarbeiten. Der Bedingungsoperator (*?:*) ermöglicht die Auswahl unter zwei Werten.

Die Bibliothek *ctype.h* enthält ein Reihe von nützlichen und leistungsfähigen Funktionen, die in der Lage sind, Zeichen zu klassifizieren.

Die C++-Schleifen und die Anweisungen zum Fällen von Entscheidungen sind das Rüstzeug zum Schreiben von interessanten, intelligenten und leistungsfähigen Programmen. Wir stehen jedoch erst am Beginn der Leistungsfähigkeit von C++. Als nächstes wollen wir uns die Funktionen näher betrachten.

6.8 Übungsaufgaben

1. Schauen Sie sich die folgenden beiden Programmfragmente zum Zählen von Leer- und Newline-Zeichen an:

```
// Version 1
while (cin.get(ch))
{
    if (ch == ' ')
        leerzeichen++;
    if (ch == '\n')
        newlines++;
}
// Version 2
while (cin.get(ch))
{
    if (ch == '')
        leerzeichen++;
    else if (ch == '\n')
        newlines++;
}
```

Was für einen Vorteil hat – falls es einen solchen gibt – die zweite Version gegenüber der ersten?

2. Was für einen Effekt hat es, wenn man in Listing 6.2 *++ch* durch *ch+1* ersetzt?

3. Schauen Sie sich das folgende Programm genau an:

```
#include <iostream.h>
int main(void)
{
    char ch;
    int ct1, ct2;

    ct1 = ct2 = 0;
    while ((ch = cin.get()) != '$')
    {
        cout << ch;
        ct1++;
        if (ch = '$')
            ct2++;
        cout << ch;
    }
    cout << "ct1 = " << ct1 << ",  ct2 = " << ct2 << "\n";
    return 0;
}
```

Angenommen, es wird das folgende eingegeben, wobei RETURN das Drücken der Returntaste repräsentiert:

Hallo! [RETURN]
Senden Sie jetzt $ 10 oder $ 20! [RETURN]

Wie sieht die Ausgabe aus? (Es wird vorausgesetzt, daß die Eingabe gepuffert ist.)

4. Konstruieren Sie logische Ausdrücke zu den folgenden Bedingungen:
   a. *gewicht* ist größer oder gleich 115, aber kleiner als 125.
   b. *ch* ist 'q' oder 'Q'.
   c. *x* ist gerade, aber nicht 26.
   d. *spende* befindet sich im Bereich 1000-2000 oder *gast* ist 1.
   e. *ch* ist ein Klein- oder Großbuchstabe. (Es wird vorausgesetzt, daß alle Klein- und Großbuchstaben bezüglich ihres Wertes aufeinanderfolgen und eine Lücke zwischen den Klein- und den Großbuchstaben besteht.)

5. Im Deutschen hat die Aussage »Ich will nicht nicht sprechen« dieselbe Bedeutung wie »Ich will sprechen.« Ist in C++ *!!x* dasselbe wie *x*?

6. Konstruieren Sie einen konditionalen Ausdruck, der gleich dem absoluten Wert einer Variablen ist. Das heißt, ist die Variable *x* positiv, ist der Wert des Ausdruckes lediglich *x*, aber wenn *x* negativ ist, dann ist der Wert des Ausdruckes *-x* und das ist dann ebenfalls positiv.

7. Schreiben Sie das folgende Fragment unter Verwendung von *switch* um:

```
if (ch == 'A')
    a_grade++;
else if (ch == 'B')
    b_grade++;
else if (ch == 'C')
    c_grade**;
else if (ch == 'D')
    d_grade++;
else
    f_grade++;
```

8. Was wäre bei Listing 6.10 der Vorteil, wenn man als Marken Zeichen wie 'a' und 'c' anstelle von Zahlen in den *switch*-Anweisungen verwenden würde? (Hinweis: Überlegen Sie, was passiert, wenn der Anwender in beiden Fällen ein *q* eingibt und was passiert, wenn er 5 eingibt.)

9. Schauen Sie sich das folgende Fragment an:

```
int zeile = 0;
char ch;
while (cin.get(ch))
{
    if (ch == 'Q')
        break;
    if (ch != '\n')
        continue;
    zeile++;
}
```

Schreiben Sie dieses Programm, ohne *break* oder *continue* zu verwenden, um.

10.   Schreiben Sie ein Programm, das die Eingabe bis zum Ende der Datei liest und das die Eingabe mit Ausnahme von Ziffern anzeigt, wobei die Großbuchstaben in Kleinbuchstaben umgewandelt werden und umgekehrt.

7

Funktionen – die Programmodule von C++

S paß ist dort, wo Sie ihn suchen. Schauen Sie genau hin und Sie werden ihn in Funktionen finden. C++ kennt eine umfangreiche Bibliothek mit nützlichen Funktionen, aber der richtige Programmierspaß entsteht erst beim Schreiben von eigenen Funktionen. In diesem und im nächsten Kapitel werden Sie erfahren, wie man eigene Funktionen definieren, ihnen Informationen übermitteln und von ihnen Informationen erhalten kann. Nach der Besprechung der Arbeitsweise der Funktionen konzentriert sich dieses Kapitel darauf, wie man Funktionen zusammen mit Arrays, Strings und Strukturen einsetzen kann. Haben Sie Ihre C-Lektionen gut gelernt, wird Ihnen vieles in diesem Kapitel bekannt vorkommen. Lassen Sie sich aber nicht täuschen. C++ kennt in Verbindung mit Funktionen mehrere zusätzliche Fähigkeiten und das ist das Thema des nächsten Kapitels. Bis dahin wollen wir uns den Funktionsgrundlagen widmen.

7.1 Überblick

Wir wollen noch einmal zusammenfassen, was wir schon über Funktionen wissen. Damit eine C++-Funktion eingesetzt werden kann, müssen Sie das folgende tun:

▶ Stellen Sie eine Funktionsdefinition zur Verfügung.
▶ Stellen Sie einen Funktionsprototyp zur Verfügung.
▶ Rufen Sie die Funktion auf.

Benutzen Sie eine Bibliotheksfunktion, wurde die Funktion schon für Sie definiert und kompiliert. Es steht dann auch eine Bibliotheks-Header-Datei zur Verfügung, die den Prototyp enthält. Alles, was Sie dann noch tun müssen, ist die Funktion richtig aufzurufen. Bei den bisherigen Beispielen haben wir das schon mehrmals gemacht. So befindet sich zum Beispiel in der Standard-C++-Bibliothek die Funktion *strlen()*, mit der man die Länge eines Strings feststellen kann. In der zugehörigen Header-Datei *string.h* befindet sich der Funktionsprototyp für *strlen()* und mehrere andere String-Funktionen. Aufgrund dieser Vorarbeit ist es möglich, die Funktion *strlen()* mühelos in Programmen unterzubringen.

Erstellen Sie Ihre eigenen Funktionen, müssen Sie alle drei Aspekte selbst beachten – Definition, Prototyp und Funktionsaufruf. In Listing 7.1 sehen Sie die erforderliche Vorgehensweise anhand eines kurzen Beispiels.

```
// aufruf.cpp -- eine Funktion definieren, den Prototyp und die
//               Definition bereitstellen
#include <iostream.h>
void einfach(void);          // Funktionsprototyp
int main(void)
{
    cout << "main() wird die Funktion einfach() aufrufen:\n";
    einfach();               // Funktionsaufruf
}
                             // Funktionsdefinition
void einfach(void)
{
    cout << "Ich bin nur eine einfache Funktion.\n";
}
```

Listing 7.1: aufruf.cpp

Es folgt die Ausgabe:

```
main() wird die Funktion einfach() aufrufen:
Ich bin nur eine einfache Funktion.
```

Wir wollen uns die erforderlichen Arbeitsschritte jetzt detaillierter betrachten.

Das Definieren einer Funktion

Funktionen können in zwei Kategorien eingeteilt werden: Funktionen, die keine Übergabewerte haben und Funktionen, die Übergabewerte besitzen. Funktionen ohne Übergabewerte werden als *void*-Funktionen bezeichnet und haben das folgende allgemeine Format:

```
void Funktionsname(Argumentenliste)
{
    Anweisung(en)
    return;  // Optional
}
```

Die *Argumentenliste* ist hier ein Stellvertreter für die Namen und die Typen der Argumente, die der Funktion übergeben werden. Wir werden diese Liste später noch näher untersuchen. Die optionale *return*-Anweisung markiert das Ende der Funktion. Anderenfalls endet die Funktion bei der schließenden geschweiften Klammer. *void*-Funktionen korrespondieren zu Pascal-Prozeduren, Fortran-Subroutinen und modernen Basic-Subprogrammprozeduren. Normalerweise benutzt man eine *void*-Funktion, um eine Handlung auszuführen. Eine Funktion mit der *Prost!* eine bestimmte Anzahl Mal (*n*) ausgeführt wird, könnte wie folgt aussehen:

```
void prost(int n)      // Kein Übergabewert
{
    for (int i = 0; i < n; i++)
        cout << "Prost! ";
    cout << "\n";
}
```

Das Argument *int n* zeigt an, daß Sie beim Aufrufen dieser Funktion ein Argument vom Typ *int* verwenden sollten.

Eine Funktion mit einem Übergabewert erzeugt einen Wert, der an die aufrufende Funktion übergeben wird. Mit anderen Worten, übergibt die Funktion die Quadratwurzel von 9 (*sqrt(9)*), wird die Funktion durch den Wert 3 ersetzt. Eine solche Funktion wird so deklariert, daß der Übergabewert denselben Typ besitzt wie der Wert des Argumentes. Es folgt das allgemeine Format:

```
Typname Funktionsname(Argumentenliste)
{
    Anweisung(en)
    return Wert; // Der Wert ist vom Typ Typname
}
```

Funktionen mit Übergabewerten machen den Einsatz einer *return*-Anweisung erforderlich, damit der Wert der aufrufenden Anweisung übergeben werden kann. Der Wert selbst kann eine Konstante, eine Variable oder ein allgemeinerer Ausdruck sein. Die einzige Bedingung besteht darin, daß der Ausdruck einen Wert einnehmen muß, der vom Typ *Typname* ist. Die Funktion übergibt den endgültigen Wert an die Funktion, die diese Funktion aufgerufen hat. C++ kennt eine Einschränkung hinsichtlich der Typen der Übergabewerte: der Übergabewert kann kein Array sein. Alles andere ist möglich – Integer, Fließkommazahlen, Zeiger, sogar Strukturen und Objekte! (Obwohl eine C++-Funktion ein Array nicht direkt übergeben kann, ist es möglich, mit einer C++-Funktion ein Array zu übergeben, das Teil einer Struktur oder eines Objektes ist.)

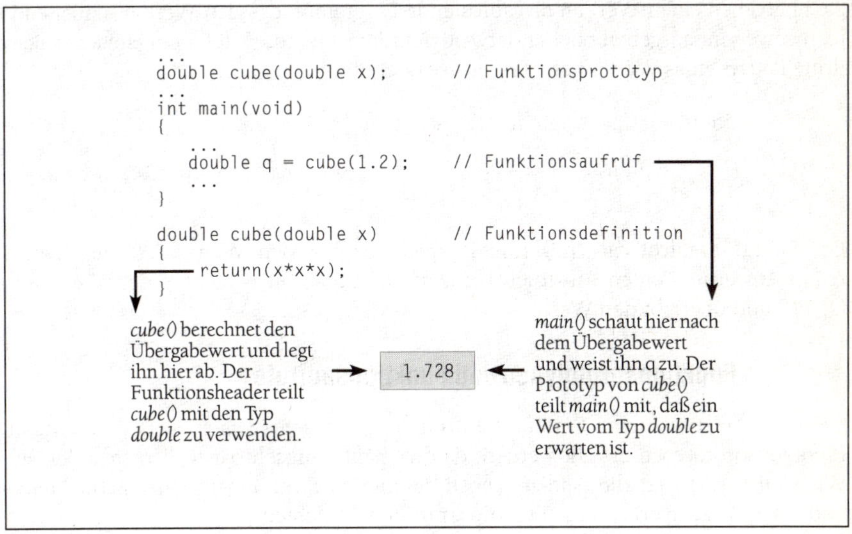

```
...
double cube(double x);       // Funktionsprototyp
...
int main(void)
{
    ...
    double q = cube(1.2);    // Funktionsaufruf
    ...
}

double cube(double x)        // Funktionsdefinition
{
    return(x*x*x);
}
```

cube() berechnet den Übergabewert und legt ihn hier ab. Der Funktionsheader teilt *cube()* mit den Typ *double* zu verwenden.

1.728

main() schaut hier nach dem Übergabewert und weist ihn q zu. Der Prototyp von *cube()* teilt *main()* mit, daß ein Wert vom Typ *double* zu erwarten ist.

Bild 7.1: Wie der Übergabewert übergeben wird

Als Programmierer müssen Sie nicht wissen, wie eine Funktion einen Wert übergibt, aber wenn Sie die Methode kennen, verstehen Sie das Konzept besser. (Außerdem haben Sie so ein Thema, über das Sie sich mit Ihren Freunden und Verwandten unterhalten können.) Üblicherweise übergibt eine Funktion einen Wert durch Kopieren des Übergabewertes in ein bestimmtes CPU-Register oder an einen speziellen Speicherplatz. Daraufhin untersucht das aufrufende Programm diese Stelle. Deshalb müssen sich die übergebende Funktion und die aufrufende Funktion über den Typ des Wertes, der an dieser Stelle abgelegt wurde, einig sein. Der Funktionsprototyp teilt dem aufrufenden Programm mit, was zu erwarten ist, und die Funktionsdefinition teilt dem aufgerufenen Programm mit, was übergeben werden muß (siehe Bild 7.1). Daß sich im Prototyp und in der Definition dieselben Informationen befinden müssen, sieht nach zusätzlicher Arbeit aus, aber das lohnt sich. Möchten Sie beispielsweise, daß ein Kurier etwas von Ihrem Schreibtisch im Büro holt, vergrößern Sie die Chancen, daß die Aufgabe richtig erledigt wird, wenn Sie eine Beschreibung dessen, was Sie wollen, sowohl dem Kurier als auch jemandem im Büro geben.

Eine Funktion endet nach Ausführung einer *return*-Anweisung. Verfügt eine Funktion beispielsweise über mehr als eine *return*-Anweisung beispielsweise in Verbindung mit *if else*-Anweisungen, endet die Funktion nach Ausführung der ersten *return*-Anweisung, die angetroffen wird:

```
int bigger(int a, int b)
{
    if (a > b)
        return a;      // Falls a > b, endet die Funktion hier
    else
        return b;      // Anderenfalls endet die Funktion hier
}
```

Funktionen mit Übergabewerten gleichen sehr den Funktionen von Pascal, Fortran und Basic. Sie übergeben einen Wert an das aufrufende Programm, das den Wert anschließend einer Variablen zuweisen, ausgeben oder anderweitig einsetzen kann. Es folgt ein einfaches Beispiel, das die dritte Potenz eines Wertes vom Typ *double* übergibt:

```
double cube(double x)      // x mal x mal x
{
    return x * x * x;      // Wert vom Typ double
}
```

Der Funktionsaufruf *cube(1.2)* zum Beispiel übergibt den Wert *1.728*. Beachten Sie, daß die *return*-Anweisung einen Ausdruck benutzt. Die Funktion berechnet den Wert des Ausdruckes (*1.728*) und übergibt den Wert.

Funktionsprototypen und Funktionsaufrufe

Sie wissen jetzt, wie man Funktionsaufrufe tätigt, aber Sie wissen sicher noch nicht genau, wie Funktionsprototypen erstellt werden, da dies häufig unsichtbar in den Include-Dateien abläuft. Wir wollen uns jetzt die beiden soeben definierten Funktionen näher betrachten (Listing 7.2) und unser Augenmerk auf die Funktionsprototypen richten.

```
// prototyp.cpp -- Prototypen und Funktionsaufrufe
#include <iostream.h>
void prost(int);                    // Prototyp: kein Übergabewert
double cube(double x);              // Prototyp: übergibt ein double
int main(void)
{
    prost(5);                       // Funktionsaufruf
    cout << "Geben Sie bitte eine Zahl ein: ";
    double seite;
    cin >> seite;
```

```
    double volumen = cube(seite);  // Funktionsaufruf
    cout << "Ein " << seite;
    cout << " cm großer Würfel hat ein Volumen von ";
    cout << volumen << " Kubikzentimeter.\n";
    prost(cube(2));     // Prototyptypenumwandlung bei der Arbeit
    return 0;
}

void prost(int n)
{
    for (int i = 0; i < n; i++)
        cout << "Prost! ";
    cout << "\n";
}

double cube(double x)
{
    return x * x * x;
}
```

Listing 7.2: prototyp.cpp

Es folgt ein Beispielablauf:

```
Prost! Prost! Prost! Prost! Prost!
Geben Sie bitte eine Zahl ein: 5
Ein 5 cm großer Würfel hat ein Volumen von 125 Kubikzentimeter.
Prost! Prost! Prost! Prost! Prost! Prost! Prost! Prost!
```

main() ruft die *void*-Funktion *prost()* mit Hilfe des Funktionsnamens und den Argumenten, auf die ein Semikolon folgt, auf: *prost(s);*. Das ist ein Beispiel für eine Funktionsaufrufanweisung. Da *cube()* einen Übergabewert hat, kann es von *main()* als Teil einer Zuweisungsanweisung eingesetzt werden:

```
    double volumen = cube(seite);
```

Aber wir wollten uns eigentlich auf die Prototypen konzentrieren. Was sollten Sie über Prototypen wissen? Zuerst sollten Sie wissen, warum C++ Prototypen benötigt. Außerdem sollten Sie die richtige Syntax kennen. Und nicht zuletzt sollten Sie das schätzen lernen, was durch den Einsatz von Prototypen bewirkt wird. Wir wollen alle diese Punkte nacheinander besprechen und dabei Listing 7.2 als Diskussionsgrundlage verwenden.

Warum Prototypen?

Der Prototyp beschreibt dem Compiler die Schnittstelle der Funktion. Dem Compiler wird mitgeteilt, was für einen Übergabewert die Funktion hat. Außerdem erfährt der Compiler so die Anzahl und die Typen der Funktionsargumente. Schauen Sie sich doch einmal an, wie ein Prototyp den folgenden Funktionsaufruf aus Listing 7.2 beeinflußt:

```
    double volumen = cube(seite);
```

Der Prototyp teilt dem Compiler zum einen mit, daß *cube* ein Argument vom Typ *double* angegeben werden sollte. Versäumt das Programm das, kann der Compiler mit Hilfe von Prototypen diesen Fehler aufspüren. Beendet die Funktion *cube()* zum anderen ihre Berechnungen, plaziert sie ihren Übergabewert an einer bestimmten Stelle – vielleicht in einem CPU-Register, vielleicht im Speicher. Dann holt sich die aufrufende Funktion – *main()* in diesem Fall – den Wert von dort. Da der Prototyp angibt, daß der von *cube()* übergebene Wert vom Typ *double* ist, weiß der Compiler wie viele Bytes zu bearbeiten sind und wie sie interpretiert werden müssen. Ohne diese Information könnte der Compiler nur raten.

Sie werden sich immer noch fragen, warum der Compiler einen Prototyp benötigt. Kann er nicht einfach die Datei weiter durchsuchen, um festzustellen, wie die Funktionen definiert sind? Ein Problem bei dieser Technik bestünde darin, daß sie nicht sehr effektiv wäre. Der Compiler müßte die Kompilation von *main()* unterbrechen, während er den Rest der Datei durchsucht. Und ein weitaus ernsteres Problem besteht in der Tatsache, daß sich die Funktion vielleicht gar nicht in der Datei befindet. In C++ ist es nämlich möglich, ein Programm über mehrere Dateien zu verteilen, die unabhängig voneinander kompiliert und später kombiniert werden können. Ist das der Fall, kann es sein, daß der Compiler während der Kompilation von *main()* keinen Zugriff auf die Funktion hat. Dasselbe trifft zu, falls die Funktion Teil einer Bibliothek ist. Man kann die Verwendung eines Funktionsprototyps nur vermeiden, wenn man die Funktionsdefinition im Quelltext *vor* ihren ersten Einsatzort plaziert. Das ist nicht immer möglich. Und es ist C++-Programmierstil, *main()* an erster Stelle zu plazieren, da man von dort im allgemeinen Zugriff auf die Struktur des ganzen Programmes hat.

Prototypsyntax

Ein Funktionsprototyp ist eine Anweisung, deshalb muß sie über ein abschließendes Semikolon verfügen. Am einfachsten erhält man einen Prototyp, indem man den Funktions-Header aus der Funktionsdefinition kopiert und ein Semikolon hinzufügt. Das haben wir auch mit *cube()* gemacht:

```
double cube(double x);      // Ein Semikolon zum Funktions-Header
                            // hinzufügen, um einen Prototyp zu
                            // erhalten
```

Bei einem Funktionsprototyp werden jedoch die Variablennamen nicht unbedingt benötigt, eine Typliste reicht aus. Wir haben beim Prototyp von *prost()* nur den Argumententyp benutzt:

```
void prost(int)             // Okay, Variablennamen können bei
                            // Prototypen weggelassen werden
```

Sie können also die Variablennamen bei den Argumentenlisten der Prototypen entweder weglassen oder hinzufügen. Die Variablennamen im Prototyp dienen nur als Platzhalter. Verwenden Sie also Namen, müssen sie außerdem nicht mit den Namen der Funktionsdefinition übereinstimmen.

C++- versus ANSI C-Prototypen

ANSI C lieh sich das Verwenden von Prototypen von C++ aus, aber zwischen den beiden Sprachen bestehen einige Unterschiede. Der wichtigste Unterschied besteht darin, daß ANSI C, um Kompatibilität mit klassischem C zu gewährleisten, das Verwenden von Prototypen optional macht, während es bei C++ vorgeschrieben ist. Schauen Sie sich dazu die folgende Funktionsdeklaration an:

```
void sag_hallo();
```

Läßt man in C++ die runden Klammern leer, entspricht das dem Gebrauch des Schlüsselwortes *void* in den runden Klammern. Das bedeutet, daß die Funktion keine Argumente besitzt. Läßt man in ANSI C die runden Klammern weg, bedeutet das, daß Sie nicht angeben, um was es sich bei den Argumenten handelt.

Was Prototypen für Sie bedeuten

Sie wissen jetzt, daß Prototypen dem Compiler helfen. Aber was tun sie für Sie? Sie reduzieren ganz enorm das Auftreten von Programmfehlern. Insbesondere sind Prototypen dafür verantwortlich, daß

- das Programm den Funktionsübergabewert korrekt verarbeitet.
- das Programm überprüft, ob Sie die richtige Anzahl von Argumenten verwenden.
- das Programm überprüft, ob Sie die richtigen Argumenttypen verwenden. Falls nicht, werden die Argumente – falls möglich – in den richtigen Typ umgewandelt.

Wir haben schon besprochen, wie erreicht wird, daß der Übergabewert richtig verarbeitet wird. Wir wollen uns nun anschauen, was passiert, wenn Sie die falsche Anzahl an Argumenten verwenden. Angenommen, Sie nehmen den folgenden Funktionsaufruf vor:

```
double z = cube();
```

Ohne Funktionsprototyp würde der Compiler das durchgehen lassen. Nach dem Aufruf der Funktion würde dort nachgeschaut, wo normalerweise eine Zahl plaziert worden wäre und für die Berechnung wird der zufällig an dieser Stelle vorliegende Wert genommen. Genauso funktionierte C, bevor ANSI C sich die Prototypen von C++ auslieh. Da das Verwenden von Prototypen in ANSI C optional ist, funktionieren manche C-Programme immer noch so. Aber in C++ ist das Verwenden von Prototypen nicht optional. Sie haben somit einen garantierten Schutz vor derartigen Fehlern.

Nehmen Sie nun einmal an, daß Sie zwar die richtige Anzahl von Argumenten, aber nicht den richtigen Typ verwendet haben. Bei C führt das zu üblen Fehlern. Erwartet eine Funktion beispielsweise einen Wert vom Typ *int*, (angenommen, er besteht aus 2 Byte) und Sie haben einen *double*-Wert (angenommen, er besteht aus 8 Byte) übergeben, schaut sich die Funktion lediglich die ersten beiden der acht Byte an und versucht sie, als *int*-Wert zu interpretieren. C++ jedoch konvertiert den Wert, den Sie übergeben, in den im Prototyp angegebenen Typ. In Listing 7.2 wird zweimal in einer Anweisung versucht, unpassende Typen zu übergeben:

```
prost(cube(2));
```

Zuerst übergibt das Programm den *int*-Wert 2 an *cube()*, das einen *double*-Typ erwartet. Der Compiler bemerkt, daß der Prototyp von *cube()* ein Argument vom Typ *double* aufführt und konvertiert 2 in *2.0* einen *double*-Wert. Daraufhin übergibt *cube()* einen Wert vom Typ *double* (8.0), der als Argument von *prost()* benutzt wird. Der Compiler überprüft wieder den Prototyp und bemerkt, daß *prost()* einen *int*-Wert benötigt. Deshalb wird der Übergabewert in den Integerwert 8 umgewandelt. Im allgemeinen erzeugt das Verwenden von Prototypen automatische Typumwandlungen in die erwarteten Typen.

Automatische Typumwandlungen bewahren nicht vor allen möglichen Fehlern. Übergeben Sie zum Beispiel einer Funktion, die einen *int*-Wert erwartet, den Wert 8.33E27, kann ein so großer Wert nicht korrekt in einen *int*-Wert umgewandelt werden. Einige Compiler warnen Sie vor möglichen Datenverlusten, wenn eine automatische Typumwandlung eines großen Typs in einen kleineren vorgenommen wird.

Das Verwenden von Prototypen resultiert auch nur dann in Typumwandlungen, wenn es Sinn macht. Es macht zum Beispiel keinen Sinn, einen Integer in eine Struktur oder in einen Zeiger umzuwandeln.

7.2 Funktionsargumente und die Übergabe anhand des Wertes

Nun ist es an der Zeit, näher auf die Argumente einer Funktion einzugehen. C++ übergibt Argumente normalerweise *anhand ihrer Werte*. Das heißt, der numerische Wert des Argumentes wird der Funktion übergeben, von wo aus er einer neuen Variablen zugewiesen wird. In Listing 7.2 finden Sie zum Beispiel die folgende Funktion:

```
double volumen = cube(seite);
```

seite ist dabei eine Variable, die beim Beispielablauf den Wert 5 hatte. Der Funktions-Header von *cube()* sieht wie folgt aus:

```
double cube(double x)
```

Wird diese Funktion aufgerufen, erzeugt sie eine neue Variable mit dem Namen *x* und weist ihr den Wert 5 zu. Dadurch werden die Daten in *main()* von den Handlungen ausgeschlossen, die in *cube()* vorgenommen werden, da *cube()* mit einer Kopie von *seite* anstelle mit den Originaldaten arbeitet. Ein Beispiel für diesen Schutzmechanismus sehen Sie in Kürze. Eine Variable, die zur Aufnahme von übergebenen Werten herangezogen wird, wird als *formales Argument* oder *Parameter* bezeichnet. Der an die Funktion übergebene Wert wird als *aktuelles Argument* bezeichnet. Beim Übergeben von Argumenten wird also das aktuelle Argument dem formalen Argument zugewiesen (siehe Bild 7.2).

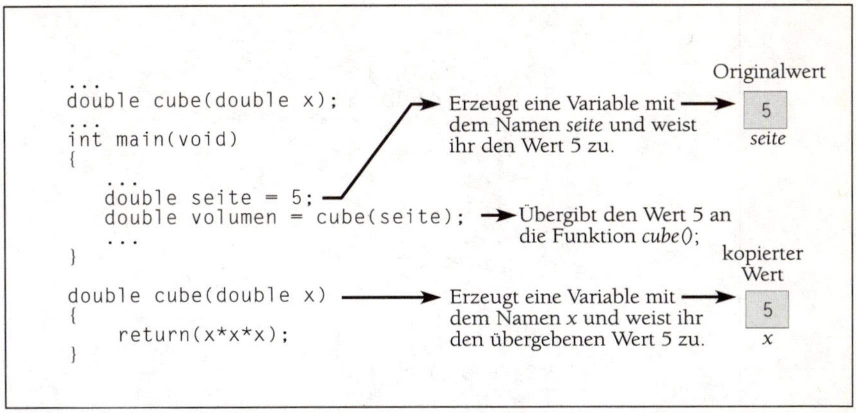

```
    ...
    double cube(double x);          Erzeugt eine Variable mit            Originalwert
    ...                             dem Namen seite und weist        ┌─────┐
    int main(void)                  ihr den Wert 5 zu.               │  5  │
    {                                                                └─────┘
        ...                                                            seite
        double seite = 5;
        double volumen = cube(seite);   Übergibt den Wert 5 an
        ...                             die Funktion cube();
    }                                                                kopierter
                                                                     Wert
    double cube(double x)           Erzeugt eine Variable mit        ┌─────┐
    {                               dem Namen x und weist ihr        │  5  │
        return(x*x*x);              den übergebenen Wert 5 zu.       └─────┘
    }                                                                  x
```

Bild 7.2: Übergabe anhand des Wertes

Variablen, einschließlich formaler Parameter, die in einer Funktion deklariert sind, gehören ausschließlich zu dieser Funktion. Wird eine Funktion aufgerufen, allokiert der Computer den für diese Variablen notwendigen Speicher. Ist die Bearbeitung der Funktion beendet, setzt der Computer den von diesen Variablen beanspruchten Speicher wieder frei. (Einige C++-Handbücher bezeichnen die Allokation und Deallokation von Speicher auch als Erzeugen und Löschen von Variablen. Das hört sich viel aufregender an.) Solche Variablen werden als *lokale* Variablen bezeichnet. Dadurch bleibt, wie Sie ja schon wissen, die Datenintegrität gewahrt. Deklarieren Sie eine Variable mit dem Namen *x* in *main()* und eine andere Variable auch mit dem Namen *x* in einer anderen Funktion, dann unterscheiden sich diese beiden Variablen so sehr, wie sich Frankfurt/Oder und Frankfurt/Main unterscheiden (siehe Bild 7.3).

Mehrere Argumente

Funktionen können mehr als ein Argument haben. Sie müssen die Argumente im Funktionsaufruf lediglich durch Kommata trennen:

```
n_chars('R', 25);
```

Dadurch werden zwei Argumente an die Funktion *n_char()* übergeben, die wir noch definieren werden.

Definieren Sie die Funktion, müssen Sie mit einer durch Kommata unterteilten Deklarationsliste im Funktions-Header arbeiten:

```
void n_chars(char c, int n)     // Zwei Argumente
```

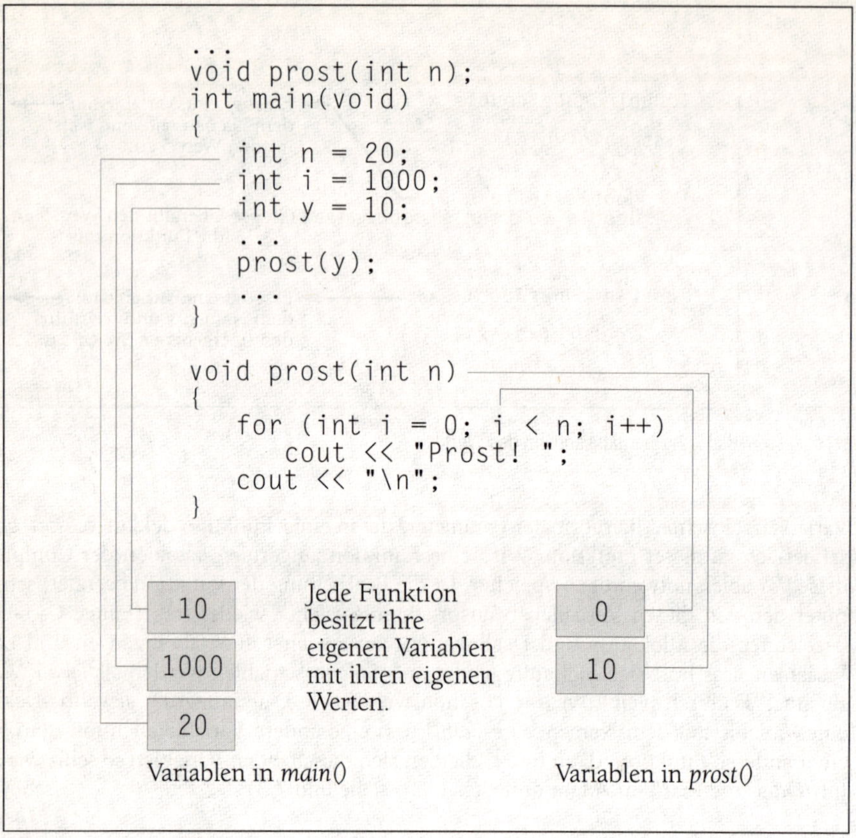

```
            ...
            void prost(int n);
            int main(void)
            {
                int n = 20;
                int i = 1000;
                int y = 10;

                ...
                prost(y);
                ...
            }

            void prost(int n)
            {
                for (int i = 0; i < n; i++)
                    cout << "Prost! ";
                cout << "\n";
            }
```

10	0
1000	10
20	

Jede Funktion besitzt ihre eigenen Variablen mit ihren eigenen Werten.

Variablen in *main()*   Variablen in *prost()*

Bild 7.3: Lokale Variablen

Dieser Funktions-Header gibt an, daß die Funktion *n_char()* ein Argument vom Typ *char* und ein Argument vom Typ *int* besitzt. Die Variablen *c* und *n* werden den Werten zugewiesen, die der Funktion übergeben wurden. Hat eine Funktion zwei Argumente desselben Typs, müssen Sie den Typ von jedem Argument separat angeben. Sie können die Deklarationen nicht so kombinieren, wie Sie es beim Deklarieren von regulären Variablen gewohnt sind:

```
void fifi(float a, float b)    // Jede Variable muß extra deklariert
                               // werden
void fifi(float a, b)          // Nicht zulässig
```

Um den Prototyp zu erhalten, müssen Sie wie bei anderen Funktionen auch lediglich ein Semikolon hinzufügen:

```
void n_chars(char c, int n);   // Prototyp, Stil 1
```

Gibt man Variablennamen an, wird der Prototyp durchschaubarer, besonders wenn zwei Parameter mit demselben Typ vorliegen. Anhand der Namen können Sie dann erkennen, welches Argument welches ist:

```
double melon_density(double weigth, double volumen);
```

In Listing 7.3 sehen Sie als Beispiel eine Funktion mit zwei Argumenten. Sie können daraus auch ersehen, daß die Veränderung des Wertes eines formalen Argumentes keine Auswirkungen auf die Daten im aufrufenden Programm hat.

```
// zweiarg.cpp -- eine Funktion mit 2 Argumenten
#include <iostream.h>

void n_chars(char, int);

int main(void)
{
    int anzahl;
    char ch;

    cout << "Geben Sie ein Zeichen ein: ";
    cin >> ch;
    while (ch != 'e')           // e wie Ende
    {
        cout << "Geben Sie einen Integer ein: ";
        cin >> anzahl;
        n_chars(ch, anzahl); // Funktion mit zwei Argumenten
        cout << "\nGeben Sie ein anderes Zeichen ein\n"
                "oder drücken Sie die e-Taste, um abzubrechen: ";
        cin >> ch;
    }
    cout << "Der Wert von anzahl ist " << anzahl << ".\n";
    cout << "Tschüss\n";
    return 0;
}

void n_chars(char c, int n)  // c n Mal anzeigen
{
    while (n-- > 0)             // solange weitermachen bis n 0 ist
        cout << c;
}
```

Listing 7.3: zweiarg.cpp

Es folgt ein Beispielablauf:

```
Geben Sie ein Zeichen ein: W
Geben Sie einen Integer ein: 49
WWWWWWWWWWWWWWWWWWWWWWWWWWWWWWWWWWWWWWWWWWWWWWWWWWW
Geben Sie ein anderes Zeichen ein
oder drücken Sie die e-Taste, um abzubrechen: a
Geben Sie einen Integer ein: 20
aaaaaaaaaaaaaaaaaaaa
Geben Sie ein anderes Zeichen ein
```

```
oder drücken Sie die e-Taste, um abzubrechen: e
Der Wert von anzahl ist 20.
Tschüss
```

Programmhinweise

Die Funktion *main()* benutzt eine *while*-Schleife, damit sie nicht in Vergessenheit gerät. Um ein Zeichen zu lesen, wird *cin >> ch* anstelle von *cin.get(ch)* oder *cin = cin.get()* benutzt. Dafür gibt es einen guten Grund. Die *cin.get()*-Versionen lesen – wie Sie sicher noch wissen – *alle* Eingabezeichen, einschließlich der Leer- und Newline-Zeichen. *cin* dagegen überspringt Leer- und Newline-Zeichen. Antworten Sie auf die Eingabeanforderungen des Programmes, müssen Sie diese durch die Eingabe von Return abschließen. Dadurch wird ein Newline-Zeichen generiert. Bei *cin >> ch* werden diese Newline-Zeichen übersprungen, aber die *cin.get()*-Abkömmlinge behandeln die Newline-Zeichen, die auf jede eingegebene Zahl folgen, als Zeichen, die als nächstes ausgegeben werden sollen. Sie könnten zwar weitere Programmschritte einfügen, um diese Newline-Zeichen abzufangen, aber es ist einfacher, gleich *cin* einzusetzen.

Die Funktion *n_char()* besitzt zwei Argumente: das Zeichen *c* und den Integer *n*. Anschließend wird mit einer Schleife das Zeichen die vom Integer angegebene Anzahl mal ausgegeben:

```
while (n-- > 0)   // Weitermachen, bis n = 0 erreicht
      cout << c;
```

Das Programm zählt die Schleifendurchläufe durch Dekrementieren der Variablen *n*, wobei *n* der formale Parameter aus der Argumentenliste ist. Dieser Variablen wurde der Wert der Variablen *anzahl* aus *main()* zugewiesen. Die *while*-Schleife hat also zur Folge, daß *n* den Wert 0 annimmt. Aber wie aus dem Beispielablauf zu ersehen ist, hat die Veränderung des Wertes *n* keine Auswirkungen auf *anzahl*.

Eine weitere Funktion mit zwei Argumenten

Wir wollen jetzt eine anspruchsvollere Funktion erzeugen, eine, mit der eine nicht ganz einfache Berechnung durchgeführt wird. Außerdem illustriert diese Funktion den Einsatz lokaler Variablen, die sich von den formalen Argumenten der Funktion unterscheiden.

In vielen Staaten der USA gibt es eine lottoähnliche Lotterie. Bei diesem Lotto können Sie auf einer Karte sechs Zahlen aus 49 Zahlen auswählen. Die Lottogesellschaft ermittelt die sechs Gewinnzahlen nach dem Zufallsprinzip. Stimmen Ihre Zahlen mit den gezogenen Gewinnzahlen überein, gewinnen Sie unter Umständen eine Million oder mehr. Unsere Funktion berechnet die Chancen, einen Volltreffer zu landen. (Eine Funktion, mit der die richtigen Lottozahlen vorausgesagt werden können, wäre zweifellos nützlicher, aber obwohl C++ sehr leistungsfähig ist, müßte es dazu über hellseherische Fähigkeiten verfügen.)

Zuerst benötigen wir eine Formel. Angenommen, es müssen 6 aus 49 Werten ausgewählt werden. Ein Mathematiker würde dann sagen, daß Sie eine Chance von 1 zu R haben, um zu gewinnen, wobei R durch die folgende Formel vorgegeben wird:

$$R = \frac{49*48*47*46*45*44}{6*5*4*3*2*1}$$

Bei sechs Wahlmöglichkeiten ist der Nenner das Produkt der ersten sechs ganzen Zahlen oder die Fakultät von 6. Der Zähler ist das Produkt der sechs aufeinanderfolgenden Zahlen, die von 49 ausgehend rückwärts gezählt werden. Wählen Sie also *auswahl* Werte aus allen *anzahl* Zahlen aus, ist der Nenner die Fakultät von *auswahl* und der Zähler ist das Produkt von *auswahl* ganzen Zahlen, beginnend mit dem Wert *anzahl* und von da aus rückwärts gezählt. Mit einer *for*-Schleife können Sie diese Berechnung durchführen:

```
long double ergebnis = 1.0;
for (n = anzahl, p = auswahl; p > 0; n--, p--)
        ergebnis = ergebnis * n / p ;
```

Anstatt alle Zahlen im Zähler zuerst miteinander zu multiplizieren, beginnt die Schleife mit der Multiplikation von 1.0 mit der ersten Zahl im Zähler und dividiert dann durch die erste Zahl im Nenner. Beim nächsten Schleifendurchlauf wird mit der zweiten Zahl des Zählers und des Nenners multipliziert und dividiert. Dadurch bleibt das Produkt kleiner, als wenn alle Multiplikationen zuerst ausgeführt werden. Vergleichen Sie beispielsweise

```
(10 * 9) / (2 * 1)
```

mit

```
(10 / 2) * (9 / 1)
```

Der erste Ausdruck ergibt zunächst 90/2 und dann 45 und der zweite Ausdruck zuerst 5 * 9 und dann 45. Beide haben dasselbe Ergebnis, aber durch die erste Methode wird ein größeres Zwischenergebnis erzeugt (90), als bei der zweiten. Je mehr Faktoren vorliegen, desto größer wird die Differenz. Bei sehr großen Zahlen kann man durch diese Strategie Berechnungen davor bewahren, den maximal möglichen Fließkommawert zu überschreiten.

In Listing 7.4 finden Sie diese Formel in der Funktion *chance()*. Da die Anzahl der auszuwählenden Zahlen und die Gesamtzahl der Wahlmöglichkeiten positive Werte sein sollten, verwendet das Programm den Typ *unsigned int* für diese Größen. Das Multiplizieren mehrerer Integerwerte miteinander kann zu sehr großen Ergebnissen führen. Deshalb verwendet *lotto.cpp* den Typ *long double* als Funktionsübergabewert. Außerdem produzieren solche Ausdrücke wie 49/6 bei Integer-Typen einen Rundungsfehler.

Kompatibilitätshinweis

Einige C++-Implementationen unterstützen den Typ *long double* nicht. Gehört Ihre Implementation in diese Kategorie, verwenden Sie stattdessen ein normales *double*.

```
// lotto.cpp -- Gewinnchancen
#include <iostream.h>
// Hinweis: einige Implementationen erfordern die Verwendung von
//          double anstatt von long double
long double chance(unsigned anzahl, unsigned auswahl);
int main(void)
{
    double total, choices;
    cout << "Geben Sie die Anzahl der Wahlmöglichkeiten\n"
            "und die Gesamtanzahl der Zahlen an:\n";
```

```
while ((cin >> choices >> total) && choices <= total)
{
    cout << "Ihre Gewinnchance beträgt 1 : ";
    cout << chance(total, choices);        // Chance ausrechnen
    cout << ".\n";
    cout << "Die nächsten beiden Zahlen (oder e für "
            "Programmende): ";
}
cout << "Tschüss\n";
return 0;
}


// Die folgende Funktion berechnet die Wahrscheinlichkeit aus
// anzahl Zahlen auswahl Zahlen richtig auszuwählen.
long double chance(unsigned anzahl, unsigned auswahl)
{
    long double ergebnis = 1.0;  // einige lokale Variablen
    long double n;
    unsigned p;

    for (n = anzahl, p = auswahl; p > 0; n--, p--)
        ergebnis = ergebnis * n / p ;
    return ergebnis;
}
```

Listing 7.4: lotto.cpp

Es folgt ein Beispielablauf. Je mehr Zahlen man auf der Gewinnkarte auswählen kann, desto größer sind die Gewinnchancen.

```
Geben Sie die Anzahl der Wahlmöglichkeiten
und die Gesamtanzahl der Zahlen an:
6 49
Ihre Gewinnchance beträgt 1 : 13983816.
Die nächsten beiden Zahlen (oder e für Programmende): 6 53
Ihre Gewinnchance beträgt 1 : 2.295748e+07.
Die nächsten beiden Zahlen (oder e für Programmende): 6 38
Ihre Gewinnchance beträgt 1 : 2760681.
Die nächsten beiden Zahlen (oder e für Programmende): e
Tschüss
```

Programmhinweise

Die Funktion *chance()* illustriert die Arbeitsweise von zwei verschiedenen Arten lokaler Variablen, die in einer Funktion auftreten können. Einmal gibt es formale Parameter (*anzahl* und *auswahl*), die im Funktions-Header vor der öffnenden geschweiften Klammer deklariert werden. Dann kommen die anderen lokalen Variablen (*ergebnis*, *n* und *p*). Sie werden zwischen den geschweiften Klammern deklariert, die die Funktionsdefinition einschließen. Der Hauptunterschied zwischen den formalen Parametern und den anderen lokalen Variablen besteht darin, daß die formalen Variablen ihre Werte von der Funktion erhalten, die *chance()* aufruft, während die anderen ihre Werte im Funktionsinneren zugewiesen bekommen.

7.3 Funktionen und Arrays

Bis jetzt waren die Beispielfunktionen recht einfach. Es wurden nur die grundlegenden Typen für die Argumente und die Übergabewerte verwendet. Aber Funktionen können beim Bearbeiten anspruchsvollerer Typen, wie Arrays und Strukturen, eine Schlüsselrolle spielen. Wir wollen uns nun einmal anschauen, wie Arrays und Funktionen miteinander auskommen.

Angenommen, Sie haben mit einem Array überwacht, wie viele Plätzchen jedes Familienmitglied bei einem Picknick gegessen hat. (Jeder Array-Index entspricht einer Person und der Wert des Elementes entspricht der Anzahl der Plätzchen, die eine Person gegessen hat.) Jetzt wollen Sie die Gesamtzahl der Plätzchen wissen. Das geht ganz einfach. Sie benötigen dazu lediglich eine Schleife, die alle Array-Elemente addiert. Array-Elemente müssen so häufig addiert werden, daß es sinnvoll ist, für diese Aufgabe eine Funktion zu erstellen. Sie müssen dann nicht jedesmal eine neue Schleife schreiben, wenn Array-Elemente addiert werden sollen.

Wir wollen einmal überlegen, wie die Funktionsschnittstelle gestaltet werden muß. Da die Funktion eine Summe berechnet, sollte sie einen Übergabewert besitzen. Bleiben die Plätzchen intakt, kann man eine Funktion mit einem Übergabewert vom Typ *int* benutzen. Damit die Funktion weiß, von welchem Array die Summe gebildet werden muß, muß man den Array-Namen als Argument übergeben. Und damit die Funktion allgemeingültig wird und nicht auf ein Array mit bestimmter Größe beschränkt bleibt, muß die Größe des Arrays übergeben werden. Die einzige neue Zutat bei diesem Rezept besteht darin, daß deklariert werden muß, daß eines der formalen Argumente ein Array-Name ist. Wir wollen nun sehen, wie das und der Rest des Funktions-Headers aussieht:

```
int sum_arr(int arr[], int n)  // arr = Array-Name, n = Größe
```

Das sieht plausibel aus. Die eckigen Klammern scheinen anzuzeigen, daß *arr* ein Array ist, und die Tatsache, daß die eckigen Klammern leer sind, scheint anzuzeigen, daß diese Funktion mit einem Array beliebiger Größe eingesetzt werden kann. Aber die Dinge sind nicht immer so, wie sie scheinen: *arr* ist nicht wirklich ein Array, sondern ein Zeiger! Und nun die gute Nachricht: der Rest der Funktion kann so geschrieben werden, als ob *arr* ein Array wäre. Zuerst werden wir überprüfen, ob das auch funktioniert und dann, warum es funktioniert.

In Listing 7.5 wird der Einsatz eines Zeigers als Array-Name demonstriert. Das Programm initialisiert das Array mit einigen Werten und benutzt die Funktion *sum_arr()* zur Berechnung der Summe. Sie werden bemerken, daß die Funktion *sum_arr()* *arr* so benutzt, als ob es ein Array-Name wäre.

```
// arrfun1.cpp -- Funktionen mit Array-Argumenten
#include <iostream.h>
const int Groesse = 8;
int sum_arr(int arr[], int n);        // Prototyp

int main(void)
{
    int plaetzchen[Groesse] = {1,2,4,8,16,32,64,128};
// Einige System erfordern die Verwendung von static, damit
// das Array initialisiert werden kann.
```

```
        int sum = sum_arr(plaetzchen, Groesse);
        cout << "Gesamtzahl der gegessenen Plätzchen: " << sum <<  "\n";
        return 0;
    }

    // Übergibt die Summe eines Integer-Arrays
    int sum_arr(int arr[], int n)
    {
        int total = 0;

        for (int i = 0; i < n; i++)
            total = total + arr[i];
        return total;
    }
```

Listing 7.5: arrfun1.cpp

Es folgt die Programmausgabe:

```
    Gesamtzahl der gegessenen Plätzchen: 255
```

Wie Sie sehen, funktioniert das Programm. Jetzt wollen wir untersuchen, warum das Programm funktioniert.

Arrays und Zeiger (noch einmal)

C++ behandelt – wie C – in den meisten Fällen den Namen eines Arrays, als ob es ein Zeiger wäre. Sie wissen ja noch aus Kapitel 4, daß C++ einen Array-Namen als die Adresse des ersten Elementes interpretiert:

```
    plaetzchen == &plaetzchen[0]        // Der Array-Name ist die Adresse
                                        // des ersten Elementes
```

(Es gibt zwei Ausnahmen von dieser Regel. 1. Die Array-Deklaration benutzt den Array-Namen, um die Speicherstelle zu kennzeichnen. 2. Verwendet man einen Array-Namen mit *sizeof*, ergibt sich die Größe des ganzen Arrays in Bytes.)

In Listing 7.5 befindet sich der folgende Funktionsaufruf:

```
    int sum_arr(plaetzchen, Groesse);
```

plaetzchen ist der Name eines Arrays, also gemäß den C++-Regeln die Adresse seines ersten Elementes. Deshalb wird im Grunde an die Funktion eine Adresse übergeben. Da das Array Elemente vom Typ *int* beinhaltet, muß *plaetzchen* vom Typ Zeiger auf ein *int*-Objekt oder *int** sein. Deshalb sollte der korrekte Funktions-Header eigentlich wie folgt aussehen:

```
    int sum_arr(int *arr, int n)        // arr = Array-Name, n = Grösse
```

Dabei wurde *int arr[]* durch *int* arr* ersetzt. Lange Rede, kurzer Sinn, beide Funktions-Header sind korrekt, da in C++ die Notationen *int* arr* und *int arr[]* identische Bedeutungen haben, wenn sie in einem Funktions-Header oder -prototyp eingesetzt werden. Beide drücken aus, daß *arr* ein Zeiger auf *int*-Objekte ist. Die Array-Notation *(int arr[])* erinnert uns symbolisch daran, daß *arr* nicht nur auf ein einzelnes *int*-Objekt zeigt, sondern auf das erste Element eines Arrays, und wir werden die Zeigernotation immer dann einsetzen, wenn der Zeiger auf einen isolierten Wert zeigt. Die Notationen *int* arr* und *int arr[]* sind aber *nicht* in jedem anderen Kontext synonym. Sie können beispielsweise nicht die Notation *int tip[]* verwenden, um einen Zeiger im *Rumpf* einer Funktion zu deklarieren.

Angenommen, die Variable *arr* ist wirklich ein Zeiger, dann macht der Rest der Funktion Sinn. Wie Sie vielleicht noch aus der Besprechung von dynamischen Arrays in Kapitel 4 wissen, können Sie die Klammernotation auch mit Array-Namen oder mit Zeigern einsetzen, um auf die Elemente eines Arrays zuzugreifen. Unabhängig davon, ob *arr* ein Zeiger oder ein Array-Name ist, ist mit dem Ausdruck *arr[3]* das vierte Element des Arrays gemeint. Und es kann an dieser Stelle nichts schaden, sich die beiden folgenden Übereinstimmungen ins Gedächtnis zu rufen:

```
arr[i] == *(arr + i)      // Werte in zwei Schreibweisen
&arr[i] == ar + 1         // Adressen in zwei Schreibweisen
```

Addiert man 1 zu einem Zeiger, Array-Namen eingeschlossen, wird in Wirklichkeit ein Wert addiert, der der Größe des Datentyps entspricht (in Byte), auf den der Zeiger zeigt. Zeigeraddition und die Verwendung von Array-Indizes sind also zwei äquivalente Möglichkeiten, um auf die Elemente eines Arrays zuzugreifen.

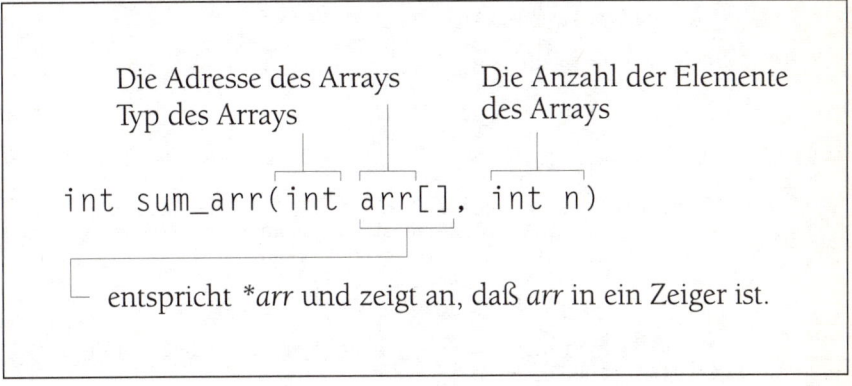

Bild 7.4: Einer Funktion Daten über ein Array mitteilen

Was für Folgen hat der Einsatz von Arrays als Argumente?

Wir wollen uns nun anschauen, was in Listing 7.5 genau passiert. Der Funktionsaufruf *sum_arr(plaetzchen, Groesse)* übergibt die Adresse des ersten Elements des Arrays *plaetzchen* und die Anzahl der Elemente des Arrays an die Funktion *sum_arr()*. Die Funktion *sum_arr()* weist die Adresse *plaetzchen* der Zeigervariablen *arr* zu und die Konstante *Groesse* der *int*-Variablen *n*. Das bedeutet, daß in Listing 7.5 nicht der ganze Array-Inhalt an die Funktion übergeben wird, sondern es wird der Funktion lediglich mitgeteilt, *wo* sich das Array befindet (die Adresse), *was* für Elemente es beinhaltet (Typ) und *wieviele* Elemente sich darin befinden (die Variable *n* – siehe Bild 7.4). Ausgerüstet mit diesen Informationen verwendet die Funktion dann das *Original-*

Array. Übergeben Sie eine normale Variable, arbeitet die Funktion mit einer Kopie. Übergeben Sie jedoch ein Array, nimmt die Funktion das Original. Dieser Unterschied steht jedoch nicht im Widerspruch mit der normalen Argumentübergabe von C++, bei der die Argumente anhand ihres Wert übergeben werden. Der Funktion *sum_arr()* wird immer noch nur ein Wert, der einer neuen Variablen zugewiesen wird, übergeben. Aber dieser Wert ist eine einzelne Adresse und nicht der gesamte Array-Inhalt.

Ist die Korrespondenz von Array-Namen und Zeigern eine gute Einrichtung? Sie ist es! Dadurch, daß man Array-Adressen als Argumente benutzen kann, wird Zeit und Speicher gespart. Der Overhead, der beim Kopieren der Argumente auftritt, kann sehr störend werden, besonders wenn Sie mit großen Arrays arbeiten. Nicht nur, daß ein Programm mehr Speicher benötigt, es würde auch länger dauern, große Datenblöcke zu kopieren. Andererseits erhöht sich beim Arbeiten mit den Originaldaten das Risiko, die Daten unabsichtlich zu zerstören. Das ist beim klassischen C ein großes Problem, aber der *const*-Modifizierer von ANSI C und C++ bietet hier Abhilfe. Wir werden Ihnen in Kürze ein Beispiel dazu zeigen. Zuerst wollen wir jedoch Listing 7.5 ändern, um einige Dinge im Zusammenhang mit der Arbeitsweise von Array-Funktionen zu illustrieren. In Listing 7.6 wird gezeigt, daß *plaetzchen* und *arr* denselben Wert haben. Außerdem sehen Sie, wie die Funktion *sum_arr* dank des Zeigerkonzepts nützlicher ist, als es auf den ersten Blick vielleicht schien.

```
// arrfun2.cpp -- Funktionen mit Array-Argumenten
#include <iostream.h>

const int Groesse = 8;

int sum_arr(int arr[], int n);

int main(void)
{
    int plaetzchen[Groesse] = {1,2,4,8,16,32,64,128};
// Einige System erfordern die Verwendung von static, damit
// das Array initialisiert werden kann.

    cout << plaetzchen << " = Array-Adresse, ";

// einige Systeme erfordern eine Typumwandlung: unsigned
// (plaetzchen)
    cout << sizeof plaetzchen << " = sizeof plaetzchen\n";
    int sum = sum_arr(plaetzchen, Groesse);
    cout << "Gesamtzahl der gegessenen Plätzchen: " << sum <<  "\n";
    sum = sum_arr(plaetzchen, 3);          // eine Lüge
    cout << "Die ersten drei Esser aßen " << sum << " Plätzchen.\n";
    sum = sum_arr(plaetzchen + 4, 4);      // noch eine Lüge
    cout << "Die letzten vier Esser aßen " << sum;
    cout << " Plätzchen.\n";
    return 0;
}

// Übergibt die Summe eines Integer-Arrays
int sum_arr(int arr[], int n)
{
    int total = 0;
    cout << arr << " = arr, ";
    // einige Systeme erfordern eine Typumwandlung: unsigned (arr)
    cout << sizeof arr << " = sizeof arr\n";
```

```
        for (int i = 0; i < n; i++)
            total = total + arr[i];
        return total;
}
```

Listing 7.6: arrfun2.cpp

Es folgt die Ausgabe:

```
0x8f8cffe6 = Array-Adresse, 16 = sizeof plaetzchen
0x8f8cffe6 = arr, 2 = sizeof arr
Gesamtzahl der gegessenen Plätzchen: 255
0x8f8cffe6 = arr, 2 =sizeof arr
Die ersten drei Esser aßen 7 Plätzchen.
0x8f8cffee = arr, 2 = sizeof arr
Die letzten vier Esser aßen 240 Plätzchen.
```

Programmhinweise

Mit diesem Beispiel werden einige sehr interessante Dinge in bezug auf Array-Funktionen illustriert. *plaetzchen* und *arr* besitzen beide dieselbe Adresse – genau wie beabsichtigt. Aber *sizeof plaetzchen* ist 16, während *sizeof arr* lediglich 2 ist. Das liegt daran, daß *sizeof plaetzchen* die Größe des gesamten Arrays darstellt und *sizeof arr* nur die Größe der Zeigervariablen. (Unser System arbeitet – wie Sie vielleicht noch wissen – mit aus 2 Byte bestehenden Adressen.) Übrigens, deshalb muß ausdrücklich die Größe des Arrays übergeben werden, anstatt *sizeof arr* in *sum_arr()* zu verwenden.

Da *sum_arr()* die Anzahl der Array-Elemente nur aus unseren Angaben entnehmen kann, können wir die Funktion anlügen. Beim zweiten Einsatz der Funktion nahmen wir beispielsweise den folgenden Aufruf vor:

```
sum = sum_arr(plaetzchen, 3);
```

Indem wir der Funktion mitteilten, daß *plaetzchen* nur drei Elemente enthält, brachten wir die Funktion dazu, die Summe der ersten drei Elemente zu berechnen.

Wieso unterbrechen wir hier? Man kann auch hinsichtlich des Array-Beginns lügen:

```
sum = sum_arr(plaetzchen + 4, 4);
```

Da *plaetzchen* als Adresse des ersten Elementes fungiert, dient *plaetzchen + 4* als Adresse des fünften Elementes. Diese Anweisung summiert also das fünfte, sechste, siebte und achte Element des Arrays. Schauen Sie sich in der Ausgabe der Funktion an, wie durch den dritten Funktionsaufruf *arr* eine andere Adresse zugewiesen wird als durch die ersten beiden Aufrufe. Sie können auch *&plaetzchen[4]* anstelle von *plaetzchen + 4* als Argument verwenden. Beide Ausdrücke haben dieselbe Bedeutung.

Weitere Array-Funktionen

Wählen Sie ein Array als Repräsentant Ihrer Daten aus, haben Sie eine Entscheidung darüber getroffen, wie Ihre Problemlösung aussehen soll. Aber bei solchen Entscheidungen, die das Programmdesign betreffen, sollte neben der Art, wie die Daten abgespeichert werden, auch berücksichtigt werden, wie die Daten manipuliert werden sollen. Es ist häufig von Nutzen, spezifische Funktionen für die Realisation von bestimmten Datenoperationen zu erstellen. (Die Vorteile sind höhere Programmverläßlichkeit, leichtere Modifizierbarkeit und einfaches Debuggen.) Sobald Sie bei der Programmerstellung die Art und Weise, wie Daten abgespeichert werden sollen, mit den Operationen, die mit diesen Daten ausgeführt werden, in Ihren Überlegungen zusammenfassen, sind Sie einen wichtigen Schritt auf dem Weg zur OOP-Denkweise weitergekommen. Davon können Sie dann zukünftig profitieren.

Wir wollen einen einfachen Fall näher untersuchen. Angenommen, Sie wollen mit Hilfe eines Arrays Ihr DM-Barvermögen überwachen. (Falls notwendig, müssen Sie sich eben vorstellen, über ein Barvermögen zu verfügen.) Sie müssen zuerst entscheiden, welcher Typ benutzt werden soll. Der Typ *double* ist sicherlich weniger restriktiv hinsichtlich seines Wertebereiches als die Typen *int* oder *long,* und er verfügt über genügend Stellen, um den Wert genau repräsentieren zu können. Anschließend müssen Sie klären, wie viele Array-Elemente es geben soll. (Bei dynamischen Arrays, die mit *new* erzeugt werden, können Sie diese Entscheidung später fällen. Aber wir wollen die Dinge nicht komplizieren.) Angenommen, Sie haben nicht mehr als fünf Besitztümer, dann reicht ein Array mit fünf *double*-Elementen aus.

Stellen Sie sich jetzt die möglichen Operationen vor, die Sie mit Ihrem Vermögensarray ausführen können. Zwei sehr grundlegende bestehen darin, Werte im Array abzulegen und den Array-Inhalt auszugeben. Wir wollen dieser Liste eine weitere Operation hinzufügen: den Wert der Besitztümer neu einschätzen. Der Einfachheit halber nehmen wir an, daß Ihre Besitztümer gleichmäßig im Wert steigen oder fallen. (Sie wissen ja, das ist ein Buch über C++ und nicht über Vermögensverwaltung.) Dann wollen wir uns überlegen, wie jede einzelne Funktion ihrer Aufgabe nachkommen soll und wir müssen den entsprechenden Quelltext erstellen. Alle erforderlichen Schritte werden wir nun in Ruhe durchgehen.

Das Füllen des Arrays

Da eine Funktion mit einem Array-Namen als Argument auf das Original-Array, nicht auf eine Kopie, zugreift, können Sie den Array-Elementen die Werte mit Hilfe eines Funktionsaufrufs zuweisen. So ist ein Funktionsargument der Name des Arrays, das gefüllt werden soll. Im allgemeinen sollte ein Programm die Investments von mehr als einer Person verwalten können. Aber dazu wird mehr als ein Array benötigt, deshalb sollte die Array-Größe nicht fest vorgegeben werden. Übergeben Sie stattdessen – wie im vorherigen Beispiel – einfach die Array-Größe als zweites Argument. Eventuell wäre es wünschenswert, das Einlesen der Daten unterbrechen zu können, bevor das Array voll ist. Dann sollte diese Fähigkeit in die Funktion eingebaut werden. Da Sie dann möglicherweise weniger als die maximale Anzahl der Elemente eingeben, macht es Sinn, wenn die Funktion die aktuelle Anzahl der eingegebenen Werte übergibt. Das Ergebnis dieser Überlegungen ist der folgende Funktionsprototyp:

```
int fuelle_array(double ar[], int limit);
```

Die Funktion besitzt als Argumente einen Array-Namen und einen Parameter, durch den die maximale Anzahl der Elemente, die gelesen werden können, angegeben wird. Die Funktion übergibt die Anzahl der wirklich eingelesenen Zeichen. Setzen Sie diese Funktion zum Beispiel zusammen mit einem Array mit fünf Elementen ein, wird 5 als zweites Argument übergeben. Wurden lediglich drei Werte eingegeben, übergibt die Funktion den Wert 3.

Sie können mit einer Schleife nacheinander Werte in das Array einlesen. Aber wie kann die Schleife vorzeitig beendet werden? Eine Möglichkeit besteht darin, mit einem speziellen Wert das Ende der Eingabe zu kennzeichnen. Da kein Vermögenswert negativ sein sollte, können Sie mit einer negativen Zahl das Ende der Eingabe markieren. Anhand dieser Vorgaben können Sie die Funktion wie folgt programmieren:

```cpp
int fuelle_array(double ar[], int limit)
{
    double temp;
    for (int i = 0; i < limit; i++)
    {
        cout << "Wert #" << i + 1 << " eingeben: ";
        cin >> temp;
        if (temp < 0)// Signal zum Beendigen der Schleife
            break;
        ar[i] = temp;
    }
    return i;
}
```

Sie können erkennen, daß die Funktion eine Eingabeanforderung für den Anwender enthält. Gibt der Anwender einen positiven Wert oder null ein, wird der Wert im Array abgelegt. Anderenfalls wird die Schleife beendet. Gibt der Anwender nur gültige Werte ein, endet die Schleife nach dem Lesen der *maximalen* Werteanzahl (*limit*). Als letzten Schritt inkrementiert die Schleife in beiden Fällen die Variable *i*. Nach Beendigung der Schleife ist *i* also um eins größer als der letzte eingesetzte Array-Index und somit gleich der Anzahl der gelesenen Array-Elemente. Die Funktion übergibt diesen Wert.

Den Array-Inhalt anzeigen und mit const schützen

Das Erstellen einer Funktion, mit der man den Array-Inhalt anzeigen lassen kann, ist einfach. Sie müssen den Namen des Arrays und die Anzahl der Array-Elemente an die Funktion übergeben. Diese Funktion gibt dann mit Hilfe einer Schleife jedes Element aus. Aber es gibt noch einen weiteren Aspekt – die Funktion muß garantieren, daß sie das Original-Array nicht verändert. Sie sollen Funktionen davon abhalten, Daten zu verändern, es sei denn, eine Funktion hat genau diesen Zweck. Dieser Schutz ist bei normalen Argumenten automatisch gewährleistet, da C++ sie anhand ihres Wertes übergibt und die Funktion nur mit einer Kopie arbeitet. Aber Funktionen, die ein Array benutzen, arbeiten mit dem Original. Nur deshalb ist die Funktion *fuelle_array()* übrigens in der Lage, ihre Arbeit auszuführen. Damit ein Array nicht verändert werden kann, können Sie beim Deklarieren der formalen Argumente das Schlüsselwort *const* (siehe Kapitel 3) einsetzen:

```cpp
void zeige_array(const double ar[], int n);
```

Diese Deklaration sagt aus, daß der Zeiger *ar* auf konstante Daten zeigt. Das heißt, Sie können mit *ar* keine Daten verändern. Sie können zwar einen Wert wie *ar[0]* benutzen, seinen Wert jedoch nicht verändern. Das bedeutet aber nicht, daß das Original-Array eine Konstante sein muß. Es bedeutet lediglich, daß Sie *ar* nicht in der Funktion *zeige_array()* zum Verändern von Daten einsetzen können. Angenommen, Sie haben dieses Verbot versehentlich nicht eingehalten, indem Sie ungefähr folgendes in der Funktion *zeige_array()* gemacht haben:

```
ar[0] += 10;
```

Der Computer wird dann Ihren Irrungen und Wirrungen Einhalt gebieten. Bei Turbo C++ zum Beispiel erfolgt ungefähr die folgende Fehlermeldung (von uns etwas verändert):

```
Cannot modify a const object in function
    zeige_array(const double *,int)
```

Die Meldung erinnert uns daran, daß C++ die Deklaration *const double ar[]* als *const double *ar* interpretiert. Die Deklaration besagt also, daß *ar* auf einen konstanten Wert zeigt. Mehr dazu nach der Besprechung des vorliegenden Beispiels. Es folgt der Quelltext der Funktion *zeige_array()*:

```
void zeige_array(const double ar[], int n)
{
    for (int i = 0; i < n; i++)
    {
        cout << "Besitztum #" << i + 1 << ": DM ";
        cout << ar[i] << "\n";
    }
}
```

Das Array modifizieren

Die dritte Operation mit unserem Array besteht im Multiplizieren von jedem Element mit demselben Neueinschätzungsfaktor. Sie müssen drei Argumente an die Funktion übergeben: den Faktor, das Array und die Anzahl der Elemente. Es wird kein Übergabewert benötigt. Die Funktion kann also wie folgt aussehen:

```
void veranlagen(double r, double ar[], int n)
{
    for (int i = 0; i < n; i++)
        ar[i] *= r;
}
```

Da diese Funktion zum Ändern von Array-Werten vorgesehen ist, benötigen Sie bei der Deklaration von *ar* den Modifizierer *const* nicht.

Die Stücke zu einem Ganzen zusammensetzen

Jetzt, da wir den erforderlichen Datentyp (ein Array) bestimmt und festgelegt haben, wie er eingesetzt werden soll (drei Funktionen), können wir das Programm anhand dieser Bauanleitung zusammensetzen. Da wir die Werkzeuge zum Bearbeiten von Arrays schon erzeugt haben, gestaltet sich das Programmieren von *main()* wesentlich einfacher. Der meiste noch verbleibende Programmieraufwand besteht darin, *main()* die Funktionen aufrufen zu lassen, die wir bis jetzt entwickelt haben. Listing 7.7 zeigt das Ergebnis.

```
// arrfun3.cpp -- Array-Funktionen und const
#include <iostream.h>

const int Max = 5;

// Funktionsprototypen
int fuelle_array(double ar[], int limit);
void zeige_array(const double ar[], int n);// verändert keine Daten
void veranlagen(double r, double ar[], int n);

int main(void)
{
    double besitztuemer[Max];

    int groesse = fuelle_array(besitztuemer, Max);

    zeige_array(besitztuemer, groesse);
    cout << "Neuveranlagungsfaktor eingeben: ";

    double faktor;
    cin >> faktor;
    veranlagen(faktor, besitztuemer, groesse);
    zeige_array(besitztuemer, groesse);
    return 0;
}


int fuelle_array(double ar[], int limit)
{
    double temp;

    for (int i = 0; i < limit; i++)
    {
        cout << "Wert #" << i + 1 << " eingeben: ";
        cin >> temp;
        if (temp < 0)
            break;
        ar[i] = temp;
    }
    return i;
}


// Die folgende Funktion kann das Array mit der Adresse
// ar zwar benutzen aber nicht verändern
void zeige_array(const double ar[], int n)
{
    for (int i = 0; i < n; i++)
    {
        cout << "Besitztum #" << i + 1 << ": DM ";
        cout << ar[i] << "\n";
    }
}
```

```
// Diese Funktion multipliziert jedes Elemente mit dem Faktor r
void veranlagen(double r, double ar[], int n)
{
    for (int i = 0; i < n; i++)
        ar[i] *= r;
}
```

Listing 7.7: arrfun3.cpp

Es folgen zwei Beispielabläufe. Die Eingabe sollte beendet werden, sobald der Anwender fünf Werte oder eine negative Zahl eingegeben hat. Das erste Beispiel zeigt, was passiert, falls die maximal möglichen der fünf Werte eingegeben wurden, und das zweite Beispiel zeigt, was passiert, wenn ein negativer Wert eingegeben wird.

```
Wert #1 eingeben: 100000
Wert #2 eingeben: 8000
Wert #3 eingeben: 222000
Wert #4 eingeben: 240000
Wert #5 eingeben: 118000
Besitztum #1: DM 100000
Besitztum #2: DM 80000
Besitztum #3: DM 222000
Besitztum #4: DM 240000
Besitztum #5: DM 118000
Neuveranlagungsfaktor eingeben: 1.10
Besitztum #1: DM 110000
Besitztum #2: DM 88000
Besitztum #3: DM 244200
Besitztum #4: DM 264000
Besitztum #5: DM 129800

Wert #1 eingeben: 200000
Wert #2 eingeben: 84000
Wert #3 eingeben: 160000
Wert #4 eingeben: -2
Besitztum #1: DM 200000
Besitztum #2: DM 84000
Besitztum #3: DM 160000
Neuveranlagungsfaktor eingeben: 1.20
Besitztum #1: DM 240000
Besitztum #2: DM 100800
Besitztum #3: DM 192000
```

Programmhinweise

Wir haben bereits alle wichtigen Programmdetails besprochen, deshalb wollen wir uns nun den Ablauf der Programmentwicklung ins Gedächtnis rufen. Zuerst stellten wir Überlegungen hinsichtlich des Datentyps an und entwickelten entsprechende Funktionen zur Bearbeitung dieser Daten. Daraufhin brachten wir diese Funktionen in einem Programm unter. Dies wird manchmal als Programmieren von *unten nach oben* bezeichnet, da der Entwicklungsprozeß von den Einzelteilen zum Ganzen geht. Diese Technik paßt gut zur OOP, bei der man sich zuerst auf die Datenrepräsentation und -manipulation konzentriert. Die traditionelle prozedurale Programmierung andererseits funktioniert von *oben nach unten*. Das heißt, Sie entwickeln zuerst ein modulares Gesamtdesign und wenden dann Ihre Aufmerksamkeit den Details zu.

Zeiger und der Modifizierer const

Benutzt man Zeiger in Verbindung mit *const*, müssen einige Feinheiten beachtet werden (das haben Zeiger scheinbar so an sich). Sie können das Schlüsselwort *const* auf zwei Arten zusammen mit Zeigern einsetzen. Die erste Möglichkeit besteht darin, daß ein Zeiger auf ein konstantes Objekt zeigt. Dadurch werden Sie davon abgehalten, den Zeiger zum Ändern des Wertes, auf den er zeigt, einzusetzen. Die zweite Möglichkeit besteht darin, aus dem Zeiger selbst eine Konstante zu machen. Das wiederum macht es Ihnen unmöglich, den Zeiger woanders hin zeigen zu lassen. Jetzt aber zu den Details.

Zuerst wollen wir den Zeiger *pt* deklarieren, der auf eine Konstante zeigt:

```
int alter = 39;
const int * pt = &alter;
```

Diese Deklaration drückt aus, daß *pt* auf ein *const int*-Objekt zeigt (*39* in diesem Fall). Deshalb kann man *pt* nicht zum Verändern des Wertes einsetzen. Mit anderen Worten, der Wert **pt* ist konstant und kann nicht modifiziert werden:

```
*pt += 1;      // Nicht zulässig, da pt auf ein const int-Objekt zeigt
cin >> *pt;    // Nicht zulässig aus demselben Grund
```

Nun zu einer Feinheit. Die obige Deklaration von *pt* hat nicht notwendigerweise zur Folge, daß der Wert, auf den gezeigt wird, wirklich eine Konstante ist. Es bedeutet lediglich, daß der Wert nur dann als konstant zu betrachten ist, wenn *pt* betroffen ist. Zeigt *pt* zum Beispiel auf *alter* und *alter* wurde nicht als *const*-Objekt deklariert, dann können Sie den Wert von *alter* durch den Einsatz der Variablen *alter* direkt ändern. Aber Sie können den Wert von *alter* nicht mit dem Zeiger *pt* indirekt modifizieren:

```
*pt = 20;      // Nicht zulässig, da pt auf ein const int-Objekt zeigt
alter = 20;    // Zulässig, da alter nicht als const deklariert ist
```

In der Vergangenheit haben wir immer wieder die Adresse einer regulären Variablen einem regulären Zeiger zugewiesen. Jetzt wurde die Adresse einer regulären Variablen einem Zeiger auf ein *const*-Objekt zugewiesen. Daraus ergeben sich zwei weitere Möglichkeiten: die Adresse einer *const*-Variablen einem Zeiger auf ein *const*-Objekt zuzuweisen und die Adresse eines *const*-Objektes einem regulären Zeiger zuzuweisen. Ist beides möglich? Die erste Möglichkeit schon, die zweite nicht:

```
const float g_erde = 9.80;
const float * pe = &g_erde;    // Zulässig
const float g_mond = 1.63;
float * pm = &g_mond;          // Nicht zulässig
```

Beim ersten Beispiel können Sie weder *g_erde* noch *pe* verwenden, um den Wert *9.80* zu verändern. In C++ ist der zweite Fall aus einem einfachen Grund nicht zulässig – könnte man die Adresse von *g_mond pm* zuweisen, könnte man mogeln und mit *pm* den Wert von *g_mond* verändern. Der *const*-Status von *g_mond* würde so zur Makulatur, deshalb läßt C++ die Zuweisung der Adresse eines *const*-Objektes an einen Zeiger, der nicht vom Typ *const* ist, nicht zu.

Eine weitere Feinheit: die Deklaration

```
int alter = 39;
const int * pt = &alter;
```

bewahrt Sie lediglich vor der Veränderung des Wertes, auf den *pt* zeigt. Dieser Wert beträgt *39*. Sie hält Sie jedoch nicht davon ab, den Zeiger *pt* selbst zu verändern. Das heißt, Sie können *pt* eine neue Adresse zuweisen:

```
int salter = 80;
pt &salter;  // OK, zeigt auf eine andere Stelle
```

Aber Sie können mit *pt* immer noch nicht den Wert verändern, auf den gezeigt wird (jetzt *80*).

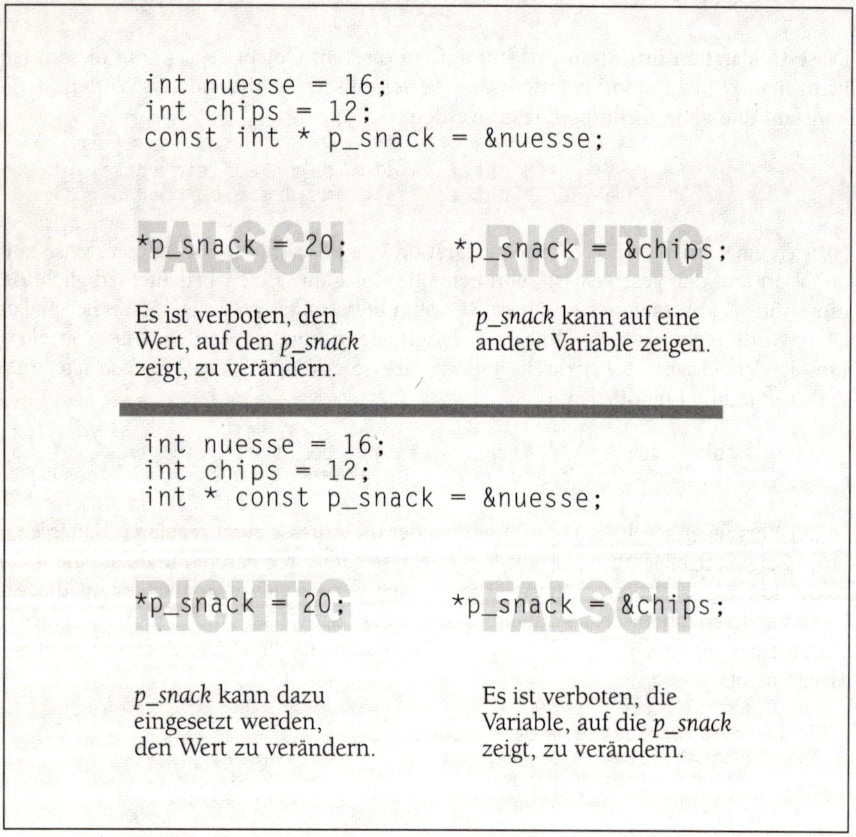

```
int nuesse = 16;
int chips = 12;
const int * p_snack = &nuesse;
```

FALSCH *RICHTIG*

```
*p_snack = 20;          *p_snack = &chips;
```

Es ist verboten, den   *p_snack* kann auf eine
Wert, auf den *p_snack*   andere Variable zeigen.
zeigt, zu verändern.

```
int nuesse = 16;
int chips = 12;
int * const p_snack = &nuesse;
```

RICHTIG *FALSCH*

```
*p_snack = 20;          *p_snack = &chips;
```

p_snack kann dazu   Es ist verboten, die
eingesetzt werden,   Variable, auf die *p_snack*
den Wert zu verändern.   zeigt, zu verändern.

Bild 7.4: Zeiger auf const-Objekte und const-Zeiger

Die zweite Einsatzmöglichkeit von *const* verhindert die Veränderung des Zeigerwertes selbst:

```
int sloth = 3;
const int * ps = &sloth;        // Ein Zeiger auf ein const int-Objekt
int * const finger = &sloth;    // Ein const Zeiger auf ein int-Objekt
```

Bei der letzten Deklaration wurde das Schlüsselwort *const* neu positioniert. Diese Deklarationsform erzwingt, daß *finger* immer auf *sloth* zeigt. Sie können dadurch aber trotzdem mit *finger* den Wert von *sloth* verändern. Die mittlere Deklaration läßt es nicht zu, daß Sie mit *ps* den Wert von *sloth* verändern können. Aber Sie können *ps* auf eine andere Stelle zeigen lassen. Kurz gesagt, *finger* und **ps* sind beide *const*-Objekte und **finger* und *ps* sind es nicht (siehe Bild 7.5).

Wenn Sie möchten, können Sie auch einen *const*-Zeiger auf ein *const*-Objekt deklarieren:

```
double trouble = 2.0E30;
const double * const stick = &trouble;
```

Dadurch kann *stick* nur auf *trouble* zeigen, und *stick* kann nicht zum Verändern des Wertes von *trouble* eingesetzt werden. Kurz gesagt, *stick* und **stick* sind beide konstant.

Meistens werden wir die Form Zeiger auf *const*-Objekt verwenden, um Daten zu schützen, wenn Zeiger als Funktionsargumente übergeben werden. Rufen Sie sich beispielsweise den Prototyp von *zeige_array()* aus Listing 7.5 ins Gedächtnis:

```
void zeige_array(const double ar[], int n);
```

Die Verwendung von *const* in dieser Deklaration drückt aus, daß die Funktion *zeige_array()* Werte in allen Arrays, die ihr übergeben werden, nicht ändern kann.

7.4 Funktionen und Strings

Ein String besteht, wie Sie ja wissen, aus einer Reihe von Zeichen und einem abschließenden Nullzeichen. Vieles, was wir über die Entwicklung von Array-Funktionen gesagt haben, trifft auch auf String-Funktionen zu. Aber es gibt einige Besonderheiten im Zusammenhang mit Strings, die wir jetzt näher untersuchen wollen.

Angenommen, Sie wollen einen String als Argument an eine Funktion übergeben. Sie haben dann drei Möglichkeiten, um einen String zu repräsentieren:

▶ Ein *char*-Array
▶ Eine String-Konstante in Anführungszeichen
▶ Einen Zeiger auf ein *char*-Objekt, der mit der Adresse eines Strings versehen ist

Alle drei Möglichkeiten sind jedoch vom Typ »Zeiger auf ein *char*-Objekt« (präziser vom Typ *char**) und können deshalb alle drei in stringverarbeitenden Funktionen als Argumente eingesetzt werden:

```
char geist[15] = "Polter";
char * str = "spuken";
int n1 = strlen(geist);     // geist ist &geist[0]
int n2 = strlen(str); // Zeiger auf char
int n3 = strlen("Ketten"); // Adresse des Strings
```

Formal nicht ganz korrekt wird gesagt, daß ein String als Argument übergeben wird, aber in Wirklichkeit wird die Adresse des ersten String-Zeichens übergeben. Dadurch wird erforderlich, daß ein Prototyp einer String-Funktion den Typ *char** als Typ für den formalen Parameter benutzen sollte, der einen String repräsentiert.

Ein wichtiger Unterschied zwischen einem String und einem normalen Array besteht darin, daß der String über ein eingebautes Abschlußzeichen verfügt. (Sie wissen ja, daß ein *char*-Array, das zwar Zeichen enthält, aber über kein Nullzeichen verfügt, nur ein Array und kein String ist.) Das bedeutet, daß Sie die Größe des Strings nicht als Argument übergeben müssen. Stattdessen kann die Funktion mit einer Schleife jedes String-Zeichen überprüfen, bis das abschließende Nullzeichen erreicht wird. In Listing 7.8 wird das anhand einer Funktion verdeutlicht, die zählt, wie oft ein bestimmtes Zeichen in einem String vorkommt.

```
// strgfun.cpp -- Funktionen mit einem Stringargument
#include <iostream.h>
int c_in_str(const char * str, char ch);
int main(void)
{
    char mmm[15] = "minimum";   // String in einem Array
// Einige Systeme erfordern es, daß char mit static versehen wird,
// damit das Array initialisiert werden kann.
    char *instrum = "ukulele";    // instrum zeigt auf einen String

    int ms = c_in_str(mmm, 'm');
    int us = c_in_str(instrum, 'u');
    cout << ms << " m Zeichen in " << mmm << "\n";
    cout << us << " u Zeichen in " << instrum << "\n";
    return 0;
}

// Diese Funktion zählt die Anzahl der Zeichen ch
// im String str
int c_in_str(const char * str, char ch)
{
    int count = 0;

    while (*str)            // Schleifenende erreicht, wenn *str '\0'
ist
    {
        if (*str == ch)
            count++;
        str++;              // läßt den Zeiger auf das nächste Zeichen
zeigen
    }
    return count;
}
```

Listing 7.8: strgfun.cpp

Es folgt die Ausgabe:

```
3 m Zeichen in minimum
2 u Zeichen in ukulele
```

Programmhinweise

Da die Funktion *c_int_str()* den Original-String nicht verändern sollte, wird bei der Deklaration des formalen Parameters *str* der *const*-Modifizierer eingesetzt. Lassen Sie dann aus Versehen die Funktion einen Teil des Strings ändern, bemerkt der Compiler Ihren Fehler. Es ist auch möglich, bei der Deklaration von *str* im Funktions-Header die Array-Notation zu verwenden:

```
int c_in_str(const char str[], char ch) // Auch OK
```

Arbeitet man mit der Zeigernotation, vergißt man nicht, daß das Argument nicht der Name eines Arrays sein muß, sondern auch eine andere Zeigerart sein kann.

Die Funktion selbst demonstriert eine gängige Möglichkeit zum Bearbeiten der Zeichen eines Strings:

```
while (*str)
{
    Anweisung(en)
    str++;
}
```

Anfänglich zeigt *str* auf das erste Zeichen im String, deshalb stellt *str das erste Zeichen selbst dar. *str hat zum Beispiel unmittelbar nach dem ersten Funktionsaufruf den Wert 'm', dem ersten Zeichen in *minimum*. Solange das Zeichen kein Nullzeichen ('\0') ist, ist *str ungleich null und die Schleife wird nicht verlassen. Am Ende von jedem Schleifendurchlauf inkrementiert der Ausdruck *str++* den Zeiger um ein Byte, damit er auf das nächste String-Zeichen zeigt. Irgendwann zeigt *str* auf das abschließende Nullzeichen, wodurch *str gleich 0 wird, das ist der numerische Code des Nullzeichens. Dieser Umstand beendet die Schleife.

Funktionen, die Strings übergeben

Angenommen, Sie möchten eine Funktion erstellen, die einen String übergibt. Nun, mit einer Funktion geht das nicht. Aber eine Funktion kann die Adresse eines Strings übergeben, und das ist sogar noch besser. In Listing 7.9 wird beispielsweise eine Funktion mit dem Namen *machestr()* definiert, von der ein Zeiger übergeben wird. Diese Funktion hat zwei Argumente: ein Zeichen und eine Zahl. Mit Hilfe von *new* erzeugt diese Funktion einen String, dessen Länge der angegebenen Anzahl entspricht. Anschließend wird jedes Element mit dem angegebenen Zeichen versehen. Schließlich wird ein Zeiger auf den neuen String übergeben.

```
// strgback.cpp -- eine Funktion, die einen Zeiger auf einen
//                 String zurückgibt

#include <iostream.h>

char * machestr(char c, int n);      // Prototyp
```

```
int main(void)
{
    int anzahl;
    char ch;

    cout << "Geben Sie ein Zeichen ein: ";
    cin >> ch;
    cout << "Geben Sie einen Integer ein: ";
    cin >> anzahl;
    char *ps = machestr(ch, anzahl);
    cout << ps << "\n";
    delete ps;                          // Speicher freigeben
    ps = machestr('+', 20);             // Zeiger wiederverwenden
    cout << ps << "-FERTIG-" << ps << "\n";
    return 0;
}

// bildet einen String aus n c-Zeichen
char * machestr(char c, int n)
{
    char * pstr = new char[n + 1];
    pstr[n] = '\0';                     // String abschliessen
    while (n-- > 0)
        pstr[n] = c;                    // String füllen
    return pstr;
}
```

Listing 7.9: strgback.cpp

Es folgt ein Beispielablauf:

```
Geben Sie ein Zeichen ein: V
Geben Sie einen Integer ein: 48
VVVVVVVVVVVVVVVVVVVVVVVVVVVVVVVVVVVVVVVVVVVVVVVV
++++++++++++++++-FERTIG-++++++++++++++++
```

Programmhinweise

Damit ein String aus n sichtbaren Zeichen erstellt werden kann, benötigen Sie Speicher für $n + 1$ Zeichen, damit auch Platz für das Nullzeichen ist. Die Funktion fordert also $n + 1$ Byte an, um den String unterbringen zu können. Anschließend wird das letzte Byte mit dem Nullzeichen versehen. Dann wird der Rest des Arrays von hinten nach vorn aufgefüllt. Die Schleife

```
while (n-- > 0)
    pstr[n] = c;
```

wird n-mal durchlaufen, solange, bis n gleich null ist. Dabei werden n Elemente im Array abgelegt. Zu Beginn des letzten Schleifendurchlaufes hat n den Wert 1. n-- bedeutet, daß zuerst der Wert genommen und dann dekrementiert werden soll. Deshalb wird in der Testbedingung der while-Schleifen 1 mit 0 verglichen. Der Test fällt positiv aus, und die Schleife wird weiter durchlaufen. Aber unmittelbar nach dem Test wird n dekrementiert und besitzt anschließend den Wert 0. pstr[0] ist also das letzte Element, das mit dem Zeichen c versehen wird. Der String wird von hinten nach vorn aufgefüllt und nicht von vorn nach hinten, damit keine zusätzliche Variable benötigt wird. Arbeitet man mit der anderen Reihenfolge, wären ungefähr folgende Anweisungen notwendig:

```
int i = 0;
while (i < n)
    pstr[i++] = c;
```

Beachten Sie, daß die Variable *pstr* auf die Funktion *machestr* beschränkt ist. Wird die Funktion beendet, wird der von *pstr* belegte Speicher freigegeben. Da die Funktion den Wert von *pstr* übergibt, ist das Programm in der Lage, mit Hilfe des Zeigers *ps* in *main()* auf den neuen String zuzugreifen.

Beachten Sie, daß man mit *delete* den Speicher freigeben sollte, der vom String belegt wurde, nachdem der String nicht mehr benötigt wird. Wir verwenden dann *ps* erneut, um auf einen neuen Speicherblock zu zeigen, der vom nächsten String belegt wird.

7.5 Funktionen und Strukturen

Wir wollen nun von den Arrays zu den Strukturen übergehen. Es ist einfacher, Funktionen für Strukturen zu schreiben als für Arrays. Strukturen und Arrays gleichen sich in manchen Aspekten. Sowohl in Strukturvariablen als auch in Arrays können mehrere Datenelemente untergebracht werden. Strukturvariablen verhalten sich jedoch wie einfache, einwertige Variablen, wenn sie in Funktionen eingebunden werden. Sie können Strukturen anhand des Wertes übergeben, genau wie normale Variablen auch. Die Funktion arbeitet in so einem Fall mit einer Kopie der Original-Struktur. Und eine Funktion kann eine Struktur übergeben. Im Zusammenhang mit dem Namen einer Struktur gibt es keine Geheimnisse wie beim Array-Namen. Der Name einer Struktur ist einfach der Name der Struktur. Möchten Sie die Adresse der Struktur bestimmen, müssen Sie den Adreßoperator & einsetzen.

Am einfachsten programmiert man mit Strukturen, indem man sie genauso wie die Grundtypen behandelt. Das heißt, übergeben Sie sie als Argumente und verwenden Sie sie, falls nötig, als Übergabewerte, so, wie Sie es mit den Grundtypen auch tun würden. Es gibt jedoch einen Nachteil, wenn Strukturen anhand ihres Wertes übergeben werden. Ist die Struktur umfangreich, führt das Erstellen einer Kopie der Struktur zu erhöhtem Speicherbedarf und zur Verlangsamung der Ausführungsgeschwindigkeit. Aus diesem Grund (und da es bei C nicht zulässig ist, Strukturen anhand ihres Wertes zu übergeben) ziehen es viele C-Programmierer vor, die Adresse einer Struktur zu übergeben und anschließend mit einem Zeiger auf den Strukturinhalt zuzugreifen. C++ kennt eine dritte Alternative, die als Übergabe anhand einer Referenz bezeichnet wird. Mehr zu diesem Thema in Kapitel 8. Die anderen beiden Möglichkeiten wollen wir jetzt untersuchen und beginnen mit dem Übergeben von ganzen Strukturen.

Das Übergeben von Strukturen

Die Übergabe von Strukturen anhand ihres Wertes ist am sinnvollsten, wenn die Struktur relativ kompakt ist. Wir wollen uns dazu einige Beispiele anschauen. Im ersten Beispiel geht es darum, Reisezeiten (nicht zu verwechseln mit Zeitreisen) festzuhalten. Es gibt Karten, die aufführen, daß man von Denkenhausen nach Schauinsland 3 Stunden 50 Minuten und von Schauinsland nach Zittertal 1 Stunde und 25 Minuten benötigt. Solche Zeiträume können mit Hilfe einer Struktur repräsentiert werden. Ein Strukturelement beinhaltet dabei den Stundenwert und ein zweites den Minutenwert. Das Addieren von zwei Zeiten ist etwas haarig, da man unter Umständen einige Minuten auf den Stundenteil übertragen muß. Die beiden Zeiten oben ergeben 4 Stunden und 75 Minuten, das sollte in 5 Stunden und 15 Minuten konvertiert werden. Wir wollen eine Struktur entwickeln, die den Zeitwert repräsentiert und anschließend eine Funktion, die zwei solche Strukturen als Argumente besitzt und eine Struktur übergibt, die ihre Summe darstellt.

Das Definieren der Struktur ist einfach:

```
struct reise_zeit
{
    int stunden;
    int minuten;
};
```

Als nächstes wollen wir den Prototyp der Funktion *summe()* anschauen, der die Summe zweier solcher Strukturen übergibt. Dieser Übergabewert sollte vom Typ *reise_zeit* sein, ebenso die beiden Argumente. Der Prototyp sollte also wie folgt aussehen:

```
reise_zeit summe(reise_zeit t1, reise_zeit t2);
```

Um zwei Zeiten addieren zu können, müssen zuerst die Minutenelemente addiert werden. Eine Integerdivision durch 60 bewirkt, daß die Anzahl der Stunden korrekt übertragen werden kann. Der Modulus-Operator (%) berechnet dann die restlichen Minuten. In Listing 7.10 sehen Sie die Arbeitsweise der Funktion *summe()* und die der Funktion *zeige_zeit()*, mit der der Inhalt der Struktur *reise_zeit* ausgegeben werden kann.

```
// reise.cpp -- Strukturen mit Funktionen einsetzen
#include <iostream.h>

struct reise_zeit
{
    int stunden;
    int minuten;
};
const int Minuten_pro_stunde = 60;

reise_zeit summe(reise_zeit t1, reise_zeit t2);
void zeige_zeit(reise_zeit t);

int main(void)
{

    reise_zeit tag1 = {5, 45};        // 5 Stunden, 45 Min
    reise_zeit tag2 = {4, 55};        // 4 Stunden, 55 Min
// Einige Implementationen erfordern die Verwendung von
// static reise_zeit damit die Strukturinitialisation möglich ist.
    reise_zeit ausflug = summe(tag1, tag2);
    cout << "Summe über zwei Tage: ";
    zeige_zeit(ausflug);
    reise_zeit tag3= {4, 32};
    cout << "Summe über drei Tage: ";
    zeige_zeit(summe(ausflug, tag3));

    return 0;
}
```

```
reise_zeit summe(reise_zeit t1, reise_zeit t2)
{
    reise_zeit total;

    total.minuten = (t1.minuten + t2.minuten) % Minuten_pro_stunde;
    total.stunden = t1.stunden + t2.stunden +
                   (t1.minuten + t2.minuten) / Minuten_pro_stunde;
    return total;
}

void zeige_zeit(reise_zeit t)
{
    cout << t.stunden << " Stunden, "
         << t.minuten << " Minuten\n";
}
```

Listing 7.10: reise.cpp

Die Struktur *reise_zeit* fungiert wie ein Standardtypname. Sie können damit Variablen, Funktionsübergabewerte und Funktionsargumente deklarieren. Da Variablen wie *total* und *t1* reise_zeit-Strukturen sind, können Sie den Punkt-Elementoperator auf sie anwenden. Da die Funktion *zeige_zeit()* eine *reise_zeit*-Struktur übergibt, kann sie als Argument für die Funktion *zeige_zeit()* eingesetzt werden. Da C++-Funktionen standardmäßig Argumente anhand ihres Wertes übergeben, wertet der Funktionsaufruf *zeige_zeit(summe(ausflug, tag3))* zuerst den Funktionsaufruf *summe(ausflug, tag3)* aus, um den Übergabewert festzustellen, der anschließend an *zeige_zeit()* weitergeleitet wird. Es folgt die Programmausgabe:

```
Summe über zwei Tage: 10 Stunden, 40 Minuten
Summe über drei Tage: 15 Stunden, 12 Minuten
```

Ein weiteres Beispiel

Vieles, was wir über Funktionen und C++-Strukturen gesagt haben, trifft auch auf C++-Klassen zu. Es lohnt deshalb die Mühe, ein weiteres Beispiel zu untersuchen. Dieses Mal geht es um den Raum und nicht um die Zeit. (Der Einfachheit halber werden wir die Relativitätstheorie von Einstein und das daraus resultierende Raum-Zeit-Kontinuum außer acht lassen, das ja besagt, daß die Definition der Begriffe Raum und Zeit vom Betrachter abhängig ist.) Es werden zwei verschiedene Strukturen definiert, die zwei Möglichkeiten darstellen, eine Position zu beschreiben. Anschließend werden Funktionen entwickelt, um die eine Form in die andere umzuwandeln und das Ergebnis anzuzeigen. Dieses Beispiel ist mathematisch anspruchsvoller als das vorherige (aber nicht so umfangreich wie eine vollständige Abhandlung der Relativitätstheorie), aber Sie müssen die mathematischen Grundlagen nicht verstehen, um C++ begreifen zu können.

Angenommen, Sie möchten die Position eines Punktes auf dem Bildschirm oder auf einer Landkarte relativ zu einem Ursprung beschreiben. Eine Möglichkeit besteht darin, den horizontalen und vertikalen Offset des Punktes bezüglich des Ursprungs zu verwenden. Traditionsgemäß verwenden Mathematiker das Symbol x, um den horizontalen Offset zu kennzeichnen und y für den vertikalen Offset (siehe Bild 7.6). Zusammen bilden x und y die *kartesischen Koordinaten*. Wir können die Struktur so definieren, daß sie diese beiden Koordinaten enthält:

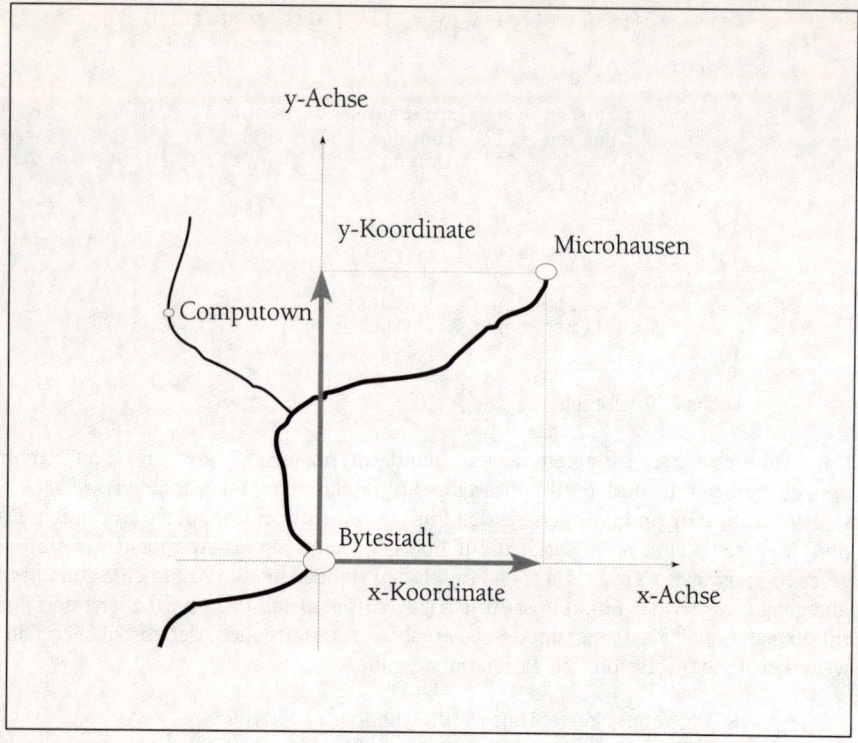

Bild 7.6: Kartesische Koordinaten von Microhausen relativ zu Bytestadt

```
struct kartesisch
{
    double x;      // Horizontale Entfernung vom Ursprung
    double y;      // Vertikale Entfernung vom Ursprung
};
```

Eine zweite Möglichkeit zum Beschreiben einer Punktposition besteht darin, festzulegen, wie weit und in welcher Richtung (zum Beispiel 40 Grad nördlich von Osten) der Punkt vom Ursprung entfernt ist. Traditionsgemäß messen Mathematiker den Winkel im Uhrzeigersinn, ausgehend von der horizontalen Achse (siehe Bild 7.7). Entfernung und Winkel bilden zusammen die *Polarkoordinaten*. Wir können eine zweite Struktur definieren, um diese Art der Positionsbestimmung zu beschreiben:

```
struct polar
{
    double distanz;    // Entfernung vom Ursprung
    double winkel;     // Richtung vom Ursprung
};
```

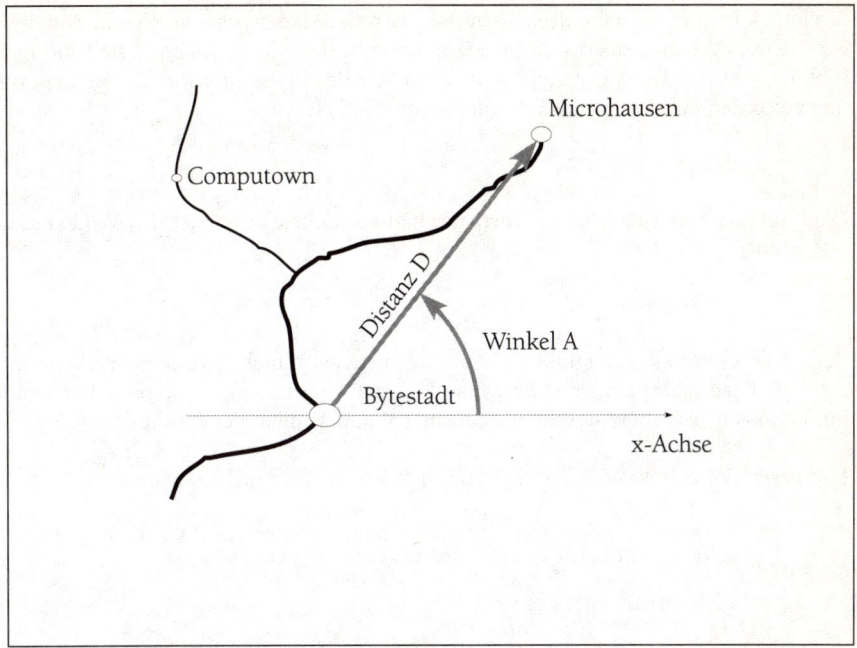

Bild 7.7: Polarkoordinaten von Microhausen relativ zu Bytestadt

Jetzt wollen wir eine Funktion konstruieren, die den Inhalt einer Struktur vom Typ *polar* ausgibt. Die mathematischen Funktionen der C++-Bibliothek setzen voraus, daß Winkel im Bogenmaß angegeben werden, also arbeiten wir mit dieser Einheit. Zum Anzeigen jedoch wollen wir das Bogen- in das Gradmaß umwandeln. Das bedeutet, es muß mit 180/π multipliziert werden, was annähernd 57.29577951 entspricht. Es folgt die Funktion:

```
// Polarkoordinaten ausgeben, Winkel in Gradmaß umwandeln
void zeige_polar (polar dapos)
{
    const double Rad_to_deg = 57.29577951;
    cout << "Distanz = " << dapos.distanz;
    cout << ", Winkel = " << dapos.winkel * Rad_to_deg;
    cout << " Grad\n";
}
```

Beachten Sie, daß die formale Variable vom Typ *polar* ist. Übergeben Sie dieser Funktion eine *polar*-Struktur, wird der Strukturinhalt in die Struktur *dapos* kopiert und die Funktion arbeitet mit dieser Kopie. Da *dapos* eine Struktur ist, werden die Strukturelemente mit dem Punkt-Elementoperator (siehe Kapitel 4) angesprochen.

Jetzt wollen wir etwas Schwierigeres versuchen und eine Funktion schreiben, die kartesische Koordinaten in Polarkoordinaten umwandelt. Die Funktion soll so aussehen, daß eine *kartesisch*-Struktur an die Funktion übergeben werden kann und von der Funktion eine *polar*-Struktur an das aufrufende Programm übergeben wird. Dazu müssen Funktionen aus der mathematischen

Bibliothek benutzt werden, deshalb müssen wir die Headerdatei *math.h* im Programm unterbringen. Bei einigen Systemen müssen Sie außerdem den Compiler anweisen, die mathematische Bibliothek einzubinden (Kapitel 1). Mit dem Satz des Pythagoras können Sie die Entfernung aus den vertikalen und horizontalen Komponenten berechnen:

```
distanz = sqrt(x*x + y*y)
```

Die Funktion *atan2()* aus der mathematischen Bibliothek berechnet den Winkel aus den *x*- und *y*-Werten:

```
winkel = atan2(y,x)
```

(Es existiert ebenfalls die Funktion *atan()*, aber sie kann nicht zwischen Winkeln unterscheiden, die 180 Grad voneinander entfernt sind. Diese Ungenauigkeit ist bei einer mathematischen Funktion genauso unerwünscht wie bei einer Wanderung in der Wildnis.)

Mit diesen Formeln können Sie eine Funktion wie die folgende erstellen:

```
// kartesische Koordinaten in Polarkoordinaten umwandeln
polar kartesisch_nach_polar(kartesisch xypos)     // Typ polar
{
    polar antwort;
    antwort.distanz =
        sqrt( xypos.x * xypos.x + xypos.y * xypos.y);
    antwort.winkel = atan2(xypos.y, xypos.x);
    return antwort;   // Übergibt eine polar-Struktur
}
```

Die Funktion muß als Typ *polar* deklariert werden, damit eine Struktur vom Typ *polar* übergeben wird.

Jetzt, da die Funktion fertig ist, können wir den Rest des Programmes schreiben. In Listing 7.11 sehen Sie das Ergebnis.

```
// strctfun.cpp -- Funktionen mit einer Struktur als Argument

#include <iostream.h>
#include <math.h>

// Strukturschablone
struct polar
{
    double distanz;          // Distanz vom Ursprung
    double winkel;           // Richtung
};

struct kartesisch
{
    double x;                // horizontale Distanz vom Ursprung
    double y;                // vertikale Distanz vom Ursprung
};

// Prototypen
polar kartesisch_nach_polar(kartesisch xypos);
```

```
void zeige_polar(polar dapos);

int main(void)
{
    kartesisch rplatz;
    polar pplatz;

    cout << "Die x und y Werte eingeben: ";
    while (cin >> rplatz.x >> rplatz.y)
    {
        pplatz = kartesisch_nach_polar(rplatz);
        zeige_polar(pplatz);
        cout << "Die nächsten zwei Zahlen"
                "(Programm verlassen mit e): ";
    }
    return 0;
}

// konvertiert kartesische in Polarkoordinaten

polar kartesisch_nach_polar(kartesisch xypos)
{
    polar antwort;

    antwort.distanz =
        sqrt( xypos.x * xypos.x + xypos.y * xypos.y);
    antwort.winkel = atan2(xypos.y, xypos.x);
    return antwort;        // übergibt eine polar-Struktur
}

// Polarkoordinaten ausgeben, Winkel in Gradmaß umwandeln

void zeige_polar (polar dapos)
{
    const double Rad_nach_deg = 57.29577951;

    cout << "Distanz = " << dapos.distanz;
    cout << ", Winkel = " << dapos.winkel * Rad_nach_deg;
    cout << " Grad\n";
}
```

Listing 7.11: strctfun.cpp

Es folgt ein Beispielablauf:

```
Die x und y Werte eingeben: 30 40
Distanz = 50, Winkel = 53.130102 Grad
Die nächsten zwei Zahlen (Programm verlassen mit e): -100 100
Distanz = 141.421356, Winkel = 135 Grad
Die nächsten zwei Zahlen (Programm verlassen mit e): e
```

Programmhinweise (einschließlich eines raffinierten Tricks)

Wir haben die beiden Funktionen schon besprochen, aber das Programm verfügt über eine weitere raffinierte Fähigkeit. Mit *cin* wird die *while*-Schleife wie folgt kontrolliert:

```
while (cin >> rplatz.x >> rplatz.y)
```

Sie wissen ja, daß *cin* ein Objekt der Klasse *istream* ist. Der Extraktionsoperator (>>) ist so angelegt, daß *cin* >> *rplatz.x* auch ein Objekt von diesem Typ ist. Wie Sie in Kapitel 10 sehen werden, werden Klassenoperatoren mit Hilfe von Funktionen implementiert. Benutzen Sie *cin* >> *rplatz.x*, ruft das Programm eigentlich eine Funktion auf, die einen Wert vom Typ *istream* übergibt. Wenden Sie den Extraktionsoperator auf das Objekt *cin* >> *rplatz.x* (*cin* >> *rplatz.x* >> *rplatz.y*) an, erhalten Sie wieder ein Objekt der Klasse *istream*. Der Testausdruck der *while*-Schleife ist also ein *istream*-Objekt, das normalerweise ungleich null, also wahr ist. Entsprechen die Eingabedaten nicht den Erwartungen von *cin*, ist der Übergabewert gleich *0* oder falsch. In dieser Schleife zum Beispiel erwartet *cin*, daß der Anwender zwei Zahlen eingibt. Geben Sie stattdessen *e* ein, was wir ja gemacht haben, erkennt *cin* >>, daß *e* keine Zahl ist. Deshalb verbleibt *e* im Eingabestrom und *cin* übergibt eine *0*, wodurch die Schleife beendet wird.

Vergleichen Sie diesen Versuch, Zahlen einzulesen, mit dem aus Listing 7.7:

```
for (int i = 0; i < limit; i++)
    {
        cout << "Wert #" << i + 1 << "eingeben : ";
        cin >> temp;
        if (temp < 0)
            break;
        ar[i] = temp;
    }
```

Damit diese Schleife vorzeitig beendet werden kann, müssen Sie eine negative Zahl eingeben. Dadurch wird die Eingabe auf nicht negative Werte beschränkt. Diese Einschränkung entspricht den Bedürfnissen des Programmes, aber meistens benötigen Sie ein Mittel zum Beenden einer Schleife, bei dem bestimmte numerische Werte nicht ausgeschlossen werden. Verwendet man *cin* >> als Testbedingung, werden solche Beschränkungen ausgeschlossen, da alle numerischen Werte eingegeben werden können. Merken Sie sich diesen Trick, wenn Sie eine Eingabeschleife für Zahlen benötigen.

Die Übergabe von Strukturadressen

Angenommen, Sie möchten Zeit und Platz durch die Übergabe einer Adresse auf eine Struktur anstatt der ganzen Struktur sparen. Die Funktionen müssen dann so umgeschrieben werden, daß sie Zeiger auf Strukturen verwenden. Zuerst wollen wir sehen, wie die Funktion *zeige_polar()* umgeschrieben werden kann. Sie müssen dazu drei Veränderungen vornehmen:

▶ Übergeben Sie beim Aufruf der Funktion die Strukturadresse (*&pplatz*) anstatt die Struktur selbst (*pplatz*).

▶ Deklarieren Sie den formalen Parameter als Zeiger auf *polar*, das heißt als Typ *polar* *. Da die Funktion die Struktur nicht verändern sollte, müssen Sie den Modifizierer *const* benutzen.

▶ Da der formale Parameter ein Zeiger und keine Struktur ist, müssen Sie anstelle des Elementoperators (Punkt) den indirekten Elementoperator (->) einsetzen.

Nach diesen Veränderungen sieht die Funktion wie folgt aus:

```
// Polarkoordinaten anzeigen, Bogenmaß in Gradmaß umwandeln
void zeige_polar (const polar * pda)
{
    const double Rad_nach_deg = 57.29577951;
    cout << "Entfernung = " << pda->distanz;
    cout << ", Winkel = " << pda->winkel * Rad_nach_deg;
    cout << " Grad\n";
}
```

Als nächstes wollen wir die Funktion *kartesisch_nach_polar* ändern. Das ist komplizierter, da die Originalfunktion *kartesisch_nach_polar* eine Struktur übergibt. Um die Leistungsfähigkeit von Zeigern voll auszuschöpfen, sollten Sie einen Zeiger anstelle eines Rückgabewertes benutzen. Realisiert wird dies durch Übergabe von *zwei* Zeigern an die Funktion. Der erste Zeiger zeigt auf die Struktur, die konvertiert werden soll, und der zweite auf die Struktur, die das Ergebnis aufnehmen soll. Die Funktion übergibt keine neue Struktur, sondern modifiziert eine bereits in der aufrufenden Funktion existierende Struktur. Wenden Sie dieselben Prinzipien, die zum Konvertieren von *zeige_polar()* benutzt wurden, auch auf den Rest der Funktion an. Listing 7.12 zeigt das umgearbeitete Programm.

```
// strctptr.cpp -- Funktionen, die mit Strukturadressen arbeiten
#include <iostream.h>
#include <math.h>

// Strukturschablone
struct polar
{
    double distanz;         // Distanz vom Ursprung
    double winkel;          // Richtung
};

struct kartesisch
{
    double x;               // horizontal Distanz vom Ursprung
    double y;               // vertikale Distanz vom Ursprung
};

// Prototypen
void kartesisch_nach_polar(kartesisch * pxy, polar * pda);
void zeige_polar (const polar * pda);

int main(void)
{
    kartesisch rplatz;
    polar pplatz;

    cout << "Die x und y Werte eingeben: ";
    while (cin >> rplatz.x >> rplatz.y)
    {
        kartesisch_nach_polar(&rplatz, &pplatz);
                                           // Adressen übergeben
        zeige_polar(&pplatz);              // Adresse übergeben
        cout << "Die nächsten zwei Zahlen"
                "(Programm verlassen mit e): ";
    }
```

```
        return 0;
    }

    // konvertiert kartesische in Polarkoordinaten
    void kartesisch_nach_polar(kartesisch * pxy, polar * pda)
    {
        pda->distanz =
            sqrt(pxy->x * pxy->x + pxy->y * pxy->y);
        pda->winkel = atan2(pxy->y, pxy->x);
    }

    //  Polarkoordinaten ausgeben, Winkel in Gradmaß umwandeln
    void zeige_polar (const polar * pda)
    {
        const double Rad_nach_deg = 57.29577951;

        cout << "Distanz = " << pda->distanz;
        cout << ", Winkel = " << pda->winkel * Rad_nach_deg;
        cout << " Grad\n";
    }
```

Listing 7.12: strctptr.cpp

Vom Standpunkt des Anwenders verhält sich das Programm in Listing 7.12 genauso wie das in Listing 7.11. Der unsichtbare Unterschied besteht darin, daß 7.11 mit Strukturkopien arbeitet, während 7.12 Zeiger auf die Original-Strukturen verwendet.

7.6 Rekursion

Und jetzt zu einem völlig anderen Thema. C++-Funktionen haben die interessante Fähigkeit, sich selbst aufrufen zu können. Diese Fähigkeit wird als *Rekursion* bezeichnet. Die Rekursion ist ein wichtiges Werkzeug bei einigen Aufgabenstellungen, wie zum Beispiel der künstlichen Intelligenz. Aber wir wollen nur einen flüchtigen Blick darauf werfen (künstliche Oberflächlichkeit).

Ruft eine rekursive Funktion sich selbst auf, dann ruft die neu aufgerufene Funktion sich selbst auf usw. ad infinitum, bis das Programm etwas enthält, das die Aufrufkette unterbricht. Üblicherweise ist ein rekursiver Aufruf Teil einer *if*-Anweisung. Eine rekursive Funktion vom Typ *void* mit dem Namen *rekursiv()* könnte wie folgt aussehen:

```
    void rekursiv(Argumentenliste)
    {
        Anweisungen1
        if (Test)
            rekursiv(Argumente)
        Anweisungen2
    }
```

Mit Glück oder durch kluge Voraussicht kann der *Test* mitunter als Ergebnis falsch liefern und die Aufrufkette wird unterbrochen.

Rekursive Aufrufe produzieren eine interessante Handlungskette. Solange die *if*-Anweisung wahr bleibt, werden durch jeden Aufruf von *rekursiv()* die *Anweisungen1* ausgeführt, dann wird *rekursiv()* erneut aufgerufen, ohne die *Anweisungen2* zu erreichen. Ist die *if*-Anweisung falsch, führt der aktuelle Aufruf *Anweisungen2* aus. Wird der aktuelle Aufruf beendet, wird die Programmkontrolle an die vorhergehende Version von *rekursiv()* übergeben, die den Aufruf durchführte. Diese Version von *rekursiv()* vollendet die Ausführung des Abschnittes *Anweisungen2* und endet, wobei wiederum die Kontrolle dem vorhergehenden Aufruf übergeben wird usw. Erfährt die Funktion *rekursiv()* fünf rekursive Aufrufe, wird zuerst der Abschnitt *Anweisungen1* fünfmal in der Reihenfolge ausgeführt, in der die Funktionen aufgerufen werden. Dann wird der Abschnitt *Anweisungen2* fünfmal in der umgekehrten Reihenfolge ausgeführt. Nach Abarbeitung der fünf Rekursionsebenen arbeitet das Programm dieselben fünf Ebenen noch einmal von rückwärts durch. In Listing 7.13 wird das demonstriert.

```cpp
// rekursiv.cpp -- die Rekursion verwenden
#include <iostream.h>
void countdown(int n);

int main(void)
{
    countdown(4);           // die rekursive Funktion aufrufen
    return 0;
}

void countdown(int n)
{
    cout << "Countdown läuft ... " << n << "\n";
    if (n > 0)
        countdown(n-1);     // sich selbst aufrufen
    cout << n << ": Kabumm!\n";
}
```

Listing 7.13: rekursiv.cpp

Es folgt die Ausgabe:

```
Countdown läuft ... 4    Ebene 1 - Beginn der Rekursion
Countdown läuft ... 3    Ebene 2
Countdown läuft ... 2    Ebene 3
Countdown läuft ... 1    Ebene 4
Countdown läuft ... 0    Ebene 5
0: Kabumm!               Ebene 5 - Die Rekursionsebenen rückwärts abarbeiten
1: Kabumm!               Ebene 4
2: Kabumm!               Ebene 3
3: Kabumm!               Ebene 2
4: Kabumm!               Ebene 1
```

Jeder rekursive Aufruf erzeugt seine eigenen Variablen. Erreicht das Programm also den fünften Aufruf, liegen fünf separate Variablen *n* vor, von denen jede einen anderen Wert hat.

7.7 Zusammenfassung

Funktionen sind die Programmodule von C++. Damit eine Funktion eingesetzt werden kann, wird eine Definition und ein Prototyp benötigt. Außerdem muß ein Funktionsaufruf benutzt werden. Bei der Funktionsdefinition handelt es sich um die Anweisungen, die festlegen, was die Funktion macht. Der Funktionsprototyp beschreibt die Funktionsschnittstelle: wie viele und was für Werte an die Funktion übergeben werden und was die Funktion für einen Wert übergibt (falls sie einen übergibt). Der Funktionsaufruf veranlaßt das Programm zur Übergabe der Funktionsargumente an die Funktion und zur Übertragung der Programmausführung an die Anweisungen in der Funktion.

Standardmäßig übergeben C++-Funktionen Argumente anhand ihres Wertes. Das bedeutet, daß die formalen Parameter in der Funktionsdefinition neue Variablen sind, die mit den Werten versehen werden, die im Funktionsaufruf aufgeführt sind. C++-Funktionen gewährleisten also die Integrität der Originaldaten, da sie mit Kopien arbeiten.

C++ behandelt einen Array-Namen, der als Argument dient, als Adresse des ersten Array-Elementes. Technisch gesehen handelt es sich dabei immer noch um eine Übergabe anhand des Wertes, da der Zeiger eine Kopie der Originaladresse ist. Aber die Funktion greift mit Hilfe des Zeigers auf den Inhalt des Original-Arrays zu. Beim Deklarieren formaler Parameter für eine Funktion (und *nur* dann) sind die beiden folgenden Deklarationen äquivalent:

```
Typname arr[]
Typname * arr;
```

Beide drücken aus, daß *arr* ein Zeiger auf ein *Typname*-Objekt ist. Beim Erstellen der Anweisungen einer Funktion können Sie jedoch *arr* so einsetzen, als ob es ein Array-Name wäre, damit auf die Elemente zugegriffen werden kann: *arr[i]*. Sogar beim Übergeben von Zeigern können Sie die Integrität der Originaldaten durch Deklaration des formalen Argumentes als Zeiger vom Typ *const* gewährleisten. Da die Übergabe einer Array-Adresse keine Informationen über die Array-Größe beinhaltet, müssen Sie die Array-Größe normalerweise als separates Argument übergeben.

C++ kennt drei Möglichkeiten, einen String zu repräsentieren: ein Zeichenarray, eine String-Konstante und einen Zeiger auf einen String. Alle drei sind vom Typ *char** (Zeiger auf ein *char*-Objekt), können also einer Funktion als Argument vom Typ *char** übergeben werden. C++ beendet Strings mit dem Nullzeichen ('\0'). String-Funktionen können anhand dieses Zeichens das Ende von jedem String feststellen, den sie bearbeiten.

C++ behandelt Strukturen genauso wie Grundtypen. Das bedeutet, daß Sie Strukturen anhand ihres Wertes übergeben und als Funktionsübergabetypen einsetzen können. Ist die Struktur jedoch umfangreich, ist es unter Umständen effektiver, einen Zeiger auf die Struktur zu übergeben und so der Funktion das Arbeiten mit den Originaldaten zu ermöglichen.

Eine C++-Funktion kann rekursiv sein. Das heißt, eine Funktion kann sich selbst aufrufen.

7.8 Übungsaufgaben

1. Welche drei Schritte werden benötigt, um eine Funktion einsetzen zu können?

2. Konstruieren Sie Funktionsprototypen, die auf die folgenden Beschreibungen passen:
    a. *igor()* hat keine Argumente und keinen Übergabewert.
    b. *tofu()* hat ein *int*-Argument und übergibt einen *float*-Wert.
    c. *mgp()* hat zwei Argumente vom Typ *double* und übergibt einen *double*-Wert.
    d. *summation()* akzeptiert den Namen eines *long*-Arrays und die Array-Größe und übergibt einen *long*-Wert.
    e. *doctor()* besitzt ein Stringargument und übergibt einen *double*-Wert.
    f. *ofcourde()* hat eine *boss*-Struktur als Argument und übergibt nichts.
    g. *plot()* hat einen Zeiger auf eine *map*-Struktur als Argument und übergibt einen String.

3. Schreiben Sie eine Funktion, die drei Argumente besitzt: den Namen eines *int*-Arrays, die Array-Größe und einen *int*-Wert. Die Funktion soll jedes Array-Element mit dem *int*-Wert versehen.

4. Schreiben Sie eine Funktion, die einen *double*-Array-Namen und die Array-Größe als Argumente besitzt und den größten Wert dieses Arrays übergibt. Diese Funktion sollte den Inhalt des Arrays nicht verändern.

5. Warum benötigt man den Modifizierer *const* bei Funktionsargumenten nicht, die lediglich fundamentale Typen sind?

6. Welche drei Erscheinungsformen kann ein String in einem C++-Programm annehmen?

7. Schreiben Sie eine Funktion, die den folgenden Prototyp besitzt:

    ```
    int ersetzen(char * str, char c1, char c2);
    ```

    Die Funktion soll jedes Auftreten des Zeichens *c1* im String *str* durch *c2* ersetzen und sie soll die Anzahl der vorgenommenen Ersetzungen übergeben.

8. Was bedeutet der Ausdruck **"pizza"*? Was ist mit *"taco"[2]*?

9. In C++ können Sie eine Struktur anhand Ihres Wertes übergeben, und es ist möglich, die Adresse einer Struktur für diesen Zweck zu verwenden. Ist *glitz* eine Strukturvariable, wie kann sie anhand ihres Wertes übergeben werden? Wie wird ihre Adresse übergeben? Was sind die Hauptmerkmale dieser beiden Methoden?

10.   Es folgt eine Strukturschablone:

```
struct box
{
     char hersteller[40];
     float hoehe;
     float breite;
     float laenge;
     float volumen;
};
```

a. Erstellen Sie eine Funktion, der eine *box*-Struktur anhand ihres Wertes übergeben werden muß und die den Wert jedes Strukturelementes ausgibt.

b. Schreiben Sie eine Funktion, die die Adresse einer *box*-Struktur erwartet und dann das Element *volumen* mit dem Produkt der drei Dimensionen der Box versieht.

11.   Definieren Sie eine rekursive Funktion, die ein Integerargument akzeptiert und die Fakultät dieses Argumentes übergibt. Sie wissen ja, daß die Fakultät von 3, geschrieben 3!, gleich 3 x 2! ist usw. 0! ist dabei als 1 definiert. Allgemein ist n! = n *(n-1)!.

8

Abenteuer mit Funktionen

Mit dem letzten Kapitel als Rüstzeug, wissen Sie schon eine Menge über C++-Funktionen, es gibt jedoch noch einiges mehr über dieses Thema zu berichten. C++ verfügt über viele neue Fähigkeiten, durch die es sich von C unterscheidet. Zu diesen neuen Fähigkeiten gehören Inline-Funktionen, Vorgabewerte für Argumente, Funktionsüberladung (Polymorphie) und das Übergeben von Variablen anhand einer Referenz. In diesem Kapitel werden diese leistungsfähigen C++-Funktionen besprochen. Außerdem werden Programme, die aus mehreren Dateien bestehen, die verschiedenen C++-Speicherklassen und Zeiger auf Funktionen untersucht. In diesem Kapitel finden Sie, mehr als in allen bisherigen Funktionen, die es zwar bei C++, nicht aber bei C gibt. Es ist also der erste Vorstoß in den Plus-Plus-Bereich.

8.1 Inline-Funktionen

Zuerst wollen wir die *Inline-Funktionen* besprechen. Sie dienen dazu, die Programmausführung zu beschleunigen. Der Hauptunterschied zwischen normalen Funktionen und Inline-Funktionen besteht nicht darin, wie Sie sie programmieren, sondern darin, wie der C++-Compiler sie in das Programm integriert. Um den Unterschied zwischen Inline- und normalen Funktionen zu verstehen, müssen Sie sich zuerst einige Programm-»Innereien« genauer anschauen als bisher. Es ist gar nicht so unangenehm, wie Sie vielleicht denken werden (Sie schauen ja bloß und müssen nichts anfassen), also fangen wir an.

Das Endprodukt des Kompilationsprozesses ist ein ausführbares Programm, das aus einer Reihe von Maschinenspracheninstruktionen besteht. Starten Sie ein Programm, lädt das Betriebssystem diese Instruktionen in den Computerspeicher. Jede Instruktion hat also eine bestimmte Speicheradresse. Der Computer bearbeitet diese Instruktionen anschließend Schritt für Schritt. Manchmal, wenn zum Beispiel eine Schleife oder eine verzweigte Anweisung vorliegt, werden bei der Programmausführung Instruktionen übersprungen und die Ausführung wird weiter vorn oder weiter hinten im Programm an einer bestimmten Adresse fortgesetzt. Bei normalen Funktionsaufrufen wird außerdem ein Programmsprung zu einer anderen Adresse (der Adresse der Funktion) benötigt, und es wird an die vorige Stelle zurückgesprungen, sobald die Funktion beendet ist. Diesen Prozeß wollen wir etwas detaillierter betrachten. Erreicht das Programm die Funktionsaufrufinstruktion, speichert es die Speicheradresse der Instruktion, die sich unmittelbar hinter dem Funktionsaufruf befindet, ab, kopiert die Argumente auf den Stack (einen Speicherblock, der für diesen Zweck reserviert ist), springt zu der Speicherstelle, die den Anfang der

Funktion markiert, führt den Funktionscode aus, wobei vielleicht ein Übergabewert in einem Register abgelegt wird und springt dann zu der Instruktion zurück, deren Adresse vom Programm abgespeichert wurde.[1] Durch das Vorwärts- und Rückwärtsspringen und darauf achten, wohin gesprungen wird, entsteht beim Einsatz der Funktion ein Zeitverlust.

Die C++-*Inline-Funktionen* stellen hierzu eine Alternative dar. Eine Inline-Funktion ist eine Funktion, deren kompilierter Code direkt in den den Funktionsaufruf umgebenden Code des Programmes eingesetzt wurde. Das heißt, der Compiler ersetzt den Funktionsaufruf durch die entsprechenden Funktionsanweisungen. Bei Inline-Funktionen muß das Programm nicht an eine andere Stelle springen, um die Anweisungen ausführen zu können. Deshalb laufen Inline-Funktionen etwas schneller ab als normale Funktionen. Aber es gibt einen entscheidenden Nachteil, der den Speicherbedarf betrifft. Ruft ein Programm eine Inline-Funktion zehnmal auf, werden insgesamt zehn Kopien der Funktion im Programmcode untergebracht (siehe Bild 8.1).

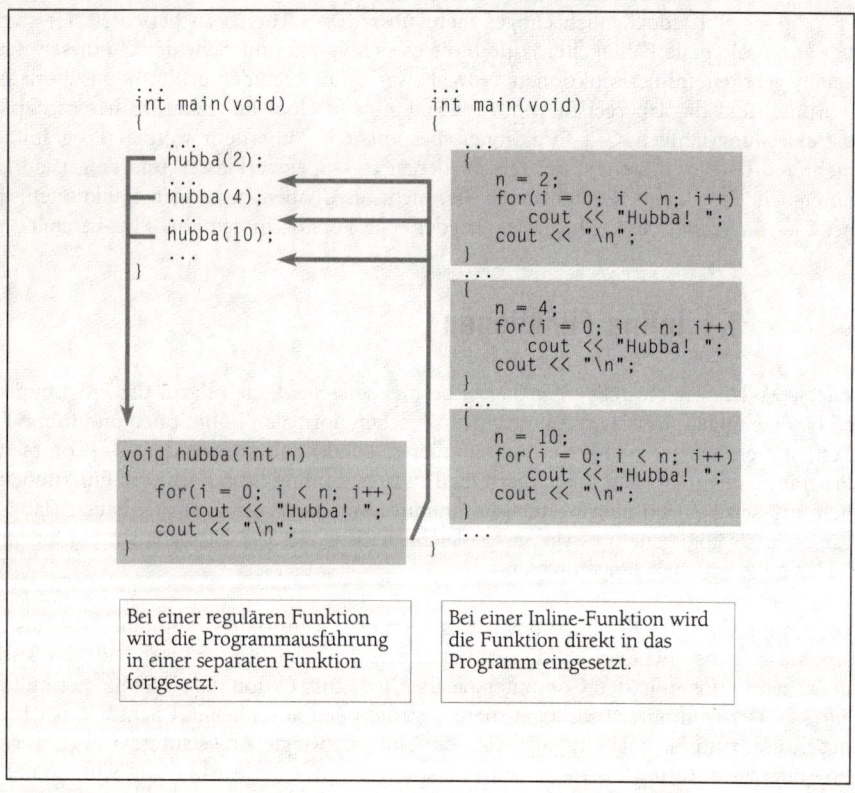

Bild 8.1: Inline-Funktionen kontra reguläre Funktionen

---

[1] Das entspricht ein bißchen dem Lesen einer Fußnote. Hat man die Fußnote gelesen, liest man an der Stelle weiter, wo man aufgehört hat zu lesen.

Den meisten Programmierern wird angeraten, Inline-Funktionen nur spärlich – wenn überhaupt – zu verwenden. Die Ausführungsbeschleunigung ist nur minimal, außer die Funktion ist so kurz, daß die Zeit, die zur Ausführung der Funktion benötigt wird, vergleichbar ist mit der Zeit, die zum Springen zur Funktion und von der Funktion weg benötigt wird. In so einem Fall ist die Funktion aber sowieso schon schnell. Eine solche Funktion als Inline zu deklarieren, hat nur dann einen Vorteil, wenn sie der Hauptzeiträuber in einer vertrackten Schleife ist.

Müssen Sie mit Inline-Funktionen arbeiten, müssen Sie zwei Dinge tun:

▶ Vor die Funktionsdefinition muß das Schlüsselwort *inline* gesetzt werden.

▶ Die Funktionsdefinition muß vor allen Funktionen plaziert werden, die die Inline-Funktion aufrufen.

Sie müssen die gesamte Definition (also den Funktions-Header und die gesamten Funktionsanweisungen), nicht nur den Prototyp vor den anderen Funktionen plazieren.

Der Compiler muß Ihrem Wunsch, eine Inline-Funktion zu verwenden, nicht unbedingt nachkommen. Er kann beschließen, daß die Funktion zu umfangreich ist oder bemerken, daß sie sich selbst aufruft (rekursive Inline-Funktionen sind nicht zulässig) oder Ihr Compiler kennt Inline-Funktionen gar nicht.

In Listing 8.1 sehen Sie die Arbeitsweise der Inline-Funktion *quadrat()*. Diese Funktion quadriert ihr Argument. Beachten Sie, daß die gesamte Definition in einer Zeile untergebracht wurde. Das ist nicht notwendig, aber falls die Definition nicht in eine Zeile paßt, ist es keine anständige Inline-Funktion.

```cpp
// inline.cpp -- eine Inline-Funktion verwenden
#include <iostream.h>

// eine Inline-Funktion muß vor ihrem ersten Einsatz
// definiert werden
inline double quadrat(double x) { return x * x; }

int main(void)
{
    double a, b;
    double c = 13.0;

    a = quadrat(5.0);
    b = quadrat(4.5 + 7.5);    // Man kann Ausdrücke übergeben
    cout << "a = " << a << ", b = " << b << "\n";
    cout << "c = " << c;
    cout << ", c quadriert = " << quadrat(c++) << "\n";
    cout << "Jetzt ist c = " << c << "\n";
}
```

Listing 8.1: inline.cpp

Es folgt die Ausgabe:

```
a = 25, b = 144
c = 13, c quadriert = 169
Jetzt ist c = 14
```

Die Ausgabe zeigt, daß Inline-Funktionen Argumente anhand des Wertes übergeben, genau wie normale Funktionen auch. Ist das Argument ein Ausdruck wie *4.5 + 7.5*, übergibt die Funktion den Wert des Ausdruckes, in diesem Fall *12*. Dadurch sind die C++-Inline-Funktionen den C-Makrodefinitionen weit überlegen. Mehr zu diesem Thema im Hinweis »Inline-Funktionen versus Makros«.

Obwohl kein separater Prototyp angegeben wurde, ist das C++-Prototyping aktiv. Das liegt daran, daß die gesamte Definition, die vor dem ersten Einsatzort der Funktion plaziert wurde, als Prototyp dient. Das bedeutet, Sie können *quadrat()* mit einem *int*- oder einem *long*-Argument einsetzen und das Programm wird den Wert automatisch in einen *double*-Wert umwandeln, bevor er an die Funktion übergeben wird.

Inline-Funktionen versus Makros

Die Inline-Fähigkeit gibt es nur bei C++. C benutzt die Präprozessoranweisung *#define*, um *Makros* zu erzeugen, die eine »plumpe« Implementation der Inline-Fähigkeit darstellen. Schauen Sie sich dazu das folgende Makro, das zum Quadrieren einer Zahl herangezogen werden kann, an:

```
#define QUADRAT(X) X*X
```

Dabei werden keine Argumente übergeben, sondern Text ersetzt, wobei *X* als symbolischer Stellvertreter für das »Argument« dient:

```
a = QUADRAT(5.0);        wird ersetzt durch a = 5.0*5.0;
b = QUADRAT(4.5 + 7.5);  wird ersetzt durch b = 4.5 + 7.5 * 4.5 + 7.5;
QUADRAT(c++);            wird ersetzt durch c++*c++;
```

Nur das erste Beispiel funktioniert ordnungsgemäß. Sie können das Ganze durch freies Hinzufügen von runden Klammern verbessern:

```
#define QUADRAT(X) ((X)*(X))
```

Daß Makros nicht zu einem Wert ausgewertet werden, bleibt trotzdem ein Problem. Sogar bei der neuen Definition wird *c* von *QUADRAT(c++)* zweimal inkrementiert. Aber die Inline-Funktion *quadrat()* aus Listing 8.1 wertet *c* zuerst aus, übergibt den Wert, der quadriert werden soll, und inkrementiert daraufhin *c* einmal.

Wir wollen Ihnen hier nicht zeigen, wie C-Makros erstellt werden. Sie sollen nur sehen, daß C-Makros besser in C++-Inline-Funktionen umgewandelt werden sollten.

8.2 Argumente mit Vorgabewerten

Wir wollen nun ein weiteres Thema aus der C++-Trickkiste hervorzaubern: Argumente mit Vorgabewerten. Ein Vorgabewert ist in diesem Zusammenhang ein Wert, der automatisch benutzt wird, falls Sie das entsprechende Argument in einem Funktionsaufruf weggelassen haben. Richten Sie beispielsweise die Funktion *void wow(int n)* so ein, daß *n* den Vorgabewert *1* hat, entspricht der Funktionsaufruf *wow()* dem Aufruf *wow(1)*. Dadurch können Funktionen flexibler eingesetzt werden. Angenommen, es liegt eine Funktion mit dem Namen *links()* vor, von der die ersten *n* Zeichen eines Strings übergeben werden. Der String und *n* sollen dabei die Argumente darstellen, und die Funktion soll einen Zeiger auf einen neuen String übergeben, der aus dem ausgewählten Teil des Original-Strings besteht. Der Aufruf *links("derart", 3)* zum Beispiel konstruiert den neuen String *"der"* und übergibt einen Zeiger auf diesen String. Angenommen, Sie haben das zweite Argument mit einem Vorgabewert von *1* versehen. Der Aufruf *links("derart", 3)* funktioniert dann wie vorher, wobei die *3* den Vorgabewert überschreibt. Aber der Aufruf *links("derart")*, nimmt an, daß das zweite Argument *1* ist und übergibt, anstelle einen Fehler darzustellen, einen Zeiger auf den String *"d"*. Argumente mit Vorgabewerten sind in diesem Zusammenhang sehr von Nutzen, falls Ihr Programm häufig Strings extrahieren muß, die aus einem Zeichen bestehen und gelegentlich auch umfangreichere Strings herausgezogen werden sollen.

Wie wird ein Vorgabewert einem Argument zugewiesen? Dazu benötigen Sie den Funktionsprototyp. Da der Compiler mit Hilfe des Prototyps feststellt, wie viele Argumente eine Funktion benutzt, muß der Funktionsprototyp das Programm *auch* darauf hinweisen, daß es vorkommen kann, daß Argumente mit Vorgabewerten versehen werden müssen. Sie müssen dazu lediglich dem Argument im Prototyp einen Wert zuweisen. Es folgt der auf die obige Beschreibung passende Prototyp für *links()*:

```
char * links(const char * str, int n = 1);
```

Die Funktion soll einen neuen String übergeben, deshalb besitzt sie den Typ *char** oder »Zeiger auf ein *char*-Objekt«. Der Original-String soll unverändert bleiben, deshalb setzen wir den Modifizierer *const* beim ersten Argument ein. *n* soll einen Vorgabewert von *1* besitzen, deshalb muß dieser Wert *n* zugewiesen werden. Ein Vorgabewert eines Argumentes ist eigentlich ein Initialisationswert. Der obige Prototyp initialisiert also *n* mit dem Wert *1*. Läßt man *n* beim Funktionsaufruf weg, wird ihm der Wert *1* zugewiesen. Wird jedoch ein Argument übergeben, überschreibt der neue Wert den Wert *1*.

Setzen Sie eine Funktion mit einer Liste von Argumenten ein, müssen die Argumente von rechts nach links mit ihren Vorgabewerten versehen werden. Sie müssen also, bevor Sie ein bestimmtes Argument mit einen Vorgabewert versehen können, alle Argumente rechts vom gewünschten Argument mit Vorgabewerten ausstatten:

```
int harpo(int n, int m = 4, int j = 5);      // Zulässig
int chico(int n, int m = 6, int j);          // Unzulässig
int groucho(int n = 1, int m = 2, int n = 3); // Zulässig
```

In Listing 8.2 wird der Einsatz von Argumenten mit Vorgabewerten demonstriert. *Nur der Prototyp beinhaltet die Vorgabewerte*. Die Funktionsdefinition entspricht der Definition ohne Argumente mit Vorgabewerten.

```
// links.cpp -- String-Funktion mit einem Argument, das einen
//               Vorgabewert besitzt
#include <iostream.h>

const int Groesse = 80;

char * links(const char * str, int n = 1);

int main(void)
{
    char sample[Groesse];
    cout << "Geben Sie einen String ein:\n";
    cin.get(sample,Groesse);
    char *ps = links(sample, 4);
    cout << ps << "\n";
    ps = links(sample);
    cout << ps << "\n";
    return 0;
}

// Diese Funktion übergibt einen neuen String, der
// aus den ersten n Zeichen des Strings str besteht.
char * links(const char * str, int n)
{
    if(n < 0)
        n = 0;
    char * p = new char[n+1];
    for (int i = 0; i < n && str[i]; i++)
        p[i] = str[i];          // Zeichen kopieren
    while (i <= n)
        p[i++] = '\0';          // den Rest des Strings auf '\0' setzen
    return p;
}
```

Listing 8.2: links.cpp

Es folgt ein Beispielablauf:

```
Geben Sie einen String ein:
Hallo
Hall
H
```

Programmhinweise

Das Programm erzeugt mit *new* einen neuen String, um die ausgewählten Zeichen aufnehmen zu können. Es kann vorkommen, daß ein nicht sehr kooperativer Anwender eine negative Anzahl von Zeichen abruft. In so einem Fall setzt die Funktion die Anzahl auf *0* und übergibt im folgenden einen Null-String. Eine weiterer ungünstiger Fall tritt ein, wenn ein unverläßlicher Anwender mehr Zeichen verlangt, als der String beinhaltet. Die Funktion schützt sich mit einem kombinierten Test gegen diese Unbilden:

```
i < n && str[i]
```

Der *i<n*-Test stoppt die Schleife, nachdem *n* Zeichen kopiert wurden. Der zweite Teil des Tests, der Ausdruck *str[i]*, ist der Code für das Zeichen, das gerade kopiert wird. Erreicht die Schleife das Nullzeichen, ist der Code Null und die Schleife stoppt. Die letzte *while-Schleife* schließt den String mit dem Nullzeichen ab und versieht den Rest des allokierten Platzes – falls vorhanden – mit dem Nullzeichen.

Eine weitere Möglichkeit, die Größe des neuen Strings zu bestimmen, besteht darin, *n* auf den kleineren der beiden Werte – vom Anwender gewünschte Anzahl und String-Länge – zu setzen:

```
int len = strlen(str);
n = (n < len) ? n : len;   // Der kleinere Wert von n und len
char * p = new char[n+1];
```

Dadurch wird sichergestellt, daß *new* nicht mehr Speicher, als für den String benötigt wird, allokiert. Das kann zweckmäßig sein, falls Sie einen Aufruf wie den folgenden verwenden: *links("Hi!", 32767)*. Bei unserer ersten Version von *links()* wird *"Hi!"* in diesem Fall in ein Array mit 32768 Zeichen kopiert, wobei alle bis auf die ersten drei Zeichen mit dem Nullzeichen versehen werden. Bei der zweiten Version wird *"Hi!"* in ein Array mit vier Zeichen kopiert. Durch Hinzufügen eines weiteren Funktionsaufrufes – *strlen()* – vergrößert sich der Programmumfang, die Ausführungsgeschwindigkeit wird verlangsamt und Sie müssen die Header-Datei *string.h* im Programm unterbringen. C-Programmierer legen Wert auf schnelle Programmausführung, kompakten Code und erwarten vom Programmierer, daß er sich große Mühe beim richtigen Einsatz der Funktionen gibt. Die C++-Tradition tendiert jedoch mehr zur Programmverläßlichkeit. Ein langsameres Programm, das korrekt funktioniert, ist allemal besser als ein schnelles Programm, das nicht richtig funktioniert. Wird die Zeit, die zum Aufrufen von *strlen()* benötigt wird, zum Problem, können Sie in *links()* direkt bestimmen, was kleiner ist, *n* oder die String-Länge? Die folgende Schleife stoppt beispielsweise, wenn *m* den Wert *n* oder das Ende des Strings erreicht, je nachdem, was zuerst auftritt:

```
int m = 0;
while ( m <= && str[m] != '\0')
      m++;
char * p = new char[m+1]:
// Verwenden Sie bei den restlichen Anweisungen m anstelle von n
```

8.3 Funktionspolymorphie (Funktionsüberladung)

Gefallen Ihnen Argumente mit Vorgabewerten (cool, toll, super), werden Sie von der *Funktionspolymorphie* begeistert sein. In Verbindung mit Argumenten, die Vorgabewerte besitzen, kann dieselbe Funktion mit einer unterschiedlichen Anzahl von Argumenten aufgerufen werden. Funktionspolymorphie – auch als *Funktionsüberladung* bezeichnet – erlaubt, daß mehrere Funktionen sich denselben Namen teilen können. Der Ausdruck »Polymorphie« bedeutet Vielgestaltigkeit, eine polymorphe Funktion kann also viele verschiedene Formen annehmen. Der Ausdruck »Funktionsüberladung« bedeutet, daß Sie mehr als einer Funktion denselben Namen geben können. Beide Ausdrücke beziehen sich auf dasselbe, wir werden im weiteren Verlauf den Ausdruck Funktionsüberladung verwenden – er hört sich irgendwie besser an. Mit Hilfe der Funktionsüberladung können Sie mehrere Funktionen entwickeln, die alle dasselbe tun, aber mit unterschiedlichen Argumentenlisten arbeiten.

Überladene Funktionen entsprechen Verben, die mehr als eine Bedeutung haben. So kann man zum Beispiel irgendwohin laufen und die Nase kann laufen. Es ist jeweils aus dem Kontext (hoffentlich) ersichtlich, was für eine Bedeutung *laufen* jeweils hat. In C++ wird auch mit Hilfe des Kontextes entschieden, welche Version einer überladenen Funktion gemeint ist.

Den Schlüssel für die Funktionsüberladung stellt die Argumentenliste der Funktion dar, die auch als *Funktionssignatur* bezeichnet wird. Arbeiten zwei Funktionen mit derselben Anzahl und denselben Typen von Argumenten, die in derselben Reihenfolge vorliegen, haben sie dieselbe Signatur. Die Variablennamen spielen keine Rolle. In C++ können zwei Funktionen mit *demselben* Namen definiert werden, indem man die Funktionen mit *unterschiedlichen* Signaturen versieht. Die Signaturen können in der Argumentanzahl differieren oder im Argumenttyp oder in beidem. Sie können beispielsweise mit den folgenden Prototypen eine Reihe von *print()*-Funktionen definieren:

```
void print(const char * str, int breite);    // #1
void print(double d, int breite);             // #2
void print(long l, int breite);               // #3
void print(int i, int breite);                // #4
void print(const char *str);                  // #5
```

Benutzen Sie daraufhin die Funktion *print()*, versucht der Compiler, unter den Prototypen die Funktion zu finden, die Ihrer Wahl entspricht, das heißt, die dieselbe Signatur besitzt:

```
print("Pancakes", 15);        // entspricht #1
print("Syrup");               // entspricht #5
print(1995.0, 10);            // entspricht #2
print(1995, 12);              // entspricht #4
print(1995L, 15);             // entspricht #3
```

So benutzt zum Beispiel *print("Pancakes", 15)* einen String und einen Integerwert als Argumente und entspricht somit dem Prototypen *#1*.

Beim Einsatz von überladenen Funktionen sollten Sie immer die richtigen Argumenttypen im Funktionsaufruf einsetzen. Schauen Sie sich dazu bitte die folgenden Anweisungen an:

```
unsigned int jahr = 3210;  // Zweideutiger Aufruf
print(jahr, 6);
```

Zu welchem Prototyp paßt der *print()*-Aufruf hier? Er paßt zu gar keinem. Das Fehlen eines passenden Prototyps führt nicht immer dazu, daß gar keine Funktion benutzt werden kann, da C++ versucht, eine Standardumwandlung vorzunehmen, um eine Übereinstimmung zu erzielen. Ist der einzige *print()*-Prototyp beispielsweise #2, konvertiert der Funktionsaufruf *print(jahr, 6)* den Wert *jahr* in den Typ *double*. Aber in Wirklichkeit sind es *drei* Prototypen, die eine Zahl als erstes Argument akzeptieren. Dadurch stehen drei verschiedene Möglichkeiten zur Konvertierung von *jahr* zur Verfügung. In dieser zweideutigen Situation weist C++ den Funktionsaufruf zurück und meldet einen Fehler.

Denken Sie immer daran, daß es die Signatur und nicht der Typ der Funktion ist, die die Funktionsüberladung ermöglicht. So vertragen sich beispielsweise die beiden folgenden Deklarationen nicht untereinander:

```
long gronk(int n, float m);        // Dieselben Signaturen
double gronk(int n, float m);      // Nicht zulässig
```

In dieser Weise ist es in C++ nicht möglich, *gronk()* zu überladen. Es kann zwar unterschiedliche Übergabetypen geben, aber nur, wenn auch die Signaturen verschieden sind:

```
long gronk(int n, float m);        // Unterschiedliche Signaturen
double gronk(float n, float m);    // Zulässig
```

Ein Beispiel zur Überladung

Wir haben bereits eine Funktion mit dem Namen *links()* entwickelt, die einen Zeiger auf die ersten *n* Zeichen eines Strings übergibt. Jetzt wollen wir eine zweite *links()*-Funktion erstellen, welche die ersten *n* Ziffern eines Integerwertes übergibt. Sie können diese Funktion beispielsweise zur Überprüfung der ersten drei Ziffern einer Postleitzahl, die als Integer abgespeichert ist, einsetzen. Dies ist sehr praktisch, falls Sie nach Postleitzahlengebieten sortieren möchten.

Die Integerfunktion ist etwas komplizierter zu programmieren als die Stringversion, da nicht jede Ziffer in einem eigenen Array-Element untergebracht ist. Eine Möglichkeit besteht darin, zuerst zu berechnen, aus wievielen Ziffern die Zahl besteht. Dabei wird eine Zahl mehrfach durch 10 dividiert, um ihr alle Ziffern zu entfernen. Sie können also anhand der Anzahl der notwendigen Divisionen die Anzahl der Ziffern bestimmen. Präziser gesagt, können Sie das mit einer Schleife wie der folgenden tun:

```
unsigned ziffern = 1;
while (n \= 10)
    ziffern++;
```

Diese Schleife zählt, wie oft eine Ziffer aus *n* entfernt werden kann, bis keine mehr vorhanden sind. Sie wissen ja, daß *n/=10* die Kurzform für *n = n/10* ist. Ist *n* beispielsweise 8, weist die Testbedingung *n* den Wert *8/10* oder *0* zu, da es sich um eine Integerdivision handelt. Dadurch wird die Schleife beendet und *ziffern* bleibt 1. Aber falls *n* gleich 238 ist, setzt der erste Schleifentest *n* auf 238/10 oder 23. Das ist ungleich null, die Schleife vergrößert also *ziffern* auf 2. Beim nächsten Schleifendurchlauf wird *n* auf 23/10 oder 3 gesetzt. Das ist wieder ungleich null, *ziffern* wird also auf 3 erhöht. Beim nächsten Schleifendurchlauf wird *n* auf 2/10 oder 0 gesetzt und die Schleife endet. *ziffern* hat jetzt den richtigen Wert von 3.

Angenommen, Sie wissen, daß die Zahl aus 5 Ziffern besteht und Sie möchten die ersten 3 Ziffern bestimmen. Sie erhalten diesen Wert, indem Sie die Zahl zweimal durch 10 dividieren. Jede Division mit 10 entfernt eine Ziffer vom rechten Ende der Zahl. Es kann einfach berechnet werden, wie viele Ziffern entfernt werden sollen – dazu müssen Sie lediglich die Anzahl der Ziffern, die angezeigt werden sollen, von der Gesamtzahl der Ziffern abziehen. Damit beispielsweise 4 Ziffern einer aus 9 Ziffern bestehenden Zahl angezeigt werden, müssen die letzten 5 Ziffern entfernt werden. Sie können das wie folgt programmieren:

```
ct = ziffern - ct;
while (ct--)
    num /= 10;
return num;
```

In Listing 8.3 werden diese Anweisungen in einer neuen Version der Funktion *links()* untergebracht. Die Funktion beinhaltet einige zusätzliche Anweisungen zur Bearbeitung von Spezialfällen, wie zum Beispiel der Nachfrage nach null Ziffern oder nach mehr Ziffern, als zur Zahl gehören. Da die Signatur der neuen *links()*-Funktion sich von der der alten *links()*-Funktion unterscheidet, können beide Funktionen im gleichen Programm eingesetzt werden.

```cpp
// ueberlad.cpp -- Überladen der Funktion links()
#include <iostream.h>

unsigned long links(unsigned long num, unsigned ct);
char * links(const char * str, int n = 1);

int main(void)
{
    char * trip = "Hawaii!!";        // Testwert
    unsigned long n = 12345678;      // Testwert
    int i;

    for (i = 1; i < 10; i++)
    {
        cout << links(n, i) << "\n";
        cout << links(trip, i) << "\n";
    }
    return 0;

}

// Diese Funktion liefert die ersten ct Ziffern der Zahl num.
unsigned long links(unsigned long num, unsigned ct)
{
    unsigned ziffern = 1;
    unsigned long n = num;

    if (ct == 0 || num == 0)
        return 0;                    // 0 übergeben, falls keine Ziffern
                                     // vorliegen
    while (n /= 10)
        ziffern++;
    if (ziffern > ct)
    {
        ct = ziffern - ct;
        while (ct--)
            num /= 10;
        return num;                  // die ersten ct Ziffern von links
                                     // übergeben
    }
    else                             // falls ct >= Anzahl der Ziffern,
        return num;                  // die ganze Zahl übergeben
}

// Diese Funktion übergibt einen neuen String, der
// aus den ersten n Zeichen des Strings str besteht.
char * links(const char * str, int n)
{
    if(n < 0)
        n = 0;
    char * p = new char[n+1];
```

```
    for (int i = 0; i < n && str[i]; i++)
        p[i] = str[i];         // Zeichen kopieren
    while (i <= n)
        p[i++] = '\0';         // den Rest des Strings auf '\0' setzen
    return p;
}
```

Listing 8.3: ueberlad.cpp

Es folgt die Ausgabe:

```
1
H
12
Ha
123
Haw
1234
Hawa
12345
Hawai
123456
Hawaii
1234567
Hawaii!
12345678
Hawaii!!
12345678
Hawaii!!
```

Einsatzmöglichkeiten der Funktionsüberladung

Sie finden die Funktionsüberladung vielleicht faszinierend, machen Sie jedoch nicht zu häufig davon Gebrauch. Sie sollten die Funktionsüberladung nur auf Funktionen anwenden, von denen dieselben Aufgaben ausgeführt werden, nur mit unterschiedlichen Datenformen. Außerdem sollten Sie überprüfen, ob nicht dasselbe Ergebnis mit Argumenten, die einen Vorgabewert besitzen, erzielt werden kann. Sie können beispielsweise die stringorientierte *links()*-Funktion durch zwei überladene Funktionen ersetzen:

```
char * links(const char * str, unsigned n); // Zwei Argumente
char * links(const char * str);             // Ein Argument
```

Es ist jedoch einfacher und besser, die einzelne Funktion, die ein Argument mit Vorgabewert besitzt, zu benutzen. Es muß dann anstelle von zwei Funktionen nur eine Funktion geschrieben werden, und das Programm belegt auch nur Speicher für eine Funktion. Die Überladungsmethode ist aber leistungsfähiger, da Sie sowohl unterschiedliche Argumenttypen als auch unterschiedlich viele Argumente verwenden können.

8.4 Referenzvariablen

C++ verfügt über einen neuen abgeleiteten Typ – die *Referenzvariable*. Eine Referenz ist ein Name, der als Name oder Alternativname für eine schon definierte Variable dient. Definieren Sie zum Beispiel *twain* als Referenz zur Variablen *clemens*, können Sie sowohl mit *twain* als auch mit *clemens* auf ein und dieselbe Variable zugreifen. Wofür ist ein solcher Aliasname gut? Soll er Leuten helfen, die sich für ihre Variablennamen schämen? Kann sein, aber hauptsächlich wird eine Referenz als formales Argument in einer Funktion eingesetzt. Verwendet man eine Referenz als Argument, arbeitet die Funktion mit den Originaldaten und nicht mit einer Kopie. Referenzen sind eine gute Alternative zu Zeigern, wenn es um die Bearbeitung von umfangreichen Strukturen mit Funktionen geht, und sie sind bei der Entwicklung von Klassen unentbehrlich. Bevor erklärt wird, wie Referenzen zusammen mit Funktionen eingesetzt werden können, wollen wir die grundlegenden Dinge im Zusammenhang mit der Definition und dem Einsetzen einer Referenz untersuchen.

Das Erzeugen einer Referenzvariablen

Sie wissen vielleicht, daß C und C++ mit dem &-Symbol die Adresse einer Variablen kennzeichnen. In C++ gibt es noch eine weitere Bedeutung für das &-Symbol. Man kann damit Referenzen deklarieren. Damit zum Beispiel aus *nagetiere* ein Alternativname für die Variable *ratten* wird, müssen Sie folgendes tun:

```
int ratten;
int & nagetiere = ratten;        // nagetiere wird zum Aliasnamen für
                                 // ratten
```

In diesem Zusammenhang ist & *kein* Adreßoperator. Er dient statt dessen als Teil der Typidentifizierung. Genauso wie *char** in einer Deklaration die Bedeutung »Zeiger auf ein *char*«-Objekt hat, bedeutet *int &* Referenz auf ein *int*-Objekt. Nach der Referenzdeklaration können Sie sowohl *ratten* als auch *nagetiere* wechselseitig einsetzen. Beide Namen beziehen sich auf denselben Wert und dieselbe Speicherposition. In Listing 8.4 wird das soeben Gesagte verifiziert.

```
// referen1.cpp -- eine Referenzvariable definieren und einsetzen
#include <iostream.h>
int main(void)
{
    int ratten = 101;
    int & nagetiere = ratten;    // nagetiere ist eine Referenz

    cout << "ratten = " << ratten;
    cout << ", nagetiere = " << nagetiere << "\n";
    nagetiere++;
    cout << "ratten = " << ratten;
    cout << ", nagetiere = " << nagetiere << "\n";
// Einige Implementationen erfordern eine Typumwandlung
// der folgenden Adressen mit unsigned
    cout << "Adresse von ratten = " << &ratten;
    cout << ", Adresse von nagetiere = " << &nagetiere << "\n";
    return 0;
}
```

Listing 8.4: referen1.cpp

Beachten Sie, daß es sich beim &-Operator in der Anweisung:

```
int & nagetiere = ratten;
```

nicht um den Adreßoperator handelt, statt dessen wird deklariert, daß *nagetiere* vom Typ *int &* ist, das heißt, Referenz auf eine *int*-Variable ist. Aber der &-Operator in der Anweisung

```
cout <<", Adresse von nagetiere="<< &nagetiere << "\n";
```

ist ein Adreßoperator, wobei *&nagetiere* die Adresse der Variablen repräsentiert, auf die sich *nagetiere* bezieht. Es folgt die Programmausgabe:

```
ratten = 101, nagetiere = 101
ratten = 102, nagetiere = 102
Adresse von ratten = 0x8fa2fff4, Adresse von nagetiere = 0x8fa2fff4
```

Wie Sie sehen, besitzen die Variablen *ratten* und *nagetiere* denselben Wert und dieselbe Adresse. Inkrementiert man *nagetiere* um 1, betrifft das beide Variablen. (Dieses Beispiel zeigt zwar, wie eine Referenz funktioniert, aber es zeigt nicht, als was eine Referenz normalerweise eingesetzt wird, als Funktionsparameter nämlich, insbesondere für Strukturen und Objektargumente. Mehr zu diesem Thema in Kürze.)

Referenzen sind für C-Veteranen ein bißchen verwirrend, da sie Zeigern täuschend ähnlich sehen und doch anders sind. Sie können beispielsweise sowohl eine Referenz als auch einen Zeiger auf *ratten* erzeugen:

```
int ratten = 101;
int & nagetiere = ratten;  // nagetiere ist eine Referenz
int * pratten = &ratten;   // pratten ist ein Zeiger
```

Anschließend können Sie sowohl *nagetiere* als auch **pratten* wechselseitig mit *ratten* einsetzen und die Ausdrücke *&nagetiere* und *pratten* mit *&ratten*. So betrachtet, sieht eine Referenz ein bißchen wie ein verschleierter Zeiger aus, bei dem der Indirektionsoperator * implizit hinzugefügt wurde. Und genau das ist mehr oder weniger eine Referenz. Es gibt aber außer in bezug auf die Notation weitere Unterschiede. In unserem Beispiel war es unbedingt notwendig, die Referenz bei der Initialisation zu deklarieren. Sie können die Referenz nicht deklarieren und ihr später einen Wert zuweisen, wie es bei einem Zeiger geht:

```
int ratten;
int & nagetiere;
nagetiere = ratten;   // Nein, das geht nicht.
```

 Sie müssen eine Referenzvariable beim Deklarieren initialisieren. (Ein Referenzparameter in der Argumentenliste einer Funktion kann so betrachtet werden, als ob er mit dem übergebenen Argument initialisiert werden würde.)

Eine Referenz entspricht mehr einem *const*-Zeiger. Sobald eine Referenz einer bestimmten Variablen ihre Ergebenheit zeigt, muß sie zu ihrem Wort stehen. In Listing 8.5 sehen Sie, was passiert, falls eine Referenz ihren Bund mit der Variablen *ratten* lösen und mit der Variablen *hasen* einen neuen eingehen möchte.

```cpp
// referen2.cpp -- eine Referenzvariable definieren und einsetzen
#include <iostream.h>
int main(void)
{
    int ratten = 101;
    int & nagetiere = ratten;     // nagetiere ist eine Referenz

    cout << "ratten = " << ratten;
    cout << ", nagetiere = " << nagetiere << "\n";
// Einige Implementationen erfordern eine Typumwandlung
// der folgenden Adressen mit unsigned
    cout << "Adresse von ratten = " << &ratten;
    cout << ", Adresse von nagetiere = " << &nagetiere << "\n";

    int hasen = 50;
    nagetiere = hasen;            // können wir die Referenz verändern?
    cout << "hasen = " << hasen;
    cout << ", ratten = " << ratten;
    cout << ", nagetiere = " << nagetiere << "\n";
// Einige Implementationen erfordern eine Typumwandlung
// der folgenden Adressen mit unsigned
    cout << "Adresse von hasen = " << &hasen;
    cout << ", Adresse von nagetiere = " << &nagetiere << "\n";
    return 0;
}
```

Listing 8.5: referen2.cpp

Es folgt die Ausgabe:

```
ratten = 101, nagetiere = 101
Adresse von ratten = 0x8f87fff4, Adresse von nagetiere = 0x8f87fff4
hasen = 50, ratten = 50, nagetiere =50
Adresse von hasen = 0x8f87fff2, Adresse von nagetiere = 0x8f87ff4
```

Am Anfang bezieht sich *nagetiere* auf *ratten*, aber das Programm versucht, aus *nagetiere* eine Referenz auf *hasen* zu machen:

```
nagetiere = hasen;
```

Für einen Moment sieht es so aus, als ob dieser Versuch erfolgreich verlaufen wäre, da der Wert von *nagetiere* sich von *101* in *50* ändert. Aber bei näherer Untersuchung ergibt sich, daß *ratten* auch den Wert *50* angenommen hat und daß *ratten* und *nagetiere* sich immer noch dieselbe Adresse teilen und die unterscheidet sich von der Adresse der Variablen *hasen*. Da *nagetiere* ein Alias für *ratten* ist, bedeutet unsere Zuweisungsanweisung in Wirklichkeit folgendes:

```
ratten = hasen;
```

Das heißt, »weise den Wert der Variablen *hasen* der Variablen *ratten* zu.«

Referenzen als Funktionsparameter

Meistens werden Referenzen in Verbindung mit Funktionsparametern verwendet, wobei ein Variablenname in der Funktion ein Alias für eine Variable des aufrufenden Programmes ist. Diese Methode der Argumentübergabe wird als *Übergabe anhand der Referenz* bezeichnet. Übergibt man anhand der Referenz, kann die aufgerufene Funktion auf Variablen in der aufrufenden Funktion zugreifen. Diese zusätzliche C++-Fähigkeit stellt einen Bruch zu C dar, da bei C nur anhand des Wertes übergeben wird. Das Übergeben anhand des Wertes resultiert, wie Sie wissen, darin, daß die aufgerufene Funktion mit den Kopien der Werte aus dem aufrufenden Programm arbeitet (siehe Bild 8.2). In C können Sie diese Einschränkung allerdings durch Zeiger umgehen.

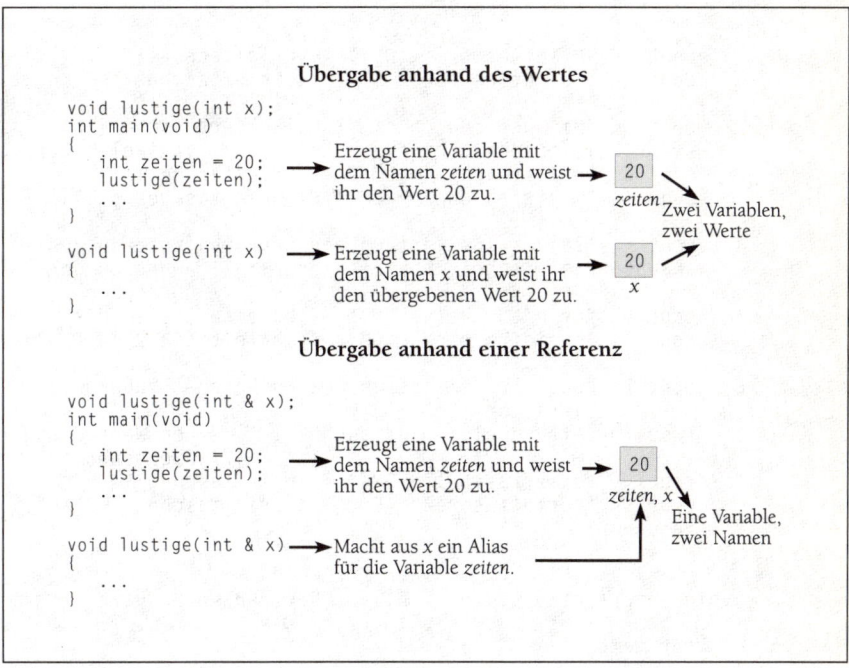

Bild 8.2: Übergabe anhand des Wertes und anhand einer Referenz

Wir wollen den Einsatz von Referenzen und Zeigern an einem häufig vorkommenden Programmierproblem vergleichen – dem Vertauschen der Werte zweier Variablen. Eine Vertauschfunktion muß in der Lage sein, die Variablenwerte im aufrufenden Programm zu vertauschen. Die übliche Variablenübergabemethode kann hierbei nicht funktionieren, da die Funktion in diesem Fall nur den Inhalt der Kopien der Originalvariablen vertauscht, anstatt den Inhalt der Originalvariablen selbst auszuwechseln. Übergeben Sie statt dessen Referenzen auf die Variablen, kann die Funktion mit den Originaldaten arbeiten. Sie können auch Zeiger übergeben, um auf die Originaldaten zuzugreifen. In Listing 8.6 werden alle drei Methoden angewandt, einschließlich der Methode, die nicht funktioniert, damit Sie die drei vergleichen können.

```
// austausc.cpp -- mit Referenzen und Zeigern Werte austauschen

#include <iostream.h>

void swapr(int & a, int & b);
                    // a und b sind Aliase für int-Variablen
void swapp(int * p, int * q);
                    // p und q sind Adressen auf int-Variablen
void swapv(int a, int b);
                    // a und b sind neue Variablen

int main(void)
{
    int brieftasche1 = 300;
    int brieftasche2 = 350;

    cout << "brieftasche1 = DM " << brieftasche1;
    cout << " brieftasche2 = DM " << brieftasche2 << "\n";

    cout << "Mit Referenzen die Inhalte vertauschen:\n";
    swapr(brieftasche1, brieftasche2);    // Variablen übergeben
    cout << "brieftasche1 = DM " << brieftasche1;
    cout << " brieftasche2 = DM " << brieftasche2 << "\n";

    cout << "Zeiger zum Vertauschen der Inhalte benutzen:\n";
    swapp(&brieftasche1, &brieftasche2); // Adressen der Variablen
                                    // übergeben
    cout << "brieftasche1 = DM " << brieftasche1;
    cout << " brieftasche2 = DM " << brieftasche2 << "\n";

    cout << "Dasselbe mit der normalen Parameterübergabe "
            "versuchen:\n";
    swapv(brieftasche1, brieftasche2);    // Den Wert der Variablen
                                    // übergeben
    cout << "brieftasche1 = DM " << brieftasche1;
    cout << " brieftasche2 = DM " << brieftasche2 << "\n";
    return 0;
}

void swapr(int & a, int & b)  // Referenzen benutzen
{
    int temp;

    temp = a;       // a und b repräsentieren die Werte der Variablen
    a = b;
    b = temp;
}

void swapp(int * p, int * q)  // Zeiger benutzen
{
    int temp;

    temp = *p;    // *p und *q repräsentieren die Werte der Variablen
    *p = *q;
    *q = temp;
}
```

```
void swapv(int a, int b)      // normale Parameterübergabe verwenden
{
    int temp;

    temp = a;      // a und b repräsentieren die Werte der Variablen
    a = b;
    b = temp;
}
```

Listing 8.6: austausc.cpp

Es folgt die Ausgabe:

```
brieftasche1 = DM 300 brieftasche2 = DM 350  Originalwerte
Mit Referenzen die Inhalte vertauschen:
brieftasche1 = DM 350 brieftasche2 = DM 300  Vertauschte Werte
Zeiger zum Vertauschen der Inhalte benutzen:
brieftasche1 = DM 300 brieftasche2 = DM 350  Werte werden erneut vertauscht
Dasselbe mit der normalen Parameterübergabe versuchen:
brieftasche1 = DM 300 brieftasche2 = DM 350  Vertauschoperation mißlungen
```

Wie erwartet, wurde mit der Referenz- und der Zeigermethode erfolgreich der Inhalt der beiden Brieftaschen vertauscht, während die Methode mit Übergabe als Wert mißlang.

Programmhinweise

Schauen Sie sich zuerst an, wie jede Funktion aufgerufen wird:

```
swapr(brieftasche1, brieftasche2);   // Variablen übergeben
swapp(&brieftasche1, &brieftasche2); // Variablenadressen übergeben
swapv(brieftasche1, brieftasche2);   // Variablenwerte übergeben
```

Die Übergabe anhand der Referenz (*swapr(brieftasche1, brieftasche2)*) und anhand des Wertes (*swapv(brieftasche1, brieftasche2)*) sieht gleich aus. Nur wenn Sie sich den Prototyp oder die Funktionsdefinition anschauen, können Sie feststellen, ob bei *swapr()* anhand der Referenz übergeben wird oder nicht. Die Anwesenheit des Adreßoperators (&) zeigt deutlich, daß bei einer Funktion anhand der Adresse übergeben wird. (*swapp(&brieftasche1, &brieftasche2)*). (Die Typdeklaration *int *p* bedeutet ja, daß *p* ein Zeiger auf ein *int*-Objekt ist und deshalb sollte das zu *p* gehörige Argument eine Adresse wie *&brieftasche1* sein.)

Vergleichen Sie nun die Anweisungen der beiden Funktionen *swapr()* (Übergeben anhand der Referenz) und *swapv()* (Übergeben anhand des Wertes). Der einzige sichtbare Unterschied besteht in der unterschiedlichen Deklaration der Funktionsparameter:

```
void swapr(int & a, int b)
void swapv(int a, int b)
```

Der interne Unterschied ist der, daß bei *swapr()* die Variablen *a* und *b* als Alias-Namen für die Variablen *brieftasche1* und *brieftasche2* dienen. Beim Vertauschen von *a* und *b* werden also die Inhalte von *brieftasche1* und *brieftasche2* vertauscht. Bei *swapv()* dagegen sind *a* und *b* neue Variablen, die nur Kopien der Werte von *brieftasche1* und *brieftasche2* übermittelt bekommen. Das Vertauschen von *a* und *b* hat also keinen Effekt auf *brieftasche1* und *brieftasche2*.

Zum Schluß müssen Sie noch die Funktionen *swapr()* (Übergabe einer Referenz) und *swapv()* (Übergabe eines Zeigers) vergleichen. Der erste Unterschied besteht darin, wie die Funktionsparameter deklariert sind:

```
void swapr(int & a, int & b)
void swapp(int * p, int * q)
```

Der zweite Unterschied besteht darin, daß bei der Zeigerversion die ganze Zeit der Indirektionsoperator * benutzt werden muß, wenn die Funktion mit *p* und *q* arbeitet. Obwohl die Referenz- und die Zeigerversion gleich effektiv sind, sieht die Referenzversion besser aus.

Eigenschaften der Referenzmethode

Beim Arbeiten mit Referenzargumenten können interessante und überraschende Dinge passieren. Angenommen, Sie definieren eine Funktion mit dem Namen *byref()*, die ein Argument vom Typ *int &* (Referenz auf ein *int*-Objekt) besitzt. Sie können dann natürlich beim Aufrufen der Funktion eine Variable vom Typ *int* als Argument verwenden. Aber es gibt auch viele andere Möglichkeiten, wie aus Listing 8.7 zu ersehen ist. In diesem Listing benutzt *byref()* eine Schleife, um ihr Argument dreimal auszugeben und zu inkrementieren. So kann man überprüfen, was für einen Wert die Referenzvariable *rx* hat, und es kann außerdem überprüft werden, was für einen Effekt das Inkrementieren von *rx* auf das Originalargument hat.

```
// refbsp.cpp -- verschiedene Referenzargumente
#include <iostream.h>
void byref(int & rx);    // rx ist eine Referenz

int main(void)
{
// Einige Implementationen erfordern die Verwendung von
// static int werte[5], damit die Array-Initialisation möglich
// wird.
    int werte[5] = {2,4,6,8,10};
// Einige Implementationen erfordern die Verwendung von
// static struct teile, damit die Strukturinitialisation möglich
// wird.
    struct teile {
        int a;
        float b;
        } ding = { 600, 3.14 };
    int x = 20;

    byref(werte[4]);  // Übergabe eines int-Elementes eines Arrays
    cout << "werte[4] = " << werte[4];
    cout << " nach Verwendung von byref()\n";
    byref(ding.a);    // Übergabe eines int-Elementes einer Struktur
    cout << "ding.a = " << ding.a;
    cout << " nach Verwendung von byref()\n";
    byref(101);       // Übergabe einer Konstanten
    byref(2 * x + 3); // Übergabe eines Ausdrucks
    cout << "x = " << x << " nach Verwendung von byref()\n";
    long ing = 15;
    byref(ing);       // einen falschen Typ übergeben
    cout << "ing = " << ing << " nach Verwendung von byref()\n";
    return 0;
}
```

```
void byref(int & rx)
{
    for(int i = 0; i < 3; i++)
        cout <<  rx++ << "... ";
    cout << "\n";
}
```

Listing 8.7: refbsp.cpp

Es folgt die Ausgabe:

```
10 ... 11 ... 12 ...
werte[4] = 13 nach Verwendung von byref()
600 ... 601 ... 602 ...
ding.a = 603 nach Verwendung von byref()
101 ... 102 ... 103 ...
43 ... 44 ... 45 ...
x = 20 nach Verwendung von byref()
15 ... 16 ... 17 ...
ing = 15 nach Verwendung von byref()
```

Verblüffende Ergebnisse und anonyme Variablen

Sie werden als erstes bemerken, daß die Referenz *rx* sich auf jedes Datenobjekt beziehen kann, das die Eigenschaften einer *int*-Variablen besitzt. Ist *werte[4]* ein Array-Element vom Typ *int*, ist es äquivalent zu einer *int*-Variablen. Sie können es ausgeben lassen, addieren, ihm etwas zuweisen usw., genau wie bei einer normalen Variablen. C++ erlaubt es Ihnen deshalb, aus *rx* ein Alias für ein beliebiges Array-Element zu machen. Ist *ding* eine Struktur und ist *ding.a* ein *int*-Objekt, kann man aus *rx* ein Alias für dieses Strukturelement machen. Sie können erkennen, daß *byref()* die Werte von *werte[4]* und *ding.a* korrekt anzeigt und daß die Erhöhung von *rx* in *byref()* um *3*, *werte[4]* und *ding.a* um 3 vergrößert. Das liegt daran, daß *rx* nach dem ersten Funktionsaufruf identisch mit *werte[4]* ist und nach dem zweiten Funktionsaufruf *ding.a* entspricht.

Diese Verhaltensweise ist zwar überraschend, jedoch sinnvoll, wenn Sie sich überlegen, daß Array-Elemente und Strukturelemente sich wie einfache Variablen verhalten. Die nächsten beiden Beispiele für Argumente von *byref()* sind etwas verblüffender. Zuerst übergibt das Programm das Argument *100*. *100* ist zwar ein *int*-Objekt, kann aber wohl kaum keine Variable sein. Ersetzt man zum Beispiel *rx* durch *100*, erhält man *100++* und das ist ein Syntaxfehler. Die Ausgabe von *byref()* zeigt aber deutlich, daß *rx* den Wert *100* enthält und dieser sich quasi selbst inkrementiert!

Was da vor sich geht, kann vielleicht am folgenden Beispiel verdeutlicht werden. Bei diesem Beispiel wird keine Variable, keine Konstante, sondern ein ganzer Ausdruck übergeben: *2 * x + 3*. Hierbei handelt es sich ebenfalls nicht um eine Variable. Wird *rx* durch diesen Ausdruck ersetzt, führt das zu *(2 * x + 3)++* und das ist wieder ein Syntaxfehler. Das Programm gibt aber die Werte *43*, *44* und *45* korrekt aus. Was wirklich passiert, zeigt sich erst in der nächsten Ausgabezeile. In dieser Zeile offenbart sich, daß der Wert von *x* unverändert blieb. Die Veränderung von *rx* hatte demnach keine Auswirkungen auf *x*. Auf was sich *rx* auch immer bezieht, es ist nicht *x*. Was wirklich passiert, ist folgendes: das Programm hat eine *anonyme* oder temporäre Variable vom Typ *int* erzeugt, ihr den Wert des Ausdruckes (oder im vorherigen Beispiel den Wert *100*) übergeben und dann aus *rx* eine Referenz auf diese anonyme Variable gemacht.

Paßt ein Argument eines Funktionsaufrufs nicht zum Typ des entsprechenden Referenzparameters, erzeugt C++ eine anonyme Variable mit dem richtigen Typ, weist der Variablen den Wert des Funktionsaufrufargumentes zu und veranlaßt„ daß der Parameter sich auf diese Variable bezieht.

Aufgrund dieser Regel können Funktionen, die über Referenzargumente verfügen, mit Konstanten und Ausdrücken anstelle der erwarteten Variablen aufgerufen werden. Dadurch wird auch klar, was im letzten Beispiel passierte. Es wurde dort versucht, *ing*, eine Variable vom Typ *long*, der Funktion *byref()* zu übergeben. Da die Typen nicht übereinstimmten, erzeugte das Programm eine anonyme Variable vom Typ *int*, wies ihr den Wert *15* zu und veranlaßte, daß *rx* sich auf diese Variable bezog. Deshalb gab das Programm *15*, *16* und *17* aus und ließ *ing* unverändert. Kurz gesagt, *rx* veränderte die anonyme Variable und nicht *ing*.

Da C++ anonyme Variablen erzeugt, wenn Sie aus Versehen eine Variable mit dem falschen Typ einem Referenzargument zuweisen, kann es in Verbindung mit den C++-Grundtypen immer wieder zu Problemen kommen. Anonyme Variablen machen keine Probleme, falls Sie nicht erwarten, daß die Funktion die Originalvariable modifiziert. Aber meistens wird eine Referenz ja gerade eingesetzt, *damit* eine Funktion die Originalvariable verändert. Aus diesem Grund bevorzugen viele Programmierer Zeiger anstelle von Referenzen, wenn eine Funktion einen Grundtyp im aufrufenden Programm modifizieren soll. Diese Syntax ist aufgrund der &- und *-Operatoren etwas komplizierter zu handhaben, aber sogar das ist ein Vorteil. Liegt eine Funktion wie *swapp(&brieftasche1, brieftasche2)* vor, wissen Sie, ohne den Prototyp anzuschauen, daß diese Funktion Variablen im aufrufenden Programm verändern kann.

Referenzen zusammen mit einer Struktur einsetzen

Referenzen sind zwar in Verbindung mit den C++-Grundtypen nicht ganz ideal, aber sie eignen sich sehr gut im Umgang mit Strukturen und Klassen, den anwenderdefinierten Typen von C++. Falls Sie versehentlich versuchen, den falschen Strukturtyp zu übergeben, findet der Compiler den Fehler sofort.

Referenzen werden im Prinzip genauso zusammen mit Strukturen eingesetzt, wie es bei Referenzen mit Grundvariablen der Fall ist. Sie benötigen beim Deklarieren des Strukturparameters nur den Referenzoperator &. Im Programm aus Listing 8.8 wird genau das getan und noch etwas Neues eingeführt. In diesem Listing übergibt außerdem eine Funktion einen Referenztyp. Dadurch kann die Funktion als Argument einer anderen Funktion benutzt werden. Das gilt zwar für jede Funktion mit einem Übergabewert, aber so ist es möglich, etwas einer Funktion zuzuweisen, und das geht lediglich mit einem Übergabetyp, der eine Referenz ist. Mehr zu diesem Thema nach der Programmausgabe. Im Programm befindet sich die Funktion *benutze()*, mit der zwei Strukturelemente ausgegeben und ein drittes inkrementiert wird. Das dritte Strukturelement kann also überwachen, wie oft eine bestimmte Struktur von der *benutze()*-Funktion bearbeitet wurde.

```
// strtref.cpp -- Strukturreferenzen verwenden
#include <iostream.h>
struct befragung
{
    char name[30];
    char aussage[64];
```

```
        int benutzt;
};

befragung & benutze(befragung & befragungref);
    // Funktion mit einem Referenzübergabetyp

int main(void)
{
// Hinweis: Einige Implementationen erfordern die Verwendung von
// static in den beiden Strukturdeklarationen, damit die
// Initialisation möglich ist.
    befragung harry =
    {
        "Kartoffelnasen-Harry",
        "Ihr Typen kriegt aus mir nichts heraus!",
        0
    };

    benutze(harry);               // harry ist vom Typ befragung
    cout << harry.benutzt << " Mal benutzt\n";

    benutze (benutze(harry));     // benutze(harry) ist vom Typ
                                  // befragung
    cout << harry.benutzt << " Mal benutzt\n";

    befragung morf =
    {
        "Polly Morf",
        "Ihr könnt mich mal gern haben!",
        0
    };
    benutze(harry) = morf;        // man kann einer Funktion etwas
                                  // zuweisen!
    cout << harry.name << " sagt Ciao\n";
    return 0;
}

// benutze() übergibt die Referenz, die ihr übergeben wurde
befragung & benutze(befragung & befragungref)
{
    cout << befragungref.name << " sagt:\n";
    cout << befragungref.aussage << "\n";
    befragungref.benutzt++;
    return befragungref;
}
```

Listing 8.8: strtref.cpp

Es folgt die Programmausgabe:

```
Kartoffelnasen-Harry sagt:
Ihr Typen kriegt aus mir nichts heraus!
1 Mal benutzt
Kartoffelnasen-Harry sagt:
Ihr Typen kriegt aus mir nichts heraus!
Kartoffelnasen-Harry sagt:
Ihr Typen kriegt aus mir nichts heraus!
3 Mal benutzt
```

```
Kartoffelnasen-Harry sagt:
Ihr Typen kriegt aus mir nichts heraus!
Polly Morf sagt Ciao
```

Programmhinweise

Das Programm erschließt drei neue Themenbereiche. Beim ersten handelt es sich um den Einsatz einer Referenz in Verbindung mit einer Struktur. Das wird durch den ersten Funktionsaufruf illustriert:

```
benutze(harry);
```

Dadurch wird die Struktur *harry* als Referenz an die Funktion *benutze()* übergeben, wodurch *befragungref* zu einem Synonym von *harry* gemacht wird. Gibt die Funktion *benutze()* die Strukturelemente *name* und *aussage* von *befragungref* aus, werden eigentlich die Elemente von *harry* ausgegeben. Inkrementiert die Funktion *befragungref.benutzt* um *1*, wird eigentlich *harry.benutzt* inkrementiert, wie man der Programmausgabe entnehmen kann.

```
Kartoffelnasen-Harry sagt:
Ihr Typen kriegt aus mir nichts heraus!
1 Mal benutzt
```

Die zweite Neuerung besteht darin, eine Referenz als Übergabewert zu verwenden. Da die Funktion *benutze()* eine Referenz vom Typ *befragung* übergibt, kann sie als Argument für jede Funktion verwendet werden, die Argumente vom Typ *befragung* als Referenzargumente erwartet, wie eben *benutze()* selbst. Der nächste Funktionsaufruf in Listing 8.8 besteht eigentlich aus zwei Funktionsaufrufen, wobei eine Funktion als Argument für den Aufruf der zweiten Funktion dient:

```
benutze(benutze(harry));
```

Der innere Funktionsaufruf gibt die Elemente *name* und *aussage* aus und inkrementiert *benutzt* auf 2. Die Funktion übergibt *befragungref*, dadurch wird das, was übrig bleibt, auf folgendes reduziert:

```
benutze(befragungref);
```

Da *befragungref* eine Referenz auf *harry* ist, ist dieser Funktionsaufruf äquivalent zu folgendem Funktionsaufruf:

```
benutze(harry);
```

benutze() gibt also die beiden Stringelemente erneut aus und inkrementiert *benutzt* auf 3.

 Eine Funktion, die eine Referenz übergibt, ist eigentlich ein Alias für die Variable, auf die sich die Referenz bezieht.

Daß Funktionen Referenzen übergeben können, ist ein entscheidender Punkt des C++-Klassen-Designs. Sie wissen ja sicher noch, daß die *ostream*-Klasse den <<-Operator so definiert, daß Sie Ausdrücke wie folgt verketten können:

```
cout << harry.benutzt << " Mal benutzt\n";
```

Der C++-Mechanismus zum Definieren (Überladen) von Operatoren besteht darin, eine Funktion zu schreiben, die beschreibt, wie der Operator funktioniert. Das Verketten von Ausdrücken mit dem Operator – wie im oberen Beispiel – ist im Grunde äquivalent zum Einsatz von verschachtelten Funktionsaufrufen wie *benutze(benutze(harry))*, bei denen das Argument und der Übergabewert Referenzen auf denselben Typ sind. Mehr zu diesem Thema in Kapitel 10.

Der dritte neue Aspekt, der in diesem Programm verdeutlicht wird, ist der, daß Sie einer Funktion etwas zuweisen können, wenn die Funktion einen Übergabewert vom Typ Referenz besitzt:

```
benutze(harry) = Morf;
```

Bei Werten, die keine Referenztypen sind, wäre diese Zuweisung ein Syntaxfehler, aber bei der Funktion *benutze()* ist diese Vorgehensweise erlaubt. Die Ereignisse laufen wie folgt ab: Zuerst wird die Funktion *benutze()* ausgewertet. Das bedeutet, *harry* wird mittels einer Referenz an *benutze()* übergeben. Wie üblich gibt die Funktion die zwei Elemente aus und inkrementiert das Element *benutzt* auf 4. Anschließend übergibt die Funktion die Referenz. Da der Übergabewert eine Referenz auf *harry* ist, ist der letzte Schritt äquivalent zu folgendem:

```
harry = morf;
```

In C++ können Sie eine Struktur einer anderen zuweisen. Dieser Ausdruck kopiert also den Inhalt der Struktur *morf* nach *harry*. Das sieht man daran, daß die Anzeige von *harry.name* Morfs Namen ergibt und nicht Harrys Namen. Kurz gesagt, ist die folgende Anweisung

```
benutze(harry) = morf
```

äquivalent zu:

```
benutze(harry);
harry = morf;
```

 Sie können einer C++-Funktion nur dann einen Wert (einschließlich einer Struktur oder einer Klasse) zuweisen, falls die Funktion eine Referenz auf eine Variable oder allgemeiner auf ein Datenobjekt übergibt. In so einem Fall wird der Wert der Variablen oder dem Datenobjekt zugewiesen, auf die/das sich die Referenz bezieht.

Auch aufgrund dieser Fähigkeit sind bestimmte Formen der Operator-Umdefinition möglich. In Kapitel 11 wird zum Beispiel der Array-Indexoperator *[]* für eine Klasse umdefiniert, um eine leistungsfähigere Version von Arrays zu erstellen.

8.5 Separate Kompilation

Bei C++ können Sie – wie bei C – die einzelnen Funktionen eines Programmes in unterschiedlichen Dateien unterbringen. Wie in Kapitel 1 beschrieben, können Sie dann die Dateien einzeln kompilieren und zu einem ausführbaren Programm zusammenlinken. (Ein C++-Compiler kompiliert Programme und verwaltet das Linkprogramm.) Modifizieren Sie lediglich eine Datei, können Sie nur diese eine Datei rekompilieren und mit den zuvor kompilierten Versionen der anderen Dateien zusammenlinken. Dadurch ist es einfacher, größere Programme zu verwalten. Bei den meisten C++-Programmierumgebungen existieren zusätzliche Verwaltungsfunktionen, die Ihnen das Leben erleichtern sollen. Bei UNIX-Systemen zum Beispiel gibt es das Programm *make*. Es überwacht die für ein Programm relevanten Dateien daraufhin, wann sie zuletzt modifiziert wurden. Lassen Sie *make* ablaufen und es stellt fest, daß Sie seit der letzten Kompilation eine oder mehrere Quelldateien geändert haben, weiß *make*, was unternommen werden muß, um das Programm wiederherzustellen. Zortech C++ verfügt ebenfalls über eine *make*-Funktion und bei der Turbo C++-Programmierumgebung gibt es eine ähnliche Funktion im Menü »Projekt«.

Wir wollen uns ein einfaches Beispiel vornehmen. Anstatt die Details der Kompilation zu untersuchen, die von den einzelnen Implementationen abhängen, wollen wir uns auf die allgemeineren Aspekte wie beispielsweise das Programmdesign konzentrieren.

Angenommen, Sie wollen das Programm von Listing 7.10 durch Plazieren der Funktionen in separaten Dateien unterteilen. In diesem Listing wurden – wie Sie wissen – kartesische Koordinaten in Polarkoordinaten umgewandelt und das Ergebnis ausgegeben. Sie können nun nicht einfach die Originaldatei beispielsweise am Ende von *main()* auftrennen und beide Teile in je einer Datei unterbringen. Das Problem besteht darin, daß *main()* und die anderen beiden Funktionen alle mit denselben Strukturschablonen arbeiten. Deshalb müssen die Schablonen in beiden Dateien vorhanden sein. Tippen Sie sie einfach ein, werden Fehler magisch angezogen. Auch wenn Sie die Schablonen korrekt kopieren, dürfen Sie nicht vergessen, beide Schablonen zu modifizieren, wenn Sie später Veränderungen vornehmen. Verteilt man ein Programm über mehrere Dateien, führt das also zu neuen Problemen.

Und wer möchte schon neue Probleme? Die Entwickler von C und C++ wollten keine, deshalb entwickelten sie die Funktion *#include*. Damit die Schablonen nicht in jeder Datei untergebracht werden müssen, können Sie sie in einer Header-Datei plazieren und diese Header-Datei in jede Quelltextdatei einfügen. Modifizieren Sie die Strukturdefinition, reicht das einmal aus – und zwar in der Header-Datei. Sie können auch Funktionsprototypen in der Header-Datei unterbringen. Aus diesen Gründen wird das Originalprogramm also in drei Teile unterteilt:

▶ Eine Header-Datei, in der sich die Strukturschablonen und Funktionsprototypen befinden.

▶ Eine Quelltextdatei, in der sich der Quelltext für die mit den Strukturen arbeitenden Funktionen befindet.

▶ Eine Quelltextdatei, in der sich der Quelltext befindet, mit dem diese Funktionen aufgerufen werden.

Das ist eine sinnvolle Strategie für die Organisation Ihrer Programme. Schreiben Sie zum Beispiel ein anderes Programm, das mit denselben Funktionen arbeitet, müssen Sie lediglich die Header-Datei einfügen und die Funktionsdatei in der Projekt- oder *make*-Liste unterbringen. Diese Organisationsmethode reflektiert also auch den OOP-Aspekt. Eine Datei, die Header-Datei, beinhaltet die Definition der anwenderdefinierten Typen. In einer zweiten Datei befinden sich die Funktionen zur Manipulation der anwenderdefinierten Typen. Zusammen bilden diese Dateien ein Paket, das Sie zusammen mit einer Vielzahl von Programmen einsetzen können.

Die Listings 8.9, 8.10 und 8.11 zeigen, was sich durch Teilen von Listing 7.10 ergibt. Beachten Sie, daß *"koordin.h"* anstelle von *<koordin.h>* beim Einfügen der Header-Datei verwendet wird. Steht der Dateiname in spitzen Klammern, schaut der C++-Compiler in dem Teil des Dateisystems, in dem sich die Standardheader-Dateien befinden. Steht der Dateiname dagegen in doppelten Anführungszeichen, schaut der Compiler zuerst im aktuellen Arbeitsverzeichnis (oder etwas ähnlichem) nach. Befindet sich die Header-Datei dort nicht, wird an den Standardplätzen nachgeschaut.

```
// koordin.h -- Strukturschablonen und Funktionsprototypen
// Strukturschablonen
struct polar
{
    double distanz;      // Distanz vom Ursprung
    double winkel;       // Richtung
};
struct kartesisch
{
    double x;            // horizontale Distanz vom Ursprung
    double y;            // vertikale Distanz vom Ursprung
};

// Prototypen
polar kartesisch_nach_polar(kartesisch xypos);
void zeige_polar(polar dapos);
```

Listing 8.9: koordin.h

```
// datei1.cpp -- Beispiel für 2 Dateien-Programm
#include <iostream.h>
#include "koordin.h" // Strukturschablonen, Funktionsprototypen
int main(void)
{
    kartesisch rplatz;
    polar pplatz;

    cout << "Die x- und y-Werte eingeben: ";
    while (cin >> rplatz.x >> rplatz.y)
    {
        pplatz = kartesisch_nach_polar(rplatz);
        zeige_polar(pplatz);
        cout << "Die nächsten zwei Zahle (e für Programmende): ";
    }
    return 0;
}
```

Listing 8.10: datei1.cpp

```
// datei2.cpp -- enthält Funktion, die in datei1.cpp benutzt werden
#include <iostream.h>
#include <math.h>
#include "koordin.h" // Strukturschablonen, Funktionsprototypen

// konvertiert kartesische in Polarkoordinaten
polar kartesisch_nach_polar(kartesisch xypos)
{
    polar antwort;

    antwort.distanz =
        sqrt( xypos.x * xypos.x + xypos.y * xypos.y);
    antwort.winkel = atan2(xypos.y, xypos.x);
    return antwort;      // übergibt eine polar-Struktur
}

// zeigt Polarkoordinaten an und konvertiert das Bogenmaß in Winkel
void zeige_polar (polar dapos)
{
    const double Rad_nach_deg = 57.29577951;

    cout << "Distanz = " << dapos.distanz;
    cout << ", Winkel = " << dapos.winkel * Rad_nach_deg;
    cout << " Grad\n";
}
```

Listing 8.11: datei2.cpp

In Bild 8.3 sehen Sie, wie dieses Programm auf einem UNIX-System zusammengesetzt wird. Beachten Sie, daß Sie lediglich den Kompilationsbefehl *CC* erteilen müssen, die anderen Schritte erfolgen dann automatisch. Bei Zortech und Turbo C++ werden im Prinzip genau dieselben Arbeitsschritte durchgeführt, aber wie schon in Kapitel 1 angemerkt wurde, müssen Sie den Prozeß anders initialisieren.

Wir wollen uns die Turbo C++-Methode kurz anschauen. (Bei Borland C++ werden dieselben Arbeitsschritte durchgeführt.) Zuerst müssen Sie das Menü »Projekt« anzeigen lassen und den Menüpunkt »Open project« selektieren. In der Dialogbox müssen Sie einen Namen für die Projektdatei angeben. Am besten ist es, den Namen zu verwenden, den Sie der Datei gegeben haben, in der sich die Funktion *main()* befindet. Geben Sie – sagen wir – *datei1* ein, führt Turbo C++ automatisch die Endung *prj* hinzu. Dadurch wird angezeigt, daß *datei1.prj* eine Projektdatei ist. Wählen Sie daraufhin »Add« aus dem Projektmenü aus, und selektieren Sie die erste Datei, *datei1.cpp* in diesem Fall. Verwenden Sie dann wiederum »Add«, um die nächste Datei – *datei1.cpp* – auszuwählen. Das ist alles. Sind Sie mit diesem Programm fertig, verwenden Sie den Befehl »Close« aus dem Projektmenü, um das Projekt abzuschließen. (Solange ein bestimmtes Projekt geöffnet ist, startet der Compiler das Programm des Projektes, wenn die entsprechende Anweisung erteilt wird, unabhängig davon, welche Quelldateien momentan geöffnet sind.) Damit das Programm erneut bearbeitet werden kann, wird der Befehl »Open« aus dem Projektmenü zum Öffnen des Projektes benötigt.

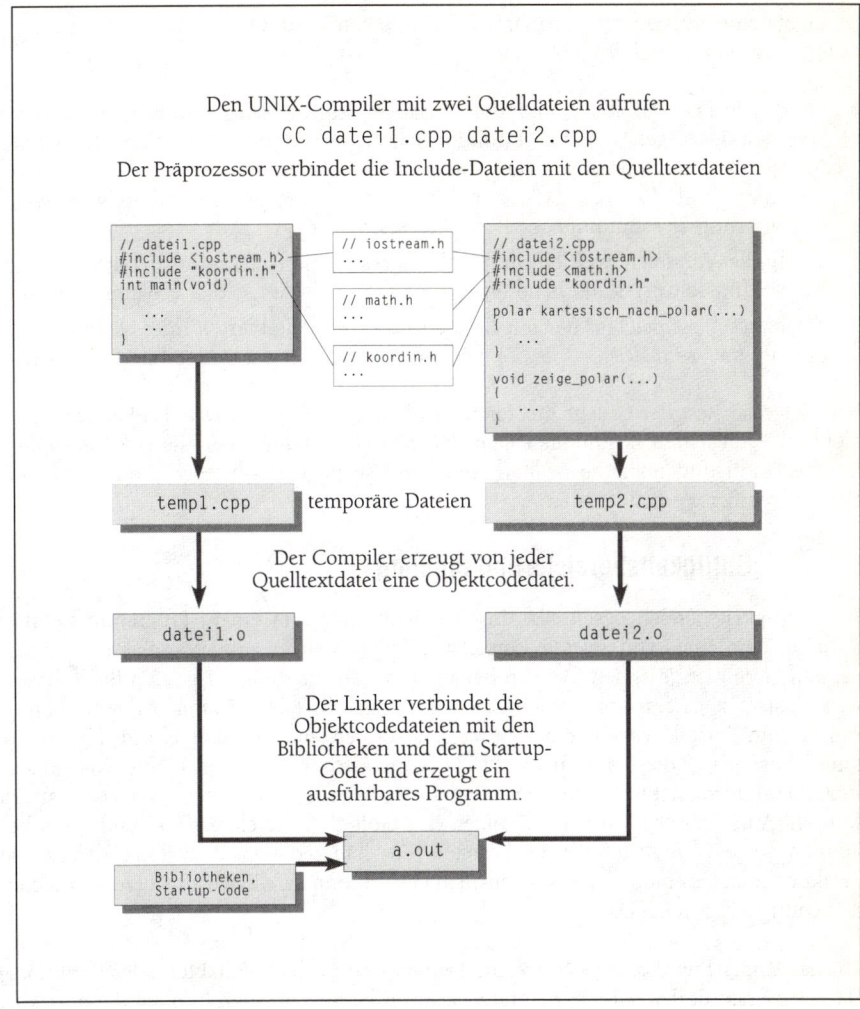

Bild 8.3: Das Kompilieren eines aus mehreren Dateien bestehenden Programmes unter UNIX

8.6 Speicherklassen, Gültigkeitsbereiche und Bindung

Jetzt, da Sie ein Programm gesehen haben, das aus mehreren Dateien besteht, ist es an der Zeit, die Diskussion über Speicherklassen aus Kapitel 4 wieder aufzunehmen, da Speicherklassen Einfluß darauf haben, wie Informationen von mehreren Dateien gleichzeitig genutzt werden können. Es ist sicher schon eine Weile her, seit Sie Kapitel 4 gelesen haben, deshalb wollen wir kurz zusammenfassen, was dort über Speicherklassen gesagt wurde. C++ kennt drei verschiedene

Schemata zum Abspeichern von Daten. Diese Schemata unterscheiden sich darin, wie lange die Daten jeweils im Speicher verbleiben.

▶ Automatische Variablen sind die Variablen, die in einer Funktionsdefinition deklariert werden. Dazu gehören auch Funktionsparameter. Automatische Variablen werden erzeugt, wenn die Programmausführung die Funktion oder den Block erreicht, in der/dem sie definiert sind. Der für diese Variablen benötigte Speicher wird freigegeben, sobald die Ausführung der Funktion oder des Blockes beendet wird.

▶ Statische Variablen werden außerhalb der Funktionsdefinition definiert. Ansonsten wird das Schlüsselwort *static* benötigt. Sie existieren, solange das Programm abläuft.

▶ Dynamischer Speicher, der mit dem Operator *new* alloziert wurde, bleibt so lange existent, bis er mit dem *delete*-Operator wieder freigegeben wird oder bis das Programm endet.

Nun folgt der Rest der Geschichte, einschließlich faszinierender Details über verschiedene Variablentypen, die einen bestimmten *Gültigkeitsbereich* besitzen oder die *sichtbar* (vom Programm nutzbar) sind und über die *Bindung*, mit der festgelegt wird, welche Informationen von allen Dateien genutzt werden können.

Gültigkeitsbereiche und Bindung

Der Gültigkeitsbereich beschreibt, inwieweit ein Name in einem Programm sichtbar ist. Eine Variable kann einen von zwei Gültigkeitsbereichen besitzen. Eine Variable mit dem Gültigkeitsbereich *Block* ist nur in dem Bereich bekannt, in dem sie definiert ist. Ein Block besteht, wie Sie wissen, aus einer Reihe von Anweisungen, die in geschweiften Klammern stehen. Ein Funktionsrumpf zum Beispiel ist ein Block. Aber Sie können auch weitere Blöcke im Funktionsrumpf unterbringen und diese verschachteln. Auf eine Variable, die den Gültigkeitsbereich *Datei* besitzt, kann ab dem Punkt, an dem sie definiert wurde, von der ganzen Datei aus zugegriffen werden. Automatische Variablen besitzen den Gültigkeitsbereich Block, und statische Variablen können beide Gültigkeitsbereiche besitzen, das hängt davon ab, wie sie definiert sind. C++-Funktionen haben (anders als Klassen-Elementfunktionen, die wir in Kürze besprechen werden) den Gültigkeitsbereich Datei.

Mit der *Bindung* wird festgelegt, welche Namen sich nur auf Variablen oder Funktionen in einer Datei beziehen und welche in mehreren Dateien benutzt werden, um auf dieselbe Variable oder Funktion zu verweisen. Eine Variable oder Funktion mit *interner Bindung* ist nur in der Datei bekannt, in der sich ihre Definition befindet. Auf eine Variable oder Funktion mit *externer Bindung* kann von mehreren Dateien aus zugegriffen werden.

Wir wollen uns nun die Gültigkeitsbereiche und Bindungen der verschiedenen C++-Speicherklassen detaillierter anschauen.

Automatische Variablen

Funktionsparameter und Variablen, die in einer Funktion deklariert sind, gehören standardmäßig zur automatischen Speicherklasse. Diese Variablen besitzen eine *lokale* Sichtbarkeit bzw. einen *lokalen* Gültigkeitsbereich. Das heißt, deklarieren Sie eine Variable mit dem Namen *texas* in *main()* und eine andere Variable mit demselben Namen in einer Funktion mit dem Namen *oil()*, haben Sie zwei unabhängige Variablen erzeugt, von denen jede nur in der Funktion bekannt ist, in der sie definiert wurde. Alles, was Sie mit *texas* in *oil()* machen, hat keine Auswirkungen auf *texas* in *main()* und umgekehrt. Jede Variable wird allokiert, sobald die Funktionsausführung beginnt, und jede haucht ihren Geist aus, wenn die Funktionsausführung beendet wird.

Definieren Sie eine Variable innerhalb eines Blockes, ist die Existenzdauer und der Gültigkeitsbereich der Variablen auf diesen Block beschränkt. Angenommen, Sie definieren am Anfang von *main()* eine Variable mit dem Namen *teledeli* und weiter angenommen, Sie beginnen einen neuen Block innerhalb von *main()* und definieren in diesem Block außerdem eine neue Variable ebenfalls mit dem Namen *teledeli*. Das Programm interpretiert den Namen *teledeli* als lokale Blockvariable, während das Programm die Anweisungen im Block ausführt. Man sagt, daß die neue Definition die vorherige Definition *verbirgt*. Die neue Definition befindet sich *im Gültigkeitsbereich*, und die alte Definition befindet sich vorübergehend *außerhalb des Gültigkeitsbereiches*. Verläßt das Programm den Block, kehrt die Originaldefinition wieder an ihren alten Platz zurück. Siehe Bild 8.4.

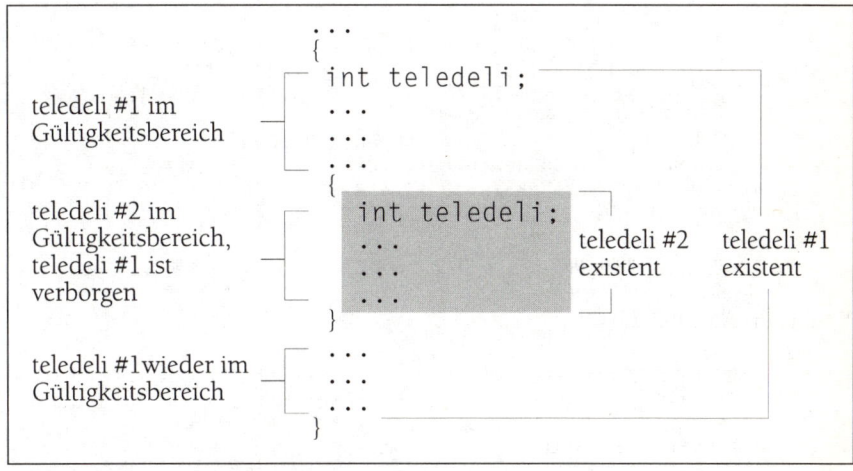

Bild 8.4: Blöcke und Gültigkeitsbereiche

In Listing 8.12 können Sie sehen, wie automatische Variablen entweder mit der Funktion oder mit dem Block, in der/dem sie sich befinden, verbunden sind.

```
// auto.cpp -- illustriert den Gültigkeitsbereich von
automatischen Variablen
#include <iostream.h>
void oil(int x);
int main(void)
{
// Hinweis: Einige Implementationen erfordern die Verwendung von
// unsigned, um damit die Adressen in den Ausgabeanweisungen zu
// versehen.
    int texas = 31;
    int jahr = 1992;
    cout << "In main(), texas = " << texas << ", &texas =";
```

```
    cout << &texas << "\n";
    cout << "In main(), jahr = " << jahr << ", &jahr =";
    cout << &jahr << "\n";
    oil(texas);
    cout << "In main(), texas = " << texas << ", &texas =";
    cout << &texas << "\n";
    cout << "In main(), jahr = " << jahr << ", &jahr =";
    cout << &jahr << "\n";
    return 0;
}

void oil(int x)
{
    int texas = 5;

    cout << "In oil(), texas = " << texas << ", &texas =";
    cout << &texas << "\n";
    cout << "In oil(), x = " << x << ", &x =";
    cout << &x << "\n";
    {                       // Start eines Blocks
        int texas = 113;
        cout << "Im Block, texas = " << texas;
        cout << ", &texas = " << &texas << "\n";
        cout << "Im Block, x = " << x << ", &x =";
        cout << &x << "\n";
    }                       // Ende des Blocks
    cout << "Nach dem Block, texas = " << texas;
    cout << ", &texas = " << &texas << "\n";
}
```

Listing 8.12: auto.cpp

Es folgt die Ausgabe:

```
In main(), texas = 31, &texas =0x8f95fff4
In main(), jahr = 1992, &jahr =0x8f95fff2
In oil(), texas = 5, &texas =0x8f95ffea
In oil(), x = 31, &x =0x8f95fff0
Im Block, texas = 113, &texas =0x8f95ffe8
Im Block, x = 31, &x =0x8f95fff0
Nach dem Block, texas = 5, &texas =0x8f95ffea
In main(), texas = 31, &texas =0x8f95fff4
In main(), jahr = 1992, &jahr =8xf95fff2
```

Beachten Sie, daß jede der drei *texas*-Variablen ihre eigene Adresse besitzt und wie das Programm nur die Variable, die sich in dem Moment im Gültigkeitsbereich befindet, verwendet. So hat die Zuweisung des Wertes *113* an *texas* im inneren Block von *oil()* keine Auswirkungen auf die anderen Variablen mit demselben Namen.

Wir wollen die Abfolge der Ereignisse zusammenfassen. Sobald die Programmausführung in *main()* beginnt, allokiert das Programm Platz für *texas* und *jahr*, und diese Variablen befinden sich im Gültigkeitsbereich. Ruft das Programm *oil()* auf, bleiben diese Variablen im Speicher, aber wandern aus dem Gültigkeitsbereich. Die beiden neuen Variablen *x* und *texas* werden allokiert und befinden sich im Gültigkeitsbereich. Erreicht die Programmausführung den inneren Block von *oil()*, verläßt das neue *texas* den Gültigkeitsbereich, sobald es von der neueren Definition von *texas* verdeckt wird. Die Variable *x* jedoch verbleibt im Gültigkeitsbereich, da der Block keine neue Variable *x* definiert. Ist die Ausführung des Blockes beendet, wird der für die zuletzt definierte *texas*-Variable allokierte Speicher freigegeben und *texas* Nummer 2 kehrt in den Gültigkeitsbereich zurück. Ist die Ausführung der Funktion *oil()* beendet, hauchen diese *texas*- und *x*-Variablen ihr Leben aus, und die originalen *texas*- und *jahr*-Variablen kehren in den Gültigkeitsbereich zurück.

Ach ja, Sie können mit dem C++-(und C-)Schlüsselwort *auto* die Speicherklasse explizit angeben:

```
int froob(int n)
{
    auto float ford;
    ...
}
```

Da man das Schlüsselwort *auto* nur in Verbindung mit Variablen einsetzen kann, die standardmäßig sowieso automatisch sind, scheuen sich viele Programmierer, *auto* zu gebrauchen. Manchmal wird es verwendet, um das Programm leserlicher zu machen. Sie können zum Beispiel damit anzeigen, daß Sie absichtlich eine automatische Variable erzeugen, die eine globale Definition überschreibt. Mehr dazu in Kürze.

Automatische Variablen und der Stack

Sie werden die Funktionsweise automatischer Variablen besser verstehen, wenn Sie sehen, wie ein typischer C++-Compiler sie implementiert. Da die Anzahl der automatischen Variablen in dem Verhältnis zu- und abnimmt, in dem Funktionen aufgerufen werden und enden, muß das Programm die automatischen Variablen verwalten, während es abläuft. Das bedeutet normalerweise, daß ein bestimmter Speicherbereich reserviert werden muß. Dieser Speicherbereich wird als *Stack* bezeichnet. Der Stack (Stapel) kümmert sich um die ankommenden und hinausgehenden Variablen. Man nennt diesen Speicherbereich Stack (Stapel), da neue Daten, bildlich gesprochen, auf alte Daten gestapelt werden. Werden diese Daten vom Programm nicht mehr benötigt, werden sie wieder vom Stack entfernt. Die Standardgröße des Stacks hängt von der Implementation ab, aber bei jedem Compiler besteht die Möglichkeit, die Stackgröße zu verändern. Das Programm überwacht den Stack mit Hilfe von zwei Zeigern. Einer zeigt auf die Basis des Stacks. Dies ist die Adresse des allokierten Speicherbereiches, und der Stack fängt hier an. Der andere zeigt auf das obere Ende. Dabei handelt es sich um die nächste freie Speicherposition. Wird eine Funktion aufgerufen, werden ihre automatischen Variablen auf dem Stack abgelegt, und der Zeiger, der auf das obere Stackende zeigt, weist auf den nächsten freien Speicherbereich, der auf die Variablen folgt. Wird die Funktion beendet, wird der Zeiger wieder mit dem Wert versehen, den er vor dem Funktionsaufruf hatte. Dadurch wird der Speicher freigegeben, den die neuen Variablen belegt hatten.

Der Stack funktioniert nach dem sogenanntes LIFO-Prinzip (Last In First Out = Was zuletzt hereinkam, muß zuerst hinaus). Das bedeutet, die zuletzt auf dem Stack abgelegten Variablen werden als erste heruntergeholt. (Bis heute haben Variablen kein Mittel gegen diese Vorgehensweise gefunden.) Durch diesen Aufbau wird das Übergeben von Argumenten vereinfacht. Der Funktionsaufruf plaziert die Werte seiner Argumente ganz oben auf dem Stack und adjustiert den oberen Stackzeiger entsprechend. Die aufgerufene Funktion bestimmt mit Hilfe der Beschreibung ihrer formalen Argumente die Adressen aller Argumente. In Bild 8.5 beispielsweise sehen Sie die Funktion *fib()*, von der ein zwei Byte umfassendes *int*- und ein vier Byte langes *long*-Element übergeben wird. Diese Werte werden auf dem Stack abgelegt. Beginnt die Ausführung von *fib()*, werden die Namen *real* und *tell* mit den beiden Werten in Beziehung gebracht. Wird die Ausführung von *fib()* beendet, nimmt der obere Stackzeiger wieder seine alte Position ein. Die neuen Werte werden nicht gelöscht, aber der von ihnen belegte Speicher wird beim nächsten Prozeß, bei dem Werte auf dem Stack abgelegt werden, überschrieben. (Das Bild zeigt diesen Prozeß etwas vereinfacht, da Funktionsaufrufe noch zusätzliche Informationen übergeben können, wie zum Beispiel Rücksprungadressen.)

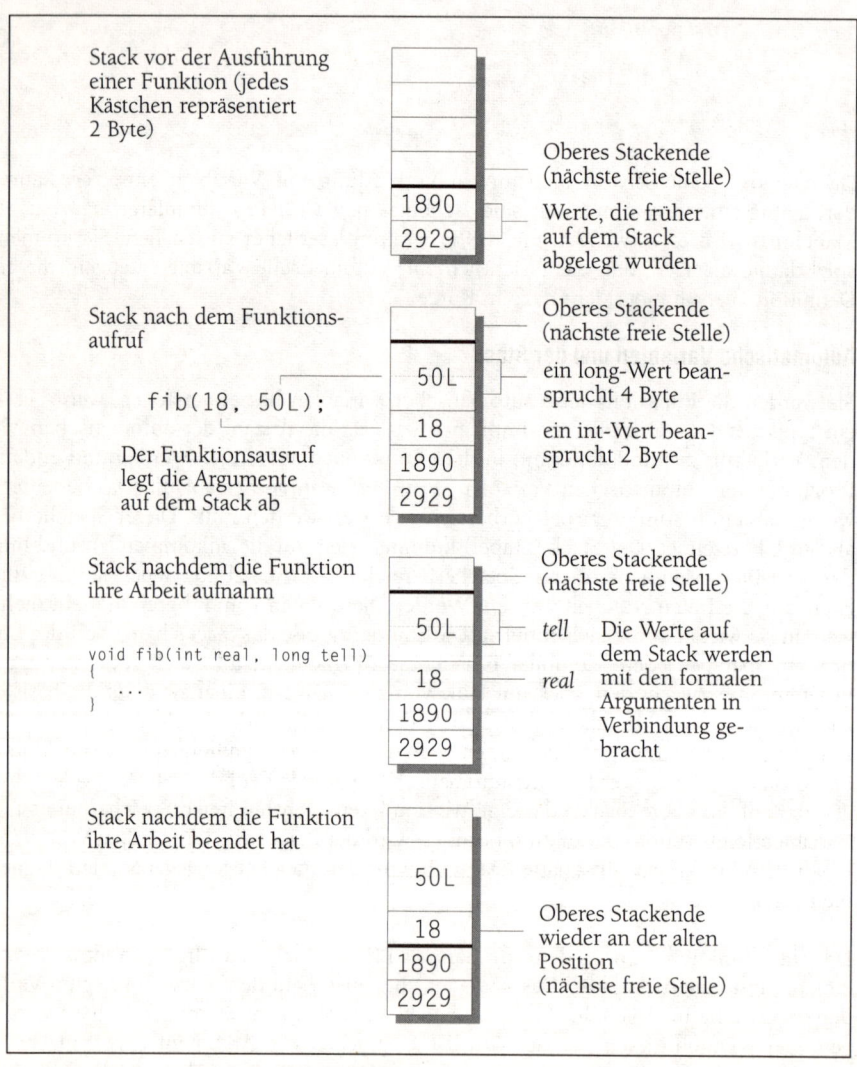

Bild 8.5: Argumente mit Hilfe eines Stacks übergeben

Sie haben vielleicht bemerkt, daß die Adressen in Listing 8.12 ab- und nicht zunahmen, als neue Variablen auf dem Stack abgelegt wurden. Das liegt daran, daß der verwendete C++-Compiler den Stack von oben nach unten organisiert. Dadurch wird die Richtung, in die der Stack wächst, umgekehrt. Das Grundkonzept bleibt jedoch gleich.

Variablen vom Typ register

C++ kennt wie C das Schlüsselwort *register* zum Deklarieren von automatischen Variablen. Dieses Schlüsselwort ist ein Hinweis für den Compiler, daß Sie in bezug auf eine bestimmte Variable mit einem CPU-Register und nicht mit dem Stack arbeiten möchten. Die CPU kann schneller auf einen Wert in einem ihrer Register zugreifen als auf den Stackspeicher. Damit eine *Registervariable* deklariert wird, müssen Sie vor den Typ das Schlüsselwort setzen:

```
register int count_fast;   // Deklaration einer Registervariablen
```

Der Compiler muß aber Ihrer Bitte nach einer Registervariablen nicht unbedingt nachkommen. Die Register können zum Beispiel schon belegt sein, oder Sie haben einen Typ ausgewählt, der nicht in ein Register paßt. Der Stand der Dinge ist momentan der, daß moderne Compiler gar nicht erst auf die Notwendigkeit einer Registervariablen hingewiesen werden müssen. Schreiben Sie beispielsweise eine *for*-Schleife, verwendet der Compiler von selbst eine Registervariable für den Schleifenindex.

Die statische Speicherklasse

Variablen, die zur statischen Speicherklasse gehören, bleiben erhalten, solange das Programm abläuft. Sie sind nicht so kurzlebig wie automatische Variablen. Da sich die Anzahl der statischen Variablen während der Programmausführung nicht verändert, benötigt das Programm zu ihrer Bearbeitung kein spezielles Werkzeug wie den Stack. Der Compiler allokiert statt dessen einen festen Speicherblock, in dem alle statischen Variablen untergebracht werden. Diese Variablen bleiben während der gesamten Programmausführung dort. Initialisieren Sie eine statische Variable nicht ausdrücklich, setzt sie der Compiler auf Null. Die Elemente statischer Arrays und Strukturen werden standardmäßig ebenfalls mit dem Wert Null versehen.

Kompatibilitätshinweis

Beim klassischen K&R C gibt es keine Möglichkeit, automatische Arrays und Strukturen zu initialisieren. Statische Arrays und Strukturen können jedoch initialisiert werden. Bei ANSI C und bei C++ 2.0 ist beides erlaubt. Einige C++ 2.0-Übersetzer arbeiten mit C-Compilern, die nicht ganz ANSI-C-kompatibel sind. Verwenden Sie eine solche Implementation, müssen Sie eine der drei Varianten der statischen Speicherklasse zum Initialisieren von Arrays und Strukturen heranziehen.

C++ kennt wie C drei verschiedene Arten statischer Variablen: externe, statische und externe statische Variablen. Finden Sie das etwas verwirrend, haben Sie recht. Unglücklicherweise verwendet C++ das Wort »statisch« mit zwei Bedeutungen. Einmal bedeutet es, daß eine Variable existiert, solange das Programm abläuft. In diesem Sinne sind alle drei Variablenarten statisch. Durch die zweite Bedeutung wird eingegrenzt, inwieweit eine Variable im Programm bekannt ist. Das betrifft den Gültigkeitsbereich und die Bindung. Eine externe Variable steht allen Dateien eines Programmes zur Verfügung (Gültigkeitsbereich Datei, externe Bindung), eine externe statische Variable steht allen Funktionen einer einzelnen Datei zur Verfügung (Gültigkeitsbereich Datei, interne Bindung), und auf eine statische Variable kann nur von einer einzelnen Funktion zugegriffen werden (Gültigkeitsbereich Block, interne Bindung). In Tabelle 8.1 sind die Eigenschaften der Speicherklassen zusammengefaßt. Einige Informationen sind Ihnen schon bekannt, wir wollen sie jetzt noch etwas vertiefen.

Speicher-klasse	Deklaration	Gültigkeits-bereich	Bindung	Lebens-dauer
automatisch	Standard für Funktionsparameter und Variablen, die innerhalb einer Funktion deklariert wurden.	Block	intern	solange der Block ausgeführt wird.
extern	Standard für Variablen, die außerhalb aller Funktionen deklariert wurden.	Datei	extern	solange das Programm läuft.
statisch	Durch Anwendung des Schlüsselwortes *static* auf eine Variable, die innerhalb einer Funktion definiert ist.	Block	intern	solange das Programm läuft.
statisch extern	Durch Anwendung des Schlüsselwortes *static* auf eine Variable, die außerhalb aller Funktionen definiert ist.	Datei	intern	solange das Programm läuft.

Tabelle 8.1: Speicherklassen

Externe Variablen

Externe Variablen werden als extern bezeichnet, da sie außerhalb von allen Funktionen definiert werden. Sie können beispielsweise oberhalb der *main()*-Funktion deklariert werden. Sie können eine externe Variable in jeder Funktion einsetzen, die auf die Definition der externen Variablen in der Datei folgt. Deshalb werden externe Variablen häufig als *globale* Variablen – im Gegensatz zu automatischen Variablen, die *lokal* sind – bezeichnet. Definieren Sie eine automatische Variable, die denselben Namen wie eine externe Variable hat, befindet sich die automatische Variable als einzige im Gültigkeitsbereich, wenn das Programm die zugehörige Funktion ausführt. In Listing 8.13 wird das soeben Gesagte demonstriert. Sie sehen auch, wie man mit dem Schlüsselwort *extern* eine externe Variable erneut deklarieren kann, die schon früher definiert wurde, und wie man mit dem C++-Gültigkeitsbereich-Zugriffsoperator auf sonst versteckte externe Variablen zugreifen kann.

```
// extern.cpp -- externe Variablen
#include <iostream.h>

// externe Variable
double erwaermung = 0.3;

// Funktionsprototypen
void update(double dt);
void lokal(void);
```

```
int main(void)              // benutzt die globale Variable
{
    cout << "Die globale Erwärmung beträgt " << erwaermung <<
            " Grad.\n";
    update(0.1);            // Funktion aufrufen, die erwaermung
                            // verändert
    cout << "Die globale Erwärmung beträgt " << erwaermung <<
            " Grad.\n";
    lokal();               // Funktion mit der lokalen
                           // erwaermung-Variablen aufrufen
    cout << "Die globale Erwärmung beträgt " << erwaermung <<
            " Grad.\n";
    return 0;
}

void update(double dt)          // verändert die globale Variable
{
    extern double erwaermung;   // optionale Redeklaration
    erwaermung += dt;
    cout << "Erhöhe die globale Erwärmung auf " << erwaermung;
    cout << " Grad.\n";
}

void lokal()                    // benutzt lokale Variable
{
    double erwaermung = 0.8;    // die neue Variable verbirgt die
                                // externe

    cout << "Lokale Erwärmung = " << erwaermung << " Grad.\n";
        // Auf die globale Variable mit Hilfe des
        // Gültigkeitsbereich-Zugriffsoperator zugreifen
    cout << "Aber globale Erwärmung = " << ::erwaermung;
    cout << " Grad.\n";
}
```

Listing 8.13: extern.cpp

Es folgt die Ausgabe:

```
Die globale Erwärmung beträgt 0,3 Grad.
Erhöhe die globale Erwärmung auf 0,4 Grad.
Die globale Erwärmung beträgt 0,4 Grad.
Lokale Erwärmung = 0,8 Grad.
Aber globale Erwärmung = 0,4 Grad.
Die globale Erwärmung beträgt 0,4 Grad.
```

Programmhinweise

Durch die Programmausgabe wird illustriert, daß sowohl *main()* als auch *update()* Zugriff auf die externe Variable *erwaermung* haben. Die Veränderung, die *update()* an *erwaermung* vornimmt, zeigt sich beim weiteren Gebrauch der Variablen.

Die Funktion *update()* deklariert mit Hilfe des Schlüsselwortes *extern* die Variable *erwaermung* erneut. Dieses Schlüsselwort besagt, »benutze eine Variable mit diesem Namen, die vorher extern definiert wurde«. Das macht *update()* sowieso, wenn Sie die ganze Deklaration weglassen, deshalb ist diese Deklaration optional. Sie dient nur dazu, zu dokumentieren, daß die Funktion eine externe Variable einsetzt. Die Originaldeklaration

```
double erwaermung = 0.3;
```

wird als *Definitionsdeklaration* oder einfach *Definition* bezeichnet. Sie bewirkt, daß Speicher für diese Variable allokiert wird. Die erneute Deklaration:

```
extern double erwaermung;
```

wird als *Referenzdeklaration* oder einfach als *Deklaration* bezeichnet. Dadurch wird kein Speicher allokiert, da sich die Deklaration auf eine existierende Variable bezieht. Sie können das Schlüsselwort *extern nur* in Deklarationen einsetzen, die sich auf vorher schon definierte Variablen beziehen (oder auf Funktionen, mehr dazu später). Es ist auch nicht möglich, eine Variable in einer Referenzdeklaration zu initialisieren:

```
extern double erwaermung = 0.5;        // Unzulässig
```

Eine Variable kann nur in einer Deklaration initialisiert werden, bei der der Speicher für die Variable allokiert wird, und das geschieht nur in einer Definitionsdeklaration. Der Ausdruck »Initialisation« bedeutet also, daß einer Speicherstelle ein Wert zugewiesen wird, nachdem diese Speicherstelle allokiert wurde.

Am Beispiel der Funktion *lokal()* wird verdeutlicht, daß durch Definition einer lokalen Variablen mit demselben Namen wie eine globale Variable die lokale Version die globale verdeckt. Die Funktion *lokal()* zum Beispiel setzt bei der Ausgabe des Wertes von *erwaermung* die lokale Definition von *erwaermung* ein.

C++ geht einen Schritt weiter als C und bietet den Gültigkeitsbereich-Zugriffsoperator (::) an. Steht er vor dem Namen einer Variablen, bewirkt dieser Operator, daß die globale Version dieser Variablen benutzt wird. *lokal()* zeigt also *erwaermung* als *0.8* an, *::erwaermung* jedoch als *0.4*. Sie werden auf diesen Operator noch häufiger bei der Besprechung von Klassen treffen.

Global oder lokal?

Jetzt, da Sie die Möglichkeit haben, zwischen globalen und lokalen Variablen zu wählen, stellt sich die Frage, welche Variablen wann eingesetzt werden sollen. Globale Variablen sind sehr verführerisch. Da alle Funktionen Zugriff auf globale Variablen haben, müssen Sie sich nicht mehr um die Übergabe von Argumenten kümmern. Aber dieser leichte Zugriff hat einen hohen Preis: unzuverlässige Programme. Langjährige Erfahrung mit Computern hat gezeigt: je besser ein Programm Daten vor unliebsamem Zugriff schützt, desto besser bleibt die Integrität der Daten gewahrt. Sie sollten also fast immer mit lokalen Variablen arbeiten und Daten auf kontrollierte Art und Weise an Funktionen weitergeben und nicht Daten unkontrolliert mit globalen Variablen zur Verfügung stellen. Wie Sie sehen werden, führt die OOP diesen Schritt der Datenisolation noch weiter.

Globale Variablen haben trotzdem ihre Existenzberechtigung. Angenommen, es liegt ein Datenblock vor, der von mehreren Funktionen benötigt wird, wie zum Beispiel ein Array mit den Monatsnamen oder dem Atomgewicht der Elemente. Die externe Speicherklasse eignet sich ausgezeichnet für die Repräsentation von solchen konstanten Daten. Mit dem Schlüsselwort *const* können Sie die Daten vor Veränderungen schützen.

```
const char * const monate[12] =
{
    "Januar", "Februar", "März", "April", "Mai",
    "Juni", "Juli", "August", "September", "Oktober",
    "November", Dezember"
};
```

Das erste *const* schützt die Strings vor Veränderungen und das zweite gewährleistet, daß jeder Zeiger im Array ständig auf denselben String zeigt, auf den er von Anfang an zeigte.

Der Modifizierer static (lokale Variablen)

Der Modifizierer *static* kann entweder zusammen mit lokalen oder mit globalen Variablen eingesetzt werden. Wir wollen uns zuerst den lokalen Einsatzbereich anschauen. Wird *static* in einer Funktion eingesetzt, bewirkt dies, daß eine lokale Variable der statischen Speicherklasse zugeteilt wird. Das heißt, obwohl die Variable nur dieser Funktion bekannt ist, existiert sie auch, wenn die Funktion nicht aktiv ist. Eine statische, lokale Variable behält zwischen Funktionsaufrufen ihren Wert. (Statische Variablen wären eine große Hilfe bei der Reinkarnation – Sie könnten mit Hilfe einer statischen Variablen Ihr Bankguthaben mit in das nächste Leben nehmen.) Initialisieren Sie eine statische, lokale Variable, initialisiert das Programm die Variable nur einmal beim Programmstart. Nachfolgende Aufrufe der Funktion initialisieren die Variable nicht neu, wie das bei automatischen Variablen geschieht. In Listing 8.14 wird das soeben Gesagte illustriert.

```
// static.cpp -- eine statische, lokale Variable verwenden
#include <iostream.h>

// Konstanten
const int Groesse = 80;

// Funktionsprototyp
void strcount(char *str);

int main(void)
{
    char input[Groesse];

    cout << "Geben Sie eine Zeile ein:\n";

// Hinweis: Sollte Ihre Implementation getline() nicht kennen,
// müssen Sie get(char *, int) und get(char) verwenden
    cin.getline(input, Groesse);

    while (input[0] != '\0')
    {
        strcount(input);
```

```
            cout << "Nächste Zeile eingeben (eine leere Zeile verläßt"
                    " das Programm):\n";
            cin.getline(input, Groesse);
        }
        cout << "Tschüss\n";
        return 0;
}

void strcount(char * str)
{
        static int total = 0;   // statische, lokale Variable
        int count = 0;          // automatische lokal Variable

        while (*str++)          // zum Ende des Strings gehen
                count++;
        total += count;
        cout << count << " Zeichen in diesem String\n";
        cout << total << " Zeichen total\n";
}
```

Listing 8.14: static.cpp

Es folgt die Ausgabe:

```
Geben Sie eine Zeile ein:
Sagen Sie, kennen wir uns nicht?
32 Zeichen in diesem String
32 Zeichen total
Nächste Zeile eingeben (eine leere Zeile verläßt das Programm):
Sie sind etwas ganz Besonderes!
31 Zeichen in diesem String
63 Zeichen total
Nächste Zeile eingeben (eine leere Zeile verläßt das Programm):

Tschüss
```

Sie sehen, daß die automatische Variable *count* jedesmal auf *0* gesetzt wird, wenn die Funktion aufgerufen wird. Die statische Variable *total* jedoch wird nur einmal auf *0* gesetzt – am Programmanfang. Danach behält *total* ihren Wert zwischen den Funktionsaufrufen und kann so eine Gesamtsumme unterhalten.

Bindung, externe Variablen und die Modifizierer static und extern

Das Anwenden des Modifizierers *static* auf externe Variablen ist vor allem in Programmen, die aus mehreren Dateien bestehen, von Bedeutung. In diesem Zusammenhang ist eine externe *static*-Variable auf die Datei beschränkt, in der sie sich befindet. Die Variable besitzt in einem solchen Fall eine *interne Bindung*, im Gegensatz zu einer normalen externen Variablen, die eine *externe Bindung* besitzt. Das heißt, die Variable kann in mehreren Dateien eingesetzt werden. In diesem Fall darf sich nur in einer Datei die externe Definition der Variablen befinden. Andere Dateien, die diese Variable benutzen möchten, müssen das Schlüsselwort *extern* in einer Referenzdeklaration verwenden (siehe Bild 8.6).

```
// datei1.cpp
#include <iostream.h>

// Funktionsprototypen
#include "meininc.h"

// eine externe Variable
// definieren
int prozess_status = 0;

int main(void)
{
    ...
}

void versprechen(void)
{
    ...
}
```

```
// datei2.cpp
#include <iostream.h>

// Funktionsprototypen
#include "meininc.h"

// sich auf eine externe
// Variable beziehen
extern int prozess_status;

int manipulieren(int n)
{
    ...
}

char * bemerk(char * str)
{
    ...
}
```

Diese Datei definiert die Variable *prozess_status,* was zur Folge hat, daß der Compiler Speicherplatz für sie reserviert.

Diese Datei verwendet die Anweisung *extern,* um das Programm anzuweisen, die Variable *prozess_status,* die in einer anderen Datei definiert wurde, zu verwenden.

Bild 8.6: Definierende Deklaration und Referenzdeklaration

Befindet sich die *extern*-Deklaration einer Variablen, die an anderer Stelle definiert ist, nicht in einer Datei, kann diese Datei die externe Variable nicht benutzen:

```
// Datei 1
int fehler = 20;              // Externe Deklaration
...
-----------------------------------------------
// Datei 2
...                           // Es fehlt eine Deklaration der Form
                              // extern int fehler

...
void froobish()
{
    cout << fehler;           // Zum Scheitern verurteilter Versuch
                              // fehler einzusetzen
..
```

Wird in einer Datei versucht, eine externe Variable mit demselben Namen zum zweiten Mal zu deklarieren, ist das ein Fehler:

```
// Datei 1
int fehler = 20;              // Externe Deklaration
...
```

```
------------------------------------------------
// Datei 2
int fehler;                  // Ungültige Deklaration
void froobish()
{
     cout << fehler;         // Zum Scheitern verurteilter Versuch
                             // fehler einzusetzen
..
```

Damit alles glatt geht, muß man das Schlüsselwort *extern* in der zweiten Datei einsetzen:

```
// Datei 1
int fehler = 20;             // Externe Deklaration
...
------------------------------------------------
// Datei 2
extern int fehler;           // Bezieht sich auf fehler aus Datei 1
void froobish()
{
     cout << fehler;         // Die Variable fehler, die in Datei 1
                             // definiert wurde, wird eingesetzt
..
```

Deklariert eine Datei hingegen eine externe *static*-Variable mit demselben Namen, den eine normale externe Variable trägt und die in einer anderen Datei deklariert ist, befindet sich nur die *static*-Version für diese Datei im Gültigkeitsbereich:

```
// Datei 1
int fehler = 20;             // Externe Deklaration
...
------------------------------------------------
// Datei 2
static int fehler = 5;       // Nur in Datei 2 bekannt
void froobish()
{
     cout << fehler;         // Es wird die Variable fehler, die in
                             // Datei 2 definiert wurde, eingesetzt
..
```

In einem aus mehreren Dateien bestehenden Programm können Sie eine externe Variable nur in einer einzigen Datei definieren. Alle anderen Dateien, die diese Variable benutzen, müssen Sie mit dem Schlüsselwort *extern* deklarieren.

Eine reguläre externe Variable wird eingesetzt, damit auf Daten von verschiedenen Stellen eines Programmes, das aus mehreren Dateien besteht, zugegriffen werden kann. Eine externe *static*-Variable wird eingesetzt, damit auf Daten nur innerhalb einer Datei zugegriffen werden kann. Macht man eine externe Variable statisch, entstehen keine Namenskonflikte mit externen Variablen in anderen Dateien.

In den Listings 8.15 und 8.16 sehen Sie, wie C++ externe und statische, externe Variablen behandelt. In Listing 8.15 (*zweidat1.cpp*) werden die externen Variablen *tom* und *dick* sowie die statische, externe Variable *harry* definiert. Die Funktion *main()* in dieser Datei gibt die Adresse dieser drei Variablen aus und ruft daraufhin die Funktion *fern_zugriff()* auf, die in einer zweiten Datei definiert ist. Listing 8.16 (*zweidat2.cpp*) enthält diese Funktion. Zusätzlich zur Definition von *fern_zugriff()* benutzt die Datei das Schlüsselwort *extern*, um *tom* aus der ersten Datei auch für diese Datei zugänglich zu machen. Anschließend definiert die Datei eine statische Variable mit dem Namen *dick*. Der Modifizierer *static* beschränkt die Variable auf diese Datei und überschreibt die globale Definition der gleichnamigen Variablen. Dann definiert die Datei eine externe Variable mit dem Namen *harry*. Dies ist möglich, ohne in Konflikt mit *harry* aus der ersten Datei zu geraten, da das erste *harry* auf *zweidat1.cpp* beschränkt ist. Daraufhin gibt die Funktion *fern_zugriff()* die Adressen dieser drei Variablen aus, damit Sie sie mit den drei entsprechenden Variablen aus der ersten Datei vergleichen können. Vergessen Sie nicht, die beiden Dateien zusammen zu kompilieren, um ein vollständiges Programm zu erhalten.

```cpp
// zweidat1.cpp -- externe und statische externe Variablen
// muß zusammen mit zweidat2.cpp kompiliert werden
#include <iostream.h>
int tom = 3;            // Definition einer externen Variablen
int dick = 30;          // Definition einer externen Variablen
static int harry = 300; // statische Definition einer externen
                        // Variablen

// Funktionsprototyp
void fern_zugriff(void);

int main(void)
{
// Hinweis: Einige Implementationen erfordern die Verwendung von
// unsigned in Verbindung mit den folgenden Adressen
    cout << "main() gibt die folgenden Adressen aus:\n";
    cout << &tom << " = &tom, " << &dick << " = &dick, ";
    cout << &harry << " = &harry\n";
    fern_zugriff();
    return 0;
}
```

Listing 8.15: zweidat1.cpp

```cpp
// zweidat2.cpp -- externe und statische externe Variablen
#include <iostream.h>
extern int tom;         // tom wurde woanders definiert
static int dick = 10;   // überschreibt das externe dick
int harry = 200;        // Definition einer externen Variablen,
                        // ohne Konflikt mit harry aus zweidat1

void fern_zugriff(void)
{
// Hinweis: Einige Implementationen erfordern die Verwendung von
// unsigned in Verbindung mit den folgenden Adressen
    cout << "fern_zugriff() gibt die folgenden Adressen aus:\n";
    cout << &tom << " = &tom, " << &dick << " = &dick, ";
    cout << &harry << " = &harry\n";
}
```

Listing 8.16: zweidat2.cpp

Es folgt die Ausgabe:

```
main() gibt die folgenden Adressen aus:
0x8fa000a8 = &tom, 0x8fa000aa = &dick, 0x8fa000ac = &harry
fern_zugriff() gibt die folgenden Adressen aus:
0x8fa000a8 = &tom, 0x8fa000f8 = &dick, 0x8fa000fa = &harry
```

Wie Sie sehen, benutzen beide Dateien dieselbe *tom*-Variable, aber unterschiedliche *dick*- und *harry*-Variablen.

Speicherklassen und const

In C++ (aber nicht in C) verändert der Modifizierer *const* die Standardspeicherklasse von Deklarationen ein wenig. Während eine externe Variable standardmäßig ein *externe* Bindung besitzt, verfügt eine externe *const*-Variable standardmäßig über eine *interne* Bindung. Das heißt, C++ behandelt eine externe *const*-Definition wie eine externe *static*-Definition. Wird das Schlüsselwort *const* in einer externen Definition eingesetzt, können Sie sich vorstellen, daß davor das Schlüsselwort *static* steht.

```
const int finger = 10;     // Entspricht static const int finger;
int main(void)
{
     ...
```

C++ biegt die Regeln für konstante Typen etwas zurecht, um Ihnen das Leben zu erleichtern. Angenommen, Sie haben eine Reihe von Konstanten, die Sie in einer Header-Datei unterbringen möchten, und Sie planen, diese Header-Datei in mehreren Dateien desselben Programmes einzusetzen. Nachdem der Präprozessor den Inhalt der Header-Datei in jeder Quelltextdatei untergebracht hat, beinhaltet jede Quelltextdatei die folgenden Definitionen:

```
const int finger = 10;
const char * warnung = "Stopp!";
```

Würden externe *const*-Definitionen über eine externe Bindung wie reguläre Variablen verfügen, wäre das falsch, da eine externe Variable nur in einer einzigen Datei definiert werden kann. Das heißt, die obige Deklaration könnte nur in einer Datei vorliegen, die anderen Dateien dagegen müßten das Schlüsselwort *extern* verwenden. Außerdem können nur Deklarationen ohne das Schlüsselwort *extern* Werte von Variablen initialisieren:

```
// extern wird benötigt, falls const über eine externe Bindung
// verfügt
extern const int finger;   // Kann nicht initialisiert werden
extern const char * warnung;
```

Sie würden dann einen Definitionensatz für eine Datei benötigen und einen anderen Deklarationensatz für die anderen Dateien. Da extern definierte *const*-Daten jedoch über eine interne Bindung verfügen, können Sie in allen Dateien dieselben Deklarationen einsetzen.

Interne Bindung bedeutet auch, daß jede Datei über ihren eigenen Satz Konstanten verfügt und diese Konstanten nicht allgemein zugänglich sind. Jede Definition ist auf die Datei beschränkt, in der sie sich befindet.

Möchten Sie aus irgendeinem Grund einer Konstanten zur externen Bindung verhelfen, können Sie mit dem Schlüsselwort *extern* die standardmäßige interne Bindung überschreiben:

```
extern const states = 50;        // Externe Bindung
```

Sie müssen das Schlüsselwort *extern* in *allen* Dateien, die diese Konstante benutzen, bei der Deklaration einsetzen. Dies unterscheidet sich von regulären externen Variablen, bei denen Sie das Schlüsselwort *extern* nicht zum Definieren einer Variablen einsetzen, sondern in den anderen Dateien, die diese Variable benutzen. Sie können auch (anders, als bei regulären Variablen) einen *extern const*-Wert initialisieren. Sie müssen das sogar, da bei *const*-Daten die Initialisation notwendig ist.

Deklarieren Sie ein *const*-Objekt in einer Funktion oder in einem Block, ist der Gültigkeitsbereich für diese Konstante der aktuelle Block, das heißt, sie kann nur eingesetzt werden, wenn das Programm Anweisungen innerhalb des Blockes ausführt. Sie können also Konstanten in einer Funktion oder einem Block erzeugen und müssen sich keine Sorgen über Namenskonflikte mit Konstanten, die an anderer Stelle definiert sind, machen.

Speicherklassen und Funktionen

In Verbindung mit Funktionen gibt es ebenfalls Speicherklassen. Die Anzahl der verschiedenen Klassen ist jedoch eingeschränkter als bei Variablen. In C++ ist es wie in C *nicht* zulässig, eine Funktion in einer anderen zu definieren. Alle Funktionen befinden sich also automatisch in einer statischen Speicherklasse. Das heißt, alle existieren, solange das Programm abläuft. Standardmäßig sind Funktionen extern, sie verfügen also über eine externe Bindung, und alle Dateien können auf sie zugreifen. Sie können auch das Schlüsselwort *extern* in einem Funktionsprototyp einsetzen, um anzuzeigen, daß die Funktion in einer anderen Datei definiert ist, aber das ist optional. (Damit das Programm eine Funktion aus einer anderen Datei findet, muß die Datei eine der Dateien sein, die einen Teil des Programmes darstellen oder einer Bibliothek angehören, die vom Linker durchsucht wird.) Sie können einer Funktion mit dem Schlüsselwort *static* auch den Gültigkeitsbereich Datei verleihen. Sie müssen dazu das Schlüsselwort im Prototyp und in der Funktionsdefinition unterbringen:

```
static int privat(double x);
...
static int privat(double x)
{
    ...
}
```

Das bedeutet, die Funktion ist nur in dieser Datei bekannt. Es bedeutet außerdem, daß Sie denselben Namen, den eine andere Funktion in einer anderen Datei besitzt, für diese Funktion verwenden können. Wie bei Variablen überschreibt eine statische Funktion die externe Funktion für die Datei, in der sich die statische Deklaration befindet. Haben Sie also Ihre eigene *strlen()*-Funktion in einer Datei eines Programmes, das aus vielen Dateien besteht, definiert und die Funktion mit *static* deklariert, so wird diese Datei Ihre Definition von *strlen()* benutzen, die anderen Dateien jedoch werden mit der Bibliotheksversion arbeiten. Definieren Sie Ihre eigene *strlen()*-Funktion und deklarieren Sie sie nicht als *static*, wird der Compiler Ihre Version in allen Dateien des Programmes einsetzen. Mehr zu diesem Thema im nächsten Abschnitt.

Wo C++ nach Funktionen sucht

Angenommen, Sie rufen eine Funktion in einer bestimmten Programmdatei auf. Wo sucht C++ nach der zugehörigen Funktionsdefinition? Besagt der Funktionsprototyp dieser Funktion, daß die Funktion statisch ist, sucht der Compiler nur in der aktuellen Datei nach der Funktion. Anderenfalls schaut der Compiler (damit ist auch der Linker gemeint) in allen Programmdateien nach. Findet er zwei Definitionen, gibt er eine Fehlermeldung aus, da nur eine Definition für eine externe Funktion vorliegen darf. Findet er gar keine Definition in Ihren Dateien, sucht er in den Bibliotheken. Definieren Sie also eine Funktion mit demselben Namen wie eine Bibliotheksfunktion, nimmt der Compiler Ihre Version anstelle der Bibliotheksversion.

Speicherklassen und dynamische Allokation

Speicherklassen beschreiben Speicherbereiche, die für Variablen (einschließlich Arrays und Strukturen) und Funktionen allokiert wurden. Sie beziehen sich nicht auf den Speicher, der mit dem C++ *new*-Operator allokiert wurde (oder in C mit der *malloc()*-Funktion). Dieser Speicher wird als *dynamischer* Speicher bezeichnet. Wie Sie aus Kapitel 4 wissen, wird dynamischer Speicher mit den Operatoren *new* und *delete* verwaltet und ist unabhängig von Gültigkeitsbereichen und Bindungsregeln. Deshalb kann dynamischer Speicher von einer Funktion allokiert und von einer anderen freigegeben werden. Im Gegensatz zum automatischen Speicher ist dynamischer Speicher nicht nach dem LIFO-Prinzip organisiert. Die Reihenfolge der Speicherallokation und des Speicherfreigebens hängt davon ab, wie *new* und *delete* eingesetzt werden. Normalerweise benutzt der Compiler drei verschiedene Speicherbereiche: einen für statische Variablen (dieser Bereich kann unterteilt werden), einen für automatische Variablen und einen zur dynamischen Speicherung.

Obwohl die Speicherklassenkonzepte keinen Einfluß auf dynamischen Speicher haben, haben sie Einfluß auf Zeiger-Variablen, mit denen auf den dynamischen Speicher zugegriffen werden kann. Angenommen, es liegt die folgende Anweisung in einer Funktion vor:

```
float * p_fees = new float [20];
```

Die achtzig Byte Speicher (vorausgesetzt, *float* umfaßt vier Byte), die von *new* allokiert wurden, bleiben solange im Speicher, bis das Programm beendet wird oder bis sie mit dem Operator *delete* freigegeben werden. Aber der Zeiger *p_fees* hört auf zu existieren, sobald die Funktion beendet ist, in der sich diese Deklaration befindet. Möchten Sie also die achtzig Byte allokierten Speicher einer anderen Funktion zur Verfügung stellen, müssen Sie die Zeigeradresse an die Funktion übergeben. Nehmen Sie anderseits dieselbe Deklaration extern vor, bleibt der Zeiger *p_fees* für alle Funktionen, die auf diese Deklaration in der Deklaration folgen, verfügbar. Verwendet man

```
extern float * p_fees;
```

in einer zweiten Datei, steht der Zeiger auch in der zweiten Datei zur Verfügung.

8.7 Zeiger auf Funktionen

Die Besprechung von C- oder C++-Funktionen wäre ohne Erwähnung von Zeigern auf Funktionen nicht vollständig. Wir wollen uns einen kurzen Überblick über dieses Thema verschaffen. Eine detaillierte Besprechung dieses Themas wollen wir tiefgreifenderen Abhandlungen überlassen.

Funktionen haben – wie Datenelemente – Adressen. Eine Funktionsadresse ist die Speicheradresse, an welcher der Maschinensprachencode dieser Funktion beginnt. Normalerweise ist es weder wichtig noch nützlich, über die Position dieser Adresse Bescheid zu wissen. Aber für ein Programm kann dieses Wissen durchaus von Nutzen sein. Es ist beispielsweise möglich, eine Funktion zu schreiben, die die Adresse einer anderen Funktion als Argument hat. Dadurch kann die erste Funktion die zweite Funktion lokalisieren und sie ablaufen lassen. Diese Technik ist natürlich schwieriger, als einfach die erste Funktion die zweite direkt aufrufen zu lassen, aber so besteht die Möglichkeit, verschiedene Funktionsadressen zu unterschiedlichen Zeitpunkten zu übergeben. Das heißt, die erste Funktion kann jede Funktion benutzen, deren Adresse wir ihr übergeben.

Grundlagen über Funktionszeiger

Wir wollen den Prozeß an einem Beispiel verdeutlichen. Angenommen, Sie wollen die Funktion *schaetzen()* entwickeln, mit der man bestimmen kann, wieviel Zeit benötigt wird, um eine vorgegebene Anzahl von Programmzeilen zu schreiben. Außerdem möchten Sie, daß mehrere Programmierer diese Funktion benutzen können. Ein Teil der Anweisungen von *schaetzen()* soll für alle Anwender gleich sein, aber die Funktion soll es jedem Anwender ermöglichen, seinen eigenen Algorithmus zum Bestimmen der Zeit einzusetzen. Dies wird dadurch möglich gemacht, daß die Adresse der gewünschten Algorithmusfunktion in Form eines Parameters an *schaetzen()* übergeben wird. Damit dieser Plan in die Tat umgesetzt werden kann, müssen Sie folgendes tun:

▌ Nehmen Sie die Adresse einer Funktion.

▌ Deklarieren Sie einen Zeiger auf eine Funktion.

▌ Benutzen Sie den Zeiger auf die Funktion, um die Funktion aufzurufen.

Die Adresse einer Funktion bestimmen

Die Adresse einer Funktion kann ganz einfach bestimmt werden: Setzen Sie dazu ganz einfach den Funktionsnamen ohne runde Klammern ein. Falls *denken()* eine Funktion ist, ist *denken* die Adresse der Funktion. Damit also eine Funktion als Argument übergeben wird, muß der Funktionsname übergeben werden. Unterscheiden Sie deshalb immer gut zwischen dem Übergeben der *Funktionsadresse* und dem Übergeben des *Übergabewertes* einer Funktion:

```
bearbeite(denken);      // Die Adresse von denken() wird an
                        // bearbeite() übergeben.
gedanken(denken());     // Der Übergabewert von denken() wird an
                        // gedanken() übergeben
```

Der obige Aufruf von *bearbeite()* ermöglicht es der Funktion *bearbeite()*, aus sich selbst heraus *denken()* aufzurufen. Der obige Aufruf von *gedanken()* ruft zuerst die Funktion *denken()* auf und übergibt dann den Übergabewert von *denken()* an die Funktion *gedanken()*.

Das Deklarieren eines Zeigers auf eine Funktion

Wurden Zeiger auf Datentypen deklariert, muß in der Deklaration genau spezifiziert werden, auf was für einen Typ der Zeiger zeigt. Dementsprechend muß ein Zeiger auf eine Funktion den Typ der Funktion angeben, auf die der Zeiger zeigt. Das heißt, die Deklaration sollte den Funktionsübergabetyp und die Funktionssignatur (ihre Argumentenliste) enthalten. Angenommen, Pam LeCoder hat eine Zeitbestimmungsfunktion mit dem folgenden Prototyp geschrieben:

```
double pam(int);        // Prototyp
```

So sollte dann die Deklaration eines entsprechenden Zeigertyps aussehen:

```
double (*pf)(int);      // pf zeigt auf eine Funktion mit
                        // einem int-Argument und von der Funktion
                        // wird ein double übergeben
```

Das sieht genauso aus wie die Deklaration von *pam()*, wobei *(*pf)* die Rolle von *pam* spielt. Da *pam* eine Funktion ist, ist es auch *(*pf)*. Ist *(*pf)* eine Funktion, ist *pf* ein Zeiger auf eine Funktion.

Zur Deklaration eines Zeigers, der auf eine bestimmte Funktion zeigt, können Sie zuerst einen Prototyp für eine reguläre Funktion des gewünschten Typs schreiben und den Funktionsnamen durch einen Ausdruck der Form *(*pf)* ersetzen. Dadurch wird *pf* zu einem Zeiger auf eine Funktion mit diesem Typ.

Bei der Deklaration dürfen die runden Klammern nicht fehlen – *(*pf)* –, damit die richtige Operatorrangfolge gewährleistet ist. Runde Klammern haben Vorrang vor dem *-Operator. Deshalb bedeutet **pf(int)*, daß *pf()* eine Funktion ist, die einen Zeiger übergibt. *(*pf)(int)* dagegen bedeutet, daß *pf* ein Zeiger auf eine Funktion ist:

```
double (*pf)(int);      // pf zeigt auf eine Funktion
double *pf(int);        // pf() ist eine Funktion, die einen Zeiger
                        // übergibt
```

Haben Sie *pf* richtig deklariert, können Sie ihm die Adresse einer passenden Funktion zuweisen:

```
double pam(int);
double (*pf)(int);
pf = pam;               // pf zeigt jetzt auf die Funktion pam()
```

pam() muß mit *pf* sowohl in der Signatur, als auch im Übergabetyp übereinstimmen. Der Compiler weist Zuweisungen zurück, die nicht zusammenpassen:

```
double ned(double);
int ted(int);
double (*pf)(int);
pf = ned;     // Ungültig -- Signaturen stimmen nicht überein
pf = ted;     // Ungültig -- Übergabetypen stimmen nicht überein
```

Wir wollen nun zu der schon erwähnten Funktion *schaetzen()* zurückkehren. Angenommen, Sie möchten die Anzahl der zu schreibenden Programmzeilen und die Adresse des zur Zeitbestimmung notwendigen Algorithmus, wie zum Beispiel die Funktion *pam()*, übergeben. Es kann dann der folgende Prototyp eingesetzt werden:

```
void schaetzen(int zeilen, double (*pf)(int));
```

Diese Deklaration drückt aus, daß das zweite Argument ein Zeiger auf eine Funktion ist, die ein *int*-Argument besitzt und einen *double*-Übergabewert hat. Damit *schaetzen()* die Funktion *pam()* benutzen kann, müssen Sie die Adresse von *pam()* übergeben:

```
schaetzen(50, pam);
```

Die Übergabe der Adresse ist sehr einfach. Viel schwieriger ist das Erstellen der Prototypen.

Mit einem Zeiger eine Funktion aufrufen

Jetzt kommen wir zum letzten Teil der Beschreibung, wie man Funktionen über einen Zeiger aufruft. Des Rätsels Lösung liegt in der Zeigerdeklaration. Dort spielte, wie Sie wissen, *(*pf)* dieselbe Rolle wie ein Funktionsname. Alles, was Sie also tun müssen, ist *(*pf)* so einzusetzen, als ob es ein Funktionsname wäre:

```
double pam(int);
double (*pf)(int)
pf = pam;            // pf zeigt jetzt auf die Funktion pam()
double x = pam(4);   // pam() wird mit Hilfe des Funktionsnamens
                     // aufgerufen
double y = (*pf)(5); // pam() wird über den Zeiger pf aufgerufen
```

In C++ ist es auch möglich, *pf* so einzusetzen, als ob es ein Funktionsname wäre:

```
double y = pf(5);       // pam() wird mit dem Zeiger pf aufgerufen
```

Wir verwenden jedoch die erste Form. Sie sieht zwar nicht so schön aus, aber man kann daran sehr gut erkennen, daß das Programm mit einem Funktionszeiger arbeitet.

(Verflixte Syntax! Wie können *pf* und *(*pf)* äquivalent sein? Eine Lehrmeinung besagt: Da *pf* ein Zeiger auf eine Funktion ist, ist **pf* eine Funktion, also sollte man *(*pf)()* als Funktionsaufruf einsetzen. Eine zweite Lehrmeinung besagt: Da der Name einer Funktion ein Zeiger auf diese Funktion ist, sollte ein Zeiger auf diese Funktion sich wie ein Funktionsname verhalten, also sollten Sie *pf()* als Funktionsaufruf einsetzen. C++ macht einen Kompromiß und sieht beide Meinungen als gültig an, obwohl sie logisch inkonsistent sind. Bevor Sie dieses Verhalten zu stark verurteilen, bedenken Sie, daß es eine Leistung des menschlichen Verstandes ist, verschiedene Standpunkte, obwohl sie logisch nicht übereinstimmen, als gültig anzusehen.)

In Listing 8.17 wird der Einsatz von Funktionszeigern demonstriert. Zweimal wird die Funktion *schaetzen()* aufgerufen, einmal mit der Funktionsadresse von *betsy()* und einmal mit der Funktionsadresse von *pam()*. Im ersten Fall verwendet *schaetzen() betsy()*, um zu berechnen, wie viele Stunden benötigt werden. Im zweiten Fall benutzt *schaetzen() pam()* für die Berechnung. Dadurch wird die weitere Programmentwicklung erleichtert. Entwickelt Ralph seinen eigenen Algorithmus zum Bestimmen einer Zeitspanne, muß er *schaetzen()* nicht extra umschreiben. Er muß lediglich seine *ralph()*-Funktion im Programm unterbringen und darauf achten, daß sie die richtige Signatur und den richtigen Übergabetyp besitzt. Das direkte Umschreiben von *schaetzen()*, um jeweils eine andere Berechnungsmethode zu verwenden, wäre zwar nicht schwierig, aber die gezeigten Prinzipien lassen sich auch auf komplexere Programme übertragen, bei denen ein Umschreiben sehr aufwendig wäre. Mit dem Funktionszeiger ist es Ralph sogar dann möglich, die Funktionsweise von *schaetzen()* zu modifizieren, wenn er gar keinen Zugriff auf den Quelltext von *schaetzen()* hat.

```cpp
// funkzeig.cpp -- Zeiger auf Funktionen
#include <iostream.h>
double betsy(int);
double pam(int);

// Das zweite Argument ist eine Zeiger auf eine double-Funktion,
// die ein int-Argument besitzt
void schaetzen(int zeilen, double (*pf)(int));

int main(void)
{
    int code;

    cout << "Wie viele Programmzeilen benötigen Sie? ";
    cin >> code;
    cout << "Dies ist Betsys Schätzung:\n";
    schaetzen(code, betsy);
    cout << "Dies ist Pams Schätzung:\n";
    schaetzen(code, pam);
    return 0;
}

double betsy(int lns)
{
    return 0.05 * lns;
}

double pam(int lns)
{
    return 0.03 * lns + 0.0004 * lns * lns;
}

void schaetzen(int zeilen, double (*pf)(int))
{
    cout << zeilen << " Zeilen zu erstellen, benötigt ";
    cout << (*pf)(zeilen) << " Stunden\n";
}
```

Listing 8.17: funkzeig.cpp

Es folgen zwei Beispielabläufe:

```
Wie viele Programmzeilen benötigen Sie? 30
Dies ist Betsys Schätzung:
30 Zeilen zu erstellen, benötigt 1.5 Stunden
Dies ist Pams Schätzung:
30 Zeilen zu erstellen, benötigt 1.26 Stunden

Wie viele Programmzeilen benötigen Sie? 100
Dies ist Betsys Schätzung:
100 Zeilen zu erstellen, benötigt 5 Stunden
Dies ist Pams Schätzung:
100 Zeilen zu erstellen, benötigt 7 Stunden
```

8.8 Zusammenfassung

C++ verfügt über verbesserte C-Funktionen. Setzt man das Schlüsselwort *inline* in einer Funktionsdefinition ein und plaziert diese Definition vor dem ersten Aufruf dieser Funktion, weiß der C++-Compiler, daß er aus dieser Funktion eine Inline-Funktion machen muß. So muß das Programm nicht zu einem separaten Programmabschnitt springen, um die Funktion auszuführen. Der Compiler ersetzt den Funktionsaufruf mit den entsprechenden Funktionsanweisungen. Sie sollten Inline-Funktionen jedoch nur einsetzen, wenn die Funktionen kurz sind.

In C++-Prototypen können Sie Vorgabewerte für Argumente definieren. Fehlt in einem Funktionsaufruf das entsprechende Argument, benutzt das Programm den Vorgabewert. Befindet sich das entsprechende Argument im Funktionsaufruf, verwendet das Programm diesen Wert anstelle des Vorgabewertes. Vorgabewerte können in der Argumentenliste nur von rechts nach links angegeben werden. Geben Sie also einen Vorgabewert für ein bestimmtes Argument an, müssen Sie auch die Vorgabewerte für alle Werte rechts von diesem Argument festlegen.

Eine Funktionssignatur ist die Argumentenliste einer Funktion. Sie können zwei Funktionen mit demselben Namen definieren, vorausgesetzt, sie verfügen über unterschiedliche Signaturen. Das wird als Funktionspolymorphie oder Funktionsüberladung bezeichnet. Sie werden mit der Funktionsüberladung arbeiten, wenn Sie mit verschiedenen Datentypen dieselben Aktionen durchführen möchten.

In C++ ist es möglich, mehrere Dateien bei der Programmentwicklung zu benutzen. Eine effektive Programmentwicklungsstrategie besteht darin, in einer Header-Datei die Anwenderdatentypen zu definieren und die Prototypen der Funktionen, die die Anwenderdatentypen manipulieren, unterzubringen. Plazieren Sie die Definitionen der angesprochenen Funktionen in einer separaten Quelltextdatei. Zusammengenommen definieren und implementieren die Header- und die Quelltextdatei den anwenderdefinierten Typ und wie er eingesetzt werden kann. *main()* und andere Funktionen, die diese Funktionen benutzen, können dann in einer dritten Datei untergebracht werden.

Anhand der C++-Speicherklassen wird bestimmt, wie lange Variablen im Speicher bleiben und was für Programmteile Zugriff auf diese Variablen haben (Gültigkeitsbereich und Bindung). Automatische Variablen werden innerhalb eines Blockes definiert, wie beispielsweise in einem Funktionsrumpf oder in einem Block im Funktionsrumpf. Sie existieren nur solange das Programm Anweisungen in dem Block ausführt, in dem sich die Definition befindet.

Statische Variablen existieren, solange das Programm ausgeführt wird. Eine Variable, die außerhalb von allen Funktionen definiert wurde, befindet sich in der externen Speicherklasse. Alle Funktionen, die in der Datei auf die Variablendefinition folgen, haben Zugriff auf diese Variable (Gültigkeitsbereich Datei) und es ist auch möglich, die anderen Programmdateien darauf zugriffen zu lassen (externe Bindung). Damit eine andere Datei eine solche Variable einsetzen kann, muß sie mit dem Schlüsselwort *extern* deklariert werden. Eine Variable, die außerhalb von allen Funktionen definiert wurde, aber mit dem Schlüsselwort *static* gekennzeichnet ist, befindet sich zwar im Gültigkeitsbereich Datei, aber die anderen Programmdateien können nicht darauf zugreifen (interne Bindung). Eine Variable, die innerhalb eines Blockes definiert, aber mit dem Schlüsselwort *static* gekennzeichnet ist, ist auf diesen Block beschränkt und behält ihren Wert während der gesamten Programmausführung.

C++-Funktionen befinden sich standardmäßig in der externen Speicherklasse, man kann also von allen Dateien darauf zugreifen. Inline-Funktionen und Funktionen, die mit dem Schlüsselwort *static* gekennzeichnet sind, verfügen über interne Bindung und sind an die Definitionsdatei gebunden.

Der Name einer C++-Funktion dient als Funktionsadresse. Durch Verwendung eines Argumentes, das ein Zeiger auf eine Funktion darstellt, können Sie einer Funktion den Namen einer zweiten Funktion übergeben, von der Sie möchten, daß sie die erste Funktion aufruft.

8.9 Übungsaufgaben

1. Was für Funktionen eignen sich gut als Inline-Funktionen?

2. Angenommen, die Funktion *song()* hat den folgenden Prototyp:

```
void song(char * name, int anzahl);
```

   a. Wie muß der Prototyp modifiziert werden, damit der Vorgabewert von *anzahl* gleich *1* wird?
   b. Was für Veränderungen müssen in der Funktionsdefinition vorgenommen werden?
   c. Kann man den Vorgabewert *"Oh, mein Papa"* für den Parameter *name* verwenden?

3. Erstellen Sie mehrere überladene Funktionen mit dem Namen *anfuehrung()*, einer Funktion, die ihr Argument in doppelten Anführungszeichen ausgibt. Schreiben Sie drei Versionen: eine für ein *int*-Argument, eine für ein *double*-Argument und eine für ein Stringargument.

4. Es folgt eine Strukturschablone:

```
struct box
{
    char hersteller[40];
    float hoehe;
    float breite;
    float laenge;
    float volumen;
};
```

    a. Erstellen Sie eine Funktion, bei der eine *box*-Struktur als Referenz übergeben wird und die den Wert von jedem Strukturelement ausgibt.

    b. Schreiben Sie eine Funktion, bei der eine *box*-Struktur als Referenz übergeben wird und das Element *volumen* mit dem Produkt der drei Dimensionen versieht.

5. Es folgen einige gewünschte Effekte. Bestimmen Sie, ob der jeweilige Effekt mittels Argumenten mit Vorgabewerten, mit der Funktionsüberladung, mit beidem oder keinem von beidem erzielt werden kann. Zeigen Sie die entsprechenden Prototypen auf.

    a. *masse(dichte, volumen)* übergibt die Masse eines Objektes, das die Dichte *dichte* und das Volumen *volumen* hat. *masse(dichte)* übergibt die Masse eines Objektes von einem Volumen von 1 Kubikmeter mit einer Dichte *dichte*. Alle Größen sind vom Typ *double*.

    b. *wiederhole(10, "Ich bin OK")* gibt den angegebenen String zehnmal aus und *wiederhole("Aber Sie sind etwas dumm")* den angegebenen String fünfmal.

    c. *mittel(3,6)* übergibt den Durchschnitt (als *int*-Wert) zweier *int*-Argumente und *mittel(3.0, 6.0)* den Durchschnitt (als *double*-Wert) von zwei *double* Werten.

    d. *zeichostr("Ich bin erfreut, Sie zu treffen")* übergibt das Zeichen 'I' oder einen Zeiger auf den String *"Ich bin erfreut, Sie zu treffen"*. Das hängt davon ab, ob Sie den Übergabewert einer *char*-Variablen oder einer *char**-Variablen zuweisen.

    e. *mittel(3,6)* übergibt den Durchschnitt (als *int*-Wert) von zwei *int*-Argumenten, wenn der Ausdruck in einer Datei aufgerufen wird, und es wird der Durchschnitt (als *double*-Wert) der beiden *int*-Argumente übergeben, wenn die Funktion in einer zweiten Datei desselben Programmes aufgerufen wird.

6. Welche Speicherklasse sollte in den folgenden Situationen jeweils eingesetzt werden?
    a. *homer* ist ein formales Argument (Parameter) einer Funktion.
    b. Die Variable *secret* soll in zwei Dateien eingesetzt werden.
    c. Die Funktionen einer Datei sollen Zugriff auf die Variable *topsecret* haben, aber alle anderen Dateien nicht.
    d. *aufgerufen* paßt auf, wie oft die Funktion, in der sich die Variable befindet, aufgerufen wurde.

7. Erstellen Sie eine Funktion, die normalerweise ein Argument besitzt, nämlich die Adresse eines Strings und die den String einmal ausgibt. Liegt jedoch ein zweites Argument vom Typ *int* vor, das ungleich Null ist, gibt die Funktion den String so oft aus, wie diese Funktion bisher aufgerufen wurde. (Ja, das ist eine blöde Funktion, aber Sie lernen daran einige der in diesem Kapitel vorgestellten Techniken.)

8. Entwickeln Sie eine Funktion mit dem Namen *berechne()*, die zwei Werte vom Typ *double* und einen Zeiger auf eine Funktion mit zwei *double*-Argumenten und dem Rückgabetyp *double* als Argumente akzeptiert. Die Funktion *berechne()* sollte auch vom Typ *double* sein, und es sollte der Wert übergeben werden, den die Funktion, auf die gezeigt wird, mit den *double*-Argumenten von *berechne()* berechnet. Angenommen, es liegt die folgende Definition der Funktion *add()* vor:

```
double add(double x, double y)
{
    return x + y;
}
```

Dann bewirkt der Funktionsaufruf

```
double q = berechne(2.5, 10.4, add);
```

daß *berechne()* die Werte *2.5* und *10.4* an die Funktion *add()* weiterleitet und anschließend den Übergabewert von *add()* *(12.9)* übergibt.

9

Objekte und Klassen

D ie objektorientierte Programmierung (OOP) ist ein bestimmtes Konzept zur Entwicklung von Programmen. C++ kennt im Gegensatz zu C fortschrittliche Fähigkeiten, die den Weg in dieser Hinsicht ebnen. Die folgenden OOP-Fähigkeiten sind die wichtigsten:

▶ Datenabstraktion

▶ Kapselung und Verbergen von Daten

▶ Polymorphie

▶ Vererbung

Die C++-Klasse spielt bei der Realisierung dieser Fähigkeiten die größte Rolle. In diesem Kapitel wollen wir Klassen untersuchen, die Datenabstraktion, die Kapselung und das Verbergen von Daten erklären und zeigen, wie mit Klassen diese Fähigkeiten realisiert werden können. Es wird erläutert, wie Klassen definiert, in Klassen öffentliche und private Bereiche untergebracht und wie Elementfunktionen zum Bearbeiten der Klassendaten erstellt werden. Außerdem werden Sie in diesem Kapitel mit *Konstruktoren* und *Destruktoren* konfrontiert. Hierbei handelt es sich um spezielle Elementfunktionen zum Erzeugen und Zerstören von Klassenobjekten. Am Ende des Kapitels werden Sie den *this*-Zeiger kennenlernen. Er ist bei einigen Klassenprogrammierungs-vorgängen sehr wichtig. In den folgenden zwei Kapiteln wird die Diskussion über die Operator-überladung (eine Variante der Polymorphie) und der Vererbung fortgeführt.

9.1 Prozedurale und objektorientierte Programmierung

Obwohl wir die OOP-Perspektive der Programmierung schon mehrmals dargelegt haben, haben wir uns bis jetzt noch nicht weit von der prozeduralen Programmierung von Sprachen wie C, Pascal und Basic entfernt. Wir wollen uns an einem Beispiel anschauen, wie die OOP sich von der prozeduralen Programmierung unterscheidet. Als jüngstes Mitglied des Genre Giant Softball Teams wurden Sie beauftragt, die Teamstatistiken zu führen. Sind Sie ein prozeduraler Programmierer, wird Ihnen ungefähr folgendes durch den Kopf gehen:

»Mal sehen, ich möchte den Namen, die Trefferquote und alle anderen statistisch wichtigen Punkte für jeden Spieler eingeben. Moment, der Computer soll mir ja das Leben erleichtern, er kann für mich also die Trefferquote und so ausrechnen. Und das Programm soll die Ergebnisse ausgeben. Wie muß ich da vorgehen? Ich sollte wohl mit einer Funktion arbeiten. *main()* soll eine Funktion aufrufen, von der die Eingabe übernommen wird, dann soll eine Funktion zur Durchführung der Berechnungen aufgerufen werden und schließlich eine Funktion zum Ausgeben der Ergebnisse. Hmm, was passiert, wenn ich die Daten vom nächsten Spiel erhalte? Ich möchte dann nicht wieder von vorn anfangen. OK, dazu muß ich eine Funktion im Programm unterbringen, von der die Statistiken auf den neuesten Stand gebracht werden. Vielleicht brauche ich auch ein Menü in *main()*, um zwischen Eingeben, Berechnen, auf den neuesten Stand bringen und Ausgeben der Daten entscheiden zu können. Hmm – wie soll ich die Daten repräsentieren? Ich könnte die Spielernamen in einem Stringarray unterbringen, in einem anderen die Treffer von jedem Spieler usw. Nein, das ist dumm. Ich werde eine Struktur entwickeln und darin alle Informationen über einen einzelnen Spieler unterbringen und mit einem Array, in dem sich die einzelnen Spielerstrukturen befinden, das ganze Team repräsentieren.«

Kurz gesagt, Sie werden sich zuerst auf die notwendigen Prozeduren konzentrieren und dann über die Datenrepräsentation nachdenken. (Hinweis: Sie möchten sicher nicht, daß das Programm die ganze Saison läuft, deshalb werden Sie die Daten sicher abspeichern wollen. Aber da wir Dateien bis jetzt noch nicht besprochen haben, werden wir die Dinge nicht unnötig komplizieren.)

Nun wollen wir uns überlegen, wie sich Ihre Perspektive ändert, wenn Sie auf die OOP schwören. Zuerst werden Sie über die Daten nachdenken. Sie werden allerdings über die Daten nicht nur im Hinblick darauf, wie sie zu repräsentieren sind, nachdenken, sondern auch wie sie benutzt werden sollen:

»Mal sehen – um was geht's überhaupt? Um einen Ballspieler natürlich. Ich benötige also ein Objekt zur Repräsentation des gesamten Spielers und nicht nur seiner Trefferquote. Das soll meine fundamentale Dateneinheit sein – ein Objekt, das den Namen und die Statistiken eines Spielers repräsentiert. Ich brauche einige Methoden, um dieses Objekt zu bearbeiten. Hmm, ich brauche zuerst eine Methode, um die Grundinformationen in diese Einheit zu bekommen. Der Computer sollte einige Dinge berechnen, wie zum Beispiel die Trefferquote – ich werde also Berechnungsmethoden hinzufügen. Das Programm sollte diese Berechnungen automatisch durchführen, ohne dazu vom Anwender aufgefordert zu werden. Außerdem brauche ich Methoden, um die Informationen auf den neuesten Stand zu bringen und sie auszugeben. Der Anwender hat also drei Möglichkeiten, um mit den Daten zu arbeiten: Initialisation, auf den neuesten Stand bringen und Ausgeben. Das ist die Anwenderschnittstelle.«

Kurz gesagt, Sie werden sich auf das Objekt konzentrieren, wie es vom Anwender gesehen wird, über die Daten nachdenken, die zur Beschreibung dieses Objektes notwendig sind und über die Operationen, die ausgeführt werden müssen, um die Anwenderinteraktionen mit den Daten zu beschreiben. Nach Entwicklung einer Beschreibung des Interfaces, werden Sie darüber entscheiden, wie das Interface und die Datenspeicherung implementiert werden sollen. Als letztes fügen Sie das Programm entsprechend zusammen.

9.2 Datenabstraktion und Klassen

Die *Datenabstraktion* ist der entscheidende Schritt bei der Repräsentation von Informationen in bezug auf die Anwenderschnittstelle. Beim Softballbeispiel beschreibt die Schnittstelle, wie der Anwender die Daten initialisiert, auf den neuesten Stand bringt und ausgibt. Von der Datenabstraktion ist es nicht mehr weit zum *anwenderdefinierten Typ*, der bei C++ mit Hilfe der Klassen gebildet wird, die ihrerseits die Schnittstelle zum Anwender darstellen.

Was ist ein Typ?

Wir wollen jetzt näher darauf eingehen, was ein Typ ist? Was zum Beispiel ist ein Trottel? Folgen Sie bei der Beschreibung eines Trottels den üblichen Vorurteilen, dann ist ein Trottel optisch gesehen dick, trägt eine Kassenbrille mit schwarzem Gestell, seine Tasche ist voller Stifte usw. Nach einiger Überlegung werden Sie zu dem Schluß kommen, daß ein Trottel besser nach seinem Verhalten beurteilt werden sollte. Zum Beispiel, wie er sich in einer bestimmten sozialen Situation verhält. Eine ähnliche Situation gibt es – wenn Sie nichts gegen waghalsige Analogien haben – bei prozeduralen Sprachen wie C. Zuerst werden Sie bei Datentypen an ihr Erscheinungsbild denken – wie sie abgespeichert werden. Ein *char*-Objekt zum Beispiel beansprucht normalerweise ein Byte Speicherplatz und ein *double* acht Byte. Aber nach kurzem Nachdenken werden Sie feststellen, daß ein Datentyp auch anhand der Operationen eingestuft werden kann, die mit ihm ausgeführt werden können. Mit dem Typ *int* zum Beispiel können alle arithmetischen Operationen ausgeführt werden. Sie können Integerwerte addieren, subtrahieren, multiplizieren und dividieren. Sie können auch den Modulusoperator (%) einsetzen. Denken Sie dagegen an Zeiger. Ein Zeiger kann sehr wohl genausoviel Speicher beanspruchen wie ein *int*-Objekt. Ein Zeiger kann sogar intern als Integer repräsentiert werden. Aber mit einem Zeiger sind nicht dieselben Operationen wie mit Integern möglich. Es ist zum Beispiel unmöglich, zwei Zeiger zu multiplizieren. Dieses Konzept ergibt keinen Sinn, also ist es bei C++ nicht implementiert. Deklarieren Sie also eine Variable als *int* oder als »Zeiger auf ein *float*-Objekt«, allokieren Sie nicht nur Speicher, sondern legen Sie auch fest, welche Operationen mit dieser Variablen durchgeführt werden können. Kurz gesagt, ergeben sich aus der Verwendung eines Grundtyps die beiden folgenden Dinge:

▶ Es wird festgelegt, wieviel Speicher für ein Datenobjekt benötigt wird.
▶ Es wird festgelegt, welche Operationen oder Methoden auf das Datenobjekt angewandt werden können.

Bei den eingebauten Typen sind diese Informationen in den Compiler eingebaut. Definieren Sie jedoch in C++ einen anwenderdefinierten Typ, müssen Sie selbst diese Informationen zur Verfügung stellen. Als Lohn für diese zusätzliche Arbeit erhalten Sie die Leistungsfähigkeit und Flexibilität von neuen Datentypen, die sich den tatsächlichen Anforderungen anpassen können.

Die Klasse

Die *Klasse* ist das Mittel, mit dem C++ eine Datenabstraktion in einen anwenderdefinierten Typ umsetzt. Die Klasse verbindet die Datenrepräsentation und die Methoden zur Manipulation der Daten zu einem Paket. Wir wollen uns eine Klasse betrachten, von der die weiter oben erwähnten Softballinformationen repräsentiert werden können. Allgemein besteht eine Klasse aus zwei Teilen:

▶ Einer Klassendefinition, von der die Elementkomponenten (sowohl Daten als auch Funktionen) beschrieben werden.

▶ Den Klassenmethodendefinitionen, von denen beschrieben wird, wie bestimmte Klassen-Elementfunktionen implementiert werden.

Grob gesagt, stellt die Klassendefinition einen Überblick über die Klasse dar, und die Definition der Methoden verkörpern die Details.

In Listing 9.1 finden Sie eine Klassendefinition für eine *softball*-Klasse. Sie werden bemerken, daß sie wie eine Strukturschablone mit ein paar Zusätzen, wie Elementfunktionen und *privaten* (private) und *öffentlichen* (*public*) Abschnitten aussieht. Bei der Konzentration auf das Wesentliche der Klassendefinition haben wir den statistischen Aspekt auf die Grundlagen beschränkt. Softball und Baseball sind der Stoff, aus dem die Träume eines Statistikers sind. Sie können viel mehr statistische Informationen bearbeiten, als wir bei unserem kümmerlichen Beispiel zeigen können. Einer der Vorteile von OOP besteht darin, daß Sie nach dem Erstellen der fundamentalen Programmstruktur ganz einfach neue Datenelemente hinzufügen können.

```
// klasse1.cpp -- eine Klasse benutzen
#include <iostream.h>
// Klassendefinition
class softball
{
private:                        // kann nur durch Element-
    char vorname[15];           // funktionen angesprochen werden
    char nachname[15];
    unsigned schlaege;
    unsigned treffer;
    unsigned rbis;
    float durchs;
    float berechne_durchs();    // private-Elementfunktionen
public:                         // public-Schnittstelle
    void alles_setzen();        // public-Elementfunktionen
    void aktual();
    void zeige_stat();
};
```

Listing 9.1: klasse1.cpp

In Kürze werden Sie mehr über die Klassendetails erfahren, zuerst wollen wir jedoch die allgemeineren Aspekte untersuchen. Das C++-Schlüsselwort *class* kennzeichnet diese Anweisungen als Schablone oder Definition einer Klasse. Der Syntax folgend ist *softball* der Typname dieser neuen Klasse. Anhand dieser Definition können wir Variablen – auch *Objekte* oder *Instanzen* genannt – des Typs *softball* deklarieren. Jedes einzelne Objekt repräsentiert dann einen Spieler. Die folgenden Deklarationen beispielsweise:

```
softball sally;
softball solly;
```

kreieren zwei *softball*-Objekte mit den Namen *sally* und *solly*.

Die Definition beinhaltet Datenelemente wie *vorname* und *rbis* sowie Funktionselemente wie *berechne_durchs()* und *aktual()*. Prototypen repräsentieren hier die Funktionen. Wir haben schon darüber gesprochen, daß die Klassen *istream* und *ostream* über Elementfunktionen wie *get()* und *getline()* verfügen. Die Funktionsprototypen in der *softball*-Klassendefinition zeigen, wie Elementfunktionen eingerichtet werden. In der Header-Datei *iostream.h* befindet sich beispielsweise der Prototyp von *getline()* in der *istream*-Klassendefinition. Klassen-Elementfunktionen werden auch als *Klassenmethoden* bezeichnet. Die vollständigen Definitionen der Elementfunktionen folgen später. Für die Klassendefinition reichen die Prototypen aus, um die Funktionsschnittstelle zu beschreiben. Das Unterbringen von Daten und Methoden im selben Paket wird als *Kapselung* bezeichnet. Das Verbinden von Daten und Methoden zu einer Einheit ist der größte Vorteil der Klasse. Durch die Kapselung werden zum Beispiel beim Erzeugen eines *softball*-Objektes automatisch die Regeln, wie dieses Objekt benutzt werden kann, mitfestgelegt.

Die Schlüsselworte *private* und *public* sind auch neu. Mit diesen Marken wird die »Sichtbarkeit« oder »Zugänglichkeit« der Klassenelemente beschrieben. Jedes Programm, das ein Objekt aus einer bestimmten Klasse verwendet, kann auf *public*-Teile direkt zugreifen. Auf die *private*-Elemente eines Objektes kann jedoch *nur* mit den *public*-Elementfunktionen zugegriffen werden. Das Element *schlaege* der Softball-Klasse kann also nur mit Hilfe der Elementfunktionen *alles_setzen()* oder *aktual()* verändert werden. Die *public*-Elementfunktionen fungieren als Schnittstellen zwischen dem Programm und den *private*-Elementen eines Objektes. Daß auf Daten von einem Programm nicht direkt zugegriffen werden kann, wird als das *Verbergen von Daten* bezeichnet. (Siehe Bild 9.1 – C++ kennt ein drittes Schlüsselwort – *protected* –, mit dem der Datenzugriff gesteuert werden kann. Mehr dazu in Kapitel 11.) Das Verbergen von Daten eignet sich zum Beispiel in einem Warenlager nicht so gut, aber beim Programmieren wird dadurch die Integrität von Daten gewahrt.

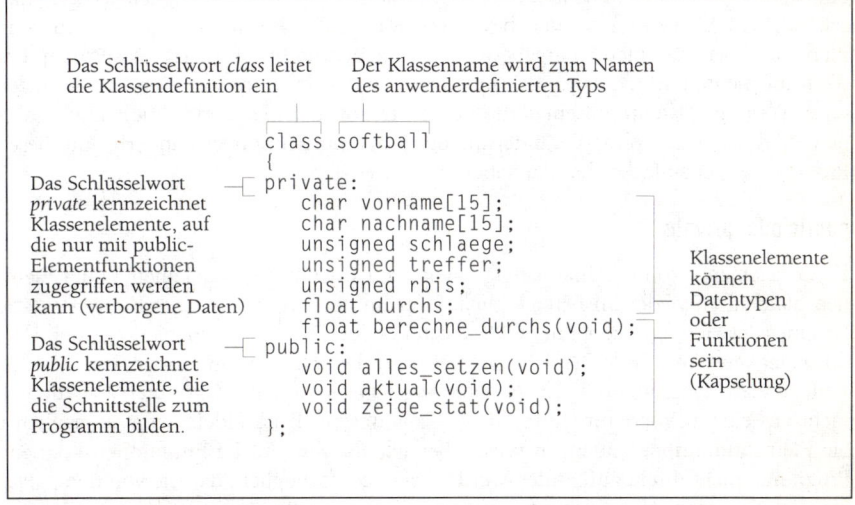

Bild 9.1: Die Klasse softball

OOP und C++

Die objektorientierte Programmierung ist ein Programmierstil, der mit jeder Programmiersprache realisiert werden kann. So können Sie viele OOP-Ansätze in einem normalen C-Programm unterbringen. In Kapitel 8 befindet sich ein Beispiel, bei dem sich in einer Header-Datei eine Strukturschablone zusammen mit Prototypen von Funktionen zur Bearbeitung der Struktur befindet. Die Funktion *main()* definierte deshalb nur Variablen mit diesem Strukturtyp und benutzte die dazugehörigen Funktionen zur Bearbeitung dieser Variablen. *main()* griff nicht direkt auf die Strukturelemente zu. Bei diesem Beispiel wurde also ein abstrakter Typ definiert, bei dem das Datenformat und die Funktionsprototypen in einer Header-Datei »eingekapselt« wurden. Dadurch wird die aktuelle Datenrepräsentation vor *main()* verdeckt. C++ dagegen kennt spezielle OOP-Funktionen, so daß man einen Schritt weiter als in C gehen kann. Es ist zum einen möglich, die Datenrepräsentation und die Funktionsprototypen in einer Klassendefinition unterzubringen, anstelle sie in einer Datei zu plazieren. Die Kapselung konzentriert sich so auf die Klassendefinition. Macht man zu anderen die Datenrepräsentation *private*, kann auf diese Daten nur von autorisierten Funktionen zugegriffen werden. Greift beim C-Beispiel *main()* direkt auf ein Strukturelement zu, wäre das zwar nicht im Sinne von OOP, aber die Regeln von C würden dadurch nicht gebrochen. Versucht man dagegen beispielsweise, direkt auf das *treffer*-Element der *softball*-Klasse zuzugreifen, wird eine C++-Regel gebrochen, und der Compiler bemerkt diesen Fehler.

Das Verbergen von Daten schützt die Daten nicht nur vor direktem Zugriff, sondern entbindet Sie davon, darüber Bescheid zu wissen, wie die Daten repräsentiert werden. Um mit der *softball*-Klasse arbeiten zu können, müssen Sie nicht wissen, daß sie über ein *treffer*-Element verfügt oder daß dieses Element vom Typ *unsigned int* ist. Sie müssen lediglich wissen, was die unterschiedlichen Elementfunktionen bewirken. Das heißt, Sie müssen nur wissen, was für Argumente und was für einen Übergabewert eine Elementfunktion besitzt. Das Prinzip besteht darin, die Implementationsdetails vom Design der Schnittstelle zu trennen. Finden Sie später einen besseren Weg, die Datenrepräsentation oder die Details der Elementfunktionen zu realisieren, können Sie diese Details ohne Veränderung der Programmschnittstelle ändern. Auf diese Weise sind Programme viel einfacher handzuhaben und zu warten.

public oder private?

Klassenelemente können unabhängig davon, ob es sich um Datenelemente oder Elementfunktionen handelt, entweder im Bereich *public* oder im Bereich *private* einer Klasse deklariert werden. Da eines der Hauptkonzepte der OOP darin besteht, Daten zu verbergen, werden Datenelemente normalerweise im *private*-Bereich untergebracht. Die Elementfunktionen, die die Klassenschnittstelle bilden, werden im *public*-Bereich abgelegt. Anderenfalls könnten Sie diese Funktionen nicht aus einem Programm aufrufen. Wie aus unserer Beispieldefinition zu ersehen ist, können Sie Elementfunktionen auch im *private*-Bereich ablegen. Solche Funktionen können von einem Programm nicht direkt aufgerufen werden, aber es ist möglich, daß sie von den *public*-Methoden eingesetzt werden. Normalerweise werden Sie mit *private*-Elementfunktionen Implementationsdetails bearbeiten, die nicht zur Programmschnittstelle gehören.

Sie müssen das Schlüsselwort *private* in Klassendefinitionen nicht unbedingt einsetzen, da dieser Zustand für Klassenobjekte Standard ist:

```
class welt
{
    float masse;      // Standardmäßig private
    char name[20];    // Standardmäßig private
public:
    void allen_mitteilen(void);
    ...
}
```

Wir werden die Marke *private* jedoch ausdrücklich einsetzen, um das Konzept des Datenverbergens zu betonen.

Klassen und Strukturen

Klassenbeschreibungen sehen aus wie Strukturschablonen mit den zusätzlichen Möglichkeiten, Elementfunktionen und die Marken *public* und *private* zu verwenden. Und tatsächlich ist es so, daß in C++ Strukturen so erweitert wurden, daß sie den Klassen entsprechen. Der einzige Unterschied besteht darin, daß der Standardzustand bei einer Struktur *public* und bei einer Klasse *private* ist. C++-Programmierer verwenden normalerweise Klassen zur Realisation von Klassenbeschreibungen und Strukturen zur Repräsentation reiner Datenobjekte.

Die Implementation von Klassen-Elementfunktionen

Der zweite Teil der Klassenspezifikation muß immer noch vorgenommen werden: das Erstellen der Elementfunktionen. Wie geht das nun vor sich? Elementfunktionsdefinitionen ähneln in vielem normalen Funktionsdefinitionen. Sie bestehen aus einem Funktions-Header und einem Funktionsrumpf. Sie besitzen Übergabetypen und Argumente. Aber sie verfügen auch über zwei spezielle Charakteristika:

▶ Beim Definieren einer Elementfunktion müssen Sie mit dem Gültigkeitsbereichoperator (::) die Klasse kennzeichnen, zu der die Funktion gehört.

▶ Klassenmethoden können auf die *private*-Komponenten einer Klasse zugreifen.

Diesen beiden Punkten wollen wir uns jetzt widmen.

Im Funktions-Header einer Elementfunktion befindet sich der Gültigkeitsbereichoperator (::) zur Kennzeichnung der Klasse, zu der die Funktion gehört. Der Header der Funktion *alles_setzen()* sieht beispielsweise so aus:

```
void softball::alles_setzen()
```

Diese Notation besagt, daß die Funktion *alles_setzen()* definiert wird, die ein Element der Klasse *softball* ist. Dadurch wird nicht nur *alles_setzen()* als Elementfunktion gekennzeichnet, sondern es bedeutet auch, daß man denselben Namen für eine Elementfunktion in einer anderen Klasse einsetzen kann. Der Header einer *alles_setzen()*-Funktion der *basketball*-Klasse würde zum Beispiel wie folgt aussehen:

```
void basketball::alles_setzen()
```

Der Gültigkeitsbereichoperator löst also die Frage, zu welcher Klasse eine Methode gehört. Man sagt, der Identifizierer *alles_setzen()* besitzt den Gültigkeitsbereich *Klasse*. Andere Elementfunktionen der Klasse *softball* können – falls notwendig – die Methode *alles_setzen()* ohne Gültigkeitsbereichoperator einsetzen. Das liegt daran, daß sie zur selben Klasse gehören und sich *alles_setzen()* dadurch in seinem Gültigkeitsbereich befindet. Wird *alles_setzen()* außerhalb der Klassendefinition und den Methodendefinitionen eingesetzt, müssen andere Maßnahmen getroffen werden, damit dies möglich wird. Mehr dazu in Kürze.

Das zweite spezielle Charakteristikum von Methoden besteht darin, daß die Funktion auf die *private*-Elemente einer Klasse zugreifen kann. Die Methode *zeige_stat()* zum Beispiel kann die folgende Anweisung benutzen:

```
cout << "Spieler: " << vorname << " " << nachname << "\n";
```

Dabei sind *vorname* und *nachname* Datenelemente der *softball*-Klasse. Versuchen Sie mit einer Funktion, die nicht Element der Klasse ist, auf diese Datenelemente zuzugreifen, hält Sie der Compiler rigoros davon ab. (*friend*-Funktionen, die in Kapitel 10 besprochen werden, bilden eine Ausnahme.)

Mit diesem Wissen können die Klassenmethoden, wie in Listing 9.2 gezeigt, implementiert werden. Die Methodendefinitionen können in einer separaten Datei oder in derselben Datei wie die Klassendefinition untergebracht werden. Da wir mit einem einfachen Beispiel anfangen, nehmen wir an, daß sich diese Definitionen hinter der Klassendefinition in derselben Datei befinden. Das ist der einfachste, aber nicht der beste Weg, die Klassendefinition den Methodendefinitionen zugänglich zu machen. (Die beste Möglichkeit – die wir später besprechen werden – besteht darin, die Klassendefinition in einer Header-Datei unterzubringen und für die Elementfunktionsdefinitionen eine Quelltextdatei zu benutzen).

```
// klassel.cpp -- eine Klasse benutzen
#include <iostream.h>

// Klassendefinition
class softball
{
private:                        // kann nur durch Element-
    char vorname[15];           //funktionen angesprochen werden
    char nachname[15];
    unsigned schlaege;
    unsigned treffer;
    unsigned rbis;
    float durchs;
    float berechne_durchs();    // private-Elementfunktionen
public:                         // public-Schnittstelle
    void alles_setzen();        // public-Elementfunktionen
    void aktual();
    void zeige_stat();
};

// Klassenmethoden
float softball::berechne_durchs()  // gehört zur softball-Klasse
{
    if (schlaege == 0)
        return 0;
```

```
        else
            return float(treffer) / schlaege;
    }

    void softball::alles_setzen()
    {
        cout << "Den Vornamen des Spielers eingeben: ";
        cin >> vorname;
        cout << "Den Nachnamen des Spielers eingeben: ";
        cin >> nachname;
        cout << "Anzahl der Schläge eingeben: ";
        cin >> schlaege;
        cout << "Anzahl der Treffer eingeben: ";
        cin >> treffer;
        cout << "Anzahl der RBIs eingeben: ";
        cin >> rbis;
        durchs = berechne_durchs();
        cout << "\n";
    }

    void softball::aktual()        // aktualisiert die Statistiken
    {
        cout << "Eingabe der Statistiken für " << vorname << " ";
        cout << nachname << ":\n";
        cout << "Anzahl der zusätzlichen Schläge eingeben: ";int temp;
        cin >> temp;
        schlaege = schlaege + temp;
        cout << "Anzahl der zusätzlichen Treffer eingeben: ";
        cin >> temp;
        treffer = treffer + temp;
        cout << "Anzahl der zusätzlichen RBIs eingeben: ";
        cin >> temp;
        rbis = rbis + temp;
        durchs = berechne_durchs();
        cout << "\n";
    }

    void softball::zeige_stat()
    {
        cout << "Spieler: " << vorname << " " << nachname << "\n";
        cout << "Schläge: " << schlaege << "   Treffer: " << treffer;
        cout << "   RBIS: " << rbis << "   TQ: " << durchs << "\n\n";
    }
```

Listing 9.2: klasse1.cpp

Hinweise zu den Elementfunktionen

Wir haben aus *berechne_durchs()* eine *private*-Methode gemacht, da es nicht notwendig ist, daß der Anwender direkten Zugriff auf diese Funktion hat. Statt dessen rufen die Funktionen *alles_setzen()* und *aktual()* *berechne_durchs()* zum Berechnen der Spielertrefferquoten auf, nachdem die Funktionen die Treffer (*treffer*) und Schläge (*schlaege*) bestimmt haben. Schauen Sie sich bei dieser Gelegenheit die folgende Anweisung aus *berechne_durchs()* an:

```
    return float(treffer) / schlaege;
```

Die Anzahl der Schläge und die der Treffer sind Integergrößen. Das bedeutet, daß der Ausdruck *treffer/schlaege* eine Integerdivision repräsentiert. Dieser Ausdruck ergibt Null, falls *treffer* kleiner als *schlaege* ist. Wir haben deshalb mit einer C++-Typumwandlung aus dem Nenner einen *float*-Wert gemacht und so den Compiler gezwungen, eine Fließkommadivision vorzunehmen. Beachten Sie, daß wir nicht die Form *float(treffer/schlaege)* verwendet haben, da so trotzdem mit der Integerdivision gearbeitet würde und das Ergebnis (meistens eine Null) in eine Fließkommazahl umgewandelt würde. Sie können für diese Umwandlungsoperation auch die ältere C-Notation verwenden:

```
return (float) treffer / schlaege;
```

Die Methode *alles_setzen()* verlangt vom Anwender die Eingabe des Spielernamens und einige statistische Trefferangaben. Die Methode *aktual()* ermöglicht dem Anwender die Eingabe von Informationen über zusätzliche Schläge und Treffer usw. Dabei wird der von *alles_setzen()* eingeholte Spielernamen benutzt. Zuletzt gibt *zeige_stat()* alle Informationen über einen Spieler aus.

Eine Methode innerhalb der Klassendefinition definieren

Beim letzten Beispiel wurden die Methodendefinitionen von der Klassendefinition getrennt, aber das muß nicht sein. Sie können die *softball*-Klasse auch wie folgt definieren:

```
// klasse1.cpp -- unsere erste Klassendefinition
class softball            // softball ist der Name des neuen Typs
{
private:                  // Darauf kann nur von Element-
    char vorname[15];     // funktionen zugegriffen werden
    char nachname[15];
    unsigned schlaege;
    unsigned treffer;
    unsigned rbis;
    float durchs;
    float berechne_durchs()// Methodendefinition
    {
        if (schlaege == 0)
            return 0;
        else
            return float(treffer) / schlaege;
    }
public: // Definiert das Public-Schnittstelle
    void alles_setzen(void);   // public-Elementfunktionen
    void aktual(void);
    void zeige_stat(void);
};
```

Der Prototyp von *berechne_durchs()* wurde hier durch die gesamte Funktionsdefinition ersetzt. Definieren Sie eine Funktion in einer Klassendefinition, macht C++ aus dieser Funktion eine Inline-Funktion (Kapitel 8). Sie sollten also nur bei sehr kurzen Funktionen so vorgehen. Wir werden fortfahren, Elementfunktionen außerhalb der Klassendefinition zu definieren, da diese Vorgehensweise mehr im Einklang mit dem Prinzip steht, die Implementationsdetails von der Klassenbeschreibung zu trennen. Sie können, wenn Sie wollen, eine Elementfunktion außerhalb der Klassendefinition definieren und trotzdem eine Inline-Funktion daraus machen. Verwenden Sie dazu bei der Definition der Funktion den *inline*-Modifizierer:

```
class softball
{
private:
    ...
    float berechne_durchs();              // Definition ist separat
public;
    ...
};
inline float softball::berechne_durchs()  // inline in der
                                          // Definition einsetzen
{
    ...
}
```

Kompatibilitätshinweis

Diese zweigeteilte Technik zum Erstellen von Inline-Funktionen funktioniert bei einigen frühen Versionen von Turbo C++ nicht richtig, falls die Inline-Funktionen in einer anderen Datei eingesetzt werden, als der, in der sich die Definition befindet. Der Mechanismus funktioniert jedoch bei Borland C++ und neueren Turbo C++-Versionen einwandfrei.

Welches Objekt?

Jetzt wollen wir einen der wichtigsten Aspekte im Zusammenhang mit dem Einsatz von Objekten besprechen: wie man eine Klassenmethode auf ein Objekt anwendet. Anweisungen wie die folgende:

```
cout << "Spieler: " << vorname << " " << nachname << "\n";
```

setzen die Elemente *vorname* und *nachname* eines Objektes ein. Aber von welchem Objekt? Das ist eine gute Frage! Um sie beantworten zu können, müssen Sie sich zuerst überlegen, wie ein Objekt erzeugt wird. Am einfachsten geht das mit der Deklaration von Klassenvariablen:

```
softball kate, joe;
```

Dadurch werden zwei Objekte der *softball*-Klasse – eines mit dem Namen *kate* und eines mit dem Namen *joe* – erzeugt.

Überlegen Sie sich nun, wie eine Elementfunktion auf eines dieser Objekte angewandt wird. Die Antwort liegt, wie bei Strukturen und Strukturelementen, beim Elementoperator:

```
kate.zeige_stat();  // Das Objekt kate ruft die Elementfunktion auf
joe.zeige_stat();   // Das Objekt joe ruft die Elementfunktion auf
```

Beim ersten Aufruf wird *zeige_stat()* als Element des Objektes *kate* aufgerufen. Das bedeutet, die Methode interpretiert *vorname* als *kate.vorname* und *nachname* als *kate.nachname*. Dementsprechend bewirkt der Aufruf von *joe.zeige_stat()*, daß die Methode *zeige_stat()* *vorname* und *nachname* als *joe.vorname* und *joe.nachname* interpretiert.

Rufen Sie eine Elementfunktion auf, werden die Datenelemente des Objektes verwendet, das zum Aufrufen der Elementfunktion eingesetzt wurde.

Der Funktionsaufruf *kate.alles_setzen()* ruft die Funktion *berechne_durchs()* auf, als ob es sich um *kate.berechne_durchs()* handeln würde. Die Funktion erhält ihre Daten somit vom Objekt *kate*.

Jedes neue Objekt, das Sie erstellen, enthält Speicherplatz für seine eigenen internen Variablen, den Klassenelementen. Aber alle Objekte derselben Klasse teilen sich dieselben Klassenmethoden. Angenommen, *kate* und *joe* sind Objekte von *softball*. Dann belegt *kate.treffer* einen Speicherbereich und *joe.treffer* einen anderen. Aber *kate.zeige_stat()* und *joe.zeige_stat()* rufen beide dieselbe Methode auf. Das heißt, beide führen denselben Anweisungsblock aus. Sie arbeiten nur mit unterschiedlichen Daten. Das Aufrufen einer Elementfunktion wird bei einigen OOP-Sprachen als Senden einer Botschaft bezeichnet. Sendet man dieselbe Botschaft an zwei unterschiedliche Objekte, wird zwar dieselbe Methode aufgerufen, aber auf verschiedene Objekte angewandt (siehe Bild 9.2).

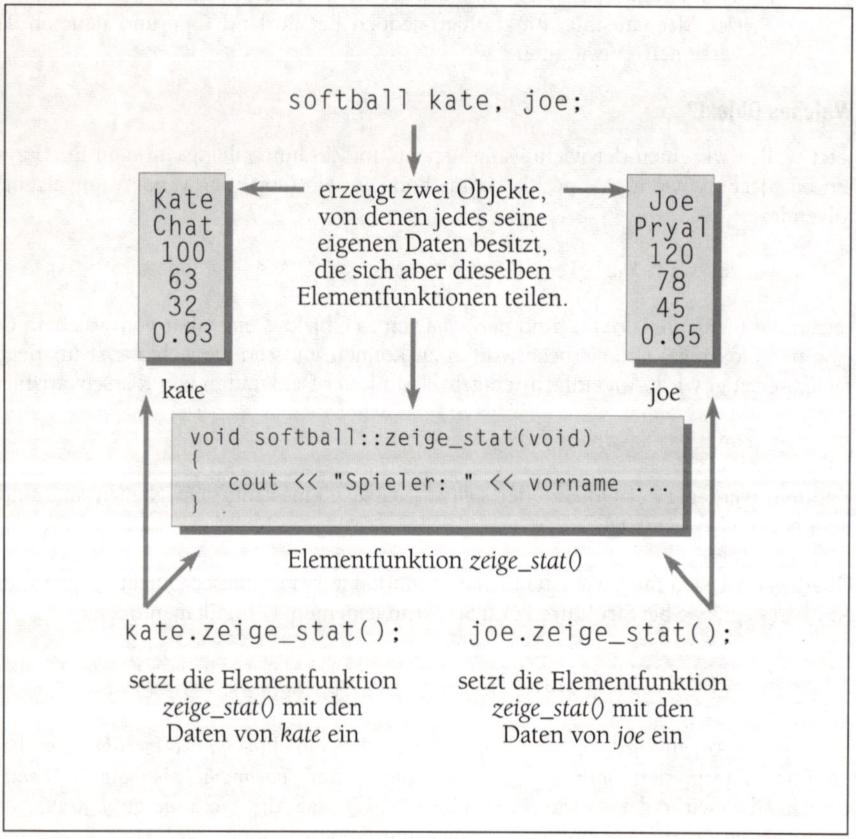

```
softball kate, joe;
```

Kate
Chat
100
63
32
0.63

erzeugt zwei Objekte,
von denen jedes seine
eigenen Daten besitzt,
die sich aber dieselben
Elementfunktionen teilen.

Joe
Pryal
120
78
45
0.65

kate

joe

```
void softball::zeige_stat(void)
{
    cout << "Spieler: " << vorname ...
}
```

Elementfunktion *zeige_stat()*

```
kate.zeige_stat();
```

setzt die Elementfunktion
zeige_stat() mit den
Daten von *kate* ein

```
joe.zeige_stat();
```

setzt die Elementfunktion
zeige_stat() mit den
Daten von *joe* ein

Bild 9.2: Objekte, Daten und Elementfunktionen

Arbeiten mit einer Klasse

Jetzt, da Sie wissen, wie eine Klasse und ihre Klassenmethoden definiert werden, ist es an der Zeit, ein Programm zu erstellen, das Klassenobjekte erzeugt und einsetzt. Das Ziel von C++ besteht darin, den Gebrauch von Klassen möglichst so einfach zu gestalten wie den Gebrauch der eingebauten Grundtypen, zum Beispiel *int* und *char*. Sie können ein Klassenobjekt durch Deklaration einer Klassenvariablen erzeugen oder durch Einsatz von *new* ein Objekt vom Klassentyp allokieren. Sie können Objekte als Argumente übergeben, als Funktionsübergabewerte einsetzen und ein Objekt einem anderen zuweisen. C++ kennt Möglichkeiten, Objekte zu initialisieren, *cin* und *cout* zu lehren, Objekte zu erkennen und sogar, um automatische Typumwandlungen zwischen Objekten ähnlicher Klassen vornehmen zu lassen. Es wird eine Weile dauern, bis Sie all das beherrschen, wir wollen jetzt mit den einfacheren Dingen anfangen. Sie wissen ja schon, wie ein Klassenobjekt deklariert und eine Elementfunktion aufgerufen wird. In Listing 9.3 werden diese Techniken mit der Klassendefinition und den Elementfunktionsdefinitionen kombiniert, um ein vollständiges Programm zu bilden. Es werden zwei Objekte erzeugt, eines repräsentiert die Position des linken Feldes und eines die Position des Mittelfeldes. Das Programm ist einfach, aber es reicht, um die in die Klasse eingebauten Funktionen zu demonstrieren.

```cpp
// klasse1.cpp -- eine Klasse benutzen
#include <iostream.h>
// Klassendefinition
class softball
{
private:                      // kann nur durch Element-
    char vorname[15];         // funktionen angesprochen werden
    char nachname[15];
    unsigned schlaege;
    unsigned treffer;
    unsigned rbis;
    float durchs;
    float berechne_durchs();  // private-Elementfunktionen
public:                       // public-Schnittstelle
    void alles_setzen();      // public-Elementfunktionen
    void aktual();
    void zeige_stat();
};

// Klassenmethoden
float softball::berechne_durchs()  // gehört zur softball-Klasse
{
    if (schlaege == 0)
        return 0;
    else
        return float(treffer) / schlaege;
}

void softball::alles_setzen()
{
    cout << "Den Vornamen des Spielers eingeben: ";
    cin >> vorname;
    cout << "Den Nachnamen des Spielers eingeben: ";
    cin >> nachname;
    cout << "Anzahl der Schläge eingeben: ";
    cin >> schlaege;
    cout << "Anzahl der Treffer eingeben: ";
```

```
    cin >> treffer;
    cout << "Anzahl der RBIs eingeben: ";
    cin >> rbis;
    durchs = berechne_durchs();
    cout << "\n";
}

void softball::aktual()          // aktualisiert die Statistiken
{
    cout << "Eingabe der Statistiken für " << vorname << " ";
    cout << nachname << ":\n";
    cout << "Anzahl der zusätzlichen Schläge eingeben: ";int temp;
    cin >> temp;
    schlaege = schlaege + temp;
    cout << "Anzahl der zusätzlichen Treffer eingeben: ";
    cin >> temp;
    treffer = treffer + temp;
    cout << "Anzahl der zusätzlichen RBIs eingeben: ";
    cin >> temp;
    rbis = rbis + temp;
    durchs = berechne_durchs();
    cout << "\n";
}

void softball::zeige_stat()
{
    cout << "Spieler: " << vorname << " " << nachname << "\n";
    cout << "Schläge: " << schlaege << "   Treffer: " << treffer;
    cout << "   RBIS: " << rbis << "   TQ: " << durchs << "\n\n";
}

// Testprogramm
int main(void)
{
    cout << "Besser mit OOP!\n";
    softball links, mitte;        // es mit 2 Objekten versuchen
    links.alles_setzen();
    mitte.alles_setzen();
    links.zeige_stat();
    mitte.zeige_stat();
    links.aktual();
    mitte.aktual();
    links.zeige_stat();
    mitte.zeige_stat();
    cout << "Tschüss\n";
    return 0;
}
```

Listing 9.3: klasse1.cpp

Es folgt ein Beispieldurchlauf:

```
Besser mit OOP!
Den Vornamen des Spielers eingeben: Kimball
Den Nachnamen des Spielers eingeben: Kinnison
Anzahl der Schläge eingeben: 520
Anzahl der Treffer eingeben: 232
Anzahl der RBIs eingeben: 143
```

```
Den Vornamen des Spielers eingeben: Hari
Den Nachnamen des Spielers eingeben: Seldon
Anzahl der Schläge eingeben: 480
Anzahl der Treffer eingeben: 135
Anzahl der RBIs eingeben: 38

Spieler: Kimball Kinnison
Schläge: 520   Treffer: 232   RBIS: 143   TQ: 0.446154

Spieler: Hari Seldon
Schläge: 480   Treffer: 135   RBIS: 38   TQ: 0.28125

Eingabe der Statistiken für Kimball Kinnison:
Anzahl der zusätzlichen Schläge eingeben: 24
Anzahl der zusätzlichen Treffer eingeben: 11
Anzahl der zusätzlichen RBIs eingeben: 4

Eingabe der Statistiken für Hari Seldon:
Anzahl der zusätzlichen Schläge eingeben: 21
Anzahl der zusätzlichen Treffer eingeben: 9
Anzahl der zusätzlichen RBIs eingeben: 3

Spieler: Kimball Kinnison
Schläge: 544   Treffer: 243   RBIS: 147   TQ: 0.446691

Spieler: Hari Seldon
Schläge: 501   Treffer: 144   RBIS: 41   TQ: 0.287425

Tschüss
```

Wie versprochen, bewirkt der Aufruf von *links.alles_setzen()*, daß die Methode *alles_setzen()* das Objekt *links* benutzt usw., *main()* dient lediglich als Mittel zum Testen des *softball*-Klassenentwurfs. Arbeitet die Klasse wie gewünscht, können Sie die *softball*-Klasse als anwenderdefinierten Typ in anderen Programmen einsetzen. Der entscheidende Punkt beim Verwenden eines neuen Typs besteht darin, zu verstehen, was die Elementfunktionen tun. Sie sollten sich nicht um die Implementationsdetails kümmern. Lesen Sie sich bitte den folgenden Abschnitt durch.

Das Client-Server-Modell

OOP-Programmierer sprechen in bezug auf das Programmdesign häufig von einem Client-Server-Modell. Bei diesem Konzept ist der Client ein Programm, das mit der Klasse arbeitet. Die Klassendefinition einschließlich der Klassenmethoden bilden den Server. Dabei handelt es sich um eine Ressource, die allen Programmen zur Verfügung steht, die sie benötigen. Der Client macht sich den Server lediglich durch die öffentlich definierte Schnittstelle zunutze. Das heißt, der Client bzw. allgemeiner der Programmierer des Clients müssen nur den Aufbau der Schnittstelle kennen. Die Aufgabe des Servers bzw. des Entwicklers des Servers besteht darin, die Zuverlässigkeit der Serverschnittstelle zu gewährleisten. Alle Veränderungen, die der Serverentwickler am Klassendesign vornimmt, sollten die Implementationsdetails betreffen, nicht die Schnittstelle. Dadurch können Programmierer den Client und den Server unabhängig voneinander verbessern, ohne daß Veränderungen am Server unvorhergesehene Ergebnisse beim Verhalten des Clients zur Folge haben.

Eine kurze Zusammenfassung

Der erste Schritt beim Anlegen eines Klassenentwurfs besteht in der Erstellung einer Klassendefinition. Die Klassendefinition ist wie eine Strukturschablone aufgebaut und kann Daten- und Funktionselemente beinhalten. Die Definition hat einen *private*-Bereich. Darin sind Elemente deklariert, auf die nur mit Elementfunktionen zugegriffen werden kann. Die Definition hat auch einen *public*-Bereich. Auf die darin deklarierten Elemente kann von einem außenstehenden Programm zugegriffen werden. Es ist üblich, Datenelemente im *private*-Bereich und Elementfunktionen im *public*-Bereich abzulegen. Eine typische Klassendefinition sieht wie folgt aus:

```
class Klassenname
{
private:
Deklarationen der Datenelemente
public:
Prototypen der Elementfunktionen
};
```

Legt man die Daten im *private*-Bereich ab, bleibt die Datenintegrität gewahrt. Diese Vorgehensweise wird als *Verbergen von Daten* bezeichnet. Verbindet man die Daten mit den Elementfunktionen, durch die beschrieben wird, wie die Daten eingesetzt werden können, wird das als *Kapselung* bezeichnet. Die C++-Klasse vereinfacht es also, die OOP-Ziele des Verbergens der Daten und die Kapselung zu verwirklichen.

Der zweite Schritt beim Entwurf einer Klasse besteht in der Definition der Klassen-Elementfunktionen. Sie können eine vollständige Funktionsdefinition anstelle eines Funktionsprototyps in der Klassendefinition einsetzen, aber es ist üblich, außer vielleicht bei sehr kurzen Funktionen, die Funktionsdefinitionen separat unterzubringen. Sie müssen dann mit dem Gültigkeitsbereichoperator kennzeichnen, zu welcher Klasse eine Elementfunktion gehört. Angenommen, die Klasse *bozo* verfügt über eine Elementfunktion mit dem Namen *retort()*, von der ein Zeiger auf ein *char*-Objekt übergeben wird. Der Funktions-Header sieht dann wie folgt aus:

```
char * bozo::retort()
```

Mit anderen Worten, *retort()* ist nicht nur eine Funktion vom Typ *char**, sondern eine Funktion vom Typ *char**, die zur Klasse *bozo* gehört.

Damit ein Objekt erzeugt werden kann, das eine bestimmte Instanz einer Klasse darstellt, müssen Sie nur den Klassennamen so einsetzen, als ob er ein Typname wäre:

```
bozo bozetta;
```

Dies ist möglich, da eine Klasse ein anwenderdefinierter Typ ist.

Eine Klassen-Elementfunktion oder Methode kann nur von einem Klassenobjekt aufgerufen werden. Dazu wird der Punktelementoperator eingesetzt:

```
cout << bozetta.retort();
```

Dadurch wird die Elementfunktion *retort()* aufgerufen. Beziehen sich die Anweisungen dieser Funktion auf ein bestimmtes Datenelement, verwendet die Funktion den Wert, den das Element im Objekt *bozetta* besitzt.

9.3 Klassenkonstruktoren und -destruktoren

Es kann noch mehr mit der *softball*-Klasse gemacht werden. Es gibt bestimmte Standardfunktionen – *Konstruktoren* und *Destruktoren* genannt –, die Sie normalerweise in einer Klasse unterbringen sollten. Wir wollen nun erklären, zu was sie gebraucht und wie sie geschrieben werden.

Ein Ziel von C++ besteht darin, daß Klassenobjekte gleich wie Standardtypen eingesetzt werden können. Es ist aber bisher noch nicht möglich, ein *softball*-Objekt so zu initialisieren, wie ein normales *int*- oder *struct*-Objekt:

```
int jahr = 2001;                // OK
struct ding
{
    char * pn;
    int m;
};
ding ball = {"Leder", -23};     // OK
softball babe = {"Babe", "Whoosh", 200, 10, 2};  // Nein!
```

Sie können ein *softball*-Objekt so nicht initialisieren, da die Datenelemente *private* sind. Das heißt, ein Programm kann nicht direkt auf die Datenelemente zugreifen. Wie Sie gesehen haben, kann ein Programm nur mit Hilfe einer Elementfunktion auf Datenelemente zugreifen. Es muß deshalb eine entsprechende Elementfunktion zur Verfügung gestellt werden, wenn Sie ein Objekt erfolgreich initialisieren wollen. (Sie können ein Klassenobjekt, wie oben gezeigt, initialisieren, wenn Sie die Datenelemente *public* anstelle von *private* machen. Aber macht man die Daten *public*, entfällt die wichtigste Existenzberechtigung für Klassen – das Verbergen von Daten.)

C++ kennt eine spezielle Elementfunktion, *Konstruktor* genannt, die ausschließlich zum Konstruieren eines neuen Objektes und dem Zuweisen von Werten an die Datenelemente dient. Genauer gesagt, gibt es in C++ einen Namen für diese Elementfunktion und eine Syntax für ihren Gebrauch. Von Ihnen muß die Definition der Methode kommen. Der Name ist derselbe, wie der Klassenname. Der Konstruktor der *softball*-Klasse ist also eine Elementfunktion mit dem Namen *softball()*. Der Konstruktorprototyp und sein Header verhalten sich interessant – obwohl der Konstruktor keinen Übergabewert hat, ist er nicht als *void*-Typ deklariert. Es ist nämlich so, daß ein Konstruktor gar keinen Typ hat.

Das Deklarieren und Definieren eines Konstruktors

Wir wollen einen *softball*-Konstruktor entwickeln. Da einem *softball*-Objekt fünf Werte von der Außenwelt zur Verfügung gestellt werden müssen, soll der Konstruktor fünf Argumente akzeptieren. (Der sechste Wert das Element *durchs* wird aus *schlaege* und *treffer* berechnet. Deshalb muß er beim Konstruktor nicht mitberücksichtigt werden.) Vielleicht sollen nur die beiden

Namenselemente initialisiert und die anderen Werte auf Null gesetzt werden. Wir verwenden deshalb Vorgabewerte für die Argumente dieser Werte (siehe Kapitel 8). Der Prototyp sieht dann wie folgt aus:

```
// Konstruktorprototyp mit einigen Vorgabewerten
softball(char * vn, char * nn, unsigned ab = 0,
         unsigned h = 0, unsigned rbi = 0);
```

Die beiden ersten Argumente sind Zeiger auf Strings, die zur Initialisation der Zeichenarray-klassenelemente *vorname* und *nachname* benötigt werden. Die Variablen *ab*, *h* und *rbi* stellen Werte für die Elemente *schlaege*, *treffer* und *rbi* zur Verfügung. Es gibt keinen Übergabewert. Der Prototyp wird im *public*-Abschnitt der Klassendefinition abgelegt.

Es folgt eine mögliche Definition für den Konstruktor:

```
// Konstruktordefinition
softball:: softball(char * vn, char * nn, unsigned ab,
    unsigned h, unsigned rbi)  // Klassenkonstruktor
{
    strcpy(vorname, vn);
    strcpy(nachname, nn);
    schlaege = ab;
    treffer = h;
    rbis = rbi;
    durchs = berechne_durchs();
}
```

Die Stringargumente dieser Funktion werden mit Hilfe der C-Bibliotheksfunktion *strcpy()* in die entsprechenden Zeichenarrays des Objektes kopiert. Sie müssen die Datei *string.h* im Programm unterbringen, damit der Prototyp für die Funktion *strcpy()* vorliegt. Anschließend kopiert die Funktion die anderen Argumente in die entsprechenden Objektelemente und setzt die *private*-Elementfunktion zur Berechnung eines Wertes für *durchs* ein. Sie sollten die Definition des Konstruktors zusammen mit den Definitionen der anderen Elementfunktionen ablegen.

Die obige Definition überprüft nicht, ob der Initialisationsstring in das Zielarray paßt. Stört Sie das, können Sie die Funktion *strncpy()* einsetzen. Der Aufruf *strncpy(s2, s1, n)* kopiert bis zu *n* Zeichen von *s1* nach *s2*. Enthält *s1* weniger als *n* Zeichen, füllt die Funktion *strncpy()* *s2* mit Nullzeichen auf. Das heißt, *strncpy(vorname, "Tim", 6)* kopiert die Zeichen *T*, *i* und *m* nach *vorname* und fügt 3 Nullzeichen hinzu, damit es insgesamt 6 Zeichen sind. Ist *s1* jedoch länger als *n* Zeichen, werden keine Nullzeichen hinzugefügt. Das heißt, *strncpy(vorname, "Priscilla", 4)* kopiert nur die Zeichen *P*, *r*, *i* und *s* nach *vorname*. Da aber das abschließende Nullzeichen fehlt, wird daraus kein String. Damit der Konstruktor einen richtigen String erzeugt, können Sie die folgenden Anweisungen einsetzen:

```
// Konstruktordefinition
softball:: softball(char * vn, char * nn, unsigned ab,
    unsigned h, unsigned rbi)  // Klassenkonstruktor
{
    strncpy(vorname, vn, 14);  // Die ersten 14 Elemente benutzen
    vorname[14] = '\0';        // Das 15te Element auf '\0' setzen
    ...
}
```

Wir machen weiter und hoffen, daß die meisten Eingaben im Rahmen bleiben und keine solche Spezialbehandlung nötig machen.

Der Einsatz des Konstruktors

C++ kennt zwei Möglichkeiten, ein Objekt mit Hilfe eines Konstruktors zu initialisieren. Die erste besteht darin, den Konstruktor explizit aufzurufen:

```
softball third = softball("James", "Kirk", 20, 9, 5);
```

Dadurch wird das Element *vorname* des Objektes *third* mit dem String *"James"* versehen und das Element *nachname* mit "Kirk" usw.

Die zweite Möglichkeit besteht darin, den Konstruktor implizit aufzurufen:

```
softball rover("Perry", "Mason", 18, 4, 1);
```

Diese etwas kompaktere Form ist äquivalent zu folgendem expliziten Aufruf:

```
softball rover = softball("Perry", "Mason", 18, 4, 1);
```

Haben Sie einen Klassenkonstruktor erstellt, benutzt C++ ihn immer, wenn Sie ein Objekt dieser Klasse erstellen, auch wenn Sie *new* zur dynamischen Speicherallokation verwenden. So wird der Konstruktor zusammen mit *new* eingesetzt:

```
softball *psoft = new softball("Winnie", "Pooh", 23, 2, 0);
```

Diese Anweisung erzeugt ein *softball*-Objekt, initialisiert es mit den angegebenen Werten und weist die Objektadresse dem Zeiger *psoft* zu. In diesem Fall hat das Objekt keinen Namen. Aber Sie können das Objekt mit dem Zeiger verwalten. Mehr zu diesem Thema in Kapitel 10.

 Ein Klassenkonstruktor wird – falls einer definiert ist – immer dann aufgerufen, wenn ein Programm ein Objekt dieser Klasse erzeugt.

Destruktoren

Erzeugt man mit einem Konstruktor ein Objekt, übernimmt das Programm die Kontrolle darüber, solange es existiert. Hört das Objekt auf zu existieren, ruft das Programm automatisch eine spezielle Elementfunktion auf, die den formidablen Namen *Destruktor* trägt. Der Destruktor ist für das Wegräumen von »Trümmern« verantwortlich, erfüllt also eigentlich einen konstruktiven Zweck. Benutzt Ihr Konstruktor beispielsweise zum Allokieren von Speicher *new*, sollte der Destruktor *delete* verwenden, um den Speicher wieder freizugeben. In unserem Beispiel wird der Destruktor eigentlich nicht benötigt. Aber es empfiehlt sich trotzdem, einen Destruktor einzubauen, falls die Klasse später überarbeitet wird.

Wie ein Konstruktor, trägt auch der Destruktor einen speziellen Namen: den Klassennamen mit einer Tilde (~) davor. Der Destruktor für die *softball*-Klasse heißt also *~softball()*. Ein Destruktor hat – wie ein Konstruktor – keinen Übergabewert und keinen deklarierten Typ. Im Gegensatz zu einem Konstruktor, akzeptiert der Destruktor keine Argumente. Der Prototyp für den *softball*-Destruktor sieht also wie folgt aus:

```
~softball(void);
```

Da der *softball*-Destruktor keine Pflichten erfüllen muß, kann man ihn als Funktion definieren, die nichts tut:

```
softball::~softball(void)
{
}
```

Vergessen Sie es, einen Destruktor explizit anzugeben, stellt der Compiler einen zu diesem nichtstuenden Destruktor äquivalenten Destruktor implizit zur Verfügung.

Damit wir aber sehen, wann der Destruktor aufgerufen wird, werden wir folgenden Destruktor verwenden:

```
softball::~softball(void) // Klassendestruktor
{
    cout << "Tschüss, " << vorname << "!\n";
}
```

Die Klasse softball verbessern

Der nächste Schritt besteht darin, den Konstruktor und den Destruktor der Klassen- und Methodendefinition hinzuzufügen. Wir werden uns dieses Mal an die übliche C++-Praxis halten und das Programm in separaten Dateien unterbringen. Die Klassendefinition kommt in eine Header-Datei mit dem Namen *softball1.h*. (Wie der Name andeutet, haben wir vor, das Programm zu verbessern.) Die Klassenmethoden werden in der Datei *softball1.cpp* untergebracht. Im allgemeinen sollten die Header-Datei mit der Klassendefinition und die Quelltextdatei mit den Methodendefinitionen denselben Basisdateinamen aufweisen, damit Sie Bescheid wissen, welche Dateien zusammengehören. Verwendet man zur Unterbringung der Klassendefinition und der Elementfunktionen separate Dateien, wird die abstrakte Schnittstellendefinition (die Klassendefinition) von den Implementationsdetails (den Elementfunktionen) getrennt. Sie können dann beispielsweise die Klassendefinition als Textdatei weitergeben und die Funktionsdefinitionen als kompilierten Code. Am Schluß wird das Programm, das diese Ressourcen benutzt, in einer dritten Datei, die den Namen *konstruk.cpp* trägt, untergebracht.

In Listing 9.4 sehen Sie die Header-Datei. Es wurden die Prototypen für die Konstruktor- und Destruktorfunktionen der ursprünglichen Klassendefinition hinzugefügt.

```
// softball1.h -- Header-Datei der softball-Klasse
class softball
{
private:
    char vorname[15];
    char nachname[15];
```

```
        unsigned schlaege;
        unsigned treffer;
        unsigned rbis;
        float durchs;
        float berechne_durchs(void);
    public:
        softball(char * vn, char * nn, unsigned ab = 0,
            unsigned h = 0, unsigned rbi = 0);     // Klassen-Konstruktor
        ~softball(void);                           // Klassen-Destruktor
        void alles_setzen(void);
        void aktual(void);
        void zeige_stat(void);
    };
```

Listing 9.4: softbal1.h

In Listing 9.5 sehen Sie die Methodendefinitionen. Damit die Klassendefinition präsent ist, enthält das Listing die Include-Datei *softbal1.h*. Außerdem greift das Listing auf die Systemdateien *iostream.h* und *string.h* zu, da die Methoden mit den Funktionen *cin*, *cout* und *strcmp()* arbeiten. In dieser Datei wurden die Konstruktor- und die Destruktordefinitionen zu den früher definierten Methoden hinzugefügt.

```
// softball.cpp -- Methoden der softball-Klasse
#include <iostream.h>
#include <string.h>
#include "softball1.h"

softball:: softball(char * vn, char * nn, unsigned ab,
            unsigned h, unsigned rbi) // Klassen-Konstruktor
{
    strcpy(vorname, vn);
    strcpy(nachname, nn);
    schlaege = ab;
    treffer = h;
    rbis = rbi;
    durchs = berechne_durchs();
}

softball::~softball(void)        // Klassen-Destruktor
{
    cout << "Tschüss, " << vorname << "!\n";
}

float softball::berechne_durchs(void)
{
    if (schlaege == 0)
        return 0;
    else
        return float(treffer) / schlaege;
}

void softball::alles_setzen(void)
{
    cout << "Den Vornamen des Spielers eingeben: ";
    cin >> vorname;
    cout << "Den Nachnamen des Spielers eingeben: ";
    cin >> nachname;
    cout << "Anzahl der Schläge eingeben: ";
```

```
    cin >> schlaege;
    cout << "Anzahl der Treffer eingeben: ";
    cin >> treffer;
    cout << "Anzahl der RBIs eingeben: ";
    cin >> rbis;
    durchs = berechne_durchs();
    cout << "\n";
}

void softball::aktual(void)
{
    cout << "Eingabe der Statistiken für " << vorname << " ";
     cout << nachname << ":\n";
    cout << "Anzahl der zusätzlichen Schläge eingeben: ";
    int temp;
    cin >> temp;
    schlaege = schlaege + temp;
    cout << "Anzahl der zusätzlichen Treffer eingeben: ";
    cin >> temp;
    treffer = treffer + temp;
    cout << "Anzahl der zusätzlichen RBIs eingeben: ";
    cin >> temp;
    rbis = rbis + temp;
    durchs = berechne_durchs();
    cout << "\n";
}

void softball::zeige_stat(void)
{
    cout << "Spieler: " << vorname << " " << nachname << "\n";
    cout << "Schläge: " << schlaege << "   Treffer: " << treffer;
    cout << "   RBIS: " << rbis << "   TQ: " << durchs << "\n\n";
}
```

Listing 9.5: softbal1.cpp

In Listing 9.6 finden Sie ein kurzes Programm zum Testen der neuen Methoden. Wie *softbal1.cpp* beinhaltet das Listing die Datei *softbal1.h*, um auf die Klassendefinition zugreifen zu können. Das Programm erzeugt zwei Objekte, eines repräsentiert den ersten Malhüter (Baseman) und eines den Spieler zwischen dem 2. und 3. Mal (Shortstop). (Für die Softball-Laien unter Ihnen: Durch diese Ausdrücke wird beschrieben, wo sich ein Softballspieler befindet, wenn sein Team in der Defensive ist.) Die Spieler sind Detektive aus der Literatur mit unterschiedlichem Bekanntheitsgrad. Damit das gesamte Programm kompiliert werden kann, müssen Sie die in den Kapiteln 1 und 8 beschriebenen Techniken für Programme, die aus mehreren Dateien bestehen, anwenden.

```
// konstruk.cpp -- Klassen-Konstruktor und Destruktor
// mit softball.cpp kompilieren
#include <iostream.h>
#include "softbal1.h"

int main(void)
{
    // Man kann den Konstruktor für die Initialisation von
    // Objekten einsetzen
    softball first = softball("Jane", "Marples",
        200, 60, 32);                      // Syntax 1
    softball shortstop("Nero", "Wolfe");   // Syntax 2
```

```
        first.zeige_stat();
        shortstop.zeige_stat();
        // Man kann Konstruktoren verwenden, um neue Werte zuzuweisen
        shortstop = softball("Freddie", "ThePig", 322, 103, 43);
        shortstop.zeige_stat();
        cout << "Tschüss\n";
        return 0;
    }
```

Listing 9.6: konstruk.cpp

Es folgt die Programmausgabe:

```
    Spieler: Jane Marple
    Schläge: 200    Treffer: 60    RBIS: 32    TQ: 0.3
    Spieler: Nero Wolfe
    Schläge: 0    Treffer: 0    RBIS: 0    TQ: 0
    Spieler: Freddie ThePig
    Schläge: 322    Treffer: 103    RBIS: 43    TQ: 0.319876
    Tschüss
    Tschüss, Freddie!
    Tschüss, Freddie!
    Tschüss, Jane!
```

Programmhinweise

Die Anweisung

```
    softball first = softball("Jane"; "Marple",
                              200, 60, 32);
```

erzeugt ein *softball*-Objekt mit dem Namen *first* und initialisiert dessen Datenelemente mit den angegebenen Werten. Die Anweisung

```
    softball shortstop("Nero", "Wolfe");
```

verwendet eine zweite Syntaxvariante zur Erzeugung eines Objektes mit dem Namen *shortstop*. Dabei werden dessen Namenselemente mit *"Nero"* und *"Wolfe"* initialisiert. Da im Konstruktoraufruf keine weiteren Argumente aufgeführt sind, benutzt der Konstruktor für die restlichen Argumente die Vorgabewerte. Wie aus der Ausgabe zu ersehen ist, sind diese Werte alle gleich 0.

Sie können den Konstruktor zu mehr als nur der Initialisation des neuen Objektes einsetzen. Im Programm befindet sich zum Beispiel die folgende Anweisung in *main()*.:

```
    shortstop = softball("Freddie", "ThePig", 322, 103, 43);
```

Das Objekt *shortstop* existiert bereits. *shortstop* wird also nicht initialisiert, sondern durch diese Anweisung werden dem Objekt neue Werte zugewiesen.

Schauen Sie sich als nächstes an, wie der Destruktor arbeitet.

```
Tschüss, Freddie!
Tschüss, Freddie!
Tschüss, Jane!
```

Die Objekte *first* und *shortstop* sind lokale Variablen, sie hören also auf zu existieren, sobald der ganze Block zu Ende ausgeführt wurde. In diesem Fall befinden sich die Objekte in der Funktion *main()*. Wird *main()* beendet, erlischt das Leben der Objekte, und die Destruktorfunktion tritt in Aktion. Da es sich bei diesen Objekten um automatische Variablen handelt, werden sie auf dem Stack abgelegt. Daß heißt, das zuletzt erzeugte Objekt wird als erstes gelöscht, und das zuerst erzeugte Objekt wird als letztes gelöscht. Wie Sie sehen, wird *first* (*Jane*) zuletzt gelöscht und *shortstop* (jetzt *Freddie*) davor. Obwohl nur zwei Objekte deklariert wurden, gibt es drei Aufrufe der Destruktorfunktion! Wird der Konstruktor für die Zuweisung der Freddie-Werte an das *shortstop*-Objekt eingesetzt, erzeugt das Programm zuerst ein temporäres, namenloses Objekt mit den angegebenen Werten. Daraufhin werden diese Werte in das Objekt *shortstop* kopiert. Nachdem das temporäre Objekt aufhörte zu existieren, rief das Programm die Destruktorfunktion auf. Das erste *Freddie*, das gelöscht wird, ist also das temporäre Objekt und das zweite gelöschte *Freddie* ist das Objekt *shortstop*. C++ legt nicht eindeutig fest, wann ein temporäres Objekt gelöscht wird. Diese Implementation (Turbo C++ 2.0) behandelt ein temporäres Objekt als automatische Variable und löschte es nach Beendigung der Funktion. Aber Sie können sich nicht darauf verlassen, daß ein Programm solange damit wartet.

Weitere Raffinessen: der Standardkonstruktor

Nachdem Sie einen Konstruktor definiert haben, *muß* ein Programm ihn bei der Erzeugung eines Objektes einsetzen. Da der *softball()*-Konstruktor mindestens zwei Argumente benötigt (den Vor- und den Nachnamen eines Spielers), müssen Sie jetzt ein *softball*-Objekt immer explizit initialisieren, wenn Sie eines erzeugen. Sie können also keine nicht initialisierten Objekte mehr erzeugen wie in Listing 9.3:

```
softball links, mitte;      // Mit dem aktuellen Konstruktor nicht
                            // mehr möglich
```

Das möchten Sie wahrscheinlich immer noch tun können. Mit der *alles_setzen()*-Methode zum Beispiel können Sie mit Hilfe der Tastatur Werte in nicht initialisierte Objekte eintragen.

Damit nicht initialisierte Objekte erzeugt werden können, obwohl ein Konstruktor vorliegt, müssen Sie einen *Standardkonstruktor* definieren. Dabei handelt es sich um einen Konstruktor, der keine Argumente besitzt. Sie können einen Standardkonstruktor auf zwei Arten definieren. Eine besteht darin, alle Argumente eines bereits existierenden Konstruktors mit Vorgabewerten auszustatten:

```
softball(char * vn = "", char * nn = "", unsigned ab = 0,
        unsigned h = 0, unsigned rbi = 0);
```

Die zweite Methode besteht darin, mit Hilfe der Funktionsüberladung einen zweiten Konstruktor zu definieren, der keine Argumente hat:

```
softball(void);
```

(Bei älteren Versionen als 2.0 von C++ konnte zur Erzeugung eines Standardkonstruktors lediglich die zweite Methode angewandt werden.)

Kreieren Sie Klassenkonstruktoren, müssen Sie einen Standardkonstruktor definieren, falls Sie nicht initialisierte Objekte erzeugen wollen.

Haben Sie mit einer der beiden Methoden einen Standardkonstruktor erzeugt, können Sie Objekt-Variablen ohne explizite Initialisation deklarieren:

```
softball first;                    // Der Standardkonstruktor wird
                                   // implizit aufgerufen
softball first = softball();       // Der Konstruktor wird explizit
                                   // aufgerufen
softball *prelief = new softball;  // Der Konstruktor wird implizit
                                   // aufgerufen
```

Lassen Sie sich von der Form des nicht standardmäßigen Konstruktors nicht irre führen:

```
softball first("Han", "Solo"); // Der Konstruktor wird aufgerufen
softball second();             // Eine Funktion wird deklariert
#softball catcher;             // Der Standardkonstruktor wird
                              // aufgerufen
```

Die erste Deklaration ruft den nicht standardmäßigen Konstruktor auf. Das heißt, einen Konstruktor, der Argumente akzeptiert. Die zweite Deklaration legt fest, daß *second()* eine Funktion ist, von der ein *softball*-Objekt übergeben wird. Rufen Sie also den Standardkonstruktor implizit auf, dürfen Sie keine runden Klammern verwenden.

Listing 9.7 stellt die Header-Datei mit der neuen Klassendefinition dar, die den Standardkonstruktor miteinschließt. Um Verwechslungen mit der vorigen Header-Datei auszuschließen, werden wir diese *softbal2.h* nennen.

```
// softbal2.h -- Header-Datei der softball-Klasse
class softball
{
private:
    char vorname[15];
    char nachname[15];
    unsigned schlaege;
    unsigned treffer;
    unsigned rbis;
    float durchs;
    float berechne_durchs(void);
public:
    softball(char * vn, char * nn, unsigned ab = 0,
        unsigned h = 0, unsigned rbi = 0);    // Konstruktor
    softball(void);                   // Standardkonstruktor
    ~softball(void);                  // Klassen-Destruktor
    void alles_setzen(void);
```

```
    void aktual(void);
    void zeige_stat(void);
};
```

Listing 9.7: softbal2.h

In Listing 9.8 wurde der Standardkonstruktor der Methodendatei hinzugefügt. Es wurde ein Konstruktor definiert, der nichts tut. Der einzige Zweck des Konstruktors besteht darin, daß er existiert und Sie mit ihm Objekte ohne explizite Initialisierung erzeugen können. Mit einem Standardkonstruktor kann man ein Objekt immer noch implizit initialisieren. Der vorliegende macht das nicht, aber Sie können die Funktion so umdefinieren, daß sie die Namen mit leeren Strings versieht und die anderen Werte auf Null setzt.

```
// softbal2.cpp -- Methoden der softball-Klasse
#include <iostream.h>
#include <string.h>
#include "softbal2.h"

softball::softball(void)        // Standardkonstruktor
{
}

softball:: softball(char * vn, char * nn, unsigned ab,
                    unsigned h, unsigned rbi)
{
    strcpy(vorname, vn);
    strcpy(nachname, nn);
    schlaege = ab;
    treffer = h;
    rbis = rbi;
    durchs = berechne_durchs();
}

softball::~softball(void)       // Klassen-Destruktor
{
    cout << "Tschüss, " << vorname << "!\n";
}

float softball::berechne_durchs(void)
{
    if (schlaege == 0)
        return 0;
    else
        return float(treffer) / schlaege;
}

void softball::alles_setzen(void)
{
    cout << "Den Vornamen des Spielers eingeben: ";
    cin >> vorname;
    cout << "Den Nachnamen des Spielers eingeben: ";
    cin >> nachname;
    cout << "Anzahl der Schläge eingeben: ";
    cin >> schlaege;
    cout << "Anzahl der Treffer eingeben: ";
    cin >> treffer;
    cout << "Anzahl der RBIs eingeben: ";
```

```
    cin >> rbis;
    durchs = berechne_durchs();
    cout << "\n";
}

void softball::aktual(void)
{
    cout << "Eingabe der Statistiken für " << vorname << " ";
    cout << nachname << ":\n";
    cout << "Anzahl der zusätzlichen Schläge eingeben: ";
    int temp;
    cin >> temp;
    schlaege = schlaege + temp;
    cout << "Anzahl der zusätzlichen Treffer eingeben: ";
    cin >> temp;
    treffer = treffer + temp;
    cout << "Anzahl der zusätzlichen RBIs eingeben: ";
    cin >> temp;
    rbis = rbis + temp;
    durchs = berechne_durchs();
    cout << "\n";
}

void softball::zeige_stat(void)
{
    cout << "Spieler: " << vorname << " " << nachname << "\n";
    cout << "Schläge: " << schlaege << "     Treffer: " << treffer;
    cout << "     RBIS: " << rbis << "     TQ: " << durchs <<
            "\n\n";
}
```

Listing 9.8: softbal2.cpp

In Listing 9.9 schließlich wird der neue Konstruktor eingesetzt. Vergessen Sie nicht, dieses Listing mit Listing 9.8 zusammen zu kompilieren.

```
// stkonstr.cpp -- den Klassen-Standardkonstruktor benutzen
// mit softbal2.cpp kompilieren
#include <iostream.h>
#include "softbal2.h"

int main(void)
{
    softball first = softball("Jane", "Marples",
        200, 60, 32);
    softball shortstop("Nero", "Wolfe");
    softball tops;                    // benutzt Standardkonstruktor

    cout << "Malhüter ist\n";
    first.zeige_stat();
    cout << "Spieler zwischen dem 2. und 3. Mal ist \n";
    shortstop.zeige_stat();
    tops = first;                    // Klassenzuweisung
    cout << "Der beste Schlagmann ist\n";
    tops.zeige_stat();
```

```
    cout << "Tschüss\n";
    return 0;
}
```

Listing 9.9: stkonstr.cpp

Es folgt die Programmausgabe:

```
Malhüter ist
Spieler: Jane Marple
Schläge: 200   Treffer: 60   RBIS: 32   TQ: 0.3

Spieler zwischen dem 2. und 3. Mal ist
ist: Nero Wolfe
Schläge: 0   Treffer: 0   RBIS:0   TQ:0

Der beste Schlagmann ist
Spieler: Jane Marple
Schläge: 200   Treffer: 60   RBIS: 32   TQ: 0.3

Tschüss
Tschüss, Jane!
Tschüss, Nero!
Tschüss, Jane!
```

Programmhinweise

Das Programm initialisiert mit dem Originalkonstruktor die Objekte *first* und *shortstop* und benutzt den Standardkonstruktor zur Erzeugung des leeren Objektes *tops*. Nach Ausgabe des Inhaltes der ersten beiden Objekte, kopiert das Programm mit Hilfe des Zuweisungsoperators den Inhalt des Objektes *first* in das Objekt *tops*:

```
tops = first;   // Klassenzuweisung
```

In C++ ist es möglich, ein Objekt einem anderen Objekt derselben Klasse zuzuweisen, genauso wie Strukturzuweisungen durchgeführt werden können.

 Weisen Sie ein Objekt einem anderen Objekt derselben Klasse zu, kopiert C++ standardmäßig den Inhalt von jedem Datenelement des Quellobjektes in das entsprechende Datenelement des Zielobjektes.

Setzt man *zeige_stat()* zusammen mit dem Objekt *tops* ein, sieht man, daß der Kopiervorgang erfolgreich ablief. Sobald *main()* endet, ruft das Programm die Destruktorfunktion für jedes einzelne der drei Objekte auf.

Ein Überblick über Konstruktoren und Destruktoren

Jetzt, da Sie einige Beispiele zu Konstruktoren und Destruktoren gesehen haben, möchten Sie vielleicht eine Pause machen und überdenken, was alles passierte. Um Ihnen dabei zu helfen, folgt eine Zusammenfassung der vorgestellten Methoden.

Ein Konstruktor ist eine spezielle Klassen-Elementfunktion, die immer dann aufgerufen wird, wenn ein Objekt dieser Klasse erzeugt wird. Ein Klassenkonstruktor trägt denselben Namen wie seine Klasse, aber mit Hilfe der Funktionsüberladung, können Sie mehr als einen Konstruktor mit demselben Namen versehen – vorausgesetzt, jeder verfügt über seine eigene Signatur oder Argumentenliste. Ein Konstruktor hat keinen deklarierten Typ. Normalerweise dient ein Konstruktor zur Initialisierung von Elementen eines Klassenobjektes. Ihre Initialisation sollte mit der Argumentenliste des Konstruktors übereinstimmen. Angenommen, bei der Klasse *bozo* besitzt der Klassenkonstruktor den folgenden Prototyp:

```
bozo(char * fname, char * nachname);    // Konstruktor Prototyp
```

Dann würden Sie den Konstruktor wie folgt zur Initialisierung von neuen Objekten einsetzen:

```
bozo bozetta = bozo("Bozetta", "Biggens");   // Erste Form
bozo fufu("Fufu", "OO'Dweeb");               // Kurzform
bozo *pc = new bozo("Popo", "Le Peu");       // Dynamisches Objekt
```

Besitzt ein Konstruktor nur ein Argument, wird er aufgerufen, falls Sie ein Objekt mit einen Wert versehen, der denselben Typ wie das Konstruktorargument hat. Angenommen, es liegt der folgende Konstruktorprototyp vor:

```
bozo(int alter);
```

Dann können Sie eine der folgenden Formen zur Initialisierung des Objektes heranziehen:

```
bozo drible = bozo(44);   // Primäre Form
bozo roon(66);            // Sekundäre Form
bozo tubby = 32;          // Spezialform für Konstruktoren mit
                          // einem Argument
```

(Das ist eigentlich ein ganz neuer Gesichtspunkt, aber es schien gerade günstig, ihn Ihnen nahe zu bringen.)

Nachdem ein Konstruktor definiert wurde, können Sie kein Objekt dieser Klasse ohne Mitwirkung des Konstruktors erzeugen. Möchten Sie also ein Objekt ohne Initialisierung erzeugen, müssen Sie auch einen Standardkonstruktor definieren. Hierbei handelt es um einen Konstruktor ohne Argumente:

```
bozo();                  // Standardkonstruktorprototyp
```

Das Programm verwendet den Standardkonstruktor für nicht initialisierte Objekte:

```
bozo bubi;               // Standardkonstruktor
bozo *pb = new bozo;     // Standardkonstruktor
```

Genauso, wie ein Programm einen Konstruktor beim Erzeugen eines Objektes aufruft, ruft es einen Destruktor beim Löschen des Objektes auf. Es kann jeweils nur ein Destruktor pro Klasse existieren. Ein Destruktor hat keinen Übergabetyp, nicht einmal *void*, keine Argumente und sein Name ist der Klassenname, angeführt von einer Tilde. Der *bozo*-Klassendestruktor zum Beispiel hat folgenden Prototyp:

```
~bozo();      // Klassendestruktor
```

Klassendestruktoren müssen eingesetzt werden, sobald Klassenkonstruktoren mit *new* arbeiten.

9.4 Wie Sie Ihre Objekte näher kennenlernen: der this-Zeiger

Man kann immer noch mehr mit der *softball*-Klasse anfangen. Bisher bearbeitete jede Klassen-Elementfunktion lediglich ein Objekt, und zwar das Objekt, das die Funktion aufrief. Manchmal jedoch ist es notwendig, mit zwei Objekten zu arbeiten. Dabei kommt ein seltsamer C++-Zeiger, der *this*-Zeiger, ins Spiel. Wir wollen nun sein Geheimnis lüften.

In Listing 9.9 weist das Programm dem Objekt *tops* das Objekt mit der besseren Trefferquote zu. Aber das Programm bestimmte nicht selbst, welches Objekt die bessere Quote besitzt. Es akzeptierte einfach die Werte, die durch die Zuweisungsanweisung unterbreitet wurden. Das Programm hat nämlich keine Möglichkeit, zu bestimmen, wie die Trefferquoten sind, da es sich hierbei um *private*-Daten handelt. Möchten Sie, daß das Programm selbst die bessere Quote bestimmt, müssen Sie ihm zur Lösung dieser Aufgabe eine Elementfunktion zur Seite stellen. Dadurch stellt sich eine interessante Frage, die wir nun klären wollen.

Wie übergeben Sie einer Elementfunktion zwei Objekte zum Vergleichen? Angenommen, Sie beschließen, der Methode den Namen *top_quote()* zu geben. Dann greift die Botschaft *first.top_quote()* auf die Daten des Objektes *first* zu und die Botschaft *shortstop.top_quote()* auf die Daten des Objektes *shortstop*. Möchten Sie, daß die Methode *beide* Objekte vergleicht, müssen Sie das zweite Objekt als Argument übergeben. Es ist am effektivsten, das Argument anhand einer Referenz zu übergeben. Das heißt, versehen Sie die Methode *top_quote()* mit einem Argument vom Typ *softball &*.

Wie leitet man die Antwort der Methode an das aufrufende Programm weiter? Am direktesten geht das, indem die Methode eine Referenz auf das Objekt mit der besten Trefferquote übergibt. Die Vergleichsmethode sollte also den folgenden Prototyp haben:

```
softball & top_quote(softball & spieler);
```

Diese Methode greift auf ein Objekt implizit und auf eines explizit zu und übergibt eine Referenz auf eines der beiden Objekte.

Angenommen, Sie möchten die *softball*-Objekte *links* und *shortstop* miteinander vergleichen und dem Objekt *top* das Objekt mit der besseren Trefferquote zuweisen. Sie können dazu eine der beiden folgenden Anweisungen verwenden:

```
top = links.top_quote(shortstop);
top = shortstop.top_quote(links);
```

Mit der ersten Anweisung wird auf *links* implizit und auf *shortstop* explizit zugegriffen. Mit der zweiten Anweisung wird auf *links* explizit und auf *shortstop* implizit zugegriffen (siehe Bild 9.3). Bei beiden Anweisungen werden die zwei Objekte verglichen und eine Referenz auf den Gewinner übergeben.

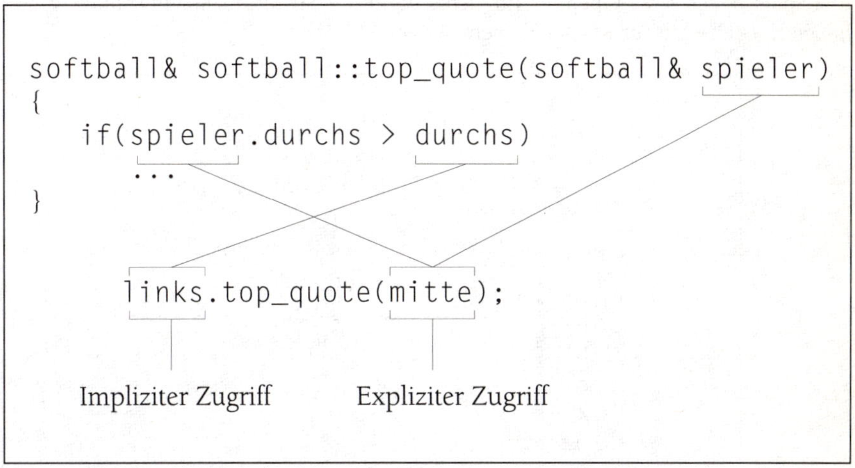

Bild 9.3: Mit einer Elementfunktion auf zwei Objekte zugreifen

Diese Schreibweise ist wirklich etwas verwirrend. Es wäre besser, wenn man irgendwie den relationalen Operator > für den Vergleich der beiden Objekte einsetzen könnte. Dies ist tatsächlich im Zusammenhang mit der Operatorüberladung möglich, mehr dazu in Kapitel 10.

Die Implementation von *top_quote()* steht immer noch aus und macht gleichzeitig ein Problem deutlich. Es folgt eine Teilimplementation, die das Problem aufzeigt:

```
softball& softball::top_quote(softball& spieler)
{
    if (spieler.durchs > durchs)
        return.spieler;
    else
        return ????;
}
```

spieler.durchs ist dabei die Quote für das als Argument übergebene Objekt, und *durchs* ist die Quote für das Objekt, an das die Botschaft gesandt wurde. Ist *spieler.durchs* größer als *durchs*, übergibt die Funktion das Objekt *spieler*. Anderenfalls wird das Objekt übergeben, das zum Aufrufen der Methode benutzt wurde. (Mit OOP-Worten gesprochen, wäre das das Objekt, an das die *top_quote*-Botschaft geschickt wurde.) Wie wird dieses Objekt nun aufgerufen? Verwenden Sie den Aufruf *first.top_quote(shortstop)*, ist *spieler* eine Referenz auf *shortstop* (das heißt, ein Alias für *shortstop*), aber es gibt kein Alias für *first*.

Für solche Probleme gibt es in C++ einen speziellen Zeiger mit dem Namen *this*. Der *this*-Zeiger zeigt auf das für den Aufruf der Elementfunktion verwendete Objekt. Der Funktionsaufruf *first.top_quote(shortstop)* versieht also *this* mit der Adresse des Objektes *first* und stellt so diese Adresse der Methode *top_quote()* zur Verfügung. Der Funktionsaufruf *shortstop.top_quote(first)* versieht *this* mit der Adresse des Objektes *shortstop*. Alle Klassenmethoden besitzen einen *this*-Zeiger, der mit der Adresse des Objektes versehen ist, das die Methode aufrief. *durchs* in *top_quote()* ist also lediglich die Abkürzung für *this->durchs*. (Sie wissen ja sicher noch, daß wir in Kapitel 4 den »->«-Operator für den Zugriff auf Strukturelemente mittels Zeiger eingesetzt haben. Dasselbe gilt für Klassenelemente -- siehe Bild 9.4).

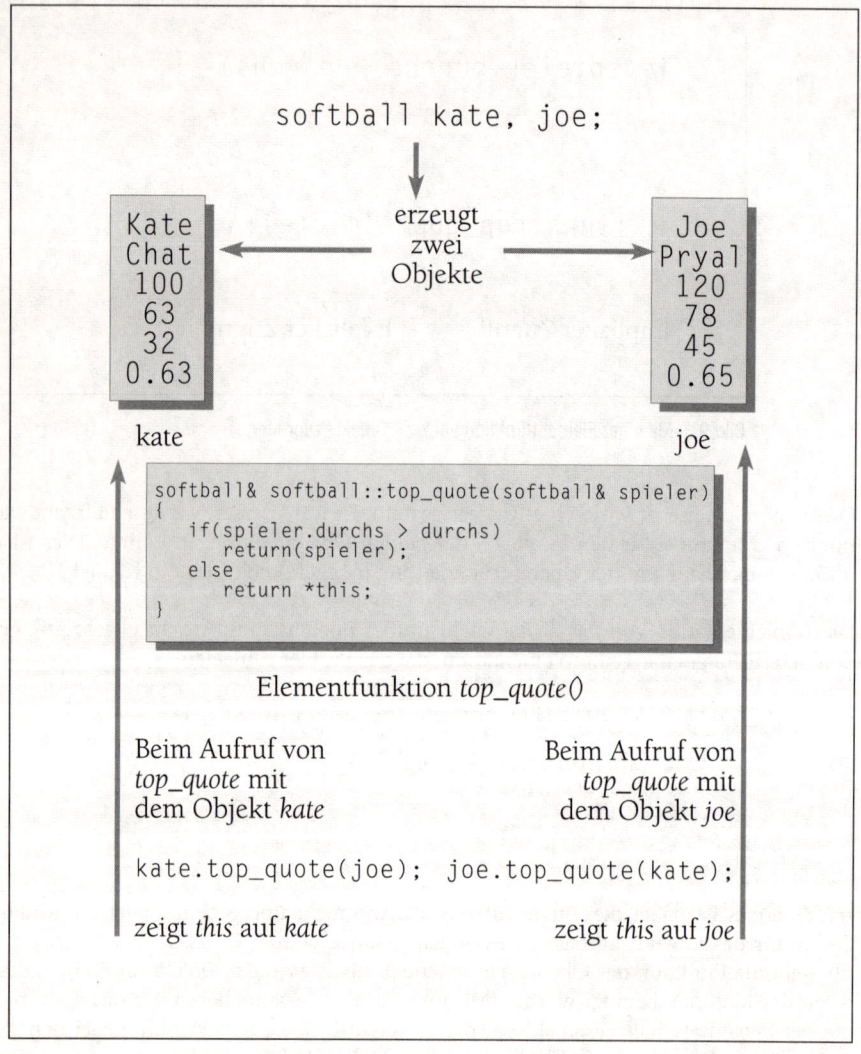

Bild 9.4: Der Zeiger this zeigt auf das aufrufende Objekt

Wir möchten aber nicht, daß *this* übergeben wird, da es sich dabei um die Adresse des Objektes handelt. Es soll das Objekt selbst übergeben werden. Das wird durch **this* symbolisiert. (Wendet man den Indirektionsoperator * auf einen Zeiger an, ergibt das – wie Sie wissen – den Wert, auf den der Zeiger zeigt.) Jetzt können wir unter Verwendung von **this* als Alias für das aufrufende Objekt die Methodendefinition vervollständigen.

```
softball& softball::top_quote(softball&spieler)
{
    if (spieler.durchs > durchs)
        return spieler;    // Argumentobjekt
    else
        return *this;      // Aufrufendes Objekt
}
```

In Listing 9.10 sehen Sie die neue Header-Datei.

```
// softbal3.h -- Header-Datei der softball-Klasse

class softball
{
private:
    char vorname[15];
    char nachname[15];
    unsigned schlaege;
    unsigned treffer;
    unsigned rbis;
    float durchs;
    float berechne_durchs(void);
public:
    softball(char * vn, char * nn, unsigned ab = 0,
        unsigned h = 0, unsigned rbi = 0);    // Konstruktor
     softball(void);                          // Standardkonstruktor
    ~softball(void);                          // Klassen-Destruktor
    void alles_setzen(void);
    void aktual(void);
    void zeige_stat(void);
    softball & top_quote(softball & spieler); //neue Methode
};
```

Listing 9.10: softbal3.h

In Listing 9.11 werden die überarbeiteten Klassenmethoden präsentiert. Es beinhaltet nun auch die Methode *top_quote()*. Jetzt, da wir wissen, wie ein Destruktor funktioniert, können wir ihn durch eine Version ersetzen, die nichts tut.

```
// softbal3.cpp -- Methoden der softball-Klasse

#include <iostream.h>
#include <string.h>
#include "softbal3.h"

softball:: softball(void)
{
}
```

```
softball:: softball(char * vn, char * nn, unsigned ab,
                    unsigned h, unsigned rbi)
{
    strcpy(vorname, vn);
    strcpy(nachname, nn);
    schlaege = ab;
    treffer = h;
    rbis = rbi;
    durchs = berechne_durchs();
}

softball::~softball(void)      // neuer Destruktor
{
}

float softball::berechne_durchs(void)
{
    if (schlaege == 0)
        return 0;
    else
        return float(treffer) / schlaege;
}

void softball::alles_setzen(void)
{
    cout << "Den Vornamen des Spielers eingeben: ";
    cin >> vorname;
    cout << "Den Nachnamen des Spielers eingeben: ";
    cin >> nachname;
    cout << "Anzahl der Schläge eingeben: ";
    cin >> schlaege;
    cout << "Anzahl der Treffer eingeben: ";
    cin >> treffer;
    cout << "Anzahl der RBIs eingeben: ";
    cin >> rbis;
    durchs = berechne_durchs();
    cout << "\n";
}

void softball::aktual(void)
{
    cout << "Eingabe der Statistiken für " << vorname << " ";
    cout << nachname << ":\n";
    cout << "Anzahl der zusätzlichen Schläge eingeben: ";
    int temp;
    cin >> temp;
    schlaege = schlaege + temp;
    cout << "Anzahl der zusätzlichen Treffer eingeben: ";
    cin >> temp;
    treffer = treffer + temp;
    cout << "Anzahl der zusätzlichen RBIs eingeben: ";
    cin >> temp;
    rbis = rbis + temp;
    durchs = berechne_durchs();
    cout << "\n";
}
```

```
void softball::zeige_stat(void)
{
    cout << "Spieler: " << vorname << " " << nachname << "\n";
    cout << "Schläge: " << schlaege << "     Treffer: " << treffer;
    cout << "     RBIS: " << rbis << "     TQ: " << durchs;
    cout << "\n\n";
}

softball& softball::top_quote(softball& spieler)
{
    if (spieler.durchs > durchs)
        return spieler;
    else
        return *this;
}
```

Listing 9.11: softbal3.cpp

Wir möchten natürlich wissen, ob der *this*-Zeiger funktioniert. In Listing 9.12 sehen Sie ein kurzes Programm zur Überprüfung des *this*-Zeigers. (Vergessen Sie nicht Listing 9.11 und 9.12 zusammen zu kompilieren.)

```
// thiseins.cpp -- this-Zeiger und Referenz-Variablen einsetzen
// mit softbal3.cpp kompilieren
#include <iostream.h>
#include "softbal3.h"

int main(void)
{
    softball catcher = softball("Andrew", "Dalziel",
                                420, 160, 86);
    softball pitcher("Adam", "Dalgliesh", 218, 78, 38);
    softball tops;

    catcher.zeige_stat();
    pitcher.zeige_stat();
    tops = catcher.top_quote(pitcher);    // Referenz-Argument
    cout << "Es folgt die beste Trefferquote:\n";
    tops.zeige_stat();
    cout << "Tschüss\n";
    return 0;
}
```

Listing 9.12: thiseins.cpp

Es folgt die Programmausgabe:

```
Spieler Andrew Dalziel
Schläge: 429   Treffer: 160   RBIS: 86   TQ: 0.380952
Spieler: Adam Dalgliesh
Schläge: 218   Treffer: 78   RBIS: 38   TQ: 0.357798
Es folgt die beste Trefferquote:
Spieler: Andrew Dalziel
Schläge: 420   Treffer: 160   RBIS: 86   TQ: 0.380952
Tschüss
```

Der *this*-Zeiger funktioniert! Er zeigt in diesem Fall auf das Objekt *catcher* und *top_quote()* übergab eine Referenz auf dieses Objekt.

Jede Elementfunktion einschließlich Konstruktoren und Destruktoren kann ihren eigenen *this*-Zeiger einsetzen. Die einzige Eigenschaft des *this*-Zeigers besteht darin, daß er am Anfang auf das aufrufende Objekt zeigt. Da er kein *const*-Zeiger ist, *können* Sie ihn auf ein anderes Objekt zeigen lassen. Das bedeutet aber nicht, daß Sie ihn auf *diese* Art und Weise einsetzen sollten. Verwenden Sie *this* – besonders in Konstruktoren und Destruktoren –, sollten Sie seinen Wert normalerweise nicht verändern.

9.5 Ein Array aus Objekten

Es kommt häufig vor – wie beim *softball*-Beispiel –, daß man mehrere Objekte derselben Klasse erstellen will. Sie können separate Objektvariablen erzeugen, wie wir das bisher gemacht haben oder – und das ist sinnvoller – ein Objektarray einrichten. Das hört sich wie ein Vorstoß ins Ungewisse an, aber eigentlich wird ein Objektarray genauso deklariert wie ein Array mit Standardtypen:

```
softball outfield[4];        // Ein Array mit 4 softball-Objekten wird
                             // erzeugt
```

Ein Programm ruft, wie Sie ja wissen, beim Erzeugen von Klassenobjekten immer einen Klassenkonstruktor auf (falls einer existiert). Diese Deklaration macht es also erforderlich, daß entweder kein definierter Konstruktor vorliegt oder, wie in diesem Fall, daß ein Standardkonstruktor definiert ist. Jedes Element *outfield[0]*, *outfield[1]* usw. – ist ein *softball*-Objekt und kann deshalb zusammen mit den *softball*-Methoden eingesetzt werden:

```
spieler[0].alles_setzen();    // alles_setzen() wird auf das erste
                              // Element angewandt
spieler[3].zeige_stat();      // zeige_stat() wird auf das vierte
                              // Element angewandt
softball tops = spieler[2].top_quote(spieler[1]);
                              // Drittes und zweites Element
                              // vergleichen
```

Sie können mit einem Konstruktor die Array-Elemente initialisieren. In diesem Fall müssen Sie den Konstruktor für jedes einzelne Element aufrufen:

```
softball outfield[4] =
{
    softball("Agatha", "Christie", 240, 82, 34),
    softball("Jack", "Vance", 207, 77, 36),
    softball("Martha", "Grimes", 234, 75, 28),
    softball("Robert", "Heinlein", 222, 80, 49)
};
```

Es wurde die Standardform zur Initialisierung eines Arrays benutzt: eine durch Kommata separierte Werteliste in geschweiften Klammern. In diesem Fall wird jeder Wert durch einen Aufruf des Konstruktors repräsentiert.

In Listing 9.13 werden die soeben besprochenen Prinzipien in einem kurzen Programm angewandt, das vier Array-Elemente initialisiert, ihren Inhalt ausgibt und die Elemente überprüft, um das Element mit der höchsten Trefferquote herauszufinden. Da *top_quote()* nur zwei Objekte gleichzeitig überprüft, wurde eine *for*-Schleife zur Untersuchung des ganzen Arrays eingesetzt. An der Klassendefinition wurden keine weiteren Veränderungen vorgenommen. Sie können also die Header-Dateien und die Methodendatei aus den Listings 9.10 und 9.11 benutzen.

```cpp
// objarray.cpp -- ein Objektarray einsetzen
// mit softbal3.cpp kompilieren

#include <iostream.h>
#include "softbal3.h"

const int Num = 4;

int main(void)
{
// Hinweis: einige Implementationen erfordern die Verwendung
// des Schlüsselwortes static
    softball outfield[Num] =
    {
        softball("Agatha", "Christie", 240, 82, 34),
        softball("Jack", "Vance", 202, 77, 36),
        softball("Martha", "Grimes", 234, 75, 28),
        softball("Robert", "Heinlein", 222, 80, 49)
    };
    softball tops;

    for (int i = 0; i < Num; i++)
        outfield[i].zeige_stat();

    tops = outfield[0];
    for (i = 1; i < Num; i++)
        tops = tops.top_quote(outfield[i]);
    cout << "Spitzenspieler:\n";
    tops.zeige_stat();

    cout << "Tschüss\n";
    return 0;
}
```

Listing 9.13: objarray.cpp

Es folgt die Programmausgabe:

```
Spieler: Agatha Christie
Schläge: 240    Treffer: 82    RBIS: 34    TQ: 0.341667

Spieler: Jack Vance
Schläge: 202    Treffer: 77    RBIS: 36    TQ: 0.381188

Spieler: Martha Grimes
Schläge: 234    Treffer: 75    RBIS: 28    TQ: 0.320513

Spieler: Robert Heinlein
Schläge: 222    Treffer: 80    RBIS: 49    TQ: 0.36036
```

```
Spitzenspieler:
Spieler: Jack Vance
Schläge: 202   Treffer: 77   RBIS: 36   TQ: 0.381188

Tschüss
```

9.6 Der Gültigkeitsbereich Klasse

In Kapitel 8 wurde der Gültigkeitsbereich Datei und Block besprochen. Eine Variable mit dem Gültigkeitsbereich Datei kann überall in der Datei eingesetzt werden, in der sich die Variablendefinition befindet. Eine Variable mit dem Gültigkeitsbereich Block kann nur in dem Block eingesetzt werden, in dem sich ihre Definition befindet. Funktionsnamen können zwar den Gültigkeitsbereich Datei besitzen, aber niemals den Gültigkeitsbereich Block. Im Zusammenhang mit C++-Klassen gibt es einen neuen Bereich: den Gültigkeitsbereich Klasse. Der Gültigkeitsbereich Klasse hat Auswirkungen auf Namen, die in einer Klasse definiert sind, wie die Namen von Klassen-Datenelementen und Klassen-Elementfunktionen. Elemente mit dem Gültigkeitsbereich Klasse sind in der Klasse jedoch nicht außerhalb davon bekannt. Sie können dieselben Klassenelementnamen ohne weiteres in verschiedenen Klassen einsetzen: Das Element *durchs* der *softball*-Klasse ist eine andere Variable als das Element *durchs* der Klasse *bowling*. Auf Elemente mit dem Gültigkeitsbereich Klasse kann nicht direkt von außerhalb der Klasse zugegriffen werden. Das gilt sogar für *public*-Elemente. Damit beispielsweise eine *public*-Elementfunktion aufgerufen werden kann, müssen Sie ein Objekt einsetzen:

```
softball faenger;        // Ein Objekt erzeugen
faenger.alles_setzen();  // Mit einem Objekt eine Elementfunktion
                         // aufrufen
alles_setzen();          // Ungültig -- die Methode kann nicht
                         // direkt aufgerufen werden
```

Beim Definieren von Elementfunktionen muß dementsprechend der Gültigkeitsbereich-Zugriffsoperator eingesetzt werden:

```
void softball::alles_setzen(void)
{
   ...
}
```

In einer Klassen- oder einer Elementfunktionsdefinition können Sie also einen schlichten Elementnamen benutzen. So wird zum Beispiel in *alles_setzen()* die Elementfunktion *berechne_durchs()* aufgerufen. Anderenfalls müssen Sie mit dem direkten Elementoperator (.) oder dem indirekten Elementoperator (->) oder dem Gültigkeitsbereich-Zugriffsoperator (::) arbeiten. Das hängt davon ab, zu welchem Zeitpunkt Sie den Klassenelementnamen verwenden.

9.7 Zusammenfassung

Bei der objektorientierten Programmierung liegt die Betonung darauf, wie ein Programm Daten repräsentiert. Der erste Schritt zum Lösen eines Programmierproblems mit der OOP besteht darin, die Daten anhand ihres Verhältnisses zum Programm zu beschreiben und dadurch zu spezifizieren, wie die Daten eingesetzt werden. Als nächstes wird eine Klasse entwickelt, mit der die Programmschnittstelle realisiert wird. In den privaten Datenelementen befinden sich die Informationen und mit öffentlichen Funktionen – auch Methoden genannt – kann auf die Daten zugegriffen werden. Die Klasse verbindet Daten und Methoden zu einer Einheit, und der private Aspekt macht das Verbergen der Daten möglich.

Normalerweise unterteilt man die Klassendefinition in zwei Teile, die in unterschiedlichen Dateien aufbewahrt werden. Die Klassendefinition wird in einer Header-Datei untergebracht, wobei die Methoden durch Funktionsprototypen repräsentiert werden. Der Quelltext, der die Elementfunktionen definiert, kommt in die Methodendatei. Dadurch wird die Schnittstellenbeschreibung von den Implementationsdetails getrennt. Sie müssen eigentlich lediglich über die öffentliche Schnittstelle der Klassen Bescheid wissen, um die Klasse benutzen zu können. Sie können sich natürlich die Implementation anschauen (außer, sie liegt Ihnen nur in kompilierter Form vor), aber Ihr Programm sollte nicht auf bestimmten Details der Implementation aufbauen, wie zum Beispiel darauf, daß ein bestimmter Wert als *int* abgelegt ist. Kommuniziert ein Programm und eine Klasse nur mit Hilfe von den Methoden, die die Schnittstelle definieren, können Sie beide Teile unabhängig voneinander verbessern und brauchen keine unvorhergesehenen Interaktionen zu befürchten.

Eine Klasse ist ein anwenderdefinierter Typ, und ein Objekt ist eine Instanz einer Klasse. Das heißt, ein Objekt ist eine Variable dieses Typs oder ein Äquivalent zu einer Variablen, wie zum Beispiel ein Speicherbereich, der von *new* mit Hilfe der Klassen reserviert wurde. C++ versucht, die anwenderdefinierten Typen so gut wie möglich an die Standardtypen anzugleichen, damit Sie Objekte, Zeiger auf Objekte und Objektarrays deklarieren können. Sie können Objekte als Argumente oder als Funktionsübergabewerte übergeben und ein Objekt einem anderen Objekt desselben Typs zuweisen. Stellen Sie eine Konstruktormethode zur Verfügung, können Sie Objekte bei ihrer Erzeugung initialisieren. Geben Sie eine Destruktormethode an, führt das Programm diese Methode aus, sobald das Objekt aufhört zu existieren.

Jedes Objekt enthält seine eigenen Daten, so wie sie von der Klassendefinition beschrieben werden. Die Klassenmethoden werden jedoch von allen Objekten gemeinsam genutzt. Ist *mr_objekt* der Name eines bestimmten Objektes und *versuch_mich()* eine Elementfunktion, wird die Elementfunktion mit Hilfe des Punktelementoperators aufgerufen: *mr_objekt.versuch_mich()*. In der OOP-Terminologie wird dann gesagt, daß dieser Funktionsaufruf die Botschaft *versuch_mich* an das Objekt *mr_objekt* übermittelt. Alle Referenzen auf Klassendatenelemente in der *versuch_mich()*-Methode beziehen sich dann auf die Datenelemente des Objektes *mr_objekt*. Dementsprechend wird mit dem Funktionsaufruf *i_objekt.versuch_mich()* auf die Datenelemente des Objektes *i_objekt* zugegriffen.

Möchten Sie, daß eine Elementfunktion mehr als ein Objekt bearbeitet, können Sie der Methode zusätzliche Objekte als Argumente übergeben. Bezieht sich eine Methode explizit auf das Objekt, das die Methode aufrief, kann der *this*-Zeiger eingesetzt werden. Der *this*-Zeiger enthält die Adresse des aufrufenden Objektes. *this* ist also ein Alias für das Objekt selbst.

9.8 Übungsaufgaben

1.   Was ist eine Klasse?

2.   Wie werden in einer Klasse die Kapselung und das Verbergen der Daten verwirklicht?

3.   In welcher Beziehung stehen Objekt und Klasse?

4.   Wie unterscheiden sich Klassenfunktionselemente von Klassendatenelementen – abgesehen davon, daß die einen Funktionen sind?

5.   Definieren Sie eine Klasse, die ein Bankkonto repräsentiert. Die Datenelemente sollten den Kontoinhaber, die Kontonummer (verwenden Sie einen String) und den Kontostand umfassen. Mit Hilfe von Elementfunktionen sollte folgendes möglich sein:

   ▶ Den Datenelementen Anfangswerte zuzuweisen.

   ▶ Den Namen des Kontoinhabers, die Kontonummer und den Kontostand auszugeben.

   ▶ Einen bestimmten Geldbetrag, der durch ein Argument angegeben wird, einzuzahlen.

   ▶ Einen bestimmten Geldbetrag, der durch ein Argument angegeben wird, abzuheben.

   Schreiben Sie ein kurzes Programm, in dem diese Klasse eingesetzt wird.

6.   Wann werden Klassenkonstruktoren aufgerufen? Wann werden Klassendestruktoren aufgerufen?

7.   Erstellen Sie einen Konstruktor für die Bankkontoklasse aus Frage 5.

8.   Was ist ein Standardkonstruktor und was für Vorteile hat er?

9.   Eine Schlagquote wird durch Division dessen, wie oft ein Spieler an den Malen steht, durch die Häufigkeit der Schläge berechnet. Um die Gesamtzahl der Malberührungen zu berechnen, zählen Sie einen Schlag, der den Spieler nur bis zum ersten Mal gelangen läßt (single), als ein Mal (base), einen Schlag, der den Spieler zum zweiten Mal gelangen läßt (double), als doppeltes Mal, einen Schlag, der den Spieler bis zum dritten Mal gelangen läßt (triple), als dreifaches Mal und einen Lauf über alle vier Male (home run), als vierfaches Mal. Modifizieren Sie *softbal3.h* und *softbal3.cpp* so, daß die Klasse die Eingabe der hier beschriebenen statistischen Angaben akzeptiert, berechnet und ausgibt.

10.   Um was handelt es sich bei *this* und **this*?

10

Das Arbeiten mit Klassen

C++-Klassen sind reich an Fähigkeiten, komplex und leistungsfähig. In Kapitel 9 wurde der Grundstein gelegt, um aus Ihnen einen OOPerator zu machen, indem Sie lernten, wie eine einfache Klasse definiert und eingesetzt wird. Sie sahen, wie eine Klasse einen gekapselten Datentyp bildet, indem die Daten, die dazu eingesetzt werden, ein Objekt zu repräsentieren und die Operationen, die mit diesen Daten ausgeführt werden können, eine Einheit bilden. Sie lernten zwei spezielle Elementfunktionen kennen, den Konstruktor und den Destruktor, die beim Erzeugen und Löschen von Objekten, die einer bestimmten Klassenspezifikation entsprechen, hilfreich zur Seite stehen. In diesem Kapitel erfahren Sie mehr über die Einsatzmöglichkeiten von Klassen. Einige dieser Funktionen werden Ihnen recht unkompliziert erscheinen, andere etwas schwieriger. Damit Sie diese neuen Funktionen wirklich gut kennenlernen, sollten Sie die Beispiele ausprobieren und damit experimentieren. Was passiert, wenn Sie ein reguläres Argument anstelle eines Referenzargumentes für eine bestimmte Funktion einsetzen? Was passiert, wenn Sie bei einem Destruktor etwas weglassen? Haben Sie keine Angst vor Fehlern, da man mehr aus einem Fehler lernt als durch Routine. (Glauben Sie aber nicht, daß je mehr Fehler Sie machen, desto größer Ihr Einblick wird.) Am Ende des Kapitels werden Sie die Funktionsweise von C++ besser verstehen und wissen, was C++ für Sie tun kann.

Das Kapitel beginnt mit den *friend*-Funktionen, dem C++-Mechanismus, der es Nicht-Elementfunktionen erlaubt, auf *private*-Daten zuzugreifen. Dann wird die Operatorüberladung untersucht, mit deren Hilfe man Standard C++-Operatoren wie = und + mit Klassenobjekten einsetzen kann. Daraufhin wird gezeigt, wie man C++ anweisen kann, automatische Typkonversionen mit Klassen auszuführen. Am Schluß des Kapitels sehen Sie, wie man *new* und *delete* in Verbindung mit Klassen einsetzen kann und wie einige subtilere Probleme, die beim Arbeiten mit dynamischem Speicher auftreten, gelöst werden können. Das hört sich wie eine kurze Themenaufzählung an, aber es gibt einige Verzweigungen. Beim Durcharbeiten von diesem Kapitel werden Sie die Rolle der Klassenkonstruktoren und -destruktoren immer mehr schätzen lernen. Sie werden auch sehen, was für Stadien bei der Entwicklung und Verbesserung eines Klassendesigns auftreten können.

Eine Schwierigkeit beim Erlernen von C++ – zumindest wenn Sie bis hierher vorgedrungen sind – besteht darin, daß man sich sehr viel merken muß. Und es wäre töricht anzunehmen, daß man sich alles merken kann, ehe man nicht genug Erfahrungen gesammelt hat, so daß vieles im Gedächtnis hängen geblieben ist. Das Erlernen von C++ sieht aus dieser Perspektive aus, wie das Erlernen eines funktionsüberladenen Textverarbeitungs- oder Tabellenkalkulationsprogrammes. Es besteht kein Grund anzunehmen, daß irgendeine Funktion nicht erlernt werden kann, aber in der Praxis sieht es meistens so aus, daß die meisten Leute nur die Funktionen gut kennen, die sie regelmäßig anwenden, wie beispielsweise das Suchen nach Text und Text kursiv ausdrucken lassen. Sie haben sicherlich irgendwann gelesen, wie ein Inhaltsverzeichnis erstellt wird usw., aber das gehört meistens nicht zu Ihren täglichen Aufgaben. Es ist also am besten, sich aus der Informationsfülle des vorliegenden Kapitels einige Funktionen herauszugreifen und bei Ihrer eigenen C++-Programmierung einzusetzen. Sobald Sie diese Funktionen vollständig verstehen, können Sie weitere neue C++-Funktionen in Ihre Programme einbinden. Bjarne Stroustrop, der Vater von C++, sagte bei einer C++-Konferenz für professionelle Programmierer: »Bekommen Sie ein Gefühl für die Sprache. Sie müssen nicht alle Funktionen einsetzen und schon gar nicht am ersten Tag.«[1]

Wir wollen uns an einem spezifischen Beispiel anschauen, wie C++ Ihr Erinnerungsvermögen verbessern kann. Angenommen, Sie möchten eine Klasse mit einem Element erstellen, das irgendeinen Nachnamen repräsentiert. Am einfachsten ist es, den Namen in einem Zeichenarrayelement unterzubringen. Aber das hat einige Nachteile. So können Sie zum Beispiel beim Arbeiten mit einem 14 Zeichen umfassenden Array auf den Namen Hugh Smeadsbury-Crafthovingham stoßen. Es wäre also sicherer, ein 40 Zeichen umfassendes Array zu verwenden. Erzeugen Sie dann 2000 solcher Objekte, verschwenden Sie allerdings viel Speicher durch Arrays, die nicht ganz gefüllt sind. (Jetzt gelangen wir zur Verbesserung des *Computergedächtnisses*.) Es gibt eine Alternative. Die OOP-Meinung besagt, daß es besser ist, auf viele Eventualitäten eingerichtet zu sein. Es sollte also während des Ablaufs des Programmes entschieden werden, wieviel Speicher benötigt wird und nicht während der Kompilation. Die übliche Vorgehensweise von C++, einen Namen in einem Objekt abzulegen, besteht darin, mit dem *new*-Operator, während das Programm abläuft, in einem Klassenkonstruktor die richtige Speichermenge zu allokieren. Bringt man jedoch *new* in einem Klassenkonstruktor unter, ergeben sich mehrere neue Probleme, wenn Sie nicht etliche zusätzliche Arbeitsschritte durchführen, wie beispielsweise den Klassenkonstruktor erweitern, alle Konstruktoren an den neuen angleichen und zusätzliche Klassenmethoden zu erstellen, um die korrekte Initialisierung und Zuweisung zu ermöglichen! (In diesem Kapitel wird das alles ausführlich erläutert.) Kennen Sie sich mit C++ noch nicht so gut aus, begnügen Sie sich anfangs mit dem einfachen, wenn auch unterlegenen Arrayverfahren. Funktioniert Ihr Klassenentwurf gut, können Sie zu Ihrer OOP-Werkbank zurückkehren und die Klassendefinition mit *new* verbessern. So nähern Sie sich C++ Schritt für Schritt an.

10.1 friend-Funktionen und -Klassen

Einer der Hauptvorteile von C++-Klassen besteht darin, daß sie die OOP-Maxime des Verbergens von Daten unterstützen. Eine Klasse verbindet, wie Sie wissen, Daten und Methoden zu einer Einheit und ermöglicht Ihnen die Veränderung von privaten Daten nur mit Hilfe von Elementfunktionen. Dieser kontrollierte Zugriff schließt Mißbrauch und Datenverluste aus – vorausgesetzt, Sie legen die Elementfunktionen richtig an. Das entspricht ein bißchen einer Bibliothek, bei der Bibliothekare das Ausleihen, Zurückgeben und Wiedereinordnen der Bücher in die Regale überwachen. Eine solche Bibliothek ist meistens besser organisiert, als wenn die Leser selbst

---

1   Dr. Dobb's Journal, Dezember 1990, Volume 15, Band 12, Seite 6.

die Bücher beim Zurückgeben einordnen müßten. Es könnte dann nämlich vorkommen, daß der Titel *Vom Winde verweht* unter Meteorologie abgelegt würde. C++ ist pragmatisch genug, um Raum für einige Tricks zu schaffen, und dazu benötigt man die C++-*friend*-Funktionen und -Klassen. Eine *friend*-Funktion ist eine Nicht-Elementfunktion, der Zugriff auf die *private*-Elemente einer Klasse gestattet wird, so wie Sie es ja auch nur Ihren besten und treuesten Freunden erlauben, sich Ihre Jerry Lewis Schallplatten auszuleihen. Eine *friend*-Klasse ist dementsprechend eine Klasse, deren Elementfunktionen auf die *private*-Elemente einer anderen Klasse zugreifen können.

Am häufigsten wird eine *friend*-Funktion eingesetzt, wenn eine Funktion auf zwei separate Klassen zugreifen muß. Logischerweise sollte eine solche Funktion ein Element beider Klassen sein. Das ist nicht möglich, aber Sie können aus einer Funktion, die weder der einen noch der anderen Klasse angehört, einen Freund (im folgenden *friend* genannt) beider Klassen machen und so den Zugriff auf beide ermöglichen.

Damit Sie sehen, wie das funktioniert, wollen wir mit einem etwas konstruierten Beispiel beginnen. Angenommen, Sie haben eine spezielle Heiratsvermittlung gegründet, bei der der weibliche Heiratskandidat immer eine Opernsängerin und der männliche ein Taucher ist. (Beide leben von ihren Lungen, daß sie zusammenpassen, ist nur natürlich.) Sie können dann für jeden Typ eine Klasse einrichten. In Listing 10.1 sehen Sie zwei solche Klassendefinitionen.

```
// berufe.h -- Klassendefinitionen für diva und taucher

// Diese vorgezogene Deklaration unterrichtet den Compiler,
// daß eine Definition dieses Typs folgt
class taucher;

// diva Klassendefinition
class diva
{
private:
    char vorname[15];
    char nachname[15];
    char stimmlage[20];
    double einkommen;
public:
    diva(void);
    diva(char * fn, char * ln, char * rng = "",
        double inc = 0);
    ~diva(void);
    void zeige_diva();
    friend double gesamt_einkommen(const diva & d1,
                                   const taucher & d2);
};


// taucher Klassendefinition
class taucher
{
private:
    char vorname[15];
    char nachname[15];
    double max_tiefe;
    double einkommen;
```

```
public:
    taucher(void);
    taucher(char * fn, char * ln, double md = 0.0,
        double inc = 0);
    ~taucher(void);
    void zeige_taucher();
    friend double gesamt_einkommen(const diva & d1, const taucher &
d2);
};
```

Listing 10.1: berufe.h

Diese Datei definiert zwei Klassen: *diva* und *taucher*. Wie üblich, beinhaltet jeder *private*-Bereich Daten und jeder *public*-Bereich die Prototypen für die Klassen-Elementfunktionen. Zusätzlich wird in der letzten Anweisung jeder Klassendefinition die *friend*-Funktion deklariert:

```
friend double gesamt_einkommen(const diva & d1,
                               const taucher & d2);
```

Das Schlüsselwort *friend* kennzeichnet *gesamt_einkommen()* als *friend*-Funktion und zeigt an, daß es sich hierbei um keine Klassen-Elementfunktion handelt, daß die Funktion aber auf die *private*-Klassenelemente zugreifen kann (siehe Bild 10.1). Da *gesamt_einkommen()* sowohl ein Friend von *diva* als auch von *taucher* ist, kann diese Funktion auf die Daten beider Klassen zugreifen.

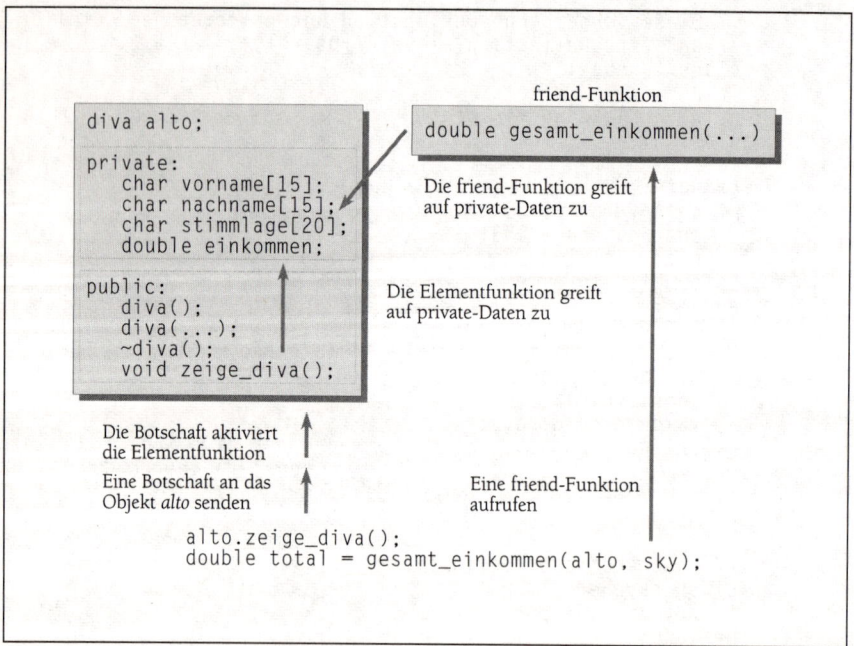

Bild 10.1: Element- und friend-Funktionen

Schauen Sie sich die kurze Deklaration am Anfang der Header-Datei an:

```
class taucher;
```

Diese unvollständige Deklaration macht den Weg für die *friend*-Deklaration in der *diva*-Klassendefinition frei. In der *diva*-Definition benutzt die Argumentenliste von *gesamt_einkommen()* die Typen *diva* und *taucher*. An diesem Punkt der Datei angelangt, wurde der Name *diva* schon zur Kennzeichnung einer Klassendefinition eingesetzt, aber die Definition von *taucher* steht noch aus. Läßt man die unvollständige Deklaration weg, kennt der Compiler den Typ *taucher* nicht, wenn er die erste *friend*-Deklaration erreicht und er würde deshalb eine Fehlermeldung ausgeben. Plaziert man die ganze *taucher*-Definition vor der *diva*-Definition, kennt der Compiler den Typ *diva* nicht, wenn er die *friend*-Deklaration in der *taucher*-Definition erreicht. Die unvollständige Deklaration löst dieses Problem, indem sie bekanntgibt, daß *taucher* ein Klassenname ist. Dadurch wird der Compiler davon abgehalten, sich über unbekannten Typen aufzuhalten, bevor er den Rest der Geschichte kennt (siehe Bild 10.2).

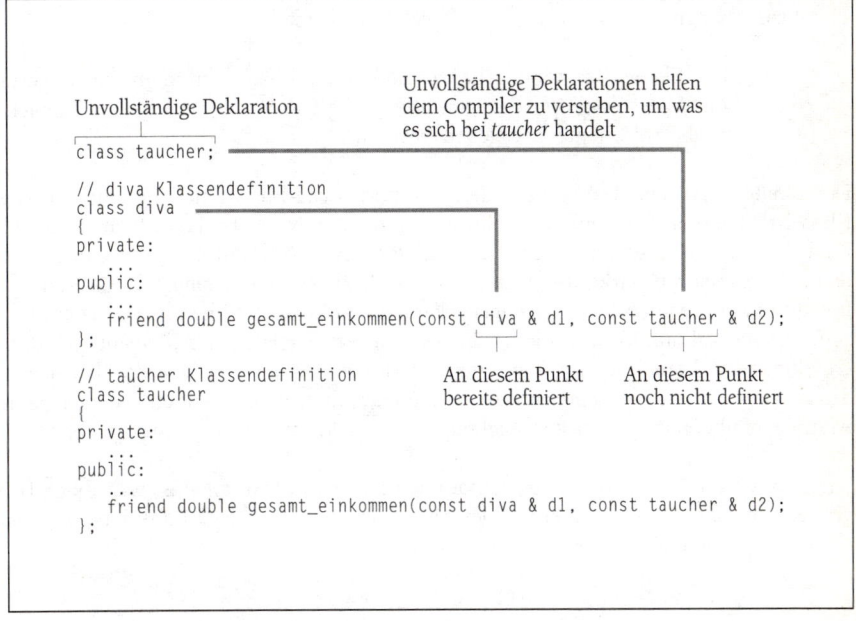

Bild 10.2: Eine unvollständige Deklaration

Das Entwickeln von friend-Funktionen

Eine *friend*-Funktion muß anders als eine Elementfunktion aufgebaut werden. Zum einen setzt eine *friend*-Funktion, um zu bestimmen, welches Objekt benutzt werden soll, eine andere Methode ein. Zum anderen sprechen *friend*-Funktionen die Elemente von diesem Objekten auch verschieden an. Wir wollen uns diese beiden Punkte einmal genauer betrachten.

Wir wollen nun vergleichen, wie eine Elementfunktion bestimmt, mit welchem Objekt gearbeitet werden soll und wie dies eine *friend*-Funktion tut. Eine Elementfunktion wird, wie Sie wissen, durch ein bestimmtes Objekt aufgerufen. Ist beispielsweise *maria* ein *diva*-Objekt, ruft *maria.zeige_diva()* die Elementfunktion *zeige_diva()* auf. Diese Elementfunktion greift daraufhin automatisch auf das Objekt *maria* zu, von dem sie aufgerufen wurde. Eine *friend*-Funktion kann jedoch nicht durch ein Objekt aufgerufen werden, da es sich bei der *friend*-Funktion nicht um ein Klassenelement handelt. Sie müssen statt dessen der *friend*-Funktion das Objekt als Argument übergeben. Aus diesem Grund besitzt *gesamt_einkommen()* zwei Argumente. Eines ist eine Referenz auf ein *diva*-Klassenobjekt (vom Typ *diva &*) und das andere eine Referenz auf ein *taucher*-Klassenobjekt (vom Typ *taucher &*). Ist *maria* ein *diva*-Objekt und *marty* ein *taucher*-Objekt, kann man mit *gesamt_einkommen(maria, marty)* sowohl auf das Objekt *maria* als auch auf das Objekt *marty* zugreifen. Die Funktionssignatur setzt den Modifizierer *const* ein, um die Funktion *gesamt_einkommen()* davon abzuhalten, die Originalwerte versehentlich zu verändern. Sie könnten die Objekte auch anhand des Wertes (vom Typ *diva* und *taucher*) anstelle als Referenz an *gesamt_einkommen()* übergeben. Aber durch die Übergabe anhand der Referenz wird Zeit und Speicher gespart. (Übergibt man anhand der Referenz, kann die Funktion mit den Original-Variablen arbeiten und muß nicht erst Kopien davon erstellen.)

Eine Elementfunktion arbeitet mit dem Objekt, von dem sie aufgerufen wurde. Eine *friend*-Funktion dagegen arbeitet mit dem Objekt oder den Objekten, die an sie als Argumente übergeben wurden.

Der zweite Unterschied zwischen Element- und *friend*-Funktionen besteht darin, wie auf die Klassenelemente in der Funktionsdefinition zugegriffen wird. Bei einer Elementfunktion erfolgen Zugriffe auf ein Klassenelement auf die Elemente des aufrufenden Objekts. Der Aufruf *maria.zeige_diva()* bewirkt also, daß *einkommen* als *maria.einkommen* interpretiert wird. Eine *friend*-Funktion wie *gesamt_einkommen()* kann einen Elementnamen wie *einkommen* nicht einsetzen. Die *friend*-Funktion muß jeden Elementnamen mit Hilfe des Elementoperators mit einem Objektnamen kombinieren. Die *friend*-Funktion *gesamt_einkommen()* beispielsweise kann *d1.einkommen* und *d2.einkommen* benutzen, um auf die entsprechenden Datenelemente in den als Argumente übergebenen Klassenobjekten vom Typ *diva* und *taucher* zuzugreifen.

Jetzt, da wir die Klassendefinition beisammen haben, wollen wir uns, wie üblich beim Entwurf von Klassen, der Implementierung der Methoden und der *friend*-Funktion widmen. In Listing 10.2 wird genau das demonstriert.

```
// berufe.cpp -- diva und taucher Methoden
#include <iostream.h>
#include <string.h>
#include "berufe.h"

// diva Methoden
diva::diva()                    // Standardkonstruktor
{
}

diva::diva(char * fn, char * ln, char * rng,
        double inc)             // initialisierender Konstruktor
{
    strcpy(vorname, fn);
    strcpy(nachname, ln);
```

```
    strcpy(stimmlage, rng);
    einkommen = inc;
}


diva::~diva(void)           // Destruktor
{
}


void diva::zeige_diva()
{
    cout << "Die berühmte " << stimmlage << " " << vorname;
    cout << " " << nachname << " verdient DM " << einkommen;
    cout << " pro Jahr.\n";
}

// taucher Methoden
taucher::taucher()
{
}


taucher::taucher(char * fn, char * ln, double md,
        double inc)
{
    strcpy(vorname, fn);
    strcpy(nachname, ln);
    max_tiefe = md;
    einkommen = inc;
}


taucher::~taucher(void)
{
}


void taucher::zeige_taucher()
{
    cout << "Der seriöse " << vorname << " " << nachname;
    cout << " verdient DM " << einkommen << " pro Jahr\nund kann";
    cout << " in eine Tiefe von " << max_tiefe;
    cout << " Metern tauchen.\n";
}

// friend-Funktion für diva und taucher

double gesamt_einkommen(const diva & d1, const taucher & d2)
{
    return d1.einkommen + d2.einkommen;
}
```

Listing 10.2: berufe.cpp

Zwei Dinge sollten Ihnen an der *friend*-Funktionsdefinition auffallen. Zum einen wurde bei der Definition von *gesamt_einkommen()* das Schlüsselwort *friend* nicht benutzt. Dieses Wort wird lediglich für den Prototyp benötigt, der sich in der Klasse befindet, von der die Funktion benutzt wird. Da diese *friend*-Funktion zum anderen zu keiner Klasse gehört, befindet sich in der Funktionsdeklaration kein Gültigkeitsbereichoperator (::). Die Elementfunktionen besitzen den Gültigkeitsbereich Klasse (siehe Kapitel 9). Das heißt, Sie können dieselben Funktionsnamen in anderen Klassendefinitionen einsetzen. Aber die *friend*-Funktion besitzt den Gültigkeitsbereich Datei (siehe Kapitel 8). Das heißt, es kann jeweils nur eine *friend*-Funktion mit einem bestimmten Namen und einer bestimmten Signatur pro Datei vorliegen.

 Beim Erzeugen einer *friend*-Funktion muß das Schlüsselwort *friend* im Prototyp, der sich in der Klassendefinition befindet, eingesetzt werden. Das Schlüsselwort *friend* darf jedoch nicht in der aktuellen Funktionsdefinition verwendet werden, die außerhalb der Klassendefinition plaziert werden sollte.

Wir wollen diese Definitionen jetzt in einem kurzen Programm ausprobieren. Listing 10.3 erzeugt und initialisiert ein *diva*- und ein *taucher*-Objekt, gibt mit Elementfunktionen die Informationen aus und berechnet mit der *friend*-Funktion *gesamt_einkommen()* das Familieneinkommen. *gesamt_einkommen()* besitzt die Argumente *ehefrau* und *ehemann* und verwendet Daten aus beiden Objekten, um das Gesamteinkommen zu bestimmen. Das Programm folgt dem üblichen C++-Organisationsmuster: Eine Header-Datei enthält die Klassendefinition (Listing 10.1), eine Methodendatei die Element- und *friend*-Funktionsdefinitionen (Listing 10.2) und eine Programmdatei die Anweisungen, die die Klassen benutzen (Listing 10.3). Sie sollten die Technik verwenden, die Ihre Implementation bei Programmen, die aus mehreren Dateien bestehen, verlangt. In den Kapiteln 1 und 8 finden Sie die dazugehörigen Richtlinien.

```
// friend.cpp -- zwei Klassen benutzen eine friend-Funktion
// kompilieren Sie diese Datei mit berufe.cpp
#include <iostream.h>
#include "berufe.h"

int main(void)
{
    diva ehefrau("Godiva", "Jones", "Sopranistin", 48500.0);
    taucher ehemann("Sealy", "Leadbelly", 150, 24250.0);

    ehefrau.zeige_diva();           // Elementfunktion
    ehemann.zeige_taucher();        // Elementfunktion

    cout << "Das Familieneinkommen beträgt DM ";
    // mit einer friend-Funktion auf zwei Klassen zugreifen
    cout << gesamt_einkommen(ehefrau, ehemann) << ".\n";
    return 0;
}
```

Listing 10.3: friend.cpp

Es folgt die Programmausgabe:

```
Die berühmte Sopranistin Godiva Jones verdient DM 48500 pro Jahr.
Der seriöse Sealy Leadbelly verdient DM 24250 pro Jahr
und kann in eine Tiefe von 150 Metern tauchen.
Das Familieneinkommen beträgt DM 72750.
```

Übrigens, eine Funktion muß keine Element- oder *friend*-Funktion sein, um ein Objekt als Argument akzeptieren zu können. Folgendes ist ebenfalls eine gültige Funktionsdefinition:

```
void report(diva & d1, taucher & d2)
{
    d1.zeige_diva();
    d2.zeige_taucher();
}
```

Nur wenn die Funktion direkt auf *private*-Elemente zugreifen muß, muß es eine Element- oder *friend*-Funktion sein. Die Funktion *report()* greift lediglich auf *public*-Elementfunktionen direkt zu, benötigt also keine speziellen Privilegien. Die Funktion *gesamt_einkommen()* jedoch griff auf *private*-Datenelemente zu – muß also eine *friend*-Funktion sein.

In einigen Fällen wie beim *diva/taucher*-Beispiel kann der Einsatz von *friend*-Funktionen durch einen anderen Klassenentwurf und unter Verwendung der Vererbung (siehe Kapitel 11) vermieden werden. Aber *friend*-Funktionen eignen sich sehr gut in Verbindung mit der Operatorüberladung. Sie werden deshalb weitere Friends kennenlernen, wenn wir dieses Thema weiter hinten in diesem Kapitel vertiefen.

Weitere friend-Varianten

Zusätzlich zu regulären *friend*-Funktionen gibt es *friend*-Funktionen, die Elemente anderer Klassen sind. Sie können solche *friend*-Funktionen individuell deklarieren oder durch Deklaration einer ganzen Klasse als *friend*, alle Elementfunktionen dieser Klasse zu *friend*-Funktionen machen. Diese *friend*-Funktionsvarianten werden wir in diesem Buch nicht benutzen, aber der folgende Listingauszug zeigt, wie eine *friend*-Klasse und eine *friend*-Elementfunktion einer anderen Klasse deklariert wird:

```
class lead_guitar;      // unvollständige lead_guitar
                        // Klassendeklaration
class rhythm_guitar;    // unvollständige rhytm_guitar
Klassendeklaration
class drummer
{
private:
    char name[50];
    ...
public:
    drummer();
    ~drummer();

    ...
    // friend-Funktion aus der lead_guitar-Klasse -
    // Gültigkeitsbereichoperator verwenden
    friend char * lead_guitar::riffs(drummer & dr);
    // friend-Klasse
    friend class rhythm_guitar;
}
```

Wie aus dem Listing zu ersehen ist, benötigt man zur Deklaration einer *friend*-Funktion aus einer anderen Klasse den Klassennamen und den Gültigkeitsbereich-Zugriffsoperator, um die Funktion korrekt anzusprechen. Da *riffs()* ein Element der *lead_guitar*-Klasse ist, wird ein *lead_guitar*-Argument nicht benötigt, weil die Funktion von einem *lead_guitar*-Objekt aufgerufen wird. Ist *george* zum Beispiel ein *lead_guitar*-Objekt und *dan* ein *drummer*-Objekt, können Sie die folgende Anweisung verwenden:

```
cout << george.riffs(dan);
```

Plaziert man vor einer Klassendefinition ein *friend*, werden alle Elementfunktionen dieser Klasse zu *friend*-Funktionen. Jede Elementfunktion aus der *rhythm_guitar*-Klasse kann also auf die *private*-Elemente der *drummer*-Klasse zugreifen.

10.2 Operatorüberladung

Jetzt wollen wir uns eine Technik anschauen, mit der man Objektoperationen zu einem gefälligeren Äußeren verhelfen kann. *Operatorüberladung* ist ein weiteres Beispiel für die C++-Polymorphie. Aus Kapitel 8 wissen Sie, daß es in C++ möglich ist, mehrere Funktionen mit demselben Namen zu versehen, solange sie über unterschiedliche Signaturen (Argumentenlisten) verfügen. Das wurde als Funktionsüberladung oder Funktionspolymorphie bezeichnet. Der Sinn dabei besteht darin, daß man denselben Funktionsnamen für dieselbe Grundoperation einsetzen kann, obwohl die Operation auf unterschiedliche Datentypen angewandt wird. Bei der Operatorüberladung wird dieses Konzept auf Operatoren übertragen. Es ist Ihnen so möglich, den C++-Operatoren verschiedene Bedeutungen zuzuweisen. In Wirklichkeit sind viele C++-(und C-) Operatoren schon überladen. Der *-Operator beispielsweise ergibt – wenn er auf eine Adresse angewandt wird – den Wert, der an dieser Adresse abgespeichert ist. Wendet man * jedoch auf zwei Zahlen an, erhält man als Ergebnis das Produkt der Werte. C++ nimmt die Anzahl und den Typ der Operanden, um zu bestimmen, was unternommen werden soll.

In C++ kann die Operatorüberladung auch auf anwenderdefinierte Typen ausgeweitet werden. Sie können zum Beispiel das »+«-Symbol verwenden, um zwei Objekte zu addieren. Der Compiler bestimmt wieder mit der Anzahl und dem Typ der Operanden, welche Additionsdefinition benutzt werden soll. Überladene Operatoren verhelfen Programmen häufig zu einem natürlicheren Aussehen. Eine häufige Aufgabe ist das Addieren von zwei Arrays. Das endet meistens in einer *for*-Schleife, die wie folgt aussieht:

```
for (int i = 0; i < 20; i++)
    abend[i] = sam[i] + janet[i];  // Element für Element addieren
```

Aber in C++ können Sie eine Klasse definieren, die Arrays repräsentiert und die den »+«-Operator überlädt, damit Sie folgendes tun können:

```
abend = sam + janet;                // Zwei Arrayobjekte addieren
```

Genau das machen wir in Kapitel 11. (Warum nicht jetzt? Da auch der []-Operator überladen werden muß und das ist ein bißchen komplizierter als das Überladen des +-Operators.) Diese einfache Additionsnotation verdeckt die Mechanismen und betont das Essentielle der Operation, und das ist ein weiteres OOP-Ziel.

Damit ein Operator überladen werden kann, müssen Sie eine spezielles Schema anwenden, das als *Operatorfunktion* bezeichnet wird. Eine Operatorfunktion sieht wie folgt aus:

```
operatorop(Argumentenliste)
```

wobei *op* das Symbol für den Operator ist, der überladen wird. *op* muß ein gültiger C++-Operator sein. Sie können nicht einfach ein neues Symbol einführen. Die Funktion *operator@()* zum Beispiel ist nicht gültig, da es in C++ keinen @-Operator gibt. Aber die Funktion *operator+()* überlädt den +-Operator. Angenommen, es liegt die Klasse *verkaeufer* vor, für die Sie eine *operator+()*-Elementfunktion zum Überladen des +-Operators definieren, damit die Verkaufsergebnisse eines *verkaeufer*-Objektes zu denen eines anderen *verkaeufer*-Objektes addiert werden können. Sind *distrikt2*, *sid* und *chuck* Objekte der Klasse *verkaeufer*, können Sie die folgende Gleichung schreiben:

```
distrikt2 = sid + chuck;
```

Der Compiler erkennt, daß die Operanden zur Klasse *verkaeufer* gehören und ersetzt den Operator durch die entsprechende Operatorfunktion:

```
distrikt2 = sid.operator+(chuck);
```

Die Funktion benutzt daraufhin das Objekt *sid* implizit (da es die Methode aufrief) und das Objekt *chuck* explizit (da es als Argument übergeben wurde), um die Summe zu berechnen, die übergeben wird. Sie können also mit der gefälligen +-Operatornotation anstelle der umständlichen Funktionsnotation arbeiten.

C++ kennt in bezug auf die Operatorüberladung einige Restriktionen, aber sie sind, nachdem Sie gesehen haben, wie die Überladung funktioniert, ganz einfach zu verstehen. Deshalb wollen wir zuerst einige Beispiele entwickeln, um diesen Prozeß zu verdeutlichen und anschließend die Einschränkungen besprechen.

Eine Vektorenklasse mit Operatorüberladung

Damit Sie sehen, wo man die Überladung in der Praxis einsetzen kann, werden wir ein Beispiel auf der Basis von Vektoren entwickeln. Dieses Beispiel verdeutlicht nicht nur die Funktionsweise der Operatorüberladung, sondern auch weitere Aspekte des Klassendesigns, wie man zum Beispiel zwei verschiedene Beschreibungen derselben Sache in einem Objekt unterbringt. Auch wenn Sie sich nichts aus Vektoren machen, können Sie viele der neuen Techniken in anderen Kontexten einsetzen. Ein Vektor ist in der Physik eine Größe, die sowohl aus einer Wertangabe als auch aus einer Richtung besteht. Stoßen Sie beispielsweise etwas an, hängt der Effekt davon ab, wie stark (Wertangabe) und in welcher Richtung Sie stoßen. Ein Stoß in eine Richtung kann eine schwankende Vase retten, ein Stoß in die andere Richtung dazu führen, daß die Vase zu Bruch geht. Um die Bewegung Ihres Autos beschreiben zu können, brauchen Sie sowohl die Geschwindigkeit (Wertangabe) als auch die Richtung. Führen Sie bei einem Gespräch mit einer Autobahnpolizeistreife an, daß Sie die zulässige Höchstgeschwindigkeit nicht überschritten haben, ist dieses Argument ohne Bedeutung, wenn Sie in die falsche Richtung gefahren sind. (Immunologen und Computerwissenschaftler setzen den Begriff »Vektor« anders ein – ignorieren Sie sie.) Die Besprechung der Vektorenbeispiele gibt Ihnen einen Einblick in die Welt der Vektoren, aber alles zu verstehen, ist nicht notwendig, um den C++-Aspekten der Beispiele folgen zu können.

Vektoren

Sie sind eine Arbeitsbiene, die ein wunderbares Nektarversteck gefunden hat. Sie fliegen schnell zum Bienenstock zurück und melden, daß Sie Nektar in 120 Metern Entfernung gefunden haben. »Die Information reicht nicht aus« summen die anderen Bienen. »Du mußt uns noch die Richtung mitteilen!« Sie antworten »30 Grad nördlich, bezogen auf den Sonnenstand.« Jetzt, da die anderen Bienen die Entfernung (Wertangabe) und die Richtung kennen, fliegen sie rasch zum süßen Nektar. Bienen sind Vektorexperten.

Viele Größen umfassen sowohl eine Wertangabe als auch eine Richtung. Der Effekt eines Stoßes beispielsweise hängt von der Stoßstärke und der Stoßrichtung ab. Bewegt man ein Objekt auf dem Monitor, ist daran eine Entfernung und eine Richtung beteiligt. Solche Dinge können mit Hilfe von Vektoren beschrieben werden. Sie können zum Beispiel das Bewegen (Ortsveränderung) eines Objektes auf dem Bildschirm mit einem Vektor beschreiben, den Sie sich als Pfeil vorstellen können, der von einer Start- bis zu einer Endposition gezeichnet wird. Die Länge des Vektors ist seine Wertangabe, das heißt, soweit wurde das Objekt verschoben. Die Ausrichtung des Pfeiles beschreibt die Richtung (siehe Bild 10.3). Ein Vektor, der eine solche Positionsveränderung beschreibt, wird als *Verschiebevektor* bezeichnet.

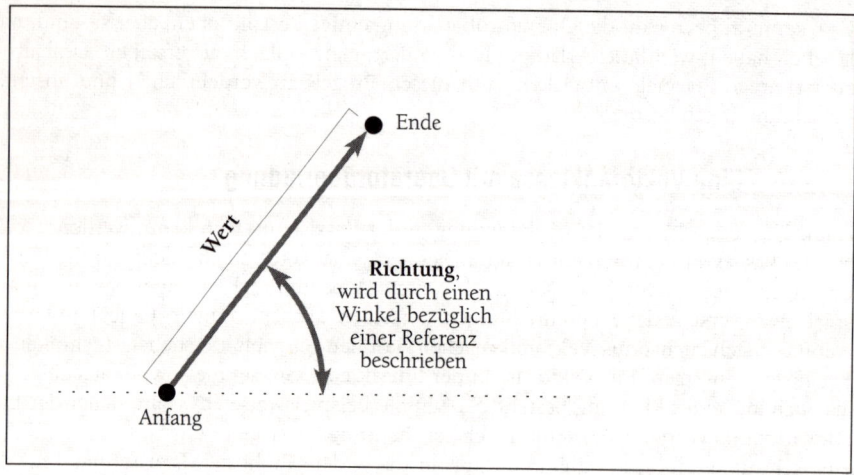

Bild 10.3: Eine Verschiebung mit einem Vektor darstellen

Jetzt sind Sie Lhanappa, der große Mammutjäger. Späher berichten, daß sich eine Mammutherde 14,1 Kilometer nordwestlich befindet. Da der Wind jedoch von Südost kommt, möchten Sie sich der Herde nicht von Südost nähern. Sie gehen also 10 Kilometer nach Westen, dann 10 Kilometer nach Norden und können die Herde von Süden angreifen. Sie wissen, daß Sie durch diese beiden Verschiebevektoren an dieselbe Position gelangen, wie mit einem einzigen 14,1 Kilometer Vektor, der nach Nordwesten zeigt. Lhanappa weiß nämlich, wie man Vektoren addiert.

Dem Addieren von Vektoren liegt eine einfache geometrische Interpretation zugrunde. Zeichnen Sie zuerst einen Vektor, dann einen zweiten, der an das Pfeilende des zweiten anschließt und schließlich einen dritten, der am Anfangspunkt des ersten Vektors beginnt und bis zum Endpunkt des zweiten Vektors reicht. Der dritte Vektor repräsentiert die Summe der beiden ersten Vektoren (siehe Bild 10.4). Die Länge der Summe kann übrigens kleiner sein als die Summe der einzelnen Längen.

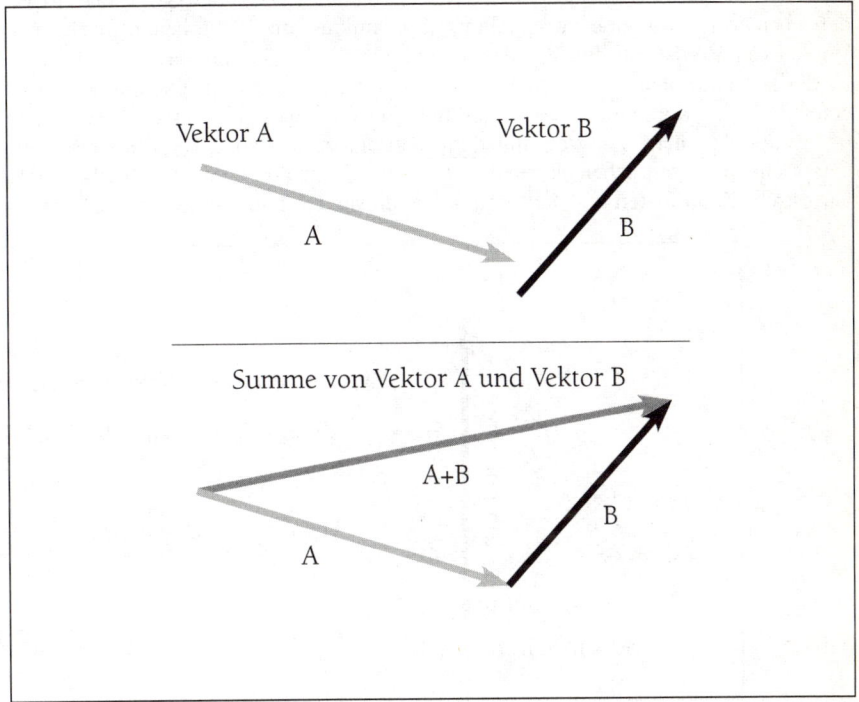

Bild 10.4: Addition von zwei Vektoren

Vektoren bieten sich förmlich zum Einsatz der Operatorüberladung an. Sie können zum einen einen Vektor nicht durch eine einzelne Zahl repräsentieren, es macht also Sinn, eine Klasse zur Repräsentation von Vektoren zu erzeugen. Bei Vektoren gibt es zum anderen Analogien zu den arithmetischen Operationen, wie der Addition und der Subtraktion. Diese Parallele lädt dazu ein, die entsprechenden Operatoren zu überladen, damit Sie sie zusammen mit Vektoren einsetzen können.

Wir wollen der Einfachheit halber einen zweidimensionalen Vektor – der zum Beispiel eine Positionsveränderung eines Objektes auf dem Bildschirm anzeigt – anstelle eines dreidimensionalen Vektors – der beispielsweise die Bewegung eines Helikopters oder eines Trampolinspringers repräsentiert – implementieren. Sie benötigen zur Beschreibung eines zweidimensionalen Vektors nur zwei Zahlen, aber Sie können auswählen, was für Zahlen Sie verwenden wollen:

▌ Ein Vektor kann anhand seiner Länge (Wertangabe) und seiner Richtung (Winkel) beschrieben werden.

▌ Ein Vektor kann anhand seiner x- und y-Komponenten beschrieben werden.

Die Komponenten bestehen aus einem horizontalen Vektor (der x-Komponente) und einem vertikalen Vektor (der y-Komponente), die zusammen den endgültigen Vektor ergeben. Sie können beispielsweise eine Bewegung so beschreiben, als würde ein Punkt 30 Einheiten nach rechts und 40 Einheiten nach oben verschoben (siehe Bild 10.5). Diese Bewegung plaziert den Punkt an derselben Stelle, wie eine Verschiebung des Punktes um 50 Einheiten in einem horizontalen Winkel von 36,87 Grad. Ein Vektor mit einer Größe von 50 und einem Winkel von 36,87 Grad ist deshalb äquivalent zu einem Vektor, der aus einer horizontalen Komponente von 30 und einer vertikalen Komponente von 40 besteht. Bei Verschiebevektoren zählt nur der Anfangs- und der Endpunkt, nicht der Weg, mit dem man ans Ziel gelangt. Diese Repräsentationsmethode entspricht im wesentlichen der in Kapitel 7 in einem Programm beschriebenen Methode, die kartesische Koordinaten in Polarkoordinaten umwandelt und umgekehrt.

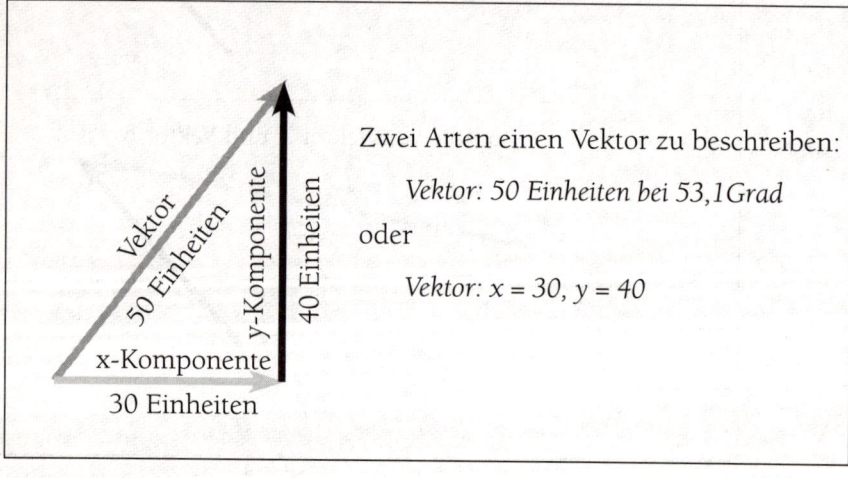

Bild 10.5: x- und y-Komponenten eines Vektors

Manchmal eignet sich ein Schema besser, ein anderes Mal das andere. Deshalb bringen wir beide in der Klassenbeschreibung unter. Mehr dazu im Abschnitt »Mehrere Repräsentationen und Klassen«. Die Klasse wird außerdem so ausgelegt, daß bei der Veränderung einer Vektorrepräsentation das Objekt die andere Repräsentation automatisch angleicht. Ein Objekt so intelligent agieren zu lassen, ist ein weiterer Beweis der C++-Leistungsfähigkeit. In Listing 10.4 finden Sie eine vorläufige Klassendefinition, ohne Operatorüberladung.

```
// vektor0.h -- Vektorklasse vor der Operatorüberladung
class vektor
{
private:
   double x;                    // horizontaler Wert
   double y;                    // vertikaler Wert
   double gr;                   // Länge des Vektors
   double wink;                 // Richtung des Vektors
   void setze_gr(void);
   void setze_wink(void);
public:
   vektor(void);
   vektor(double h, double v);  // x- und y-Werte setzen
   ~vektor(void);
   void setze_per_polar(double m, double a);
   void zeige_polar(void);      // zeige Polar-Werte
   void zeige_vektor(void);     // zeige kartesische Werte
};
```

Listing 10.4: vektor0.h

Mehrere Repräsentationen und Klassen

Größen, zu denen es unterschiedliche, aber äquivalente Repräsentationen gibt, existieren oft. Sie können den Benzinverbrauch zum Beispiel in Liter pro 100 Kilometer oder in Kilometer pro Liter messen. Oder Sie können eine Zahl in Stringform oder in numerischer Form darstellen. Klassen sind sehr dazu geeignet, um unterschiedliche Aspekte und Darstellungsmöglichkeiten einer Einheit in einem einzelnen Objekt unterzubringen. Es ist zum einen möglich, mehrere Repräsentationen in einem Objekt zu plazieren. Und Sie können zum anderen die Klassenfunktionen so gestalten, daß bei der Zuweisung von Werten an eine Repräsentation, automatisch die Werte für die andere(n) Repräsentation(en) aktualisiert werden. Die Methode *setze_per_polar()* der Klasse *vektor* beispielsweise versieht das Größen- und das Winkelelement mit seinen Funktionsargumenten, setzt jedoch auch gleichzeitig die Elemente *x* und *y*. Durch die interne Abwicklung der Umwandlungen erleichtert es die Klasse dem Anwender, bei einer Größe an die eigentliche Natur der Sache und nicht an ihre Repräsentation zu denken.

Diese Klassendefinition bevorzugt die Repräsentation in kartesischen Koordinaten mit einem Klassenkonstruktor, der die horizontalen und vertikalen Werte als Argumente akzeptiert. Der Konstruktor ruft die privaten Funktionen *setze_gr()* und *setze_wink()* auf, um die entsprechenden Größen- und Winkelwerte zu setzen. Möchten Sie jedoch einen Vektor anhand seiner Polarkoordinaten (Größe und Winkel) angeben, können Sie mit der *setze_per_polar()*-Methode arbeiten. Die Klassendefinition enthält außerdem Methoden zur Anzeige beider Vektorrepräsentationen.

Sie haben sich vielleicht gewundert, warum kein dritter Konstruktor eingesetzt wurde, ein Konstruktor, der einen Vektor mit den Größen- und Winkelwerten initialisiert. Das Problem besteht darin, daß die Größe und der Winkel dieselbe Funktionssignatur benötigen (*double, double*) wie *x* und *y*. Aber C++ benötigt zur Funktionsüberladung unterschiedliche Signaturen. Sie können also einen Konstruktor nur für eine der beiden Repräsentationen anlegen, nicht für beide. Später werden wir dieses Beispiel ausarbeiten und einen Weg zur Umgehung des Problems aufzeigen.

Das Überladen des +-Operators

Jetzt wollen wir uns noch einmal der Operatorüberladung widmen. Das Addieren von zwei Vektoren geht bei kartesischen Koordinaten ganz einfach. Addieren Sie einfach die beiden *x*-Komponenten, um die neue *x*-Komponente zu erhalten und die beiden *y*-Komponenten, um die neue *y*-Komponente zu erhalten. Es folgt ein Beispielprototyp für die Operatorüberladung (wird in der Klassendefinition untergebracht) und die zugehörige Definition (wird in der Elementfunktionsdatei abgelegt):

```
vektor operator+(const vektor & b);        // Prototyp
vektor vektor::operator+(const vektor & b)  // Definition
{
    double sx, sy;
    sx = x + b.x;                          // x-Komponente der Summe
    sy = y + b.y;                          // y-Komponente der Summe
    vektor sum = vektor(sx, sy);
    return sum;
}
```

Der Prototyp definiert eine Funktion mit dem Namen *operator+()*. Die Funktion übergibt einen *vektor* und besitzt ein *vektor*-Argument. Um Zeit und Speicher zu sparen, wird der Vektor anhand der Referenz (Typ *vektor &*) übergeben. Dadurch wird *b* zu einem Alias für den Vektor, der an die Funktion übergeben wird. Da die Funktion den Wert des Vektors, der addiert wird, nicht verändern sollte, wird das Argument als *const* deklariert. Da *operator+()* eine Klassenmethode ist, kann das aufrufende Objekt implizit eingesetzt werden. Angenommen, *move1* und *move2* sind zwei Vektoren und sie sollen mit Hilfe der Funktion *operator+()* addiert werden:

```
vektor q = move1.operator+(move2);
```

Die *operator+()*-Funktionsdefinition enthält die folgende Anweisung:

```
sx = x + b.x;              // x-Komponente der Summe
```

In dieser Anweisung bezieht sich der Ausdruck *b.x* auf das als Argument übergebene Objekt (*move2* in diesem Fall) und *x* auf das Objekt, das die Elementfunktion aufrief (*move1* in diesem Fall). Dadurch ist die Anweisung äquivalent zu folgender Anweisung:

```
sx = move1.x + move2.x;    // x-Komponente der Summe
```

Nach Berechnung der Summen der *x*- und *y*-Komponenten, versieht die Methode mit dem *vektor(sx, sy)*-Konstruktor den Vektor *sum* mit den richtigen Werten:

```
vektor sum = vektor(sx, sy);
```

Wie Sie bald sehen werden, setzt der Konstruktor auch die Elemente *gr* und *wink*. *sum* ist also ein Vektorobjekt, beim dem sowohl die kartesischen als auch die Polarkoordinaten die korrekten Werte enthalten. Die Funktion *operator+()* übergibt anschließend den Vektor *sum* an das aufrufende Programm.

Bis jetzt sieht *operator+()* wie eine normale Klassen-Elementfunktion mit einem lustigen Namen aus. Aber nun greift C++ ein. Wie schon gesagt wurde, gibt es in C++ eine alternative Syntax für den Funktionsaufruf, wodurch der Funktionsaufruf aussieht, als würde mit einem Operator gearbeitet. Die alternative Syntax für

```
vektor q = move1.operator+(move2);  // Funktionsaufrufsyntax
```

sieht so aus:

```
vektor q = move1 + move2;            // alternative Syntax
```

Beides hat dieselbe Bedeutung, aber die zweite Form sieht gefälliger aus, und man kann sie sich leichter merken, deshalb wollen wir auch in Zukunft damit arbeiten.

Wir wollen nun einen weiteren Blick auf die notwendigen Schritte, die zum Überladen des +-Operators für die *vektor*-Klasse notwendig sind, werfen:

▶ Erzeugen Sie eine Elementfunktion mit dem Namen *operator+()*.

▶ Bei der Addition sind zwei Operanden notwendig. Ruft man die Funktion mit einem Objekt auf, ist ein Operand bereits präsent. Sie müssen also ein Argument einsetzen, um den zweiten Operanden anzugeben. Dieser Operand kann vom Typ *vektor* sein oder – aus Gründen der Effektivität – vom Typ *const vektor &*.

▶ Die Summe der beiden *vektor*-Objekte soll auch ein *vektor*-Objekt sein, deshalb muß die Funktion den Übergabetyp *vektor* besitzen.

▶ Bringen Sie den folgenden Prototyp in der Klassendefinition unter:
```
vektor operator+(const vektor & b);       // Prototyp
```

▶ Setzen Sie den folgenden Funktions-Header in der Methodendefinitionsdatei ein:
```
vektor vektor::operator+(const vektor & b)   // Definition
```

▶ Erstellen Sie die Anweisungen zur Ausführung der beabsichtigten Operation.

Programmieren Sie das Spiel »Bobo der Weltraumbarbar«, können Sie an dieser Stelle Anweisungen wie die folgenden erstellen:

```
#include <iostream.h>
#include "vektor.h"                    // Klassendefinition
int main (void)
{
    ...
    vektor movebobo1(20,30);
    vektor movebobo2(50, 10);
    vektor bobo = movebobo1 + movebobo2;  // 2 Vektoren addieren
    total.zeige_polar();                  // Ergebnis ausgeben
    ...
}
```

Sind Sie so weit gekommen, lohnt sich die Mühe, einige weitere Funktionen in der Klassendefinition unterzubringen. Wir wollen nun untersuchen, wie ein überladener Operator weiter überladen wird und wie *friend*-Funktionen beim Überladen helfen können.

Weitere Raffinessen: das Überladen eines überladenen Operators

Zuerst wollen wir den »-«-Operator überladen. Dieser Operator hat beim normalen C++ schon zwei Bedeutungen. Wird er zum einen mit zwei Operanden eingesetzt, ist es der Subtraktionsoperator. Der Subtraktionsoperator wird als *binärer* Operator bezeichnet, da er exakt zwei Operanden besitzt. Wird dieser Operator zum anderen nur mit einem Operanden eingesetzt wie bei -*x*, stellt er das Minuszeichen dar. Diese Form wird als *unitärer* Operator bezeichnet, da er exakt über einen Operator verfügt. Beide Operationen – Subtraktion und Vorzeichenwechsel – können auch zusammen mit Vektoren eingesetzt werden, deshalb wollen wir sie in der *vektor*-Klasse unterbringen. Beginnen wir mit der Subtraktion. Damit der Vektor B vom Vektor A subtrahiert wird, müssen Sie lediglich die Komponenten subtrahieren. Die Definition zum Überladen der Subtraktion ist also analog zur Überladungsdefinition der Addition aufgebaut:

```
vektor operator-(const vektor & b)          // Prototyp
vektor vektor::operator-(const vektor & b)  // Definition
{
     double dx, dy;
     dx = x - b.x;
     dy = y - b.y;
     vektor diff = vektor(dx, dy);
     return diff;
}
```

Als nächstes wollen wir den unitären Minusoperator überladen, der nur einen Operanden besitzt. Wendet man diesen Operatoren auf eine reguläre Zahl an wie bei -*x*, wird das Vorzeichen des Wertes umgekehrt. Der Operator soll so definiert werden, daß durch seine Anwendung auf einen Vektor, das Vorzeichen von jeder Komponente umgekehrt wird. (Mit Polarkoordinaten gesprochen, die Größe bleibt unverändert, die Richtung wird jedoch verändert. Viele Politiker mit wenig oder gar keinem mathematischen Verstand, beherrschen diese Vorgehensweise intuitiv ganz meisterhaft.) Es folgt ein Prototyp und eine Definition zum Überladen der Negation:

```
vektor operator-();
vektor vektor::operator-()
{
     double nx, ny;
     nx = -x;
     ny = -y;
     vektor neg = vektor(nx, ny);
     return neg;
}
```

Es gibt jetzt zwei separate Definitionen für *operator-()*. Das ist möglich, da beide Definitionen unterschiedliche Signaturen haben. Sie können im vorliegenden Fall sowohl eine binäre als auch eine unitäre Version des »-«-Operators definieren, da es in C++ sowohl eine binäre als auch eine unitäre Version bereits gibt. Ein Operator, von dem es nur eine binäre Form gibt, wie zum Beispiel vom Divisionsoperator (/), kann lediglich als binärer Operator überladen werden.

 Da die Operatorüberladung mit Hilfe von Funktionen realisiert wird, können Sie denselben Operator so oft überladen, wie Sie wollen, solange jede Operatorfunktion über eine andere Signatur verfügt und solange jede Operatorfunktion über dieselbe Anzahl Operanden verfügt, wie der entsprechende eingebaute C++-Operator.

Genau wie beim Überladen von Funktionen sollten Sie beim Überladen von Operatoren Vorsicht walten lassen. Überladen Sie beispielsweise den *-Operator nicht in der Weise, damit er die Komponenten eines *vektor*-Objektes vertauscht. Nichts in der Notation sagt aus, was der Operator bewirkt. Es wäre also besser, eine Klassenmethode mit einem erklärenden Namen wie *vertausche()* zu definieren.

Das Überladen von Operatoren und friend-Funktionen

Manchmal benötigt man im Zusammenhang mit dem Überladen von Operatoren *friend*-Funktionen. Die Multiplikation eines Vektors mit einer reellen Zahl stellt eine solche Situation dar, in der *friend*-Funktionen gut gebraucht werden können. Multipliziert man einen Vektor, wird er, bildlich gesprochen, dem Faktor entsprechend länger oder kürzer. Multipliziert man also einen Vektor um 3, ergibt das einen dreimal längeren Vektor, der immer noch in dieselbe Richtung zeigt. Dieses Sinnbild kann leicht darauf übertragen werden, wie ein Vektor in der Klassenrepräsentation multipliziert werden kann. Bei den Polarkoordinaten wird die Größe multipliziert und der Winkel bleibt gleich. In bezug auf die kartesischen Koordinaten wird ein Vektor durch separate Multiplikation seiner *x*- und *y*-Komponenten mit der gewünschten Zahl multipliziert. Das heißt, besteht ein Vektor aus den Komponenten 5 und 12 und man multipliziert ihn mit 3, ergibt das die Komponenten 15 und 36. Es folgt der Prototyp (wird in der Klassendefinition abgelegt) und die Definition der Methode (wird in der Methodendatei untergebracht) für die Multiplikation:

```
vektor operator*(double n);              // Prototyp
vektor vektor::operator*(double n)       // Definition
{
    double mx, my;
    mx = n * x;
    my = n * y;
    vektor mult = vektor(mx, my);
    return mult;
}
```

Diese Definition funktioniert reibungslos, wenn man einen Vektor mit einer bestimmten Zahl multiplizieren will, funktioniert jedoch nicht, wenn man eine bestimmte Zahl mit einem Vektor malnehmen will! Um das zu verstehen, schauen Sie sich zuerst einmal an, wie ein Vektor mit einer Zahl multipliziert wird:

```
vektor borge = piano * 2.0;        // Gültige Anweisung
```

Das wird in den folgenden Funktionsaufruf übersetzt:

```
vektor borge = piano.operator*(2.0);
```

Diese Anweisung setzt voraus, daß *operator*() eine Elementfunktion der *vektor*-Klasse ist, da die Funktion von einem *vektor*-Objekt aufgerufen wird. Diese Anweisung unterstellt außerdem, daß die Funktion ein Argument vom Typ *double* akzeptiert. Diese beiden Bedingungen werden von der soeben definierten Funktion erfüllt. Deshalb setzt das Programm diese Definition automatisch ein.

Stellen Sie sich nun einmal die umgekehrte Operandenreihenfolge vor:

```
vektor borge = 2.0 * piano;            // Ungültig
```

Das wird in folgenden bedeutungslosen Funktionsaufruf übersetzt:

```
vektor borge = 2.0.operator*(piano);    // Nonsens
```

Das heißt, es wird eine Funktion benötigt, die ein Element der *double*-Klasse ist (die gar nicht existiert) und die ein *vektor*-Argument besitzt. Unsere Multiplikationsdefinition erwartet aber, daß ein *vektor*-Objekt (*piano* in diesem Fall) der *erste* Operand und ein *double* Wert (*2.0*) der *zweite* Operand ist.

Eine Möglichkeit, dieser Schwierigkeit aus dem Weg zu gehen, besteht darin, jedem zu sagen (vor allem sich selbst), daß man nur *piano * 2.0* schreiben kann und nicht *2.0 * piano*. Das ist eine programmiererfreundliche, aber anwenderfeindliche Lösung und nicht im Sinne der OOP.

Ist es möglich, eine zweite Elementfunktion zur Lösung des Problems zu schreiben? Nein, das geht nicht, da das aufrufende Objekt immer der *erste* Operand sein muß. Das Objekt *piano muß* vor *2.0* kommen, wenn Sie mit einer Elementfunktion arbeiten. Aber, wie Sie sich erinnern werden, müssen *friend*-Funktionen nicht mit einem Objekt aufgerufen werden, sondern das Objekt kann als Argument übergeben werden. Sie können also eine *friend*-Funktion mit der Zahl als *erstem* und dem Vektor als *zweitem* Operanden einsetzen:

```
friend vektor operator*(double n, vektor & a);
```

Die einfachste Möglichkeit, diese *friend*-Funktion zu implementieren, besteht darin, die Original-funktion mit umgekehrter Reihenfolge der Argumente aufzurufen:

```
vektor operator*(double n, vektor & a);
{
    return a * n;    // Die originale Operatorfunktion wird
                     // aufgerufen
}
```

Die *friend*-Funktion

```
vektor borge = 2.0 * piano;    // Jetzt gültig
```

wird wie folgt übersetzt:

```
vektor borge = piano * 2.0;
```

Eine friend-Funktion einzusetzen, damit die Operandenreihenfolge umgekehrt werden kann, ist eine übliche und nützliche Technik beim Überladen eines Operators, der zwei Operanden ver-schiedenen Typs hat. Vergessen Sie nicht, das Schlüsselwort *friend* in den Prototyp in der Klas-sendefinition einzubauen, aber nicht beim eigentlichen Definieren der Funktion.

TIP Möchten Sie einen Klassenoperator überladen und als ersten Operanden einen Ausdruck einsetzen, der nicht zu der Klasse gehört, müssen Sie mit einer *friend*-Funktion die Operandenreihenfolge umkehren.

Übrigens, beim Definieren der Elementfunktion *operator+()* gab es dieses Problem nicht, da *beide* Argumente vom Typ *vektor* waren und so beide an erster Stelle stehen konnten.

friend-Funktionen versus Klassen-Elementfunktionen

Sie können alle Operatorfunktionen als *friend*-Funktionen definieren. Dann würde jede binäre Operatorfunktion zwei *vektor*-Argumente benötigen und die unitäre *operator-()*-Funktion ein einzelnes *vektor*-Argument verlangen. (Eine *friend*-Funktion benötigt immer ein Argument mehr als die äquivalente Elementfunktion. Das zusätzliche Argument repräsentiert explizit das Objekt, das von einer Elementfunktion implizit benutzt werden kann.) Sie können die Subtraktion beispielsweise wie folgt umdefinieren:

```
// Prototyp
friend vektor operator-(const vektor & a, const vektor & b);

// Definition
vektor vektor::operator-(const vektor & a, const vektor & b)
{
    double dx, dy;
    dx = a.x - b.x;
    dy = a.y - b.y;
    vektor diff = vektor(dx, dy);
    return diff;
}
```

Der Aufruf dieser Version sieht anders aus als der Aufruf der ersten Version, falls Sie mit der Funktionsnotation arbeiten:

```
a = b.operator+(c);    // + definiert als Klassenmethode
a = operator+(b, c);   // + definiert als friend-Funktion
```

Bei beiden Definitionen kann jedoch dieselbe Operatornotation eingesetzt werden:

```
a = b + c;             // Zugelassen von beiden Definitionen
```

Das Definieren der vektor.Klasse: fast die endgültige Version

Jetzt, da die Operatorfunktionen vollständig sind, können wir die komplette *vektor*-Klassendefinition zusammensetzen. In Listing 10.6 finden Sie die vollständige Definition der *vektor*-Klasse.

```
// vektor1.h -- vektor-Klasse, führt die Operatorüberladung ein
class vektor
{
private:
    double x;              // horizontaler Wert
    double y;              // vertikaler Wert
    double gr;             // Länge des Vektors
    double wink;           // Richtung des Vektors
    void setze_gr(void);
    void setze_wink(void);
```

```
public:
    vektor(void);
    vektor(double h, double v);
    ~vektor(void);
    void setze_per_polar(double m, double a);
    void zeige_polar(void);      // zeige Polar-Werte
    void zeige_vektor(void);     // zeige kartesische Werte

// Operatorüberladung
    vektor operator+(const vektor & b);
    vektor operator-(const vektor & b);
    vektor operator-();
    vektor operator*(double n);

// friend-Funktion
    friend vektor operator*(double n, vektor & a);
};
```

Listing 10.5: vektor1.h

In Listing 10.6 werden die Klassen-Elementfunktionen definiert, die in Listing 10.5 deklariert wurden. Beachten Sie, wie die Konstruktorfunktionen und die Funktion *setze_per_polar()* sowohl die kartesische als auch die Polar-Repräsentationen des Vektors aktualisieren. Beide Wertesätze sind also ohne zusätzliche Berechnungen immer griffbereit. Wie in den Kapiteln 4 und 7 erwähnt wurde, erwarten die eingebauten mathematischen C++-Funktionen Winkel im Bogenmaß. Deshalb haben wir Umwandlungsoperationen, die in das und vom Gradmaß konvertieren, eingebaut. Die Implementation hält solche Dinge, wie die Konversion von Polar- in kartesische Koordinaten oder die Konversion vom Bogen- ins Gradmaß vom Anwender fern. Der Anwender muß nur wissen, daß die Klasse mit Winkeln im Gradmaß arbeitet und daß für einen Vektor zwei äquivalente Repräsentationen zur Verfügung stehen.

```
// vektor1.cpp -- Methoden der vektor-Klasse
#include <iostream.h>
#include <math.h>              // für die mathematischen Funktionen
#include "vektor1.h"

const double Rad_nach_deg = 57.2957795130823;

// private Methoden
void vektor::setze_gr(void)
{
    gr = sqrt(x * x + y * y);
}

void vektor::setze_wink(void)
{
    wink = atan2(y, x);
}

// public Methoden
vektor::vektor(void)
{
    x = y = gr = wink = 0.0;
}
```

```
vektor::vektor(double h, double v)
{
    x = h;
    y = v;
    setze_gr();
    setze_wink();
}

vektor::~vektor(void)
{
}

void vektor::setze_per_polar(double m, double a)
{
    gr = m;
    wink = a / Rad_nach_deg;
    x = m * cos (a);
    y = m * sin (a);
}

void vektor::zeige_polar(void)
{
    cout << "(" << gr << ", ";
    cout << wink * Rad_nach_deg << ")\n";
}

void vektor::zeige_vektor(void)
{
    cout << "(" << x << ", " << y << ")\n";
}

// Operatorüberladung
vektor vektor::operator+(const vektor & b)
{
    double sx, sy;
    sx = x + b.x;
    sy = y + b.y;
    vektor sum = vektor(sx, sy);
    return sum;
}

vektor vektor::operator-(const vektor & b)
{
    double dx, dy;
    dx = x - b.x;
    dy = y - b.y;
    vektor diff = vektor(dx, dy);
    return diff;
}

vektor vektor::operator-()
{
    double nx, ny;
    nx = -x;
    ny = -y;
    vektor neg = vektor(nx, ny);
    return neg;
}
```

```
vektor vektor::operator*(double n)
{
    double mx, my;
    mx = n * x;
    my = n * y;
    vektor mult = vektor(mx, my);
    return mult;
}

// friend-Methode
vektor operator*(double n, vektor & a)
{
    return a * n;
}
```

Listing 10.6: vektor1.cpp

Die Auslegung der obigen Klasse erfolgte in Anlehnung an die OOP-Tradition, die besagt, daß die Klassenschnittstelle sich auf das Wesentliche konzentrieren und die Details unsichtbar halten soll. Arbeiten Sie mit der *vektor*-Klasse, müssen Sie nur an die wichtigen Vektorfunktionen denken, zum Beispiel daß sie Verschiebungen darstellen können oder daß man zwei Vektoren addieren kann. Ob Sie einen Vektor mit der Komponentennotation oder mit der Größen-/Richtungsnotation beschreiben, ist sekundär, da Sie die Vektoren im gerade am besten geeigneten Format initialisieren und ausgeben können.

Übrigens, diese Definitionen benutzen mathematische Funktionen, und einige C++-Systeme durchsuchen die mathematische Bibliothek nicht automatisch. Einige UNIX-Systeme beispielsweise machen folgende Vorgehensweise erforderlich:

```
$ CC Quelldatei(en) -lm
```

Die Option *-lm* weist den Linker an, die mathematische Bibliothek zu durchsuchen. Kompilieren Sie also Programme, die mit der *vektor*-Klasse arbeiten, und erhalten eine Meldung über undefinierte externe Funktionen, versuchen Sie es nochmals mit der Option *-lm* oder überprüfen Sie, ob Ihr System etwas Ähnliches benötigt.

Der nächste Schritt besteht natürlich darin, diese Definitionen in einem Programm einzusetzen. In Listing 10.7 wird das mit Vektoren, die Verschiebungen repräsentieren, gemacht. Es wird sowohl der Einsatz der kartesischen als auch der Polar-Repräsentationen demonstriert. Außerdem sehen Sie die Vektoraddition und -subtraktion. Vergessen Sie nicht, das Listing 10.6 mit dem Listing 10.7 zusammen zu kompilieren.

```
// benuvekt.cpp -- vektor-Klasse benutzen
// mit vektor1.cpp kompilieren
#include <iostream.h>
#include "vektor1.h"

int main(void)
{
    vektor erste_verschieb(120, 50);
    vektor zweite_verschieb(50, 120);
    vektor ergebnis;
```

```
    ergebnis = erste_verschieb + zweite_verschieb;
                                       // Objekte addieren
    cout << "Erste Verschiebung: ";
    erste_verschieb.zeige_vektor();        // erste_verschieb anzeigen
    cout << "Größe, Winkel = ";
    erste_verschieb.zeige_polar();
    cout << "Zweite Verschiebung: ";
    zweite_verschieb.zeige_vektor();
    cout << "Größe, Winkel = ";
    zweite_verschieb.zeige_polar();
    cout << "Ergebnis: ";
    ergebnis.zeige_vektor();
    cout << "Größe, Winkel = ";
    ergebnis.zeige_polar();
    vektor zweimal = ergebnis * 2.0;       // Elementfunktion
    cout << "Verdoppeltes Ergebnis: ";
    zweimal.zeige_vektor();
    ergebnis = 0.5 * ergebnis;             // friend-Funktion
    cout << "Halbiertes Ergebnis: ";
    ergebnis.zeige_vektor();

    return 0;
    }
```

Listing 10.7: benuvekt.cpp

Es folgt die Programmausgabe:

```
    Erste Verschiebung: (120, 50)
    Größe, Winkel = (130, 22.619865)
    Zweite Verschiebung: (50, 120)
    Größe, Winkel = (130, 67.380135)
    Ergebnis: (170, 170)
    Größe, Winkel = (240.416306, 45)
    Verdoppeltes Ergebnis: (340, 340)
    Halbiertes Ergebnis: (85, 85)
```

Programmhinweise

Der Vektor *erste_verschieb* repräsentiert eine Verschiebung um 120 Einheiten nach rechts und 50 Einheiten nach oben. Das Ergebnis ist dasselbe, als hätte eine Verschiebung um 130 Einheiten in eine Richtung von 22,62 Grad gegen den Uhrzeigersinn in bezug auf die *x*-Achse stattgefunden. Die beiden ersten Ausgabezeilen geben diese beiden Beschreibungen des Vektors *erste_verschieb* wieder. Die zweite Verschiebung um 50 Einheiten nach rechts und 120 Einheiten nach oben entspricht einer Verschiebung um 130 Einheiten in eine Richtung von 67,38 Grad in bezug auf die *x*-Achse. Die Kombination der beiden Verschiebungen ergibt eine Verschiebung um 170 Einheiten nach rechts (120 + 50) und 170 nach oben, wie aus der Anzeige des Vektors *ergebnis* zu ersehen ist. Das entspricht einer Verschiebung um 240,42 Einheiten in einem Winkel von 45 Grad in bezug auf die *x*-Achse. Das ist aus der sechsten Ausgabezeile zu ersehen. Sie können die Größen (Längen) von zwei Vektoren nicht einfach addieren, um die Größe der Summe zu erhalten. Deshalb haben wir zur Berechnung der Summe anstelle der Polar- die kartesischen Koordinaten verwendet. Am Schluß zeigt das Programm, daß die beiden Überladungen des *-Operators funktionieren.

Einschränkungen bezüglich der Überladung

C++ kennt hinsichtlich der anwenderdefinierten Operatorüberladung einige Einschränkungen:

▶ Der überladene Operator muß über mindestens einen Operanden, der ein anwenderdefinierter Typ ist, verfügen. Dadurch werden Sie davon abgehalten, Operatoren für die Standardtypen zu überladen. Sie können deshalb den Minusoperator (-) nicht so umdefinieren, daß er die Summe zweier *double*-Werte anstelle ihrer Differenz ergibt. Diese Einschränkung sorgt für funktionierende Programme, auch wenn sie manchmal etwas hinderlich erscheint.

▶ Sie können einen Operator nicht so einsetzen, daß dadurch die Syntaxregeln für den Originaloperator verletzt werden. Sie können zum Beispiel den Modulusoperator (%) nicht so einsetzen, daß er mit einem einzelnen Operanden verwendet werden kann:

```
int x;
diva shiva;
% x;      // Ungültig im Zusammenhang mit dem Modulusoperator
% shiva;  // Ungültig im Zusammenhang mit dem überladenen Operator
```

Sie können auch die Operatorrangfolge nicht verändern. Überladen Sie den Additionsoperator, um zwei Klassen zu addieren, nimmt der neue Operator denselben Vorrang ein wie bei einer normalen Addition.

▶ Sie können keine neuen Operatorsymbole erzeugen. Es ist beispielsweise unmöglich, mit der Kombination ** eine Potenzierung zu bezeichnen.

▶ Die folgenden fünf Operatoren können nicht überladen werden:

sizeof	Der sizeof-Operator
.	Der Elementoperator
.*	Der »Zeiger auf Element«-Operator
::	Der Gültigkeitsbereich-Zugriffsoperator
?:	Der Bedingungsoperator

Alle in Tabelle 10.1 aufgeführten Operatoren können überladen werden.

▶ Die meisten Operatoren in Tabelle 10.1 können entweder mit Element- oder Nicht-Elementfunktionen überladen werden. Die folgenden Operatoren können jedoch *nur* mit Elementfunktionen überladen werden:

=	Der Zuweisungsoperator
()	Der Funktionsaufrufoperator
[]	Der Indexoperator
->	Der Operator für Zugriffe auf Klassenelemente mit einem Zeiger

Hinweis: Wir haben nicht alle Operatoren besprochen, die in Tabelle 10.1 oder in der Einschränkungsliste aufgeführt sind, und wir werden dies auch nicht tun. In Anhang E finden Sie jedoch eine Zusammenfassung aller nicht im Text besprochenen Operatoren.

+	-	*	/	%	^	&	->
!	=	<	>	+=	-=	*=	( )
^=	&=	|=	<<	>>	>>=	<<=	[]
|	~!	/=	%=	==	!=	<=	new
>=	&&	||	++	--	,	->*	delete

Tabelle 10.1: Operatoren, die überladen werden können

Das Überladen des <<-Operators

Sehr nützlich, im Zusammenhang mit Klassen, ist die Überladung des Operators <<. Er kann dann zusammen mit *cout* eingesetzt werden, um den Inhalt eines Objektes auszugeben. Diese Überladungsoperation ist etwas schwieriger als die bisherigen, deshalb wollen wir sie in zwei Schritten besprechen.

Angenommen, *hector* ist ein *vektor*-Objekt. Damit die Werte von *vektor* ausgegeben werden, haben wir *zeige_vektor()* und *zeige_polar()* benutzt. Wäre es nicht schön, wenn man folgendes verwenden könnte?

```
cout << hector;      // cout soll die Klasse vektor erkennen
```

Das geht in der Tat, da << einer der C++-Operatoren ist, die überladen werden können. Er ist eigentlich schon mehrfach überladen. In seiner grundlegendsten Form ist der <<-Operator einer der C- und C++-Bitmanipulationsoperatoren. Er verschiebt Bits eines Wertes nach links (siehe Anhang E). Die Klasse *ostream* überlädt jedoch diesen Operator und verwandelt ihn in ein Ausgabewerkzeug. Sie wissen ja, daß *cout* ein *ostream*-Objekt ist und daß es clever genug ist, alle C++-Grundtypen zu erkennen. Das liegt daran, daß die *ostream*-Klassendefinition für jeden Grundtyp eine überladene *operator<<()*-Definition enthält. Das heißt, eine Definition arbeitet mit einem *int*-Argument, eine mit einem *double*-Argument usw. Damit *cout* ein *vektor*-Objekt erkennt, könnte man eine neue Funktionsoperatordefinition in der *ostream*-Klassendefinition unterbringen. Aber es empfiehlt sich nicht, die Datei *iostream.h* zu modifizieren und so eine Standardschnittstelle zu verändern. Es ist besser, die *vektor*-Klassendefinition zu verwenden, um der *vektor*-Klasse beizubringen, wie *cout* eingesetzt werden muß.

Die erste Überladungsversion von <<

Damit die *vektor*-Klasse *cout* einsetzen kann, müssen Sie eine *friend*-Funktion verwenden. Warum? Da eine Anweisung wie

```
cout << hector;
```

zwei Objekte benutzt – mit dem *ostream*-Klassenobjekt (*cout*) an erster Stelle. Überladen Sie jedoch mit einer *vektor*-Elementfunktion den Operator <<, muß das *vektor*-Objekt zuerst aufgeführt werden. Das entspricht der Überladung des *-Operators mit einer Elementfunktion. Das heißt, Sie müßten den <<-Operator wie folgt einsetzen:

```
hector << cout;   // Falls operator<<() eine Elementfunktion wäre
```

Das wäre etwas verwirrend. Durch den Einsatz einer *friend*-Funktion, können Sie den Operator wie folgt überladen:

```
void operator<<(ostream & os, const vektor & v)
{
    os << "(x,y) = (", << v.x << "," << v.y <<")";
}
```

Dadurch können Sie mit

```
cout << hector;
```

Daten im folgenden Format ausgeben:

```
(x,y) = (120, 50)
```

In der neuen Definition von *operator<<()* wird die *ostream*-Referenz *os* als erstes Argument benutzt. Normalerweise bezieht sich *os* auf das Objekt *cout*, wie beim Ausdruck *cout << hector*. Aber Sie können den Operator auch mit anderen *ostream*-Objekten einsetzen. Dann bezieht sich *os* auf diese Objekte. (Was? Sie kennen keine anderen *ostream*-Objekte? In Kapitel 12 erfahren Sie, wie man neue Objekte zur Bearbeitung der Dateiausgabe erzeugt, und diese Objekte können mit den *ostream*-Methoden arbeiten. Sie können dann mit der obigen *operator<<()*-Definition sowohl in Dateien als auch auf den Bildschirm schreiben.) Der Aufruf *cout << hector* sollte das Objekt *cout* direkt verwenden und nicht mit einer Kopie arbeiten, weshalb der Funktion das Objekt als Referenz und nicht anhand des Wertes übergeben wird. Der Ausdruck *cout << hector* bewirkt, daß aus *os* ein Alias für *cout* wird. Das Objekt *vektor* kann anhand des Wertes oder der Referenz übergeben werden, da beidemal die Objektwerte der Funktion zur Verfügung stehen. Übergibt man anhand der Referenz, wird weniger Zeit und Speicher benötigt als beim Übergeben anhand des Wertes.

Die zweite Version der <<-Überladung

Die soeben präsentierte Implementation birgt ein Problem. Anweisungen wie

```
cout << hector;
```

funktionieren einwandfrei, aber bei dieser Implementation ist es nicht möglich, den neu definierten <<-Operator zusammen mit denen einzusetzen, die *cout* normalerweise benutzt:

```
cout << "Wert von hector: " << hector << "\n";   // Das geht nicht
```

Um zu verstehen, warum das nicht funktioniert und was getan werden muß, damit es funktioniert, müssen Sie zuerst die Arbeitsweise von *cout* etwas besser verstehen lernen. Schauen Sie sich die folgenden Anweisungen an:

```
int x = 5;
int y = 8;
cout << x << y;
```

C++ liest die Ausgabeanweisung von links nach rechts, was äquivalent zu folgendem ist:

```
(cout << x) << y;
```

Links vom <<-Operator muß sich – gemäß dem, wie er in *iostream.h* definiert ist – ein *ostream*-Objekt befinden. Der Ausdruck *cout << x* erfüllt diese Bedingung, da *cout* ein *ostream*-Objekt ist. Demnach erfordert die obige Ausgabeanweisung, daß der ganze Ausdruck (*cout << x*) ebenfalls ein Objekt vom Typ *ostream* ist, da sich der Ausdruck links von *<< y* befindet. Deshalb wurde die *operator<<()*-Funktion in der *ostream*-Klasse so ausgelegt, daß sie ein *ostream*-Objekt übergibt. Genauer gesagt, wird das aufrufende Objekt – *cout* in diesem Fall – übergeben. Der Ausdruck *cout << x* ist also selbst ein *ostream*-Objekt und kann links neben dem <<-Operator plaziert werden.

Sie können dasselbe auf die *friend*-Funktion anwenden. Überarbeiten Sie dazu die *operator<<()*-Funktion so, daß sie eine Referenz auf ein *ostream*-Objekt übergibt:

```
ostream & operator<<(ostream & os, const vektor & v)
{
    os << "(x,y) = (", << v.x << "," << v.y << ")";
    return os;
}
```

Der Übergabetyp ist *ostream &*. Das bedeutet, daß die Funktion eine Referenz auf ein *ostream*-Objekt übergibt. Da ein Programm beim Aufruf der Funktion eine Objektreferenz übergibt, handelt es sich beim Übergabewert der Funktion um das Objekt, das der Funktion übergeben wurde. Das heißt, die Anweisung

```
cout << hector;
```

wird zum folgenden Funktionsaufruf:

```
operator<<(cout, hector);
```

Von diesem Aufruf wird das Objekt *cout* übergeben. Die folgende Anweisung funktioniert also:

```
cout << "Wert von hector: " << hector << "\n";   // Geht
```

Wir wollen uns die dazu erforderlichen Einzelschritte anschauen. Zuerst ruft

```
cout << "Wert von hector: "
```

die *ostream*-Definition von << auf, von der ein String ausgegeben und das Objekt *cout* übergeben wird. Der Ausdruck *cout << "Wert von hector: "* gibt also den String aus und wird dann durch seinen Übergabewert *cout* ersetzt. Dadurch reduziert sich die Originalanweisung auf das folgende:

```
cout << hector << "\n";
```

Als nächstes gibt das Programm mit Hilfe der *vektor*-Definition von << die *hector*-Werte aus und übergibt das Objekt *cout* erneut. Dadurch wird die Anweisung äquivalent zu folgendem:

```
cout << "\n";
```

Das Programm gibt nun mit Hilfe der *ostream*-Stringdefinition von << den Abschlußstring aus.

 Damit der <<-Operator in der Weise überladen wird, daß er ein Objekt der Klasse *c_name* ausgeben kann, müssen Sie eine *friend*-Funktion mit einer Definition der folgenden Form verwenden:

```
ostream & operator<<(ostream & os, const c_name & obj)
{
    os << ... ;   // Den Objektinhalt ausgeben
    return os;
}
```

Die Klasse durch Hinzufügen eines Statuselements verbessern

Fängt man erst mit dem Herumexperimentieren mit Klassendefinitionen an, kann man nur schwer damit aufhören. Deshalb wollen wir eine weitere Verbesserung hinzufügen. Die Definition des <<-Operators gibt nur die kartesischen Koordinaten eines Vektors aus. Ist es nicht möglich, die Definition so zu überladen, daß der Operator auch die Polarkoordinaten ausgeben kann? Nein. Separate Definitionen benötigen separate Funktionssignaturen. Der Operator hat zwei Operanden, deshalb hat die *friend*-Funktion zwei Argumente, und diese Argumente müssen ein *ostream*- und ein *vektor*-Objekt sein. Sie können also keine andere Funktionssignatur auswählen.

Sie können jedoch die Klassendefinition verändern. Fügen Sie doch ein *Statuselement* hinzu. Das ist eine Variable, die Einfluß auf die Verhaltensweise des Objektes hat, ähnlich einem Schalter bei einem Drucker, mit dem man die Druckeremulation auswählen kann. Sie können beispielsweise ein Element vom Typ *char* hinzufügen, das mit den Werten 'p' oder 'k' versehen werden kann. Das Objekt soll im Polarmodus ausgegeben werden, wenn das Statuselement den Wert 'p' aufweist und im kartesischen Modus, wenn es den Wert 'k' besitzt. (Bei der *ostream*-Klasse wird dieselbe Technik zur Kontrolle der verschiedenen Formatierungsoptionen eingesetzt. Mehr dazu in Kapitel 12.) Angenommen, Sie wollen dieses Statuselement *status* nennen. Sie können dann *operator<<()* wie folgt umschreiben:

```
ostream& operator<<(ostream & os, vektor & v)
{
    if (v.status == 'k')
        os << "(x,y) = (" << v.x << "," << v.y << ")";
    else if (v.status == 'p')
    {
        os << "(g,w) = (" << v.gr << ", "
           << v.wink * Rad_nach_deg << ")";
    }
    else
        os << "Vektorobjektstatus ist ungültig";
    return os;
}
```

Das Programm kennzeichnet seine Ausgabe mit *(x,y)* bzw. *(g,w)*. Sie können daraus sofort ersehen, ob die Ausgabe in *x*- und *y*-Koordinaten oder in Größen- und Winkelwerten erfolgte. So müssen Sie nicht das Programm überprüfen, um die Programmausgabe zu interpretieren. (Gestalten Sie die Ausgabe anwenderfreundlich!)

Damit dies möglich wird, müssen Sie auch die *vektor*-Klassendefinition verändern und mehrere Elementfunktionen umschreiben. Zuerst sollten Sie jedoch das *status*-Element bei den privaten Klassenelementen unterbringen. Dann können Sie Methoden hinzufügen, mit denen der Modus auf den gewünschten Wert eingestellt werden kann. Sie sollten es auch unmöglich machen, daß ein ungültiger Modus ausgewählt werden kann. Die Definition von *operator<<()* gibt zwar eine Fehlermeldung aus, falls der Modus weder *'k'* noch *'p'* ist, aber das ist eigentlich mehr zur Fehlersuche gedacht. Generiert ein Programm diese Fehlermeldung, wissen Sie, daß Sie das Klassendesign weiter ausarbeiten sollten. Am besten kann man sich vor ungültigen Modi schützen, indem man die Konstruktoren so abändert, daß sie ein neues Objekt immer mit dem richtigen Modus versehen. Sie können zum Beispiel den Standardkonstruktor wie folgt definieren:

```
vektor::vektor(void)        // Standardkonstruktor
{
    x = y = gr = wink = 0.0;
    status = 'k';           // Standardmodus
}
```

Ein weiterer Trick

Erinnern Sie sich noch, daß der andere Konstruktor auf die *x-y*-Sichtweise eines Vektors beschränkt ist? Da es nicht zulässig ist, doppelte Signaturen zu verwenden, kann der Konstruktor nicht auch mit Größen- und Winkelangaben arbeiten. Sie können jetzt aber mit dem neuen Statuselement diesen Konstruktor umschreiben, damit er einen Vektor entweder mit *x-/y*-Werten oder mit Größen-/Winkelwerten versehen kann. Der Trick besteht darin, das Statuselement als drittes Argument des Konstruktors aufzunehmen:

```
vektor::vektor(double n1, double n2, char form)
{
    status = form;          // Statuselement mit dem form-Argument
                            // versehen

    if (form == 'k')
    {
        x = n1;
        y = n2;
        setze_gr();         // Zur Klassendefinition hinzufügen
        setze_wink();       // Zur Klassendefinition hinzufügen
    }
    else if (form == 'p')
    {
        gr = n1:
        wink = n2 / Rad_nach_deg;
        setze_x();
        setze_y();
    }
```

```
    else
    {
        cout << "Ungültiges 3. Argument bei vektor() -- ";
        cout << "Vektor wird auf 0 gesetzt\n";
        x = y = gr = wink = 0.0;
        status = 'k';
    }
}
```

Sie können auch 'k' als Vorgabewert für das dritte Argument einsetzen. Dadurch ist es weiterhin möglich, mit der aus zwei Argumenten bestehenden Form Vektoren im *x-y*-Modus zu initialisieren.

In Listing 10.8 sehen Sie die überarbeitete Klassendefinition. Sie verfügt jetzt über ein *status*-Element und private Funktionen zur Einstellung der *x-/y*-Werte ausgehend von den Polarwerten. Es befindet sich auch ein neuer Prototyp für einen der Konstruktoren in diesem Listing. Der Prototyp definiert für *status* den Vorgabewert 'k'. Da der neue Konstruktor entweder mit Polar- oder kartesischen Koordinaten arbeiten kann, konnte die alte *setze_per_polar()*-Funktion weggelassen werden. Die Methode *operator<<()* ersetzt außerdem die alten *zeige_vektor()*- und *zeige_polar()*-Methoden.

```
// vektor2.h -- vektor-Klasse mit << und status-Element
class vektor
{
private:
    double x;                // horizontaler Wert
    double y;                // vertikaler Wert
    double gr;               // Länge des Vektors
    double wink;             // Richtung des Vektors
    char status;             // 'k' = kartesisch, 'p' = polar
    void setze_gr(void);
    void setze_wink(void);
    void setze_x(void);
    void setze_y(void);
public:
    vektor(void);
    vektor(double n1, double n2, char form = 'k');
    ~vektor(void);
    void polar_status();
    void kart_status();
// Operatorüberladung
    vektor operator+(const vektor & b);
    vektor operator-(const vektor & b);
    vektor operator-();
    vektor operator*(double n);
// friends
    friend vektor operator*(double n, vektor & a);
    friend ostream& operator<<(ostream& os, vektor & v);
};
```

Listing 10.8: vektor2.h

friend oder nicht friend, das ist hier die Frage?

Die neue *vektor*-Klassendefinition macht aus *operator<<()* eine *friend*-Funktion der *vektor*-Klasse. Aber diese Funktion ist – obwohl sie der *ostream*-Klasse nicht feindlich gesinnt ist – kein *friend* dieser Klasse. Die Funktion *operator<<()* besitzt ein *ostream*- und ein *vektor*-Argument, so daß es so aussieht, als sei diese Funktion ein *friend* beider Klassen. Schauen Sie sich jedoch die Funktionsdefinition genauer an, werden Sie bemerken, daß die Funktion zwar auf die einzelnen Elemente des *vektor*-Objektes zugreift, das *ostream*-Objekt dagegen nur als Ganzes benutzt. Da *operator<<()* auf *private*-Objektelemente von *vektor* direkt zugreift, muß die Funktion ein *friend* der *vektor*-Klasse sein. Da die Funktion keinen direkten Zugriff auf die *private*-Objektelemente von *ostream* ausübt, muß sie kein *friend* der *ostream*-Klasse sein. Das ist gut so, da Sie sich so nicht mit der *ostream*-Definition befassen müssen.

In Listing 10.9 finden Sie die überarbeiteten Methoden der *vektor*-Klasse. Die meisten Veränderungen wurden schon ausführlich besprochen. Beachten Sie, daß die Vorgabewerte nur in den Prototypen in Listing 10.8 auftauchen, nicht in der Methodendatei.

```
// vektor2.cpp -- Methoden der vektor-Klasse
#include <iostream.h>
#include <math.h>
#include "vektor2.h"

const double Rad_nach_deg = 57.2957795130823;

// private Methoden
void vektor::setze_gr(void)
{
    gr = sqrt(x * x + y * y);
}

void vektor::setze_wink(void)
{
    wink = atan2(y, x);
}

void vektor::setze_x(void)
{
    x = gr * cos(wink);
}

void vektor::setze_y(void)
{
    y = gr * sin(wink);
}

// public Methoden
vektor::vektor(void)            // Standardkonstruktor
{
    x = y = gr = wink = 0.0;
    status = 'k';
}
```

```
vektor::vektor(double n1, double n2, char form)
{
    status = form;
    if (form == 'k')
     {
        x = n1;
        y = n2;
        setze_gr();
        setze_wink();
     }
    else if (form == 'p')
     {
        gr = n1;
        wink = n2 / Rad_nach_deg;
        setze_x();
        setze_y();
     }
    else
     {
        cout << "Ungültiges 3. Argument bei vektor() -- ";
        cout << "Vektor wird auf 0 gesetzt\n";
        x = y = gr = wink = 0.0;
        status = 'k';
     }
}

vektor::~vektor(void)
{
}

void vektor::polar_status()
{
    status = 'p';
}

void vektor::kart_status()
{
    status = 'k';
}


// Operatorüberladung
vektor vektor::operator+(const vektor & b)
{
    double sx, sy;
    sx = x + b.x;
    sy = y + b.y;
    vektor sum = vektor(sx, sy);
    return sum;
}

vektor vektor::operator-(const vektor & b)
{
    double dx, dy;
    dx = x - b.x;
    dy = y - b.y;
    vektor diff = vektor(dx, dy);
    return diff;
}
```

```
vektor vektor::operator-()
{
    double nx, ny;
    nx = -x;
    ny = -y;
    vektor neg = vektor(nx, ny);
    return neg;
}

vektor vektor::operator*(double n)
{
    double mx, my;
    mx = n * x;
    my = n * y;
    vektor mult = vektor(mx, my);
    return mult;
}

// friend-Methoden
vektor operator*(double n, vektor & a)
{
    return a * n;
}

ostream& operator<<(ostream & os, vektor & v)
{
    if (v.status == 'k')
        os << "(x,y) = (" << v.x << ", " << v.y << ")";
    else if (v.status == 'p')
    {
        os << "(g,w) = (" << v.gr << ", "
            << v.wink * Rad_nach_deg << ")";
    }
    else
        os << "Vektorobjektstatus ist ungültig";
    return os;
}
```

Listing 10.9: vektor2.cpp

In Listing 10.10 finden Sie ein kurzes Programm, das die überarbeitete Klasse testet. (Alle Anstrengungen, die wir in den Entwurf der Klassen gesteckt haben, machen das vorliegende Programm kurz und leicht zu schreiben. Das ist ein Teil der OOP-Philosophie.) Vergessen Sie nicht, das Listing 10.10 mit dem Listing 10.11 zusammen zu kompilieren.

```
// benucout.cpp -- die überarbeitete vektor-Klasse benutzen
// mit der Datei vektor2.cpp kompilieren
#include <iostream.h>
#include "vektor2.h"

int main(void)
{
    double x, y, gr, wink;
    cout << "Geben Sie die x- und y-Komponenten der ersten "
            "Verschiebung ein: ";
    cin >> x >> y;
    vektor erste_verschieb(x, y);
    cout << "Größe und Winkel der zweiten Verschiebung eingeben: ";
```

```
cin >> gr >> wink;
vektor zweite_verschieb(gr, wink, 'p');
cout << "Erste Verschiebung: ";
cout << erste_verschieb;
erste_verschieb.polar_status();
cout << ", " << erste_verschieb << "\n";
cout << "Zweite Verschiebung: " << zweite_verschieb << "\n";
cout << "Ergebnis: " << (erste_verschieb + zweite_verschieb) <<
        "\n";

return 0;
}
```

Listing 10.10: benucout.cpp

Es folgt ein Beispielablauf:

```
Geben Sie die x- und y-Komponenten der ersten Verschiebung ein: 10
10
Größe und Winkel der zweiten Verschiebung eingeben: 20 90
Erste Verschiebung: (x,y) = (10, 10), (g,w) = (14.142136, 45)
Zweite Verschiebung: (g,w) = (20, 90)
Ergebnis: (x,y) = (10,30)          Standardkonstruktor stellt den 'k'-Modus ein
```

Programmhinweise

Bei der Deklaration

```
vektor erste_verschieb(x,y);
```

wird das dritte Argument weggelassen, das Programm verwendet also den Standardmodus von
'k', das heißt, die Argumente sind die *x*- und *y*-Komponenten. Sie können eine Klasse mit Variablen initialisieren. Sie sollten aber den Variablen zuerst Werte zuweisen, bevor Sie sie auf diese
Art und Weise einsetzen. In Listing 10.10 werden mit *cin* die Werte eingeholt.

Die Deklaration

```
vektor zweite_verschieb(gr, wink, 'p');
```

weist den Konstruktor ausdrücklich an, den Polarmodus zu verwenden. Das Programm verwendet zum Initialisieren des Vektors wieder die Werte, die es mit *cin* eingeholt hat.

Die Anweisungen

```
cout << erste_verschieb;
erste_verschieb.polar_status();
cout << ", " << erste_verschieb << "\n";
```

zeigen mit Hilfe von << den Inhalt des Vektors *erste_verschieb* an. Da der Konstruktor zuvor den
erste_verschieb-Modus auf 'k' eingestellt hat, gibt das Programm die *x*-/*y*-Werte aus. Anschließend
verändert das Programm mit der Funktion *polar_status()* den Modus. Darum werden bei der
nächsten Ausgabe von *erste_verschieb* mit dem <<-Operator vom Programm die Polarkoordinaten
verwendet:

Beachten Sie die letzte *cout*-Anweisung:

```
cout << "Ergebnis: " << (erste_verschieb + zweite_verschieb) <<
     "\n";
```

Unsere Definition von << benötigt einen *vektor*-Objektoperanden, aber in dieser Anweisung befindet sich die Summe von zwei *vektor*-Objekten. Dies ist möglich, da für die *vektor*-Addition eine Operatorfunktion benutzt wird, die ein *vektor*-Objekt übergibt. Die Summe wird also durch ein einzelnes Objekt ersetzt. Des weiteren verwendet unsere Implementation von *operator+()* zur Erzeugung des zu übergebenden Vektors einen Konstruktor, und der Konstruktor setzt den Modus automatisch auf 'k'. Das Programm gibt also die Summe in kartesischen Koordinaten aus.

Mit Hilfe der *vektor*-Klasse haben wir die Operatorüberladung mit Element- und *friend*-Funktionen gezeigt. Wir haben diese Klasse benutzt, um mit ihr das Überladen des <<-Operators zu illustrieren, der es möglich macht, *vektor*-Werte auszugeben, und wir haben gezeigt, wie man mit einer Status-Variablen Funktionen flexibler gestalten kann. Die im Verlauf des Kapitels vorgeführten Beispiele zeigten, wie eine Klassendefinition an Flexibilität und Leistungsfähigkeit gewinnen kann, während Sie damit arbeiten. Entwickeln Sie eine neue Klasse, ist es meistens eine gute Idee, so vorzugehen, wie es in diesen Beispielen gezeigt wurde, also mit einer Basisdefinition zu beginnen, sie zum Laufen zu bringen und dann die Klasse zu erweitern. Jetzt ist die Klasse aber gut genug, und wir können keine neuen Funktionen hinzufügen, ohne daß die neuen Ideen untergehen. Wir lassen also die *vektor*-Klasse in Ruhe und kehren zu einer einfacheren Klasse zurück, an der wir neue Klassenkonzepte und -techniken ausprobieren können. Bevor wir mit dem neuen Stoff beginnen, sollten Sie sich zurücklehnen, tief Luft holen und sich etwas erholen, beispielsweise bei einem Keks, einem guten Film oder einer kurzen Reise nach Tahiti.

10.3 Automatische Konversionen und Typumwandlungen bei Klassen

Das nächste Thema in bezug auf Klassen ist die Konversion eines anderen Typs in einen Klassentyp. Weisen Sie in C++ einen Wert eines Standardtyps einer Variablen eines anderen Standardtyps zu, konvertiert C++ automatisch den Wert in denselben Typ, den die empfangende Variable hat, vorausgesetzt die beiden Typen sind kompatibel. Die folgenden Anweisungen zum Beispiel haben alle numerische Typkonversionen zur Folge:

```
long count = 8;          // der int-Wert 8 wird in den Typ long
                         // konvertiert
double time = 11;        // der int-Wert 11 wird in den Typ double
                         // konvertiert
int side = 3.33;         // der double-Wert 3.33 wird in den int-Typ 3
                         // konvertiert
```

Diese Zuweisungen sind möglich, da C++ erkennt, daß die diversen numerischen Typen im Grunde alle dasselbe repräsentieren, nämlich eine Zahl und da C++ über eingebaute Regeln zum Durchführen der Konversionen verfügt. Sie wissen aber sicher noch aus Kapitel 3, daß bei der Durchführung dieser Konversionen etwas an Genauigkeit verloren gehen kann. Weist man beispielsweise 3.33 der *int*-Variablen *side* zu, erhält *side* den Wert 3 und der 0.33 Teil geht verloren.

In C++ werden Typen, die nicht untereinander kompatibel sind, nicht automatisch konvertiert. Die folgende Anweisung zum Beispiel

```
int * p = 10;                 // falsche Typen
```

funktioniert nicht, da die linke Seite ein Zeigertyp ist und die rechte Seite eine Zahl. Obwohl der Computer intern möglicherweise eine Adresse als Integer repräsentiert, sind Integer und Zeiger vom Konzept her grundlegend verschieden. Sie können einen Zeiger zum Beispiel nicht quadrieren. Mißlingt die automatische Konversion, können Sie mit einer erzwungenen Typumwandlung arbeiten:

```
int * p = (int *) 10;         // OK, p und (int *) 10 sind beides Zeiger
```

Dadurch wird ein Zeiger auf ein *int*-Objekt (das ist *int* *) durch Umwandlung von 10 in einen Zeiger mit der Adresse 10 versehen.

Sie können eine Klasse so definieren, daß sie soweit wie möglich einem Basistyp oder einer anderen Klasse gleicht, damit die Konversion von einem Typ in den anderen sinnvoll ist. Sie können dann C++ veranlassen, solche Konversionen automatisch durchzuführen oder die Konversionen bei einer ausdrücklichen Typumwandlung anzuwenden. Damit Sie sehen, wie das funktioniert, wollen wir uns noch einmal das »Quentchen in Lot«-Umwandlungsprogramm aus Kapitel 3 vornehmen und mit Hilfe einer Klasse umschreiben. Dazu müssen wir zuerst einen passenden Typ erstellen. Es gibt zwei Möglichkeiten (Quentchen und Lot), eine Sache zu repräsentieren (Gewicht). In einer Klasse können ganz ausgezeichnet zwei Repräsentationen eines Konzeptes als Einheit untergebracht werden. Es macht also Sinn, die beiden Gewichtsrepräsentationen in derselben Klasse unterzubringen und dann Klassenmethoden zu verwenden, um das Gewicht auf unterschiedliche Arten auszudrücken. In Listing 10.11 finden Sie den Klassenheader.

```
// lotgew.h -- Definition der lotgew-Klasse
const int Quent_pro_lot = 4;      // Quentchen pro Lot
class lotgew
{
private:
    int lot;                      // ganze Lot
    double rest_quent;            // restliche Quentchen
    double quentchen;             // Gesamtgewicht in Quentchen
public:
    lotgew(int qunt);             // Konstruktor für int Quentchen
    lotgew(double qunt);          // Konstruktor für double Quentchen
    lotgew(int lt, double qunt);  // Konstruktor für Lot, Quentchen
    lotgew();                     // Standardkonstruktor
    ~lotgew();
    void zeige_qunt();            // Zeige Gewicht im Quentchenformat
    void zeige_lt();              // Zeige Gewicht im Lotformat
};
```

Listing 10.11: lotgew.h

Die Klasse verfügt über vier Konstruktoren. So ist es möglich, ein *lotgew*-Objekt mit einer ganzen Zahl Quentchen, mit einer Fließkommazahl in Quentchen oder mit einer Kombination von Quentchen und Lot zu versehen. Sie können ein *lotgew*-Objekt auch ohne Initialisierung erzeugen.

Die Klasse beinhaltet außerdem zwei Ausgabefunktionen. Eine gibt das Gewicht in Quentchen aus, die andere das Gewicht in Quentchen und Lot. In Listing 10.12 sehen Sie die Definitionen der Klassenmethoden. Jeder Konstruktor weist allen drei privaten Elementen Werte zu. Durch die Erzeugung eines *lotgew*-Objektes werden also automatisch beide Gewichtsrepräsentationen gesetzt.

```cpp
// lotgew.cpp -- lotgew-Klasse Methoden
#include <iostream.h>
#include "lotgew.h"

lotgew::lotgew(int qunt)
{
    lot = qunt / Quent_pro_lot;                    // Integer-Division
    rest_quent = qunt % Quent_pro_lot;
    quentchen = qunt;
}

lotgew::lotgew(double qunt)
{
    lot = int (qunt) / Quent_pro_lot;              // Integer-Division
    rest_quent = int (qunt) % Quent_pro_lot + qunt - int(qunt);
    quentchen = qunt;
}

lotgew::lotgew(int lt, double qunt)
{
    lot = lt;
    rest_quent = qunt;
    quentchen =  lt * Quent_pro_lot +qunt;
}

lotgew::lotgew()
{
    lot = quentchen = rest_quent = 0;
}

lotgew::~lotgew()
{
}

void lotgew::zeige_lt()
{
    cout << lot << " Lot, " << rest_quent << " Quentchen\n";
}

void lotgew::zeige_qunt()
{
    cout << quentchen << " Quentchen\n";
}
```

Listing 10.12: lotgew.cpp

Da ein *lotgew*-Objekt ein einzelnes Gewicht repräsentiert, ist es sinnvoll, Möglichkeiten zur Konvertierung eines Integer- oder Fließkommawertes in ein *lotgew*-Objekt zur Verfügung zu stellen. Das haben wir ja schon getan! In C++ ist jeder Konstruktor, der nur *ein* Argument akzeptiert, eine Vorlage für die Umwandlung eines Wertes mit dem Typ des Arguments in den Klassentyp. Die Konstruktoren

```
lotgew(int qunt);       // Schablone für die int in lotgew Konversion
lotgew(double qunt);    // Schablone für die double in lotgew
                        // Konversion
```

dienen als Anleitung für die Umwandlung von Werten des Typs *int* und Werten des Typs *double* in *lotgew*-Werte. Der Konstruktor hingegen

```
lotgew(int lt, double qunt);
```

hat zwei Argumente und kann deshalb nicht zum Konvertieren von Typen eingesetzt werden.

In Listing 10.13 werden die Klassenkonstruktoren zur Initialisierung von drei *lotgew*-Objekten herangezogen. Mit zweien davon wird eine Typumwandlung durchgeführt. Vergessen Sie nicht, das Listing 10.12 zusammen mit dem Listing 10.13 zu kompilieren.

```
// lot.cpp -- anwenderdefinierte Konversionen
// mit lotgew.cpp kompilieren
#include <iostream.h>
#include "lotgew.h"

int main(void)
{
    lotgew pavarotti = 8902;        // benutzt für die Initialisierung
                                    // den Konstruktor
    lotgew wolfe(10454.7);          // dasselbe wie
                                    // lotgew wolfe = 10454.7;
    lotgew taft(3352, 2);

    cout << "Der Tenor wog ";
    pavarotti.zeige_lt();
    cout << "Der Detektiv wog ";
    wolfe.zeige_lt();
    cout << "Der Präsident wog ";
    taft.zeige_qunt();
    pavarotti = 9101.8;             // benutzt den Konstruktor für die
                                    // Konversion
    taft = 13465;                   // dasselbe wie
                                    // taft = lotgew(13465);
    cout << "Nach dem Essen wog der Tenor ";
    pavarotti.zeige_lt();
    cout << "Nach dem Essen wog der Präsident ";
    taft.zeige_qunt();
    cout << "Es blieb kein Krümel übrig\n";
    return 0;
}
```

Listing 10.13: lot.cpp

Es folgt die Ausgabe:

```
Der Tenor wog 2225 Lot, 2 Quentchen.
Der Detektiv wog 2613 Lot, 2.7 Quentchen.
Der Präsident wog 13426 Quentchen.
Nach dem Essen wog der Tenor 2275 Lot, 1.8 Quentchen.
Nach dem Essen wog der Präsident 13465 Quentchen.
Es blieb kein Krümel übrig.
```

Programmhinweise

Besitzt ein Konstruktor nur ein Argument, können Sie die folgende Form bei der Initialisierung eines Klassenobjektes einsetzen:

```
// Syntax zum Initialisieren eines Klassenobjektes, wenn
// ein Konstruktor mit einem Argument benutzt wird
lotgew pavarotti = 260;
```

Das ist äquivalent zu den beiden anderen Formen, die wir verwendet haben:

```
// Standardsyntaxformen zur Initialisierung von Klassenobjekten
lotgew pavarotti(260);
lotgew pavarotti = lotgew(260);
```

Die beiden letzten Formen können auch zusammen mit Konstruktoren eingesetzt werden, die mehrere Argumente haben:

Beachten Sie die folgenden beiden Zuweisungen aus Listing 10.13:

```
pavarotti = 9101.8;
taft = 13465;
```

Bei der ersten Zuweisung wird der Konstruktor mit dem Argument vom Typ *double* eingesetzt, um 9101.8 in einen Wert vom Typ *lotgew* umzuwandeln. Dadurch wird das *quentchen*-Element von *pavarotti* mit dem Wert 9101.8 versehen. Da der Konstruktor benutzt wird, werden auch automatisch die Klassenelemente *lot* und *rest_quent* entsprechend gesetzt. Bei der zweiten Zuweisung wird dementsprechend ein Wert vom Typ *int* in einen Wert vom Typ *lotgew* umgewandelt, wobei ebenfalls alle drei Elementwerte gesetzt werden.

Konversionsfunktionen

In Listing 10.13 wird eine Zahl in ein *lotgew*-Objekt umgewandelt. Geht auch das Gegenteil? Das heißt, kann ein *lotgew*-Objekt in einen *double*-Wert umgewandelt werden?

```
lotgew wolfe(10454.7);
double host = wolfe;        // ?? möglich ??
```

Ja, das geht, aber nicht mit Hilfe von Konstruktoren. Mit Konstruktoren kann man nur einen anderen Typ *in* einen Klassentyp umwandeln. Um das Gegenteil zu bewirken, müssen Sie eine spezielle Form einer C++-Operatorfunktion mit dem Namen *Konversionsfunktion* einsetzen.

Konversionsfunktionen führen anwenderdefinierte Typumwandlungen durch. Sie können so eingesetzt werden wie normale Typumwandlungen. Angenommen, Sie definieren eine »*lotgew* in *double*«-Konversionsfunktion, dann können Sie folgende Konversionen vornehmen:

```
lotgew wolfe(10454.7);
double host = double (wolfe);    // Syntax #1
double thinker = (double) wolfe;  // Syntax #2
```

Oder Sie können dem Compiler die Entscheidung überlassen:

```
lotgew wells(20, 3);
double star = wells;  // Implizite Anwendung der Konversionsfunktion
```

Der Computer bemerkt, daß rechts ein *lotgew*-Typ und links ein *double*-Typ steht und schaut nach, ob Sie eine auf diese Beschreibung passende Konversionsfunktion definiert haben.

Wie wird also eine Konversionsfunktion erstellt? Damit in einen *Typname*-Typ umgewandelt wird, müssen Sie eine Konversionsfunktion der folgenden Form einsetzen:

```
operator Typname();
```

Beachten Sie dabei folgendes:

▌ Die Konversionsfunktion muß eine Klassenmethode sein.
▌ Die Konversionsfunktion darf *keinen* Übergabetyp besitzen.
▌ Die Konversionsfunktion darf *keine* Argumente haben.

Eine Funktion zum Konvertieren in einen *double*-Typ sieht beispielsweise wie folgt aus:

```
operator double();
```

Der Teil *Typname* teilt mit, in welchen Typ konvertiert werden soll. Deshalb wird kein Übergabetyp benötigt. Da die Funktion eine Klassenmethode ist, muß sie von einem bestimmten Klassenobjekt aufgerufen werden. Das teilt der Funktion wiederum mit, welcher Wert konvertiert werden soll. Die Funktion benötigt also keine Argumente.

Damit Funktionen im Programm untergebracht werden können, die *lotgew*-Objekte in den Typ *int* und *double* umwandeln, müssen folgende Prototypen zur Klassendefinition hinzugefügt werden:

```
operator int();
operator double();
```

In Listing 10.14 sehen Sie die abgewandelte Klassendefinition.

```
// lotgew1.h -- überarbeitete Definition der lotgew-Klasse
const int Quent_pro_lot = 4;    // Quentchen pro Lot
class lotgew
{
```

```
private:
    int lot;                      // ganze Lot
    double rest_quent;            // restliche Quentchen
    double quentchen;             // Gesamtgewicht in Quentchen
public:
    lotgew(int qunt);             // Konstruktor für int-Quentchen
    lotgew(double qunt);          // Konstruktor für double-Quentchen
    lotgew(int lt, double qunt);  // Konstruktor für lot, qunt
    lotgew();                     // Standardkonstruktor
    ~lotgew();
    void zeige_qunt();            // Zeige Gewicht im
                                  // Quentchenformat an
    void zeige_lt();              // Zeige Gewicht in Lotformat an
// Konversionsfunktionen
    operator int();
    operator double();
};
```

Listing 10.14: lotgew1.h

In Listing 10.15 werden die Definitionen der beiden Konversionsfunktionen gezeigt. Diese Definitionen sollten in der Klassenmethodendatei untergebracht werden. Beachten Sie, daß jede Funktion einen Wert des gewünschten Typs übergibt, obwohl kein Übergabetyp festgelegt wurde. Beachten Sie auch, daß die *int*-Konversion auf die nächstliegende ganze Zahl rundet und nicht einfach kürzt.

```
// lotgew1.cpp -- lotgew-Klasse Methoden + Konversionsfunktionen
#include <iostream.h>
#include "lotgew1.h"

// Konversionsfunktionen
lotgew::operator int()
{
    if (quentchen - (int) quentchen < 0.5)
        return quentchen;
    else
        return quentchen + 1;
}

lotgew::operator double()
{
    return quentchen;
}
```

Listing 10.15: Auszug aus lotgew1.cpp

In Listing 10.16 werden die neuen Konversionsfunktionen getestet. Die Zuweisungsanweisung in diesem Programm arbeitet mit einer impliziten Konversion, während die letzte *cout*-Anweisung eine explizite Typumwandlung einsetzt. Vergessen Sie nicht, Listing 10.15 zusammen mit Listing 10.16 zu kompilieren.

```
// lot1.cpp -- anwenderdefinierte Konversionsfunktionen
// mit lotgew1.cpp kompilieren
#include <iostream.h>
#include "lotgew1.h"
```

```
int main(void)
{
    lotgew poppins(9,2.8);              // 9 Lot, 2.8 Quentchen
    double p_wt = poppins;              // implizite Konversion
    cout << "In double umgewandelt => ";
    cout << "Poppins: " << p_wt << " Quentchen.\n";
    cout << "In int umgewandelt => ";
    cout << "Poppins: " << int (poppins) << " Quentchen.\n";
    return 0;
}
```

Listing 10.16: lot1.cpp

Es folgt die Programmausgabe. Es wird das Ergebnis der Konversion des Objektes vom Typ *lotgew* in einen *double*- und in einen *int*-Typ gezeigt:

```
In double umgewandelt => Poppins: 38.8 Quentchen.
In int umgewandelt => Poppins: 39 Quentchen.
```

Typkonversionen automatisch durchführen lassen

Beim letzten Beispiel wurde *int (poppins)* in Verbindung mit *cout* eingesetzt. Angenommen, es wird die explizite Typumwandlung weggelassen:

```
cout << "Poppins: " << poppins << " Quentchen.\n";
```

Benutzt das Programm dann eine implizite Konversion wie bei der folgenden Anweisung?

```
double p_wt = poppins;
```

Die Antwort ist *nein*. Beim Beispiel mit *p_wt* läßt sich aus dem Kontext ableiten, daß *poppins* in einen *double*-Typ umgewandelt werden sollte. Aber beim *cout*-Beispiel gibt nichts darüber Auskunft, ob die Umwandlung in einen *double*- oder *int*-Typ erfolgen soll. Ohne diese Information beschwert sich der Compiler darüber, daß eine zweideutige Konversionsanweisung vorliegt. Nichts in der Anweisung deutet darauf hin, was für ein Typ benutzt werden muß.

Wäre in der Klasse nur die *double*-Konversionsfunktion definiert worden, hätte der Compiler die falsche Anweisung akzeptiert. Kann nur eine Konversion durchgeführt werden, gibt es logischerweise keine Zweideutigkeit.

Bei Zuweisungen können sich ähnliche Situationen ergeben. Liegt die obige Klassendefinition vor, weist der Compiler die folgende Anweisung als zweideutig zurück:

```
long gone = poppins;  // Zweideutig
```

In C++ können Sie einer *long*-Variablen sowohl *int*- als auch *double*-Werte zuweisen, der Compiler kann also ganz legitim beide Konversionsfunktionen benutzen. Der Compiler möchte aber nicht selbst entscheiden, welche benutzt werden soll. Eliminieren Sie eine der beiden Konversionsfunktionen, akzeptiert der Compiler die Anweisung. Angenommen, Sie lassen die *double*-

Definition weg. Dann konvertiert der Compiler mit der *int*-Konversion *poppins* in einen Wert vom Typ *int*. Anschließend wird der *int*-Wert beim Zuweisen an *gone* in einen *long*-Typ umgewandelt.

Definiert die Klasse zwei oder mehr Konversionen, können Sie immer noch mit einer expliziten Typumwandlung angeben, welche Konversionsfunktion benutzt werden soll. Sie können eine der beiden Typumwandlungsnotationen einsetzen:

```
long gone = (double) poppins;   // Die double-Konversion anwenden
long gone = int (poppins);      // Die int-Konversion anwenden
```

Mit der ersten Anweisung wird das Gewicht *poppins* in einen *double*-Wert konvertiert, dann wandelt die Anweisung den *double*-Wert in den Typ *long* um. Dementsprechend konvertiert die zweite Anweisung *poppins* zuerst in den Typ *int*, dann in *long*.

Zusammengefaßt kann gesagt werden, daß es in C++ die folgenden Typkonversionen für Klassen gibt:

▶ Ein Klassenkonstruktor, der nur ein einzelnes Argument besitzt, dient als Anleitung zur Umwandlung eines Wertes vom Typ seines Argumentes in den Klassentyp. Der Klassenkonstruktor *lotgew*, der über ein Argument vom Typ *int* verfügt, wird beispielsweise automatisch aufgerufen, wenn Sie einen Wert vom Typ *int* einem *lotgew*-Objekt zuweisen.

▶ Eine spezielle Klassen-Elementoperatorfunktion mit dem Namen Konversionsfunktion dient als Instruktion zur Umwandlung eines Klassenobjektes in einen anderen Typ. Die Konversionsfunktion ist ein Klassenelement, hat keinen deklarierten Übergabetyp, keine Argumente und wird als *operator Typname*() geschrieben, wobei *Typname* der Typ ist, in den das Objekt umgewandelt wird. Diese Konversionsfunktion wird automatisch aufgerufen, wenn Sie ein Klassenobjekt einer Variablen mit diesem Typ zuweisen oder den Typumwandlungsoperator zur Umwandlung in diesen Typ einsetzen.

10.4 Dynamischer Speicher und Klassen

Was möchten Sie im nächsten Monat zum Frühstück, zu Mittag und zu Abend essen? Wieviel Milliliter Milch benötigen Sie am dritten Tag? Wie viele Rosinen kommen am fünfzehnten Tag in Ihr Müsli? Sind Sie wie die meisten Leute, verschieben Sie diese Entscheidungen, bis die jeweilige Essenszeit gekommen ist. Ein Bestandteil der OOP-Strategie ist es, gegenüber der Speicherallokation dieselbe Haltung einzunehmen. Das Programm soll während der Laufzeit darüber entscheiden, wieviel Speicher allokiert werden soll und nicht während der Kompilation. Der Speicherverbrauch hängt dann von den Bedürfnissen des Programmes ab und nicht von strengen Speicherklassenregeln. Damit man den Speicherbedarf dynamisch kontrollieren kann, arbeitet C++, wie Sie sicher noch wissen, mit den Operatoren *new* und *delete*. Benutzt man diese Operatoren mit Klassen, können leider einige neue Programmierprobleme entstehen. Wie Sie sehen werden, werden Destruktoren zu einem wichtigen Instrument und bilden nicht mehr nur schmückendes Beiwerk. Manchmal müssen Sie den Zuweisungsoperator überladen, um zu erreichen, daß Programme ordnungsgemäß funktionieren. Das alles wollen wir uns nun genau betrachten.

Übungsbeispiel und static-Klassenelemente

Wir haben schon eine Weile nicht mehr mit *delete* und *new* gearbeitet. Wir wollen uns ihre Arbeitsweise deshalb an einem kurzen Programm vergegenwärtigen. Dabei wird auch eine neue Speicherklasse eingeführt: das *static*-Klassenelement. Dazu benutzen wir die Klasse *string*. In dieser Klasse befindet sich ein Zeiger auf einen String und ein weiterer Wert repräsentiert die String-Länge. Zuerst wollen wir mit der *string*-Klasse einen Blick darauf werfen, wie *new*, *delete* und die *static*-Klassenelemente operieren. Die Konstruktoren und Destruktoren geben Botschaften aus, wenn sie aufgerufen werden, damit Sie den Operationsablauf verfolgen können. Außerdem lassen wir mehrere nützliche Element- und *friend*-Funktionen weg, wie beispielsweise den überladenen <<-Operator und Konversionsfunktionen, um die Klassenschnittstelle zu vereinfachen. (Aber Sie können frohlocken, mit den Übungsaufgaben von diesem Kapitel können Sie diese nützlichen Funktionen wieder einbauen.) In Listing 10.17 sehen Sie die Klassendefinition. Wir haben die Datei *strngs.h* anstelle von *string.h* genannt, damit kein Konflikt mit der Standardbibliotheksdatei *string.h* entsteht.

```
// strngs.h -- string-Klassendefinition
class string
{
private:
    char * str;                  // Zeiger auf einen String
    int laenge;                  // Länge des Strings
    static int anz_strings;      // Anzahl der Objekte
public:
    void sag();
    string(char * s);            // Konstruktor
    string();                    // Standardkonstruktor
    ~string();                   // Destruktor
};
```

Listing 10.17: strngs.h

Zwei Punkte sind bei dieser Definition zu beachten. Es wird zum einen mit einem Zeiger auf ein *char*-Objekt anstelle eines *char*-Arrays gearbeitet, um einen Namen zu repräsentieren. Das bedeutet, daß mit der Klassendefinition kein Speicher für den String selbst allokiert wird. Statt dessen wird mit *new* in den Konstruktoren Platz für den String allokiert. So wird verhindert, daß die Klassendefinition dazu gezwungen wird, mit einem vordefinierten Limit bezüglich der Stringgröße zu arbeiten.

In der Definition wird zum anderen das Element *anz_strings* als zur Speicherklasse *static* gehörig deklariert. Ein statisches Klassenelement hat eine spezielle Eigenschaft – ein Programm erstellt lediglich eine Kopie einer statischen Klassenvariablen, unabhängig von der Anzahl der erzeugten Objekte. Das heißt, ein statisches Element steht *allen* Objekten einer Klasse zur Verfügung, wie zum Beispiel alle Familienmitglieder Zugriff auf eine Telefonnummer haben können. Erzeugen Sie – sagen wir – zehn *string*-Objekte, gibt es zehn *str*-Elemente und zehn *laenge*-Elemente, aber nur ein *anz_strings*-Element, auf das alle Zugriff haben (siehe Bild 10.6). Das eignet sich gut für Daten, die nur innerhalb einer Klasse bekannt sein sollen und denselben Wert für alle Klassenobjekte haben sollen. Das Element *anz_strings* beispielsweise achtet darauf, wie viele Objekte erzeugt wurden.

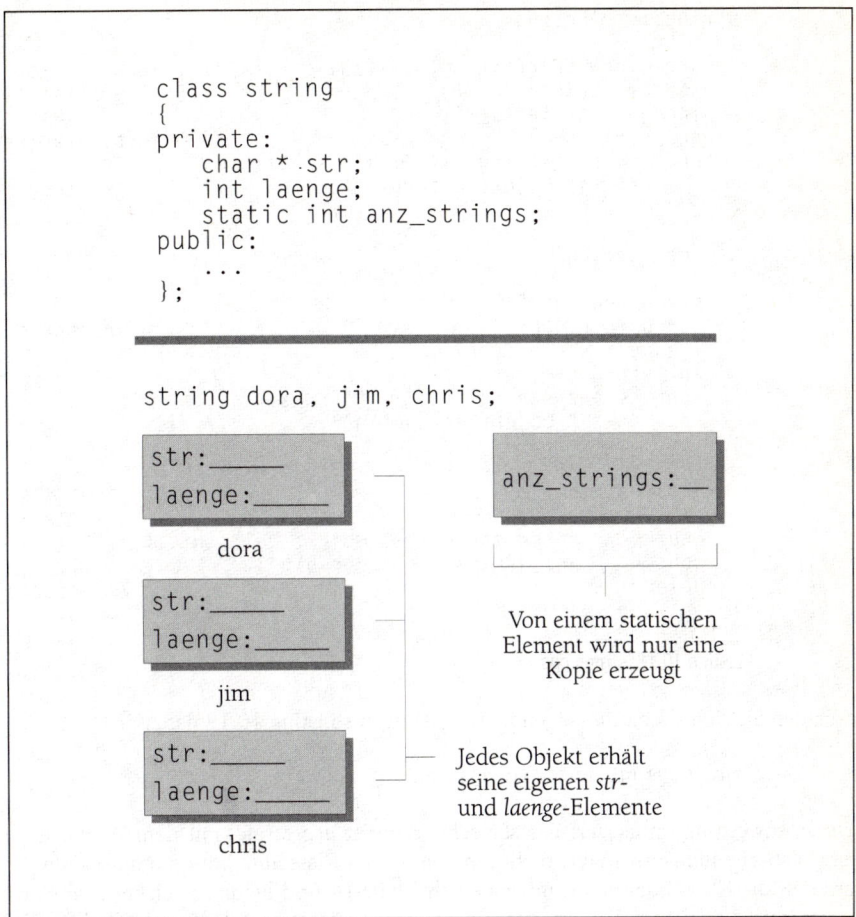

Bild 10.6: statisches Klassenelement

Wir wollen uns in Listing 10.18 die Implementation der Klassenmethoden anschauen. Sie sehen dort, wie der Einsatz eines Zeigers und eines statischen Elements funktioniert.

```
// strngs.cpp -- string-Klassenmethoden
#include <iostream.h>
#include <string.h>
#include "strngs.h"

// statisches Klassenelement initialisieren
int string::anz_strings = 0;

// Klassenmethoden
void string::sag()                          // String anzeigen
{
    cout << str << "\n";
}
```

```
string::string(char * s)
{
    str = new char[strlen(s) + 1];          // Speicher allokieren
    strcpy(str, s);                         // String initialisieren
    laenge = strlen(str);
    anz_strings++;                          // Objektzähler erhöhen
    cout << anz_strings << ": \"" << str
         << "\" Objekt erzeugt\n";          // Zu Ihrer Information
}

string::string()
{
    str = new char[4];
    strcpy(str, "C++");                     // Standardstring
    laenge = strlen(str);
    anz_strings++;
    cout << anz_strings << ": \"" << str
         << "\" Objekt erzeugt\n";          // ZII
}

string::~string()
{
    cout << "\"" << str << "\" Objekt gelöscht. ";// ZII
    cout << --anz_strings << " übrig\n";    // ZII
    delete str;                             // erforderlich
}
```

Listing 10.18: strngs.cpp

Schauen Sie sich zuerst die folgende Anweisung aus Listing 10.18 näher an:

```
int string::anz_strings = 0;
```

Diese Anweisung initialisiert das statische Element *anz_strings* mit dem Wert Null. Sie können eine statische Elementvariable nicht innerhalb einer Klassendefinition initialisieren. Das liegt daran, daß die Klassendefinition nur eine Schablone ist und keinen Speicher reserviert. Normalerweise wird Speicher erst durch Erzeugung eines Objektes mit Hilfe der Schablone allokiert und initialisiert. Im Falle eines statischen Klassenelements wird das statische Element unabhängig von den anderen mit einer Anweisung außerhalb der Klassendefinition initialisiert. Das liegt daran, daß das statische Klassenelement separat abgespeichert wird und nicht als Teil eines Objektes. Die Initialisation gibt den Typ an und setzt den Gültigkeitsbereichoperator ein.

```
int string::anz_strings = 0;
```

Diese Initialisation wurde in der Methodendatei und nicht in der Klassendefinitionsdatei untergebracht. Das liegt daran, daß sich die Klassendefinition in einer Header-Datei befindet und daß das Programm diese Header-Datei möglicherweise in mehreren anderen Dateien verwendet. Das aber würde in mehreren identischen Initialisierungsanweisungen resultieren, und das ist nicht zulässig.

Jeder Konstruktor enthält, wie Sie sicher bemerkt haben, den Ausdruck *anz_strings*++. Jedesmal, wenn das Programm ein neues Objekt erzeugt, wird die Variable *anz_strings* um eins erhöht und reflektiert somit die Gesamtanzahl der *string*-Objekte. Der Destruktor enthält einen entsprechenden Ausdruck der Form *anz_strings*--. Auf diese Art und Weise achtet die *string*-Klasse auch auf die gelöschten Objekte, damit der Wert des *anz_strings*-Elements auf dem neuesten Stand bleibt.

Schauen Sie sich jetzt den ersten Konstruktor an, der ein *string*-Objekt mit einem String versieht:

```
string::string(char * s)
{
    str = new char[strlen(s) + 1];   // Speicher allokieren
    strcpy(str, s);                   // den Speicherbereich
                                      // initialisieren

    laenge = strlen(str);
    anz_strings++;                    // Objektzähler erhöhen
    cout << anz_strings << ": \"" << str
         << "\" Objekt erzeugt\n";    // Zu Ihrer Information
}
```

Das Klassenelement *str* ist, wie Sie wissen, ein Zeiger, deshalb muß der Konstruktor den für den String notwendigen Speicher bereitstellen. Sie können einen String-Zeiger an den Konstruktor übergeben, wenn Sie ein Objekt initialisieren:

```
string boston("Boston");
```

Der Konstruktor benutzt die Funktion *strlen()* zur Berechnung der String-Länge, *new* zum Allokieren von genügend Speicherplatz für den String, und er weist dann die Adresse des neuen Speicherbereiches dem Element *str* zu. (Sie wissen ja, daß *strlen()* die Länge eines Strings ohne das abschließende Nullzeichen übergibt. Der Konstruktor addiert also zum *strlen()* Übergabewert 1, damit genügend Platz für den String und das abschließende Nullzeichen vorhanden ist.)

Als nächstes kopiert der Konstruktor mit *strcpy()* den übergebenen String in den neuen Speicherbereich. Dann wird das Element *laenge* initialisiert und der Objektzähler aktualisiert. Damit man sieht, was vor sich geht, gibt der Konstruktor die aktuelle Objektanzahl und den String, der in diesem Objekt abgelegt ist, aus.

Der Standardkonstruktor verhält sich ähnlich, er verwendet lediglich den Standardstring *"C++"*.

Der Destruktor enthält die wichtigste Erweiterung des Beispiels in bezug auf den Umgang mit Klassen:

```
string::~string()
{
    cout << "\"" << str << "\" Objekt gelöscht, ";
    cout << --anz_strings << " übrig\n";    // ZII
    delete str;
}
```

Der Destruktor beginnt, wenn er aufgerufen wird, mit der Ausgabe eines Hinweises. Dieser Teil ist informativ, aber nicht essentiell. Die Anweisung *delete* jedoch ist lebenswichtig. Das *str*-Element zeigt auf einen Speicherbereich, der mit *new* allokiert wurde. Hört ein *string*-Objekt auf zu existieren, hört auch das Element *str* auf zu existieren. Aber der Speicher, auf den *str* zeigt, bleibt solange allokiert, bis wir ihn mit *delete* freigeben. Gibt man Speicher frei, der von den Elementen eines Objektes benutzt wurde, wird der Speicher, auf den die Elemente des Objektes zeigten, nicht automatisch freigegeben. Indem man die *delete*-Anweisung im Destruktor unterbringt, wird sichergestellt, daß der mit *new* allokierte Speicher freigegeben wird, sobald das Objekt zu existieren aufhört.

 Immer wenn Sie *new* in einem Konstruktor zum Allokieren von Speicher einsetzen, sollten Sie *delete* im entsprechenden Destruktor zum Freigeben dieses Speichers unterbringen.

In Listing 10.19 wird illustriert, wann die *string*-Konstruktoren und Destruktoren mit ihrer Arbeit beginnen und wie sie funktionieren (das Beispiel verwendet einige Überschriften aus der in Gründung befindlichen Zeitung »Der grüne Gemüsebote«). Vergessen Sie nicht, das Listing 10.18 zusammen mit dem Listing 10.19 zu kompilieren.

```
// gemnews.cpp -- der Einsatz von new und delete in Klassen
// mit strngs.cpp kompilieren
#include <iostream.h>
#include "strngs.h"

string sports("Spinatblätter verlassen ihre Schüssel für Geld");
                                // externes Objekt
void callme1(void);             // erzeugt lokales Objekt
string * callme2(void);         // erzeugt dynamisches Objekt

int main(void)
{
    cout << "Beginn von main()\n";
    string headlines[2] =       // lokales Objektarray
    {
        string("Sellerie spukt um Mitternacht"),
        string("Kopfsalatraub")
    };
    headlines[0].sag();
    headlines[1].sag();
    callme1();
    cout << "In der Mitte von main()\n";
    string *pr = callme2();     // Zeiger auf Objekt
    sports.sag();
    pr->sag();                  // Klassenmethode aufrufen
    delete pr;                  // Objekt löschen
    cout << "Ende von main()\n";
    return 0;
}

void callme1(void)
{
    cout << "Beginn von callme1()\n";
    string grub;                // lokales Objekt
    grub.sag();
    cout << "Ende von callme1()\n";
}
```

```
string * callme2(void)
{
    cout << "Beginn von callme2()\n";
    string *pveg = new string("Kohl führt nach Heimspiel");
            // dynamisches Objekt benutzt Konstruktor
    pveg->sag();
    cout << "Ende von callme2()\n";
    return pveg;                    // pveg hört auf zu existieren,
das Objekt existiert weiter
}
```

Listing 10.19: gemnews.cpp

Es folgt die Programmausgabe:

```
1: "Spinatblätter verlassen ihre Schüssel für Geld" Objekt erzeugt
Beginn von main()
2: "Sellerie spukt um Mitternacht" Objekt erzeugt
3: "Kopfsalatraub" Objekt erzeugt
Sellerie spukt um Mitternacht
Kopfsalatraub
Beginn von callme1()
4: "C++" Objekt erzeugt
C++
Ende von callme1()
"C++" Objekt zerstört, 3 übrig
In der Mitte von main()
Beginn von callme2()
4: "Kohl führt nach Heimspiel" Objekt erzeugt
Kohl führt nach Heimspiel
Ende von callme2()
Spinatblätter verlassen ihre Schüssel für Geld
Kohl führt nach Heimspiel
"Kohl führt nach Heimspiel" Objekt gelöscht, 3 übrig
Ende von main()
"Sellerie spukt um Mitternacht" Objekt gelöscht, 2 übrig
"Kopfsalatraub" Objekt gelöscht, 1 übrig
"Spinatblätter verlassen ihre Schüssel für Geld" Objekt gelöscht,
0 übrig
```

Programmhinweise

Sie sollten die Abläufe in diesem Beispielprogramm gut verstehen, deshalb wollen wir alles genau besprechen. Das Objekt *sports* ist eine externe Variable, wird also erzeugt, bevor *main()* mit der Ausführung beginnt. Als nächstes werden die beiden Elemente des Arrays *headlines* erzeugt. Das Programm ruft den Konstruktor zweimal auf, je einmal, um jedes Array-Element zu initialisieren. Jedes Element ist ein Klassenobjekt und mit den Anweisungen

```
headlines[0].sag(),
headlines[1]();
```

wird die Klassenmethode *sag()* für die beiden Objekte *headlines[0]* und *headlines[1]* aufgerufen.

Anschließend ruft das Programm die Funktion *callme1()* auf. Diese Funktion erzeugt mit dem Standardkonstruktor ein lokales Objekt mit dem Namen *grub*. Der Standardkonstruktor initialisiert das Element *str* mit *"C++"*. Dieses Objekt hört auf zu existieren, wenn die Ausführung der Funktion *callme1()* beendet ist. Schauen Sie sich dazu die folgenden Ausgabezeilen an:

```
Beginn von callme1()
4: "C++" Objekt erzeugt
C++
Ende von callme1()
"C++" Objekt gelöscht, 3 übrig
```

Neben der Ausgabe dieser Meldung gibt der Destruktor auch den Speicher frei, der den String *"C++"* enthielt.

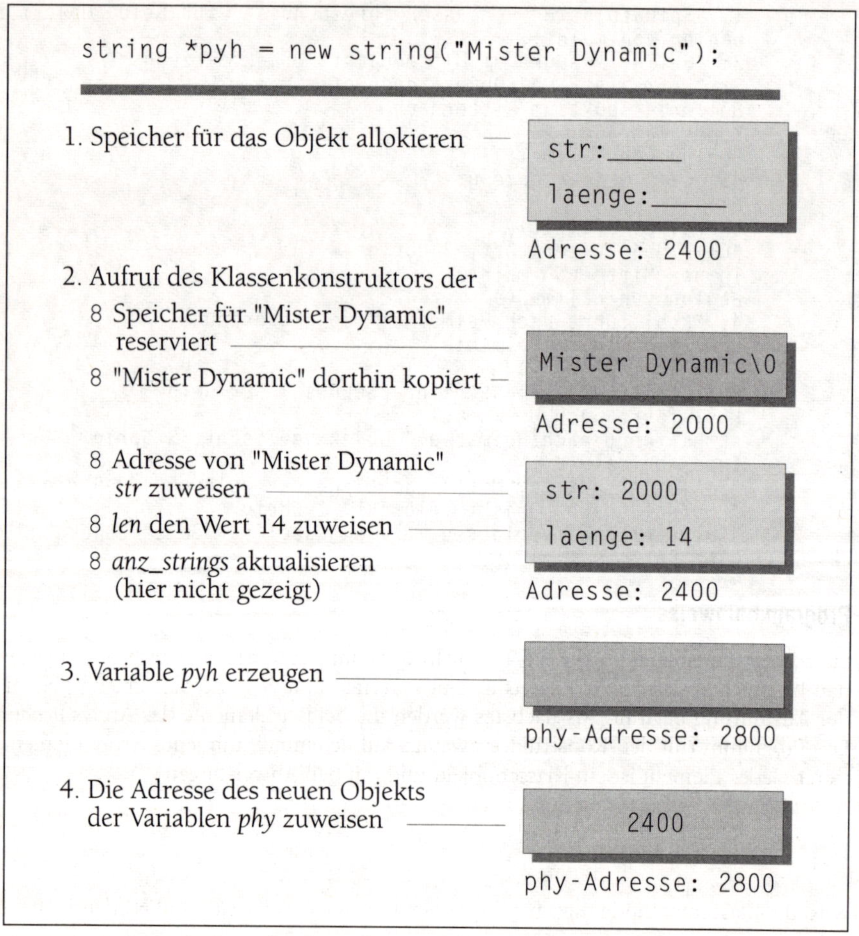

Bild 10.7: new und der Klassenkonstruktor

Jetzt kommen wir zum dornigsten Teil des Beispieles. Das Programm ruft *callme2()* auf, und diese Funktion erzeugt und initialisiert mit *new* ein *string*-Objekt:

```
string *pveg = new string("Kohl führt nach Heimspiel");
```

Die Funktion weist die Adresse des neuen Objekts dem Zeiger *pveg* zu. Da wir *string* mit einem Argument versehen haben, ruft das Programm den entsprechenden Konstruktor auf, um das Objekt zu initialisieren. In Bild 10.7 wird diese Anweisung zusammengefaßt.

Genau wie bei Strukturen können Sie mit dem »->«-Operator auf Klassenelemente zugreifen. In diesem Fall ruft *gemnews.cpp* mit dem Operator die Klassenmethode auf:

```
pveg->sag();
```

Dadurch wird das Programm zur Ausgabe des Strings *"Kohl führt nach Heimspiel"* veranlaßt. Dann endet die Funktion mit der Freigabe des Speichers, der von ihren Variablen belegt wurde. Das heißt, der Speicher, in dem *pveg* abgelegt wurde, wird freigegeben. Da *callme2()* die Anweisung *delete pveg* nicht benutzt, bleibt der Speicher allokiert, in dem sich das Objekt befindet, auf das *pveg* zeigt. Es gibt daher keine Destruktormeldung, wenn *callme2()* endet. Daran sieht man, daß das Objekt immer noch vorliegt – der String *"Kohl führt nach Heimspiel"* lebt weiter! Da *pveg* nicht mehr existiert, kann das Programm nicht mehr mit *pveg* auf das Objekt zugreifen. Das Programm übergibt aber den Wert von *pveg* an das aufrufende Programm, und dieses weist den Wert dem Zeiger *pr* zu. Kurz gesagt, zuerst zeigte *pveg* auf den String. Dann hörte *pveg* auf zu existieren, aber währenddessen versah das Programm *pr* mit der *string*-Adresse. Deshalb kann das Programm nun mit *pr* auf das dynamische Objekt zugreifen. Genau das geschieht, nachdem zuerst das Objekt *sports* ausgegeben wird:

```
Beginn von callme2()
4: "Kohl führt nach Heimspiel" Objekt erzeugt
Kohl führt nach Heimspiel              der pveg-Zeiger in callme2() wird benutzt
Ende von callme2()
Spinatblätter verlassen ihre Schüssel für Geld
Kohl führt nach Heimspiel              der pr-Zeiger in main() wird benutzt
```

Jetzt macht sich das Programm daran, die restlichen Objekte zu löschen. Da das Kohlobjekt mit *new* erzeugt wurde, kann es mit *delete* gelöscht werden:

```
delete pr;
```

Dadurch wird der Speicher freigegeben, auf den *pr* zeigt und nicht *pr* selbst. Durch das Löschen des Objektes wird der Destruktor aktiviert:

```
"Kohl führt nach Heimspiel" Objekt gelöscht, 3 übrig
```

Die Regeln der Gültigkeitsbereiche steuern die Existenz der verbleibenden Objekte. Bei den beiden Array-Elementen handelt es sich um automatische Variablen, sie hören auf zu existieren, sobald die Ausführung des Blockes beendet wird, in dem sie sich befinden. In diesem Fall ist der Block der Rumpf der *main()*-Funktion. Die beiden Objekte werden also freigegeben, wenn *main()* beendet wird. Als letztes hört das externe Objekt auf zu existieren. Das geschieht, wenn das Programm endet:

```
Ende von main()
"Sellerie spukt um Mitternacht" Objekt gelöscht, 2 übrig
"Kopfsalatraub" Objekt gelöscht, 1 übrig
"Spinatblätter verlassen ihre Schüssel für Geld" Objekt gelöscht,
0 übrig
```

Das Programm arbeitet mit *new* und *delete* auf zwei verschiedenen Ebenen. Zum einen wird mit *new* für jedes erzeugte Objekt Speicherplatz für den Namensstring allokiert. Das geschieht in den Konstruktorfunktionen. Deshalb ist auch die Destruktorfunktion dafür zuständig, mit *delete* diesen Speicherbereich wieder freizugeben. Zum anderen allokiert das Programm mit *new* ein ganzes Objekt. Dadurch wird kein Speicher für den Namensstring allokiert, sondern für das Objekt, das den Zeiger *str* enthält, der seinerseits die Stringadresse aufnimmt. Der *new*-Operator allokiert auch Platz für das Element *laenge*. Es wird aber kein Platz für das Element *anz_strings* reserviert, da es sich dabei um ein statisches Element handelt, das getrennt von den Objekten abgespeichert wird. Das Programm löscht daran anschließend mit *delete* das Objekt. Dadurch wird wieder nur der Speicher freigegeben, in dem sich der *str*-Zeiger und das *laenge*-Element befand. Der Speicher, in dem sich der String befindet, auf den *str* zeigt, wird dadurch nicht freigegeben. Diese Aufgabe wird ganz am Schluß vom Destruktor übernommen.

Haben Sie dieses Beispiel erst einmal ganz verstanden, können Sie sich weiteren Abenteuern der Speicherverwaltung widmen. Bis dahin können Sie sich wieder entspannt zurücklehnen und der Dinge harren, die da kommen. Der nächste Abschnitt ist äußerst wichtig und so sollte ihm Ihre ganze Aufmerksamkeit gelten.

Zurück zu Softball: verbesserte Speicherverwaltung

Sie wissen jetzt genug, um die *softball*-Klassendefinition (siehe Kapitel 9) zu verbessern. (Gefällt Ihnen Softball nicht, können Sie das Programm auch so abändern, daß es Baseball, Fußball oder Bowling repräsentiert.) Sie können jetzt zum Beispiel die Funktion *zeige_stat()* durch einen überladenen <<-Operator ersetzen, damit mit *cout* der Objektinhalt ausgegeben werden kann. Und wie bei der *string*-Klasse können Sie *new* anstelle eines festen Arrays benutzen, um Platz für die Namen zu schaffen. Nehmen Sie diese Veränderungen vor, üben Sie sich dadurch nicht nur in der Anwendung Ihrer neuen Fähigkeiten. (Sie müssen Ihre neuen Fähigkeiten in der *Praxis* einsetzen und damit *experimentieren*, damit Sie sie ganz verstehen.) Es führt auch zu einem neuen, unscheinbaren Problem – also genau das, was Sie befürchtet haben! Sie müssen diese Veränderungen jedoch vornehmen, bevor Sie dieses Problem entdecken. In Listing 10.20 finden Sie die neue Klassendefinition. Neue Elemente sind die Neudefinitionen von *vorname* und *nachname* als Zeiger anstelle von Arrays, die *friend*-Funktion zum Überladen des <<-Operators und das Fehlen des unnötigen *zeige_stat()*-Prototyps.

```
// softbal4.h -- überarbeitete Header-Datei der softball-Klasse
class softball
{
private:
    char * vorname;        // ersetzt das char-Array
    char * nachname;       // ersetzt das char-Array
    unsigned schlaege;
    unsigned treffer;
    unsigned rbis;
    float durchs;
    float berechne_durchs();
```

```
public:
    softball(char * fn, char * ln, unsigned ab = 0,
             unsigned h = 0, unsigned rbi = 0);
    softball(void);
    ~softball();
    void alles_setzen();
    void aktual();
    void zeige_stat();
    softball& top_quote(softball& spieler);
// friend-Funktion
    friend ostream & operator<<(ostream & os, softball & spieler);
};
```

Listing 10.20: softbal4.h

In Listing 10.21 befinden sich die Methoden. Der überarbeitete Konstruktor folgt dem Beispiel der *string*-Klasse und erzeugt und initialisiert mit *new* und *strcpy()* Stringspeicher, wie es auch bei der *string*-Klasse gemacht wurde. Die *alles_setzen()*-Methode wendet dieselbe Technik an. Da der Konstruktor mit *new* arbeitet, muß der Destruktor *delete* einsetzen. Da wir ahnen, was für ein Problem sich da anbahnt, haben wir eine Ausgabeanweisung im Destruktor untergebracht, damit Sie seine Arbeitsweise verfolgen können. Die *operator<<()*-Funktion zum Anzeigen eines Objektes hat dieselbe Form, die wir bei der *vektor*-Klasse verwendet haben und übergibt eine Referenz auf ein *ostream*-Objekt.

```
// softbal4.cpp -- überarbeitete Methoden der softball-Klasse
#include <iostream.h>
#include <string.h>
#include "softbal4.h"

softball:: softball(void)
{
}

// überarbeitete Konstruktor der Stringspeicher allokiert
softball:: softball(char * fn, char * ln, unsigned ab,
                    unsigned h, unsigned rbi)
{
    vorname = new char[strlen(fn) + 1];
    strcpy(vorname, fn);
    nachname = new char[strlen(ln) + 1];
    strcpy(nachname, ln);
    schlaege = ab;
    treffer = h;
    rbis = rbi;
    durchs = berechne_durchs();
}

softball::~softball()
{
    cout << "Tschüss, " << vorname << "\n";
    delete vorname;
    delete nachname;
}
```

```
float softball::berechne_durchs()
{
    if (schlaege == 0)
        return 0;
    else
        return float(treffer) / schlaege;
}

void softball::alles_setzen()
{
    char temp[80];
    cout << "Den Vornamen des Spielers eingeben: ";
    cin >> temp;
    vorname = new char[strlen(temp) + 1];
    strcpy(vorname, temp);
    cout << "Den Nachnamen des Spielers eingeben: ";
    cin >> temp;
    nachname = new char[strlen(temp) + 1];
    strcpy(nachname, temp);

    cout << "Anzahl der Schläge eingeben: ";
    cin >> schlaege;
    cout << "Anzahl der Treffer eingeben: ";
    cin >> treffer;
    cout << "Anzahl der RBIs eingeben: ";
    cin >> rbis;
    durchs = berechne_durchs();
    cout << "\n";
}

void softball::aktual()
{
    cout << "Eingabe der Statistiken für " << vorname << " ";
    cout << nachname << ":\n";
    cout << "Anzahl der zusätzlichen Schläge eingeben: ";
    int temp;
    cin >> temp;
    schlaege = schlaege + temp;
    cout << "Anzahl der zusätzlichen Treffer eingeben: ";
    cin >> temp;
    treffer = treffer + temp;
    cout << "Anzahl der zusätzlichen RBIs eingeben: ";
    cin >> temp;
    rbis = rbis + temp;
    durchs = berechne_durchs();
    cout << "\n";
}

// zeige_stat() wird durch den überladenen <<-Operator ersetzt
ostream& operator<<(ostream & os, softball & spieler)
{
    os << "Spieler: " << spieler.vorname << " "
       << spieler.nachname << "\n" << "Schläge: "
       << spieler.schlaege << "   Treffer: " << spieler.treffer
       << "   RBIS: " << spieler.rbis << "   TQ: "
       << spieler.durchs << "\n\n";
    return os;
}
```

```
softball& softball::top_quote(softball& spieler)
{
    if (spieler.durchs > durchs)
        return spieler;
    else
        return *this;
}
```

Listing 10.21: softbal4.cpp

In Listing 10.22 finden Sie ein Programm, das mit der neuen Klassendefinition arbeitet. Es wird die Standardbibliotheksfunktion *exit()* verwendet, von der ein Prototyp in der Header-Datei *stdlib.h* vorliegt. Diese Funktion beendet – sobald sie aufgerufen wird – das Programm und übergibt einen Integerwert an das Betriebssystem. Das entspricht der Arbeitsweise von *return* in *main()*. Ein Unterschied zwischen *return 0* und *exit(0)* besteht darin, daß *return* ein Schlüsselwort und *exit()* ein Funktionsaufruf ist. Ein zweiter Unterschied besteht darin, daß die Funktion *exit()* ein Programm beendet, auch wenn sie von einer anderen Funktion als *main()* aufgerufen wird. Was das Betriebssystem mit dem Übergabewert macht, ist ein UNIX- oder DOS-Thema. Allgemein ist es so, daß man ein UNIX-Script oder eine DOS-Batchdatei verwenden kann, um ein C++-Programm zu starten und daß man mit bestimmten Script- und Batchdateibefehlen den Programmübergabewert überprüfen und daraufhin entscheiden kann, was als nächstes zu tun ist. Übereinkunftsgemäß bedeutet ein Übergabewert von Null, daß alles gut ging und Übergabewerte ungleich Null, daß irgendein Problem besteht. In Listing 10.22 beispielsweise wird mit *exit()* ein Wert von *1* übergeben, falls der Anwender nicht genug Spieler eingibt. Das Programm zeigt auch, wie Sie mit *new* dynamische Arrayobjekte erzeugen können und wie ein dynamisches Array gelöscht wird. Des weiteren deckt das Programm ein Problem auf. Vergessen Sie nicht, das Listing 10.21 zusammen mit dem Listing 10.22 zu kompilieren.

```
// dynamic1.cpp -- new auf zwei Arten einsetzen
// mit softbal4.cpp kompilieren
#include <iostream.h>
#include <stdlib.h>                  // Prototyp für exit()
#include "softbal4.h"

int main(void)
{
    int spieler;

    cout << "Anzahl der Spieler eingeben: ";
    cin >> spieler;
    if (spieler < 1)
    {
        cout << "Zum Spielen benötigen Sie mindestens einen "
                "Spieler! Tschüss.\n";
        exit(1);                     // Programm verlassen
    }
    softball * team = new softball[spieler];// dynamisches Array

    for (int i = 0; i < spieler; i++)
        team[i].alles_setzen();

    for (i = 0; i < spieler; i++)
        cout << team[i];             // überladener <<-Operator

    softball tops = team[0];         // tops mit team[0] initialisieren
```

```
        for (i = 1; i < spieler; i++)
            tops = tops.top_quote(team[i]);
        cout << "Spitzenspieler:\n";
        cout << tops;

        delete [spieler] team;        // alle Elemente des Arrays löschen
        cout << "Tschüss\n";          // Die Syntax von delete wird
                                       // später erläutert

        return 0;
    }
```

Listing 10.22: dynamic1.cpp

Es folgt die Programmausgabe:

```
        Anzahl der Spieler eingeben: 3
        Den Vornamen des Spielers eingeben: Jane
        Den Nachnamen des Spielers eingeben: Austin
        Anzahl der Schläge eingeben: 6
        Anzahl der Treffer eingeben: 4
        Anzahl der RIBs eingeben: 3

        Den Vornamen des Spielers eingeben: Mary
        Den Nachnamen des Spielers eingeben: Shelley
        Anzahl der Schläge eingeben: 5
        Anzahl der Treffer eingeben: 2
        Anzahl der RIBs eingeben: 1

        Den Vornamen des Spielers eingeben: Emily
        Den Nachnamen des Spielers eingeben: Bronte
        Anzahl der Schläge eingeben: 5
        Anzahl der Treffer eingeben: 3
        Anzahl der RIBs eingeben: 2

        Spieler: Jane Austin
        Schläge: 6   Treffer: 4   RBIS: 3   TQ: 0.666667

        Spieler: Mary Shelley
        Schläge: 5   Treffer: 2   RBIS: 1   TQ: 0.4

        Spieler: Emily Bronte
        Schläge: 5   Treffer: 3   RBIS: 2   TQ: 0.6

        Spitzenspieler:
        Spieler: Jane Austin
        Schläge: 6   Treffer: 3   RBIS: 3   TQ: 0.666667

        Tschüss, Jane
        Tschüss, Mary
        Tschüss, Emily
        Tschüss
        Tschüss, &!!&!!
        Null pointer assignment
```

Schauen Sie sich die komischen Zeilen am Ende der Ausgabe an. Sie sind die Anzeichen eines neuen Problems. Bevor wir dieses Problem lösen, wollen wir zuerst den ordnungsgemäß funktionierenden Programmteil anschauen.

Programmhinweise

Werden mit *new* Objekte erzeugt, dann ist das Programm nicht an eine bestimmte Spielerzahl gebunden. Sie können statt dessen die Anzahl der Spieler eingeben und daraufhin ein dynamisches Array mit der entsprechenden Größe einrichten:

```
softball * team = new softball[spieler];
```

Das Einrichten eines dynamischen Objektarrays erfolgt genauso wie das Einrichten eines dynamischen Arrays für Standardtypen – hinter das Schlüsselwort *new* muß der Typname gesetzt werden, und darauf folgt in eckigen Klammern die Anzahl der gewünschten Elemente. Der Zeiger *team* zeigt dann auf das erste Objekt des Arrays, so daß Sie mit der Notation *team[0]* das erste Element ansprechen können, mit *team[1]* das zweite usw. Da jedes Element ein Objekt ist, kann jedes Element eine Klassenmethode aufrufen:

```
for (int i = 0; i < spieler; i++)
    team[i].alles_setzen();
```

Dementsprechend kann mit dem <<-Operator der Inhalt von jedem Objekt ausgegeben werden:

```
for (i = 0; i < spieler; i++)
    cout << team[i];
```

Wie aus der Programmausgabe zu ersehen ist, funktioniert dieser Programmteil wie gewünscht.

Als nächstes erzeugt das Programm ein neues *softball*-Objekt und weist ihm *team[0]* zu:

```
softball tops = team[0];
```

Dadurch wird der Inhalt vom Objekt *team[0]* in das Objekt *tops* kopiert.

Dann stellt das Objekt mit Hilfe einer Schleife und der Methode *top_quote()* fest, welches Objekt die höchste Schlagquote besitzt. Die Methode *top_quote()* vergleicht, wie Sie wissen, zwei Objekte. Ein Objekt davon ruft die Methode auf und das zweite wird als Argument übergeben.

```
for (i = 1; i < spieler; i++)
    tops = tops.top_quote(team[i]);
```

Der Ausdruck *tops.top_quote(team[i])* vergleicht das *tops*-Objekt mit dem *team[i]*-Objekt. Anschließend wird das Objekt mit der höheren Schlagquote *tops* zugewiesen. Die Programmausgabe bestätigt wieder das hervorragende Programmdesign.

Schließlich löscht das Programm die Objekte, die nicht mehr gebraucht werden. Schauen Sie sich bitte die folgende Zeile an:

```
delete [spieler] team;
```

Beim Erzeugen des *team*-Arrays rief *new* den *softball*-Standardkonstruktor dreimal auf – einmal für jedes Arrayobjekt. Damit dieser Speicher freigegeben wird, muß das Programm auch den *softball*-Destruktor dreimal aufrufen. Verfügt ein Array, allgemein gesprochen, über *spieler* Elemente, dann muß der Destruktor *spieler*-mal aufgerufen werden. Genau das bewirkt der Ausdruck *[spieler] team*. Der Wert in den eckigen Klammern sagt aus, wie oft der Destruktor aufgerufen werden muß. Der Zeiger *team* zeigt auf das erste Element, und der erste Destruktoraufruf gibt den Speicher frei, den dieses Element belegte. Mit Hilfe der Zeigerarithmetik stellt das Programm anschließend die Adresse des nächsten Elementes fest, gibt den entsprechenden Speicherblock frei usw. Läßt man den *[spieler]* Teil weg, löscht das Programm lediglich das erste Array-Element. Wie aus der Ausgabe von *Tschüss* im Programm zu ersehen ist, wurde der Speicher für alle drei Arrayobjekte erfolgreich freigegeben.

 Erzeugen Sie mit einer Anweisung der folgenden Form

```
softball * team = new softball[spieler];
```

ein dynamisches Objektarray, dessen Konstruktoren mit *new* arbeiten, müssen Sie

```
delete [spieler] team;
```

verwenden, um die Destruktoren für jedes Array-Element aufzurufen.

Nachdem das Programm *Tschüss* ausgegeben hat, wird die Variable *tops* freigegeben. *tops* ist eine automatische Variable und automatische Variablen hören auf zu existieren, wenn die Ausführung des Blockes beendet ist, in dem sie sich befinden (siehe Kapitel 8). Und nun geht etwas schief. Es gibt zuerst eine seltsame Ausgabe:

```
Tschüss, &!!&!!
```

Nach Beendigung des Programmes erscheint eine rätselhafte, beunruhigende Botschaft:

```
Null pointer assignment
```

Dieses Problem entsteht beim Kopieren eines Objektes, das Zeiger beinhaltet, in ein anderes.

Zeigerprobleme bei der Objektinitialisation und -zuweisung

Kopiert man Objekte, die Zeiger beinhalten, kann es zu einigen Schwierigkeiten kommen. Das Programm *dynamic1.cpp* kopiert solche Objekte potentiell an zwei Stellen. Zuerst wird ein Objekt mit einem anderen Objekt initialisiert:

```
softball tops = team[0];
```

Dadurch wird der Inhalt vom Objekt *team[0]* in das neu erstellte Objekt *tops* kopiert. Dann – abhängig davon, wie der Trefferquotenvergleich ausgeht – weist das Programm das eine Objekt dem anderen zu:

```
for (i = 1; i < spieler; i++)
    tops = tops.top_quote(team[i]);
```

Obwohl einem Objekt bei der Initialisation und bei der Zuweisung Werte übergeben werden, unterscheiden sie sich konzepionell. Die Initialisation findet nur bei der Erzeugung eines Objektes statt. Zuweisungen dagegen werden an schon bestehenden Objekten vorgenommen. Wir wollen uns das Problem bei der Initialisation eines Objektes anschauen. Dieselbe Situation entsteht auch bei Zuweisungen.

Schauen Sie sich an, was passiert, wenn Sie ein *softball*-Objekt mit einem anderen initialisieren. In Listing 10.22 kommt die folgende Anweisung vor:

```
softball tops = team[0];
```

Standardmäßig wendet C++ die *elementweise* Initialisation an. Das heißt, jedes Datenelement von *tops* ist eine Kopie des entsprechenden Datenelements in *team[0]*. So hat beispielsweise *team[0].treffer* den Wert *4*, deshalb wird *tops.treffer* der Wert *4* zugewiesen. So weit, so gut. Schauen Sie sich jetzt aber das Element *vorname* an. Der Wert von *team[0].vorname* ist nicht der String *"Jane"*, sondern die Adresse des Strings *"Jane"*. Das heißt, bei der Initialisation wird die *Adresse* des Strings nach *tops.vorname* kopiert. Kurz gesagt, es liegen jetzt zwei Elemente vor, die dieselbe Adresse beinhalten, und es gibt nur einen String. Bei der Initialisation wurde lediglich die Adresse, nicht aber der String kopiert (siehe Bild 10.8).

Gibt es zwei Zeiger auf denselben String, kommt es zu Problemen, sobald das Programm mit dem Löschen von Objekten beginnt. Die Anweisung

```
delete [spieler] team;
```

gibt den Speicher, in dem sich das Objekt *team[0]* befand, zusammen mit dem Speicher frei, in dem sich die restlichen *team*-Objekte befanden. Genau an dieser Stelle tritt der Zeiger *team[0].vorname* in das Reich des Unbekannten ein. Der String *"Jane"*, auf den er zeigte, würde im Speicher bleiben. Aber durch das Löschen des Objektes *team[0]*, wird die Klassendestruktorfunktion aufgerufen, und diese Funktion löscht – wie Sie wissen – den String, auf den der Zeiger *vorname* zeigt. Der Zeiger *nachname* wird gleich behandelt. Mit *delete* und der Destruktorfunktion gibt das Programm den Speicher frei, der vom Objekt *und* von den Strings, auf die von den Objektelementen gezeigt wurde, frei. Es wurde gründlich aufgeräumt.

Sobald *main()* endet, löscht das Programm automatisch das Objekt *tops*. Dadurch wird der Speicher freigegeben, den die Objektelemente einschließlich des Zeigers *tops.vorname* belegten. Als Teil dieses Vorganges ruft das Programm die Destruktorfunktion noch einmal auf und die Funktion versucht, den Speicher freizugeben, auf den *tops.vorname* zeigt. Das ist derselbe Speicherbereich, auf den *team.[0].vorname* zeigte, und dieser Bereich ist schon freigegeben. Das Programm hat diesen Speicher anscheinend schon für andere Zwecke eingesetzt. Deshalb gibt der Destruktor etwas anderes als den String *"Jane"* aus. Versucht man, Speicher freizugeben, der schon freigegeben ist, erscheint unter Umständen die Meldung *Null pointer assignment*. Mit anderen Worten, es liegen zwei Zeiger vor, die auf dieselbe Stelle zeigen und es wurde versucht, zweimal denselben Speicherbereich freizugeben. Programme mögen das nicht, und das ist ein guter Grund für Sie, das auch nicht zu mögen.

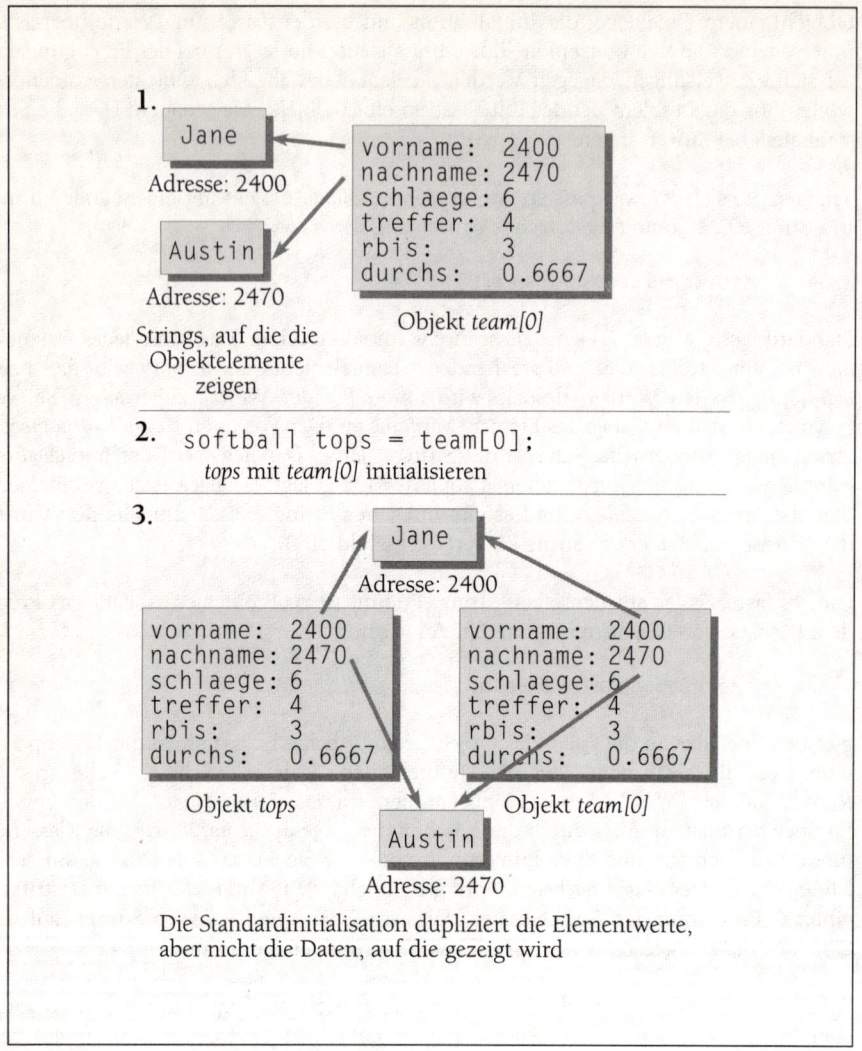

1.

Jane

Adresse: 2400

Austin

Adresse: 2470

Strings, auf die die
Objektelemente
zeigen

```
vorname:   2400
nachname:  2470
schlaege:  6
treffer:   4
rbis:      3
durchs:    0.6667
```
Objekt *team[0]*

2. `softball tops = team[0];`
tops mit *team[0]* initialisieren

3.

Jane

Adresse: 2400

```
vorname:   2400
nachname:  2470
schlaege:  6
treffer:   4
rbis:      3
durchs:    0.6667
```
Objekt *tops*

```
vorname:   2400
nachname:  2470
schlaege:  6
treffer:   4
rbis:      3
durchs:    0.6667
```
Objekt *team[0]*

Austin

Adresse: 2470

Die Standardinitialisation dupliziert die Elementwerte,
aber nicht die Daten, auf die gezeigt wird

Bild 10.8: Elementweise Initialisation

Standardmäßig funktionieren in C++ Zuweisungen genauso wie Initialisationen und wenden die elementweise Kopiermethode an. Es kann also auch bei Zuweisungen vorkommen, daß zwei Zeiger auf denselben Speicherbereich zeigen.

Das Problem bei der Objektinitialisation lösen

Sie wissen jetzt, daß bei der Initialisierung eines Objektes mit einem anderen Probleme auftauchen können, *falls* sich in der Klasse Elemente befinden, die auf Speicherbereiche zeigen, die mit *new* allokiert wurden. Um das Problem aus dem Weg zu räumen, muß der Initialisationsvorgang geändert werden. Bei der Standardinitialisation wird – wie Sie gesehen haben – ein Zeigerelement lediglich kopiert, wobei beide Zeiger anschließend auf dasselbe zeigen. Sie können aber auch veranlassen, daß bei der Initialisation das *Element*, auf das der Zeiger zeigt, kopiert wird. Sie erhalten so zwei Zeiger, die auf unterschiedliche Datenelemente zeigen. Ein Datenelement ist die exakte Kopie des anderen. Die beiden Elemente befinden sich jedoch an unterschiedlichen Positionen. Dadurch haben die beiden Zeiger unterschiedliche Werte. Das Programm enthält dann *zwei* Zeiger und *zwei* Strings. Werden also zwei Objekte gelöscht, wird nicht versucht, zweimal denselben Speicherblock freizugeben.

C++ kennt zur Veränderung der Objektinitialisation einen bestimmten Mechanismus. Dieser Mechanismus baut darauf auf, einen speziellen Konstruktor zu definieren. Dieser Konstruktor heißt *Kopierkonstruktor* und hat die folgende allgemeine Form:

```
Klassenname(const Klassenname &)
```

Das Kaufmannsund (&) zeigt an, daß es sich beim Argument um ein Referenzargument handelt. Ist der Konstruktor definiert, wird er in drei verschiedenen Situationen eingesetzt:

▌ Initialisieren Sie ein Klassenobjekt mit einem anderen, setzt der Konstruktor die Werte für das initialisierte Objekt.

▌ Übergeben Sie eine Klasse anhand ihres Wertes als Argument, initialisiert der Konstruktor das entsprechende formale Argument in der aufgerufenen Funktion.

▌ Übergibt eine Funktion ein Objekt, initialisiert der Konstruktor das temporäre Objekt, das die Objektwerte an das aufrufende Programm übergibt.

Definieren Sie diesen speziellen Konstruktor nicht, wendet C++ in diesen drei Fällen die elementweise Initialisation an. Das ist nicht schlecht – durch Schreiben eines Kopierkonstruktors können Sie drei verschiedene Problembereiche in den Griff bekommen!

Wir wollen diesen Konstruktor nun der *softball*-Klasse hinzufügen. Er soll Kopien der Strings, auf die gezeigt wird, erzeugen und zusätzlich die anderen Daten kopieren. Sie können also folgendes tun:

```
softball::softball(const softball & spieler)
{
// Speicher für den Namen allokieren
    vorname = new char[strlen(spieler.vorname) + 1];
// Den Spielernamen in das neue Objekt kopieren
    strcpy(vorname, spieler.vorname);
    nachname = new char[strlen(spieler.nachname) +1];
    strcpy(nachname, spieler.nachname);
    schlaege = spieler.schlaege;
    treffer = spieler.treffer;
    rbis = spieler.rbis;
    durchs = berechne_durchs();
}
```

Der neue Konstruktor bestimmt die Länge des Strings, auf den *spieler.vorname* zeigt, allokiert mit *new* Speicher für eine Kopie und weist die Adresse von diesem Speicherbereich *vorname* zu, wobei es sich um das Zeigerelement des neuen Objektes handelt. Anschließend wird der Original-

String an diese Stelle kopiert. Die beiden *vorname*-Elemente (*vorname* und *spieler.vorname*) besitzen unterschiedliche Werte, da sie auf unterschiedliche Stellen zeigen. Das Element *nachname* erfährt dieselbe Behandlung. Kurz gesagt, bei der elementweisen Initialisation wird der Zeiger kopiert, bei dieser Definition der String. Betrachten Sie Bild 10.9 und vergleichen Sie es mit Bild 10.8.

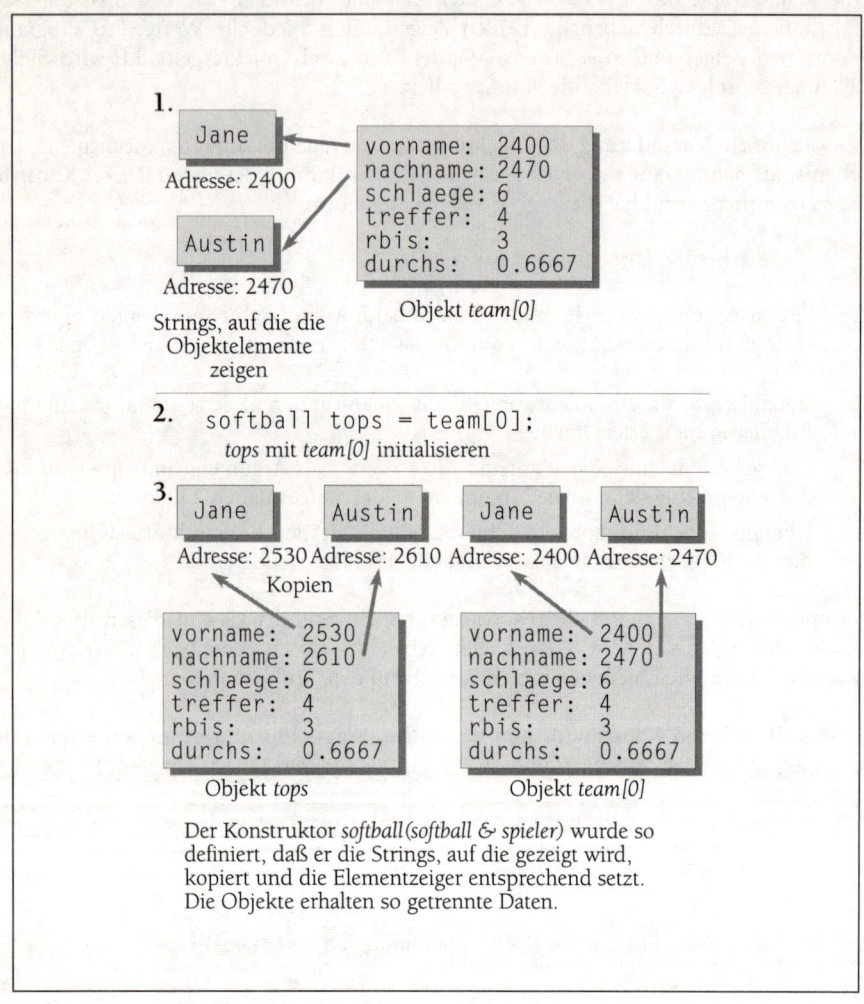

Bild 10.9: Umdefinierte Initialisation benutzen

Das Zuweisungsproblem lösen

Wird ein Objekt einem anderen zugewiesen, gibt es dasselbe Problem wie bei der Initialisation, besonders wenn sich in der Klasse Elemente befinden, die auf Speicher zeigen, der mit *new* allokiert wurde. Für dieses Problem gibt es auch eine Lösung. Sie müssen nur die Funktionsweise der Zuweisung durch Überladen des Zuweisungsoperators verändern. Der Zuweisungsoperator ist einer der wenigen Operatoren, die nur mit einer Elementfunktion, nicht mit einer *friend*-Funktion überladen werden können.

Das Umdefinieren der Zuweisungsoperation ist etwas komplizierter als die Neudefinition der Initialisation. Da Sie zum einen ein Objekt einem anderen Objekt zuweisen, das schon vorher definiert wurde, ist es möglich, daß die Elementzeiger des empfangenden Objektes schon auf andere Daten zeigen. Wollen Sie die Elementzeiger des Objektes mit neuen Daten versehen, sollten Sie zuerst den Speicher freigeben, der von den alten Daten belegt wird.

Die Operatorfunktion sollte zum anderen eine Referenz auf ein Objekt übergeben. So ist es möglich, überladene Zuweisungen genauso zu verketten wie reguläre Zuweisungen:

```
int x, y, z;
x = y = z = 3;              // Verkettete Zuweisung
softball tops, worst;
softball catcher("Pickles"; "Malarky", 8, 3, 1);
tops = worst = catcher;    // Verkettete Zuweisung
```

In der Funktionsnotation sieht die letzte Anweisung wie folgt aus:

```
tops.operator=(worst.operator=(catcher));
```

Mit anderen Worte, der Übergabewert des *worst*-Aufrufes wird zum Argument des *tops*-Aufrufes. Das funktioniert, falls der Übergabewert vom Typ *softball &* ist.

Die folgende Definition folgt diesen Richtlinien:

```
softball & softball::operator=(softball & spieler)
{
    if (this = &spieler)
       return *this; // Keine Veränderung, falls selbst zugewiesen
    delete vorname;
    vorname = new char[strlen(spieler.vorname) +1];
    strcpy(vorname, spieler.vorname);
    delete nachname;
    nachname = new char[strlen(spieler.nachname) +1];
    strcpy(nachname, spieler.nachname);
    schlaege = spieler.schlaege;
    treffer = spieler.treffer;
    rbis = spieler.rbis;
    durchs = berechne_durchs();
    return *this;
}
```

Wie Sie sicher noch aus Kapitel 9 wissen, ist *this* ein Zeiger auf das aufrufende Objekt, *this* ist also das aufrufende Objekt. Diese Funktion übergibt das aufrufende Objekt, nachdem es mit den neuen Werten versehen wurde.

Eine Sache muß noch beachtet werden. Diese Zuweisungsfunktion setzt voraus, daß *vorname* und *nachname* vorher initialisiert wurden. Diese Annahme trifft nicht auf Objekte zu, die mit dem alten Standardkonstruktor erzeugt wurden, da dieser nichts macht:

```
softball::softball(void)
{
}
```

Sie müssen deshalb den Standardkonstruktor neu definieren, damit er die beiden Zeigerelemente initialisiert. Am einfachsten ist es, die beiden Zeiger mit dem Nullzeiger zu versehen (das ist der Zeiger, der den Wert Null hat und der durch die Konstante *NULL* aus der Datei *iostream.h* repräsentiert wird), da es nichts macht, den *delete*-Operator auf den Nullzeiger anzuwenden:

```
softball::softball(void)
{
    vorname = NULL;
    nachname = NULL;
}
```

In Listing 10.23 wird die neue Klassendefinition präsentiert. Es werden dort die neuen Methoden zum Initialisieren und Zuweisen deklariert.

```
// softbal5.h -- überarbeitete Header-Datei der softball-Klasse
class softball
{
private:
    char * vorname;
    char * nachname;
    unsigned schlaege;
    unsigned treffer;
    unsigned rbis;
    float durchs;
    float berechne_durchs();
public:
    softball(const softball &spieler);    // neue
                                          // Initialisationsfunktion
    softball(char * fn, char * ln, unsigned ab = 0,
        unsigned h = 0, unsigned rbi = 0);
    softball(void);
    ~softball();
    void alles_setzen();
    void aktual();
    softball& top_quote(softball& spieler);
// überladene Operatoren
    softball & operator=(softball & spieler);  // neues =
// friend-Funktion
    friend ostream & operator<<(ostream & os, softball & spieler);
};
```

Listing 10.23: softbal5.h

In Listing 10.24 finden Sie die neuen Klassenmethoden und den überarbeiteten Standardkonstruktor.

```
// softbal5.cpp -- überarbeitete Methoden der softball-Klasse
#include <iostream.h>
#include <string.h>
#include "softbal5.h"
```

```
softball:: softball(void)
{
    vorname = NULL;
    nachname = NULL;
}

// dieser spezielle Konstruktor initialisiert ein Objekt mit einem
// anderen Objekt
softball:: softball(const softball & spieler)
{
    vorname = new char[strlen(spieler.vorname) + 1];
    strcpy(vorname, spieler.vorname);
    nachname = new char[strlen(spieler.nachname) + 1];
    strcpy(nachname, spieler.nachname);
    schlaege = spieler.schlaege;
    treffer = spieler.treffer;
    rbis = spieler.rbis;
    durchs = berechne_durchs();
}

// überarbeitete Konstruktor der Stringspeicher allokiert
softball:: softball(char * fn, char * ln, unsigned ab,
                unsigned h, unsigned rbi)
{
    vorname = new char[strlen(fn) + 1];
    strcpy(vorname, fn);
    nachname = new char[strlen(ln) + 1];
    strcpy(nachname, ln);
    schlaege = ab;
    treffer = h;
    rbis = rbi;
    durchs = berechne_durchs();
}

softball::~softball()
{
    cout << "Tschüss, " << vorname << "\n";
    delete vorname;
    delete nachname;
}

float softball::berechne_durchs()
{
    if (schlaege == 0)
        return 0;
    else
        return float(treffer) / schlaege;
}

void softball::alles_setzen()
{
    char temp[80];

    cout << "Den Vornamen des Spielers eingeben: ";
    cin >> temp;
    vorname = new char[strlen(temp) + 1];
    strcpy(vorname, temp);
    cout << "Den Nachnamen des Spielers eingeben: ";
    cin >> temp;
```

```
    nachname = new char[strlen(temp) + 1];
    strcpy(nachname, temp);

    cout << "Anzahl der Schläge eingeben: ";
    cin >> schlaege;
    cout << "Anzahl der Treffer eingeben: ";
    cin >> treffer;
    cout << "Anzahl der RBIs eingeben: ";
    cin >> rbis;
    durchs = berechne_durchs();
    cout << "\n";
}


void softball::aktual()
{
    cout << "Eingabe der Statistiken für " << vorname << " ";
    cout << nachname << ":\n";
    cout << "Anzahl der zusätzlichen Schläge eingeben: ";
    int temp;
    cin >> temp;
    schlaege = schlaege + temp;
    cout << "Anzahl der zusätzlichen Treffer eingeben: ";
    cin >> temp;
    treffer = treffer + temp;
    cout << "Anzahl der zusätzlichen RBIs eingeben: ";
    cin >> temp;
    rbis = rbis + temp;
    durchs = berechne_durchs();
    cout << "\n";
}


// der überladene <<-Operator ersetzt zeige_stat()
ostream& operator<<(ostream & os, softball & spieler)
{
    os << "Spieler: " << spieler.vorname << " "
    << spieler.nachname << "\n" << "Schläge: "
    << spieler.schlaege << "    Treffer: " << spieler.treffer
    << "   RBIS: " << spieler.rbis << "      TQ: "
    << spieler.durchs << "\n\n";
    return os;
}


softball & softball::top_quote(softball& spieler)
{
    if (spieler.durchs > durchs)
        return spieler;
    else
        return *this;
}


// überladene Zuweisung
softball & softball::operator=(softball & spieler)
{
    if (this == &spieler)
      return *this;  // keine Veränderung, falls sich selbst zuwiesen

    delete vorname;
    vorname = new char[strlen(spieler.vorname) + 1];
    strcpy(vorname, spieler.vorname);
```

```
    delete nachname;
    nachname = new char[strlen(spieler.nachname) + 1];
    strcpy(nachname, spieler.nachname);
    schlaege = spieler.schlaege;
    treffer = spieler.treffer;
    rbis = spieler.rbis;
    durchs = berechne_durchs();
    return *this;
}
```

Listing 10.24: softbal5.cpp

Sie können das Programm in Listing 10.22 mit den neuen Definitionen neu kompilieren und das Ergebnis ablaufen lassen. Im Listing muß dazu lediglich

```
#include "softbal4.h"
```

durch

```
#include "softbal5.h"
```

ersetzt werden. Sie sollten natürlich auch das Listing 10.22 zusammen mit dem Listing 10.24 kompilieren und nicht mit dem Listing 10.21. Wie Sie aus dem folgenden Beispielablauf sehen können, arbeitet das Programm jetzt ordnungsgemäß.

```
Anzahl der Spieler eingeben: 3
Den Vornamen des Spielers eingeben: Linda
Den Nachnamen des Spielers eingeben: Ronstadt
Anzahl der Schläge eingeben: 9
Anzahl der Treffer eingeben: 5
Anzahl der RBIS eingeben: 1

Den Vornamen des Spielers eingeben: Elvis
Den Nachnamen des Spielers eingeben: Presley
Anzahl der Schläge eingeben: 6
Anzahl der Treffer eingeben: 0
Anzahl der RBIS eingeben: 0

Den Vornamen des Spielers eingeben: Bruce
Den Nachnamen des Spielers eingeben: Springsteen
Anzahl der Schläge eingeben: 10
Anzahl der Treffer eingeben: 6
Anzahl der RBIS eingeben: 2

Spieler: Linda Ronstadt
Schläge: 9    Treffer: 5    RBIS: 1    TQ: 0.555556

Spieler: Elvis Presley
Schläge: 6    Treffer: 0    RBIS: 0    TQ: 0

Spieler: Bruce Springsteen
Schläge: 10    Treffer: 6    RBIS 2    TQ: 0.6

Spitzenspieler:
Spieler: Bruce Springsteen
Schläge: 10    Treffer:    6 RBIS 2    TQ: 0.6
```

```
Tschüss, Linda
Tschüss, Elvis
Tschüss, Bruce
Tschüss
Tschüss, Bruce
```

Zusammenfassung der Techniken

Sie kennen jetzt mehrere Programmiertechniken zur Bearbeitung verschiedener im Zusammenhang mit Klassen stehender Probleme, und es fällt Ihnen vielleicht schwer, sich alle zu merken. Deshalb wollen wir einen kurzen Überblick über die unterschiedlichen Techniken und ihren Einsatzbereich geben.

Den <<-Operator überladen

Damit der <<-Operator in Verbindung mit *cout* zur Anzeige von Objektinhalten eingesetzt werden kann, müssen Sie eine *friend*-Operatorfunktion der folgenden Form definieren:

```
ostream & operator<<(ostream & os, const c_name & obj)
{
    os << ...;    // Den Objektinhalt ausgeben
    return os;
}
```

c_name repräsentiert hier den Namen der Klasse.

Konversionsfunktionen

Damit ein einzelner Wert in einen Klassentyp umgewandelt wird, müssen Sie einen Klassenkonstruktor mit der folgenden Prototypform erstellen:

```
c_name(Typname wert);
```

c_name repräsentiert hier den Klassennamen und *Typname* den Namen des Typs, in den Sie umwandeln wollen.

Um einen Klassentyp in einen anderen zu konvertieren, müssen Sie eine Klassen-Elementfunktion erzeugen, die über den folgenden Prototyp verfügt:

```
operator Typname();
```

Obwohl die Funktion keinen deklarierten Übergabetyp hat, sollte sie einen Wert des gewünschten Typs übergeben.

Klassen, deren Konstruktoren mit new arbeiten

Klassen, die mit dem Operator *new* Speicher allokieren, auf den anschließend von einem Klassenelement gezeigt wird, bedürfen beim Entwickeln einiger Vorsicht.

▸ Zu jedem Klassenelement, das auf einen Speicherbereich zeigt, der mit *new* allokiert wurde, muß im Klassendestruktor der zugehörige *delete*-Operator plaziert werden. Dadurch wird der allokierte Speicher wieder freigegeben.

▶ Gibt ein Destruktor Speicher frei, indem er *delete* mit einem Zeiger aufruft, der ein Klassenelement ist, dann sollte jeder Konstruktor dieser Klasse diesen Zeiger entweder mit *new* oder mit dem NULL-Zeiger initialisieren.

▶ Sie sollten einen Kopierkonstruktor erzeugen, der neuen Speicher allokiert und nicht nur den Zeiger auf einen bereits existierenden Speicherbereich kopiert. So kann das Programm ein Klassenobjekt mit einem anderen initialisieren. Der Konstruktor sollte folgende Prototypform besitzen:

```
Klassenname(const Klassenname &)
```

▶ Sie sollten eine Klassen-Elementfunktion zum Überladen des Zuweisungsoperators definieren. Die Funktionsdefinition sollte wie folgt aussehen (in diesem Fall ist *c_zeiger* ein Element der Klasse *c_name* und vom Typ Zeiger auf *Typname*):

```
c_name & c_name::operator=(c_name & cn)
{
    delete c_zeiger;
    c_zeiger = new Typname[groesse];
    // Daten, auf die von cn.c_zeiger gezeigt wird, an die Stelle
    // kopieren, auf die von c_zeiger gezeigt wird
    ...
    return *this;
}
```

Mit Zeigern auf Objekte arbeiten

Jetzt, da Sie über Initialisation und Zuweisung Bescheid wissen, wollen wir uns damit befassen, wie Zeiger auf Objekte eingesetzt werden. Erzeugen Sie mit Hilfe von *new* ein Objekt, übergibt *new* einen Zeiger auf ein Objekt. Bei den letzten beiden Beispielen wurde mit *new* ein Objektarray erzeugt, und Sie konnten den Zeiger einsetzen, als wäre er ein Array-Name. Dadurch wurde die Notation vereinfacht, aber Sie sollten auch mit der Arbeitsweise der Zeigernotation vertraut sein. Wie schon erwähnt, kann der »->«-Operator zusammen mit Objektzeiger-Variablen genauso eingesetzt werden wie mit Strukturzeiger-Variablen. Angenommen, *left* ist ein Zeiger auf das Klassenobjekt *softball*. Sie können dann die Klassenmethode *aktual()* wie folgt aufrufen:

```
left->aktual();        // left muß auf ein softball-Objekt zeigen
```

Wie bei Strukturen, kann der Punkt-Elementoperator mit dem *Namen* eines Objektes eingesetzt werden und der Pfeil-Elementoperator mit der *Adresse* eines Objektes.

Ist *left* ein Zeiger auf ein *softball*-Objekt, dann ist **left* das *softball*-Objekt. Damit beispielsweise der Inhalt des Objektes ausgegeben wird, auf das *left* zeigt, müssen Sie die folgende Anweisung einsetzen:

```
cout << *left;        // den überladenen <<-Operator mit einem
                      // softball-Objekt einsetzen
```

In Listing 10.25 werden diese Punkte illustriert. Es wird außerdem gezeigt, wann *new* zum Erzeugen der Objekte benötigt wird. Es wird die Header-Datei *softbal5.h* aus dem vorherigen Beispiel benutzt. Das Listing 10.25 sollte zusammen mit der entsprechenden *softbal5.cpp*-Methodendatei kompiliert werden.

```
// dynamic3.cpp -- die umdefinierte Klasse benutzen
// mit softbal5.cpp kompilieren
#include <iostream.h>
#include <stdlib.h>
#include "softbal5.h"
int main(void)
{
// Standardkonstruktor verwenden
   softball * right = new softball;

// Konstruktor mit Argumenten benutzen
   softball * left = new softball("Anton","Bruckner",9,5,3);

// anonymes Objekt *right zuweisen
   *right = softball("Johannes","Brahms",4,4,2);

// den Objekt-initialisierenden Konstruktor einsetzen
   softball * tops = new softball(*left);

   cout << *left;
   operator<<(cout,*right);
   cout << "Die meisten Treffer: " << *tops;

// Klassenmethoden mit Zeiger auf Objekt aufrufen
   left->aktual();
   *tops = right->top_quote(*left);

   cout << "Bester TQ-" << *tops;

// Adieu, Team
   delete right;
   delete left;
   delete tops;
   cout << "Gut gespielt und Adieu!\n";

   return 0;
}
```

Listing 10.25: dynamic3.cpp

Es folgt ein Beispielablauf:

```
Spieler: Anton Bruckner
Schläge: 9   Treffer: 5   RBIS: 3   TQ: 0.555556

Spieler: Johannes Brahms
Schläge: 4   Treffer: 4   RBIS: 2   TQ: 1

Die meisten Treffer: Spieler: Anton Bruckner
Schläge: 9   Treffer: 5   RBIS: 3   TQ: 0.555556

Eingabe der Statistiken für Anton Bruckner:
Anzahl der zusätzlichen Schläge eingeben: 1
Anzahl der zusätzlichen Treffer eingebe: 0
Anzahl der zusätzlichen RBIs eingeben: 0

Bester TQ-Spieler: Johannes Brahms
Schläge: 4   Treffer: 4   RBIS: 2   TQ: 1
```

```
Tschüss, Johannes
Tschüss, Anton
Tschüss, Johannes
Gut gespielt und Adieu!
Tschüss, Johannes
```

Programmhinweise

In diesem Programm kommen viele im Zusammenhang mit Zeigern stehende Dinge zur Sprache. Wir wollen es deshalb Schritt für Schritt analysieren. Das Programm fängt mit der Allokation von Speicher für ein *softball*-Objekt an. Die Adresse des Objektes wird dem Zeiger *right* zugewiesen:

```
softball * right = new softball;
```

Dadurch wird das neue Objekt nicht explizit initialisiert. Deshalb setzt das Programm den Standardkonstruktor ein, der – wie Sie wissen – die Elemente *vorname* und *nachname* der neuen Struktur mit dem Nullzeiger versieht.

Aus der nächsten Anweisung ist zu ersehen, wie ein Objekt mit *new* und einer Initialisierung erzeugt wird:

```
softball * left = new softball("Anton", "Bruckner",9,5,3);
```

Die Argumentenliste auf der rechten Seite entspricht der Signatur eines der *softball*-Klassenkonstruktoren. Das Programm erzeugt und initialisiert das Objekt, auf das *left* anschließend zeigt, also mit diesem Konstruktor.

Die nächste Programmanweisung ist komplizierter als die ersten beiden:

```
*right = softball("Johannes","Brahms",4,4,2);
```

Der Ausdruck *right* repräsentiert das Objekt, auf das *right* zeigt. Da das Objekt *right* bereits existiert, ist diese Anweisung eine Zuweisungsanweisung und keine Initialisationsanweisung. Deshalb wird die Anweisung in zwei Etappen ausgeführt. Zunächst ruft der Funktionsaufruf auf der rechten Seite die entsprechende Konstruktorfunktion auf, die ein Objekt erzeugt und mit den Argumentwerten initialisiert. Dieses Objekt ist ein temporäres, anonymes Objekt. Das Programm setzt als nächstes den überladenen Zuweisungsoperator der *softball*-Klasse ein, um die anonyme Struktur in die Struktur zu übertragen, auf die von *right* gezeigt wird. Diese Zuweisungsdefinition kopiert – wie Sie wissen – die Strings selbst und nicht nur die Zeiger.

Bei der nächsten Programmanweisung handelt es sich um eine Initialisation, nicht um eine Zuweisung, da ein neues Objekt erzeugt wird:

```
softball * tops = new softball(*left);
```

Diese Anweisung ruft den Klassenkonstruktor auf, der mit einem *softball*-Klassenargument definiert wurde. Beachten Sie, daß *left* ein Objekt und kein Zeiger ist.

Die nächsten Anweisungen zeigen noch einmal, wie der mit einer *softball-friend*-Funktion überladene <<-Operator funktioniert:

```
cout << *left;
operator<<(cout,*right);
cout << "Die meisten Treffer: " << *tops
```

left ist ein *softball*-Objekt, also der richtige Operand für den überladenen <<-Operator. In der zweiten Anweisung kommt ein Funktionsaufruf vor, der dem Einsatz des überladenen Operators entspricht. Dadurch wird illustriert, daß die Operatornotation viel besser aussieht. Aus der dritten Anweisung ist zu ersehen, wie man die *ostream*- und die *softball-friend*-Versionen des <<-Operators in derselben Anweisung einsetzen kann.

Die nächsten beiden Anweisungen zeigen, wie man mit Hilfe von Zeigern auf Klassenmethoden zugreifen kann:

```
left->aktual();
*tops = right->top_quote(*left);
```

Durch den ersten Aufruf wird das Objekt, auf das *left* zeigt, aktualisiert. Beim zweiten Aufruf wird die Methode *top_quote()* aufgerufen. Das Objekt, auf das *right* zeigt, ist das aufrufende Objekt und das Objekt, auf das *left* zeigt, das Argument. Der Übergabewert wird an das Objekt weitergeleitet, auf das *tops* zeigt.

 Ist *po* ein Zeiger auf ein Klassenobjekt, muß *po* in Situationen eingesetzt werden, die ein Objekt erforderlich machen, und *po*-> muß zum Aufrufen der Klassen-Elementfunktionen eingesetzt werden.

Die Anweisung

```
cout << "Bester TQ-" << *tops;
```

gibt den Inhalt des Objektes *tops* aus.

Als letztes löscht das Programm die Objekte, die mit *new* erzeugt wurden. Schauen Sie sich die letzten Zeilen der Ausgabe an:

```
Tschüss, Johannes
Tschüss, Anton
Tschüss, Johannes
Gut gespielt und Adieu!
Tschüss, Johannes
```

Die ersten drei *Tschüss* entstehen durch Anwenden von *delete* auf die Zeiger *left*, *right* und *tops*. Sobald die Ausführung von *main()* beendet wird, löscht das Programm die temporäre Variable, die ursprünglich erzeugt wurde, als das Programm *right* Werte zuwies. Wie in Kapitel 8 erwähnt, sind die Implementationen sehr großzügig beim »Vergessen« solcher temporären Variablen. Unsere Implementation behandelt solche Variablen als automatische Variablen und löscht sie nach Ausführung des Blockes, in dem sie sich befinden.

10.5 Zusammenfassung

In diesem Kapitel erfuhren Sie wichtige Dinge über das Definieren und den praktischen Einsatz von Klassen. Mehrere dieser Aspekte sind recht komplex. Verstehen Sie manche Aspekte nicht auf Anhieb, macht das nichts, den meisten C++-Neulingen geht das so. Sie werden zum Beispiel Kopierkonstruktoren erst richtig zu schätzen lernen, wenn Sie in Schwierigkeiten geraten, weil Sie sie ignoriert haben. Vieles von dem, was in diesem Kapitel besprochen wird, erscheint Ihnen solange unverständlich, bis Sie durch eigene Erfahrungen ein Verständnis dafür entwickeln. Bis es soweit ist, wollen wir uns mit einer Zusammenfassung des Kapitels begnügen.

Normalerweise kann man nur mit einer Klassenmethode auf private Klassenelemente zugreifen. C++ lockert diese Einschränkung durch die Einführung von *friend*-Funktionen. Damit aus einer Funktion eine *friend*-Funktion wird, muß die Funktion in der Klassendefinition deklariert und vor die Deklaration das Schlüsselwort *friend* gesetzt werden. Eine *friend*-Funktion kann sowohl eine unabhängige Funktion als auch eine Elementfunktion einer anderen Klasse sein. Deklariert man eine ganze Klasse als *friend*-Klasse, erhalten alle Elementfunktionen dieser Klasse den *friend*-Status.

Durch die Definition spezieller Operatorfunktionen erweitert C++ das Überladen von Operatoren. Diese Operatorfunktionen beschreiben, in was für einem Verhältnis bestimmte Operatoren zu einer bestimmten Klasse stehen. Eine Operatorfunktion kann eine Klassen-Elementfunktion oder eine *friend*-Funktion sein. In C++ ist es möglich, eine Operatorfunktion entweder durch Aufrufen der Funktion oder durch Einsatz des überladenen Operators mit seiner üblichen Syntax zu aktivieren. Eine Operatorfunktion für den Operator *op* hat die folgende Form:

```
operatorop(Argumentenliste)
```

Die Argumentenliste repräsentiert die Operanden des Operators. Ist die Operatorfunktion eine Klassen-Elementfunktion, ist der erste Operand das aufrufende Objekt und nicht Bestandteil der Argumentenliste. Für die Addition von Vektoren wurde beispielsweise der Additionsoperator in der *vektor*-Klasse mit der Elementfunktion *operator+()* überladen. Sind *up*, *right* und *ergebnis* drei Vektoren, können Sie eine der beiden folgenden Anweisungen zum Aufrufen der Vektoraddition einsetzen:

```
ergebnis = up.operator+(right);
ergebnis = up + right;
```

Bei der zweiten Version erkennt C++ aus der Tatsache, daß *up* und *right* vom Typ *vektor* sind, daß die *vektor*-Definition der Addition angewandt werden muß.

Ist eine Operatorfunktion eine Elementfunktion, ist der erste Operand das Objekt, das die Funktion aufrief. Im obigen Beispiel ist das Objekt *up* das aufrufende Objekt. Möchten Sie eine Operatorfunktion so definieren, daß der erste Operand kein Klassenobjekt ist, müssen Sie zusätzlich eine *friend*-Funktion benutzen. Sie können dann die Operanden in einer beliebigen Reihenfolge benutzen.

Am häufigsten wird die Operatorüberladung eingesetzt, um den <<-Operator so zu definieren, daß er zusammen mit dem *cout*-Objekt den Inhalt des Objektes ausgibt. Damit ein *ostream*-Objekt als erster Operand verwendet werden kann, müssen Sie die Operatorfunktion als *friend* definieren. Damit der neu definierte Operator verkettet werden kann, muß der Übergabetyp *ostream & vorliegen. Es folgt die allgemeine Form, die alle diese Bedingungen erfüllt:

```
ostream & operator<<(ostream & os, const c_name & obj)
{
    os << ... ;   // Objektinhalt ausgeben
    return os;
}
```

In C++ können Konversionen in und von Klassentypen durchgeführt werden. Jeder Klassenkonstruktor, der nur ein einzelnes Argument besitzt, fungiert als Konversionsfunktion und konvertiert Werte vom Argumenttyp in den Klassentyp. C++ ruft den Konstruktor automatisch auf, falls Sie einen Wert mit dem Argumenttyp einem Objekt zuweisen. Angenommen, es liegt die Klasse *string* mit einem Konstruktor vor, der nur einen *char* *-Wert als Argument besitzt. Ist *bean* ein *string*-Objekt, können Sie folgende Anweisung einsetzen:

```
bean = "pinto";   // Konvertiert vom Typ char * in den Typ string
```

Damit von einem Klassentyp in einen anderen Typ konvertiert werden kann, müssen Sie eine Konversionsfunktion definieren, in der sich Instruktionen befinden, die angeben, wie die Konversion durchgeführt werden soll. Eine Konversionsfunktion muß eine Elementfunktion sein. Soll in den Typ *Typname* umgewandelt werden, muß folgender Prototyp verwendet werden:

```
operator Typname();
```

Es muß kein Übergabewert deklariert werden, es müssen keine Argumente angegeben werden, und es muß (obwohl es keinen deklarierten Übergabetyp gibt) ein konvertierter Wert mit dem richtigen Typ übergeben werden. Eine Funktion zum Beispiel, die den Typ *vektor* in den Typ *double* umwandelt, muß folgende Form haben:

```
vektor::operator double()
{
    ...
    return ein_double_wert;
}
```

Mit *new* und *delete* können Klassenobjekte erzeugt und gelöscht werden. Der *new*-Operator übergibt einen Zeiger auf ein Objekt, und Sie können den Elementoperator (->) zusammen mit dem Zeiger einsetzen, um auf Klassenmethoden zuzugreifen. Ist *pclass* ein Zeiger auf ein Objekt, dann ist *pclass ein Objekt, das wie jedes andere Objekt derselben Klasse behandelt werden kann.

Sie können *new* auch in einem Klassenkonstruktor einsetzen, um Speicher für Daten zu allokieren und daraufhin die Speicheradresse einem Klassenelement zuzuweisen. Dadurch ist es einer Klasse beispielsweise möglich, Strings verschiedener Größe zu bearbeiten, ohne die Klassen im voraus mit einer festgelegten Array-Größe versehen zu müssen. Verwendet man *new* in einem Klassenkonstruktor, können Probleme auftreten, sobald ein Objekt aufhört zu existieren. Verfügt ein Objekt über Elementzeiger, die auf Speicherbereiche zeigen, der mit *new* allokiert wurde, wird durch Freigabe des Speicherbereiches, in dem sich das Objekt befand, nicht automatisch der Speicher freigegeben, auf den von den Objektelementzeigern gezeigt wird. Setzen Sie also *new* in einem Klassenkonstruktor zur Speicherallokation ein, sollten Sie mit *delete* im Klassendestruktor den Speicher wieder freigeben. So wird beim Löschen eines Objektes automatisch auch der Speicherbereich freigegeben, auf den Klassenelemente zeigen.

Objekte, die über Elemente verfügen, die auf Speicherbereiche zeigen, der mit *new* allokiert wurde, können auch Probleme beim Initialisieren eines Objektes mit einem anderen oder beim Zuweisen eines Objektes an ein anderes auftreten. Standardmäßig wendet C++ die elementweise Initialisation und Zuweisung an. Das heißt, das initialisierte oder das Objekt, dem ein anderes zugewiesen wurde, besitzt nach der Operation exakte Kopien der Elemente des Objektes, das als Quelle diente. Zeigt ein Element des Originalobjektes auf einen Datenblock, zeigt das Element der Kopie auf denselben Block. Löscht das Programm irgendwann die beiden Objekte, versucht der Klassendestruktor, denselben Speicherblock zweimal freizugeben, und das ist nicht zulässig. Die Lösung besteht darin, einen speziellen Kopierkonstruktor zu definieren, der die Initialisation neu definiert, und den Zuweisungsoperator zu überladen. In jedem Fall sollte die neue Definition Duplikate aller Daten, auf die gezeigt wird, erzeugen, und das neue Objekt sollte auf diese Kopien zeigen. So bezieht sich sowohl das alte als auch das neue Objekt auf zwar separate, jedoch identische Daten, die nicht überlappen.

Wie Sie vielleicht bemerkt haben, müssen Sie bei der Konstruktion von Klassen viel mehr Sorgfalt und Aufmerksamkeit walten lassen als bei einfachen C-artigen Strukturen. Ist der Klassenentwurf jedoch abgeschlossen, erleichtern sie Ihnen dafür das Leben deutlich mehr.

10.6 Übungsaufgaben

1. Was ist der Unterschied zwischen einer *friend*- und einer Elementfunktion?

2. Muß eine Nicht-Elementfunktion ein *friend* sein, damit auf Klassenelemente zugegriffen werden kann?

3. Setzen Sie eine Elementfunktion zum Überladen des Multiplikationsoperators für die Klasse *diva* ein. Der Operator soll das Element *einkommen* mit einem Wert vom Typ *double* multiplizieren.

4. Überladen Sie mit einer *friend*-Funktion den Multiplikationsoperator für die *diva*-Klasse. Der Operator soll einen Wert vom Typ *double* mit dem Element *einkommen* multiplizieren.

5. Welche Operatoren können nicht überladen werden?

6. Was für Einschränkungen gibt es beim Überladen der folgenden Operatoren?

   = ( ) [ ] ->

7.   Überladen Sie den <<-Operator, damit die Funktion *zeige_taucher()* in der *taucher*-Klasse ersetzt werden kann.

8.   Schreiben Sie die *lotgew*-Klasse so um, daß sie ein Statuselement umfaßt, von dem überwacht wird, ob das Objekt als »Lot und Quentchen«-, ganzzahlige Quentchen- oder Fließkomma-Quentchenform interpretiert werden soll. Überladen Sie den <<-Operator, damit die Methoden *zeige_lt()* und *zeige_qunt()* ersetzt werden können.

9.   Definieren Sie eine Konversionsfunktion für die *vektor*-Klasse, von der ein Vektor in einen Wert des Typs *double*, der die Größe des Vektors repräsentiert, konvertiert wird.

10. Überarbeiten Sie die *softball*-Klasse so, daß sie ein statisches Klassenelement enthält, das sich um die Anzahl der *softball*-Objekte kümmert.

11. Benennen Sie drei Probleme, die auftreten, falls Sie eine Klasse definieren, bei der ein Zeigerelement mit *new* initialisiert wird. Geben Sie auch an, wie diese Probleme beseitigt werden können.

12. Verbessern Sie die *string*-Klassendefinition durch Entfernen der *cout*-Anweisungen aus den Konstruktoren bzw. Destruktoren und durch folgendes:
     a.   Stellen Sie eine Elementfunktion mit dem Namen *str_laenge()* zur Verfügung, von der die Größe eines Strings übergeben wird.
     b.   Ersetzen Sie die Funktion *sag()* mit einem neu definierten <<-Operator.
     c.   Erstellen Sie einen Kopierkonstruktor.
     d.   Überladen Sie den Zuweisungsoperator so, daß er Daten anstelle von Adressen kopiert.
     e.   Definieren Sie eine Konversionsfunktion zur Konvertierung eines *string*-Objektes in einen regulären C++-String.

11

Klassenvererbung

Ein Hauptziel der objektorientierten Programmierung besteht darin, wiederverwendbare Programme zu erzeugen. Arbeiten Sie an einem neuen Projekt, ist es ganz nett – besonders, wenn es umfangreich ist –, überprüfte Programmteile wieder einsetzen zu können, anstatt neue Anweisungen schreiben zu müssen. Setzt man alte Programmteile ein, wird Zeit gespart, und da diese Teile schon eingesetzt und getestet wurden, werden keine unnötigen Fehler im Programm untergebracht. Je weniger Sie sich um Details kümmern müssen, desto besser können Sie sich auf die allgemeine Programmstrategie konzentrieren.

Traditionelle Bibliotheken mit C-Funktionen beinhalten vordefinierte und vorkompilierte Funktionen wie *strlen()*, die Sie in Ihren Programmen einsetzen können. Viele Softwareanbieter schneidern spezielle C-Bibliotheken zurecht, die Funktionen beinhalten, die in der Standard-C-Bibliothek nicht zu finden sind. So können Sie beispielsweise Bibliotheken mit Funktionen zur Datenbankverwaltung und Bildschirmkontrolle kaufen. Aber Funktionsbibliotheken haben ihre Grenzen. Wenn der Hersteller den Quelltext für die Bibliotheksfunktionen nicht mitliefert (was häufig der Fall ist), können Sie die Funktionen nicht erweitern oder ändern und so Ihren Bedürfnissen anpassen. Statt dessen müssen Sie das Programm an die Gegebenheiten der Bibliothek anpassen. Wird der Quelltext mitgeliefert, kann es vorkommen, daß Sie unabsichtlich die Funktionsweise eines Teils der Funktionen ändern, wenn Sie Ihre Modifikationen vornehmen.

C++-Klassen ermöglichen ein höheres Maß an Wiederverwendbarkeit. Viele Hersteller bieten heutzutage Klassenbibliotheken an, die aus Klassendefinitionen und -implementationen bestehen. Da eine Klasse die Datenrepräsentation mit den Klassenmethoden verbindet, stellt eine Klasse ein integrierteres Paket dar als eine Funktionsbibliothek. Eine einzelne Klasse kann zum Beispiel alle Ressourcen zur Bearbeitung einer Dialogbox beinhalten. Häufig steht bei Klassenbibliotheken der Quelltext zur Verfügung. Das heißt, Sie können diese Bibliotheken auf Ihre Bedürfnisse zuschneiden. Aber in C++ gibt es zum Verbessern und Erweitern von Klassen eine vorteilhaftere Methode als die Codemodifikation. Diese Methode – als *Klassenvererbung* bezeichnet – ermöglicht Ihnen die Ableitung neuer Klassen aus alten Klassen. Dabei wird eine alte Klasse als *Basisklasse* bezeichnet. Ein Vermögen zu erben ist allemal besser, als sich eines zusammenzukratzen. Dementsprechend ist die Ableitung einer Klasse normalerweise leichter als die Erstellung einer neuen. Sie können in der abgeleiteten Klasse neue Funktionen unterbringen, und Sie können sogar die Funktionsweise einer ererbten Klassen-Elementfunktion ändern. Das alles geht auch, wenn Ihnen der Quelltext für die originalen Klassen-Elementfunktionen gar nicht zur Verfügung steht. Sie benötigen lediglich die Klassendefinition. Die Klassen, die Sie heute ableiten, können zu den Eltern der Klassen werden, die Sie morgen ableiten.

Vererbung ist ein hervorragendes Konzept, und die grundlegende Anwendung dieser Technik ist recht einfach. Damit man die Vererbung in allen Situationen unter Kontrolle behält, müssen allerdings einige Tricks angewandt werden. In diesem Kapitel werden sowohl die einfachen als auch die hintergründigen Aspekte der Vererbung dargelegt. Außerdem werden Klassen besprochen, die Elemente haben, die wiederum Klassen sind. Des weiteren erfahren Sie, wie die Mehrfachvererbung vor sich geht, bei der eine Klasse die Fähigkeiten von mehr als einer Elternklasse übernimmt. Beide Techniken ermöglichen es Ihnen, bereits existierende Klassen als Bausteine für neue Klassen einzusetzen.

11.1 Eine Arraybasisklasse

Erbt eine Klasse von einer anderen, wird die Originalklasse als *Basisklasse* bezeichnet und die erbende Klasse als *abgeleitete* Klasse. Um die Vererbung verstehen zu können, müssen wir uns also zuerst die Basisklasse anschauen. Für diesen Zweck verwenden wir eine Arrayklasse. Sie werden sich vielleicht fragen, wozu eine Arrayklasse erzeugt werden soll, wo doch C++ bereits über Arrays verfügt. Definiert man eine Arrayklasse, können Sie darin Funktionen unterbringen, die bei den Standard-C-Arrays fehlen. Sie können es beispielsweise ermöglichen, daß der Inhalt eines Arrays einem anderen Array mit einer einzigen Zuweisungsanweisung zugewiesen wird, anstelle eine Schleife zu verwenden, bei der jedes Array-Element einzeln zugewiesen werden muß. Sie können es verhindern, daß ein Array-Index benutzt wird, der sich außerhalb der Arraygrenzen befindet. (Nichts in C oder C++ hindert Sie daran, aus Versehen einen Index zu benutzen, der sich außerhalb des erlaubten Bereichs befindet und das kann zu Problemen führen!) Sie können zulassen, daß der Array-Index bei einem anderen Wert als Null beginnt. Sie können Operatoren für die Addition, Subtraktion und andere Operationen definieren. Sie können Klassen-Elementfunktionen für häufig vorkommende Operationen erzeugen, wie zum Beispiel das Summieren von Array-Elementen. Kurz gesagt, Arrays bieten in C++ ein weites Feld für Verbesserungen.

Sind Sie erst auf den Geschmack gekommen, fallen Ihnen bestimmt noch mehr Dinge ein. Tun Sie jedoch nicht zuviel des Guten. Es hat keinen Sinn, eine überfüllte Klasse zu definieren, die jede denkbare Arrayverbesserung implementiert. Eine solche Definition würde unter dem Gewicht von Funktionen zusammenbrechen, die selten oder nie gebraucht werden. Da wir nicht zu einem Ausschuß oder einer Regierungsbehörde gehören, können wir anders vorgehen. Unsere Vorgehensweise besteht darin, eine einfache Basisklasse zu definieren und mit Hilfe der Vererbung alle zusätzlich benötigten Funktionen hinzuzufügen.

Klassendefinition

Wir wollen mit einer Basisklasse, die sich an ein Array vom Typ *double* anlehnt, beginnen. Zuerst muß man sich überlegen, wie die Daten repräsentiert werden sollen. Nimmt man – was sich anbietet – ein Standardarray vom Typ *double* als Klassenelement, funktioniert das nicht, da C++ verlangt, daß die Anzahl der Array-Elemente konstant angegeben wird. Das heißt, die Klasse muß ein Array verwenden, das eine vorher definierte Anzahl an Elementen beinhaltet, wie beim folgenden Beispiel:

```
class dummesarray
{
private:
    double arr[20];    // Arrayklassenelement mit festgelegter Größe
...
}
```

Damit Arrays mit zwei verschiedenen Größen definiert werden können, werden zwei verschiedene Klassen benötigt, und das ist kein guter Klassenentwurf. Es ist besser, ein dynamisches Array, das mit *new* allokiert wird, einzubauen. Sie wissen ja, daß man mit dem Operator *new* die Adresse des ersten Elementes eines dynamischen Arrays erhält. In einem Klassenelement kann dann die Adresse abgespeichert werden und in einem zweiten die Anzahl der Elemente. So kann eine einzelne Klasse jede zulässige Array-Größe repräsentieren:

```
class klugesarray
{
private:
    double * arr;// Adresse des ersten Elementes
    unsigned int groesse; // Variable Array-Elementanzahl
...
}
```

In Listing 11.1 sehen Sie eine Klassendefinition, die auf dem soeben Gesagten basiert. Der Klassenname *darray* ist die Abkürzung für *double array*.

```
// darray.h -- definiert die Arrayklasse
#ifndef __DARRAY__
#define __DARRAY__
#include <iostream.h>

class darray
{
protected:                              // neues Schlüsselwort
    double * arr;                       // Adresse des ersten Elements
    unsigned int groesse;               // Anzahl der Elemente
public:
    darray();                           // Standardkonstruktor
    darray(unsigned int n, double val = 0.0);
    darray(const double *pn, unsigned int n);
    darray(const darray & a);           // Kopierkonstruktor
    ~darray();                          // Destruktor
    unsigned int argroesse();           // übergibt die Array-Größe
// überladene Operatoren
    double & operator[](int i);         // Array-Indizierung
    darray operator*(const darray & a);
    darray & operator=(const darray & a);
    friend ostream & operator<<(ostream & os, const darray & a);
};

#endif
```

Listing 11.1: darray.h

Wie üblich, verbindet die Klassendefinition Daten und Methoden zu einem Paket. Der *public*-Teil der Klassendefinition beinhaltet die Prototypen für die verschiedenen Klassen-Elementfunktionen, einschließlich der Operatorfunktionen und dem mit einer *friend*-Funktion überladenen <<-Operator. Im *protected*-Teil befinden sich die Datenelemente – ein Element mit dem Namen *arr* beinhaltet die Adresse der Arraydaten und ein Element mit dem Namen *groesse* die Anzahl der Elemente (siehe Bild 11.1).

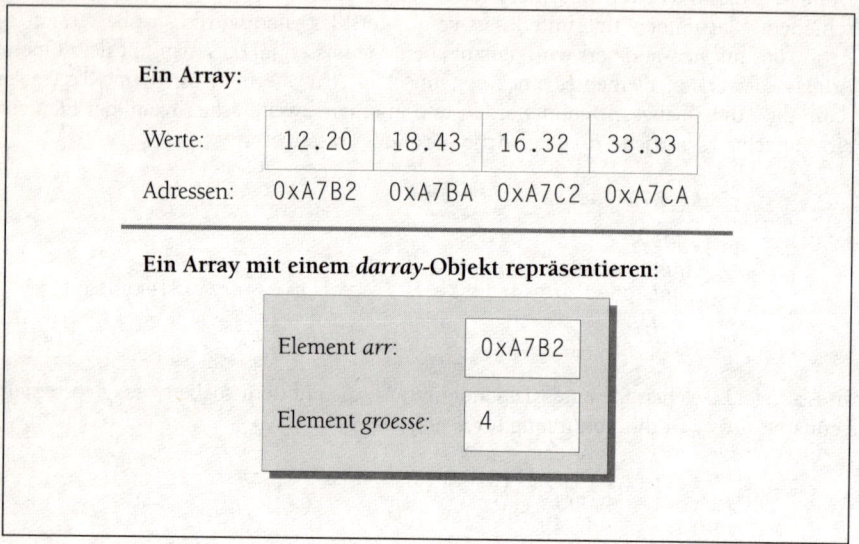

Bild 11.1: Die Datenrepräsentation der Klasse darray

protected und private

Einen Moment – woher stammt *protected*? Bis jetzt haben wir unsere Daten mit *private* geschützt. Aber Klassen, die als Basisklassen dienen, verwenden häufig *protected* anstelle von *private*. Das Schlüsselwort *protected* gleicht *private* insofern, daß ein Programm auf die Klassenelemente in einem *protected*-Bereich nur mit Hilfe von Klassen-Elementfunktionen zugreifen kann. Der Unterschied zwischen *protected* und *private* spielt nur bei abgeleiteten Klassen eine Rolle. Die Elemente einer abgeleiteten Klasse können auf die *protected*-Elemente der Basisklasse zugreifen, aber nicht auf die *private*-Elemente der Basisklasse. Wir wollen uns einmal genau anschauen, was das bedeutet. Angenommen, Sie leiten eine Klasse von der Klasse *darray* ab. Die neue Klasse übernimmt die Elemente *arr* und *groesse* zusammen mit den Elementfunktionen wie *argroesse()*. Da *arr* und *groesse protected* sind, können alle Elementfunktionen, die der abgeleiteten Klasse hinzugefügt werden, auf sie zugreifen. Wären *arr* und *groesse* dagegen *private*, hätten neue Elementfunktionen keinen Zugriff darauf. Aber die alten von *darray* übernommenen Elementfunktionen wie *argroesse()*, könnten auf *arr* und *groesse* immer noch zugreifen.

Meistens sollen die neuen Elementfunktionen, die einer abgeleiteten Klasse hinzugefügt werden, in der Lage sein, auf die übernommenen Elemente zuzugreifen. Deshalb verwendet man fast immer *protected* anstelle von *private*. Wird *protected* anstelle von *private* benutzt, ist das eine von zwei üblichen Modifikationen, um aus einer Klasse eine Basisklasse zu machen. Die andere Modifikation besteht darin, virtuelle Funktionen zu benutzen. Mehr dazu in Kürze.

Eine Klasse, die eine Basisklasse werden soll, sollte *protected-* anstelle von *private*-Elementen benutzen.

Die Klassenmethoden

In der Klassendefinition folgen auf die *protected*-Datenelemente mehrere Konstruktoren, ein Destruktor, eine Methode, von der die Array-Größe übergeben wird und einige überladene Operatoren. Beachten Sie, daß die zweite Operatorfunktion den Indexoperator ([]) überlädt. Die Daten sind geschützt, Sie können also nur mit Klassen-Elementfunktionen auf sie zugreifen, nicht mit der normalen Array-Notation. Durch Überladen des []-Operators kann man mit der Operatorfunktion auf Elemente innerhalb eines *darrays* zugreifen, und das sieht so aus, als würde man mit der normalen Array-Notation arbeiten. Mehr dazu in Kürze. In Listing 11.2 sehen Sie die Anweisungen für diese Methoden.

```
// darray.cpp -- darray Klassenmethoden
#include <iostream.h>
#include <stdlib.h>    // exit() Prototyp
#include "darray.h"
// Standardkonstruktor -- keine Argumente
darray::darray()
{
    arr = NULL;
    groesse = 0;
}

// erzeugt ein Array aus n Elementen, jedes wird mit val versehen
darray::darray(unsigned int n, double val)
{
    arr = new double[n];
     groesse = n;
    for (int i = 0; i < groesse; i++)
        arr[i] = val;
}

// initialisiert ein darray-Objekt mit einem normalen Array
darray::darray(const double *pn, unsigned int n)
{
    arr = new double[n];
    groesse = n;
    for (int i = 0; i < groesse; i++)
        arr[i] = pn[i];
}

// initialisiert ein darray-Objekt mit einem anderen darray-Objekt
darray::darray(const darray & a)
{
    groesse = a.groesse;
    arr = new double[groesse];
```

```
        for (int i = 0; i < groesse; i++)
            arr[i] = a.arr[i];
    }

darray::~darray()
    {
        delete arr;
    }

// übergibt Array-Größe
unsigned int darray::argroesse()
    {
        return groesse;
    }

// erlaubt dem Anwender, mit einem Index auf die Elemente
// zuzugreifen
double & darray::operator[](int i)
    {
        return arr[i];
    }

// multipliziert zwei darray-Objekte elementweise
darray darray::operator*(const darray & a)
    {
        if(groesse != a.groesse)
        {
            cout << "Array-Multiplikationsfehler: die Array müssen "
                    "dieselbe Größe besitzen. Tschüss.\n";
            exit(1);
        }
        darray product(groesse);
        for (int i = 0; i < groesse; i++)
            product[i] = arr[i] * a.arr[i];
        return product;
    }

// Klassenzuweisung definieren
darray & darray::operator=(const darray & a)
    {
        if (this == &a)    // Falls ein Objekt sich selbst zugewiesen
            return *this; // wird, nichts verändern
        delete arr;
        groesse = a.groesse;
        arr = new double[groesse];
        for (int i = 0; i < groesse; i++)
            arr[i] = a.arr[i];
        return *this;
    }

// schnelle Ausgabe, 5 Werte in einer Zeile
ostream & operator<<(ostream & os, const darray & a)
    {
        for (int i = 0; i < a.groesse; i++)
        {
            os << a.arr[i] << " ";
            if (i % 5 == 4)
                os << "\n";
        }
```

```
        if (i % 5 != 0)
            os << "\n";
        return os;
    }
```

Listing 11.2: darray.cpp

Die Klassenmethoden

Wir wollen uns nun kurz den Klassenmethoden und dem, was sie tun, widmen. Dadurch werden Sie nicht nur mit der Klasse vertraut, sondern es werden einige Klassenfunktionen wiederholt, die in den vorangegangenen zwei Kapiteln vorgestellt wurden.

Die Klassenkonstruktoren (außer dem Standardkonstruktor) allokieren mit *new* Speicher für das Array. Das ist eigentlich die Grundidee, die es dieser Klasse ermöglicht, sich an verschiedene Array-Größen anzupassen. Setzen Sie *new* in einem Klassenkonstruktor ein, müssen Sie das, wie Sie aus Kapitel 9 wissen, mit mehreren anderen Designmerkmalen unterstützen. Es ist so wie mit der Macht – verfügt man darüber, muß man verantwortlich damit umgehen. *new* macht in diesem Zusammenhang folgendes erforderlich:

▶ Der Klassendestruktor sollte Speicher freigeben, der in den Konstruktoren mit *new* allokiert wurde.

▶ Weist einer der Konstruktoren mit *new* einem Klassenelement eine Adresse zu, sollten alle Konstruktoren dieses Element entweder mit *new* oder durch Zuweisung des NULL-Zeigers mit einer gültigen Adresse versehen. Nur solche Adressen können von *delete* richtig verarbeitet werden. Man kann *delete* NULL übergeben, aber nicht einen uninitialisierten Zeiger.

▶ Es sollte einen speziellen Konstruktor für die Initialisierung eines Objektes mit einem anderen Objekt derselben Klasse geben. Außerdem sollte es zum Zuweisen eines Objektes an ein anderes eine Operatorfunktion geben. Beide Funktionen sollten die Daten kopieren und nicht nur die Adressen.

Glücklicherweise haben Sie in Kapitel 9 gelernt, wie diese Aufgaben bewältigt werden. Jetzt wollen wir uns die einzelnen Methoden betrachten.

Konstruktoren und Destruktoren

Der Standardkonstruktor initialisiert den Zeiger *arr* mit dem Wert NULL, damit der Destruktor ordnungsgemäß funktioniert:

```
darray::darray()
{
    arr = NULL;
    groesse = 0;
}
```

Dieses ist – Sie erinnern sich – der Konstruktor, der eingesetzt wird, wenn ein *darray*-Objekt ohne explizite Initialisation deklariert wurde.

Mit dem zweiten Konstruktor können Sie ein *darray*-Objekt mit einer bestimmten Anzahl von Elementen erzeugen und jedes Element mit einem bestimmten Wert versehen:

```
// Array mit n Elementen erzeugen, jedes Element bekommt den Wert
// val
darray::darray(unsigned int n, double val)
{
    arr = new double[n];
    groesse = n;
    for(int i = 0; i < groesse; i++)
        arr[i] = val;
}
```

Die folgende Deklaration beispielsweise

```
darray sonnentage(365, 1.0);
```

erzeugt ein *darray*-Objekt mit dem Namen *sonnentage*, das 365 Elemente beinhaltet. Jedes Element wird mit dem Wert 1.0 initialisiert. Der Klassenprototyp hält für das zweite Argument einen Vorgabewert von 0.0 bereit. Sie können den Konstruktor also mit Hilfe eines einzigen Argumentes ebenfalls aufrufen:

```
darray nged(40);  // 40 Elemente, jedes wird mit 0.0 initialisiert
```

Sie können ja einen Zeiger wie einen Array-Namen einsetzen. Sie können diese Tatsache natürlich auch ignorieren und *(arr + i) anstelle von *arr[i]* benutzen.

Mit dem dritten Konstruktor können Sie ein *darray*-Objekt mit einem regulären Array initialisieren:

```
// Mit einem normalen Array initialisieren
darray::darray(const double *pn, unsigned int n)
{
    arr = new double[n];
    groesse = n;
    for (int i = 0; i < groesse; i++=)
        arr[i] = pn[i];
}
```

Das ist nützlich, falls andere Programmteile mit einem regulären C++-Array arbeiten. Sie können dann diesen Konstruktor zur Erzeugung eines äquivalenten *darray*-Objektes heranziehen. Damit dieser Konstruktor eingesetzt werden kann, müssen Sie ihm den Namen eines Arrays (allgemeiner, die Adresse eines Arrays) und die Anzahl der Elemente übergeben. Der Konstruktor erzeugt ein *darray*-Objekt mit derselben Anzahl an Elementen und kopiert anschließend das Original-Array in das Objekt. Es folgt eine Beispielanwendung:

```
double benzin_preise[4] = {11.84, 12.43, 18.39, 22.74};
darray benzin_rechnungen(benzin_preise, 4);
```

Bei der ersten Deklaration wird ein normales Array mit vier Elementen erzeugt. Dessen Elemente werden mit den Werten in den geschweiften Klammern initialisiert. Bei der zweiten Anweisung wird ein *darray*-Objekt erzeugt, das eine Kopie des Arrays enthält. Aus diesem Beispiel ist eine zweite wichtige Einsatzmöglichkeit für diesen Konstruktor zu ersehen. Bei der *darray*-Klasse gibt es keinen Mechanismus zur Initialisierung eines *darray*-Objektes mit einigen Werten, die in geschweiften Klammern stehen. Sie können also folgendes nicht machen:

```
darray beads(4) = { 1.2, 2.3, 4.5};      // Geht nicht
```

Aber Sie können ein *darray*-Objekt in zwei Arbeitsschritten mit einer Reihe von Zahlen versehen, wie aus dem *benzin_rechnungen*-Beispiel zu ersehen ist: Erzeugen und initialisieren Sie ein normales Array, erzeugen Sie daraufhin ein *darray*-Objekt und initialisieren Sie es mit dem Array.

Der letzte Konstruktor ist der spezielle Kopierkonstruktor, der zur Initialisierung eines *darray*-Objektes mit einem anderen *darray*-Objekt benötigt wird:

```
// Mit einem Klassenarray initialisieren
darray::darray(const darray & a)
{
    groesse = a.groesse;
    arr = new double[groesse];
    for (int i = 0; i < groesse; i++)
        arr[i] = a.arr[i];
}
```

Wie Sie vielleicht noch wissen, ruft ein Programm in drei Situationen einen Kopierkonstruktor auf:

▶ Beim Initialisieren eines *darray*-Objektes mit einem anderen.

▶ Beim Übergeben eines *darray*-Objektes anhand seines Wertes an eine Funktion.

▶ Wenn eine Funktion ein *darray*-Objekt übergibt.

Lassen Sie den Kopierkonstruktor weg, wendet C++ in diesen drei Situationen das elementweise Kopieren an. Beinhaltet das Objekt einen Zeiger, wird mit dieser Standardmethode der Zeiger kopiert, nicht die Daten, und das führt zu Speicherverwaltungsproblemen, die in Kapitel 10 besprochen wurden. Aber dieser wunderbare Kopierkonstruktor verhindert die Standardinitialisation und erstellt eine Kopie der Daten. Die Speicherverwaltungsprobleme können also gar nicht erst auftreten.

Die letzten drei Konstruktoren allokieren mit *new* Speicher, deshalb muß der Destruktor diesen Speicher mit *delete* freigeben:

```
darray::~darray()
{
    delete arr;
}
```

Andere Methoden der darray-Klasse

Mit den Klassen-Elementfunktionen kann man mehr anfangen, als nur Arrays zu erzeugen und zu löschen. Die anderen Methoden, zu denen Operatorfunktionen und eine *friend*-Funktion gehören, übergeben die Array-Größe, ermöglichen den Zugriff auf die einzelnen Elemente eines darray-Objektes, ermöglichen die Multiplikation eines Arrays mit einem anderen, definieren die Objektzuweisung und stellen eine Ausgabefunktion zur Verfügung. Wir wollen alle Funktionen nun detailliert besprechen.

Das Element *argroesse()* teilt mit, wie viele Elemente in einem Array vorliegen:

```
// Die Array-Größe übergeben
unsigned int darray::argroesse()
{
    return groesse:
}
```

Dadurch gelangen wir zu den überladenen Operatoren. Mit dem ersten kann man mit der Array-Notation auf die *darray*-Elemente zugreifen:

```
// Der Anwender soll auf die Elemente anhand des Index zugreifen
// können
double & darray::operator[](int i)
{
    return arr[i];
}
```

Wir wollen nun untersuchen, wozu diese Funktion notwendig ist und wie sie arbeitet. Zuerst soll geklärt werden, wozu diese Funktion notwendig ist. Angenommen, *funds* ist ein *darray*-Objekt. Dann ist *funds.arr* der Elementzeiger auf den Arrayspeicher und *funds.arr[i]* das Element mit dem Index *i*. Aber *arr* ist ein *protected*-Element. Ein Anwenderprogramm kann also mit dieser Notation nicht direkt auf die Daten zugreifen. Es wäre etwas zuviel des Guten, wenn man gar nicht mehr auf diese Daten zugreifen könnte, auch wenn das Verbergen von Daten eine OOP-Maxime ist. Element- und *friend*-Funktionen können ja auf solche Daten zugreifen. Um also auf ein einzelnes Element zugreifen zu können, müssen Sie eine Elementfunktion definieren. Am besten ist es, eine Elementfunktion mit einem Array-Elementindex als Argument auszustatten und sie den entsprechenden Elementwert übergeben lassen:

```
// Der Anwender soll anhand des Index auf die Elemente zugreifen
// -- der direkte Weg, aber nicht gut genug für uns
double darray::wert(int i)
{
    return arr[i];
}
```

Dann repräsentiert *funds.wert(3)* den Wert des vierten Elementes des Arrays, das vom Objekt *funds* repräsentiert wird. (Die Elementnumerierung beginnt – wie Sie wissen – mit 0). Aber diesem Ansatz fehlt Stil. *funds.wert(3)* sieht nicht wie ein Array-Element aus. Sollte man nicht *funds[3]* anstelle von *funds.wert(3)* schreiben können?

Es gibt eine elegante Möglichkeit, diesem Wunsch zu entsprechen. Der Ausdruck *[]* in *funds[3]* stellt in Wirklichkeit einen Operator dar. Dieser Operator hat zwei Operanden, *funds* und *3* und übergibt den Wert, der bei der Adresse *funds+3* abgelegt ist. Da *[]* ein Operator ist, können Sie ihn mit einer Operatorfunktion überladen, die den Elementwert übergibt. Genau das macht die *operator[]()*-Definition. Angenommen, Sie haben das *funds*-Objekt in der folgenden Anweisung eingesetzt:

```
double abscond = funds[3];
```

Der Compiler ersetzt das durch die entsprechende Operatorfunktion:

```
double abscond = funds.operator[](3);
```

Da das *funds*-Objekt diese Methode mit dem Argument 3 aufruft, wird die *return*-Anweisung der Methode

```
return arr[i];
```

wie folgt interpretiert:

```
return funds.arr[3];
```

Kurz gesagt, wird durch die Operatorüberladung veranlaßt, daß der Ausdruck *funds[3]* ein Element im Objekt *funds* repräsentiert.

Die Operatorfunktion ist vom Typ *double &*, das heißt eine Referenz. Das ist wichtig zu wissen, da Sie einer Funktion, die eine Referenz übergibt, einen Wert zuweisen können. Der Effekt ist der, daß dann der Variablen, auf die verwiesen wird, ein Wert zugewiesen wird (siehe Kapitel 8). Sie können also Anweisungen der folgenden Form einsetzen:

```
funds[2] = 3432.23;
```

Das sieht von der Form her vollkommen logisch aus, aber bedenken Sie, daß diese Anweisung eigentlich folgende Bedeutung hat:

```
funds.operator(2) = 3432.23;
```

Diese Syntax kann nur im Zusammenhang mit Funktionen eingesetzt werden, die Referenzen übergeben.

Die Funktion *operator[]* definiert nur den Elementzugriff mit der Array-Notation. Durch die Redefinition des *[]*-Operators wird weder die Zeigeraddition noch der Indirektionsoperator (*) beeinflußt:

```
double whammy[5];
// whammy[2] entspricht *(whammy + 2)
darray grammy[5];
// *(grammy + 2) ist nicht einmal definiert
```

Gehören Sie zu den Programmierern, die gerne Ausdrücke wie *whiffle[10]* durch *(whiffle + 10)* ersetzen, können Sie das mit einem *darray*-Objekt nicht tun.

Der nächste Operator definiert eine Form der Array-Multiplikation:

```
// Zwei Arrays Element für Element multiplizieren
darray darray::operator*(const darray & a)
{
    if(groesse != a.groesse)
    {
        cout << "Array-Multiplikationsfehler: die Array müssen "
             "dieselbe Größe besitzen. Tschüss.\n";
        exit(1);
    }
    darray product(groesse);
    for (int i = 0; i < groesse; i++)
        product[i] = arr[i] * a.arr[i];
    return product;
}
```

Was bewirkt diese Funktion und wie funktioniert sie? Viele Situationen machen es erforderlich, daß Sie (oder Ihr Programm) jedes Array-Element mit einem entsprechenden Element eines anderen Arrays multiplizieren. Ein Array könnte dabei beispielsweise die Anzahl verkaufter Hüte mit unterschiedlichem Aussehen repräsentieren und ein zweites Array die Preise der Hutarten. Um die Einnahmen für jedes Element zu erhalten, müssen Sie jedes Verkaufszahlen-Element mit dem entsprechenden Preis-Element multiplizieren und einem neuen Array, das den Umsatz jeder Hutart aufnimmt, zuweisen. Das Programm muß mit anderen Worten ungefähr folgendes machen:

```
double anz_verkauft[10], preise[10], umsatz[10];
...
for (int i = 0; i < groesse; i++)
    umsatz[i] = anz_verkauft[i] * preise[i];
}
```

Die Funktion *operator*()* erleichtert das Erstellen dieser Operation, da er die Details verbirgt. Angenommen, Sie repräsentieren zwei Arrays mit den *darray*-Objekten *anz_verkauft* und *preise*. Anschließend können Sie folgendes tun, um ein *umsatz*-Array zu erzeugen:

```
darray umsatz = anz_verkauft * preise;
```

Was wäre einfacher?

Diese Vorgehensweise ist jedoch nur bei Arrays derselben Größe sinnvoll. Die Funktion bricht das Programm durch Aufruf von *exit()* ab, wenn Sie versuchen, zwei Arrays mit unterschiedlicher Größe zu multiplizieren. Diese Methode ist ein gutes Beispiel dafür, wie man durch Definition einer Klasse die Leistungsfähigkeit eines Arrays erhöhen kann.

Jetzt fehlen nur noch zwei Funktionen. Mit der ersten wird der Zuweisungsoperator überladen, damit er die Daten kopiert, auf die gezeigt wird, und nicht die Zeiger selbst:

```
// Klassenzuweisung definieren
darray & darray::operator=(const darray & a)
{
    delete arr;
    groesse = a.groesse;
```

```
    arr = new double[groesse];
    for (int i = 0; i < groesse; i++)
        arr[i] = a.arr[i];
    return *this;
}
```

Diese Definition folgt den in Kapitel 10 aufgestellten Richtlinien zum Überladen des Zuweisungsoperators von Klassen, die Zeiger beinhalten:

▸ Das Funktionsargument ist ein Objekt, das anhand einer Referenz (vom Typ *darray &*) übergeben wird.

▸ Die Funktion übergibt eine Referenz auf ein neues Objekt, das eine Kopie des Objektes ist, das als Argument übergeben wurde.

▸ Die Funktion benutzt *delete* zum Freigeben des Speichers, auf den *arr* zeigt. Dadurch werden alte Daten gelöscht und *arr* darauf vorbereitet, auf neue Daten zu zeigen.

▸ Die Funktion allokiert Platz für die Daten, die kopiert werden sollen, weist die Adresse *arr* zu und kopiert dann die Daten aus dem alten Array in das neue.

Falls Sie vergessen haben, warum der Zuweisungsoperator einen Wert übergibt: Er soll damit der normalen Zuweisung angeglichen werden. Sie wissen ja, daß eine Zuweisungsanweisung wie

```
    x = y
```

den Wert der linken Seite besitzt, falls *x* ein Standardtyp wie *int* ist. Aber sind *x* und *y darray*-Objekte, wird aus diesem Ausdruck der folgende Funktionsaufruf:

```
    x.operator=(y)
```

Die obige Definition bewirkt, daß die Operatorfunktion eine Referenz auf *x* übergibt. Dieser Ausdruck hat also auch den Wert der linken Seite des Originalausdruckes x = y.

Mit der letzten Methode wird der Array-Inhalt ausgegeben:

```
// Schnelle Ausgabe, 5 Werte in einer Zeile
ostream & operator<<(ostream & os, const darray & a)
{
    for (int i = 0; i < a.groesse; i++)
    {
        os << a.arr[i] << " ";
        if (i % 5 == 4)
            os << "\n";
    }
    if (i % 5 != 0)
        os << "\n";
    return os;
}
```

Die Methode benutzt den Modulusoperator zum Ausgeben von fünf Werten pro Zeile. Die *if*-Anweisung am Ende der Funktion fügt ein Newline-Zeichen hinzu, falls weniger als fünf Elemente in der letzten Zeile vorliegen. Möchten Sie die Informationen anders organisieren, können Sie mit der Indexoperatorfunktion auf die einzelnen Elemente zugreifen. Wollen Sie dagegen nur sehen, was in diesem Array vorliegt, reicht diese Methode aus.

Das Arbeiten mit der Klasse

Wir wollen vorsichtig sein und diese Klasse in einem Programm testen, bevor wir davon andere Klassen ableiten. In Listing 11.3 finden Sie für diesen Zweck ein kurzes Programm. Das Programm hält sich an das übliche C++-Organisationsmuster: Eine Header-Datei beinhaltet die Klassendefinition (Listing 11.1), eine Methodendatei beinhaltet die Element- und *friend*-Funktionsdefinitionen (Listing 11.2) und eine Datei das Programm, das mit Klassen arbeitet (Listing 11.3). Sie sollten die bei Ihrer Implementation für Programme, die aus mehreren Dateien bestehen, notwendige Technik anwenden, um das ablauffähige Programm zu erzeugen. In den Kapiteln 1 und 8 finden Sie dazu einige Richtlinien.

```cpp
// arrklass.cpp -- die darray-Klasse benutzen
// mit darray.cpp kompilieren
#include <iostream.h>
#include "darray.h"
int main(void)
{
    cout << "Geben Sie die Anzahl der Regionen ein: ";
    unsigned int regionen;        // Anzahl der Regionen lesen
    cin >> regionen;

    darray tonnen(regionen);      // ein "Array" dieser Grösse erzeugen
    cout << "Geben Sie den regionalen Kitsch-Umsatz in Tonnen "
            "ein:\n";
    for (int i = 0; i < regionen; i++)
    {
        cout << "Region " << i+ 1 << ": ";
        cin >> tonnen[i];         // Array-Notation benutzen
    }

    darray preis_p_tonne(regionen);
    cout << "Geben Sie den regionalen Preis für eine Tonne Kitsch "
            "ein:\n";
    for (i = 0; i < regionen; i++)
    {
        cout << "Region " << i + 1 << ": ";
        cin >> preis_p_tonne[i];
    }

    darray kosten = tonnen * preis_p_tonne; // Array * und Zuweisung
    cout << "Gesamtkosten:\n";
    cout << kosten << "(in DM)\n";

    return 0;
}
@LIST_UNTERTIT = Listing 11.3: arrklass.cpp

Geben Sie die Anzahl der Regionen ein: 3
Geben Sie den regionalen Kitsch-Umsatz in Tonnen ein:
Region 1: 213.3
Region 2: 248.1
Region 3: 222.2
Geben Sie den regionalen Preis für eine Tonne Kitsch ein:
Region 1: 149.99
Region 2: 119.99
Region 3: 139.99
```

```
Gesamtkosten:
31992.867 29769.519 31105.778
(in DM)
```

Hinweise zum Arbeiten mit der darray-Klasse

Nun wollen wir uns anschauen, was beim Arbeiten mit der *darray*-Klasse hauptsächlich beachtet werden muß. Da es möglich ist, die Anzahl der Elemente in einem *darray* Objekt während der Laufzeit festzulegen, können Sie die Anzahl der Elemente mit der Tastatur eingeben und anschließend ein Array vom Typ *darray* mit der entsprechenden Größe erzeugen:

```
cin >> regionen:
darray tonnen(regionen);
```

So erhalten Sie die Flexibilität der dynamischen Speicherverwaltung kombiniert mit der guten Anwendbarkeit eines normalen Arrays. Die zum Einsatz von *new* gehörenden Details bekommt der Anwender nicht zu Gesicht.

Ganz nett ist es auch, daß die *operator[]()*-Funktion es erlaubt, mit Hilfe der Array-Notation auf die einzelnen Elemente zuzugreifen:

```
cin >> tonnen[i];
cin >> toncost[i];
```

Das Arbeiten mit einem *darray*-Objekt ist somit so einfach wie der Einsatz eines normalen Arrays.

Die komplizierteste Operation, die vom Programm ausgeführt wird, besteht darin, jedes Element des *tonnen*-Arrays mit dem entsprechenden Element des *preis_p_tonne*-Arrays zu multiplizieren. Aber die dazu erforderliche Anweisung sieht ganz und gar nicht schwierig aus:

```
darray kosten = tonnen * preis_p_tonne;
```

Hinter dieser einfachen Fassade verbirgt sich jedoch große Aktivität! Auf der rechten Seite wird mit dem überladenen Multiplikationsoperator jedes Element des *tonnen*-Arrays mit dem entsprechenden Element des *preis_p_tonne*-Arrays multipliziert. Das Ergebnis wird in der Operatorfunktion im lokalen Objekt *product* abgelegt. Die Funktion *operator*()* übergibt dieses Objekt anschließend an *main()*. Dort wird das *kosten*-Array mit dem übergebenen Objekt initialisiert. Das heißt, das Programm ruft den speziellen Konstruktor auf, von dem ein Objekt mit einem anderen initialisiert wird.

Schließlich gibt die Anweisung

```
cout << kosten << "(in DM)\n";
```

den Inhalt des neuen Arrays aus.

11.2 Eine Klasse ableiten

Jetzt, da *darray* auch zur arbeitenden Bevölkerung (Klasse) gehört, wollen wir davon eine neue Klasse ableiten. Angenommen, Sie arbeiten an einem Projekt, bei dem viele arithmetische Operationen mit Arrays ausgeführt werden müssen – zwei Arrays addieren (Kombinieren von Inventarlisten), ein Array von einem anderen abziehen (Provisionen subtrahieren), die Elemente eines Arrays durch die Elemente eines anderen Arrays dividieren (Werbungskosten pro Kopf), jeden Wert eines Arrays mit derselben Zahl multiplizieren (Anstieg der Unterhaltskosten) usw. Sie möchten vielleicht mit der *darray*-Klasse arbeiten, aber damit sind nicht alle soeben aufgeführten Operationen möglich. Sie können allerdings eine neue Klasse definieren, die alle Fähigkeiten der *darray*-Klasse übernimmt, und zusätzlich alle notwendigen arithmetischen Methoden darin unterbringen. Indem man die neue Klasse von *darray* ableitet und nicht bei Null beginnt, können Sie alle Vorteile der *darray*-Klasse nutzen und von der bereits geleisteten Arbeit, die in dieser Klasse steckt, profitieren. Außerdem wurde *darray* schon getestet und ist somit (wahrscheinlich) fehlerfrei. Mit anderen Worten, Sie können bereits bewährten Code wiederverwenden. Das resultiert in weniger Arbeit und – vielleicht – einem besseren Produkt.

Eine abgeleitete Klasse definieren

Eine abgeleitete Klasse muß die Klasse kennzeichnen, von der sie abgeleitet wurde. In C++ wird dies durch Unterbringen des Klassennamens in der Definition der abgeleiteten Klasse realisiert. Angenommen, Sie benennen die abgeleitete Klasse *arithdar* (*arith*metik *d*ouble *ar*ray). Sie müssen dann die Klassendefinition wie folgt beginnen:

```
class arithdar : public darray
{
```

Der Doppelpunkt sagt aus, daß die *arithdar*-Klasse auf der *darray*-Klasse basiert. Dieser spezielle Header gibt an, daß *darray* eine *public*-Basisklasse ist. Das wird als *public*-Ableitung bezeichnet. Das wiederum bedeutet, daß die abgeleitete Klasse zwar auf die *public*- und *protected*-Elemente der Basisklasse zugreifen kann, aber nicht auf die *private*-Elemente. Die *public*-Elemente der Basisklasse werden zu *public*-Elementen der Basisklasse und die *protected*-Elemente der Basisklasse zu *protected*-Elementen der abgeleiteten Klasse. Die *darray*-Funktion *operator[]()* wird zum Beispiel zu einer *public*-Funktion der *arithdar*-Klasse. Das Element *arr* der *darray*-Klasse jedoch wird zu einem *protected*-Element der *arithdar*-Klasse. Kurz gesagt, die *arithdar*-Klasse übernimmt die *public*- und *protected*-Elemente der Basisklasse. Sie müssen diese Elemente bei der neuen Klasse nicht erneut definieren. Eine abgeleitete Klasse übernimmt aber die *private*-Elemente der Basisklasse nicht. In Tabelle 11.1 wird zusammengefaßt, wie der Elementzugriffsstatus bei der *public*-Ableitung auf eine abgeleitete Klasse übertragen wird.

Sie können beim Ableiten einer Klasse auch *private* anstelle von *public* benutzen:

```
class hochschule : private schule
{
```

Das wird als *private*-Ableitung bezeichnet. In diesem Fall werden die *public*- und *protected*-Elemente der Basisklasse zu *private*-Elementen der abgeleiteten Klasse. Das heißt, auf diese Elemente kann nur mit den Elementfunktionen der abgeleiteten Klasse zugegriffen werden. Da diese Elemente *private* sind, kann von den Elementfunktionen einer Klasse, die von dieser Klasse abgeleitet wird, nicht darauf zugegriffen werden. In Tabelle 11.1 wird zusammengefaßt, wie der Elementzugriffsstatus bei der private-Ableitung auf eine abgeleitete Klasse übertragen wird. Wir werden nicht mit dieser Ableitungsform arbeiten.

Zugriffsstatus Basisklassenelement	Zugriffsstatus abgeleitetes Klassenelement, public-Ableitung	Zugriffsstatus abgeleitetes Klassenelement, private-Ableitung
public	public	private
protected	protected	private
private	wird nicht vererbt	wird nicht vererbt

Tabelle 11.1: Zugriffsstatus bei vererbten Klassenelementen

Haben Sie eine Klasse abgeleitet, können Sie neue Elemente hinzufügen. Sie *müssen* neue Konstruktoren angeben. Das muß sein, da der Name eines Konstruktors mit dem Namen der Klasse übereinstimmen muß:

```
darray wewere;        // Der darray()-Konstruktor wird benötigt
arithdar redford;     // Der arithdar()-Konstruktor wird benötigt
```

Erzeugen Sie ein Objekt einer abgeleiteten Klasse, ruft das Programm zuerst den Konstruktor der Basisklasse auf und dann den Konstruktor der abgeleiteten Klasse. Das ist sinnvoll, da der Konstruktor der abgeleiteten Klasse möglicherweise mit Datenelementen der Basisklasse arbeitet. Deshalb muß das Basisklassenobjekt zuerst konstruiert werden. Bei einem Haus muß auch zuerst der erste Stock und dann der zweite Stock gebaut werden. Definieren Sie die neuen Konstruktoren, sollten sie die Arbeit der Basiskonstruktoren nicht wiederholen. Diese Konstruktoren sollten dagegen die zusätzlichen Details der abgeleiteten Klassen bearbeiten. Sie können beispielsweise die neuen Datenelemente initialisieren.

Ein Basisklassenkonstruktor ist mit einem Konstruktor der abgeleiteten Klasse verbunden, wenn er dieselbe Signatur (also dieselbe Argumentenliste) aufweist. Ruft man zum Beispiel den Standardkonstruktor für ein *arithdar*-Objekt auf, wird auch der Standardkonstruktor von *darray* aufgerufen. Wird der *arithdar*-Konstruktor, der über ein *darray*-Argument verfügt, aufgerufen, wird auch der *darray*-Konstruktor mit einem *darray*-Argument aufgerufen.

Sie müssen keinen neuen Destruktor hinzufügen, solange die Klasse keine zusätzlichen Aufräumungsarbeiten erforderlich macht. Hört ein Objekt auf zu existieren, ruft das Programm zuerst den abgeleiteten Destruktor auf – falls es einen gibt – und dann den Basisdestruktor. Die neue Klasse braucht keinen Destruktor, wir werden trotzdem einen zur Verfügung stellen, um zu sehen, wie abgeleitete Klassen mit Destruktoren umgehen.

 Beim Erzeugen eines Objektes einer abgeleiteten Klasse ruft ein Programm zuerst den Basisklassenkonstruktor und dann den Konstruktor der abgeleiteten Klassen auf. Hört ein Objekt einer abgeleiteten Klasse auf zu existieren, ruft das Programm zuerst den Destruktor der abgeleiteten Klassen – falls es einen gibt – und dann den Basisklassendestruktor auf.

Sie wissen jetzt, wie der Anfang einer Definition für eine abgeleitete Klasse aussieht:

```
class arithdar : public darray
{
```

Jetzt wollen wir einige neue Klassenmethoden hinzufügen. Da es unser Hauptziel ist, zu zeigen, wie die Klassenableitung funktioniert, wollen wir nicht eine möglichst umfassende Definition entwickeln. Deshalb werden wir nur einige Methoden implementieren. In Listing 11.4 finden Sie die Klassendefinition. Es werden nur neue *public*-Elementfunktionen, aber keine neuen Datenelemente hinzugefügt. Im allgemeinen können Sie sowohl Methoden als auch Datenelemente in der Klassendefinition unterbringen und beide können *public*, *protected* oder *private* sein. Sie müssen an der Basisklasse gar nichts verändern, um eine Klasse ableiten zu können. Der ganze Ableitungsvorgang findet beim Definieren der neuen Klasse und ihrer Methoden statt. Sie können also sogar eine Klasse ableiten, wenn Sie gar keinen Zugriff auf den Quelltext der Basisklasse haben.

```
// arithdar.h -- abgeleitete Array-Klasse mit mehr arithmetischen
// Möglichkeiten
#ifndef __ARITHDAR__
#define __ARITHDAR__

#include "darray.h"

class arithdar : public darray  // abgeleitet von der darray-Klasse
{
public:
// die Konstruktoren müssen den Namen der Klasse besitzen
    arithdar();
    arithdar(unsigned int n, double val = 0.0);
    arithdar(const double *pn, unsigned int n);
    arithdar(const arithdar & a);
    arithdar(const darray & a);

// Der Destruktor wird vererbt, aber Sie können einen neuen
// definieren
    ~arithdar();

// neue Methoden
    double summe();
    double mittelwert();

// Die Definition der überladenen Operatoren wie zum Beispiel
// die Addition, Subtraktion, Vorzeichenwechsel, Multiplikation
// mit einem Wert, etc., überlassen wir dem Leser als Übung.
// Lesen Sie dazu die Übungsaufgaben durch.
};

#endif
```

Listing 11.4: arithdar.h

Die Realisierung der abgeleiteten Klasse

Wir wollen nun sehen, wie eine abgeleitete Klasse implementiert wird und einige der logischen Grundlagen besprechen, wobei wir mit den Konstruktoren beginnen wollen. Der Entwurf dieser Konstruktoren hat noch ein anderes Ziel, als korrekt zu arbeiten: Sie sollen demonstrieren, wie ein Programm Konstruktoren für abgeleitete Klassen handhabt. Damit Sie sehen, welcher Konstruktor jeweils arbeitet, gibt jeder Konstruktor eine kurze Botschaft aus, sobald er aufgerufen wurde.

Der Standardkonstruktor von *arithdar* macht gar nichts. Die Klasse *arithdar* hat dieselben Datenelemente wie die Klasse *darray* (den Zeiger *arr* und das Element *groesse*), das bedeutet, Sie benötigen einen Konstruktor, der den Speicher allokiert, auf den *arr* zeigt, und der den Wert von *groesse* setzt. Da ein Programm jedoch immer zuerst den Basiskonstruktor aufruft, bevor der Konstruktor der abgeleiteten Klasse aufgerufen wird, kümmert sich der *darray()*-Standardkonstruktor um die Initialisierung dieser Elemente. Der *arithdar*-Standardkonstruktor muß also lediglich existieren:

```
arithdar::arithdar()
{
}
```

Der Konstruktor tut nichts, warum muß er dann existieren? Wenn Sie ihn weglassen, wird auch der *darray*-Standardkonstruktor nicht aufgerufen.

Obwohl der Standardkonstruktor von *arithdar* nichts tut, wird er wie folgt definiert:

```
arithdar::arithdar()
{
    cout << "arithdar Standardkonstruktor\n";
}
```

Lassen Sie dann ein Programm ablaufen, sehen Sie, wann der Konstruktor aufgerufen wird.

Der nächste Konstruktor hat folgenden Prototyp:

```
arithdar(unsigned int n, double val = 0.0);
```

Dieser Konstruktor erzeugt ein dynamisches Array mit *n* Elementen und versieht jedes Element mit dem Wert *val*. Die Anweisung

```
arithdar lear(3, 2.0);
```

erzeugt ein *arithdar*-Objekt mit drei Array-Elementen, wobei jedes Element mit dem Wert *2.0* initialisiert wird, genauso wie es der äquivalente *darray*-Konstruktor für die *darray*-Objekte machte. Aber dabei gibt es ein Problem, das nicht gleich ins Auge springt. Wird der *arithdar()*-Konstruktor aufgerufen, wird – wie Sie wissen – zuerst der entsprechende *darray*-Konstruktor aufgerufen. Das ist der *darray*-Konstruktor mit derselben Signatur. Der *darray()*-Konstruktor initialisiert *arr* und *groesse*, deshalb sollte dem Konstruktor die Argumentenliste (3 und 2.0) übergeben werden. Aber die Argumentenliste wird statt dessen an *arithdar()* übergeben! Wie übergibt man also die Argumente an den *darray()*-Konstruktor, damit er seine Arbeit erledigen kann? Die C++-Lösung besteht in einem speziellen Argumentübergabemechanismus, der bei Klassenmethoden eingesetzt werden kann. Dieser Mechanismus sieht wie folgt aus:

```
arithdar::arithdar(unsigned int n, double val) : darray(n, val)
{
    cout << "unsigned, double arithdar-Konstruktor\n";
}
```

Der Doppelpunkt im Funktions-Header bewirkt, daß die *arithdar()*-Argumente *n* und *val* an die Funktion *darray()* übergeben werden. Das Programm übergibt die Argumente an die Funktion *darray()* und führt sie aus, *bevor* irgendwelche Anweisungen im Funktionsrumpf von *arithdar()* ausgeführt werden. Der abgeleitete Konstruktor kann also davon ausgehen, daß der Basiskonstruktor seine Arbeit beendet hat, bevor der abgeleitete mit seiner Arbeit anfängt. Das ist ein Spezialfall eines allgemeineren Initialisationsprozesses für Klassenmethoden. Mehr dazu in Kürze. Bis dahin wollen wir mit dieser Prozedur Argumente an die Basiskonstruktoren übergeben (siehe Bild 11.2). Der Konstruktor gibt wieder eine Botschaft aus, sobald er aufgerufen wird.

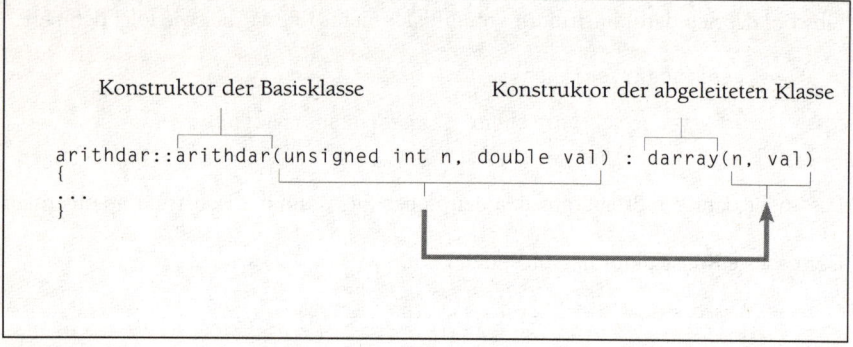

Bild 11.2: Argumente von einem Konstruktor einer abgeleiteten Klasse an den Basisklassenkonstruktor weitergeben

 Ein Konstruktor für eine abgeleitete Klasse muß mit Hilfe eines speziellen Argumentübergabemechanismus die benötigten Argumente an den entsprechenden Basisklassenkonstruktor übergeben.

```
abgeleitet::abgeleitet(type1 x, type2 y) : basis(x,y)
{
    ...
}
```

abgeleitet ist dabei die abgeleitete Klasse, *basis* die Basisklasse, und *x* und *y* sind Variablen, die vom Basisklassenkonstruktor benutzt werden. Werden beispielsweise die Argumente 10 und 12 an den *abgeleitet*-Konstruktor übergeben, leitet dieser Mechanismus 10 und 12 an den *basis*-Konstruktor weiter. Diese Form erscheint in der Funktionsdefinition, nicht aber im Prototyp.

Sie können dieselbe Technik auf die verbleibenden Konstruktoren anwenden. Übergeben Sie einfach die Konstruktorargumente an den entsprechenden Basisklassenkonstruktor. In Listing 11.5 finden Sie die restlichen Definitionen.

Objekte mit Objekten initialisieren

Mit zwei Konstruktoren können Sie ein Objekt mit einem anderen initialisieren und das bedarf besonderer Aufmerksamkeit. Schauen Sie sich einmal den folgenden Prototyp an:

```
arithdar(const darray & a);
```

Sie können damit ein *arithdar*-Objekt mit einem *darray*-Objekt initialisieren. Da beide Klassen dieselbe Datenrepräsentation besitzen, ist das sinnvoll und nützlich. Initialisiert man zum einen ein *arithdar*-Objekt mit einem *darray*-Objekt, können die *arithdar*-Methoden auf Daten angewandt werden, die vorher in einem *darray*-Objekt abgelegt wurden. Zum anderen wissen Sie ja, daß jeder Konstruktor mit genau einem Argument eine Typkonversion vom Argumenttyp in den Klassentyp definiert. Die Funktion *arithdar(const darray & a)* definiert also eine Umwandlung von *darray* in *arithdar*. Sie können deshalb folgendes tun:

```
darray hotels(10);
arithdar gasthaeuser;
gasthaeuser = hotels;      // darray wird in arithdar umgewandelt
```

In der letzten Zeile wird mit dem Konstruktor ein temporäres und anonymes *arithdar*-Objekt erzeugt, das den Inhalt von *hotels* besitzt. Anschließend wird der Inhalt von diesem temporären Objekt in das Objekt *gasthaeuser* kopiert.

Sie werden sich beim letzten Beispiel sicher fragen, ob man die Zuweisung für die *arithdar*-Klasse neu definieren muß. Nein, das muß man nicht. Die *arithdar*-Klasse verwendet dieselbe Datenrepräsentation wie die *darray*-Klasse. Der *darray*-Zuweisungsoperator kann deshalb verwendet werden. Sie wissen ja, daß bei der *darray*-Klassenspezifikation die Zuweisung für die *darray*-Klasse neu definiert wurde, damit eine Kopie des Original-Arrays erstellt werden konnte. Der Ausdruck *gasthaeuser = hotels* verwendet die Zuweisungsfunktion sogar dann, wenn *gasthaeuser* und *hotels* vom Typ *arithdar* sind – das ist ein weiterer Vorteil der Vererbung. Verfügt *arithdar* jedoch über *zusätzliche* Datenelemente, *müssen* Sie die Zuweisung neu definieren. In diesem Fall würde die neue Definition die Basisklassendefinition überschreiben.

 Eine abgeleitete Klasse arbeitet mit den Basisklassenmethoden, falls die abgeleitete Klasse keine Ersatzmethode mit demselben Namen zur Verfügung stellt.

Was ist mit dem Konstruktor, der ein *arithdar*-Objekt mit einem anderen initialisiert?

```
arithdar(const arithdar & a);
```

Sie wissen sicher noch, daß beim Aufrufen eines abgeleiteten Konstruktors zuerst der entsprechende Basisklassenkonstruktor aufgerufen wird. Was ist bei dieser Anweisung der Basisklassenkonstruktor? Kein *darray*-Konstruktor hat ein *arithdar* &-Argument. Ein abgeleitetes Klassenobjekt wird automatisch in ein Basisklassenobjekt umgewandelt, sobald es als Argument einer

Basiselementfunktion eingesetzt wird. Das Argument vom Typ *arithdar* & wird demnach für einen *darray*-Konstruktor zu einem *darray* &-Argument. Das bedeutet, daß der *darray(const darray & a)*-Konstruktor aufgerufen wird.

 Ein abgeleitetes Klassenobjekt wird in ein Basisklassenobjekt umgewandelt, wenn es als Argument für eine Basisklassenelementfunktion benötigt wird.

Sie müssen keinen *arithdar*-Destruktor definieren, da der Basisdestruktor schon den Speicherbereich freigibt, auf den *arr* zeigt. Wir wollen ihn trotzdem definieren, damit Sie sehen, wann er eingesetzt wird:

```
arithdar::~arithdar()
{
    cout << "arithdar-Destruktor\n";
}
```

Die Definition der Methoden *summe()* und *mittelwert()* für die abgeleitete Klasse dürfte kein Problem darstellen. In Listing 11.5 finden Sie die Definitionen für alle neuen Methoden. Außer dem Standardkonstruktor setzen alle Konstruktoren den Argumentübergabemechanismus ein, um Argumente an die entsprechenden *darray*-Konstruktoren zu übergeben.

```
// arithdar.cpp -- arithdar-Klassenmethoden
#include <iostream.h>
#include <stdlib.h>            // exit() Prototyp
#include "arithdar.h"

arithdar::arithdar()
{
    cout << "arithdar-Standardkonstruktor\n";
}

arithdar::arithdar(unsigned int n, double val) : darray(n, val)
{
    cout << "unsigned, double arithdar-Konstruktor\n";
}

arithdar::arithdar(const double *pn, unsigned int n): darray(pn, n)
{
    cout << "double *, unsigned arithdar-Konstruktor\n";
}

arithdar::arithdar(const arithdar & a) : darray(a)
{
    cout << "arithdar & arithdar-Konstruktor\n";
}

arithdar::arithdar(const darray & a) : darray(a)
{
    cout << "darray & arithdar-Konstruktor\n";
}

arithdar::~arithdar()
{
    cout << "arithdar-Destruktor\n";
}
```

```
// neue Methoden
double arithdar::summe()
{
    double total = 0.0;
    for (int i = 0; i < groesse; i++)
        total += arr[i];
    return total;
}

double arithdar::mittelwert()
{
    if (groesse < 1)
    {
        cout << "Die Berechnung eines Mittelwert erfordert "
                "zumindest ein Array-Element -- Tschüss.\n";
        exit(1);
    }
    return summe() / groesse;
}
```

Listing 11.5: arithdar.cpp

Arbeiten mit der abgeleiteten Klasse

Listing 11.6 stellt eine Modifikation von Listing 11.3 dar. Es können jetzt abgeleitete Klassen getestet und eingesetzt werden. Beim Kompilieren des Programmes müssen Sie drei Dateien kompilieren: *abgeleit.cpp*, *arithdar.cpp* und *darray.cpp*. In der Datei *arithdar.cpp* befinden sich die neuen Methoden und in der Datei *darray.cpp* die vererbten. Damit alle Konstruktor- und Destruktoraufrufe erkannt werden, wurde *darray.cpp* durch eine wortreichere Version *darray_v.cpp* ersetzt, die mit ähnlichen Botschaften arbeitet, wie sie in *arithdar.cpp* eingebaut sind. In den neuen Funktionsdefinitionen wird also

```
darray()
{
    arr = NULL;
    groesse = 0;
}
```

durch

```
darray()
{
    arr = NULL;
    groesse = 0;
    cout << "darray Standardkonstruktor\n";
}
```

ersetzt, usw.

```
// abgeleit.cpp -- benutzt eine abgeleitete Klasse
// mit arithdar.cpp und darray_v.cpp kompilieren
#include <iostream.h>
#include <stdlib.h>                   // exit() Prototyp
#include "arithdar.h"
```

```
int main(void)
{
    cout << "Geben Sie die Anzahl der Regionen ein: ";
    unsigned int regionen;
    cin >> regionen;
    if (regionen < 1)
    {
        cout << "Sie spaßen -- Tschüss\n";
        exit(0);
    }

    cout << " \nFühre jetzt arithdar tonnen(regionen); aus:\n";
    arithdar tonnen(regionen);
    cout << "Geben Sie den regionalen Kitsch-Umsatz in Tonnen "
            "ein:\n";
    for (int i = 0; i < regionen; i++)
    {
        cout << "Region " << i+ 1 << ": ";
        cin >> tonnen[i];
    }
    cout << "Total Tonnen: " << tonnen.summe() << "\n";

    cout << " \nFühre jetzt arithdar preis_p_tonne(regionen); "
            "aus:\n";
    arithdar preis_p_tonne(regionen);
    cout << "Geben Sie den regionalen Preis für eine Tonne Kitsch "
            "ein:\n";
    for (i = 0; i < regionen; i++)
    {
        cout << "Region " << i + 1 << ": ";
        cin >> preis_p_tonne[i];
    }
    cout << "Mittlere Kosten pro Tonne = "
            << preis_p_tonne.mittelwert() << "\n";

    cout << " \nFühre jetzt "
            "arithdar kosten = tonnen * preis_p_tonne; aus:\n";
    arithdar kosten = tonnen * preis_p_tonne;
    cout << "Regionale Kosten:\n";
    cout << kosten << "(in DM)\n";
    cout << "Totale Kosten = DM " << kosten.summe() << "\n";

    return 0;
}
```

Listing 11.6: abgeleit.cpp

Da die Konstruktoren der abgeleiteten und der Basisklasse in mehreren verschiedenen Situationen aufgerufen werden, spielt sich eine Menge ab. Schauen Sie sich die Ausgabe an. Sie werden bemerken, daß mehr als die Hälfte davon dazu dient, zu überprüfen, was hinter den Kulissen vor sich geht. Achten Sie besonders darauf, wann und welche Konstruktoren aufgerufen werden:

```
Geben Sie die Anzahl der Regionen ein: 3
Führe jetzt arithdar tonnen(regionen); aus:
unsigned, double darray-Konstruktor      Erst den Basiskonstruktor für tonnen
                                         aufrufen
unsigned, double arithdar-Konstruktor    dann den abgeleiteten Konstruktor
                                         aufrufen
```

```
Geben Sie den regionalen Kitsch-Umsatz in Tonnen ein:
Region 1: 220
Region 2: 320
Region 3: 260
Total Tonnen: 800                           Wird von der arithdar-Methode
                                            berechnet


Führe jetzt arithdar toncost(regionen); aus:
unsigned, double darray-Konstruktor        Erst den Basiskonstruktor für
                                           preis_p_tonne aufrufen

unsigned, double arithdar-Konstruktor      dann den abgeleiteten Konstruktor
                                           aufrufen
Geben Sie den regionalen Preis für eine Tonne Kitsch ein:
Region 1: 24
Region 2: 28
Region 3: 26
Mittlere Kosten pro Tonne: 26              Berechnet von der arithdar-Methode


Führe jetzt arithdar kosten = tonnen * preis_p_tonne; aus:
unsigned, double darray-Konstruktor        Objekt product in darray::operator*()
                                           erzeugen

darray & darray-Konstruktor                Objekt an main() übergeben
darray-Destruktor                          Temporäres Objekt product freigeben
darray & darray-Konstruktor                Erst den Basiskonstruktor für kosten
                                           aufrufen

darray & arithdar-Konstruktor              dann den abgeleiteten Konstruktor
                                           aufrufen

Regionale Kosten:
5280 8960 6760                             Alles von der darray-Methode berechnet
(in DM)
Totale Kosten = DM 21000                   Berechnet von der arithdar-Methode
arithdar-Destruktor                        Erst den abgeleiteten Destruktor für
                                           kosten aufrufen

darray-Destruktor                          dann den Basisdestruktor aufrufen
darray-Destruktor                          dann den Basisdestruktor für das
                                           Übergabeobjekt aufrufen
arithdar-Destruktor                        Erst den abgeleiteten Destruktor für
                                           preis_p_tonne aufrufen

darray-Destruktor                          dann den Basisdestruktor aufrufen
arithdar-Destruktor                        Erst den abgeleiteten Destruktor für
                                           tonnen aufrufen

darray-Destruktor                          dann den Basisdestruktor aufrufen
```

Programmhinweise

Einige Teile des Programmes wollen wir näher untersuchen. Die Anweisung

```
arithdar tonnen(regionen);
```

erzeugt ein Objekt vom Typ *arithdar* mit *regionen* Elementen. Beim Beispielablauf wird *regionen* auf *3* gesetzt. Wie besprochen und wie gezeigt, ruft das Programm zuerst den *darray*-Basisklassenkonstruktor auf und dann den Konstruktor der abgeleiteten *arithdar*-Klasse. Auf dieselbe Art und Weise wird das Objekt *preis_p_tonne* erzeugt.

Das Programm berechnet mit den *arithdar*-Klassenmethoden *summe()* und *mittelwert()* die Summe der *tonnen*-Elemente und den Mittelwert der *preis_p_tonne*-Elemente und erleichert dadurch die Arbeit des Anwenders.

Die meisten Funktionsaufrufe sind eine Folge der folgenden, harmlos erscheinenden Anweisung:

```
arithdar kosten = tonnen * preis_p_tonne;
```

Der Compiler schaut sich die rechte Seite des Ausdruckes an und sieht, daß zwei *arithdar*-Objekte multipliziert werden sollen. Deshalb muß eine Operatorfunktion zur Multiplikation der beiden *arithdar*-Größen vorliegen. Es gibt aber keine solche Funktion, also sucht der Compiler nach der entsprechenden Definition in der *darray*-Klasse. Dort findet er eine und führt damit die Multiplikation durch:

```
// Zwei Arrays Element für Element multiplizieren
darray darray::operator*(const darray & a)
{
    if(groesse != a.groesse)
    {
        cout << "Array-Multiplikationsfehler: die Array müssen "
            "dieselbe Größe besitzen. Tschüss.\n";
        exit(1);
    }
    darray product(groesse);
    for (int i = 0; i < groesse; i++)
        product[i] = arr[i] * a.arr[i];
    return product;
}
```

Diese Funktion erzeugt ein *darray*-Objekt mit dem Namen *product*. Sie ruft also bei der Erzeugung von *product* einen *darray*-Konstruktor auf. Ist die Ausführung der Funktion beendet, wird auch die Existenz des Objektes *product* beendet, und das Programm ruft den *darray*-Destruktor auf. Bevor das passiert, übergibt die Operatorfunktion das Objekt an *main()*. Der Übergabemechanismus erzeugt ein neues, temporäres Objekt, das mit *product* initialisiert wird. Beide Objekte sind vom Typ *darray*, deshalb wird der Konstruktor aufgerufen, der ein *darray* Objekt mit einem anderen initialisiert. Diese Ereignisse werden durch die folgende Programmausgabe wiedergegeben:

```
unsigned, double darray-Konstruktor      Objekt product in darray::operator*()
                                         erzeugen
darray & darray-Konstruktor              Objekt an main() übergeben
darray-Destruktor                        Temporäres Objekt product freigeben
```

Als nächstes erzeugt das Programm das Array *kosten* und initialisiert es mit dem temporären Array. Da *kosten* vom Typ *arithdar* ist, ruft das Programm zuerst den Basisklassenkonstruktor und dann den Konstruktor der abgeleiteten Klasse auf. Das ist aus den folgenden Ausgabezeilen zu ersehen:

```
darray & darray-Konstruktor      Erst den Basiskonstruktor für kosten aufrufen
darray & arithdar-Konstruktor    dann den abgeleiteten Konstruktor aufrufen
```

Nach Ausgabe des Ergebnisses der Multiplikation von zwei Objekten summiert das Programm die Ausgaben und löscht die verschiedenen Objekte nach Beendigung der Ausführung von *main()*. Die Objekte werden in der umgekehrten Reihenfolge gelöscht, in der sie erzeugt wurden. Das ist typisch für automatische Variablen. Zuerst wird also *kosten* gelöscht, dann das temporäre Objekt, in dem der Übergabewert untergebracht wurde, dann *preis_p_tonne* und schließlich *tonnen*. Zuerst ruft das Programm für jedes Objekt den Konstruktor der abgeleiteten Klasse auf und dann den Basisklassenkonstruktor. Das temporäre Objekt war vom Typ *darray*, deshalb wurde nur der ~*darray*()-Konstruktor aufgerufen.

Wie schon erwähnt wurde, spielt sich eine Menge hinter den Kulissen ab. Der wichtigste Punkt dieser Übung besteht darin, sich zu vergegenwärtigen, daß C++-Programme die Klassen einsetzen, ständig mit Konstruktoren arbeiten und daß das Klassendesign verschiedene Konstruktoren benötigt, um unterschiedlichen Situationen gerechtzuwerden, einschließlich der Initialisation, der Argumentübergabe, der Übergabe von Werten von Funktionen und der Typkonversion.

Die Verwaltung Ihrer Include-Dateien

Wir wollen die OOP-Konzepte einen Moment außer acht lassen und uns der Programmverwaltung widmen. In den Beispielen wurde der Quelltext mit der üblichen C++-Methode organisiert:

▶ Die Klassendefinition wird in einer Header-Datei mit der Endung *h* untergebracht, wie zum Beispiel *arithdar.h*.

▶ Die Klassen-Elementfunktionsdefinitionen werden in einer Methodendatei untergebracht, die denselben Basisnamen wie die entsprechende Klassendefinitionsdatei hat und normalerweise über eine Quelltextendung verfügt, wie zum Beispiel *arithdar.cpp*.

▶ Das Programm, das mit diesen Ressourcen arbeitet, wird in einer dritten Datei, wie zum Beispiel *abgeleit.cpp*, untergebracht.

▶ Mit der Funktion #*include* kann die Header-Datei in den beiden anderen Dateien untergebracht werden.

Fügt man eine abgeleitete Klasse hinzu, muß mehr gemacht werden, da eine abgeleitete Klasse auch auf die Basisklassendefinitionsdatei und die Basisklassenmethodendateien zugreifen muß. Im letzten Beispiel wären das *darray.h* und *darray.cpp* (oder die mitteilsame Version *darray_v.cpp*). Damit auf die Methodendateien zugegriffen werden kann, müssen Sie sie lediglich zusammen mit der Hauptprogrammdatei kompilieren:

```
CC abgeleit.cpp arithdar.cpp darray.cpp
```

(Bei Turbo C++ müssen Sie diese Dateien lediglich in der Projektliste unterbringen.)

Das Hauptprogramm (*abgeleit.cpp*) enthielt jedoch lediglich eine der Klassen-Header-Dateien:

```
#include "arithdar.h"
```

Das liegt daran, daß die *arithdar.h*-Datei selbst die Datei *darray.h* aufruft. Durch Einbinden von *arithdar.h* werden also beide Dateien eingebunden. So vergißt man nicht so leicht, eine Datei einzubinden. Aber diese Vorgehensweise kann auch zu einem Problem führen: Sie binden unter Umständen *darray.h* zweimal ein. Das Programm arbeitet vielleicht bereits mit *darray*-Objekten und verfügt schon über die *darray.h*-Datei. Möchten Sie dann *arithdar*-Objekte hinzufügen, binden Sie die *arithdar*-Datei ein, die ja die *darray.h*-Datei ebenfalls enthält. Bindet man eine Header-Datei wie *darray.h* zweimal ein, ist das ein Fehler, da dies zu doppelten Klassendefinitionen führt. Bei jeder Einbindung einer Header-Datei wird eine Kopie der Klassendefinition zum Quelltext hinzugefügt, der Quelltext wiederholt also die Definition der *darray*-Klasse.

Die C++-Präprozessordirektive #*ifndef* (*if not* defined = falls nicht definiert) bietet eine Möglichkeit, dieses Problem zu umgehen. Wurde der symbolische Name, der auf diese Direktive folgt,
nicht schon vorher mit einer #*define*-Anweisung definiert, bearbeitet der Präprozessor die Zeilen
zwischen der #*ifndef*-Direktive und einer nachfolgenden #*endif*-Direktive. Anderenfalls ignoriert
der Präprozessor diese Zeilen, und sie erreichen den Compiler nie. Schauen Sie sich einmal die
folgenden Anweisungen an:

```
#define FOO 3
#ifndef FOO
#define FOO 20
#endif
```

FOO wurde definiert, deshalb überspringt der Präprozessor die Zeile #*define FOO 20* und *FOO*
behält den Wert 3. Aber falls *FOO* nicht vorher definiert wurde, setzt der Präprozessor *FOO* auf
20. Im allgemeinen müssen Sie keinen bestimmten Wert angeben, um einen symbolischen
Namen zu definieren. Mit folgender Anweisung wird *IBM* definiert, obwohl kein Wert zugewiesen wurde:

```
#define IBM
```

Das Problem kann gelöst werden, indem die Datei *darray.h* wie folgt modifiziert wird:

```
// darray.h
#ifndef __DARRAY__
#define __DARRAY__
class darray
{
    ...
}
#endif
```

Wir wollen nun sehen, wie das funktioniert. Angenommen, der Präprozessor trifft auf eine
Direktive der Form #*include "darray.h"* und die Datei wurde vorher noch nicht eingebunden. Das
Symbol *__DARRAY__* sollte dann bis dahin noch nicht definiert sein. (Vor und hinter den
Klassennamen setzen wir je zwei Unterstrichzeichen, damit es unwahrscheinlich ist, daß der
Name bereits existiert.) Die Zeilen zwischen #*ifndef* und #*endif* werden in diesem Fall in das Programm eingebunden. In diesen Zeilen befindet sich nicht nur die Klassendefinition, sondern
auch die Definition des *__DARRAY__*-Symbols. (Es ist nicht notwendig, einem symbolischen
Namen einen Wert zuzuweisen, damit er definiert wird.) Angenommen, das Programm trifft auf
eine zweite #*include "darray.h"* Anweisung. Dieses Mal ist *__DARRAY__* schon definiert, da die
erste #*include*-Direktive bereits ausgeführt wurde. Deshalb springt der Präprozessor zu #*endif* und
übergeht die Klassendefinition. Fassen wir das Ganze zusammen: Das erste Auftreten von
#*include "darray.h"* bewirkt, daß der Präprozessor *__DARRAY__* definiert und die Definition hin-
zugefügt wird. Tritt #*include "darray.h"* im weiteren Verlauf nochmals auf, überspringt der Präprozessor den #*ifndef*-Abschnitt und binden, nur eine leere Datei ein. Dies ist eine Standard-
technik zur Einrichtung von Header-Dateien, und wir werden sie ab jetzt einsetzen. Sie sollten
darray.h und *arithdar.h* nachträglich entsprechend abändern.

Eine abgeleitete Klasse, die Indexgrenzen überprüft

Mit der Klassenableitung können Sie eine Basisklasse so abändern, daß sie bestimmten Bedürfnissen entspricht. Die Klasse *arithdar* zum Beispiel entsprach dem Wunsch nach mehr arithmetischen Möglichkeiten. Entdecken Sie andere Programmbedürfnisse, können Sie zurückgehen und eine andere Klasse von derselben Basisklasse ableiten. Wir wollen uns nun ein weiteres Beispiel anschauen und die *darray*-Klasse durch eine Funktion, die die Array-Indexgrenzen überprüft, verbessern.

Zuerst werden Sie erfahren, was unter der Indexgrenzenüberprüfung zu verstehen ist. C++-Arrays haben – wie C-Arrays – einen wunden Punkt: Nichts außer Ihrer Achtsamkeit und dem Ehrenkodex der Programmierer hält Sie davon ab, folgendes zu tun:

```
double peanuts[10];
peanuts[80] = 258.44;      // Ein ganz übler Fehler, aber zulässig
```

Das Array *peanuts* hat nur zehn Elemente, aber diese Anweisungen weisen dem einundachtzigsten Element einen Wert zu. Der Computer lokalisiert den Anfang des *peanuts*-Arrays, geht dann zu einer Position, die sich 80 Einheiten (80 * sizeof (double) Byte) weiter hinten im Speicher befindet und plaziert den Wert *258.44* dort. Mit anderen Worten, es ist sehr wahrscheinlich, daß andere Daten überschrieben werden, was später zu unliebsamen Überraschungen führen kann. Der Compiler bemerkt diesen Fehler nicht, da er nicht überprüft, ob der Index in den zulässigen Bereich von 0-9 fällt. Überprüft man, ob ein Array-Index gültig ist oder nicht, wird das als *Indexgrenzenüberprüfung* bezeichnet. Einige Sprachen führen sie automatisch aus, C++ nicht. Deshalb arbeitet der Compiler schneller und erzeugt kompakteren Code. Die Gefahr, schwer zu findende Fehler zu erzeugen, steigt dadurch jedoch enorm.

Damit die Welt vor unpassenden Array-Indizes verschont bleibt, wollen wir eine neue Arrayklasse (*grenzen_dar*) erzeugen. Sie erlangen dadurch nicht nur mehr Praxis bei der Erzeugung von Klassen, sondern es führt uns zu einem neuen Thema – dem Ableiten einer Klasse von einer abgeleiteten Klasse.

Zum Installieren der Indexgrenzenüberprüfung müssen lediglich einige wenige Veränderungen gegenüber der *darray*-Klasse vorgenommen werden. Wir wollen damit beginnen, wie ein *darray*-Objekt Indizes behandelt. Ist *jinx* ein *darray*-Objekt, können Sie auf die einzelnen Elemente mit der Index-Notation – wie bei *jinx[i]* – zugreifen. Diese Notation wiederum ruft die Funktion *darray::operator[]()* auf. Sie müssen also nur eine Funktion der Form *grenzen_dar::operator[]()* erzeugen, die falsche Indizes zurückweist. Erzeugen Sie daraufhin ein *grenzen_dar*-Objekt, benutzt es die *grenzen_dar* Indizierungsfunktion anstelle der *darray*-Indizierungsfunktion. Es folgt ein Versuch:

```
// Redefinierter Operator
double & grenzen_dar::operator[](int i)
{
    ok(i);   // Index überprüfen, bevor fortgefahren wird
    return arr[i];
}
```

Dadurch wird die originale *operator[]()*-Funktion durch Hinzufügen des Funktionsaufrufes von *ok()* modifiziert. Die Rolle dieser Funktion besteht darin, zu bestimmen, ob der Index *i* außerhalb der Grenzen liegt. Ist das der Fall, beendet die Funktion das Programm. Sie könnten die Überprüfungsanweisungen direkt in die Operatordefinition einbauen. Aber vom Konzept her ist die Indexgrenzenüberprüfung ein anderer Prozeß als das Zugreifen auf ein Element. Und müssen bei zukünftigen Elementfunktionen auch die Grenzen überprüft werden, kann die Funktion ebenfalls *ok()* eingesetzt werden.

Es folgt eine Möglichkeit zur Definition von *ok()*:

```
        void grenzen_dar::ok(int i)        // Programm verlassen, falls der
                                           // Index sich nicht im erlaubten
                                           // Bereich befindet
        {
            if (i < 0)
            {
                cout<<"Fehler beim Array-Index:\n"
                     << "Index " << i << " kleiner als 0\n";
                exit(2);
            }
            else if (i >= groesse)
            }
                cout << "Fehler beim Array-Index:\n"
                     << "Index " << " größer als "
                     << groesse - 1 << "\n";
            exit(3);
            }
        }
```

groesse ist – wie Sie wissen – das Klassenelement, das die Anzahl der Elemente eines Arrays enthält. Ist der Index zu groß (gleich oder größer als *groesse*) oder zu klein (kleiner als 0), ruft *ok()* die C-Standardbibliotheksfunktion *exit()* auf, um das Programm zu beenden. Der *exit()*-Wert wird an das Betriebssystem übergeben. Ein Übergabewert ungleich Null zeigt konventionsgemäß ein Problem an. Läßt beispielsweise ein UNIX-Shellscript ein Programm, das mit dieser Klasse arbeitet, laufen und stößt auf einen Exitwert von 3, kann daraus geschlossen werden, daß das Programm aufgrund eines zu großen Index beendet wurde. Die neue Klasse stellt Indexfehler übrigens während der Laufzeit und nicht während des Kompilierens fest.

Der nächste Schritt besteht darin, diese Definitionen einer abgeleiteten Klasse hinzuzufügen. Diese Klasse nennen wir *grenzen_dar* (von *grenzen*überprüfendes *dar*ray). In Listing 11.7 finden Sie die Klassendefinition und die neue Funktion *ok()*. Es besteht kein Grund, *ok() public* zu machen, deshalb haben wir die Funktion als *protected* deklariert. Weiterhin werden in der Definition Konstruktoren für die Klasse deklariert. Außerdem befindet sich in diesem Listing ein Prototyp zur Redefinition des []-Operators.

```
        // grzdar.h -- definiert eine Arrayklasse, die Indizes überprüft
        #ifndef __BNDDAR__
        #define __BNDDAR__
        #include "darray.h"

        class grenzen_dar : public darray
        {
```

```
protected:
    void ok(int i);              // Indexüberprüfungsfunktion
public:
// Konstruktoren
    grenzen_dar();
    grenzen_dar(unsigned int n, double val = 0.0);
    grenzen_dar(const double *pn, unsigned int n);
    grenzen_dar(const grenzen_dar & a);
    grenzen_dar(const darray & a);
// Operatoren
    double & operator[](int i);   // umdefiniert
};

#endif
```

Listing 11.7: grzdar.h

In Listing 11.8 finden Sie die Klassenmethodendefinitionen. Da die *grenzen_dar*-Klasse keine Datenelemente gegenüber der *darray*-Klasse hinzufügt, müssen die *grenzen_dar*-Konstruktoren nur ihre Argumente – soweit vorhanden – an die entsprechenden *darray*-Konstruktoren übergeben.

```
// grzdar.cpp -- Methoden für die grenzen_dar-Klasse

#include <iostream.h>
#include <stdlib.h>
#include "grzdar.h"

// protected Methode
void grenzen_dar::ok(int i)      // Verläßt das Programm, falls der
                                 // Index außerhalb der Grenzen liegt
{
    if (i < 0)
    {
        cout << "Fehler beim Array-Index:\n"
             << "Index " << i << " kleiner als 0\n";
        exit(2);
    }
    else if (i >= groesse)
    {
        cout << "Fehler beim Array-Index:\n"
             << "Index " << i << " größer als "
             << groesse - 1 << "\n";
        exit(3);
    }
}

// Konstruktoren
grenzen_dar::grenzen_dar()
{
}

grenzen_dar::grenzen_dar(unsigned int n, double val) :
darray(n, val)
{
}
```

```
grenzen_dar::grenzen_dar(const double *pn, unsigned int n) :
darray(pn, n)
{
}

grenzen_dar::grenzen_dar(const grenzen_dar & a) : darray(a)
{
}

grenzen_dar::grenzen_dar(const darray & a) : darray(a)
{
}

// umdefinierter Operator
double & grenzen_dar::operator[](int i)
{
    ok(i);                          // zuerst wird der Index überprüft
    return arr[i];
}
```

Listing 11.8: grzdar.cpp

Der letzte Schritt besteht darin, die neue Klasse zu untersuchen. In Listing 11.9 wird das mit einer *for*-Schleife gemacht, die mit einem falschen Test für das Schleifenende arbeitet. Das hat zur Folge, daß das Programm versucht, auf ein Element zuzugreifen, das sich hinter dem letzten befindet. Wir wollen sehen, wie die *grenzen_dar*-Klasse auf diesen Affront reagiert. Vergessen Sie nicht, dieses Programm zusammen mit den Basisklassenmethoden, die sich in *darray.cpp* und *grzdar.cpp* befinden, zu kompilieren.

```
// benugdar.cpp -- grenzen_dar-Array benutzen
// mit darray.cpp und grzdar.cpp kompilieren
#include <iostream.h>
#include "grzdar.h"

int main(void)
{
    grenzen_dar preise(5, 19.99);   // Objekt erzeugen und
                                    // initialisieren

    for (int i = 0; i <= 5; i++)    // ein Schritt zu weit
        cout << "DM " << preise[i] << "\n";
    cout << "Tschüss!\n";
    return 0;
}
```

Listing 11.9: benugdar.cpp

Es folgt die Programmausgabe:

```
DM 19.99
DM 19.99
DM 19.99
DM 19.99
DM 19.99
Fehler beim Array-Index:
Index 5 größer als 4
```

Das Programm bearbeitet die ersten fünf Elemente richtig und beendet das Programm, sobald der Index den maximalen Wert von 4 überschreitet. Das Programm erreicht die letzte Ausgabeanweisung nie. *ok()* beendete statt dessen das Programm, nachdem der Index den zulässigen Wertebereich verließ. Diese moderate Erweiterung der Klassendefinition führt zu einer merklichen Verbesserung der Programmsicherheit.

11.3 Erweiterung der Vererbung

In C++ ist es möglich, von einer abgeleiteten Klasse eine weitere Klasse abzuleiten. In so einem Fall übernimmt die letzte Klasse alle Fähigkeiten ihrer Vorgänger. Das ist nützlich. Angenommen, Sie haben bei einem bestimmten Programmierprojekt eine Basisklasse entwickelt. Dann haben Sie vielleicht mit einem zweiten Projekt weitergemacht und festgestellt, daß Sie die Klasse des ersten Projektes mittels Ableitung anpassen könnten, um etwas anderen Bedürfnissen zu genügen. Später stellen Sie vielleicht fest, daß sich die abgeleitete Klasse gut als Basisklasse für ein anderes Projekt eignen würde. Wir werden diesen Prozeß illustrieren, indem wir die Klasse *grenzen_dar* (abgeleitet von der Klasse *darray*) erweitern, um zu ermöglichen, daß der Array-Index auch bei anderen Werten als 0 beginnt. Repräsentiert dann ein Array beispielsweise Ihre Steuerrückzahlungen für die Jahre 1985 bis 1990, können Sie das Array mit Indizes von *1985* bis *1990* anstelle von *0* bis *5* versehen. Kleine Veränderungen wie diese, können das Programmieren einfacher und erfreulicher gestalten.

Die neue Klasse – wir wollen sie *lim_dar* nennen – wird von der *grenzen_dar*-Klasse abgeleitet, und so werden die *protected*- und *public*-Teile dieser Klasse übernommen. Insbesondere wird die Indexgrenzenüberprüfungsfunktion übernommen. Da *grenzen_dar* von der Klasse *darray* abgeleitet wurde, übernimmt *lim_dar* via *grenzen_dar* auch die *protected*- und *public*-Teile von *darray*. Die *lim_dar*-Klasse beinhaltet also ein *arr*-Element, das auf den Anfang des Arrays zeigt und ein *groesse*-Element, das die Anzahl der Elemente angibt. Die Klasse übernimmt auch automatisch die *darray*- und *grenzen_dar*-Elementfunktionen.

Was für neue Klassenelemente benötigt *lim_dar*, um die neue Indizierungsmöglichkeit anbieten zu können? Das Element *arr* sagt ja schon aus, wo sich das Array befindet, und das Element *groesse* gibt die Anzahl der Elemente an. Es fehlt also ein Element, das den Wert des ersten Index angibt. Dazu kann ein neues Element – *untere_grenze* – hinzugefügt werden, das den entsprechenden Indexwert für das erste Element angibt. Beginnen die Indizes bei 1985, wird *untere_grenze* auf diesen Wert gesetzt. Diese neue Indexgrenze wiederum erfordert die Definition von neuen Versionen der *operator[]()*-Funktion und der *ok()*-Funktion, da bei den vorherigen Versionen die Indizes bei Null begannen. Wir wollen außerdem drei neue Methoden hinzufügen, die in bezug auf die neue Indizierungsfunktion nützlich sind. Eine Methode gibt die untere Grenze an, eine die obere Grenze, und mit einer Methode kann die untere Grenze neu eingestellt werden. In Listing 11.10 finden Sie die Klassendefinition. Um einer abgeleiteten Klasse neue Datenelemente hinzufügen zu können, müssen die Datenelemente nur in der Definition der abgeleiteten Klasse deklariert werden (siehe Bild 11.3).

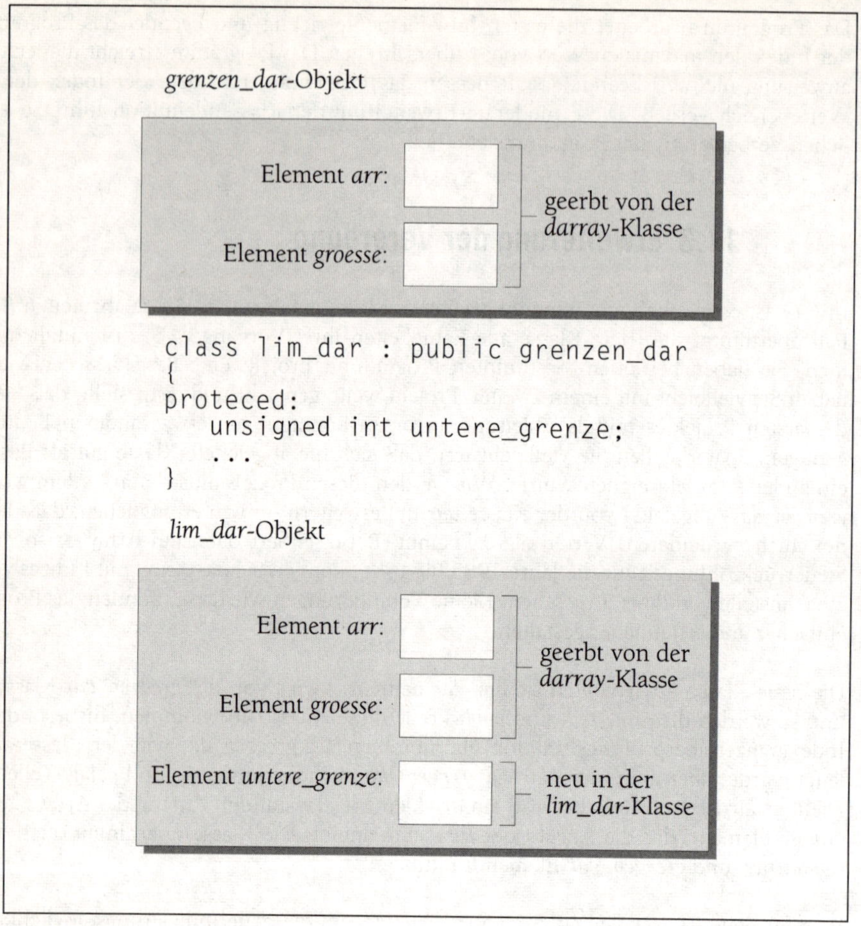

grenzen_dar-Objekt

Element *arr*:

Element *groesse*:

geerbt von der
darray-Klasse

```
class lim_dar : public grenzen_dar
{
proteced:
    unsigned int untere_grenze;
    ...
}
```

lim_dar-Objekt

Element *arr*:

Element *groesse*:

geerbt von der
darray-Klasse

Element *untere_grenze*:

neu in der
lim_dar-Klasse

Bild 11.3: Ein neues Element hinzufügen

```
// lim_dar.h -- lim_dar-Klasse -- definierbare untere Indexgrenze
#ifndef __LIM_DAR__
#define __LIM_DAR__

#include "grzdar.h"

class lim_dar : public grenzen_dar
{
protected:
    unsigned int untere_grenze;  // neues Datenelement
    void ok(int i);              // ok() umdefinieren
public:
// Konstruktoren
    lim_dar();
    lim_dar(unsigned int n, double val = 0.0);
```

```
        lim_dar(unsigned int n, int lb, double val = 0.0);
        lim_dar(const double *pn, unsigned int n);
        lim_dar(const lim_dar & a);
        lim_dar(const lim_dar & a, int lb);
        lim_dar(const grenzen_dar & a);
        lim_dar(const darray & a);
    // neue Methoden
        void neue_ugr(int lb);      // untere Grenze neu setzen
        int ugrenze();              // übergibt untere Grenze
        int ogrenze();              // übergibt obere Grenze
    // umdefinierte Operatoren
        double & operator[](int i);
        lim_dar & operator=(const lim_dar & a);
    };

    #endif
```

Listing 11.10: lim_dar.h

In Listing 11.11 finden Sie die Klassenmethodendefinitionen. Die Klassenkonstruktoren werden wieder nicht übernommen. Die Klassendefinition benötigt demgemäß neue Konstruktoren. Dieses Mal haben sie eine Aufgabe – sie sollen *untere_grenze*, das neue Klassenelement, mit dem ausgewählten Anfangsindexwert initialisieren. Wie erwähnt, werden in der neuen Klasse die Funktionen *ok()* und *operator[]()* neu definiert, um den neuen Indexgrenzen Rechnung zu tragen. Die Klasse definiert auch den Zuweisungsoperator neu. Das liegt daran, daß sich in der Klasse jetzt anstelle von zwei drei Datenelemente (*arr*, *groesse* und *untere_grenze*) befinden. Aber der Zuweisungsoperator, der von der *darray*-Klasse übernommen wurde, bearbeitet lediglich die ersten beiden Elemente. Bei der neuen Version werden alle drei berücksichtigt. Übrigens, für die *grenzen_dar*-Klasse kann – weil sich in ihr dieselben Datenelemente wie in der *darray*-Klasse befinden – die *darray*-Zuweisungsdefinition verwendet werden, deshalb wird in der *grenzen_dar*-Klasse der Zuweisungsoperator nicht neu definiert.

Das Einsetzen eines neuen Zuweisungsoperators entspricht nicht dem Einsatz eines neuen Konstruktors. Ein neuer Konstruktor erweitert die Arbeitsweise des Vorgängers, aber ein neuer Zuweisungsoperator übergeht den alten völlig. Das ist nicht inkonsequent, da sich die Zuweisungsoperatoren für die Basis- und die abgeleitete Klasse denselben Namen teilen und nur jeweils eine Version aufgerufen werden kann. Das heißt, die verschiedenen Zuweisungsoperatoren sind überladene Funktionen, und das Programm bestimmt mit Hilfe der Signatur, also der Argumentenliste, welche Version benutzt werden soll. Die Konstruktoren der Basis- und der abgeleiteten Klasse haben jedoch unterschiedliche Namen. Wird einer aufgerufen, wird dadurch der Aufruf des anderen nicht ausgeschlossen.

```
        // lim_dar.cpp -- Methoden für die lim_dar-Klasse
        #include <iostream.h>
        #include <stdlib.h>
        #include "lim_dar.h"

        // protected-Methode
            // die untere Grenze für den Array-Index ist jetzt
            // untere_grenze, und die obere Grenze ist jetzt
            // untere_grenze + groesse - 1
```

```
void lim_dar::ok(int i)   // variable untere Grenze
{
    if (i < untere_grenze)
    {
        cout << "Fehler beim Array-Index:\n"
             << "Index " << i << " kleiner als "
             << untere_grenze <<  "\n";
        exit(2);
    }
    else if (i >= groesse + untere_grenze)
    {
        cout << "Fehler beim Array-Index:\n"
             << "Index " << i << " größer als "
             << groesse + untere_grenze - 1 << "\n";
        exit(3);
    }
}

// Konstruktoren -- initialisiert das neue Datenelement
lim_dar::lim_dar() : grenzen_dar()
{
    untere_grenze = 0;    // standardmäßig beginnt die untere Grenze
                          // bei 0
}

lim_dar::lim_dar(unsigned int n, double val) : grenzen_dar(n, val)
{
    untere_grenze = 0;    // Standardwert
}

lim_dar::lim_dar(unsigned int n, int lb, double val)
    : grenzen_dar(n, val)
{
    untere_grenze = lb;   // untere Grenze explizit setzen
}

lim_dar::lim_dar(const double *pn, unsigned int n)
    : grenzen_dar(pn, n)
{
    untere_grenze = 0;
}

lim_dar::lim_dar(const lim_dar & a) : grenzen_dar(a)
{
     untere_grenze = a.untere_grenze;
}

lim_dar::lim_dar(const grenzen_dar & a) : grenzen_dar(a)
{
    untere_grenze = 0;
}

lim_dar::lim_dar(const darray & a) : grenzen_dar(a)
{
    untere_grenze = 0;
}
```

```
    // noch mehr Methoden
    void lim_dar::neue_ugr(int lb)   // untere Grenze auf lb setzen
    {
        untere_grenze = lb;
    }

    int lim_dar::ugrenze()           // untere Grenze übergeben
    {
        return untere_grenze;
    }

    int lim_dar::ogrenze()           // obere Grenze übergeben
    {
        return groesse + untere_grenze - 1;
    }

    // umdefinierte Operatoren
    double & lim_dar::operator[](int i)
    {
        ok(i);
        return arr[i - untere_grenze];
    }

    lim_dar & lim_dar::operator=(const lim_dar & a)
    {
        if (this == &a)      // Falls ein Objekt sich selbst zugewiesen
            return *this; // wird, nichts verändern
        delete arr;
        groesse = a.groesse;
        untere_grenze = a.untere_grenze;        // neues Element kopieren
        arr = new double[groesse];
        for (int i = 0; i < groesse; i++)
            arr[i] = a.arr[i];
        return *this;
    }
```

Listing 11.11: lim_dar.cpp

Wir wollen uns nun die Anweisungen einiger ausgewählter Klassenmethoden anschauen. Betrachten Sie sich zuerst die beiden folgenden Prototypen:

```
    lim_dar(unsigned int n, double val = 0.0);
    lim_dar(unsigned int n, int lb, double val = 0.0);
```

Der erste besitzt zwei Argumente, wobei *n* die Anzahl der Elemente angibt und *val* der Wert ist, mit dem jedes Element initialisiert wird. Der zweite Prototyp verfügt über ein Argument mehr. *lb* repräsentiert den Wert der unteren Grenze. Wie aus der Funktionsdefinition zu ersehen ist, setzt der erste Konstruktor die untere Grenze auf Null und der zweite setzt sie explizit:

```
    lim_dar::lim_dar(unsigned int n, double val) : grenzen_dar(n, val)
    {
        untere_grenze = 0;     // Standardwert
    }
```

```
lim_dar::lim_dar(unsigned int n, int lb, double val)
    : grenzen_dar(n, val)
{
    untere_grenze = lb;    // Anfangsindex explizit einstellen
}
```

Diese Definitionen zeigen, daß jede Funktion die Werte *n* und *val* an den Konstruktor *grenzen_dar()* weiterleitet, der sie wiederum an den Konstruktor *darray* übergibt, damit die Elemente *arr* und *groesse* initialisiert werden. Da sich das Element *untere_grenze* jedoch in der Klasse *lim_dar* befindet, sind die *lim_dar*-Konstruktoren für die Initialisierung dieses Elements zuständig.

Die Konstruktoren der abgeleiteten Klassen sind für die Initialisierung aller Datenelemente zuständig, die zu denen hinzugefügt wurden, die von der Basisklasse geerbt wurden. Die Basisklassenkonstruktoren sind für die Initialisierung der ererbten Datenelemente zuständig.

Wie der Prototyp zeigt, existiert für die Arraywerte in jeder Funktion ein Vorgabewert von *0*. Die Deklaration

```
lim_dar bolts(10);
```

erzeugt dementsprechend ein Array mit 10 Elementen, initialisiert jedes Element mit 0 und läßt die Array-Indizes bei 0 beginnen. Die Deklaration

```
lim_dar monate(12,1);
```

erzeugt ein Array mit 12 Elementen, versieht jedes Element mit dem Wert 0 und läßt die Array-Indizes bei 1 beginnen.

Die Klasse stellt zur Initialisierung eines *lim_dar*-Objektes mit einem früheren Objekt zwei Konstruktoren zur Verfügung:

```
lim_dar::lim_dar(const grenzen_dar & a) : grenzen_dar(a)
{
    untere_grenze = 0;
}

lim_dar::lim_dar(const darray & a) : grenzen_dar(a)
{
    untere_grenze = 0;
}
```

Sie wissen, daß ein Konstruktor mit einem einzelnen Argument dazu dient, die Konversion vom Argumenttyp in den Klassentyp zu definieren. Mit diesen zwei Konstruktoren kann man zusätzlich zur Initialisierung eines *lim_dar*-Objektes mit einem *grenzen_dar*- oder *darray*-Objekt auch Objekte mit einem der alten Typen in ein *lim_dar*-Objekt umwandeln und Objekte mit einem der beiden Typen an eine Funktion übergeben, die ein Argument besitzt, das eine Referenz auf ein *lim_dar*-Objekt ist.

Sie können diese Konstruktorenliste beliebig erweitern. Schauen Sie sich folgende Anweisung an:

```
lim_dar(const grenzen_dar & a, int lb);      // Möglicher Prototyp
```

Damit können Sie ein *lim_dar*-Objekt mit einem *grenzen_dar*-Objekt initialisieren und dabei die untere Grenze festlegen. Sie erhalten dasselbe Resultat mit dem aktuellen Konstruktor, wenn Sie mit der Methode *neue_ugr()* die untere Grenze separat setzen.

Schauen Sie sich zum Schluß den neu definierten Indexoperator an:

```
// Neu definierter Operator
double & lim_dar::operator[](int i)
{
    ok(i);
    return arr[i - untere_grenze];
}
```

C++ besteht ohne Gnade auf der *0* als erstem Array-Index. Diese Funktion übersetzt die äußere Erscheinungsweise des Array-Index in die tatsächlichen Gegebenheiten. Schauen Sie sich dazu die folgende Deklaration an:

```
lim_dar weine(5, 1977);
```

Dadurch wird ein Array mit fünf Elementen erzeugt, wobei die Indizes bei 1977 beginnen. Angenommen, Sie machen folgende Anweisung:

```
weine[1979] = 12.20;
```

Die *operator[]()*-Funktion übersetzt dann 1979 in 1979 minus 1977 oder 2, die Funktion übergibt also den Wert des Elementes *weine.arr[2]*.

In Listing 11.12 sehen Sie eine typische Anwendung für die *lim_dar*-Klasse – wobei Jahre als Indizes eingesetzt werden. Vergessen Sie nicht, dieses Listing zusammen mit *grzdar.cpp* und *darray.cpp* zu kompilieren, damit die ererbten Methoden dazukommen. Außerdem muß dieses Listing mit *lim_dar.cpp* kompiliert werden.

```
// use_lim.cpp -- die lim_dar-Klasse benutzen
// mit grzdar.cpp und darray.cpp kompilieren
#include <iostream.h>
#include "lim_dar.h"

const int Jahr = 1977;
const int Jahre = 5;

int main(void)
{
    lim_dar weine(Jahre, Jahr);
    cout << "Geben Sie die Preise für die folgenden Jahrgänge "
            " von Chateau Spiff ein:\n";
    for (int jahr = Jahr; jahr < Jahr + Jahre; jahr++)
    {
        cout << "Jahr " << jahr << ": DM ";
```

```
        cin >> weine[jahr];
    }
    cout << "Rekapitulieren wir, es folgen die Preise in DM:\n";
    cout << weine;

    return 0;
}
```

Listing 11.12: use_lim.cpp

Die Deklaration

```
    lim_dar weine(Jahre, Jahr);
```

erzeugt ein *lim_dar*-Objekt mit fünf Elementen (da *Jahre* gleich 5 ist) und sie bewirkt, daß der erste Index bei *1977* (der Wert von *Jahr*) anstelle bei *0* beginnt. Es folgt ein Beispielablauf:

```
Geben Sie die Preise für die folgenden Jahrgänge von Chateau Spiff
ein:
Jahrgang 1977: DM 38.58
Jahrgang 1978: DM 34.85
Jahrgang 1979: DM 0.62
Jahrgang 1980: DM 22.24
Jahrgang 1981: DM 18.65
Rekapitulieren wir, es folgen die Preise in DM:
38.58, 34.85 0.62 22.24 18.65
```

Wie aus der letzten Ausgabezeile zu ersehen ist, hat die *lim_dar*-Klasse mittels der *grenzen_dar*-Klasse den überladenen <<-Operator, so wie er in der *darray*-Klasse definiert ist, übernommen.

Welche Methoden?

Die letzten Beispiele brachten einige neue Konzepte ins Spiel. Es ist deshalb an der Zeit, einen der wichtigsten Punkte im Zusammenhang mit der Vererbung zu erklären – welche Methoden wann aufgerufen werden. Angenommen, es liegen die folgenden drei Deklarationen vor:

```
darray desiree(6);
grenzen_dar oliver(10);      // Basiert auf darray
lim_dar babar(12, 1958);     // Basiert auf grenzen_dar
```

Wie aus den Beispielen zu ersehen ist, wird beim Erzeugen eines Objektes der Konstruktor für die aktuelle Klasse aufgerufen und zusätzlich alle Konstruktoren der Vorgängerklassen. Der älteste Konstruktor wird dabei zuerst aufgerufen. Bei der Erzeugung von *desiree* wird also der *darray*-Konstruktor aufgerufen, bei der Erzeugung von *oliver* der *darray*-Konstruktor, dann der *grenzen_dar*-Konstruktor und bei der Erzeugung von *babar* wird der *darray*-Konstruktor, dann der *grenzen_dar*-Konstruktor, und schließlich der *lim_dar*-Konstruktor aufgerufen. Diese Reihenfolge macht Sinn, da man mit dem Grundstein beginnen muß, bevor man etwas darauf bauen kann.

Hört ein Objekt auf zu existieren, ruft das Programm die Klassendestruktoren in umgekehrter Reihenfolge auf. Der älteste Destruktor wird als letzter aufgerufen. Das macht Sinn, da so zuerst die hinzugefügten Dinge bearbeitet werden müssen, bevor das Basisobjekt bearbeitet werden kann.

Nur Konstruktoren und Destruktoren produzieren automatisch eine solche Aufrufkaskade. Liegen mehrfach definierte Versionen einer normalen Klassenmethode vor, ruft das Programm nur die zuletzt definierte Methode auf:

```
desiree[2] = 2.56;        // darray::operator[]() wird benutzt
oliver[4] = 65.5;         // grenzen_dar::operator[]() wird benutzt
babar[1960] = 12.12;      // lim_dar::operator[]()  wird benutzt
grenzen_dar jordan;
jordan = oliver;          // darray::operator=() wird benutzt
lim_dar toby;
toby = babar;             // lim_dar::operator=() wird benutzt
```

Die Zuweisung *jordan = oliver* benutzt zum Zuweisen eines *grenzen_dar*-Objektes an ein anderes den Operator von *darray*, da die Klasse *grenzen_dar* die *darray*-Definition nicht überschrieben hat. Wird jedoch ein *lim_dar*-Objekt einem anderen zugewiesen, wird die *lim_dar*-Zuweisungsversion verwendet, da dies die neueste Zuweisungsversion ist. Multipliziert man zwei *lim_dar*-Objekte, wird die *darray*-Multiplikationsdefinition eingesetzt, da weder *grenzen_dar* noch *lim_dar* diesen Operator neu definieren.

Sie wissen aber noch immer nicht alles darüber, welche Methode aufgerufen wird, wenn Sie mit einem bestimmten Objekt arbeiten. Benutzen Sie beispielsweise eine Objektreferenz oder einen Zeiger auf ein Objekt, wird die Sache komplizierter. Mehr zu diesem Thema nach der Besprechung des nächsten Abschnitts.

Klassenkonversionen

In C++ wird eine automatische Klassenkonversion durchgeführt, sobald Sie einem Objekt einer Vorgängerklasse ein Objekt einer abgeleiteten Klasse zuweisen. Sie können beispielsweise folgendes tun:

```
grenzen_dar mickey(20, 88.8);  // Objekt einer abgeleiteten Klasse
darray donald;                 // Objekt der Basisklasse
donald = mickey;               // Umwandeln in einen Vorgängertyp
lim_dar goofy;
mickey = goofy;                // In Elterntyp umwandeln
donald = goofy;                // In Großelterntyp umwandeln
```

Konvertiert man *goofy* zum Beispiel in den Typ *darray*, indem man *goofy donald* zuweist, heißt das nicht, daß das Objekt *goofy* selbst verändert wird. Es bedeutet vielmehr, daß *donald* mit den Werten aus dem *goofy*-Objekt im *darray* Format erzeugt wird. Einige Dinge müssen bei diesem Prozeß beachtet werden:

▶ C++ arbeitet mit der elementweisen Zuweisung (jedes Element eines Objektes ist die exakte Kopie des entsprechenden Elements des anderen Objektes), außer Sie haben den Zuweisungsoperator neu definiert.

▸ Haben Sie den Zuweisungsoperator neu definiert und gehört das Objekt, dem zugewiesen wird, einer anderen Klasse an als das Objekt, das zugewiesen wird, benutzt C++ die Zuweisungsdefinition, die zu dem Objekt gehört, dem zugewiesen wird und nicht die Definition des zugewiesenen Objektes. Bei der Zuweisung des *lim_dar*-Objektes *goofy* an das Objekt *donald* wird beispielsweise die *darray*-Zuweisungsdefinition verwendet und nicht die *lim_dar*-Definition.

▸ Alle Datenelemente des zugewiesenen Objektes, die das Objekt, dem zugewiesen wurde, nicht besitzt, gehen bei der Konversion verloren. Wird zum Beispiel das *lim_dar*-Objekt *goofy* dem *darray*-Objekt *donald* zugewiesen, wird der Inhalt des Arrays von *goofy* und die Array-Größe nach *donald* kopiert, die *untere_grenze*-Information jedoch geht verloren.

▸ Ein Objekt kann in jeden seiner Vorgängertypen konvertiert werden.

Den zweiten Punkt wollen wir uns näher betrachten. Schauen Sie sich dazu das Beispiel an, bei dem das *lim_dar*-Objekt *goofy* dem *grenzen_dar*-Objekt *mickey* zugewiesen wurde. Die *lim_dar*-Klasse definiert eine Zuweisungsoperation, aber die Zuweisung von *goofy* an *mickey* benutzt *lim_dar::operator=()* nicht, da die Funktion verlangt, daß die linke Seite des Ausdruckes ein *lim_dar*-Objekt ist, und *mickey* ist keines. Statt dessen sucht das Programm nach einer *grenzen_dar*-Zuweisungsdefinition. Da es keine gibt, sucht das Programm in der Vorgängerklasse und setzt die *darray*-Zuweisungsdefinition ein.

Sie können also einen abgeleiteten Typ automatisch in einen Vorgängertyp umwandeln, indem Sie dem Vorgängertyp einen abgeleiteten Typ zuweisen. Dementsprechend ist es möglich, einen Basistyp mit einem abgeleiteten Typ zu initialisieren. Was ist mit der umgekehrten Richtung? Ist es möglich, einen Basistyp in einen abgeleiteten Typ umzuwandeln? Ja, das geht, aber nur wenn die dafür notwendigen Instruktionen vorliegen. Sie wissen ja, daß jeder Klassenkonstruktor mit einem einzelnen Argument als Typkonversion für die Konvertierung des Argumenttyps in den Typ der Klassen, zu der der Konstruktor gehört, dient. Damit der Typ *darray* in den Typ *grenzen_dar* umgewandelt werden kann, muß ein Konstruktor mit dem folgenden Prototyp vorliegen:

```
grenzen_dar(const & darray);
```

Das ist ein Grund dafür, warum ein solcher Konstruktor in der *grenzen_dar*-Klassendefinition untergebracht wurde. Der andere Grund besteht darin, die Initialisierung eines *grenzen_dar* Objektes mit einem *darray*-Objekt zu ermöglichen.

Wird eine Klasse aus einer ganzen Reihe von Klassen abgeleitet, sollten Konstruktoren zur Umwandlung jedes Vorgängertyps vorliegen. Die *lim_dar*-Klasse zum Beispiel definiert Konversionen für ihre beiden Vorgänger:

```
lim_dar(const grenzen_dar &);
lim_dar(const darray &);
```

Angenommen, Sie wollen folgendes tun:

```
darray desiree(6, 30)
lim_dar eclair;
eclair = desiree;
```

C++ setzt dann den *lim_dar(const & darray)*-Konstruktor ein, um die Umwandlung zu vollziehen, sobald *desiree* einem *lim_dar*-Objekt zugewiesen wird.

Die Klasse *lim_dar* wurde von der Klasse *grenzen_dar* und die Klasse *grenzen_dar* von der Klasse *darray* abgeleitet.

```
lim_dar desiree(5,36.0);
```

Diese Deklaration ruft drei Konstruktoren auf:

1. Die Signatur stimmt mit der des *lim_dar(int, double)*-Konstruktors überein.
2. Das Programm stellt fest, daß *darray grenzen_dar* hervorbrachte und das *grenzen_dar lim_dar* hervorbrachte.
3. *darray(int, double)* wird aufgerufen.
4. *grenzen_dar(int, double)* wird aufgerufen.
5. *lim_dar(int, double)* wird aufgerufen.

Die Konstruktoren werden in der Reihenfolge der Vererbung aufgerufen, daß heißt, es wird mit dem Basiskonstruktor begonnen.

Bild 11.4: Konstruktor-Aufrufketten

Das Programm in Listing 11.13 zeigt Konversionen von abgeleiteten Typen in Basistypen und von Basistypen in abgeleitete Typen. Wir haben wieder die wortreichen Versionen der verschiedenen Konstruktoren verwendet, damit Sie sehen, welche Funktion bei welcher Gelegenheit aufgerufen wird.

```
// test_lim.cpp -- Typkonversionen untersuchen
// benutzt die Dateien darray_v.cpp, grzdar_v.cpp,
// und lim_darv.cpp
#include <iostream.h>
#include "lim_dar.h"

int main(void)
{
    lim_dar desiree(5, 36.0);
    cout << "lim_dar-Objekt: " << desiree;
    darray didi;
    cout << "Einen abgeleiteten Typ einem Vorgänger zuweisen:\n";
    didi = desiree;
    cout << "darray-Objekt: " << didi;
```

```
    cout << "Einen Vorgänger einem abgeleiteten Typ zuweisen:\n";
    desiree = didi;
    cout << "lim_dar-Objekt: " << desiree;
    return 0;
}
```

Listing 11.13: test_lim.cpp

Es folgt die angekündigte Programmausgabe:

```
darray (unsigned, double)-Konstruktor        desiree wird erzeugt
grenzen_dar (unsigned, double)-Konstruktor   desiree wird erzeugt
lim_dar (unsigned, double)-Konstruktor       desiree wird erzeugt
lim_dar-Objekt: 36 36 36 36 36
darray-Standardkonstruktor                   didi wird erzeugt
Einen abgeleiteten Typ einem Vorgänger zuweisen: Automatische Konversion
darray-Objekt: 36 36 36 36 36
Einen Vorgänger einem abgeleiteten Typ zuweisen:
darray (darray &)-Konstruktor                darray in lim_dar konvertieren
grenzen_dar (darray &)-Konstruktor           darray in lim_dar konvertieren
lim_dar (darray &)-Konstruktor               darray in lim_dar konvertieren
lim_dar-Objekt: 36 36 36 36 36
darray-Destruktor                            didi löschen
darray-Destruktor                            desiree löschen
```

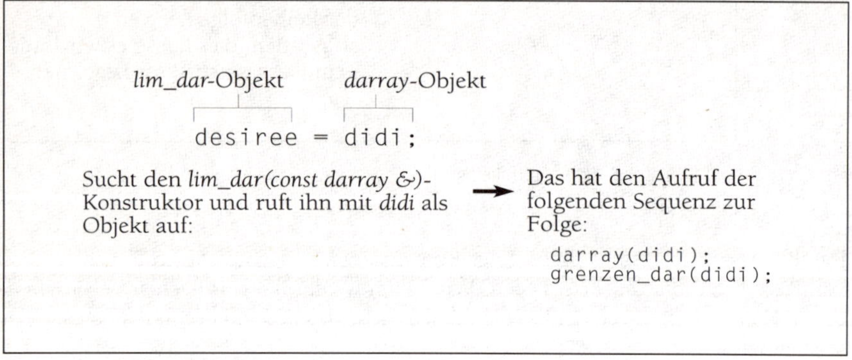

Bild 11.5: Ein Basisobjekt einem abgeleiteten Objekt zuweisen

Zur Erzeugung des *lim_dar*-Objektes *desiree* werden drei Konstruktoren benötigt, da *lim_dar* aus einer Reihe von zwei Klassen abgeleitet wurde (siehe Bild 11.4). Zur Erzeugung des *darray*-Objektes *didi* wurde nur ein Konstruktor benötigt, da *darray* die Basisklasse ist. Bei der Zuweisung von *desiree* an *didi* werden keine Klassenkonstruktoren aufgerufen, da in C++ Umwandlungen in einen Vorgängertyp automatisch vorgenommen werden. Die Zuweisung von *didi* an *desiree* erfordert mehrere Konstruktoren. Das Programm benutzt den *lim_dar(const darray & a)*-Konstruktor, aber durch den Aufruf des *lim_dar*-Konstruktors, wird automatisch der entsprechende Konstruktor der Vorgängerklassen aufgerufen (siehe Bild 11.5). Schließlich löscht das Programm die Objekte *didi* und *desiree*. (Hinweis: Bei der ersten Turbo C++-Version ist die Zuweisung etwas anders implementiert. Es wird ein zusätzlicher Aufruf des Destruktors gemeldet, wahrscheinlich weil ein zusätzliches temporäres Objekt benutzt wurde.) In keiner Ausgabezeile erfahren Sie etwas über die *grenzen_dar-* und *lim_dar*-Destruktoren, da diese Klassen keine Destruktoren definierten. Die *darray*-Klasse benötigte – wie Sie wissen – einen Destruktor, da ihre Konstruktoren mit *new* arbeiteten. Die Konstruktoren der abgeleiteten Klassen benutzten *new* nicht und deshalb werden auch keine extra definierten Destruktoren benötigt.

Zeiger und Referenzen auf Objekte

Angenommen, Sie haben eine Funktion geschrieben, die einen Zeiger auf ein Objekt einer Basisklasse – wie zum Beispiel *darray* – als Argument besitzt. Angenommen, Sie haben folgendes geschrieben:

```
void dumdar(darray * pd)
{
    cout << "Das in Frage kommende Objekt stellt ein Array mit"
         << pd->argroesse() << " Elementen dar\n";
}
```

Können Sie dann *dumdar()* mit einem Argument einsetzen, das ein Zeiger auf ein Objekt einer abgeleiteten Klasse wie *arithdar*, *grenzen_dar* oder *lim_dar* ist? Ja, das geht, da es in C++ möglich ist, die Adresse einer abgeleiteten Klasse einem Zeiger der Basisklasse zuzuweisen. Schauen Sie sich dazu die folgenden Anweisungen an:

```
darray chicago;
grenzen_dar atlanta;
lim_dar topeka;
darray * p_dar;        // Zeiger auf die darray-Klasse
p_dar = &chicago;      // Gültig
p_dar =&atlanta;       // Gültig
p_dar = &topeka;       // Gültig
```

Der Zeiger vom Typ *darray* * ist mit der Adresse von jedem beliebigen Objekt einer Klasse, die von *darray* oder ihren Abkömmlingen abgeleitet wurde, kompatibel.

Dementsprechend ist eine Referenz auf einen Basistyp kompatibel mit jedem beliebigen Objekt einer abgeleiteten Klasse. Definieren Sie beispielsweise eine Funktion mit einem Argument vom Typ *darray* &, können Sie dieser Funktion ein *grenzen_dar*- oder ein *lim_dar*-Objekt übergeben

Diese Anpassungsfähigkeit von Objektzeigern und Referenzen ist sehr nützlich. Andererseits kann dadurch aber auch ein Problem entstehen, aber ein lösbares. Das wollen wir im nächsten Abschnitt besprechen.

11.4 Virtuelle Funktionen

Erzeugt man eine Reihe von abgeleiteten Klassen, von denen jede Klasse ihre eigene Version einer bestimmten Elementfunktion hat, benutzt ein Objekt die Version seiner Klassen. Ein *darray*-Objekt zum Beispiel arbeitet mit der *operator[]()*-Funktion, die für die Basisklasse *darray* definiert wurde. Ein *lim_dar*-Objekt dagegen setzt die *operator[]()*-Funktion ein, die für die abgeleitete *lim_dar*-Klasse definiert wurde. Diese einfachen Beziehungen gewährleisten nicht immer, daß die richtige Methode angewandt wird. Die Probleme entstehen, wenn Sie eine Klassen-Elementfunktion mit einem Zeiger oder einer Referenz anstatt mit einer normalen Objektvariablen aufrufen. Sie können Schwierigkeiten bekommen, wenn Sie eine Funktion definieren, die eine Referenz auf ein Objekt der Klasse *darray* als Argument besitzt:

```
void zeige_es(darray & ah, int lim)
{
    for (i = 0; i < lim; i++)
        cout << ah.arr[i] << "\n";
}
```

Diese Funktion gibt *lim* Array-Elemente aus, ein Element pro Zeile. Es wird nur mit der *public*-Ausgabemethode von *darray* und dem *operator[]()* gearbeitet, deshalb muß *zeige_es()* keine Element- oder *friend*-Funktion sein. Schauen Sie sich jetzt das folgende Programmfragment an:

```
darray james(4, 3.0);          // Ein darray-Objekt
grenzen_dar jarvis(5, 2.2);    // Ein grenzen_dar-Objekt
zeige_es(james,3);             // Funktioniert
zeige_es(jarvis, 10);          // Funktioniert, aber die Grenzen
                               // werden nicht überprüft
```

Die *grenzen_dar*-Klasse überprüft Array-Indizes, um festzustellen, ob sie sich innerhalb der erlaubten Grenzen befinden, aber beim letzten Funktionsaufruf wird keine Indexgrenzenüberprüfung durchgeführt, obwohl ein *grenzen_dar*-Objekt als Argument vorliegt. Damit Sie sehen, warum das so ist, wollen wir den Prozeß Schritt für Schritt durchgehen:

▶ Das formale Argument der *zeige_es()*-Funktion ist eine Referenz auf ein Objekt vom Typ *darray*.

▶ Durch die Übergabe des Argumentes *jarvis* an *zeige_es()*, wird bewirkt, daß das formale Argument *ah* (eine Referenz auf *darray*) sich auf *jarvis* ein *grenzen_dar*-Objekt bezieht.

▶ Die Verbindung von *ah* mit *jarvis* hat zur Folge, daß sich im Programm eine Referenz vom Typ *darray* befindet, die als Alias für ein Objekt vom Typ *grenzen_dar* fungiert.

▶ Standardmäßig verwendet C++ den Referenztyp nicht den Typ des Objektes, auf das verwiesen wird, um festzustellen, welche Methoden benutzt werden.

▶ Die Funktion *zeige_es()* behandelt also *ah* als *darray*-Objekt und verwendet die Funktion *darray::operator[]()* anstelle von *grenzen_dar::operator[]()* für die Indizierung.

zeige_es() überprüft den Array-Index also nicht – zum Ärger des Programmierers.

Bezieht sich eine C++-Basistyp-Referenz auf ein Objekt einer abgeleiteten Klasse, setzt C++ standardmäßig den Referenztyp als Orientierungshilfe ein, um festzustellen, welche Elementfunktionen benutzt werden sollen.

Zeiger verhalten sich ähnlich. Schauen Sie sich dazu die folgenden Anweisungen an:

```
lim_dar france;                    // lim_dar-Objekt
lim_dar italy(12, 2000, 2.0);// lim_dar-Objekt
darray * p_dar;
p_dar = &france;                   // darray-Zeiger auf ein lim_dar-Objekt
*p_dar = italy;                    // darray::operator=() wird eingesetzt
```

Da *p_dar* vom Typ *darray** ist, verwendet das Programm die *darray*-Zuweisungsdefinition und nicht die *lim_dar*-Definition, um *italy* dem Objekt **p_dar* zuzuweisen. Das Element *untere_grenze* wird deshalb nicht kopiert. Das Programm arbeitet wieder nicht mit der richtigen Operatordefinition.

Wir wollen anhand einer Reihe einfacher Klassen versuchen, dieses Problem zu lösen. In Listing 11.14 wird eine Basisklasse mit dem Namen *cd* definiert, in der sich eine einfache Beschreibung einer Compactdisk befindet. Das Listing definiert auch eine abgeleitete Klasse mit dem Namen *klassik*, in der sich zusätzliche Informationen über klassische CD's vorliegen. Die Basisklasse allokiert Speicher mit *new* und benötigt deshalb die üblichen Funktionen:

▌ Einen Destruktor zum Freigeben von Speicher.

▌ Einen speziellen Konstruktor zum Initialisieren eines Objektes mit einem anderen, wobei Daten anstelle von Adressen kopiert werden.

▌ Einen Zuweisungsoperator zum Zuweisen eines Objektes an ein anderes, wobei Daten anstelle von Adressen kopiert werden.

Auch die abgeleitete Klasse fügt mit *new* neue Elemente hinzu und ihre Definition enthält dieselben Funktionen wie die Basisklasse. Beachten Sie, daß *cd1.h* mit der *#ifndef*-Technik arbeitet, die weiter vorn besprochen wurde.

```
// cd1.h -- Klassen die CD's beschreiben

#ifndef __CD__
#define __CD__

// Basisklasse
class cd {
protected:
    char * musiker;
    char * label;
    int titel;          // Anzahl der Titel
    double spielzeit;
public:
    cd(char * s1, char * s2, int n, double x);
    cd(const cd & d);
    cd();
    ~cd();
    void report();
    cd & operator=(const cd & d);
};
```

```
// abgeleitete Klasse
class klassik : public cd {
protected:
    char * werke;        // Namen der gespielten Werke
public:
    klassik();
    klassik(char * w, char * s1, char * s2, int n, double x);
    klassik(const klassik & d);
    ~klassik();
    void report();
    klassik & operator=(const klassik & d);
};

#endif
```

Listing 11.14: cd1.h

In Listing 11.15 finden Sie die Methodendefinitionen der beiden Klassen. Das Programm ist relativ umfangreich, aber am wichtigsten ist dabei, daß jede Klasse über ihre eigene *report()*-Methode verfügt. So können Sie ganz leicht feststellen, welche Methode aufgerufen wurde. Die Konstruktoren sind so aufgebaut, wie bei den früheren Beispielen in Verbindung mit der *string*-Klasse. *new* alloziert Platz für einen String und *strcpy()* kopiert einen übergebenen String an die reservierte Speicherstelle.

```
// cd1.cpp -- Methoden für die cd-Klassen
#include <iostream.h>
#include <string.h>
#include "cd1.h"

// cd-Methoden
cd::cd (char * s1, char * s2, int n, double x)
{
    musiker = new char [strlen(s1) + 1];
    strcpy(musiker, s1);
    label = new char [strlen(s2) + 1];
    strcpy(label, s2);
    titel = n;
    spielzeit = x;
}

cd::cd ()
{
    musiker = new char [8];
    strcpy(musiker, "Unbekannt");
    label = musiker;
    titel = 0;
    spielzeit = 0.0;
}

cd::cd (const cd & d)
{
    musiker = new char [strlen(d.musiker) + 1];
    strcpy(musiker, d.musiker);
    label = new char [strlen(d.label) + 1];
    strcpy(label, d.label);
    titel = d.titel;
```

```
      spielzeit = d.spielzeit;
}

cd::~cd()
{
   delete musiker;
   delete label;
}

void cd::report()
{
   cout << "Gespielt von: " << musiker;
   cout << ": Label = " << label << "\n";
   cout << titel << " Titel, Spielzeit = ";
   cout << spielzeit << "\n\n";
}

cd & cd::operator=(const cd & d)
{
   if (this == &d)      // Falls das Objekt sich selbst zugewiesen
      return *this;     // wurde, nichts tun und es übergeben
   delete musiker;
   musiker = new char [strlen(d.musiker) + 1];
   strcpy(musiker, d.musiker);
   delete label;
   label = new char [strlen(d.label) + 1];
   strcpy(label, d.label);
   titel = d.titel;
   spielzeit = d.spielzeit;
   return *this;
}

// klassik-Methoden
klassik::klassik(char * w, char * s1, char * s2, int n, double x)
         : cd(s1, s2, n, x)
{
   werke = new char [strlen(w) + 1];
   strcpy(werke, w);
}

klassik::klassik()
{
   werke = new char [5];
   strcpy(werke, "Keines");
}

klassik::klassik (const klassik & d)
{
   werke = new char [strlen(d.werke) + 1];
    strcpy(werke, d.werke);
}

klassik::~klassik()
{
   delete werke;
}
```

```
void klassik::report()
{
    cout << "Werke: " << werke << "\n";
    cd::report();
}

klassik & klassik::operator=(const klassik & d)
{
    if (this == &d)        // Falls das Objekt sich selbst zugewiesen
        return *this;      // wurde, nichts tun und es übergeben
    delete musiker;
    musiker = new char [strlen(d.musiker) + 1];
    strcpy(musiker, d.musiker);
    delete label;
    label = new char [strlen(d.label) + 1];
    strcpy(label, d.label);
    titel = d.titel;
    spielzeit = d.spielzeit;
    delete werke;
    werke = new char [strlen(d.werke) + 1];
    strcpy(werke, d.werke);
    return *this;
}
```

Listing 11.15: cd1.cpp

Jetzt wollen wir sehen, was passiert, wenn Sie ein Objekt über einen Zeiger oder eine Referenz ansprechen. In Listing 11.16 werden zwei Objekte deklariert – eines vom Typ *cd* und eines vom Typ *klassik*. Zuerst wird mit diesen Objekten die Methode *report()* direkt aufgerufen. Dann wird mit einem Zeiger vom Typ *cd ** die Methode *report()* für jedes Objekt einzeln aufgerufen. Dieses Experiment illustriert, wie C++ mit Elementfunktionen umgeht, die mit Zeigern aufgerufen wurden. Am Schluß werden zwei Funktionen (*hubba()* und *bravo()*) eingesetzt, um *report()* indirekt für jedes Objekt aufzurufen. Der Funktion *hubba()* wird ein Objekt anhand des Wertes und *bravo()* anhand einer Referenz übergeben. Dieses Experiment zeigt, wie C++ Objekte behandelt, die von Referenzen repräsentiert werden. Vergessen Sie nicht, das Listing 11.16 zusammen mit dem Listing 11.15 zu kompilieren.

```
// benucd1.cpp -- cd-Methoden auf verschiedene Weisen aufrufen
// mit cd1.cpp kompilieren
#include <iostream.h>
#include "cd1.h"

void hubba(cd disk);
void bravo(cd & disk);

int main(void)
{
    cd c1("Beatles", "Capitol", 14, 35.5);
    klassik c2 = klassik("Klaviersonate in B Dur, Phantasie in C",
            "Alfred Brendel", "Philips", 2, 57.17);
    cd *pcd = &c1;

    cout << "Das Objekt direkt einsetzen:\n";
    c1.report();    // cd-Methode benutzen
    c2.report();    // klassik-Methode benutzen
```

```
        cout << "Objektzeiger vom Typ cd * verwenden:\n";
        pcd->report();  // cd-Methode auf cd-Objekt anwenden
        pcd = &c2;
        pcd->report();  // cd-Methode auf klassik-Objekt anwenden

        hubba(c1);
        hubba(c2);
        bravo(c1);
        bravo(c2);

        return 0;
    }

    void hubba(cd disk)
    {
        cout << "Hubba, hubba!  (Objekt anhand des Wertes übergeben)\n";
        disk.report();
    }

    void bravo(cd & disk)
    {
        cout << "Bravo!  (Objekt als Referenz übergeben)\n";
        disk.report();
    }
```

Listing 11.16: benucd1.cpp

Es folgt die Programmausgabe – beachten Sie, welche *report()*-Version aufgerufen wird, wenn Daten des *klassik*-Objektes ausgegeben werden:

```
        Das Objekt direkt einsetzen:
        Gespielt von: Beatles: Label = Capitol          cd-Objekt, cd-Methode
        14 Titel, Spielzeit = 33.5

        Werke: Klaviersonate in B Dur, Phantasie in C   klassik-Objekt,
        Gespielt von Alfred Brendel: Label = Philips     klassik-Methode
        2 Titel, Spielzeit = 57.17

        Objektzeiger vom Typ cd * verwenden:
        Gespielt von: Beatles: Label = Capitol          cd-Objekt, cd-Methode
        14 Titel, Spielzeit = 33.5
        Gespielt von Alfred Brendel: Label = Philips    klassik-Objekt, cd-Methode
        2 Titel, Spielzeit = 57.17

        Hubba, hubba! (Objekt anhand des Wertes übergeben)
        Gespielt von: Beatles: Label = Capitol          cd-Objekt, cd-Methode
        14 Titel, Spielzeit = 33.5

        Hubba, hubba! (Objekt anhand des Wertes übergeben)
        Gespielt von Alfred Brendel: Label = Philips    klassik-Objekt, cd-Methode
        2 Titel, Spielzeit = 57.17

        Bravo! (Objekt als Referenz übergeben)
        Gespielt von: Beatles: Label = Capitol          cd-Objekt, cd-Methode
        14 Titel, Spielzeit = 33.5
```

```
Bravo! (Objekt als Referenz übergeben)
Gespielt von Alfred Brendel: Label = Philips          klassik-Objekt, cd-Methode
2 Titel, Spielzeit = 57.17
```

Zeigt *pcd* auf das *klassik*-Objekt *c2*, ruft der Ausdruck *pcd->report()* die *cd*-Version von *report()* auf, da *pcd* als Zeiger auf *cd* deklariert ist. In der *bravo()*-Funktion bezieht sich *disk* dementsprechend auf das *klassik*-Objekt *c2*, der Aufruf *disk.report()* ruft wieder die *cd*-Version von *report* auf, da *disk* als Referenz auf *cd* deklariert ist.

Für die *hubba()*-Funktion gestaltet sich die Situation etwas anders. Da Argumente an diese Funktion anhand des Wertes übergeben werden, ist ihr *disk*-Parameter eine neue Variable vom Typ *cd*. Durch Übergabe eines *klassik-Objektes* an diese Funktion, wird das neue *cd-Objekt* mit den Werten von *cd* initialisiert. Da *disk* ein Objekt vom Typ *cd* ist, wird natürlich *cd::report* benutzt.

Die virtuelle Lösung

Verwendet man eine Referenz oder einen Zeiger zur Identifikation eines Objektes, kann es vorkommen, daß das Programm die falsche Elementfunktion benutzt. Das passiert, wenn der Zeiger oder die Referenz zu einem Basistyp gehört, dieser aber auf ein Objekt einer abgeleiteten Klasse zeigt. In dieser Situation benutzt das Programm die für den Basistyp definierte Klassen-Elementfunktion anstelle der äquivalenten, für den abgeleiteten Typ definierten Funktion. Im Idealfall sollte das Programm die zum Objekttyp gehörende Methode benutzen und nicht die zum Zeiger oder der Referenz gehörende. Warum macht das Programm das nicht? Der Grund besteht darin, daß dadurch das Leben für den Compiler erschwert wird. Angenommen, ein Programm ist davon abhängig, daß der Anwender mittels einer Eingabe festlegt, welcher Objekttyp mit einem Zeiger oder einer Referenz verbunden werden soll. Dadurch wird die Verbindung des Objekttyps mit einem Zeiger zu einer Laufzeitentscheidung. Das heißt, der Compiler weiß nicht im voraus, was für ein Objekttyp einem Basisklassenzeiger zugewiesen wird. Normalerweise wird die zu benutzende Version einer überladenen, in einem C++-Programm eingesetzten Funktion beim *Kompilieren* festgelegt. Das wird als *statische Bindung* bezeichnet. Wir wollen jetzt aber, daß ein Programm während der *Laufzeit* entscheidet, welche Funktion benutzt werden soll. Eine Funktion wie *bravo()* soll einmal *cd::report* benutzen und ein anderes Mal *klassik::report()*. Diese Vorgehensweise wird als *dynamische Bindung* bezeichnet.

Bis jetzt sind wir unserem Ziel noch nicht näher gekommen, aber wir wissen jetzt, wie es heißt – dynamische Bindung. (Einige von Ihnen meinen vielleicht, daß es für den Anfang reicht, dem Kind einen Namen zu geben, aber wir C++-Anhänger sind aus anderem Stoff gemacht, deshalb machen wir weiter.) Ein Programm soll also, während es abläuft, in der Lage sein, einen Funktionsnamen dynamisch mit einer bestimmten Funktionsdefinition zu verbinden. Mit der folgenden Programmanweisung

```
pcd->report();
```

soll die *cd::report()*-Methode aufgerufen werden, falls *pcd* auf ein *cd*-Objekt zeigt und die *klassik::report()*-Methode, falls *pcd* auf ein *klassik*-Objekt zeigt. Während das Programm abläuft, soll es überprüfen, auf welchen Objekttyp *pcd* zeigt und daraufhin die entsprechende Funktionsdefinition verwenden.

Obwohl die dynamische Bindung das Leben des Compilers erschwert, erleichtert C++ dem Anwender den Einsatz dieses Merkmals. Werden Elementfunktionen in einer Basisklassendefinition deklariert, muß bei Funktionen, bei denen die dynamische Bindung vorliegen soll, das C++-Schlüsselwort *virtual* benutzt werden. Dadurch wird die Methode zu einer *virtuellen Funktion*. Sie müssen eine Funktion nur in der Basisklasse als virtuell deklarieren. Definieren Sie später eine virtuelle Funktion in einer abgeleiteten Klasse neu, ist diese Funktion automatisch auch virtuell. Nur Klassen-Elementfunktionen können virtuelle Funktionen sein, reguläre und *friend*-Funktionen nicht.

 Destruktoren einer Basisklasse sollten virtuelle Funktionen sein. Löschen Sie dann ein Objekt, das durch einen Zeiger oder eine Referenz angesprochen wird, ruft das Programm zuerst den Objektdestruktor auf und nicht den Destruktor, der zum Zeiger oder der Referenz gehört.

Der Ausdruck »virtuelle Funktion« bedeutet, daß eine virtuelle Funktion als Platzhalter in einem Programm fungiert. Dieser Platzhalter wird durch eine reale Funktion ersetzt, sobald das Programm abläuft. Trifft der Compiler (eigentlich die Kombination aus Compiler und Linker) auf einen Funktionsaufruf, wird er durch Instruktionen ersetzt, die dem Programm mitteilen, an welche Programmadresse gesprungen werden muß, um diese Funktion zu finden (statische Bindung). Liegt eine virtuelle Funktion vor, sagt der Compiler dem Programm »Ja, es befindet sich hier ein Funktionsaufruf, aber immer mit der Ruhe. Ist die Zeit dafür gekommen, erfährst Du, welche Funktion benutzt werden soll« (dynamische Bindung). In Listing 11.17 wurde die *cd*-Klassendefinition so abgeändert, daß virtuelle Funktionen eingesetzt werden. Dazu muß lediglich vor die *cd*-Prototypen der Funktionen *report()* und *~cd()* das Schlüsselwort *virtual* plaziert werden.

```
// cd2.h -- benutzt eine virtuelle Funktion

#ifndef __CD__
#define __CD__

// Basisklasse
class cd {
protected:
    char * musiker;
    char * label;
    int titel;
    double spielzeit;
public:
    cd(char * s1, char * s2, int n, double x);
    cd(const cd & d);
    cd();
    virtual ~cd();                        // virtueller Destruktor
    virtual void report();                // virtuelle Methode
    cd & operator=(const cd & d);
};


// abgeleitete Klasse
class klassik : public cd {
protected:
    char * werke;
public:
```

```
    klassik();
    klassik(char * w, char * s1, char * s2, int n, double x);
     klassik(const klassik & d);
    ~klassik();
    void report();                  // jetzt ebenfalls virtuell
    klassik & operator=(const klassik & d);
};

#endif
```

Listing 11.17: cd2.h

Die einzige andere Veränderung, die noch vorgenommen werden muß, besteht darin, *cd2.h* anstelle von *cd1.h* in der Methodendatei (Listing 11.15) und in der Programmdatei (Listing 11.16) zu verwenden. Nachdem diese Änderungen vorgenommen wurden und sobald das Programm abläuft, sollten Sie die folgende Ausgabe erhalten:

```
Das Objekt direkt einsetzen:
Gespielt von: Beatles: Label = Capitol              cd::report()
14 Titel, Spielzeit = 35.5

Werke: Klaviersonate in B Dur, Phantasie in C
Gespielt von Alfred Brendel: Label = Philips        klassik::report()
2 Titel, Spielzeit = 57.17

Objektzeiger vom Typ cd * verwenden:
Gespielt von: Beatles: Label = Capitol              cd::report()
14 Titel, Spielzeit = 33.5

Werke: Klaviersonate in B Dur, Phantasie in C
Gespielt von Alfred Brendel: Label = Philips        klassik::report()
2 Titel, Spielzeit = 57.17

Hubba, hubba! (Objekt anhand des Wertes übergeben)
Gespielt von: Beatles: Label = Capitol              cd::report()
14 Titel, Spielzeit = 33.5

Hubba, hubba! (Objekt anhand des Wertes übergeben)
Gespielt von Alfred Brendel: Label = Philips        cd::report()
2 Titel, Spielzeit = 57.17

Bravo!  (Objekt als Referenz übergeben)
Gespielt von: Beatles: Label = Capitol              cd::report()
14 Titel, Spielzeit = 33.5

Bravo!  (Objekt als Referenz übergeben)
Werke: Klaviersonate in B Dur, Phantasie in C
Gespielt von Alfred Brendel: Label = Philips        klassik::report()
2 Titel, Spielzeit = 57.17
```

Jetzt ruft der Zeiger die Methode auf, die zu dem Objekt gehört, auf das gezeigt wird, und nicht die Methode, die zum Zeigertyp gehört (siehe Bild 11.6). Dementsprechend ruft die Referenz in *bravo()* die Methode auf, die zum Objekt gehört, auf das verwiesen wird, und nicht die Methode, die zum Referenz-Variablentyp gehört. Das ist dynamische Bindung.

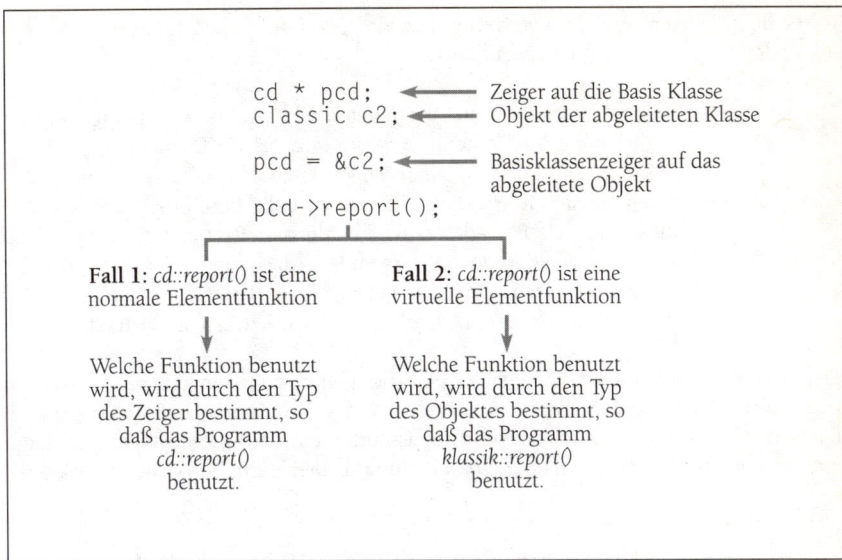

Bild 11.6: Normale Elementfunktionen kontra virtuelle Elementfunktionen

Beachten Sie jedoch, daß die *hubba()*-Funktion immer noch mit der Basisklassenmethode arbeitet, sollte ein Argument einer abgeleiteten Klasse vorliegen. Das liegt daran, daß durch das Übergeben eines Argumentes anhand des Wertes ein neues Objekt erzeugt wird. *disk* in *hubba()* ist also wirklich ein *cd*-Objekt. Für die *hubba()*-Funktion gibt es keine Möglichkeit, auf das originale *klassik*-Objekt zuzugreifen, also kann auch die *klassik*-Methode nicht angewandt werden. Da beim Übergeben eines Objektes anhand des Wertes Informationen über den übergebenen Argumenttyp verloren gehen können, sollte diese Übergabemethode möglichst vermieden werden.

 Wird ein Objekt als Argument an eine Funktion übergeben, sollten Sie eine Referenz oder einen Zeiger als Argumenttyp verwenden, damit das Objekt nicht anhand seines Wertes übergeben wird. Dadurch können Methodenaufrufe in der Funktion virtuelle Elementfunktionen benutzen.

Durch die dynamische Bindung wird die C++-Funktionspolymorphie erweitert, da ein Programm die am besten geeignete Funktionsdefinition während der Laufzeit auswählen kann. Einen Teil der Arbeit übernimmt die Funktionsüberladung. Rufen in Ihren Programmen Objekte nur ihre eigenen Methoden direkt auf, ist die Überladung ausreichend. Liegt jedoch eine Basisklasse und eine oder mehrere abgeleitete Klassen vor und Sie möchten mit Hilfe von Zeigern oder Referenzen Objekte sowohl aus der Basisklasse als auch aus den abgeleiteten Klassen bearbeiten, benötigen Sie virtuelle Funktionen und die dynamische Bindung.

Jetzt, da Sie wissen, wie die Vererbung und virtuelle Funktionen funktionieren, können Sie die folgenden Regeln erst richtig anwenden:

- ▸ Sollen Klassenelemente abgeleiteten Klassen zur Verfügung stehen, machen Sie daraus *protected*-Elemente anstelle von *private*-Elementen.
- ▸ Soll eine Funktion in einer abgeleiteten Klasse neu definiert werden, deklarieren Sie sie in der Basisklasse als virtuelle Funktion. Dadurch ist es Objekten, auf die mittels Basisklassenzeiger oder per Referenz zugegriffen wird, möglich, die Klassenmethoden zu verwenden, die zum Objekttyp passen, anstelle der Klassenmethoden, die zum Zeiger- oder Referenztyp passen.
- ▸ Deklarieren Sie den Destruktor der Basisklasse als virtuelle Funktion.

Damit ist das Thema über die einfache Vererbung abgeschlossen. Als nächstes erfahren Sie, wie man zwei oder mehr Klassen zu einer neuen Klasse zusammenfassen kann. Wie Sie sich vielleicht denken können, ist das ein sehr umfassendes Thema, und Sie sollten sich eine Kleinigkeit zu essen holen, etwas trinken oder einen Zeitungsartikel lesen, bevor Sie weiterlesen.

11.5 Klassen, deren Elemente Klassen sind

Unter Umständen benötigen Sie einen Datentyp, der die Fähigkeiten von zwei anderen Klassen in sich vereint. C++ kennt zwei Möglichkeiten, Klassen zu kombinieren. Eine besteht darin, eine oder mehrere Klassen als Elemente in einer anderen Klasse unterzubringen. Dazu erfahren Sie gleich mehr. Die andere Möglichkeit besteht darin, mit der Mehrfachvererbung zu arbeiten, wobei eine Klasse von mehr als einer Basisklasse abstammt. Mehr zu diesem Thema am Schluß dieses Kapitels.

Bei beiden Klassenkombinationsmöglichkeiten müssen mindestens zwei Klassen zum Kombinieren vorhanden sein. Die *darray*-Klasse kann eine dieser Klassen sein und als zweite entwickeln wir einfach eine neue. Die Klasse *person* beinhaltet den Vor- und Nachnamen einer Person und kann dies auch ausgeben. In Listing 11.18 finden Sie die Klassendefinition.

```
// person.h -- eine Klasse für den Namen einer Person
#ifndef __PERSON__
#define __PERSON__

#include <iostream.h>

class person
{
protected:
    char * vname;
    char * nname;
public:
    person();
    person(const char * sf, const char * sl);
    person(const person & p);
    virtual ~person();
    char * vor();        // übergibt Vorname
    char * nach();       // übergibt nachname
    void nachvor();      // zeigt Nachnamen, Vornamen an
```

```
// überladene Operatoren
   virtual person & operator=(const person & p);
   friend ostream & operator<<(ostream & os,
                                    const person & p);
};

#endif
```

Listing 11.18: person.h

Der Konstruktor arbeitet mit *new*, deshalb müssen in der Klassendefinition wieder die üblichen Destruktoren, Konstruktoren und Zuweisungsoperatormethoden untergebracht werden. Außerdem finden Sie einige Methoden, um unterschiedlich auf die Namen zugreifen zu können. Da in einem späteren Beispiel *person* als Basisklasse dient, wurde der Destruktor als *virtual* deklariert. Auch die neue *operator=()*-Funktion ist eine virtuelle Funktion, weil sie später in einer abgeleiteten Klasse neu definiert wird. In Listing 11.19 sehen Sie die *person*-Klassenmethoden.

```
// person.cpp -- person-Klassenmethoden

#include <iostream.h>
#include <string.h>
#include "person.h"

person::person()
{
    vname = NULL;
    nname = NULL;
}

person::person(const char * sf, const char * sl)
{
    vname = new char [strlen(sf) + 1];
    strcpy(vname, sf);
    nname = new char [strlen(sl) + 1];
    strcpy(nname, sl);
}

person::person(const person & p)
{
    vname = new char [strlen(p.vname) + 1];
    strcpy(vname, p.vname);
    nname = new char [strlen(p.nname) + 1];
    strcpy(nname, p.nname);
}

person::~person()
{
    delete vname;
    delete nname;
}

char * person::vor()
{
    return vname;
}
```

```
char * person::nach()
{
    return nname;
}

void person::nachvor()
{
    cout << nname << ", " << vname;
}

person & person::operator=(const person & p)
{
    if (this == &p)      // Falls das Objekt sich selbst zugewiesen
        return *this;    // wurde, nichts tun und es übergeben
    delete vname;
    delete nname;
    vname = new char [strlen(p.vname) + 1];
    strcpy(vname, p.vname);
    nname = new char [strlen(p.nname) + 1];
    strcpy(nname, p.nname);
    return *this;
}

ostream & operator<<(ostream & os, const person & p)
{
    os << p.vname << " " << p.nname;
    return os;
}
```

Listing 11.19: person.cpp

Klassen als Elemente

Jetzt können wir eine Klasse mit einigen Elementen erstellen, die selber Objekte sind. Die Klasse *verkaufber*, deren Definition Sie in Listing 11.20 finden, verfügt über drei Elemente. Das erste Element ist vom Typ *int*, das einen Verkaufsbezirk kennzeichnet. Das zweite ist ein *person*-Objekt, das einen Vertreter repräsentiert. Das dritte ist ein *darray*-Objekt, das die Verkaufszahlen angibt. Elementklassen werden genauso deklariert wie jeder andere Typ. Bei den Klassen *person* und *darray* handelt es sich ja um anwenderdefinierte Typen. In der Definition liegen drei Konstruktoren vor. Einer ist der Standardkonstruktor und der zweite versieht ein *verkaufber*-Objekt mit einem Bezirk, einem individuellen Namen, einer Array-Größe und einem Initialisationswert für die Array-Elemente. Mit Hilfe des dritten Konstruktors ist es möglich, bei der Initialisation ein *person*-Objekt und ein *darray*-Objekt einzusetzen. Sie können sich sicherlich noch mehr Konstruktoren vorstellen, die die Klasse flexibler machen. Aber dadurch würde das Beispiel nur unnötig kompliziert, und so wollen wir es bei drei belassen.

```
// verkber.h -- Klasse mit zwei Elementklassen

#ifndef __SALESREP__
#define __SALESREP__
#include <iostream.h>
#include "person.h"
#include "darray.h"
```

```
class verkaufber
{
protected:
    int bezirk;              // Bezirk
    person vertreter;        // ein person-Klassenelement
    darray umsatz;           // ein darray-Klassenelement
public:
    verkaufber();
    verkaufber(int reg, const char * str1, const char *str2,
        unsigned groesse, double val = 0.0);
    verkaufber(int reg, const person & rep, const darray & sls);
    ~verkaufber();
// Operator
    friend ostream & operator<<(ostream & os,
                                const verkaufber & sr);
};

#endif
```

Listing 11.20: verkber.h

Elementklasseninitialisation für Klassen mit Objektelementen

Bis jetzt hat sich das Verwenden von Klassen als Elemente noch nicht so sehr vom Einsatz von eingebauten Typen unterschieden. Der Initialisationsprozeß in den Konstruktordefinitionen gestaltet sich jedoch bei Elementklassen etwas schwieriger. Zur Erzeugung eines *verkaufber*-Objektes wird ein *verkaufber*-Konstruktor benötigt. Die Elemente *vertreter* und *umsatz* sind auch Objekte und benötigen deshalb ihre eigenen Konstruktoren. In C++ werden die Konstruktoren für die Elementklassen zuerst aufgerufen. Das ist sinnvoll, da das Programm diese Objekte erzeugen muß, bevor sie in einem *verkaufber*-Objekt untergebracht werden können. Jetzt folgt der schwierige Teil: Obwohl die Elementkonstruktoren zuerst aufgerufen werden müssen, befinden sich die Argumente im *verkaufber*-Konstruktor. Sie benötigen also wie bei der Vererbung einen Mechanismus, mit dem Argumente von einem Konstruktor an einen anderen übergeben werden können. Dies geschieht wieder in den Elementfunktionsdefinitionen. Schauen Sie sich dazu den folgenden Konstruktorprototyp an:

```
verkaufber(int reg, char * str1, const char *str2,
    unsigned groesse, double val = 0.0);
```

Der Konstruktor muß die beiden Stringargumente an den Konstruktor *person* weiterleiten und die letzten beiden Argumente an den *darray*-Konstruktor. Er macht folgendes:

```
verkaufber::verkaufber(int reg, const char * str1, const char
*str2, unsigned groesse, double val) : vertreter(str1, str2),
umsatz(groesse, val)
{
    bezirk = reg;
}
```

Der Teil, der auf den einzelnen Doppelpunkt folgt, ist eine *Initialisationsliste*. Wie Sie sehen, können Sie mit einer durch Kommata separierten Liste mehr als ein Element initialisieren. Der Ausdruck *vertreter(str1, str2)* bedeutet, daß das Element *vertreter* mit den Werten *str1* und *str2* initialisiert wird. Da das Element *vertreter* ein *person*-Objekt ist, benutzt der Compiler den entsprechenden *person*-Konstruktor für die Initialisation. Dementsprechend wird der *darray*-Konstruktor zum Initialisieren des Objektes *umsatz* eingesetzt.

Sie können in der Initialisationsliste jedes Element aufführen, nicht nur anwenderdefinierte Elemente. Sie müssen dazu lediglich den Elementnamen vor den Initialisationswert, der in runden Klammern steht, setzen. Es folgt eine Möglichkeit zur Implementation des dritten Konstruktors:

```
verkaufber::verkaufber(int reg, const person & rep,
        const darray & sls)
    : bezirk(reg), vertreter(rep), umsatz(sls)
{
}
```

Dadurch wird jedes der drei Elemente (*bezirk*, *vertreter* und *umsatz*) mit dem entsprechenden Wert initialisiert, und der Funktionsrumpf bleibt arbeitslos.

Initialisation und Zuweisungen in Konstruktoren

Wir wollen uns nun den Initialisationsprozeß für Konstruktoren näher betrachten. Im allgemeinen besteht ein Konstruktor aus zwei Teilen: einem Initialisationsbereich und einem Zuweisungsbereich. Der Initialisationsbereich befindet sich zwischen einem Doppelpunkt hinter dem Konstruktornamen und vor der öffnenden geschweiften Klammer der Funktionsdefinition. Der Initialisationsteil besteht aus einer durch Kommata separierten Liste. Der Zuweisungsteil besteht aus Anweisungen zwischen den öffnenden und schließenden geschweiften Klammern der Funktionsdefinition (siehe Bild 11.7). Sie können nach Belieben einen der beiden Teile weglassen.

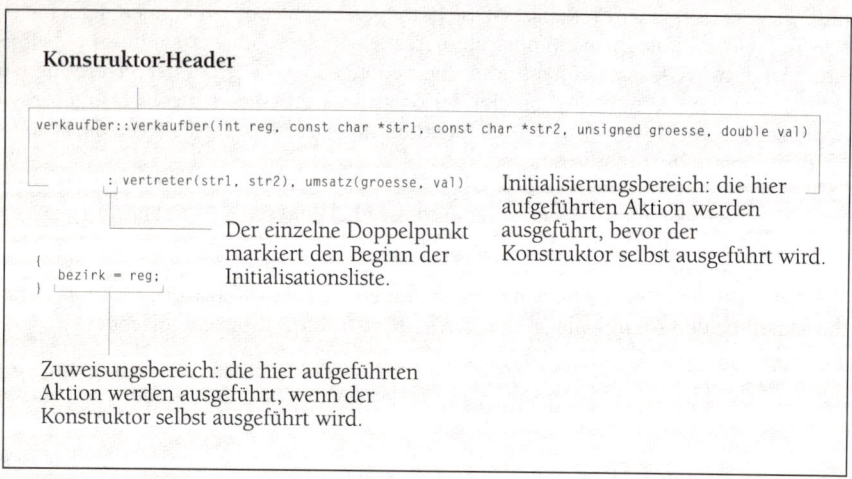

Bild 11.7: Initialisierungs- und Anweisungsbereich eines Konstruktors

Der Hauptunterschied zwischen den beiden Teilen besteht darin, daß Operationen im Initialisationsbereich ausgeführt werden, *bevor* der Rumpf oder Zuweisungsteil des Konstruktors ausgeführt wird. Manchmal ist dieser Unterschied nicht von Bedeutung. In einem unserer Beispiele wurde beispielsweise das *bezirk*-Element im Zuweisungsteil initialisiert, und in einem anderen wurde es im Initialisationsteil initialisiert. Aber einige Aufgaben können lediglich in der Initialisationsliste ausgeführt werden:

▶ Jedes Klassenelement, das selbst wiederum ein Klassenobjekt ist, dessen Konstruktor Argumente benötigt, muß im Initialisationsteil initialisiert werden.

▶ Übergibt eine abgeleitete Klasse Argumente an einen Basisklassenkonstruktor, sollte das im Initialisationsteil stattfinden. Der Basisklassenkonstruktor wird nämlich vor dem Konstruktor der abgeleiteten Klasse aufgerufen.

▶ Jedes Klassenelement, das entweder ein *const* oder eine Referenz ist, kann nur im Initialisationsteil initialisiert werden.

Verfügt eine Elementklasse über einen Standardkonstruktor, ruft ein C++-Programm diesen Konstruktor automatisch auf, wenn Sie keinen Konstruktor im Initialisationsteil angeben. Das macht nichts, wenn keine Initialisationswerte angegeben werden müssen. Aber machen Sie folgendes nicht:

```
verkaufber::verkaufber(int reg, const person & rep,
        const darray & sls)
{
    bezirk = reg;              // Gut
    person vertreter(rep);     // Schlecht
    darray umsatz(sls);        // Auch schlecht
}
```

Durch diese Anweisungen wird das Programm veranlaßt, die Standardkonstruktoren für die Objekte *person* und *darray* während der Initialisation aufzurufen und die Konstruktoren, die mit einem Objekt initialisieren, während der Zuweisungsphase. Bei der originalen Version werden die Konstruktoren, die mit einem Objekt initialisieren, direkt während der Initialisationsphase aufgerufen. Die obige Version, bei der *vertreter* und *umsatz* zweimal initialisiert werden, ist also nicht so effektiv.

Die Vervollständigung der Klassendefinition

Jetzt können wir die Definition der *verkaufber*-Klasse durch Definition der Klassenmethoden vervollständigen. In Listing 11.21 sehen Sie das Ergebnis. Beachten Sie, daß Sie die Zuweisung nicht neu definieren müssen. Definieren Sie keinen Zuweisungsoperator, benutzt ein C++-Programm, wie Sie sicher noch wissen, die Standardversion der Zuweisung, bei der jedes Element des Zielobjektes eine exakte Kopie des Originalobjektes ist. Ist jedoch ein bestimmtes Element selbst ein Objekt und das ist neu, überprüft C++, ob Sie eine Zuweisung für diese Objektklasse definiert haben. Ist das der Fall, verwendet das Programm die Klassenzuweisungsmethode für dieses spezielle Element. Ist das nicht der Fall, benutzt das Programm für dieses Element die Standardzuweisung. In der *verkaufber*-Klasse wurde die Zuweisung nicht definiert, deshalb kopiert das Programm einfach ein *bezirk*-Element in das andere. Aber in den Klassen *darray* und *person* wurden die Zuweisungsoperatoren definiert. Das Programm wendet deshalb diese Methoden an, um die Elemente *vertreter* und *umsatz* zu bearbeiten (siehe Bild 11.8).

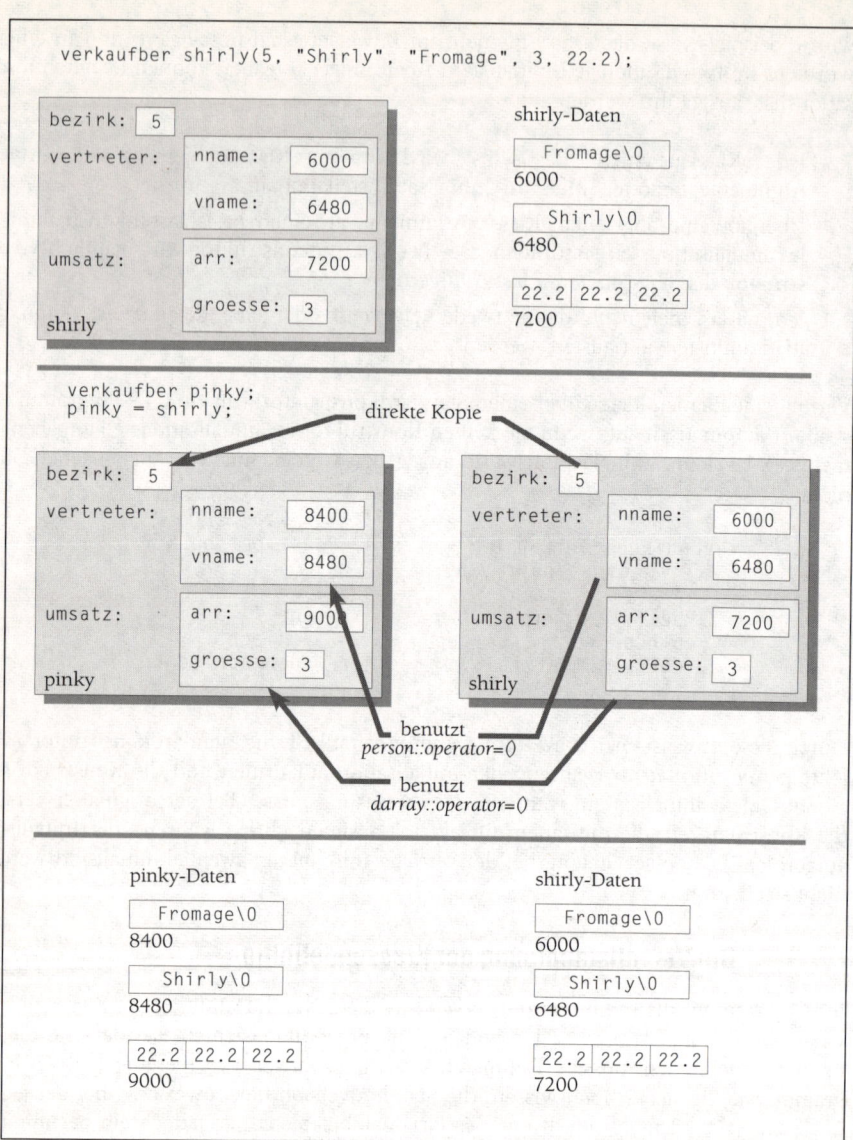

Bild 11.8: Zuweisungsoperation in der verkaufber-Klasse

```
// verkber.cpp -- Klassenmethoden
#include "verkber.h"

verkaufber::verkaufber()
{
    bezirk = 0;
}
```

```
verkaufber::verkaufber(int reg, const char * str1,
                       const char *str2, unsigned groesse,
                       double val)
        : vertreter(str1, str2), umsatz(groesse, val)
{
    bezirk = reg;
}

verkaufber::verkaufber(int reg, const person & rep,
                       const darray & sls)
        : bezirk(reg), vertreter(rep), umsatz(sls)
{
}

verkaufber::~verkaufber()
{
}

ostream & operator<<(ostream & os, const verkaufber & sr)
{
    os << "Region " << sr.bezirk << ": "
       << sr.vertreter << "\n" << sr.umsatz;
    return os;
}
```

Listing 11.21: verkber.cpp

In Listing 11.22 finden Sie einen kurzen Test für die neue Klasse. Es werden die nicht standardmäßigen Initialisatoren und der überladene <<-Operator eingesetzt. Da die Klassen *darray*, *person* und *verkaufber* vorkommen, sollten Sie die drei Dateien *darray.cpp*, *person.cpp* und *verkber.cpp* zusammen mit *zweiin1.cpp* kompilieren.

```
// zweiin1.cpp -- Klasse mit Elementklassen benutzen
// benutzt darray.cpp und person.cpp
#include <iostream.h>
#include "verkber.h"
int main(void)
{
    person perkie("Perkie", "Plonk");
    darray kaffee(5, 120.0);
    verkaufber plonk(4, perkie, kaffee);
    verkaufber brock(2, "Boomer", "Brock", 4, 30.0);

    cout << plonk;
    cout << brock;
    cout << "plonk brock zuweisen und brock ausgeben:\n";
    brock = plonk;
    cout << brock;

    return 0;
}
```

Listing 11.22: zweiin1.cpp

Es folgt die Programmausgabe:

```
Region 4: Perkie Plonk
120 120 120 120 120
Region 2: Boomer Brock
30 30 30 30
plonk brock zuweisen und brock ausgeben:
Region 4: Perkie Plonk
120 120 120 120 120
```

Die Nachteile der Elementklassen

Wie Sie gesehen haben, können Sie Elementklassen genauso einsetzen wie ein Element eines Grundtyps. Es kann aber leider zu Problemen kommen, wenn Sie die Methoden der Element-klassen anwenden wollen. Angenommen, Sie wollen auf das erste Namenselement des Objekt-elements *vertreter* des Objektes *plonk* zugreifen. Können Sie dann die Funktion *vor()* aus der *person*-Klasse einsetzen? Nein, das geht nicht. Schauen Sie sich einmal die folgende Anweisung an:

```
cout << plonk.vertreter.vor();
```

Sicherlich, *plonk.vertreter* ist ein *person*-Objekt und somit berechtigt, die Methode *person::vor()* zu benutzen. Aber *plonk.vertreter* ist ein *protected*-Element der *verkaufber*-Klasse und kann somit nicht öffentlich eingesetzt werden. Sie können nur den Identifizierer *plonk* einsetzen. Mit *verkaufber*-Methoden können Sie auf *plonk*-Elemente zugreifen, und die *plonk*-Elementfunktio-nen können mit *person*-Methoden auf *person*-Elemente zugreifen. (Der überladene <<-Operator zum Beispiel macht das.) Aber es ist nicht möglich, die *person*-Methoden direkt einzusetzen, wenn das *vertreter*-Element *protected* und nicht *public* ist. Datenelemente allgemein zugänglich zu machen, widerspricht jedoch der OOP-Philosophie. Soll das *person*-Element *protected* bleiben und Sie möchten trotzdem mit den *person*-Methoden arbeiten, müssen Sie für jede *person*-Metho-de, auf die Sie zugreifen wollen, eine *verkaufber*-Methode erstellen. Damit Sie zum Beispiel auf die *vor()*-Methode zugreifen können, müssen Sie wie folgt vorgehen:

```
char *verkaufber::vor()
{
    return vertreter.vor();
}
```

Beim Einsatz von *plonk.vor()* (einer *verkaufber*-Methode) wird *plonk.vertreter.vor()* (eine *person*-Methode) aufgerufen. Die Mehrfachvererbung bietet für derartige Probleme eine bessere Lösung an. Damit wollen wir uns im nächsten Abschnitt beschäftigen.

11.6 Mehrfachvererbung

Mehrfachvererbung bedeutet, daß eine Klasse von mehr als einer Basisklasse abgeleitet wird. Bei der Mehrfachvererbung übernimmt die Klasse alle Datenelemente und alle Klassenmethoden aller Basisklassen. Ein Objekt der neuen Klasse kann also direkt auf die Basisklassenmethoden zugreifen, anders als eine Klasse mit Objektelementen. Bei der Mehrfachvererbung kann die abgeleitete Klasse alle Vorteile der anderen Klassen in sich vereinen, genauso wie Rin Tin Tin den guten Geruchssinn von seinen Vorgängern geerbt hat. C++ kennt die Mehrfachvererbung seit Erscheinen der Version 2.0, Sie brauchen also mindestens diese Version oder eine neuere. Wir wollen uns den Prozeß genau anschauen. Die *verkaufber*-Klasse hat ausgedient, und wir wollen uns Erziehungsfragen widmen und eine Klasse zur Überwachung von Studenten und ihren Kursen entwickeln. In Listing 11.23 finden Sie eine *student*-Klassendefinition, die von den Klassen *person* und *darray* erbt und in der sich außerdem ein neues Element zur Repräsentation eines Kursnamens befindet.

```
// student.h -- Mehrfachvererbung

#ifndef __STUDENT__
#define __STUDENT__
#include <iostream.h>
#include "person.h"
#include "darray.h"

// erbt von der person-Klasse und von der darray-Klasse
class student : public person, public darray
{
protected:
    char * kurs;
public:
    student();
    student(const char * cl, const char * str1, const char *str2,
        unsigned groesse, double val = 0.0);
    student(const char * cl, const person & s,
            const darray & qs);
     student(const student & st);
    ~student();
// Operatoren
    student operator=(const student & st);
    friend ostream & operator<<(ostream & os,
                          const student & st);

};

#endif
```

Listing 11.23: student.h

Um zu kennzeichnen, welche Klassen Basisklassen sind, führen Sie die betreffenden Klassen einfach hinter dem Doppelpunkt, der auf den Klassennamen folgt, auf:

```
class student : public person, public darray
{
    ...
}
```

Dadurch erhält die Klasse *student* die Elemente *vname* und *nname* von der *person*-Klasse und die Elemente *arr* und *groesse* von der *darray*-Klasse. Dazu wird das Element *kurs* hinzugefügt, das einen Kursnamen repräsentiert.

Bei der Mehrfachvererbung wird aus jedem Element der Basisklassen ein Element der abgeleiteten Klasse. Das ist bei Elementklassen anders. Diese Methode resultiert, wie Sie gesehen haben, darin, daß jedes Element der Basisklasse zu einem Element des Elements der abgeleiteten Klasse wird. Die Basisklassenelemente sind – kurz gesagt – in ein Element eingeschlossen, das selbst eine Klasse ist (siehe Bild 11.9).

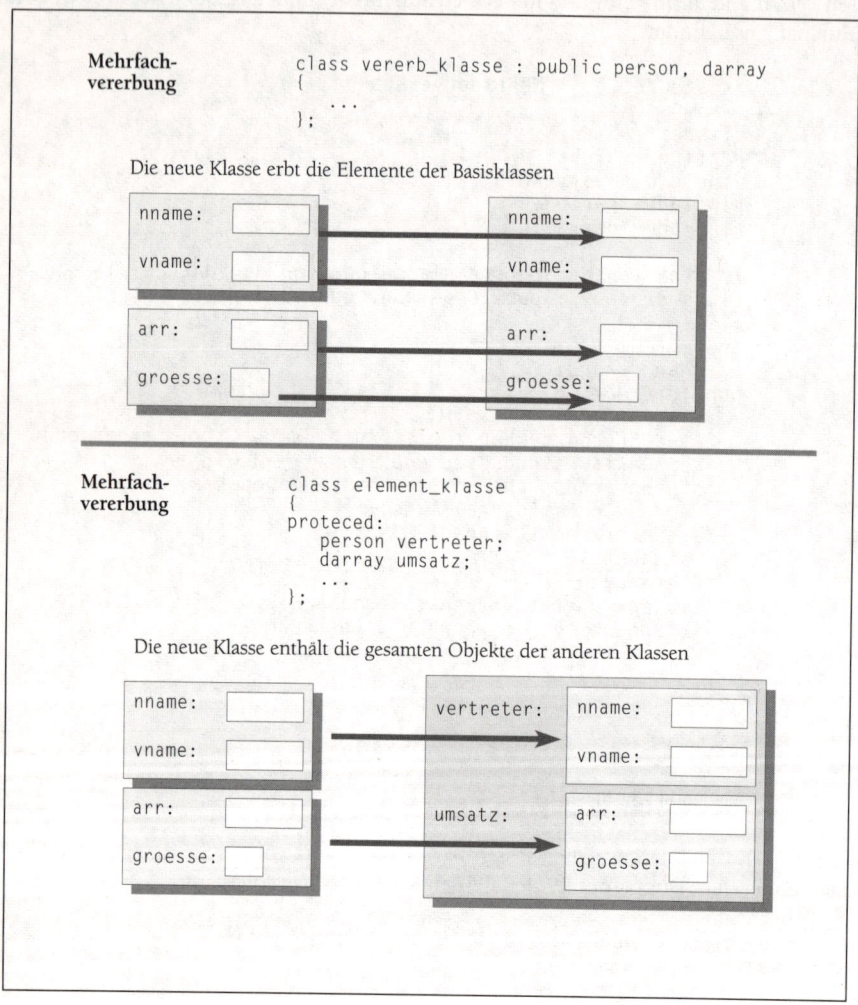

Bild 11.9: Mehrfachvererbung kontra Elementklassen

Wie bei der Vererbung so üblich, müssen Sie Konstruktoren zur Verfügung stellen. Außerdem müssen Sie – auch wie üblich – Funktionen zur Manipulation des *kurs*-Elements definieren, das Speicher benutzt, der von *new* allokiert wurde. In Listing 11.24 finden Sie die Klassenmethoden.

```
// student.cpp -- student-Klassenmethoden

#include <iostream.h>
#include <string.h>
#include "student.h"

student::student()
{
    kurs = NULL;
}

// Argumente an die person-, darray-Konstruktoren weiterleiten
student::student(const char * cl, const char * str1,
                const char *str2, unsigned groesse, double val) :
person(str1, str2), darray(groesse, val)
{
    kurs = new char[strlen(cl) + 1];
    strcpy(kurs, cl);
}

// Argumente an die person-, darray-Konstruktoren weiterleiten
student::student(const char * cl, const person & s,
          const darray & qs) : person(s), darray(qs)
{
    kurs = new char[strlen(cl) + 1];
    strcpy(kurs, cl);
}

student::student(const student & st)
{
    kurs = new char[strlen(st.kurs) + 1];
    strcpy(kurs, st.kurs);
}

student::~student()
{
    delete kurs;
}

student student::operator=(const student & st)
{
    if (this == &st)     // Falls das Objekt sich selbst zugewiesen
        return *this;    // wurde, nichts tun und es übergeben
    delete kurs;
    kurs = new char[strlen(st.kurs) + 1];
    strcpy(kurs, st.kurs);

    delete vname;
    vname = new char[strlen(st.vname) + 1];
    strcpy(vname, st.vname);

    delete nname;
    nname = new char[strlen(st.nname) + 1];
    strcpy(nname, st.nname);

    groesse = st.groesse;

    delete arr;
    arr = new double[groesse];
```

```
        for (int i = 0; i < groesse; i++)
            arr[i] = st.arr[i];

        return *this;

    }

    ostream & operator<<(ostream & os, const student & st)
    {
        os << "Kurs: " << st.kurs << "\n";
        os << "Student: " << st.vname << " " << st.nname << "\n";
        os << "Prüfungsergebnisse:\n";
        os << darray(st);          // use darray::operator<<()
        return os;
    }
```

Listing 11.24: student.cpp

Der Prozeß läuft weitestgehend wie bei der einfachen Vererbung ab, außer daß Sie Informationen an Konstruktoren von zwei Basisklassen übergeben müssen:

```
    student::student(const char * cl, const person & s,
        const darray & qs) : person(s), darray(qs)
    {
        kurs = new char[strlen(cl) +1];
        strcpy(kurs, cl);
    }
```

Wie bei der einfachen Vererbung werden im Initialisationsbereich und nicht im Zuweisungsbereich Argumente an die Basiskonstruktoren übergeben. Bei der Mehrfachvererbung wird für die Namen der Basiskonstruktoren im Initialisationsteil der *Konstruktorname* eingesetzt, bei Elementobjekten jedoch – wie in Listing 11.21 – wird der *Elementobjektname* in diesem Bereich benötigt.

In Listing 11.25 finden Sie ein kurzes Programm, das mit der neuen Klasse arbeitet. Alle drei Klassen (*student*, *person*, *darray*) verfügen über den überladenen <<-Operator und das Programm zeigt, wie die drei kombiniert werden können. In diesem Programm kommen *darray.cpp*, *person.cpp*, *verkber.cpp* und *mehrver.cpp* vor, deshalb müssen Sie alle vier Dateien kompilieren.

```
    // mehrver.cpp -- Mehrfachvererbung benutzen
    // Programm benutzt darray.cpp und person.cpp
    #include <iostream.h>
    #include "student.h"

    int main(void)
    {
        student dorp("KI-Programmierung", "Dweebie", "Dorp", 5);

    // operator[]() von der darray-Klasse benutzen
        for (int i = 0; i < 5; i++)
            dorp[i] = 15 + i % 3;

    // vor() von der person-Klasse benutzen
        cout <<"Mal sehen, was " << dorp.vor() << " macht.\n";
```

```
// 3 Versionen von operator<<() benutzen
   cout << "student-Version:\n" << dorp;
   cout << "person-Version: " << person(dorp) << "\n";
   cout << "darray-Version: "<< darray(dorp);

   cout << "Haben Sie heute schon an die KI gedacht? Tschüss.\n";

   return 0;
}
```

Listing 11.25: mehrver.cpp

Es folgt die Programmausgabe:

```
Mal sehen, was Dweebie macht.
student-Version:
Kurs: KI-Programmierung
Student: Dweebie Dorp
Prüfungsergebnisse:
15 16 17 15 16
person-Version: Dweebie Dorp
darray-Version: 15 16 17 15 16
Haben Sie heute schon an die KI gedacht? Tschüss.
```

Programmhinweise

Da *student* von zwei Klassen erbt, können die Methoden von beiden Klassen eingesetzt werden. Die *for*-Schleife beispielsweise greift mit dem Indexoperator aus der *darray*-Klasse auf Elemente im Objekt *dorp* zu. Eine der Ausgabeanweisungen verwendet *vor()* aus der *person*-Klasse.

Die Situation wird komplizierter, wenn von einer Methode mehrere Versionen vorliegen. Alle drei Klassen überladen zum Beispiel den <<-Operator, um die Ausgabe zu bearbeiten. Wie üblich, setzt C++ die Funktionssignatur ein, um Zweideutigkeiten auszuschließen. Ein Argument vom Typ *student* ruft die *friend*-Funktion auf, die mit den *student*-Methoden definiert wurde:

```
Kurs: KI Programmierung
Student: Dweebie Dorp
Prüfungsergebnisse:
15 16 17 15 16
```

Mit Hilfe von Typumwandlungen können Sie den Objekttyp konvertieren und so andere Versionen des <<-Operators aufrufen. Schauen Sie sich dazu die beiden folgenden Zeilen an:

```
cout << "person-Version: " << person(dorp) << "\n";
cout << "darray-Version: " << darray(dorp) << "\n";
```

In der ersten dieser beiden Zeilen wird *dorp* in ein *person*-Objekt konvertiert und so bewirkt, daß der *person*-Ausgabeoperator eingesetzt wird. In der zweiten Zeile wird *dorp* in ein *darray*-Objekt umgewandelt. Deshalb wird die *darray*-Ausgabemethode angewandt. (Sie wissen ja, daß ein abgeleiteter Typ immer in einen Basistyp umgewandelt werden kann, obwohl dadurch unter Umständen nicht mehr auf alle Daten uneingeschränkt zugegriffen werden kann.)

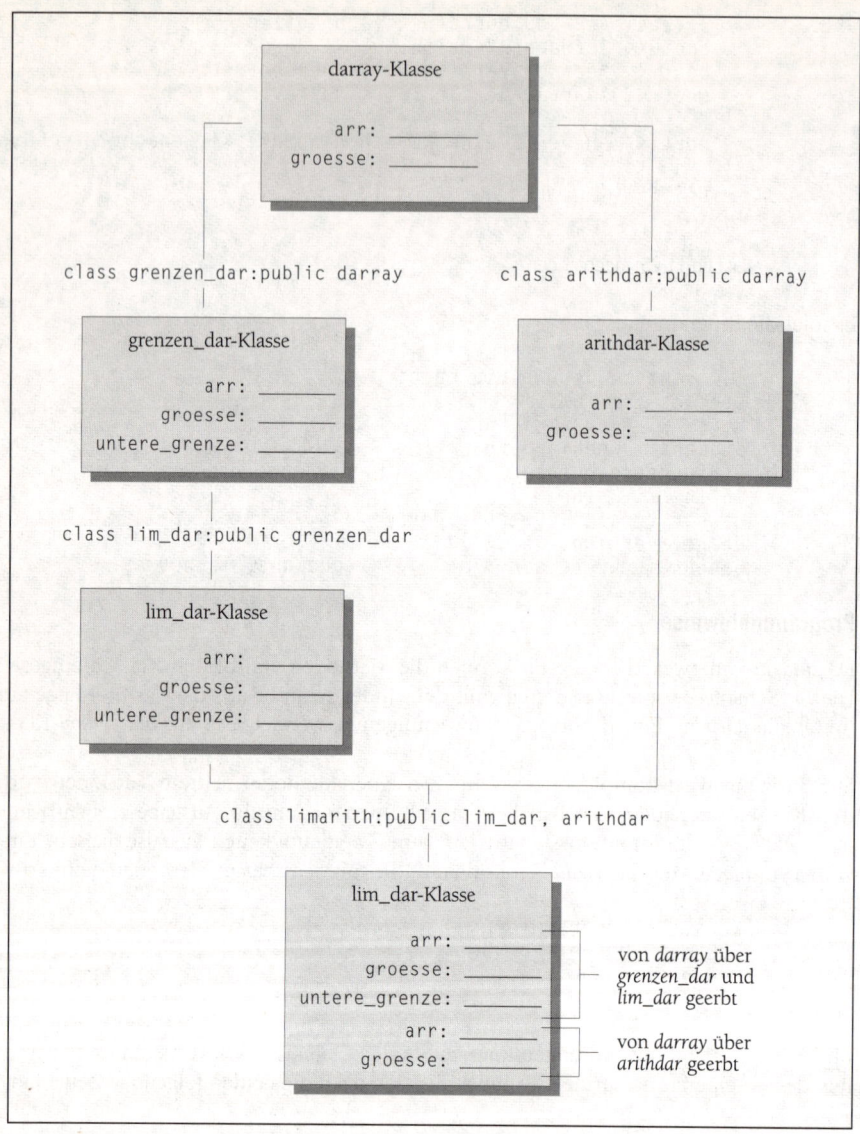

Bild 11.10: Mehrfachvererbung von demselben Vorgänger

Eine Frage: Was passiert, falls sich in jeder Basisklasse eine Elementfunktion mit demselben Namen befindet? Angenommen, in der *darray*-Klasse befindet sich eine *vor()*-Elementfunktion, die das erste Element eines Arrays übergibt. In der *person*-Klasse liegt bereits eine *vor()*-Funktion vor. Was geschieht, wenn Sie versuchen, *vor()* wie folgt aufzurufen?

```
cout << dorp.vor();
```

Wird dadurch das erste Element des Arrays oder der Vorname des Studenten ausgegeben? Weder noch. Der Compiler wird sich nämlich über eine Zweideutigkeit beschweren. Ist das der Fall, können Sie mit dem Gültigkeitsbereichoperator kennzeichnen, welche Methode eingesetzt werden soll:

```
cout << dorp.person::vor();    // Vornamen ausgeben
cout << dorp.darray::vor();    // Das erste Array-Element ausgeben
```

11.7 Mehrfachvererbung mit einem gemeinsamen Vorläufer

Die *student*-Klasse basiert auf zwei Klassen – *darray* und *person* –, die nichts miteinander zu tun haben. Sie können aber mit weitaus komplizierteren Vererbungsschemata arbeiten, indem Sie zum Beispiel Basisklassen nehmen, die einen gemeinsamen Ahnherren haben. Wie so oft im Zusammenhang mit Klassen gibt es durch höhere Komplexität auch mehr Schwierigkeiten. In diesem Fall funktioniert der standardmäßige Mehrfachvererbungsmechanismus nicht immer korrekt, wenn beide Klassen über einen gemeinsamen Vorgänger verfügen. Angenommen, Sie möchten mit einer Klasse arbeiten, die über die Fähigkeiten der *lim_dar*-Klasse und die arithmetischen Methoden der *arithdar*-Klasse verfügt. Sie können dann die Mehrfachvererbung wie folgt einsetzen:

```
class limarith: public lim_dar, public arithdar
{
    ...
```

Die Klasse *limarith* übernimmt so die arithmetischen Methoden von *arithdar* und die Indexüberprüfungsfunktionen mit der Möglichkeit, eine untere Indexgrenze anzugeben, von *lim_dar*. Das ist gut. Das Problem besteht jedoch darin, daß beide Basisklassen von der *darray*-Klasse abstammen, die somit über zwei verschiedene Wege ererbt wird. Das bedeutet, ein *limarith*-Objekt übernimmt zwei vollständige Sätze der *darray*-Elemente, verfügt also über zwei *arr*- und zwei *groesse*-Elemente (siehe Bild 11.10). Da durch die Erzeugung eines Objektes Konstruktoren für alle Vorgängerklassen aufgerufen werden, wird beim Erzeugen eines einzelnen *limarith*-Objektes der entsprechende *darray*-Konstruktor zweimal aufgerufen.

Virtuelle Basisklassen

In C++ besteht die Möglichkeit, dem Durcheinander, das bei der Mehrfachvererbung von derselben Klasse entsteht, zu entgehen, und zwar mit einer *virtuellen Basisklasse*. Ist eine Basisklasse virtuell, nimmt C++ lediglich eine Kopie der Klasse in die abgeleitete Klasse auf, auch wenn die Klasse mehrfach über verschiedene Äste von der virtuellen Klasse abstammt (siehe Bild 11.11).

 Stammt eine abgeleitete Klasse mehrfach von einer Basisklasse ab, beinhalten die Objekte der abgeleiteten Klasse normalerweise mehrere Kopien der Basisklassenobjekte. Ist die Basisklasse jedoch *virtuell*, enthält die abgeleitete Klasse nur eine Kopie der Basisklassenobjekte.

Damit eine Basisklasse virtuell wird, müssen Sie das Schlüsselwort *virtual* bei der Angabe der Basisklasse in einer Klassendefinition aufführen. Damit beispielsweise *darray* zu einer virtuellen Basisklasse für die *arithdar*-Klasse wird, müssen Sie die Klassen-Headerdatei, wie in Listing 11.26 gezeigt, ändern. Sonst muß nichts an der Klassendefinition und den Methodendefinitionen geändert werden.

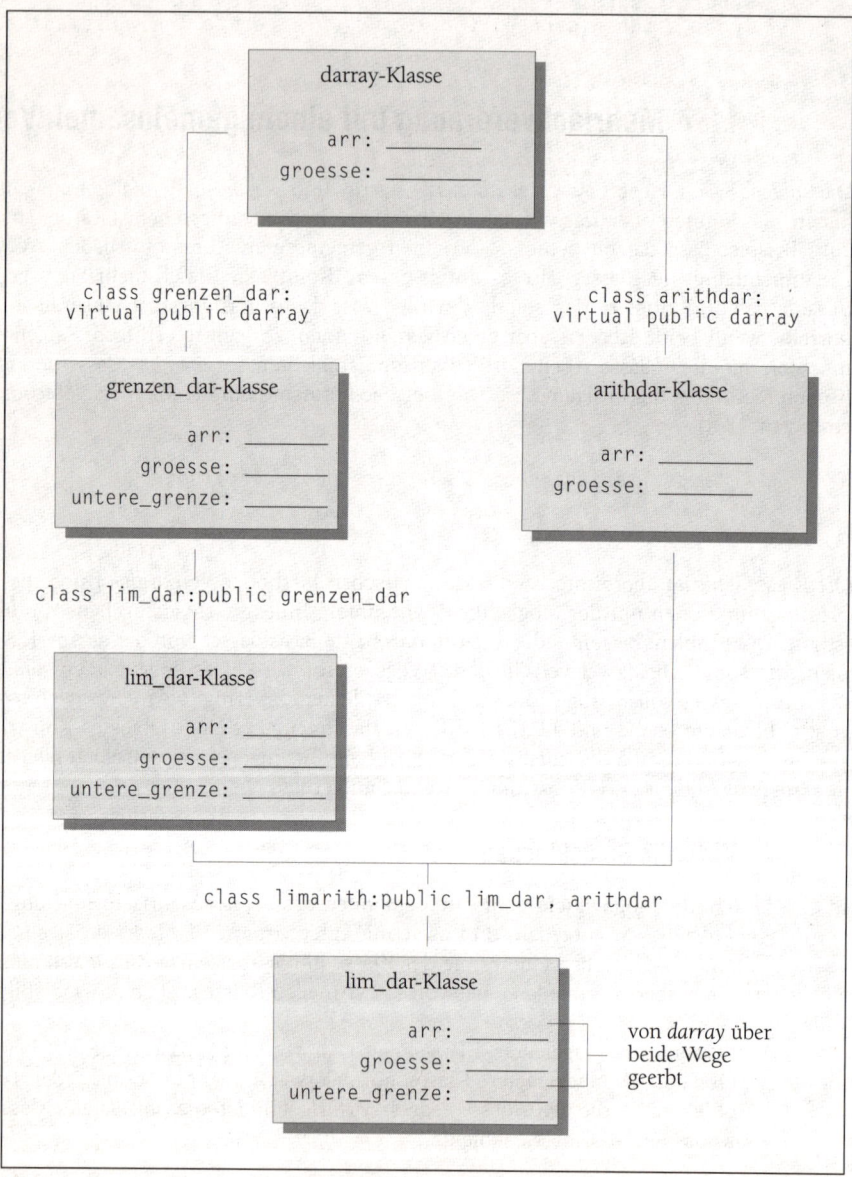

Bild 11.11: Mehrfachvererbung von einer virtuellen Basisklasse

```
// v_ar_dar.h -- abgeleitete Array-Klasse mit mehr arithmetischen
//               Möglichkeiten
// arithdar.h wurde modifiziert, um aus darray eine virtuelle
// Basisklasse zu machen

#ifndef __ARITHDAR__
#define __ARITHDAR__
#include "darray.h"
class arithdar : virtual public darray  // darray ist eine
                                         // virtuelle Klasse
{
public:
// Konstruktoren werden nicht ererbt, so daß man sie definieren muß
    arithdar();
    arithdar(unsigned int n, double val = 0.0);
    arithdar(const double *pn, unsigned int n);
    arithdar(const arithdar & a);
    arithdar(const darray & a);

// Der Destruktor wird vererbt, aber Sie können einen neuen
// definieren
    ~arithdar();

// neue Methoden
    double summe();
    double mittelwert();

// Die Definition der überladenen Operatoren wie zum Beispiel
// die Addition, Subtraktion, Vorzeichenwechsel, Multiplikation
// mit einem Wert, etc., überlassen wir dem Leser als Übung.
};

#endif
```

Listing 11.26: v_ar_dar.h

Dementsprechend können Sie aus *darray* eine virtuelle Basisklasse für die *grenzen_dar*-Klasse machen. Da die *lim_dar*-Klasse von der *grenzen_dar*-Klasse abstammt, wird dadurch aus *darray* auch ein virtueller Vorgänger von *lim_dar*. In Listing 11.27 finden Sie die modifizierte Header-Datei. Die Schlüsselworte *public* und *virtual* können in beliebiger Reihenfolge eingesetzt werden.

```
// vgrzdar.h -- virtuelle Version von grzdar.h
#ifndef __BNDDAR__
#define __BNDDAR__

#include "darray.h"

class grenzen_dar : virtual public darray  // virtuelle Basisklasse
{
protected:
    void ok(int i);                        // Indexüberprüfungsfunktion
public:
// Konstruktoren
    grenzen_dar();
    grenzen_dar(unsigned int n, double val = 0.0);
    grenzen_dar(const double *pn, unsigned int n);
    grenzen_dar(const grenzen_dar & a);
    grenzen_dar(const darray & a);
```

```
// Operatoren
    double & operator[](int i);       // umdefiniert
};
#endif
```

Listing 11.27: vgrzdar.h

Der Einsatz virtueller Basisklassen

Sie können mit virtuellen Basisklassen genauso umgehen wie mit normalen Basisklassen. Der einzige Unterschied besteht im Aufbau der Konstruktoren. Damit Sie sehen, was gemeint ist, wollen wir zuerst eine neue Klasse definieren, die auf zwei verschiedenen Wegen von der *darray*-Klasse erbt. In Listing 11.28 wird eine *limarith*-Klasse definiert, die von den Klassen *arithdar* und *lim_dar* abgeleitet ist. Setzt man die neuen Header-Dateien *v_ar_dar.h* und *vgrzdar.h* ein (diese Dateien benutzen der Modifizierer *virtual* für *darray*), wird aus *darray* eine virtuelle Basisklasse. Die Header-Datei *vlim_dar.h* entspricht der Datei *lim_dar.h*, bei der

```
#include "grzdar.h"
```

durch folgendes ersetzt wurde:

```
#include "vgrzdar.h"
```

Dementsprechend sollten Sie dafür sorgen, daß *grzdar.cpp* die Header-Datei *vgrzdar.h* anstelle von *grzdar.h* und *arithdar.cpp* die Header-Datei *v_ar_dar.h* anstelle von *arithdar.h* einbindet.

Die Klassen *lim_dar* und *arithdar* müssen keine virtuellen Klassen sein, da *limarith* nur jeweils eine Kopie von den beiden Klassen übernimmt. Nur Klassen, die mehrfach abgeleitet werden, wie *darray*, müssen virtuell sein. Die neue Klasse beinhaltet keine anderen Daten oder Methoden, die sich von denen ihrer Vorgängerklassen unterscheiden. Es werden also lediglich die Konstruktormethoden benötigt.

```
// limarith.h -- erbt von lim_bar und arithdar

#ifndef __LIMARITH__
#define __LIMARITH__
#include "v_ar_dar.h"
#include "vlim_dar.h"

class limarith: public  lim_dar, public arithdar
{
public:
    limarith();
    limarith(unsigned int n, double val = 0.0);
    limarith(unsigned int n, int lb, double val = 0.0);
    limarith(const double *pn, unsigned int n);
    limarith(const limarith & a);
    limarith(const lim_dar & a);
    limarith(const arithdar & a);
};
#endif
```

Listing 11.28: limarith.h

Jetzt kommen wir zum kniffeligen Teil, dem Teil, durch den sich der Einsatz einer virtuellen Klasse von dem einer normalen Klasse unterscheidet. Schauen Sie sich den folgenden Konstruktor an:

```
limarith(unsigned int n, double val = 0.0);
```

Dadurch werden die Elemente *groesse* und *arr* des Objektes initialisiert. Diese Elemente wurden von der *darray*-Klasse übernommen, deshalb sollten die Argumente *n* und *val* schlußendlich an den *darray*-Konstruktor übergeben werden. Sie wissen sicher noch, wie das bei der einfachen Vererbung funktionierte. Ein typischer *lim_dar*-Klassenkonstruktor beispielsweise übergab mit Hilfe des Initialisationsteils die Argumente zurück an den *grenzen_dar*-Konstruktor und dieser Konstruktor seinerseits gab die Argumente an den *darray*-Konstruktor weiter:

```
lim_dar::lim_dar(unsigned int n, double val) : grenzen_dar(n, val)
{
        untere_grenze = 0;       // Vorgabewert
}
```

Genauso leitete der *arithdar*-Konstruktor die Argumente an den *darray*-Konstruktor zurück. Aber in der augenblicklichen Situation gibt es zwei unterschiedliche Wege zurück zum *darray*-Konstruktor. Welcher Vererbungspfad – der über *lim_dar* und *grenzen_dar* oder der über *arithdar* – soll zum Übergeben der Argumente gewählt werden? Und wird der *darray*-Konstruktor nicht für jeden Pfad zweimal aufgerufen? C++ übergeht diese Frage und läßt eine abgeleitete Klasse die Argumente direkt an die Basisklasse übergeben, wobei die dazwischenliegenden Klassen einfach übersprungen werden. Normalerweise können Argumente nur an den unmittelbaren Vorgänger übergeben werden, wie zum Beispiel an *lim_dar* oder *arithdar*, aber das trifft auf virtuelle Basisklassen nicht zu. Sie können den Konstruktor also wie folgt schreiben:

```
limarith::limarith(unsigned int n, double val)
     : darray(n, val)       // Werte direkt an darray() übergeben
{
}
```

Dadurch werden die Konstruktorargumente direkt an den *darray*-Konstruktor übergeben.

Werden Argumente direkt an einen virtuellen Vorgänger übergeben, werden alle anderen Übergabevorgänge, die sonst von dazwischenliegenden Klassen ausgeführt worden wären, hinfällig. Schauen Sie sich dazu die folgende Definition an:

```
limarith::limarith(unsigned int n, int lb, double val)
     : darray(n, val), lim_dar(n, lb, val)
{
}
```

Der Ausdruck *darray(n, val)* kümmert sich um die Argumentübergabe an die *darray*-Klasse. Der Ausdruck *lim_dar(n, lb, val)* übergibt die gewünschten Argumente an den *lim_dar*-Konstruktor. Diese Argumente können dann von dem Konstruktor benutzt werden. Das Programm ignoriert aber den Teil der *lim_dar*-Konstruktordefinition, der besagt, daß die Argumente *n* und *val* an *darray* übergeben werden sollen.

In Listing 11.29 finden Sie die Methoden der *limarith*-Klasse.

```cpp
// limarith.cpp -- Klassenmethoden

#include "limarith.h"

limarith::limarith()
{
}

limarith::limarith(unsigned int n, double val)
    : darray(n, val)
{
}

limarith::limarith(unsigned int n, int lb, double val)
    : darray(n, val), lim_dar(n, lb, val)
{
}

limarith::limarith(const double *pn, unsigned int n)
    : darray(pn, n)
{
}

limarith::limarith(const limarith & a) : darray (a), lim_dar(a)
{
}


limarith::limarith(const lim_dar & a) : darray (a), lim_dar(a)
{
}

limarith::limarith(const arithdar & a) : darray(a)
{
    untere_grenze = 0;
}

limarith::limarith(const bound_dar & a) : darray(a)
{
    untere_grenze = 0;
}

limarith::limarith(const darray & a) : darray(a)
{
    untere_grenze = 0;
}
```

Listing 11.29: limarith.cpp

Aus Listing 11.30 ist zu ersehen, wie das Ganze funktioniert. Dieses Programm arbeitet mit mehreren Quelldateien: *bi_inher.cpp*, *limarith.cpp*, *lim_dar.cpp*, *grzdar.cpp*, *arithdar.cpp* und *darray.cpp*. Vergessen Sie nicht, *grzdar.cpp* und *lim_dar.h* so abzuwandeln, daß sie *vgrzdar.h* anstelle von *grzdar.h* beinhalten und *arithdar.cpp* soll *v_ar_dar.h* anstelle von *arithdar.h* beinhalten. Die neuen Header-Dateien kennzeichnen – wie Sie wissen – *darray* als virtuelle Basisklasse.

```
// bi_inher.cpp -- benutzt limarith.h
// Programm benutzt limarith.cpp, vlim_dar.cpp, vgrzdar.cpp,
// v_ar_dar.cpp, und darray.cpp
#include <iostream.h>
#include "limarith.h"


int main()
{
    limarith chow_chow(4, 1987, 1235.50);
    cout << "Kartenverkäufe für die Chow-Chow-Ausstellung:\n";
    for (int jahr = 1987; jahr < 1991; jahr++)
        cout << jahr << ": " << chow_chow[jahr] << "\n";
    cout << "Gesamtverkäufe: " << chow_chow.summe() << "\n";
    cout << "Noch einmal die Einzelverkaufszahlen: " << chow_chow;
    cout << "Jahr 1985: " << chow_chow[1985];
    cout << "Tschüss!";
    return 0;
}
```

Listing 11.30: bi_inher.cpp

Es folgt die Programmausgabe:

```
Kartenverkäufe für die Chow-Chow-Ausstellung:
1887: 1235.5
1988: 1235.5
1989: 1235.5
1990: 1235.5
Gesamtverkäufe: 4942
Noch einmal die Einzelverkaufszahlen: 1235.5 1235.5 1235.5 1235.5
Fehler beim Array-Index
Index 1985 kleiner als 1987
```

Wie Sie sehen, wendet das Programm die Arraysummierungsmethode, die von *arithdar* übernommen wurde, und die Indizierungsfunktionen, die von *lim_dar* geerbt wurden, an.

 Übernimmt eine Klasse auf zwei unterschiedlichen Ableitungswegen etwas von derselben Basisklasse, sollten Sie aus der Basisklasse einen virtuellen Vorgänger machen. Das geschieht mit Hilfe des Schlüsselwortes *virtual*. Setzen Sie dieses Schlüsselwort in der Basisklassenliste ein, die sich in den Klassendefinitionen der Klassen befindet, die unmittelbar von der Basisklasse abgeleitet wurden.

Welche Methode?

Sie fragen sich vielleicht, woher das Programm weiß, daß die *operator[]()*-Funktion benutzt werden muß, die in *lim_dar* definiert ist und nicht die Version, die von *arithdar* angewandt wird. Die Antwort ist dieselbe wie bei der einfachen Vererbung. C++ benutzt einfach die zuletzt definierte Version. »Zuletzt« ist dabei im Sinne der Vererbung nicht im Sinne von Zeit gemeint. Wäre *operator[]()* für die *limarith*-Klasse definiert worden, hätte das Programm diese Version genommen. Liegt so eine Version nicht vor, sucht das Programm beim nächsten Vorgänger. In der *lim_dar*-Klasse ist die *operator[]()*-Funktion definiert, in der *arithdar*-Klasse wird mit der *operator[]()*-Definition gearbeitet, die von *darray* übernommen wurde. Die Klasse *lim_dar* verfügt also über die zuletzt definierte *operator[]()*-Funktion und diese wird schließlich benutzt.

Angenommen, in der *arithdar*-Klasse ist *operator[]()* auch definiert. Beide Versionen sind dann gleich alt und der Compiler würde die Kompilation dann wegen eines Zweideutigkeitsfehlers abbrechen. Sie können das durch Einsatz des Gültigkeitsbereichsoperators verhindern:

```
chow_chow.lim_dar::operator[](jahr)
```

Dieser Lösung fehlt aber die Eleganz der Originalnotation und bringt bei der Programmierung eine Basisklasse direkt ins Spiel. Es ist dann besser, den Operator für die *limarith*-Klasse zu definieren:

```
double & limarith::operator[](int n)
{
    return lim_dar::operator[](n);
}
```

Der Ausdruck

```
chow_chow[jahr]
```

wird dann wie folgt interpretiert:

```
chow_chow.limarith::operator[](jahr)
```

Dadurch wiederum wird die gewünschte *lim_dar::operator[]()*-Funktion aufgerufen.

11.8 Zusammenfassung

Mit Hilfe der Vererbung können Sie Programme durch Ableitung neuer Klassen von bereits existierenden Klassen auf Ihre Bedürfnisse zuschneiden. Eine abgeleitete Klasse übernimmt die *public*- und *protected*-Datenelemente und Methoden der Basisklasse. Zu diesen Elementen können Sie neue Datenelemente und Methoden hinzufügen. Außerdem können Sie die abgeleitete Klasse bei weiteren Entwicklungen als Basisklasse einsetzen. Jede abgeleitete Klasse benötigt ihre eigenen Konstruktoren. Erzeugt ein Programm ein abgeleitetes Klassenobjekt, wird zuerst der Basisklassenkonstruktor aufgerufen und dann der Konstruktor der abgeleiteten Klasse. Löscht ein Programm ein Objekt, wird zuerst der abgeleitete Destruktor und dann der Basisklassendestruktor aufgerufen.

Soll eine Klasse als Basisklasse dienen, sollten Sie normalerweise mit *protected*-Elementen und nicht mit *private*-Elementen arbeiten, damit die abgeleitete Klasse die entsprechenden Elemente übernehmen kann. Sie sollten aus den Methoden der Basisklasse auch virtuelle Funktionen machen, indem Sie bei der Funktionsdeklaration das Schlüsselwort *virtual* benutzen. Dadurch können Objekte, auf die mit Zeigern oder Referenzen zugegriffen wird, auf der Basis des Objekttyps und nicht auf der Basis des Referenz- oder Zeigertyps bearbeitet werden.

Es ist möglich, ein Klassenobjekt als Element in einer anderen Klasse unterzubringen. Wird ein Objekt der Klasse erzeugt, in der sich das Klassenobjekt befindet, wird zuerst der Konstruktor für die Elementklasse aufgerufen und dann der Konstruktor der Klasse, in der sich das Klassenobjekt befindet. Die Destruktoren werden in der umgekehrten Reihenfolge aufgerufen.

Seit der Version 2.0 von C++ ist die Mehrfachvererbung möglich. Das heißt, eine Klasse kann Datenelemente und Methoden von mehr als einer Vorgängerklasse übernehmen. Teilen sich zwei Vorgänger einen Vorgänger, ist es am besten, man deklariert den gemeinsamen Vorgänger als virtuelle Basisklasse. Dadurch erhält die Klasse, die sich aus mehreren Klassen ableitet, nur eine Kopie der gemeinsamen Elemente der Vorgängerklassen.

 ## 11.9 Übungsaufgaben

1. Was übernimmt eine abgeleitete Klasse von der Basisklasse?

2. Angenommen, der Übergabetyp der Funktion *darray::operator[]()* wurde anstelle von *darray &* als *darray* definiert. Was für einen Effekt hat das?

3. In welcher Reihenfolge werden Klassenkonstruktoren und -destruktoren bei der Erzeugung und Löschung eines Objektes einer abgeleiteten Klasse aufgerufen?

4. Benötigt die abgeleitete Klasse Konstruktoren, falls eine abgeleitete Klasse zur Basisklasse keine Datenelemente hinzufügt?

5. Angenommen, eine Basisklasse und eine abgeleitete Klasse definieren eine Methode mit demselben Namen und ein Objekt der abgeleiteten Klassen ruft diese Methode auf. In was für einer Reihenfolge werden die Methoden aufgerufen?

6. Warum wird in der *grenzen_dar*-Klasse kein Zuweisungsoperator definiert?

7. Kann ein Objekt einer abgeleiteten Klasse einem Objekt einer Basisklasse zugewiesen werden? Kann ein Objekt einer Basisklasse einem Objekt einer abgeleiteten Klasse zugewiesen werden?

8. Angenommen, es wurde eine Funktion definiert, die ein Basisklassenobjekt als Argument besitzt. Warum kann diese Funktion auch ein abgeleitetes Klassenobjekt als Argument annehmen?

9. Angenommen, es wurde eine Funktion definiert, die eine Referenz auf ein Basisklassenobjekt als Argument hat. Warum kann diese Funktion auch eine Referenz auf ein abgeleitetes Klassenobjekt als Argument annehmen?

10. Angenommen, *corporation* ist eine Basisklasse und *department* eine abgeleitete Klasse. Weiter angenommen, in jeder Klasse ist die Elementfunktion *head()* definiert, *ph* ist ein Zeiger auf den *corporation*-Typ und *ph* wird die Adresse eines *department*-Objektes zugewiesen. Wie wird dann *ph->head()* interpretiert, falls die Basisklasse *head()* als

    a. reguläre Funktion
    b. virtuelle Funktion

   definiert?

11. Warum ist die Übergabe eines Objektes anhand seiner Referenz der Übergabe anhand des Wertes vorzuziehen?

12. Beinhaltet eine Klasse eine andere Klasse als Element, in was für einer Reihenfolge werden dann die Konstruktoren aufgerufen?

13. Wie unterscheidet sich die Mehrfachvererbung von der Anwendung von Element-klassen als Möglichkeit, zwei Klassen in einer neuen Klasse zu vereinen?

14. Was für ein Problem hat ein gemeinsamer Vorgänger, falls es zwei unterschiedliche Vererbungslinien gibt?

15. Leiten Sie eine Klasse von der Klasse *person* ab, in der auch das Alter einer Person untergebracht werden kann. Definieren Sie den <<-Operator so, daß er das Alter so-wie den Namen der Person ausgibt.

12

Eingabe, Ausgabe und Dateien

Bei der Besprechung der C++-Ein-/Ausgabe gibt es ein Problem. Einerseits benötigt fast jedes Programm Ein-/Ausgabemöglichkeiten, deshalb wird man beim Erlernen einer Programmiersprache meistens zuerst mit diesem Thema konfrontiert. Andererseits implementiert C++ die Ein-/Ausgabe mit relativ anspruchsvollen Funktionen, wie unter anderem Klassen, abgeleiteten Klassen, Funktionsüberladung, virtuellen Funktionen und Mehrfachvererbung. Damit man die C++-Ein-/Ausgabe wirklich versteht, muß man gut über C++ Bescheid wissen. Damit Sie jedoch etwas mit der Programmiersprache anfangen können, wurde in den ersten Kapiteln dargelegt, wie man mit dem *istream*-Klassenobjekt *cin* und dem *ostream*-Klassenobjekt *cout* die Ein-/Ausgabeoperationen realisieren kann. Jetzt werden wir ausführlicher auf die C++-Ein-/Ausgabeklassen eingehen und uns genau anschauen, wie sie aufgebaut sind und wie mit ihnen das Ausgabeformat kontrolliert werden kann. (Haben Sie ein paar Kapitel übersprungen, weil Sie wissen wollten, wie die Ausgabeformatierung funktioniert, können Sie hier weiterlesen, sich auf die Techniken konzentrieren und die Erklärungen außer acht lassen.)

Die C++-Dateiein-/ausgabefunktionen bauen auf denselben grundlegenden Klassendefinitionen wie *cin* und *cout* auf. In diesem Kapitel wird deshalb die Konsolen-Ein-/Ausgabe (Tastatur und Bildschirm) als Sprungbrett zur Einführung der Dateiein-/ausgabe benutzt.

12.1 Ein Überblick über die C++-Ein-/Ausgabe

Bei den meisten Programmiersprachen sind die Ein-/Ausgabefunktionen direkt eingebaut. Schauen Sie sich beispielsweise die Schlüsselwörterlisten von Sprachen wie Basic und Pascal an, werden Sie *PRINT*-Anweisungen, *writelen*-Anweisungen und ähnliches als Teil des Sprachvokabulars finden. Jedoch weder C noch C++ verfügen über eingebaute Ein-/Ausgabefunktionen. Schauen Sie sich die Schlüsselwörter dieser Sprachen an, finden Sie zwar *for* und *if*, aber nichts, was mit der Ein-/Ausgabe zu tun hat. C überließ es ursprünglich dem Compilerhersteller, die Ein-/Ausgabe zu implementieren. Ein Grund für dieses Verhalten bestand darin, den Implementatoren die Freiheit zu lassen, die Ein-/Ausgabefunktionen zu erstellen, die am besten zur Hardware des Zielcomputers paßten. In der Praxis leiteten dann die meisten Implementatoren die Ein-/Ausgabefunktionen von einer Reihe von Bibliotheksfunktionen ab, die ursprünglich für die UNIX-Umgebung entwickelt wurden. Der ANSI-C-Standard machte das Ein-/Ausgabepaket, das auch als Standard-Ein-/Ausgabepaket bezeichnet wird, zur verbindlichen Komponente der Standard-C-Bibliothek. C++ verfügt ebenfalls über dieses Paket. Sind Sie also mit der Familie der C-Funktionen, die in der *stdio.h*-Datei deklariert sind, vertraut, können Sie sie in C++-Programmen einsetzen.

C++ verwendet jedoch eine C++-Variante und nicht die C-Variante für die Realisierung der Ein-/Ausgabe. Diese Variante besteht aus einer Reihe von Klassen, die in den Header-Dateien *iostream.h* und *fstream.h* definiert sind. Diese Klassenbibliothek ist kein Bestandteil der formalen Sprachdefinition (*cin* und *istream* sind keine Schlüsselwörter). Eine Programmiersprache definiert Regeln, *wie* Dinge zu erledigen sind, wie zum Beispiel Klassen erzeugt werden. Es wird jedoch nicht festgelegt, *was* anhand dieser Regeln erzeugt werden soll. Aber genauso, wie C-Implementationen mit einer Standardfunktionsbibliothek ausgerüstet sind, beinhaltet C++ eine Standardklassenbibliothek. Die Standardklassenbibliothek besteht nur aus den Header-Dateien *iostream.h* und *fstream.h*. (Bei vielen Implementationen gibt es zusätzliche Klassenbibliotheken, die aber nicht zum Standard gehören.) In diesem Kapitel erfahren Sie, wie die Ein-/Ausgabefunktionen bei der Version 2.0 von C++ implementiert sind und Sie werden bald ausführlich über die Fähigkeiten dieser Standardklassen informiert. Zuerst wollen wir jedoch die konzeptionellen Rahmenbedingungen der C++ Ein-/Ausgabe besprechen.

Ströme und Puffer

Aus der Sicht eines C++-Programmes besteht die Ein-/Ausgabe aus einem *Bytestrom*. Bei der Eingabe *zieht* ein Programm Bytes *aus* dem Eingabestrom und bei der Ausgabe *fügt* ein Programm Bytes in den Ausgabestrom *ein*. Bei einem textorientierten Programm kann jedes Byte ein Zeichen repräsentieren. Allgemeiner gesagt, bilden die Bytes eine binäre Repräsentation von Zeichen- oder numerischen Daten. Die Bytes in einem Eingabestrom können von der Tastatur stammen, aber genausogut von einem Speichergerät, wie einer Harddisk oder von einem anderen Programm. Dementsprechend können die Bytes des Ausgabestromes zum Bildschirm, zu einem Drucker, zu einem Speichergerät oder zu einem anderen Programm geschickt werden. Der Strom fungiert als Vermittler zwischen Programm und der Quelle oder dem Ziel des Stromes. Dadurch sind C++-Programme in der Lage, die Eingabe von der Tastatur genauso zu verarbeiten wie die Eingabe von einer Datei. Das C++-Programm untersucht dabei lediglich den Bytestrom und muß nicht darüber Bescheid wissen, woher die Bytes kommen. Arbeitet man mit Strömen, kann ein C++-Programm die Ausgabe unabhängig davon, wohin die Bytes gehen, generieren. Das Bearbeiten der Eingabe besteht also aus zwei Schritten:

▌ In einem Programm den Strom als Eingabemedium assoziieren
▌ Den Strom mit einer Datei verbinden

Ein Eingabestrom benötigt also mit anderen Worten zwei Verbindungspunkte, einen an jedem Ende. Der Verbindungspunkt auf der Dateiseite stellt die Quelle des Stromes dar und der Verbindungspunkt im Programm ist das Ziel des Stromes. (Beim ersteren Verbindungspunkt kann es sich nicht nur um eine Datei, sondern auch um ein Gerät wie die Tastatur handeln.) Dementsprechend muß der Ausgabestrom an einem Punkt im Programm verankert und das Ausgabeziel mit dem Strom verbunden werden. Es ist so, als würden Bytes anstelle von Wasser durch ein Rohr gepumpt (siehe Bild 12.1).

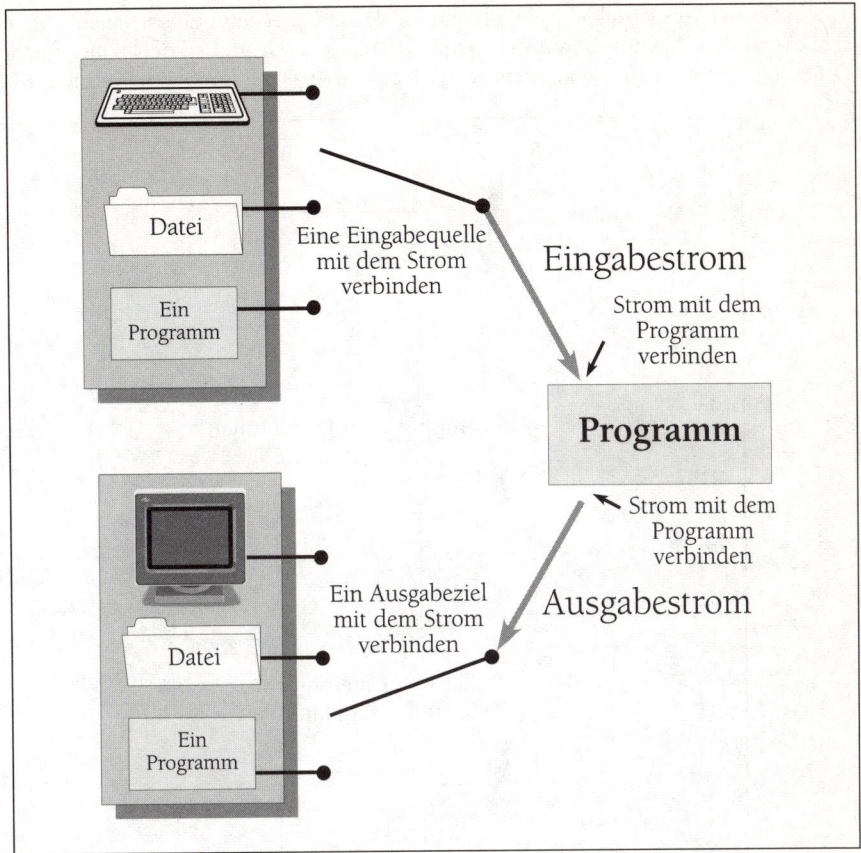

Bild 12.1: C++-Ein- und Ausgabe

Die Ein-/Ausgabe kann mit Hilfe von *Puffern* effektiver gestaltet werden. Ein Puffer ist ein Speicherblock, der als temporärer Zwischenspeicher beim Transfer von Informationen von einem Gerät zu einem Programm oder von einem Programm zu einem Gerät benutzt wird. Geräte wie Festplattenlaufwerke übermitteln Informationen normalerweise in Blöcken von 512 oder mehr Byte. Programme dagegen bearbeiten Informationen häufig Byte für Byte. Der Puffer hilft dabei, diese unterschiedlichen Informationsraten aufeinander abzustimmen. Angenommen, ein Programm soll die Dollarzeichen in einer Festplattendatei zählen. Das Programm kann dann nur jeweils ein Byte aus der Datei lesen, es bearbeiten und daraufhin das nächste Zeichen lesen usw. Das zeichenweise Lesen aus einer Datei erfordert ziemlich viel Hardwareaktivität und ist sehr langsam. Wird mit Puffern gearbeitet, wird ein großes Stück von der Festplatte gelesen, im Puffer gespeichert und daraufhin der Pufferinhalt Zeichen für Zeichen gelesen. Es geht nicht nur viel schneller, einzelne Datenbytes aus dem Speicher als von einer Festplatte zu lesen, sondern es wird auch viel weniger Hardware-Aktivität benötigt. Erreicht das Programm das Pufferende, liest es ein weiteres Datenstück von der Festplatte ein. Das Prinzip entspricht einem Wasserspeicher, der große Mengen von Wasser auffängt, das von einem Sturm stammt und das Wasser, nachdem der Sturm vorbei ist, mit einer zivilisierten Rate an die einzelnen Haushalte abgibt (siehe Bild

12.2). Bei der Ausgabe kann ein Programm dementsprechend zuerst einen Puffer füllen, anschließend den Datenblock auf die Festplatte transferieren und so den Puffer für den nächsten Datenblock freimachen. Sie können sich Ihre eigene Analogie für diesen Prozeß ausdenken.

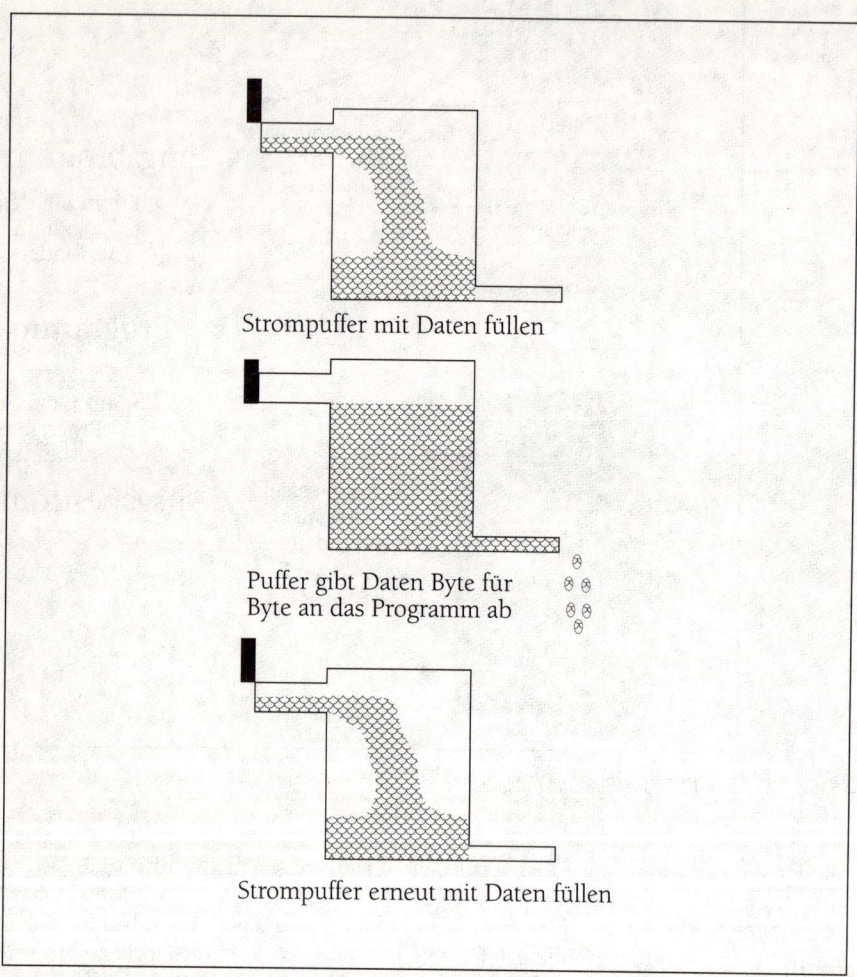

Strompuffer mit Daten füllen

Puffer gibt Daten Byte für
Byte an das Programm ab

Strompuffer erneut mit Daten füllen

Bild 12.2: Ein Strom mit einem Puffer

Bei der Eingabe mit der Tastatur wird jeweils ein Zeichen eingegeben, deshalb braucht das Programm im Grunde keinen Puffer, um unterschiedliche Datenübermittlungsraten auszugleichen. Puffert man die Tastatureingabe allerdings, kann der Anwender seine Eingabe jedoch aktualisieren und korrigieren, bevor er sie an ein Programm übergibt. Ein C++-Programm übernimmt normalerweise den Eingabestrom, sobald Sie die Return- oder Entertaste drücken. Deshalb bearbeiten die Beispiele in diesem Buch die Eingabe nicht eher, bis Sie eine dieser Tasten gedrückt haben. Ein C++-Programm leert normalerweise den Ausgabepuffer, sobald Sie ein Newline-Zeichen übermitteln. Abhängig von der Implementation kann ein Programm den Ausgabepuffer auch unter anderen Bedingungen leeren, wenn zum Beispiel eine Eingabe erwartet wird. Das heißt, erreicht ein Programm eine Eingabeanweisung, überträgt es alle Ausgabedaten, die sich gerade im Ausgabepuffer befinden. C++-Implementationen, die konform zu ANSI C sind, sollten sich so verhalten.

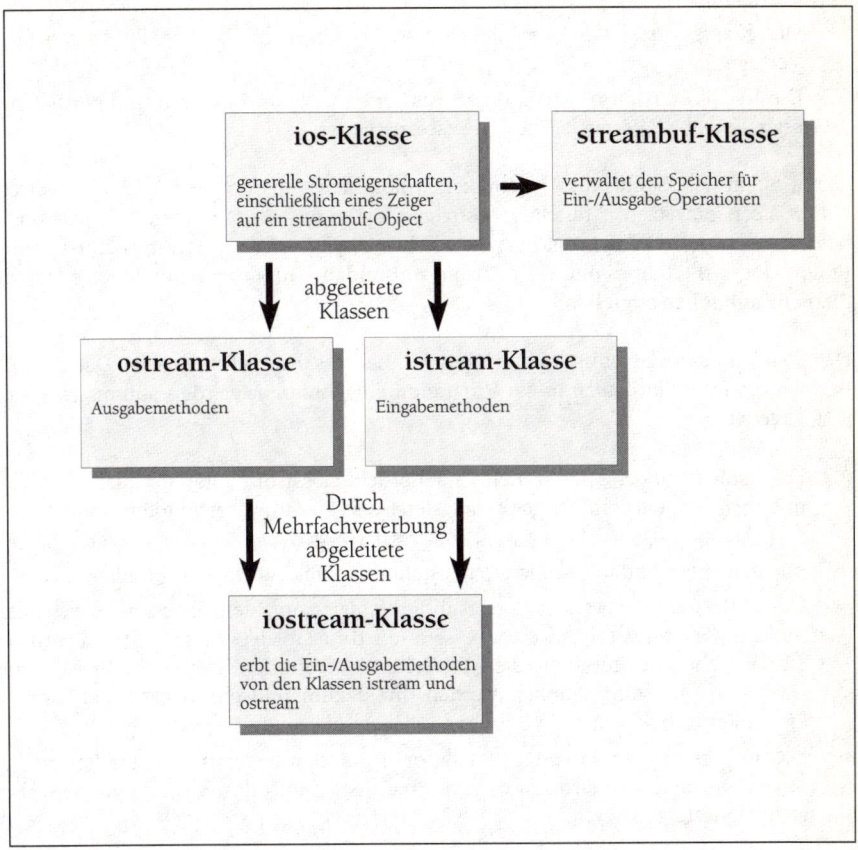

Bild 12.3: Klassen, die in iostream.h definiert sind

Ströme, Puffer und die Datei iostream.h

Die Bearbeitung von Strömen und Puffern kann etwas kompliziert geraten, aber für diese Fälle sind in der Datei *iostream.h* mehrere Klassen definiert, mit denen Ströme und Puffer implementiert und bearbeitet werden können. Es folgen einige dieser Klassen (siehe auch Bild 12.3):

▷ Die Klasse *streambuf* stellt einen Speicherbereich und Klassenmethoden zur Verfügung, die zum Füllen des Puffers, zum Zugreifen auf den Pufferinhalt, zum Leeren des Puffers und zum Verwalten des Pufferspeichers dienen.

▶ Die Klasse *ios* repräsentiert die allgemeinen Eigenschaften eines Stromes, ob er zum Beispiel bereit zum Lesen ist und ob es sich um einen binären oder einen Textstrom handelt. Außerdem befindet sich in dieser Klasse ein Zeiger auf ein *streambuf*-Objekt.

▶ Die Klasse *ostream* ist von der Klasse *ios* abgeleitet und stellt Ausgabemethoden zur Verfügung.

▶ Die Klasse *istream* ist von der Klasse *ios* abgeleitet und stellt Eingabemethoden zur Verfügung.

▶ Die Klasse *iostream* basiert auf den Klassen *istream* und *ostream* und verfügt somit sowohl über Eingabe- als auch über Ausgabemethoden.

Damit Sie in den Genuß dieser Fähigkeiten kommen, müssen Sie die Objekte der entsprechenden Klassen einsetzen. Mit einem *ostream*-Objekt wie *cout* können beispielsweise Ausgaben bewerkstelligt werden. Erzeugt man ein solches Objekt, wird ein Strom geöffnet, automatisch ein Puffer eingerichtet und mit dem Strom verbunden. Außerdem können Sie auf die Klassen-Elementfunktionen zugreifen.

Die C++-*iostream*-Klassenbibliothek nimmt Ihnen die Bearbeitung vieler Details ab. Wird zum Beispiel die Datei *iostream.h* in ein Programm eingebunden, werden automatisch vier Stromobjekte erzeugt:

▶ Das Objekt *cin* entspricht dem Standardeingabestrom. Standardmäßig ist dieser Strom mit dem Standardeingabegerät, meistens der Tastatur, verbunden.

▶ Das Objekt *cout* entspricht dem Standardausgabestrom. Standardmäßig ist dieser Strom mit dem Standardausgabegerät, meistens dem Bildschirm, verbunden.

▶ Das Objekt *cerr* entspricht dem Standardfehlerstrom, den Sie zum Ausgeben von Fehlermeldungen einsetzen können. Standardmäßig ist dieser Strom mit dem Standardausgabegerät, meistens dem Bildschirm, verbunden. Dieser Strom ist nicht gepuffert. Das heißt, die Informationen werden direkt zum Bildschirm geschickt, ohne daß zuerst ein Puffer gefüllt oder ein Newline-Zeichen übermittelt werden muß.

▶ Das Objekt *clog* entspricht ebenfalls dem Standardfehlerstrom. Standardmäßig ist dieser Strom mit dem Standardausgabegerät, meistens dem Bildschirm, verbunden. Dieser Strom ist gepuffert.

Was bedeutet die Aussage: Ein Objekt entspricht einem Strom? Erzeugt beispielsweise die Datei *iostream.h* für Ihr Programm ein *cout*-Objekt, beinhaltet das Objekt Datenelemente, in denen Informationen untergebracht sind, die sich auf die Ausgabe beziehen, wie zum Beispiel die Feldbreite, die beim Ausgeben von Daten benutzt werden soll, die Anzahl der Stellen hinter dem Dezimalpunkt, was für eine Zahlenbasis zur Ausgabe von Integern herangezogen werden soll und die Adresse des Objektes *streambuf*, das den Puffer beschreibt, der zur Bearbeitung des Ausgabestroms dient. Eine Anweisung wie

```
cout << "Bjarne free";
```

plaziert die Zeichen aus dem String *"Bjarne free"* im Puffer, der von *cout* mit Hilfe des Objektes *streambuf* verwaltet wird. Die Klasse *ostream* definiert die in dieser Anweisung eingesetzte *operator<<()*-Funktion und die Klassen *ostream* und *ios* versorgen die *cout*-Datenelemente zusätzlich mit einer Vielzahl anderer Klassenmethoden, wie denen, die in Kürze in diesem Kapitel besprochen werden. Des weiteren sorgt C++ dafür, daß die Ausgabe aus dem Puffer zur Standardausgabe des Betriebssystems, meistens dem Bildschirm, geleitet wird. Es wird also, um das Ganze noch einmal zusammenzufassen, das eine Ende des Stromes mit Ihrem Programm und das andere Ende mit der Standardausgabe verbunden. Und das Objekt *cout* verwaltet mit Hilfe eines Objektes vom Typ *streampuf* den Fluß der Bytes in diesem Strom.

Umleitung

Normalerweise sind die Standardein-/ausgabeströme mit der Tastatur und dem Bildschirm verbunden. Aber bei vielen Betriebssystemen, einschließlich UNIX und MS DOS, existiert ein *Umleitungsmechanismus*, eine Funktion, die es ermöglicht, die Standardein-/ausgabe mit einer anderen Stelle zu verbinden. Angenommen, es liegt ein ausführbares DOS C++-Programm mit dem Namen *zaehler.exe* vor, das die Zeichen seiner Eingabe zählt und das Ergebnis ausgibt. Das könnte wie folgt aussehen:

```
C>zaehler
Hallo
und auf Wiedersehen!
CTRL  Z                    Simuliert das Ende der Datei
Die Eingabe besteht aus 27 Zeichen.
C>
```

Die Eingabe stammt in diesem Fall von der Tastatur und die Ausgabe wird an den Bildschirm übergeben.

Mit Hilfe der Eingabeumleitung (<) und der Ausgabeumleitung (>) können Sie dasselbe Programm einsetzen, um die Anzahl der Zeichen in der Datei *bayern* zu bestimmen und das Ergebnis in der Datei *kuh_anz* unterzubringen:

```
C>zaehler <bayern >kuh_anz
C>
```

Der Teil *<bayern* dieser Kommandozeile verbindet die Standardeingabe mit der Datei *bayern*. Dadurch wird bewirkt, daß *cin* die Eingabe aus dieser Datei anstelle von der Tastatur liest. Mit anderen Worten, das Betriebssystem verändert die Verbindung am Zuflußende des Eingabestromes, während der Abfluß mit dem Programm verbunden bleibt. Der Teil *>kuh_anz* der Kommandozeile verbindet die Standardausgabe mit der Datei *kuh_anz*. Dadurch wird bewirkt, daß *cout* die Ausgabe in diese Datei anstelle zum Bildschirm schickt. Das heißt, das Betriebssystem verändert die Abflußverbindung des Ausgabestromes. Der Zufluß bleibt mit dem Programm verbunden. Sowohl DOS (2.0 und spätere Versionen) als auch UNIX akzeptieren diese Umleitungssyntax. (UNIX sowie DOS 3.0 und spätere Versionen lassen auch optionale Leerzeichen zwischen den Umleitungsoperatoren und den Dateinamen zu.)

Der Standardausgabestrom, der von *cout* repräsentiert wird, ist der normale Kanal für die Programmausgabe. Die Standardfehlerströme (werden von *cerr* und *clog* repräsentiert) dienen zur Aufnahme der Fehlermeldungen des Programmes. Standardmäßig sind alle drei Ströme meistens mit dem Bildschirm verbunden. Leitet man die Standardausgabe um, hat das keine Auswirkungen auf *cerr* und *clog*. Verwenden Sie also eines dieser Objekte, um eine Fehlermeldung auszugeben, gibt das Programm die Fehlermeldung auf dem Bildschirm aus, auch wenn die normale *cout*-Ausgabe an eine andere Stelle hingeschickt wird. Schauen Sie sich einmal das folgende Programmfragment an:

```
if (erfolg)
    cout << "Hier kommen die Bonbons!\n";
else
{
    cerr << "Etwas furchtbares ist passiert.\n";
    exit(1);
}
```

Wird die Ausgabe momentan nicht umgeleitet, wird jede der obigen Botschaften auf dem Bildschirm ausgegeben. Wurde die Programmausgabe in eine Datei umgeleitet, wird die erste Botschaft in der Datei abgelegt, die zweite Botschaft jedoch zum Bildschirm geschickt. Übrigens, einige Betriebssysteme erlauben auch die Umleitung des Standardfehlerstromes. Bei UNIX zum Beispiel leitet der Operator 2> den Standardfehlerstrom um.

Die Klassen *istream* und *ostream* arbeiten nicht notwendigerweise mit der Umleitung zusammen. Die Turbo C++-Implementation zum Beispiel leitet die *istream_withassign*-Klasse von der *istream*-Klasse ab, um die Umleitung möglich zu machen. Und *cin* ist ein *istream_withassign*-Objekt. Dementsprechend gehören die Objekte *cout*, *cerr* und *clog* zu der Klasse *ostream_withassign*, die so von *ostream* abgeleitet ist, daß die Ausgabeumleitung möglich ist. Anderenfalls wenden diese Objekte dieselben Methoden an wie die entsprechenden Basisklassen. Der Einfachheit halber wollen wir *cin* als *istream*-Objekt bezeichnen und *cout* als *ostream*-Objekt.

12.2 Ausgabe mit cout

C++ behandelt die Ausgabe, wir haben es schon mehrmals erwähnt, wie einen Bytestrom. Aber viele Datenarten sind in einem Programm in größeren Einheiten organisiert als in einzelnen Bytes. Ein *int*-Typ zum Beispiel kann von einem zwei oder vier Byte umfassenden binären Wert repräsentiert werden. Und ein *double*-Wert kann von acht Byte binärer Daten repräsentiert werden. Senden Sie jedoch einen Bytestrom an den Bildschirm, soll jedes Byte ein Zeichen repräsentieren. Das heißt, damit die Zahl -2.34 auf dem Bildschirm dargestellt wird, müssen Sie die fünf Zeichen -, 2, ., 3 und 4 an den Bildschirm übermitteln und nicht die acht Byte umfassende Fließkommarepräsentation des Wertes. Die wichtigste Aufgabe im Zusammenhang mit der *ostream*-Klasse besteht also darin, numerische Typen wie *int* oder *float* in einen Zeichenstrom umzuwandeln, der die Werte in Textform repräsentiert. Das heißt, die *ostream*-Klasse übersetzt die interne Repräsentation der Daten in Form von binären Bitmustern in einen Ausgabestrom, der aus Zeichen besteht. (Eines Tages gibt es bionische Implantate, mit deren Hilfe man binäre Daten direkt interpretieren kann. Die Entwicklung dieser Implantate überlassen wir dem geneigten Leser.) Damit diese Übersetzungsaufgaben bewältigt werden können, verfügt die *ostream*-Klasse über mehrere Klassenmethoden. Diese Methoden wollen wir nun genauer untersuchen. Dabei werden die schon im Verlaufe des Buches besprochenen Methoden zusammengefaßt und zusätzliche Methoden erläutert, die eine bessere Kontrolle des Ausgabeformates erlauben.

Der überladene <<-Operator

Meistens wurde in diesem Buch *cout* zusammen mit dem <<-Operator, der auch als *Einfüge-operator* bezeichnet wird, eingesetzt:

```
int klienten = 22;
cout << klienten;
```

In C++ ist der <<-Operator wie bei C der bitweise nach links Verschiebeoperator (siehe Anhang E). Ein Ausdruck wie *x*<<3 bedeutet, daß die binäre Repräsentation von *x* genommen und alle Bits drei Einheiten nach links verschoben werden sollen. Das hat eigentlich nicht viel mit Ausgabe zu tun. Aber die *ostream*-Klasse definiert den <<-Operator durch Überladung als Ausgabewerkzeug für die *ostream*-Klasse neu. In diesem Zusammenhang wird der <<-Operator als Einfügeoperator bezeichnet. Der Einfügeoperator wurde so überladen, damit er alle C++-Grundtypen kennt:

◗ *unsigned char*

◗ *signed char*

◗ *short*

◗ *unsigned short*

◗ *int*

◗ *unsigned int*

◗ *long*

◗ *unsigned long*

◗ *float*

◗ *double*

◗ *long double*

In der Liste finden Sie *char* nicht, da dieser Typ entweder *unsigned char* oder *signed char* entspricht, das hängt von der Implementation ab. In der *ostream*-Klasse befindet sich für jeden der oben aufgeführten Typen eine Definition der *operator<<()*-Funktion. (Funktionen mit dem Ausdruck *operator* in ihrem Namen werden zum Überladen der Operatoren benutzt, das wurde in Kapitel 10 besprochen.) Wenden Sie also eine Anweisung der Form

```
cout << wert;
```

an und ist *wert* einer der oben genannten Typen, kann ein C++-Programm anhand des Typs die Operatorfunktion mit der entsprechenden Signatur heraussuchen. Der Ausdruck *cout << 88* beispielsweise hat zur Folge, daß der folgende Prototyp einer Methode herausgesucht wird:

```
ostream & operator<<(int);
```

Dieser Prototyp gibt – wie Sie wissen – an, daß die Funktion *operator<<()* ein Argument vom Typ *int* besitzt. Das ist der Teil, der *88* in der vorigen Anweisung entspricht. Der Prototyp gibt auch an, daß die Funktion eine Referenz auf ein *ostream*-Objekt übergibt. Dadurch wird es möglich – wie Sie bald sehen werden –, die Ausgabe wie im folgenden alten Rocksong zu verketten:

```
cout << "I'm feeling sedimental over " << boundary << "\n";
```

Sind Sie ein C-Programmierer, der unter den vielen %-Formatierungszeichen und den Problemen litt, die auftraten, wenn Sie einem Wert ein falsches Zeichen zuwiesen, dann werden Sie feststellen, daß der Einsatz von *cout* denkbar einfach ist. (Und die C++-Eingabe ist es ebenfalls.)

Die Klasse *ostream* besitzt für die folgenden Zeigertypen ebenfalls eine Einfügeoperatorfunktion:

▶ *const signed char **

▶ *const unsigned char **

▶ *void **

C++ repräsentiert – wie Sie wissen – einen String durch einen Zeiger, der auf den String zeigt. Der Zeiger kann der Name eines *char*-Arrays, ein expliziter Zeiger auf ein *char*-Objekt oder ein String in Anführungszeichen sein. Alle diese Formen sind Zeiger auf ein *signed char*- oder auf ein *unsigned char*-Objekt, das hängt von der Implementation ab. Die folgenden *cout*-Anweisungen geben deshalb alle Strings aus:

```
char name[20] = "Dudley Diddlemore";
char * pn = "Violet D'Amore";
cout << "Hello!";
cout << name;
cout << pn;
```

Diese Methoden benutzen das abschließende Nullzeichen im String, um herauszufinden, wann die Ausgabe der Zeichen beendet werden soll.

In C++ 2.0 wird ein Zeiger eines beliebigen Typs in den *void **-Typ umgewandelt und es wird dann die numerische Repräsentation der Adresse ausgegeben. Wollen Sie die Adresse eines Strings ausgeben, müssen Sie eine Umwandlung in einen anderen Zeigertyp vornehmen:

```
int eier = 12;
char * menge = "Dutzend";
cout << &eier;              // Adresse der Variablen eier wird
                           // ausgegeben
cout << menge;             // Der String "Dutzend" wird ausgegeben
cout << (void *) menge;    // Die Adresse der Variablen menge wird
                           // ausgegeben
```

Hinweis: Nicht bei allen C++-Implementationen gibt es einen Prototyp mit einem *void **-Argument. In diesem Fall müssen Sie einen Zeiger in den Typ *unsigned* oder *unsigned long* umwandeln, falls Sie den Wert einer Adresse ausgeben wollen.

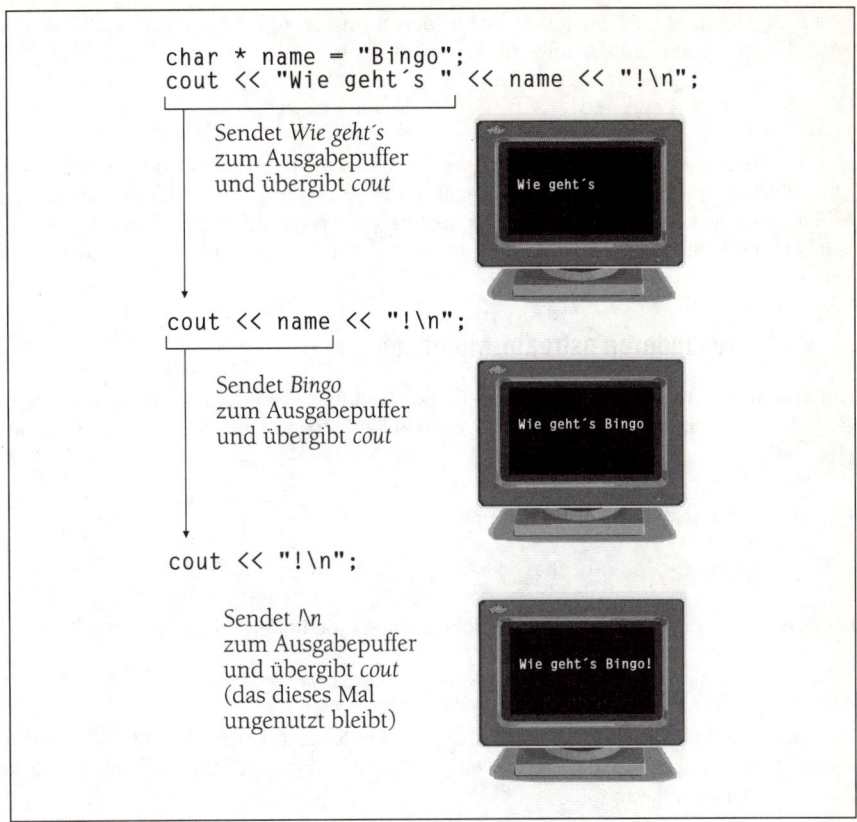

Bild 12.4: Ausgabeverkettung

Ausgabeverkettung

Alle Versionen der Einfügeoperatoren sind so definiert, daß sie den Typ *ostream &* übergeben. Das heißt, der Prototyp hat die folgende Form:

```
ostream & operator<<(Typname);
```

(In diesem Fall ist *Typname* der Typ, der ausgegeben wird.) Ist *ostream &* der Übergabetyp, bedeutet das, daß dieser Operator eine Referenz auf ein *ostream*-Objekt übergibt. Was für ein Objekt? Die Funktionsdefinition gibt Auskunft darüber, daß die Referenz sich auf das Objekt bezieht, das zum Aufrufen des Operators herangezogen wurde. Mit anderen Worten, der Übergabewert einer Operatorfunktion ist dasselbe Objekt, das den Operator aufruft. So übergibt zum Beispiel *cout << "potluck"* das Objekt *cout*. So ist es möglich, die Ausgabe mit dem Einfügeoperator zu verketten. Schauen Sie sich dazu die folgende Anweisung an:

```
cout << "Wir haben " << anzahl << " karierte Mäuse.\n";
```

Der Ausdruck *cout* << *"Wir haben "* zeigt den String an und übergibt das Objekt *cout*. Dadurch wird die Anweisung auf das folgende reduziert:

```
cout << anzahl << " karierte Mäuse.\n";
```

Der Ausdruck *cout* << *anzahl* gibt den Wert der Variablen *anzahl* aus und übergibt wiederum das Objekt *cout*, von dem das letzte Argument in der Anweisung bearbeitet werden kann (siehe auch Bild 12.4). Das ist wirklich eine sehr brauchbare Technik, deshalb haben wir sie in unseren Beispielen zum Überladen des <<-Operators in den Kapiteln 10 und 11 auch immer schamlos imitiert.

Die anderen ostream-Methoden

Außer den verschiedenen *operator*<<*()*-Funktionen gibt es in der *ostream*-Klasse noch die Methode *put()*, mit der Zeichen ausgegeben werden können und die Methode *write()* zum Ausgeben von Strings.

Die *put()*-Methode hat den folgenden Prototyp:

```
ostream & put(char);
```

Sie können diese Methode mit der üblichen Klassenmethoden-Notation aufrufen:

```
cout.put('W');    // Das Zeichen W ausgeben
```

cout ist dabei das aufrufende Objekt und *put()* die Klassen-Elementfunktion. Wie die <<-Operatorfunktion übergibt diese Funktion eine Referenz auf das aufrufende Objekt. Sie können also Ausgaben damit verketten:

```
cout.put('I').put('t'); // It mit zwei put()-Aufrufen ausgeben
```

Der Funktionsaufruf *cout.put('I')* übergibt *cout*, das dann als aufrufendes Objekt für den Aufruf *put('t')* fungiert.

Sie können *put()* mit numerischen Argumenten zum Beispiel vom Typ *int* einsetzen, da mit Hilfe des Prototypmechanismus das Argument automatisch in den richtigen Wert vom Typ *char* umgewandelt wird. Sie können beispielsweise folgendes machen:

```
cout.put(65);      // Das Zeichen A ausgeben
cout.put(66.3);    // Das Zeichen B ausgeben
```

Bei der ersten Anweisung wird der *int*-Wert 65 in einen *char*-Wert umgewandelt und das Zeichen ausgegeben, das den ASCII-Code 65 besitzt. Dementsprechend wird bei der zweiten Anweisung der *double*-Wert 66.3 in einen Wert vom Typ *char* (66) umgewandelt und das entsprechende Zeichen ausgegeben.

Vor Erscheinen der C++-Version 2.0 wurden Zeichenkonstanten als Werte vom Typ *int* repräsentiert. Bei einer Anweisung wie

```
cout << 'W';
```

wurde 'W' als *int*-Wert interpretiert und als Integer-Wert 87 ausgegeben, dem ASCII-Wert des Zeichens. Aber die Anweisung

```
cout.put('W');
```

funktioniert ordnungsgemäß. Da ab der Version 2.0 *char*-Konstanten den Typ *char* besitzen, können Sie jetzt beide Methoden anwenden.

Mit der *write()*-Methode kann ein ganzer String ausgegeben werden. Diese Methode verfügt über folgende Prototypen:

```
ostream & write(const signed char *, int);
ostream & write(const unsigned char *, int);
```

Was ist mit einem Prototyp für einen normalen *char*-Typ? Der Typ *char* ist entweder als *signed char* oder als *unsigned char* implementiert, das hängt vom System ab. Somit paßt einer der beiden Prototypen immer. Das erste Argument von *write()* ist die Adresse des Strings, der ausgegeben werden soll. Das zweite Argument gibt an, wie viele Zeichen ausgegeben werden sollen. In Listing 12.1 sehen Sie, wie das funktioniert.

```cpp
// write.cpp -- cout.write() benutzen
#include <iostream.h>
#include <string.h>

int main(void)
{
    char * state1 = "Ohio";
    char * state2 = "Utah";
    char * state3 = "Euphoria";

    int len = strlen(state2);
    for (int i = 1; i <= len; i++)
    {
        cout.write(state2,i);
        cout << "\n";
    }

// Ausgabe verketten
    for (i = len; i > 0; i--)
        cout.write(state2,i) << "\n";

// mehr Zeichen als vorhanden ausgeben
    cout.write(state2, len + 5) << "\n";

    return 0;
}
```

Listing 12.1: write.cpp

Es folgt die Ausgabe

```
Ut
Uta
Utah
Utah
Uta
Ut
U
Utah Euph
```

Sie werden bemerken, daß der Aufruf *cout.write()* das Objekt *cout* übergibt. Das liegt daran, daß die Methode *write()* eine Referenz auf das Objekt übergibt, von dem sie aufgerufen wurde, und in diesem Fall rief das Objekt *cout* die Methode auf. Dadurch ist es möglich, Ausgaben zu verknüpfen, da *cout.write()* durch seinen Übergabewert *cout* ersetzt wird:

```
cout.write(state2,i) << "\n";
```

Beachten Sie außerdem, daß die Methode *write()* nicht automatisch mit der Ausgabe von Zeichen aufhört, sobald das Nullzeichen erreicht wird. Die Methode gibt so viele Zeichen aus, wie Sie angeben, auch wenn das über die Grenzen eines bestimmten Strings hinausgeht! Beim vorliegenden Beispiel wurde der String *Utah* bei seiner Definition von zwei anderen Strings umgeben, so daß die darauffolgenden Speicherplätze Daten beinhalten. Wir plazierten die Strings auf beiden Seiten von *Utah*, da nicht alle Compiler Daten in der gleichen Reihenfolge im Speicher ablegen.

Die Methode *write()* kann auch mit numerischen Daten eingesetzt werden. Eine Zahl wird dabei nicht in die richtigen Zeichen übersetzt, sondern es wird die Bitrepräsentation der Zahl, die sich im Speicher befindet, übermittelt. Ein vier Byte umfassender *long*-Wert wie *1982375632* würde zum Beispiel in 4 separaten Byte übermittelt. Ein Ausgabegerät wie der Bildschirm würde dann versuchen, jedes Byte als ASCII-Code (oder was immer) zu interpretieren. Die Zahl *1982375632* würde also als Kombination aus 4 seltsam anmutenden Byte auf dem Bildschirm erscheinen. *write()* ist jedoch eine kompakte und sichere Methode, um Daten in einer Datei unterzubringen. Mehr dazu in Kürze.

Den Ausgabepuffer leeren

Was passiert, wenn ein Programm mit *cout* Bytes an das Standardausgabegerät übermittelt? Da die *ostream*-Klasse Ausgaben, die mit dem Objekt *cout* erzeugt werden, puffert, wird die Ausgabe nicht sofort an ihren Bestimmungsort geschickt. Die Ausgabe wird im Puffer gesammelt, so lange bis der Puffer voll ist. Das Programm leert dann den Puffer, schickt die Daten zu ihrem Bestimmungsort und macht den Puffer zur Aufnahme neuer Daten bereit. Ein Puffer kann normalerweise 512 Byte oder ein ganzzahliges Vielfaches davon aufnehmen. Puffer können viel Zeit sparen, wenn die Standardausgabe in eine Festplattendatei erfolgt. Sie möchten ja sicher nicht, daß ein Programm 512-mal auf die Festplatte zugreifen muß, um 512 Byte zu senden. Es ist viel effektiver, 512 Byte im Puffer zu sammeln und diese dann mit einer Diskoperation auf die Festplatte zu schreiben. Bei der Bildschirmausgabe ist es nicht unbedingt erforderlich, daß der Puffer zuerst gefüllt wird, bevor eine Ausgabe erfolgt. Es wäre nicht sehr günstig, wenn Sie beispielsweise die Botschaft *Eine Taste drücken, um fortzufahren* mehrmals ausgeben müßten, damit die 512 Byte erreicht werden, um den Puffer zu füllen. Glücklicherweise muß ein Programm nicht unbedingt darauf warten, bis der Puffer voll ist. Schickt man dem Puffer ein Newline-Zeichen, wird er normalerweise geleert. Außerdem leeren die meisten Implementationen den Puffer – wie schon erwähnt wurde –, wenn etwas aus dem Eingabestrom gelesen werden soll. Angenommen, es liegen folgende Anweisungen vor:

```
cout << "Eine Zahl eingeben: ";
float num;
cin >> num;
```

Da das Programm eine Eingabe erwartet, wird die *cout*-Botschaft (das heißt, die Botschaft *Eine Zahl eingeben*) unmittelbar ausgegeben, auch wenn dem Ausgabestring ein Newline-Zeichen fehlt. Wäre dem nicht so, würde das Programm auf eine Eingabe warten, ohne dem Anwender die *cout*-Botschaft zu übermitteln.

Leert Ihre Implementation den Puffer nicht, wenn Sie es wollen, können Sie das Leeren des Puffers durch den Einsatz eines von zwei verschiedenen *Manipulatoren* erzwingen. Der Manipulator *flush* leert den Puffer und der Manipulator *endl* leert den Puffer und fügt ein Newline-Zeichen ein. Diese Manipulatoren werden so eingesetzt wie ein Variablennamen:

```
cout << "Hallo, schönes Kind! " << flush;
cout << "Warten Sie einen Moment bitte." << endl;
```

Manipulatoren sind eigentlich Funktionen. Sie können zum Beispiel den Puffer von *cout* direkt mit der *flush()*-Funktion leeren:

```
flush(cout);
```

Die *ostream*-Klasse überlädt den <<-Einfügeoperator so, daß die Anweisung

```
cout << flush;
```

durch den Funktionsaufruf *flush(cout);* ersetzt wird. Sie können also mit der gebräuchlicheren Einfügenotation bequem Puffer leeren.

Formatieren mit cout

Die *ostream*-Einfügeoperatoren konvertieren Werte in Textform. Standardmäßig formatieren sie Werte wie folgt:

▌ Ein Wert vom Typ *char* wird – falls er ein ausdruckbares Zeichen repräsentiert – als Zeichen in einem Feld ausgegeben, das ein Zeichen breit ist.

▌ Numerische Integer-Typen werden als Dezimalzahlen in einem Feld ausgegeben, das groß genug ist, um die Nummer und – falls vorhanden – ein Minuszeichen aufzunehmen.

▌ Fließkommatypen werden mit sechs Stellen rechts vom Dezimalpunkt ausgegeben. Hinten angehängte Nullen werden nicht ausgegeben. (Die Anzahl der *ausgegebenen* Ziffern hat nichts mit der Genauigkeit zu tun, mit der die Zahl *abgespeichert* wird.) Die Zahl wird abhängig vom Wert in der Fixpunktnotation oder in der E-Notation (siehe Kapitel 3) ausgegeben. Das Feld ist dabei wieder nur so groß, daß es die Zahl und – falls vorhanden – ein Minuszeichen aufnehmen kann.

▶ Strings werden in einem Feld ausgegeben, dessen Umfang der Länge des Strings entspricht.

Da jeder Wert mit einer Feldbreite ausgegeben wird, die seiner Größe entspricht, müssen Sie zwischen Werten explizit Leerzeichen einfügen, sonst würden aufeinanderfolgende Werte zusammengefaßt.

Listing 12.2 zeigt die standardmäßigen Feldbreiten. Nach jedem Wert wird ein Doppelpunkt (:) ausgegeben, damit Sie die jeweilige Feldbreite erkennen können. Im Programm wird mit dem Ausdruck *1.0 / 9.0* ein periodischer Bruch erzeugt, damit Sie sehen, wie viele Stellen hinter dem Dezimalpunkt ausgegeben werden.

```cpp
// standard.cpp -- cout-Standardausgabeformate
#include <iostream.h>

int main(void)
{
    cout << "12345678901234567890\n";
    char ch = 'K'; int t = 273;
    cout << ch << ":\n";
    cout << t << ":\n";
    cout << -t <<":\n";

    double f1 = 1.200;
    cout << f1 << ":\n";
    cout << (f1 + 1.0 / 9.0) << ":\n";

    double f2 = 1.67E7;
    cout << f2 << ":\n";
    cout << (f2 + 1.0 / 9.0) << ":\n";
    cout << (f2 + 2.0e5) << ":\n";

    double f3 = 2.3e-4;
    cout << f3 << ":\n";
    cout << f3 / 10 << ":\n";

    return 0;
}
```

Listing 12.2: standard.cpp

Es folgt die Ausgabe:

```
12345678901234567890
K:
273:
-273:
1.2:
1.311111:
16700000:
16700000.111111:
1.69e+07:
0.00023:
2.3e-05:
```

Jeder Wert füllt sein Feld aus. Sie sehen, daß die hinten angehängten Nullen von *1.200* nicht ausgegeben werden, aber daß bei Fließkommawerten ohne abschließende Nullzeichen sechs Stellen hinter dem Dezimalpunkt ausgegeben werden. Bei dieser bestimmten Implementation (Turbo C++) wird von der Fixpunktnotation zur E-Notation umgeschaltet, sobald der Wert größer als 1.68E7 oder kleiner als 1.0E-05 ist.

Die Zahlenbasis, die zur Ausgabe verwendet wird, verändern

Die *ios*-Klasse, von der die Klasse *ostream* abgeleitet wurde, beinhaltet Informationen über das aktuelle Ausgabeformat. Bestimmte Bits in einem Klassenelement geben beispielsweise über die zu verwendende Zahlenbasis Auskunft und ein anderes Element über die Feldbreite. Werden Manipulatoren benutzt, können Sie die zum Ausgeben von Integer-Werten verwendete Zahlenbasis einstellen. Und mit *ios*-Elementfunktionen können Sie die Feldbreite und die Anzahl der Stellen, die rechts vom Dezimalpunkt ausgegeben werden, kontrollieren. Da die *ios*-Klasse eine Basisklasse von *istream* ist, können Sie ihre Methoden mit *istream*-Objekten (oder Abkömmlingen) wie zum Beispiel *cout* einsetzen.

Wir wollen nun einmal sehen, wie eingestellt werden kann, welche Zahlenbasis zum Ausgeben von Integer-Werten verwendet werden soll. Mit den Manipulatoren *dec*, *hex* und *oct* können Sie kontrollieren, ob Integer-Werte zur Basis zehn, sechzehn oder acht ausgegeben werden. Der folgende Funktionsaufruf zum Beispiel

```
hex(cout);
```

stellt die Zahlenbasis für das Objekt *cout* auf hexadezimal ein. Wurde diese Einstellung vorgenommen, gibt ein Programm Werte so lange im hexadezimalen Format aus, bis Sie die Zahlenbasis wieder verändern. Die Manipulatoren sind keine Elementfunktionen, müssen also nicht von einem Objekt aufgerufen werden.

Obwohl die Manipulatoren eigentlich Funktionen sind, werden Sie sie normalerweise wie folgt einsetzen:

```
cout << hex;
```

Die *ostream*-Klasse überlädt den <<-Operator so, daß diese Einsatzmöglichkeit äquivalent zum Funktionsaufruf *hex(cout)* wird. In Listing 12.3 wird der Einsatz der Manipulatoren demonstriert. Ein Integer-Wert und dessen Quadrat wird in drei verschiedenen Zahlenbasen dargestellt. Ein Manipulator kann separat oder als Teil einer Reihe von Einfügeoperationen eingesetzt werden.

```
// manip.cpp -- Format-Manipulatoren benutzen
#include <iostream.h>

int main(void)
{
    cout << "Einen Integer-Wert eingeben: ";
    int n;
    cin >> n;

    cout << "n      n*n\n";
    cout << n << "      " << n * n << " (dezimal)\n";
```

```
// hexadezimaler Modus
   cout << hex;
   cout << n << "      ";
   cout << n * n << " (hexadezimal)\n";

// oktaler Modus
   cout << oct << n << "      " << n * n << " (oktal)\n";

// eine andere Art den Manipulator aufzurufen
   dec(cout);
   cout << n << "      " << n * n << " (dezimal)\n";

   return 0;
}
```

Listing 12.3: manip.cpp

Es folgt eine Beispielausgabe:

```
Ein Integer-Wert eingeben: 13
n    n*n
13   169 (dezimal)
d    a9 (hexadezimal)
15   251 (oktal)
13   169 (dezimal)
```

Die Feldbreiten einstellen

Sie haben sicher bemerkt, daß beim vorherigen Beispiel die Feldbreiten nicht übereinstimmen. Das liegt daran, daß die Zahlen verschiedene Feldbreiten haben. Mit der Elementfunktion *width* können Sie Zahlen mit unterschiedlichen Größen in Feldern gleicher Breite plazieren. Die Funktion hat die folgenden Prototypen:

```
int width();
int width(int i);
```

Die erste Form übergibt die aktuelle Einstellung der Feldbreite. Die zweite Form stellt die Feldbreite auf i Leerzeichen ein und übergibt den vorherigen Feldbreitenwert. Sie können so die vorherige Einstellung abspeichern, falls Sie die Breite später wieder auf diesen Wert einstellen wollen.

Die *width()*-Methode betrifft lediglich das nächste Element, das ausgegeben wird, und die Feldbreite wird daraufhin wieder auf den Standardwert gesetzt. Schauen Sie sich dazu die folgenden Anweisungen an:

```
cout << '#';
cout.width(8);
cout << 12 << "#" << 24 << "#\n";
```

Da *width()* eine Elementfunktion ist, müssen Sie ein Objekt (*cout* in diesem Fall) benutzen, um sie aufzurufen. Die Ausgabeanweisung ergibt die folgende Ausgabe:

```
#        12#24#
```

Die *12* wird am Ende eines Feldes plaziert, das 12 Zeichen breit ist. Das wird als *Rechtsausrichtung* bezeichnet. Danach wird die Feldbreite wieder mit dem Standardwert versehen und die beiden #-Zeichen sowie die *24* werden in Feldern entsprechend ihrer eigenen Größe ausgegeben.

C++ kürzt niemals Daten. Versuchen Sie also einen Wert, der aus sieben Ziffern besteht, in einem Feld der Breite 2 auszugeben, erweitert C++ das Feld so, daß die Daten hineinpassen. (Einige Sprachen füllen das Feld nur mit Sternchen, falls die Daten nicht hineinpassen. C++ ist jedoch der Meinung, daß es wichtiger ist, die Daten auszugeben, als die Spalten ordentlich auszurichten. In C++ kommt die Substanz vor der Form). In Listing 12.4 sehen Sie, wie die *width()*-Elementfunktion funktioniert.

```
// width.cpp -- die width-Methode benutzen
#include <iostream.h>

int main(void)
{
    int w = cout.width(30);
    cout << "Standardfeldbreite = " << w << "\n";

    cout.width(5);
    cout << "N";
    cout.width(8);
    cout << "N * N" << "\n";

    for (long i = 1; i <= 100; i *= 10)
    {
        cout.width(5);
        cout << i;
        cout.width(8);
        cout << i * i << "\n";
    }

    return 0;
}
```

Listing 12.4: width.cpp

Es folgt die Ausgabe:

```
     Standardfeldbreite = 0
  N    N * N
  1        1
 10      100
100    10000
```

Sie können erkennen, daß das Programm die Feldbreite 30 auf den String anwendet, der von der ersten *cout*-Anweisung ausgegeben wird, und nicht auf den Wert *w*. Das liegt daran, daß die *width()*-Methode nur auf das nächste Element wirkt, das ausgegeben wird. Beachten Sie auch, daß *w* den Wert *0* hat. Das ist der Fall, da *cout.width(30)* die vorherige Feldbreite übergibt und nicht die soeben eingestellte. Die Tatsache, daß *w* gleich null ist, bedeutet, daß die Standardbreite den Wert Null besitzt. Da C++ normalerweise Felder immer so erweitert, damit die Daten hineinpassen, kann man die Feldbreite 0 als universelle Größe betrachten. Das Programm richtet am Schluß mit *width()* die Spaltentitel und Daten aus, wobei fünf Zeichen für die erste Spalte und acht Zeichen für die zweite genommen werden.

Füllzeichen

Standardmäßig füllt *cout* unbenutzte Feldteile mit Leerzeichen auf. Sie können das mit der Elementfunktion *fill()* ändern. Der folgende Aufruf

```
cout.fill('*');
```

beispielsweise legt fest, daß das Füllzeichen ein Sternchen ist. In Listing 12.5 sehen Sie, wie diese Elementfunktion eingesetzt wird.

```
// fill.cpp -- Füllzeichen für Felder ändern
#include <iostream.h>

int main(void)
{
    cout.fill('*');
    char * staff[2] = { "Waldo Whipsnade", "Wilmarie Wooper"};
    long bonus[2] = {900, 1350};

    for (int i = 0; i < 2; i++)
    {
        cout << staff[i] << ": DM ";
        cout.width(7);
        cout << bonus[i] << "\n";
    }

    return 0;
}
```

Listing 12.5: fill.cpp

Es folgt die Ausgabe:

```
Waldo Whipsnade: DM ****900
Wilmarie Wooper: DM ***1350
```

Das neue Füllzeichen wird – im Gegensatz zur Feldbreite – so lange eingesetzt, bis Sie es verändern.

Fließkomma-Ausgabegenauigkeit einstellen

Unter *Genauigkeit* wird in diesem Fall die Anzahl der Ziffern verstanden, die rechts vom Dezimalpunkt maximal ausgegeben werden. Standardmäßig gibt C++, wie Sie gesehen haben, sechs Ziffern aus. (Hinten angehängte Nullen werden dabei jedoch weggelassen.) Die Elementfunktion *precision()* ermöglicht die Auswahl anderer Werte. Die Anweisung

```
cout.precision(2);
```

beispielsweise bewirkt, daß *cout* nicht mehr als zwei Ziffern rechts vom Dezimalpunkt ausgibt. Anders als bei *width()*, aber genau wie bei *fill()*, bleibt eine neue Genauigkeitseinstellung so lange bestehen, bis eine neue eingestellt wird. In Listing 12.6 wird genau das demonstriert.

```
// precise.cpp -- Genauigkeit setzen
#include <iostream.h>

int main(void)
{
    float preis1 = 20.40;
    float preis2 = 19.0 + 8.0 / 9.0;

    cout << "\"Furry Friends\" ist DM " << preis1 << ".\n";
    cout << "\"Fiery Fiends\" ist DM " << preis2 << ".\n";

    cout.precision(2);
    cout << "\"Furry Friends\" ist DM " << preis1 << ".\n";
    cout << "\"Fiery Fiends\" ist DM " << preis2 << ".\n";

    return 0;
}
```

Listing 12.6: precise.cpp

Es folgt die Ausgabe:

```
"Furry Friends" ist DM 20.4.
"Fiery Fiends" ist DM 19.888889.
"Furry Friends" ist DM 20.4.
"Fiery Fiends" ist DM 19.89.
```

Wird die Genauigkeit auf zwei eingestellt, rundet das Programm den für *preis2* ausgegebenen Wert zu *19.89* und kürzt nicht auf *19.88*. Bei der Ausgabe werden hinten angehängte Nullen immer noch weggelassen.

Die Ausgabe von hinten angehängten Nullen

Bestimmte Ausgabeformen wie Preise oder Zahlen, die in Spalten angeordnet sind, sehen besser aus, wenn angehängte Nullen nicht unterdrückt werden. Die Ausgabe von Listing 12.6 sähe besser aus, wenn es DM 20.40 und nicht DM 20.4 heißen würde. Bei der *iostream*-Klassenfamilie gibt es keine Funktion, die genau das bewirkt. Aber in der *ios*-Klasse gibt es die Funktion *setf()*, mit der mehrere Formatierungseinstellungen vorgenommen werden können. In dieser Klasse sind auch einige Konstanten definiert, die als Argumente dieser Funktion eingesetzt werden. Der Funktionsaufruf

```
cout.setf(ios::showpoint);
```

bewirkt, daß *cout* die hinten angehängten Nullen und einen hinten angehängten Dezimalpunkt ausgibt. Das heißt, 2.00 wird nicht als 2 ausgegeben, sondern als 2.000000, wenn die Standardgenauigkeit von 6 aktiv ist. In Listing 12.7 wird diese Anweisung zum Listing 12.6 hinzugefügt.

Sie wundern sich vielleicht über die Notation *ios::showpoint*. *showpoint* ist eine Aufzählungs-
konstante (siehe Anhang F), die in der *ios*-Klasse definiert ist. Solche Konstanten besitzen den
Gültigkeitsbereich Klassen. Das bedeutet, Sie müssen den Gültigkeitsbereichsoperator (::) zusammen mit dem Konstantennamen einsetzen, falls Sie den Namen außerhalb von einer Elementfunktionsdefinition benutzen. *ios::showpoint* bedeutet also, daß die Konstante in der *ios*-Klasse
definiert ist.

```
// showzero.cpp -- Genauigkeit setzen, angehängte Nullen anzeigen
#include <iostream.h>

int main(void)
{
    float preis1 = 20.40;
    float preis2 = 19.0 + 8.0 / 9.0;

    cout.setf(ios::showpoint);
    cout << "\"Furry Friends\" ist DM " << preis1 << ".\n";
    cout << "\"Fiery Fiends\" ist DM " << preis2 << ".\n";

    cout.precision(2);
    cout << "\"Furry Friends\" ist DM " << preis1 << ".\n";
    cout << "\"Fiery Fiends\" ist DM " << preis2 << ".\n";

    return 0;
}
```

Listing 12.7: showzero.cpp

Das Programm erzeugt jetzt die folgende Ausgabe. Beachten Sie die hinten angehängten Nullen.

```
"Furry Friends" ist DM 20.400000.
"Fiery Fiends" ist DM 19.888889.
"Furry Friends" ist DM 20.40.
"Fiery Fiends" ist DM 19.89.
```

Mehr zum Thema setf()

Mit der Methode *setf()* können mehrere andere Formatierungseinstellungen vorgenommen werden, deshalb wollen wir sie näher untersuchen. In der *ios*-Klasse befindet sich ein *protected*-Ele-
ment mit dem Namen *x_flags*. Dabei handelt es sich um ein *long*-Element, bei dem einzelne Bits
(in diesem Kontext als *Flags* bezeichnet) die unterschiedlichen Formatierungsaspekte, wie beispielsweise die Zahlenbasis, oder ob hinten angehängte Nullen ausgegeben werden, kontrolliert.
(Sie haben vielleicht schon einmal DIP-Schalter bei der Konfiguration von Computerhardware
eingestellt – Bitflags sind dazu das Programmieräquivalent.) Die Manipulatoren *hex*, *dec* und *oct*
zum Beispiel setzen die drei Flagbits in *x_flags*, die zur Kontrolle der Zahlenbasis dienen. Mit der
setf()-Funktion existiert eine weitere Möglichkeit, die Flagbits einzustellen.

Die *setf()*-Funktion hat zwei Prototypen. Der erste sieht wie folgt aus:

```
long setf(long);
```

Er dient dazu, Formatierungsinformationen, die von einem einzelnen Bit kontrolliert werden, einzustellen. Das Argument ist ein *long*-Wert, der angibt, welches Bit manipuliert werden soll. Der Übergabewert ist eine Zahl vom Typ *long*, der den früheren Wert dieses Bits angibt. Sie können diesen Wert abspeichern, falls Sie später die Originaleinstellungen wiederherstellen wollen. Was für ein Wert muß *setf()* übergeben werden? Möchten Sie das Bit Nummer elf auf 1 setzen, übergeben Sie eine Zahl, deren elftes Bit auf 1 gesetzt ist. Beim Übergabewert ist das elfte Bit entsprechend der vorherigen Einstellung dieses Bits gesetzt oder gelöscht. Auf die Einstellung von Bits zu achten, hört sich mühsam an und ist es auch. Sie müssen sich jedoch nicht darum kümmern, da in der *ios*-Klasse für diesen Zweck Konstanten definiert sind. In Tabelle 12.1 sehen Sie einige dieser Definitionen:

Name der Konstanten	Auswirkungen
ios::showbase	bei der Ausgabe wird die Zahlenbasis entsprechend der C++-Notation angegeben (0, 0x)
ios::showpoint	angehängte Nullen und Dezimalpunkte werden angezeigt
ios::uppercase	bei der hexadezimalen Ausgabe werden nur Großbuchstaben verwendet
ios::showpos	das Pluszeichen vor positiven Zahlen ausgeben

Tabelle 12.1: Formatierungskonstanten

Da diese Konstanten in der *ios*-Klasse definiert sind, müssen Sie den Gültigkeitsbereich-Zugriffsoperator zusammmen mit ihnen einsetzen. Das heißt, wenden Sie *ios::uppercase* und nicht *uppercase* an. Veränderungen bleiben so lange bestehen, bis sie überschrieben werden. In Listing 12.8 sehen Sie einige dieser Konstanten im praktischen Einsatz.

```
// setf.cpp -- setf() für die Formatierungssteuerung einsetzen
#include <iostream.h>

int main(void)
{
    int temperatur = 63;

    cout << "Die Wassertemperatur von heute: ";
    cout.setf(ios::showpos);    // Pluszeichen anzeigen
    cout << temperatur << "\n";

    cout << "Für unsere Programmierfreunde, das ist\n";
    cout << hex << temperatur << "\n"; // use hex
    cout.setf(ios::uppercase);  // Großbuchstaben für hex
    cout.setf(ios::showbase);   // 0X für hex verwenden
    cout << "oder\n";
    cout << temperatur << "\n";

    return 0;
}
```

Listing 12.8: setf.cpp

Es folgt die Ausgabe:

```
Die Wassertemperatur von heute: +63        Pluszeichen wird ausgegeben
Für unsere Programmierfreunde, das ist
3f                                          Hexadezimales Format
oder
0X3F                                        Großbuchstaben und die Vorsilbe 0X
                                            benutzen
```

Das Pluszeichen wird nur bei Ausgaben zur Basis zehn benutzt. C++ behandelt hexadezimale und oktale Werte als vorzeichenlos, so daß kein Vorzeichen für sie benötigt wird.

Der zweite *setf()*-Prototyp besitzt zwei Argumente und übergibt die vorherige Einstellung.

```
long setf(long, long);
```

Diese überladene Form der Funktion wird zur Einstellung von Formatierungsoptionen benutzt, die von mehr als einem Bit kontrolliert werden. Das erste Argument ist – wie vorher – ein *long*-Wert, der die gewünschte Einstellung beinhaltet. Das zweite Argument ist ein Wert, der zuerst die entsprechenden Bits löscht. Ein Beispiel: Wird das Bit 3 auf 1 gesetzt, bedeutet das, zur Basis zehn ausgeben, setzt man Bit 4 auf 1, soll zur Basis 8 ausgegeben werden, und das Setzen von Bit 5 auf 1 zeigt an, daß zur Basis 16 ausgegeben werden soll. Angenommen, die Ausgabe erfolgt zur Basis 10 und Sie wollen, daß zur Basis 16 ausgegeben wird. Sie müssen dann nicht nur das Bit 5 auf 1 setzen, sondern auch die Bits 3 und 4 auf 0 setzen. Der clevere *hex*-Manipulator führt beide Aufgaben automatisch aus. *setf()* erfordert etwas mehr Arbeit, da man mit Hilfe des zweiten Argumentes anzeigt, welche Bits zuerst gelöscht werden müssen und daraufhin mit dem ersten Argument kennzeichnet, welches Bit gesetzt werden soll. Das ist nicht so kompliziert, wie es aussieht, da in der *ios*-Klasse Konstanten für diesen Zweck definiert sind (siehe Tabelle 12.2). So sollten Sie die Konstante *ios::basefield* als zweites Argument und *ios::hex* als erstes Argument verwenden, falls Sie die Zahlenbasis entsprechend verändern wollen. Das heißt, der Funktionsaufruf

```
cout.setf(ios::hex, ios::basefield);
```

hat denselben Effekt wie der *hex*-Manipulator.

Die *ios*-Klasse definiert drei Sätze von Formatierungsflags, die so behandelt werden können. Jeder Satz besteht aus einer Konstanten, die als zweites Argument eingesetzt werden soll, und zwei oder drei Konstanten, die als erstes Argument benutzt werden. Das zweite Argument löscht eine Gruppe zusammengehöriger Bits. Daraufhin setzt das erste Argument eines dieser Bits auf 1. In Tabelle 12.2 sehen Sie die Namen der Konstanten, die als zweites *setf()*-Argument eingesetzt werden können, die dazugehörigen Konstanten für das erste Argument und ihre Bedeutungen. Damit beispielsweise die Linksausrichtung ausgewählt wird, müssen Sie *ios::adjustfield* als zweites Argument und *ios::left* als erstes Argument einsetzen. Linksausrichtung bedeutet, daß ein Wert am linken Ende des Feldes beginnt. Bei der Rechtsausrichtung endet der Wert am rechten Ende des Feldes. Interne Justierung bedeutet, daß eventuell vorhandene Vorzeichen oder Zahlenbasis-Präfixe links im Feld plaziert werden und der Rest der Zahl am rechten Ende des Feldes. (Unglücklicherweise gibt es in C++ keinen Selbstjustierungsmodus.) Bei der Fixpunktnotation wird der Stil *123.4* für Fließkommawerte unabhängig von der Größe der Zahl eingesetzt. Wissenschaftliche Notation bedeutet, daß der Stil *1.23e04* unabhängig von der Größe der Zahl benutzt wird.

Zweites Argument	Erstes Argument	Bedeutung
`ios::basefield`	`ios_dec`	Zahlenbasis 10 benutzen
	`ios::oct`	Zahlenbasis 8 benutzen
	`ios::hex`	Zahlenbasis 16 benutzen
`ios::floatfield`	`ios::fixed`	Fixpunktnotation verwenden
	`ios::scientific`	Wissenschaftliche Notation verwenden
`ios::adjustfield`	`ios::left`	links ausrichten
	`ios::right`	rechts ausrichten
	`ios::internal`	Vorzeichen oder Zahlenbasis-Präfix links ausrichten, den Wert rechts ausrichten

Tabelle 12.2: Argumente für setf(long,long)

Die *setf()*-Funktion ist eine Elementfunktion der *ios*-Klasse. Da dies eine Basisklasse der *ostream*-Klasse ist, können Sie die Funktion mit dem Objekt *cout* aufrufen. Um beispielsweise die Linksausrichtung einzustellen, müssen Sie den folgenden Aufruf verwenden:

```
long old = cout.setf(ios::left, ios::adjustfield);
```

Damit die vorherige Einstellung wieder hergestellt wird, müssen Sie folgendes tun:

```
cout:setf(old, ios::adjustfield);
```

In Listing 12.9 sehen Sie weitere Beispiele zum Einsatz von *setf()* mit zwei Argumenten.

```
// setf2.cpp -- setf mit zwei Argumenten einsetzen

#include <iostream.h>
#include <math.h>

int main(void)
{
    // Linksausrichtung benutzen, Pluszeichen anzeigen, anhängende
    // Null ausgeben, mit 3 Stelle rechts vom Dezimalpunkt
    cout.setf(ios::left, ios::adjustfield);
    cout.setf(ios::showpos);
    cout.setf(ios::showpoint);
    cout.precision(3);        // E-Notation verwenden und alten
                              // Format-Wert sichern

    long old = cout.setf(ios::scientific, ios::floatfield);

    cout << "Linksausrichtung:\n";
    for (long n = 1; n <= 41; n+= 10)
```

```
    {
        cout.width(4);
        cout << n << "|";
        cout.width(12);
        cout << sqrt(n) << "|\n";
    }

    // zur internen Ausrichtung wechseln
    cout.setf(ios::internal,ios::adjustfield);
    // normales Fließkommaformat wieder herstellen
    cout.setf(old,ios::floatfield);

    cout << "Interne Ausrichtung:\n";
    for (n = 1; n <= 41; n+= 10)
    {
        cout.width(4);
        cout << n << "|";
        cout.width(12);
        cout << sqrt(n) << "|\n";
    }

    return 0;
}
```

Listing 12.9: setf2.cpp

Es folgt die Ausgabe:

```
Linksausrichtung:
+1  |+1.000e+00  |
+11 |+3.317e+00  |
+21 |+4.583e+00  |
+31 |+5.568e+00  |
+41 |+6.403e+00  |
Interne Ausrichtung:
+ 1|+    1.000  |
+11 |+    3.317  |
+21 |+    4.583  |
+31 |+    5.568  |
+41 |+    6.403  |
```

Die Header-Datei iomanip.h

Die Einstellung einiger Formatierungswerte, wie zum Beispiel die Feldbreite, kann mit den *iostream.h*-Werkzeugen recht umständlich werden. Um die Dinge zu vereinfachen, gibt es in C++ zusätzliche Manipulatoren in der Header-Datei *iomanip.h*. Mit ihnen können dieselben Aufgaben durchgeführt werden, die wir eben besprochen haben, aber sie sind praktischer im Einsatz. Am häufigsten wird *setprecision()* zum Einstellen der Genauigkeit und *setw()* zum Einstellen der Feldbreite benutzt. Anders als die vorher besprochenen Manipulatoren akzeptieren diese Manipulatoren Argumente. Der Manipulator *setprecision()* besitzt ein Argument zur Bestimmung der Genauigkeit und der Manipulator *setw()* besitzt ein Integerargument zur Spezifikation der Feldbreite. Da es sich um Manipulatoren handelt, können sie in einer *cout*-Anweisung verkettet werden. Das ist sehr praktisch, wenn mehrere Spalten mit Werten ausgegeben werden sollen. In Listing 12.10 wird dies durch mehrmalige Veränderung der Feldbreite innerhalb einer Ausgabezeile demonstriert.

Übrigens, dieses Programm benutzt eine mathematische Funktion, und einige C++-Systeme durchsuchen die mathematische Bibliothek nicht automatisch. Einige UNIX-Systeme zum Beispiel erwarten, daß Sie folgendes tun:

```
$ CC iomanip.C -lm
```

Die Option *-lm* instruiert den Linker die mathematische Bibliothek zu durchsuchen.

```cpp
// iomanip.cpp -- Manipulatoren aus iomanip.h benutzen
// einige Systeme erfordern es, daß die mathematische Bibliothek
// ausdrücklich in den Linkvorgang eingeschlossen wird
#include <iostream.h>
#include <iomanip.h>
#include <math.h>

int main(void)
{
    cout.setf(ios::showpoint);

    cout << setw(6) << "N" << setw(14) << "Quadratwurzel"
         << setw(15) << "Vierte Wurzel\n";

    double root;
    for (int n = 10; n <=100; n += 10)
    {
        root = sqrt(n);
        cout << setw(6) << n
             << setw(12) << setprecision(3) << root
             << setw(14) << setprecision(4) << sqrt(root)
             << "\n";
    }

    return 0;
}
```

Listing 12.10: iomanip.cpp

Es folgt die Ausgabe:

```
    N Quadratwurzel    Vierte Wurzel
   10      3.162          1.7783
   20      4.472          2.147
   30      5.477          2.3403
   40      6.325          2.5149
   50      7.071          2.6591
   60      7.746          2.7832
   70      8.367          2.8925
   80      8.944          2.9907
   90      9.487          3.0801
  100     10.000          3.1623
```

Jetzt können Sie akkurat ausgerichtete Spalten erzeugen.

Eingabe mit cin

Jetzt ist es an der Zeit, daß wir uns der Eingabe von Daten in ein Programm widmen. Das Objekt *cin* repräsentiert die Standardeingabe in Form eines Bytestroms. Normalerweise erzeugen Sie diesen Strom von Zeichen mit der Tastatur. Geben Sie beispielsweise die Zeichenfolge *1992* ein, extrahiert das Objekt *cin* diese Zeichen aus dem Eingabestrom. Sie möchten vielleicht, daß die Eingabe Teil eines Strings wird, ein Wert vom Typ *int*, *float* oder von einem anderen Typ ist. Die Extraktion bringt also auch Typkonversionen mit sich. Das Objekt *cin* – geleitet vom Typ der Variablen, die dazu bestimmt ist, den Wert aufzunehmen – muß mit seinen Methoden diese Zeichensequenz in den gewünschten Wertetyp umwandeln.

Meistens wird *cin* wie folgt eingesetzt:

```
cin >> wert_aufnehmer;
```

Dabei kennzeichnet *wert_aufnehmer* den Speicherplatz, an dem die Eingabe abgelegt wird. Das kann der Name einer Variablen, einer Referenz, ein dereferenzierter Zeiger, ein Element einer Struktur oder einer Klasse oder ein Zeiger sein. Wie *cin* die Eingabe interpretiert, hängt vom Datentyp von *wert_aufnehmer* ab. Die *istream*-Klasse, die in der Datei *iostream.h* definiert ist, überlädt den >>-Extraktionsoperator, um die folgenden Grundtypen erkennen zu können:

▶ *signed char &*
▶ *unsigned char &*
▶ *short &*
▶ *unsigned short &*
▶ *int &*
▶ *unsigned int &*
▶ *long &*
▶ *unsigned long &*
▶ *float &*
▶ *double &*
▶ *long double &*

Eine typische Operatorfunktion hat einen Prototyp wie den folgenden:

```
istream & operator>>(int &);
```

Sowohl das Argument als auch der Übergabewert sind Referenzen. Liegt ein Referenzargument (siehe Kapitel 9) vor, bewirkt eine Anweisung wie die folgende

```
cin >> staff_groesse;
```

daß die *operator>>()*-Funktion mit der Original-Variablen *staff_groesse* selbst arbeitet und nicht mit einer Kopie. Das ist auch bei einem normalen Argument so. Da der Argumenttyp aber eine Referenz ist, kann *cin* den Wert einer Variablen, die als Argument eingesetzt wird, direkt modifizieren. Die obige Anweisung zum Beispiel modifiziert direkt den Wert der Variablen *staff_groesse*. Die Bedeutung der Tatsache, daß der Übergabewert eine Referenz ist, werden wir gleich besprechen. Zuerst wollen wir jedoch den Typkonversionsaspekt des Extraktionsoperators untersuchen. Bei Argumenten, die einen Typ aus der Typenliste besitzen, konvertiert der Extraktionsoperator die Zeicheneingabe in den gewünschten Wertetyp. Angenommen, *staff_groesse* ist vom Typ *int*. Dann nimmt der Compiler für die Anweisung

```
cin >> staff_groesse;
```

den folgenden Prototyp:

```
istream & operator>>(int &);
```

Die zu diesem Prototyp gehörende Funktion liest dann aus dem Zeichenstrom beispielsweise die Zeichen *2, 3, 1, 8* und *4*. Bei einem System, das mit einem zwei Byte umfassenden *int*-Typ arbeitet, konvertiert die Funktion daraufhin diese Zeichen in die zwei Byte umfassende binäre Repräsentation des Integer-Wertes *23184*. Wäre dagegen *staff_groesse* vom Typ *double* gewesen, hätte *cout* mit Hilfe von *operator>>(double &)* dieselbe Eingabe in die acht Byte umfassende Fließkommarepräsentation des Wertes *23184.0* konvertiert.

Die Klasse *istream* überlädt den >>-Extraktionsoperator auch für zwei Zeigertypen:

▶ *signed char **
▶ *unsigned char **

Bei diesem Argumenttyp liest der Extraktionsoperator das nächste Wort aus der Eingabe und plaziert es an der gewünschten Adresse, wobei ein Nullzeichen hinzugefügt wird, um daraus einen String zu machen. Angenommen, es liegen folgende Anweisungen vor:

```
cout << "Geben Sie Ihren Vornamen ein:\n";
char name[20];
cin >> name;
```

Entsprechen Sie dieser Bitte und geben *Hilary* ein, plaziert der Extraktionsoperator die Zeichen *Hilary\0* im Array *name*. (Wie üblich, repräsentiert *\0* das abschließende Nullzeichen.) Der Identifizierer *name* – der Name eines *char*-Arrays – fungiert als Adresse des ersten Array-Elementes, wodurch *name* zum Typ *char ** wird (Zeiger auf ein *char*-Objekt). Was für ein Prototyp paßt dazu? Implementiert Ihr System *char* als vorzeichenbehafteten Typ, wird *operator>>(signed char *)* benutzt und implementiert Ihr System *char* als vorzeichenlosen Typ, wird *operator>>(unsigned char *)* verwendet.

Die Tatsache, daß der Extraktionsoperator eine Referenz auf das aufrufende Objekt übergibt, ermöglicht es, Eingaben genauso zu verketten, wie es bei der Ausgabe möglich ist:

```
char name[20];
float fee;
int group;
cin >> name >> fee >> group;
```

Das *cin*-Objekt, das in diesem Fall von *cin >> name* übergeben wird, wird zum Objekt, das *fee* bearbeitet.

Wie cin >> die Eingabe sieht

Die verschiedenen Versionen des Extraktionsoperators stimmen in ihrer Betrachtungsweise des Eingabestroms überein. Sie überspringen solange Whitespace-Zeichen (Leerzeichen, Newline-Zeichen und Tabulatorzeichen), bis sie auf ein Zeichen treffen, das kein Whitespace-Zeichen ist. Das trifft sogar für die Einzelzeichenmodi (bei denen das Argument vom Typ *char, unsigned char* oder *signed char* ist) zu, was nicht für die C-Eingabefunktionen gilt (siehe Bild 12.5). In den Einzelzeichenmodi liest der Operator das Zeichen und weist es der gewünschten Position zu. In den anderen Modi liest der Operator eine Einheit des gewünschten Typs. Das heißt, es wird alles ab dem ersten Zeichen, das kein Whitespace-Zeichen ist, bis zum ersten Zeichen, das nicht zum Zieltyp paßt, gelesen. Schauen Sie sich dazu die folgende Anweisungen an:

```
int elevation;
cin >> elevation;
```

Angenommen, Sie geben die folgenden Zeichen ein:

```
-123Z
```

Der Operator liest die Zeichen -, *1, 2* und *3*, da sie alle gültige Teile eines Integer-Wertes sind. Aber das Zeichen *Z* ist nicht gültig, deshalb wird als letztes Zeichen *3* akzeptiert. Das *Z* bleibt im Eingabestrom und die nächste *cin*-Anweisung beginnt an dieser Stelle mit dem Lesen. Währenddessen konvertiert der Operator die Zeichensequenz *-123* in einen Integer-Wert und weist ihn *elevation* zu.

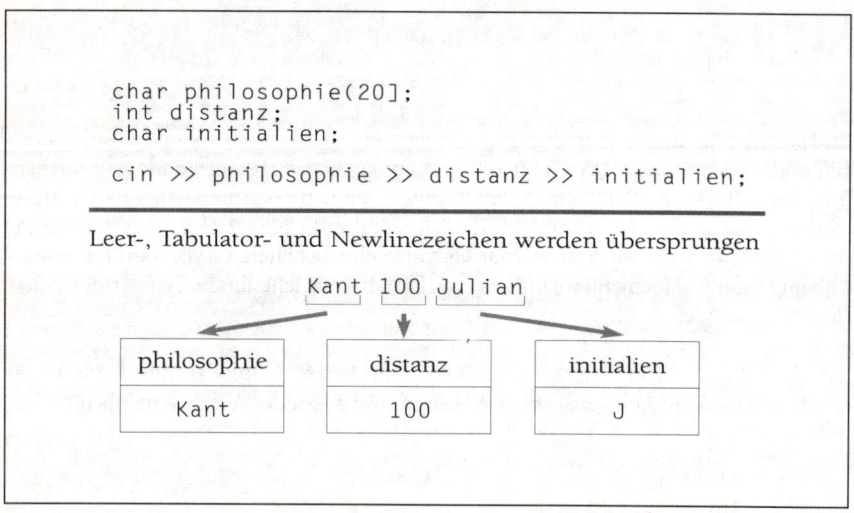

Bild 12.5: cin >> überspringt Whitespace-Zeichen

Es kann vorkommen, daß die Eingabe nicht den Erwartungen des Programmes entspricht. Angenommen, Sie haben *Zcar* anstelle von *-123Z* eingegeben. Dann läßt der Extraktionsoperator den Wert von *elevation* unverändert und übergibt den Wert Null. Der Übergabewert Null ermöglicht es einem Programm, zu überprüfen, ob die Eingabe den Erwartungen des Programmes entspricht. Siehe auch Listing 12.11.

```
// check_it.cpp -- Eingabeüberprüfung
#include <iostream.h>

int main(void)
{
    cout.precision(2);
    cout.setf(ios::showpoint);
    cout << "Zahlen eingeben: ";

    double summe = 0.0;
    double input;
        while (cin >> input)
    {
        summe += input;
    }

    cout << "Der zuletzt eingegebene Wert = " << input << "\n";
    cout << "Summe = " << summe << "\n";
    return 0;
}
```

Listing 12.11: check_it.cpp

So sieht die Ausgabe aus, wenn sich eine unpassende Eingabe (*-123Z*) im Eingabestrom befindet:

```
Zahlen eingeben: 200.0
1.0E1 -50 -123Z 60
Der zuletzt eingegebene Wert = -123.00
Summe = 37.00
```

Da die Eingabe gepuffert ist, wird die zweite Zeile der Tastatureingabe erst dann an das Programm geschickt, wenn am Ende der Zeile $\boxed{\text{RETURN}}$ gedrückt wird. Aber die Schleife beendet die Bearbeitung der Eingabe bei dem Zeichen *Z*, da es in keinem Fließkommaformat vorkommt. Da die Eingabe nicht das erwartete Format hatte, übergab der Ausdruck *cin>>input* den Wert Null oder falsch, wodurch die *while-Schleife* beendet wurde.

Andere istream-Klassenmethoden

In den Kapiteln 3, 4 und 5 wurden die Methoden *get()* und *getline()* besprochen. Wie Sie vielleicht noch wissen, verfügen diese Methoden über die folgenden zusätzlichen Eingabefähigkeiten:

▌ Die Methoden *get(char &)* und *get(void)* ermöglichen die Eingabe von Einzelzeichen, bei der nicht über Whitespace-Zeichen gesprungen wird.

▶ Die Funktionen *get(char *, int, char)* und *getline(char *, int, char)* ermöglichen String-eingabe, bei der standardmäßig ganze Zeilen anstelle von einzelnen Wörtern gelesen werden.

Wir wollen uns nun diese beiden Gruppen der *istream*-Klassen-Elementfunktionen anschauen.

Einzelzeicheneingabe

Werden die *get()*-Methoden mit einem *char*-Argument oder gar keinem Argument eingesetzt, lesen sie das nächste Eingabezeichen, auch wenn es sich dabei um ein Leer-, Tab- oder Newline-Zeichen handelt. Die Version *get(char &)* weist ihrem Argument das Eingabezeichen zu. Die Version *get(void)* verwendet das Eingabezeichen als Übergabewert.

Zuerst wollen wir *get(char &)* ausprobieren. Angenommen, in einem Programm liegt die folgende Schleife vor:

```
int ct = 0;
char ch;
cin.get(ch != '\n')
{
    cout << ch;
    ct++;
    cin.get(ch);
}
cout << ct << '\n';
```

Angenommen, Sie geben folgendes ein:

```
Ich bin C++-Fan. [RETURN]
```

Durch das Drücken von [RETURN] wird die Eingabezeile an das Programm übergeben. Das Programmfragment liest zuerst das Zeichen *I*, gibt es mit *cout* aus und inkrementiert *ct* um *1*. Daraufhin wird das Zeichen gelesen, das auf *I* folgt, ausgegeben und *ct* um 1 inkrementiert. Dieser Prozeß wird so lange fortgesetzt, bis das Programm das durch die Betätigung von [RETURN] erzeugte Newline-Zeichen erkennt und die Schleife beendet. Verwendet man also *get(ch)*, werden die Leerzeichen genauso gelesen, ausgegeben und gezählt wie die ausdruckbaren Zeichen. Angenommen, in einem Programm hätte man versucht, >> dafür einzusetzen:

```
int ct = 0;
char ch;
cin >> ch;
while (ch != '\n')       // Geht nicht
{
    cout << ch;
    ct++;
    cin >> ch;
}
cout << ct << '\n';
```

Zum einen überspringen die obigen Anweisungen die Leerzeichen, zählen sie also nicht und komprimieren so die Ausgabe wie folgt:

```
IchbinC++-Fan.
```

550

Und was ganz schlecht ist, die Schleife wird nie beendet! Da der Extraktionsoperator auch Newline-Zeichen überspringt, wird das Newline-Zeichen niemals *ch* zugewiesen, der *while*-Schleifentest wird also die Schleife nie beenden.

Die Elementfunktion *get(char &)* übergibt normalerweise eine Referenz auf das *istream*-Objekt, mit dem die Funktion aufgerufen wurde. Das bedeutet, es ist möglich, andere Extraktionen, die auf *get(char)* folgen, zu verketten:

```
char c1, c2, c3;
cin.get(c1).get(c2) >> c3;
```

Zuerst weist *cin.get(c1)* das erste Eingabezeichen *c1* zu und übergibt das aufrufende Objekt *cin*. Dadurch wird die Anweisung auf *cin.get(c2) >> c3* reduziert, wodurch das zweite Eingabezeichen der Variablen *c2* zugewiesen wird. Anschließend wird das nächste Zeichen, das kein Whitespace-Zeichen ist, *c3* zugewiesen. Den Variablen *c1* und *c2* könnten Whitespace-Zeichen zugewiesen werden, aber *c3* nicht.

Erreicht *cin.get(char &)* das Ende einer Datei – tatsächlich oder bei DOS mit der Tastatur simuliert durch ⌜CTRL⌝⌜Z⌝ und bei UNIX durch Eingabe von ⌜CTRL⌝⌜D⌝ am Anfang einer Zeile –, wird dem Argument kein Wert zugewiesen. Das ist durchaus richtig, denn sobald das Programm das Ende der Datei erreicht, kann kein Wert mehr zugewiesen werden. Anstatt das aufrufende Objekt (*cin*) zu übergeben, übergibt *cin.get(char &)* bei Erreichen des Dateiendes Null. Sie können also folgende Schleife einsetzen, um Zeichen bis zum Ende einer Datei zu lesen:

```
char ch;
while (cin.get(ch))
{
    // Eingabe lesen und bearbeiten
}
```

Solange die Eingabe gültig ist, ist der Übergabewert von *cin.get(ch)* das Objekt *cin*. Dieser Wert ist ungleich Null, also wird die Schleife fortgeführt. Nach dem Erreichen des Dateiendes wird der Übergabewert gleich Null und die Schleife beendet.

Die Elementfunktion *get(void)* liest ebenfalls Whitespace-Zeichen, benutzt aber ihren Übergabewert, um dem Programm die Eingabe zu übermitteln. Sie können diese Funktion wie folgt einsetzen:

```
int ct = 0;
char ch;
ch = cin.get();            // Den Übergabewert benutzen
while (ch != '\n')
{
    cout << ch;
    ct++;
    ch = cin.get();
}
cout << ct << '\';
```

Bei einigen C++-Implementationen gibt es diese Elementfunktion nicht.

Die Elementfunktion *get(void)* übergibt den Typ *int*. Dadurch wird folgendes ungültig:

```
char c1, c2, c3;
cin.get().get() >> c3;      // Nicht gültig
```

cin.get() übergibt einen Wert vom Typ *int*. Da der Übergabewert kein Klassenobjekt ist, können Sie auch den Elementoperator nicht darauf anwenden. Sie erhalten also einen Syntaxfehler. Am Ende einer Extraktionssequenz ist es jedoch möglich, *get()* einzusetzen:

```
char c1;
cin.get(c1).get();          // Gültig
```

Daß *get(void)* einen *int*-Typ übergibt, hat zur Folge, daß man dahinter keinen Extraktionsoperator plazieren kann. Aber da *cin.get(c1) cin* übergibt, ist diese Anweisung eine geeignete Vorsilbe für *get()*. Die obige Anweisung liest dann das erste Eingabezeichen, weist es *c1* zu, liest daraufhin das zweite Eingabezeichen und verwirft es.

Nach Erreichen des Dateiendes – tatsächlich oder simuliert – übergibt *cin.get(void)* den Wert *EOF*. Das ist eine symbolische Konstante, die in der Header-Datei *iostream.h* definiert ist. So ist es möglich, die folgende Konstruktion zum Lesen von Eingabe einzusetzen:

```
int ch;
while ((ch = cin.get()) != EOF)
{
        // Eingabe bearbeiten
}
```

Sie sollten für *ch* den Typ *int* und nicht den Typ *char* verwenden, da der Wert *EOF* unter Umständen nicht als *char*-Typ ausgedrückt werden kann.

In Kapitel 5 werden diese Funktionen etwas detaillierter beschrieben, und in Tabelle 12.3 finden Sie eine Zusammenfassung der Funktionen für die Einzelzeicheneingabe.

Eigenschaft	cin.get(ch)	ch = cin.get()
Art und Weise, wie das Eingabezeichen bereitgestellt wird	wird *ch* zugewiesen	der Übergabewert der Funktion wird *ch* zugewiesen
Funktionsübergabewert bei eingelesenem Zeichen	Referenz auf ein *istream*-Objekt	Zeichencode als *int*-Wert
Funktionsübergabewert bei Dateiende	0	EOF

Tabelle 12.3: cin.get(ch) kontra cin.get()

Was für eine Form der Einzelzeicheneingabe?

Wenn Sie die Wahl zwischen >>, *get(char &)* und *get(void)* haben, was nehmen Sie? Sie müssen zuerst entscheiden, ob Whitespace-Zeichen in der Eingabe übersprungen werden sollen oder nicht. Sollen die Whitespace-Zeichen übersprungen werden, muß der Extraktionsoperator eingesetzt werden. Das Überspringen von Whitespace-Zeichen ist zum Beispiel beim Anbieten von Menüauswahlmöglichkeiten ganz praktisch:

```
cout << "a. Kunde ärgern b. Kunde Rechnung schicken\n"
     << "c. Kunde beruhigen d. Kunde täuschen\n"
     << "q.\n";
cout << "a, b, c, d, oder q eingeben";
char ch;
cin >> ch;
while (ch != 'q')
{
    switch(ch)
    {
        ...
    }
    cout << "a, b, c, d oder q eingeben: ";
    cin >> ch;
}
```

Um zum Beispiel die Auswahl *b* einzugeben, müssen Sie ⒝ ⸢RETURN⸣ eintippen. Dadurch wird die zwei Zeichen umfassende Antwort *b\n* erzeugt. Verwenden Sie eine der Formen von *get()*, müssen Sie, damit das \n-Zeichen bei jedem Schleifendurchlauf entfernt wird, zusätzliche Anweisungen hinzufügen, aber der Extraktionsoperator überspringt es praktischerweise. (Haben Sie schon in C programmiert, kennen Sie sicher Situationen, bei denen das Newline-Zeichen für das Programm eine ungültige Antwort darstellte. Dieses Problem ist zwar einfach zu beseitigen, jedoch ärgerlich.)

Soll ein Programm jedes Zeichen untersuchen können, müssen Sie eine der *get()*-Methoden einsetzen. Ein Programm, das Wörter zählt, kann beispielsweise mit einem Whitespace-Zeichen feststellen, wo ein Wort endet. Die *get(char &)*-Methode verfügt über das bessere Interface für diesen Zweck, außerdem wird sie umfassender unterstützt. Der Hauptvorteil der *get(void)*-Methode besteht darin, daß sie der Standard-C-Funktion *getchar()* gleicht. Sie können so durch Einbinden von *iostream.h* anstelle von *stdio.h*, durch eine globale Ersetzung von *getchar()* durch *cin.get()* und eine globale Ersetzung von *putchar(ch)* durch *cout.put(ch)* C-Programme in C++-Programme umwandeln.

Stringeingabe: getline(), get() und ignore()

Als nächstes wollen wir uns den Stringeingabe-Elementfunktionen widmen, die in Kapitel 4 detailliert beschrieben wurden. Die Elementfunktion *getline()* und die dritte Version von *get()* lesen beide Strings und haben dieselbe Funktionssignatur:

```
istream & get(char *, int, char = '\n';);
istream & getline(char *, int, char = '\n');
```

Das erste Argument ist – wie Sie wissen – die Adresse der Stelle, an der der Eingabestring plaziert werden soll. Das zweite Argument ist um eins größer als die maximale Anzahl der Zeichen, die gelesen werden können. (Dadurch ist Platz für das abschließende Nullzeichen, das zur Abspeicherung der Eingabe als String benötigt wird.) Lassen Sie das dritte Argument weg, liest jede der obigen Funktionen bis zur maximalen Zeichenanzahl oder bis zu einem Newline-Zeichen. Die folgenden Anweisungen beispielsweise

```
char line[50];
cin.get(line, 50);
```

lesen die Zeicheneingabe in das Zeichenarray *line*. Die Funktion *cin.get()* hört mit dem Lesen der Eingabe auf, sobald 49 Zeichen gelesen oder ein Newline-Zeichen angetroffen wurde. Der Unterschied zwischen *get()* und *getline()* besteht darin, daß *get()* das Newline-Zeichen im Eingabestrom beläßt, wodurch es zum ersten Zeichen wird, das von der nächsten Eingabeoperation gelesen wird, während *getline()* das Newline-Zeichen aus dem Eingabestrom extrahiert und verwirft. Nicht alle C++-Implementationen beinhalten *getline()*.

In Kapitel 4 wurde die Standardform dieser beiden Elementfunktionen besprochen. Wir wollen jetzt das letzte Argument unter die Lupe nehmen, von dem das Standardverhalten der Funktionen modifiziert wird. Das dritte Argument, dessen Vorgabewert '\n' ist, ist das Abschlußzeichen. Wird das Abschlußzeichen angetroffen, wird die Eingabe beendet, auch wenn die maximale Zeichenanzahl noch nicht erreicht ist. Beide Methoden hören mit dem Lesen der Eingabe auf, sobald sie auf das Abschlußzeichen treffen, auch wenn die gewünschte Zeichenanzahl noch nicht eingelesen wurde. Der Unterschied zwischen *get()* und *getline()* besteht darin, daß *get()* das Abschlußzeichen in der Eingabe beläßt und *getline()* nicht. Bei der ersten Turbo-C++-Implementation von *getline()* wurde das Abschlußzeichen im Zielstring untergebracht, aber die meisten Implementationen, darunter Borland C++ und neuere Versionen von Turbo C++, lesen und verwerfen das Abschlußzeichen einfach.

In Listing 12.12 wird die Arbeitsweise von *getline()* und *get()* demonstriert. Sie finden darin auch die Elementfunktion *ignore()*. Diese Funktion besitzt zwei Argumente: eine Zahl zur Festlegung der maximalen Anzahl der zu lesenden Zeichen und ein Zeichen, das als Abschlußzeichen der Eingabe dient. Der Funktionsaufruf

```
cin.ignore(80, '\n');
```

liest und verwirft beispielsweise die nächsten 80 Zeichen oder die Zeichen bis zum nächsten Newline-Zeichen. Der Prototyp enthält für die beiden Argumente die Vorgabewerte *1* und *EOF*. Der Funktionsübergabetyp ist *istream &*:

```
istream & ignore(int = 1, int = EOF);
```

Die Funktion übergibt das aufrufende Objekt. Dadurch können Funktionsaufrufe wie folgt verkettet werden:

```
cin.ignore(80, '\n').ignore(80, '\n');
```

Die erste *ignore()*-Methode liest und verwirft dabei eine Zeile und der zweite Aufruf liest und verwirft eine zweite Zeile. Zusammen überspringen die beiden Funktionen zwei Zeilen.

Schauen Sie sich nun Listing 12.12 an.

Kompatibilitätshinweis

In frühen Versionen von Turbo C++ ist *ignore()* so implementiert, daß die Funktion zwar bis zum Abschlußzeichen, aber nicht darüber hinaus liest. Bei diesen Versionen muß man also *cin.ignore(80, '\n').get(ch)* anwenden, um eine ganze Zeile zu lesen und zu verwerfen.

```cpp
// getfunk.cpp -- get() und getline() einsetzen
#include <iostream.h>

const int Limit = 80;

int main(void)
{
    char input[Limit];

    cout << "Geben Sie einen String für die Bearbeitung von "
            "getline() ein:\n";
    cin.getline(input, Limit, '#');
    cout << "Hier ist Ihre Eingabe:\n";
    cout << input << "\nFertig mit Phase 1\n";

    char ch;
    cin.get(ch);
    cout << "Das nächste Eingabezeichen ist " << ch << "\n";

    if (ch != '\n')
        cin.ignore(Limit, '\n');  // Rest der Zeile ignorieren

    cout << "Geben Sie einen String für die Bearbeitung von get() "
            "ein:\n";
    cin.get(input, Limit, '#');
    cout << "Hier ist Ihre Eingabe:\n";
    cout << input << "\nFertig mit Phase 2\n";

    cin.get(ch);
    cout << "Das nächste Eingabezeichen ist " << ch << "\n";

    return 0;
}
```

Listing 12.12: getfunk.cpp

Es folgt ein Beispielprogrammablauf:

```
Geben Sie einen String für die Bearbeitung von getline() ein:
Bitte geben Sie
mir eine #3 Melone!
Hier ist Ihre Eingabe:
Bitte geben Sie
mir eine
Fertig mit Phase 1
Das nächste Eingabezeichen ist 3
```

```
Geben Sie einen String für die Bearbeitung von get() ein:
Ich möchte immer
noch meine #3 Melone!
Hier ist Ihre Eingabe:
Ich möchte immer
noch meine
Fertig mit Phase 2
Das nächste Eingabezeichen ist #
```

Die Funktion *getline()* entfernt das Abschlußzeichen »#« aus der Eingabe. Die Funktion *get()* nicht.

Weitere istream-Methoden

Wir wollen jetzt die *istream*-Methoden *read()*, *peek()*, *gcount()* und *putback()* besprechen. Die Funktion *read()* liest eine bestimmte Zeichenanzahl und speichert sie an der dafür vorgesehenen Stelle ab. Die Anweisungen

```
char.gross[144];
cin.read(gross, 144);
```

lesen 144 Zeichen aus der Standardeingabe und legen sie im Array *gross* ab. Anders als *getline()* und *get()* fügt *read()* dem *gross*-Array das Nullzeichen nicht hinzu. Die Eingabe wird also nicht in die Stringform konvertiert. Die Methode *read()* ist eigentlich nicht dafür gedacht, um zusammen mit der Tastatureingabe eingesetzt zu werden. Häufig verwendet man *read()* zusammen mit der *ostream write()*-Funktion zur Dateiein-/ausgabe. Der Übergabetyp der Methode ist *istream &*, sie kann also wie folgt verkettet werden:

```
char gross[144];
char score[20];
cin.read(gross, 144).read(score, 20);
```

Die Funktion *peek()* übergibt das nächste Eingabezeichen, ohne es aus dem Eingabestrom zu nehmen. Das heißt, Sie können einen Blick auf das nächste Zeichen werfen. Angenommen, Sie möchten die Eingabe bis zum ersten Newline-Zeichen oder bis zu einem Punkt lesen. Sie können dann mit *peek()* auf das nächste Zeichen im Eingabestrom schauen, um zu entscheiden, ob Sie fortfahren wollen oder nicht:

```
char great_input[80];
char ch;
int i= 0;
while((ch = cin.peek()) != '.' && ch != '\n')
    cin.get(great_input[i++]);
great_input [i] = '\0';
```

Mit dem obigen Aufruf von *cin.peek()* wird ein Blick auf das nächste Eingabezeichen geworfen und der Wert wird *ch* zugewiesen. Mit der Testbedingung der *while*-Schleifen wird überprüft, ob *ch* weder ein Punkt noch ein Newline-Zeichen ist. Ist das der Fall, liest die Schleife das Zeichen in das Array ein und bringt den Array-Index auf den neuesten Stand. Wird die Schleife beendet, bleibt der Punkt oder das Newline-Zeichen im Eingabestrom zurück und wird dadurch zum ersten Zeichen, das von der nächsten Eingabeoperation gelesen wird. Die obigen Anweisungen hängen ein Nullzeichen an das Array an und machen so einen String daraus.

Die Methode *gcount()* übergibt die Anzahl der Zeichen, die von der letzten nicht formatierten Methode gelesen wurden. Das heißt, es wird die Anzahl Zeichen bestimmt, die von einer *get()-*, *getline()-* oder *read()-*Methode gelesen wurden, aber nicht die Anzahl Zeichen, die vom Extraktionsoperator (>>) gelesen wurden. Angenommen, Sie haben gerade mit *cin.get(myarray, 80)* eine Zeile in das Array *myarray* gelesen und möchten nun wissen, wie viele Zeichen eingelesen wurden. Sie können dann mit der Funktion *strlen()* die Zeichen im Array zählen, aber mit *cin.gcount()* kann schneller bestimmt werden, wie viele Zeichen gerade aus dem Eingabestrom gelesen wurden.

Die Funktion *putback()* gibt ein Zeichen in den Eingabestrom zurück. Das eingefügte Zeichen wird zum ersten Zeichen, das von der nächsten Eingabeanweisung gelesen wird. Die Methode *putback()* besitzt ein *char*-Argument, das das Zeichen angibt, das eingefügt werden soll, und sie übergibt den Typ *istream &*. Dadurch kann der Aufruf mit den anderen *putback()*-Methoden verkettet werden. Benutzt man das zuvor besprochene *peek()*, ist das so, als würde man mit *get()* ein Zeichen lesen und mit *putback()* in den Eingabestrom zurückgeben. Aber mit *putback()* können Sie auch ein anderes Zeichen als das soeben eingelesene in den Eingabestrom zurückgeben.

In Listing 12.13 sehen Sie zwei Möglichkeiten zum Lesen und Wiedergeben der Eingabe, die bis zu einem, aber nicht einschließlich des #-Zeichens gelesen wird. Bei der ersten Möglichkeit wird die Eingabe bis zum #-Zeichen gelesen und dieses dann mit *putback()* in die Eingabe zurückgelegt. Bei der zweiten Möglichkeit wird mit *peek()* ein Blick voraus geworfen, bevor die Eingabe gelesen wird.

```cpp
// istream.cpp -- einige istream-Methoden
#include <iostream.h>
#include <stdlib.h>         // für exit()

int main(void)
{
// Eingabe lesen und anzeigen, bis zu einem #-Zeichen

    char ch;
    int found_it = 0;

    while(cin.get(ch))                // bei EOF aufhören
    {
        if (ch != '#')
            cout << ch;
        else
        {
            cin.putback(ch);          // Zeichen zurückgeben
            found_it = 1;
            break;
        }
    }

    if (found_it)
    {
        cin.get(ch);
        cout << '\n' << ch << " ist das nächste Eingabezeichen.\n";
    }
```

```
else
{
    cout << "Ende der Datei erreicht.\n";
    exit(0);
}

while(cin.peek() != '#')    // nach vorn schauen
{
    cin.get(ch);
     cout << ch;
}
cin.get(ch);
cout << '\n' << ch << " ist das nächste Eingabezeichen.\n";

return 0;
}
```

Listing 12.13: istream.cpp

Es folgt ein Beispielablauf:

```
Ich benutzte einen Bleistift #3, als ich einen Bleistift #2
benutzen sollte.
Ich benutzte einen Bleistift
# ist das nächste Eingabezeichen.
3, als ich einen Bleistift
# ist das nächste Eingabezeichen.
```

Programmhinweise

Wir wollen einige Stellen des Programmes genauer unter die Lupe nehmen. Beim ersten Verfahren wurde die Eingabe mit einer *while*-Schleife gelesen. Der Ausdruck *(cin.get(ch))* übergibt 0, sobald das Ende der Datei erreicht wird. Simuliert man mit der Tastatur das Ende der Datei, wird die Schleife also beendet. Kommt das #-Zeichen zuerst, gibt das Programm dieses Zeichen in den Eingabestrom zurück, setzt *found_it* auf 1, um die erfolgreiche Suche zu protokollieren und beendet mit einer *break*-Anweisung die Schleife.

```
while(cin.get(ch))              // endet bei EOF
{
    if (ch != '#')
        cout << ch;
    else
    {
        cin.putback(ch);  // Das Zeichen wieder einfügen
        found_it = 1;
        break;
    }
}
```

Das zweite Verfahren sieht einfacher aus:

```
while(cin.peek() != '#')   // Einen Blick voraus werfen
{
    cin.get(ch);
    cout << ch;
}
```

Das Programm wirft einen Blick auf das nächste Zeichen. Handelt es sich nicht um das #-Zeichen, liest das Programm das nächste Zeichen, zeigt es an und untersucht das nächste Zeichen. Dieser Prozeß wird so lange fortgesetzt, bis das Abschlußzeichen gefunden wird.

12.3 Dateiein-/ausgabe

Die meisten Computerprogramme arbeiten mit Dateien. Textverarbeitungsprogramme erzeugen Dokumentdateien. Datenbankprogramme erzeugen und durchsuchen Informationsdateien. Compiler lesen Quelltextdateien und erzeugen ausführbare Dateien. Eine Datei besteht aus einer Reihe von Bytes, die auf irgendeinem Gerät abgespeichert sind, vielleicht einem Magnetband, vielleicht einer optischen Diskette, Floppydisk oder Festplatte. Meistens verwaltet das Betriebssystem die Dateien, achtet auf ihre Position, ihre Größe, ihr Erstellungsdatum usw. Wenn Sie nicht auf Betriebssystemebene programmieren, brauchen Sie sich nicht um solche Dinge zu kümmern. Sie benötigen nur eine Möglichkeit, ein Programm mit einer Datei zu verbinden, damit das Programm den Inhalt einer Datei lesen und eine Datei erzeugen und in Dateien Daten ablegen kann. Die Umleitung (siehe die Diskussion, beginnend auf Seite 525) ermöglicht in gewissem Umfang die Dateibearbeitung, ist jedoch eingeschränkter als explizite Ein-/Ausgabeoperationen von einem Programm aus. Außerdem rührt die Umleitung vom Betriebssystem her und nicht von C++, steht also nicht auf allen Systemen zur Verfügung. Wir wollen uns nun einmal anschauen, wie C++ mit expliziten Dateiein-/ausgabeoperationen umgeht, die von einem Programm ausgehen.

Das C++-Ein-/Ausgabe-Klassenpaket ist sowohl für die Dateiein-/ausgabe als auch für die Standardein-/ausgabe zuständig. Um in eine Datei schreiben zu können, müssen Sie ein Stromobjekt erzeugen und mit den *ostream*-Methoden wie dem <<-Einfügeoperator oder *write()* arbeiten. Um eine Datei lesen zu können, müssen Sie ein Stromobjekt erzeugen und die *istream*-Methoden wie den >>-Extraktionsoperator oder *get()* benutzen. Dateien sind schwieriger zu verwalten als die Standardein-/ausgabe. Sie müssen beispielsweise eine neu eröffnete Datei mit einem Strom verbinden. Sie können dazu eine Datei im Nur-Lesen-Modus, Nur-Schreiben-Modus oder im Lesen-und-Schreiben-Modus öffnen. Schreiben Sie in eine Datei, möchten Sie vielleicht eine neue Datei erzeugen, eine alte Datei löschen oder etwas einer alten Datei hinzufügen. Sie möchten unter Umständen auch in einer Datei vor- und zurückwandern. Um alle diese Aufgaben zu bewältigen, definiert C++ mehrere neue Klassen in der Datei *fstream.h*, unter anderem die Klasse *ifstream* für die Dateieingabe, die Klasse *ofstream* für die Dateiausgabe und die Klasse *fstream* zur simultanen Dateiein-/ausgabe. Diese Klassen wurden von den Klassen abgeleitet, die sich in der Datei *iostream.h* befinden. Die Objekte dieser neuen Klassen sind also in der Lage, mit den Methoden zu arbeiten, die Sie schon kennen.

Einfache Dateiein-/ausgabe

Angenommen, Sie möchten etwas in einer Datei ablegen. Dann müssen Sie folgendes tun:

- Ein *ofstream*-Objekt zur Verwaltung des Ausgabestromes erzeugen.
- Dieses Objekt mit einer bestimmten Datei verbinden.

Binden Sie dazu zuerst die Datei *fstream.h* in Ihr Programm mit ein. Dadurch wird automatisch die Datei *iostream.h* miteingebunden. Deklarieren Sie dann ein *ofstream*-Objekt und initialisieren Sie es mit dem Namen der Datei, die geöffnet werden soll. Damit beispielsweise die Datei *kekse* für die Ausgabe geöffnet werden kann, müssen Sie folgendes tun:

```
ofstream fout("kekse");    // Das Objekt fout erstellen
```

Das Objekt heißt in diesem Fall *fout*, aber es kann dafür jeder gültige C++-Name herangezogen werden, wie zum Beispiel *outfile*, *cgate* oder *didi*. Wir haben den Namen *fout* als Erinnerung dafür gewählt, daß Sie das Objekt genauso wie *cout* einsetzen können. Möchten Sie beispielsweise die Wörter *"Dull Data"* in der Datei ablegen, können Sie folgendes tun:

```
fout << "Dull Data";
```

Da *ostream* eine Basisklasse der *ofstream*-Klasse ist, können Sie mit allen *ostream*-Methoden einschließlich der verschiedenen Einfügeoperator-Definitionen, der Formatierungsmethoden und der Manipulatoren arbeiten. Die *ofstream*-Klasse benutzt gepufferte Ausgabe, das Programm allokiert also bei der Erzeugung eines *ofstream*-Objektes wie *fout* Speicher für einen Ausgabepuffer. Erzeugen Sie zwei *ofstream*-Objekte, richtet das Programm zwei Puffer ein, einen für jedes Objekt. Ein *ofstream*-Objekt wie *fout* sammelt die Programmausgabe Byte für Byte und übermittelt den Pufferinhalt, sobald der Puffer voll ist, auf einmal an die Zieldatei. Da Diskettenlaufwerke normalerweise dafür ausgelegt sind, Daten in größeren Blöcken und nicht Byte für Byte zu transferieren, wird durch das Arbeiten mit Puffern die Übermittlungsrate von Programmdaten an eine Datei erheblich beschleunigt.

Öffnet man eine Datei auf diese Art und Weise für die Ausgabe, wird eine neue Datei erzeugt, falls noch keine Datei mit diesem Namen vorliegt. Existiert schon eine Datei mit diesem Namen, wird durch das Öffnen der Datei für die Ausgabe der alte Datei-Inhalt gelöscht und die Ausgabe kann mit einer leeren Datei beginnen. Später werden Sie lernen, wie man eine existierende Datei öffnen und ihren Inhalt bewahren kann.

Das Lesen einer Datei entspricht weitestgehend dem Schreiben in eine Datei:

▌ Erzeugen Sie zur Verwaltung des Eingabestroms ein *ifstream*-Objekt.

▌ Verbinden Sie dieses Objekt mit einer bestimmten Datei.

Die Arbeitsschritte, die gemacht werden müssen, sind die gleichen wie beim Schreiben in eine Datei. Zuerst müssen Sie natürlich die Header-Datei *fstream.h* einbinden. Anschließend können Sie ein *ifstream*-Objekt erzeugen und mit dem Dateinamen initialisieren. Damit beispielsweise die Datei *kekse* gelesen werden kann, müssen Sie folgendes tun:

```
fstream fin("kekse");    // Die Datei kekse wird zum Lesen geöffnet
```

Wir haben dem *ifstream*-Objekt den Namen *fin* gegeben, damit Sie sich leichter merken können, daß *fin* genauso wie *cin* eingesetzt werden kann. Sie können beispielsweise folgendes machen:

```
char ch;
fin >> ch;                 // Ein Zeichen aus der Datei lesen
char buf[80];
fin >> buf;                // Ein Wort aus der Datei lesen
fin.getline(buf, 80);      // Eine Zeile aus der Datei lesen
```

Sowohl die Ein- als auch die Ausgabe ist gepuffert. Durch die Erzeugung eines *ifstream*-Objektes wie *fin* wird also ein Eingabepuffer eingerichtet, der das Objekt *fin* verwaltet. Wie bei der Ausgabe werden durch das Puffern die Daten viel schneller übermittelt als beim byteweisen Transfer.

Die Verbindungen mit einer Datei werden automatisch abgebrochen, wenn die Ein-/Ausgabestromobjekte aufhören zu existieren, zum Beispiel, sobald die Ausführung eines Programmes beendet ist. Sie können die Verbindungen mit einer Datei unter Verwendung der *close()*-Methode auch explizit abbrechen:

```
fout.close();      // Ausgabeverbindung mit einer Datei abbrechen
fin.close();       // Eingabeverbindung mit einer Datei abbrechen
```

Wird eine solche Verbindung abgebrochen, wird der Strom nicht gelöscht, seine Verbindung mit der Datei wird lediglich unterbrochen. Der Verwaltungsapparat für den Strom bleibt aktiv. So bleibt zum Beispiel das Objekt *fin* zusammen mit dem Eingabepuffer, den es verwaltet, existent. Wie Sie später noch sehen werden, können Sie den Strom wieder mit derselben Datei oder mit einer anderen Datei verbinden.

Nun wollen wir uns ein kurzes Beispiel anschauen. Das Programm in Listing 12.14 erkundigt sich nach einem Dateinamen. Anschließend wird eine Datei mit dem angegebenen Namen erzeugt, einige Informationen in der Datei abgelegt und daraufhin die Datei geschlossen. Durch das Schließen der Datei wird der Puffer geleert. Dadurch wird sichergestellt, daß die Datei auf den neuesten Stand gebracht wird. Daraufhin öffnet das Programm dieselbe Datei zum Lesen und zeigt ihren Inhalt an. Beachten Sie, daß das Programm *fin* und *fout* genauso wie *cin* und *cout* einsetzt.

```
// datei.cpp -- etwas in einer Datei ablegen
#include <fstream.h>

int main(void)
{
    char dateiname[20];

    cout << "Namen für die neue Datei eingeben: ";
    cin >> dateiname;

// ein ofstream-Objekt mit dem fout für die Datei öffnen
    ofstream fout(dateiname);

    fout << "Streng geheim!\n";              // in der Datei ablegen
    cout << "Ihre Geheimnummer eingeben: ";  // auf dem Bildschirm
                                             // ausgeben
    float geheim;
    cin >> geheim;
    fout << "Ihre Geheimnummer ist " << geheim << "\n";
    fout.close();                            // Datei schließen
```

```
// ein ifstream-Objekt mit dem fin für die Datei öffnen
   ifstream fin(dateiname);
   cout << "Es folgt der Inhalt von " << dateiname << ":\n";
   char ch;
   while (fin.get(ch))              // Zeichen aus der Datei lesen und
       cout << ch;                  // auf dem Bildschirm ausgeben
   cout << "Fertig\n";

   return 0;
}
```

Listing 12.14: datei.cpp

Es folgt ein Beispielablauf:

```
Namen für die neue Datei eingeben: pythag
Ihre Geheimnummer eingeben: 3.14159
Es folgt der Inhalt von phytag:
Streng geheim!
Ihre Geheimnummer ist 3.14159
Fertig
```

Das Öffnen von mehreren Dateien

Es kommt vor, daß ein Programm mehr als eine Datei öffnen soll. Wie das abläuft, hängt davon ab, wie die Dateien eingesetzt werden sollen. Sollen zwei Dateien gleichzeitig geöffnet werden, müssen Sie für jede Datei einen separaten Strom erzeugen. Ein Programm, das beispielsweise zwei sortierte Dateien in einer dritten Datei unterbringt, erzeugt zwei *ifstream*-Objekte für die beiden Eingabedateien und ein *ofstream*-Objekt für die Ausgabedatei. Wie viele Dateien gleichzeitig geöffnet werden können, hängt vom Betriebssystem ab, meistens sind es um die zwanzig.

Vielleicht wollen Sie auch eine Reihe von Dateien nacheinander bearbeiten. Sie möchten vielleicht zählen, wie oft ein bestimmter Name in einer Reihe von zehn Dateien vorkommt. Sie können dann einen einzelnen Strom öffnen und ihn nacheinander mit jeder der Dateien verbinden. Dadurch werden die Ressourcen des Computers besser eingeteilt, als wenn für jede Datei ein eigener Strom geöffnet würde. Sie müssen in einem solchen Fall ein Stromobjekt ohne Initialisation deklarieren und mit einer zweiten Anweisung den Strom mit einer Datei verbinden. Sie könnten zwei Dateien zum Beispiel wie folgt nacheinander lesen:

```
ifstream fin;                 // Einen Strom erzeugen
fin.open("fat.dat");          // Strom mit der Datei fat.dat verbinden
...                           // Etwas erledigen
fin.close();                  // Verbindung mit fat.dat unterbrechen
fin.open("rat.dat");          // Strom mit der rat.dat Datei verbinden
...
fin.close();
```

Wir wollen uns in Kürze ein Beispiel dazu anschauen. Zuerst wollen wir jedoch erklären, wie eine Reihe von Dateien einem Programm angegeben werden können und wie dieses die Dateien mit einer Schleife bearbeiten kann.

Kommandozeilen-Argumente

Dateiverarbeitende Programme bekommen Dateinamen häufig in Form von Kommandozeilen-Argumenten mitgeteilt. Kommandozeilen-Argumente sind Argumente, die in der Kommandozeile aufgeführt sind, wenn Sie einen Befehl eingeben. Damit beispielsweise bei einem UNIX-System die Anzahl der Wörter in einer Reihe von Dateien bestimmt werden kann, müssen Sie den folgenden Befehl hinter dem UNIX-Prompt eingeben:

```
wc report1 report2 report3
```

wc ist der Programmname und *report1*, *report2* und *report3* sind Dateinamen, die als Kommandozeilen-Argumente an das Programm weitergegeben werden.

C++ verfügt über einen Mechanismus, mit dessen Hilfe ein Programm auf Kommandozeilen-Argumente zugreifen kann. Sie müssen dazu den folgenden alternativen Funktions-Header für *main()* einsetzen:

```
int main(int argc, char *argv[])
```

Das Argument *argc* repräsentiert die Anzahl der Argumente, die in der Kommandozeile vorliegen. Der Befehlsname selbst wird dabei mitgezählt. Die Variable *argv* ist ein Zeiger auf einen Zeiger vom Typ *char* *. Das hört sich etwas abstrakt an, aber Sie können *argv* so behandeln, als ob es ein Array von Zeigern auf die Kommandozeilen-Argumente wäre, wobei *argv[0]* ein Zeiger auf das erste Zeichen eines Strings ist, der das erste Kommandozeilen-Argument beinhaltet usw. Angenommen, es liegt wieder die folgende Kommandozeile vor:

```
wc report1 report2 report3
```

Dann wäre *argc* 4, *argv[0]* wäre *"wc"*, *argv[1]* wäre *"report1"* usw. Die folgende Schleife gibt jedes Kommandozeilen-Argument in einer separaten Zeile aus:

```
for (int i = 1; i < argc; i++)
    cout << argc[i] << "\n";
```

Beginnend mit *i = 1* werden lediglich die Kommandozeilen-Argumente ausgegeben. Beginnend mit *i = 0* würde auch der Befehlsname angezeigt.

In Listing 12.15 wird die Kommandozeilentechnik mit den Dateistromtechniken verbunden, um die Zeichen der Dateien zu zählen, die in der Kommmandozeile aufgeführt sind.

```
// anzahl.cpp -- Anzahl der Zeichen in einer Liste von Dateien
//               zählen

#include <fstream.h>
#include <stdlib.h>              // für exit()

int main(int argc, char *argv[])
{
    if (argc == 1)               // Programm verlassen, falls keine
                                 // Argumente vorliegen
```

```
    {
        cerr << "Anwendung: " << argv[0] << " dateiname[n]\n";
        exit(1);
    }

    ifstream fin;                    // Strom öffnen
    long anzahl;
    long total = 0;
    char ch;

    for (int datei = 1; datei < argc; datei++)
    {
        fin.open(argv[datei]);       // Strom mit der Datei
                                     // argv[datei] verbinden
        anzahl = 0;
        while (fin.get(ch))
            anzahl++;
        cout << anzahl << " Zeichen in " << argv[datei] << "\n";
        total += anzahl;
        fin.close();                 // Datei schließen
    }
    cout << total << " Zeichen in allen Dateien\n";

    return 0;
}
```

Listing 12.15: anzahl.cpp

Auf einem DOS-System beispielsweise können Sie aus dem Programm in Listing 12.15 eine ausführbare Datei mit dem Namen *anzahl.exe* machen.

Ein Beispielablauf könnte dann wie folgt aussehen:

```
C>anzahl
Anwendung: c:\anzahl.exe dateiname[n]
C>anzahl paris rome
3580 Zeichen in paris
4886 Zeichen in rome
8466 Zeichen in allen Dateien
C>
```

Arbeiten Sie mit der Programmierumgebung von Turbo C++, können Sie Argumente durch Auswahl des Menüpunktes »Arguments« im Menü »Run« angeben.

Beachten Sie, daß das Programm *cerr* für die Fehlermeldung einsetzt und anstelle von *"anzahl.exe"* argv[0] benutzt:

```
cerr << "Anwendung: " << argv[0] << " dateiname[n]\n";
```

Auf diese Art und Weise verwendet das Programm automatisch den neuen Namen, falls Sie den Namen der ausführbaren Datei verändert haben.

Angenommen, Sie übergeben dem Programm *anzahl* einen falschen Dateinamen. Die Eingabe-anweisung *fin.get(ch)* kann dann nicht ausgeführt werden, die *while*-Schleife wird sofort beendet und das Programm meldet 0 Zeichen in einer nicht existierenden Datei. Sie können jedoch das Programm so modifizieren, daß es überprüft, ob der Strom richtig mit der Datei verbunden wur-de. Mehr dazu im folgenden Abschnitt.

Einen Strom überprüfen

Die C++-Dateistromklassen übernehmen ein Element, das über den Zustand des Stroms Aus-kunft gibt, von der Klasse *ios*. Dieses Element beinhaltet u.a. folgende Informationen über den Stromzustand: Alles in Ordnung, das Ende der Datei wurde erreicht, die Ein-/Ausgabeoperation mißlang usw. Ist alles in Ordnung, ist der Stromstatus gleich null (Keine Neuigkeit ist eine gute Neuigkeit). Die verschiedenen anderen Zustände werden durch Setzen bestimmter Bits auf 1 protokolliert. Die Dateistromklasse erbte auch die Methoden, die über den Stromstatus berich-ten. In Tabelle 12.4 finden Sie eine Zusammenfassung dieser Methoden.

Methode	Rückgabewert
eof()	ungleich null, falls das Dateiende erreicht wurde
fail()	ungleich null, falls die letzte Ein-/Ausgabeoperation mißlang oder falls eine unzulässige Operation ausgeführt wurde oder falls ein nicht beheb-barer Fehler vorliegt
bad()	ungleich null, falls eine unzulässige Operation ausgeführt wurde oder falls ein nicht behebbarer Fehler vorliegt
good()	ungleich null, falls alle Stromzustandbits 0 sind
rdstate()	Stromstatus
clear(int n = 0)	übergibt nichts, sondern setzt den Stromstatus auf *n*, der Vorgabewert von *n* ist 0

Tabelle 12.4: Stromstatus-Methoden

Trifft eine Eingabefunktion beispielsweise auf das Ende einer Datei, wird das Ende-der-Datei-Bit auf 1 gesetzt. Führen Sie eine ungültige Operation durch, indem Sie beispielsweise über das En-de der Datei hinaus lesen oder versuchen, einen Strom mit einer nicht existierenden Datei zu verbinden, wird das Fail-Bit auf 1 gesetzt. Sie können diese Gegebenheiten mit den Stromstatus-Methoden erkennen. Es ist beispielsweise möglich, das Programm in Listing 12.15 so zu modifi-zieren, daß es falsche Dateinamen meldet und dann mit der nächsten Datei weitermacht. Sie müssen dazu nur *fin.fail()* wie folgt in der *for*-Schleife unterbringen:

```
for (int datei = 1; datei < argc; datei++)
{
    fin.open(argv[datei]);
// Fügen Sie das hinzu
    if (fin.fail())
    {
        cerr << "Datei " argv[datei] <<
                " kann nicht geöffnet werden\n";
        continue;
    }
```

```
// Ende des zusätzlichen Teils
    anzahl = 0;
    while (fin.get(ch))
        anzahl++;
    cout << anzahl << " Zeichen in << argv[datei] << "\n";
    total += anzahl;
    fin.close(); // Die Dateiverbindung lösen
}
```

Der Aufruf *fin.fail()* übergibt einen Wert ungleich Null oder wahr, falls der Aufruf *fin.open()* mißlang. In diesem Fall weist das Programm Sie auf dieses Problem hin und die Anweisung *continue* bewirkt, daß das Programm den Rest der *for*-Schleife überspringt und mit dem nächsten Durchlauf beginnt.

Konstruktionen wie

```
while (fin.get(ch))
```

funktionieren deshalb, da die Familie der *get()*-Elementfunktionen, also auch *getline()* und die Extraktionsoperatoren, einen Wert von 0 übergeben, falls *fail()* wahr ist. Eine solche Schleife kann aus vielen Gründen unterbrochen werden, unter anderem durch das Erreichen des Dateiendes, einen Hardwarefehler oder den Versuch, einen Strom einzusetzen, der nicht mit einer Datei verbunden ist. Wird die Methode *eof()* hinter die Schleife gesetzt, kann mit ihr überprüft werden, ob die Schleife durch Erreichen des Dateiendes oder aus einem anderen (abnormalen) Grund beendet wurde.

Dateimodi

Mit dem *Dateimodus* wird beschrieben, wie eine Datei eingesetzt werden kann: zum Lesen, zum Schreiben, um etwas Hinzuzufügen usw. Verbinden Sie einen Strom mit einer Datei, entweder durch Initialisieren eines Stromobjektes mit einem Dateinamen oder mit Hilfe der *open()*-Methode, können Sie ein zweites Argument angeben, das den Dateimodus spezifiziert:

```
ifstream fin(_banjo_, mode1);
ofstream fout();
fout.open(_harfe_, mode2);
```

Der Dateimodus ist vom Typ *int* und Sie können unter mehreren Konstanten wählen, die in der *ios*-Klasse definiert sind. In Tabelle 12.5 sind die Konstanten und ihre Bedeutungen aufgeführt.

Akzeptieren die Konstruktoren *ifstream* und *ofstream* sowie die zugehörigen *open()*-Methoden jeweils zwei Argumente, wie kamen wir dann bei den bisherigen Beispielen mit jeweils einem Argument aus? Wie Sie sich sicherlich gedacht haben, enthalten die Prototypen für diese Klassen-Elementfunktionen Vorgabewerte für das zweite Argument (das *Dateimodusargument*). Die *ifstream open()*-Methode und der Konstruktor benutzen *ios::in* (zum Lesen öffnen) als Vorgabewert für das Modusargument, während die *ofstream open()*-Methode und der Konstruktor *ios::out* (zum Schreiben öffnen) als Vorgabewert einsetzen. Die *fstream*-Klasse verfügt über keinen Standardmodus, deshalb müssen Sie beim Erzeugen eines Objektes dieser Klasse explizit einen Modus angeben.

Konstante	Bedeutung
`ios::in`	Datei zum Lesen öffnen
`ios::out`	Datei zum Schreiben öffnen
`ios::ate`	Beim Öffnen zum Dateiende gehen
`ios::app`	Daten an das Ende der Datei anhängen
`ios::trunc`	Dateiinhalt löschen, falls die Datei existiert
`ios::nocreate`	Öffnen nicht durchführen, falls Datei nicht existiert
`ios::replace`	Öffnen nicht durchführen, falls Datei existiert
`ios::binary`	binäre Datei

Tabelle 12.5: Konstanten für den Dateimodus

Wird eine Datei im *ios::out*-Modus geöffnet, wird standardmäßig auch der *ios::trunc*-Modus aktiviert. Das heißt, eine existierende Datei wird beim Öffnen gekürzt. Das heißt, ihr vorheriger Inhalt wird gelöscht. Diese Verhaltensweise verringert das Risiko, in Diskettenspeichernot zu geraten, beträchtlich, aber es gibt sicher viele Situationen, in denen Sie nicht möchten, daß der Inhalt jeder Datei gelöscht wird, sobald sie geöffnet wird. Deshalb stellt C++ andere Möglichkeiten zur Verfügung. Möchten Sie beispielsweise den Dateiinhalt erhalten und neues Material zum Ende der Datei hinzufügen, können Sie den *ios::app*-Modus einsetzen (siehe Bild 12.6):

```
ofstream fout(_bagels_, ios::app);
```

Sowohl *ios::ate* als auch *ios::app* plazieren Sie (oder besser gesagt, einen Dateizeiger) am Ende der soeben geöffneten Datei. Der Unterschied zwischen den beiden besteht darin, daß es im *ios::app*-Modus nur möglich ist, Daten dem Ende der Datei hinzuzufügen, während man beim *ios::ate*-Modus überall neue Daten unterbringen kann, ja es ist sogar möglich, alte Daten zu überschreiben. Ein in Kürze folgendes Beispiel demonstriert diese Technik.

Sie können mit dem bitweisen C++-Oder-Operator, der vom |-Symbol repräsentiert und im Anhang E besprochen wird, Modi kombinieren. Möchten Sie beispielsweise, daß ein Programm eine Datei im Hinzufügemodus öffnet und Sie wünschen außerdem, daß der Öffnungsvorgang abgebrochen wird, falls die Datei nicht existiert, müssen Sie die folgende Anweisung benutzen:

```
ofstream fout("trout", ios::app | ios::nocreate);
```

Es gibt natürlich viele Moduskombinations-Möglichkeiten. Wir werden uns einige repräsentative davon anschauen.

Etwas zu einer Datei hinzufügen

Wir wollen mit einem Programm beginnen, das Daten dem Ende einer Datei hinzufügt. Das Programm verwaltet eine Datei mit einer Gästeliste. Zu Programmbeginn zeigt das Programm den aktuellen Inhalt der Datei, falls sie existiert, an. Mit der Methode *good()* kann überprüft werden, ob die Datei existiert. Dann wird die Datei durch Aktivieren des *ios::app*-Modus zur Ausgabe geöffnet. Daraufhin werden Eingaben von der Tastatur geholt und der Datei hinzugefügt. Am

Schluß gibt das Programm den überarbeiteten Dateiinhalt wieder. In Listing 12.16 sehen Sie, wie das alles vor sich geht. Beachten Sie, wie das Programm mit den Methoden *good()* und *fail()* überprüft, ob die Datei erfolgreich geöffnet wurde.

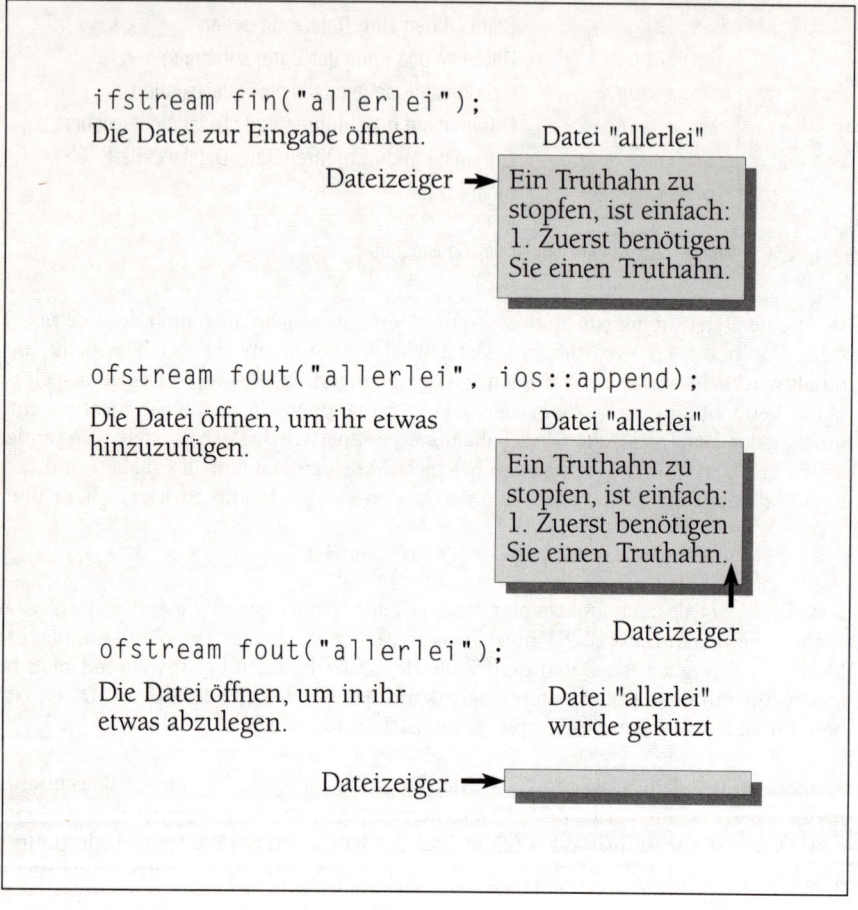

Bild 12.6: Einige Modi für das Öffnen von Dateien

```
// anhaeng.cpp -- Informationen einer Datei hinzufügen
#include <fstream.h>
#include <stdlib.h>          // für exit()

const char * datei = "gaeste.dat";
const int Len = 40;
int main(void)
{
    char ch;
```

```
   // anfänglichen Inhalt anzeigen
      ifstream fin;
      fin.open(datei);
      if (fin.good())
      {
          cout << "Es folgt der aktuelle Inhalt der "
               << datei << "-Datei:\n";
          while (fin.get(ch))
              cout << ch;
      }
      fin.close();

   // neue Namen hinzufügen
      ofstream fout(datei, ios::app);
      if (fout.fail())
      {
          cerr << "Kann die Datei " << datei
               << " nicht für die Ausgabe öffnen:\n";
          exit(1);
      }

      cout << "Gästenamen eingeben \n(mit einer leeren "
              "Zeile kann das Programm verlassen werden):\n";
      char name[Len];
      cin.get(name, Len).get(ch);
      while (name[0] != '\0')
      {
          fout << name << "\n";
          cin.get(name, Len).get();
      }
      fout.close();

   // überarbeitete Datei anzeigen
      fin.open(datei);
      if (fin.good())
      {
          cout << "Es folgt der neue Inhalt der "
               << datei << "-Datei:\n";
          while (fin.get(ch))
              cout << ch;
      }
      fin.close();

      return 0;
}
```

Listing 12.16: anhaeng.cpp

Es folgt ein erster Beispielablauf. Zu diesem Zeitpunkt wurde die Datei *gaeste.dat* noch nicht erzeugt, so daß das Programm also auch keinen Dateiüberblick ausgibt:

```
Gästenamen eingeben
(mit einer leeren Zeile kann das Programm verlassen werden):
Sylvester Ballone
Phil Kates
Bill Ghan
```

```
Es folgt der neue Inhalt der gaeste.dat-Datei:
Sylvester Ballone
Phil Kates
Bill Ghan
```

Das nächste Mal existiert die Datei *gaeste.dat* schon, deshalb gibt das Programm einen Überblick der Datei aus. Beachten Sie, daß die neuen Daten am Ende der alten Datei hinzugefügt werden und der alte Dateiinhalt nicht gelöscht wird.

```
Es folgt der aktuelle Inhalt der gaeste.dat-Datei:
Sylvester Ballone
Phil Kates
Bill Ghan
Gästenamen eingeben
(mit einer leeren Zeile kann das Programm verlassen werden):
Greta Greppo
LaDonna Mobile
Betty Cracker
Es folgt der neue Inhalt der gaeste.dat-Datei:
Sylvester Ballone
Phil Kates
Bill Ghan
Greta Greppo
LaDonna Mobile
Betty Cracker
```

Sie haben schon die Hauptfähigkeiten des Programmes kennengelernt, aber es gibt noch einen Punkt, der eine Besprechung lohnt. Das Programm liest mit der folgenden Zeile die Gästenamen ein:

```
cin.get(name, Len).get(ch);
```

Der Teil *get(name, Len)* liest bis zum, aber nicht einschließlich des Newline-Zeichens. Der Teil *get(ch)* liest anschließend das Newline-Zeichen. Die nächste Eingabeoperation beginnt also am Anfang der nächsten Zeile. (Diese Anweisungen setzen voraus, daß der Name das *Len*-Limit nicht überschreitet.) Anderenfalls würde die nächste Eingabeanweisung beim abschließenden Newline-Zeichen beginnen, es als Leerzeile interpretieren und die Schleife beenden. (Zuerst tappt man natürlich in diese Falle und bemerkt dann die Notwendigkeit des *get(ch)* Aufrufes.)

Binäre Dateien

Speichern Sie Daten in einer Datei ab, können Sie die Daten im Textformat oder im binären Format abspeichern. Beim Textformat wird alles als Text abgespeichert, sogar Zahlen. Wird beispielsweise der Wert -2.324216e+07 in Textform abgespeichert, werden die dreizehn Zeichen abgespeichert, die notwendig sind, um diese Zahl zu schreiben. Die interne Computerrepräsentation einer Fließkommazahl muß also in die Textform umgewandelt werden. Genau das macht der <<-Einfügeoperator. Beim binären Format wird die interne Computerrepräsentation des Wertes abgespeichert. Das heißt, anstelle von Zeichen wird die 8 Byte umfassende *double*-Repräsentation des Wertes abgespeichert. Was Zeichen betrifft, entspricht die binäre Repräsentation der Textrepräsentation – nämlich dem ASCII-Code des Zeichens. Bei Zahlen jedoch unterscheidet sich die binäre Repräsentation sehr von der Textrepräsentation (siehe Bild 12.7).

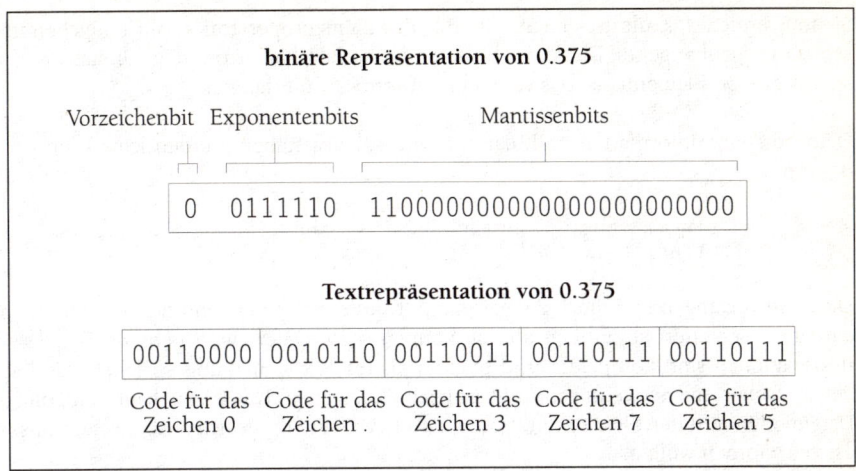

binäre Repräsentation von 0.375

Vorzeichenbit Exponentenbits   Mantissenbits

0   0111110   11000000000000000000000000

Textrepräsentation von 0.375

00110000	0010110	00110011	00110111	00110111
Code für das Zeichen 0	Code für das Zeichen .	Code für das Zeichen 3	Code für das Zeichen 7	Code für das Zeichen 5

Bild 12.7: Binäre und Textrepräsentation eines Fließkommawertes

Jedes Format hat seine Vorteile. Das Textformat kann beispielsweise einfach gelesen werden. Sie können eine Textdatei mit einem normalen Editor oder Textverarbeitungsprogramm lesen und editieren und Sie können eine Textdatei ganz einfach von einem Computersystem auf ein anderes übertragen. Das binäre Format eignet sich besser für Zahlen, da die exakte interne Repräsentation eines Wertes abgespeichert wird. Es gibt dabei keine Konversions- oder Rundungsfehler. Speichert man Daten im binären Format ab, kann das Zeit sparen, da keine Konversionen durchgeführt werden müssen und da Daten in großen Blöcken abgespeichert werden können. Das binäre Format beansprucht normalerweise weniger Speicherplatz, das hängt von der Art der Daten ab. Will man binäre Daten auf ein anderes System übertragen, kann es zu Problemen kommen, falls das neue System Werte intern anders repräsentiert. In so einem Fall müssen Sie (oder jemand anderes) ein Programm schreiben, das von einem Datenformat in das andere übersetzt.

Wir wollen uns nun einem ganz konkreten Beispiel widmen. Schauen Sie sich die folgende Strukturdefinition und -deklaration an:

```
struct planet
{
    char name[20];        // Name des Planeten
    double population;    // Seine Population
    double g;             // Gravitationsbeschleunigungswert
};
planet pl;
```

Damit der Inhalt der Struktur *pl* im Textformat abgespeichert wird, müssen Sie wie folgt vorgehen:

```
ofstream fout("planet.dat", ios::app);
fout << pl.name << " " << pl.population << " " << pl.g << "\n";
```

Sie müssen jedes Strukturelement mit Hilfe des Elementoperators explizit angeben und Sie müssen zusammenhängende Daten der besseren Lesbarkeit halber trennen. Umfaßt die Struktur beispielsweise 30 Elemente, ist das ein recht mühsames Unterfangen.

Damit dieselbe Information im binären Format abgespeichert werden kann, können Sie folgendes tun:

```
ofstream fout("planet.dat", ios::app | ios::binary);
fout.write ( (char *) &pl, sizeof pl);
```

Diese Anweisungen speichern die gesamte Struktur unter Verwendung der internen Computerdatenrepräsentation als Einheit ab. Sie können diese Datei zwar nicht als Text lesen, aber die Informationen sind kompakter und präziser als im Textformat abgespeichert. Und es ist sicherlich einfacher, die notwendigen Anweisungen einzugeben. Das Ganze kann mit Hilfe des binären Dateimodus und der Elementfunktion *write()* bewerkstelligt werden, so daß wir uns nun diesem Thema widmen wollen.

Einige Systeme wie DOS unterstützen zwei Dateiformate: das Textformat und das binäre Format. Möchten Sie Daten binär abspeichern, verwenden Sie dazu am besten das binäre Format. In C++ geschieht dies unter Verwendung der Konstanten *ios::binary* im Dateimodus. Möchten Sie wissen, warum bei DOS so vorgegangen werden muß, lesen Sie am besten den folgenden Abschnitt mit der Überschrift »Binäre Dateien und Textdateien«.

Binäre Dateien und Textdateien

Arbeitet man im binären Dateimodus, übermittelt ein Programm Daten aus dem Speicher an eine Datei oder umgekehrt, ohne daß dabei eine versteckte Übersetzung stattfindet. Das trifft nicht unbedingt auf den standardmäßigen Textmodus zu. Denken Sie zum Beispiel an DOS-Textdateien. Sie verwenden als Newline-Zeichen eine aus zwei Zeichen bestehende Kombination – Carriage-Return und Linefeed. Macintosh-Textdateien verwenden für das Newline-Zeichen nur Carriage-Return und UNIX-Dateien setzen Linefeed hierfür ein. C++, das zusammen mit UNIX groß wurde, verwendet für das Newline-Zeichen ebenfalls das Linefeed-Zeichen. Damit die Portabilität gewahrt bleibt, übersetzt ein DOS-C++-Programm beim Schreiben in eine Datei, wenn der Textmodus aktiviert ist, automatisch das Newline-Zeichen in Carriage-Return und Linefeed. Und ein Macintosh-C++-Programm übersetzt beim Schreiben in eine Datei das Newline-Zeichen in ein Carriage-Return. Beim Lesen einer Textdatei konvertieren diese Programme das lokale Newline-Zeichen wieder in die C++-Form. Beim Textformat kann es zu Schwierigkeiten mit binären Daten kommen, da ein Byte beispielsweise in der Mitte eines *double*-Wertes dasselbe Bitmuster wie der ASCII-Code des Newline-Zeichens besitzen kann. Es gibt auch Unterschiede darin, wie das Ende der Datei festgestellt wird. Sie sollten deshalb mit dem binären Dateimodus arbeiten, wenn Sie Daten im binären Format abspeichern wollen. (Bei UNIX-Systemen gibt es lediglich einen Dateimodus, der binäre Modus entspricht also dem Textmodus.)

Damit Daten im binären Format und nicht im Textformat abgespeichert werden, können Sie die Elementfunktion *write()* anwenden. Diese Methode kopiert – wie Sie wissen – eine bestimmte Anzahl Zeichen aus dem Speicher in eine Datei. Wir haben mit dieser Funktion schon Text kopiert, aber man kann damit jeden beliebigen Datentyp *ohne Konversion* Byte für Byte kopieren. Übergeben Sie beispielsweise *write()* die Adresse einer *long*-Variablen und weisen Sie die Funktion an, acht Zeichen zu kopieren, werden die acht Byte ohne jegliche Konversion in die Datei übertragen. Der einzige Nachteil besteht darin, daß Sie die Adresse in einen Zeiger auf ein *char*-Objekt umwandeln müssen. Diese Vorgehensweise kann auf die *planet*-Struktur übertragen werden. Um die Anzahl der Bytes zu bestimmen, können Sie den *sizeof*-Operator benutzen:

```
fout.write( (char *) &pl, sizeof pl);
```

Diese Anweisung geht zur Adresse der *pl*-Struktur und kopiert sechsunddreißig Byte (den Wert des Ausdruckes *sizeof pl*), beginnend an dieser Adresse in die Datei, die von *fout* verwaltet wird.

Um Informationen aus einer Datei herauszuziehen, können Sie die *read()*-Methode zusammen mit einem *ifstream*-Objekt einsetzen:

```
ifstream fin("planets.dat", ios::binary);
fin.read((char *) &pl, sizeof pl);
```

Dadurch werden *sizeof pl*-Byte aus der Datei in die Struktur *pl* übertragen. Dasselbe kann mit Klassen gemacht werden. In diesem Fall werden nur Datenelemente und keine Methoden abgespeichert.

Die Elementfunktionen *read()* und *write()* ergänzen sich gegenseitig. Mit *read()* kann man Daten aus einer Datei lesen, die mit *write()* dort abgelegt wurden.

In Listing 12.17 wird mit dieser Methode eine binäre Datei erzeugt und gelesen. Formal entspricht das Programm Listing 12.16, aber es arbeitet mit *write()* und *read()* anstelle des Einfügeoperators und der Methode *get()*. Außerdem finden Sie in diesem Listing Manipulatoren zur Formatierung der Bildschirmausgabe.

Kompatibilitätshinweis

Obwohl das binäre Dateikonzept ein Teil von ANSI C ist, unterstützen viele auf UNIX basierenden C- und C++-Implementationen den binären Dateimodus nicht. Ein auf UNIX basierender C++-Compiler beispielsweise ist dann nicht in der Lage, die Konstante *ios::binary* zu erkennen. Das liegt daran, daß bei UNIX-Systemen lediglich ein Dateityp existiert. Sie können also binäre Operationen wie *read()* und *write()* mit dem Standarddateiformat ausführen. Weist Ihre UNIX-Implementation *ios::binary* als ungültig zurück, lassen Sie es einfach weg.

```
// binaer.cpp -- Informationen einer binären Datei anhängen
#include <fstream.h>
#include <iomanip.h>
#include <stdlib.h>          // für exit()

struct planet
{
    char name[20];           // Name des Planeten
    double population;       // seine Population
    double g;                // seine Gravitationsbeschleunigung
};
```

```
const char * datei = "planets.dat";

int main(void)
{
    planet pl;
    cout.setf(ios::fixed, ios::floatfield);

// anfänglichen Inhalt anzeigen
    ifstream fin;
    fin.open(datei, ios::binary);        // binäre Datei
// Hinweis:einige UNIX-Systeme erfordern fin.open(datei);

    if (fin.good())
    {
        cout << "Es folgt der aktuelle Inhalt der "
            << datei << "-Datei:\n";
        while (fin.read((char *) &pl, sizeof pl))
        {
            cout << setw(20) << pl.name << ": "
                << setprecision(0) << setw(12) << pl.population
                << setprecision(2) << setw(6) << pl.g << "\n";
        }
    }
    fin.close();

// neue Daten hinzufügen
    ofstream fout(datei, ios::app | ios::binary);
// Hinweis: UNIX-Systeme erfordern u.U. die Verwendung von
// ofstream fout(datei, ios::app);

    if (fout.fail())
    {
        cerr << "Kann die Datei " << datei <<
                " nicht für die Ausgabe öffnen:\n";
        exit(1);
    }

    char ch;
    cout << "Planetenname eingeben\n(eine leere "
            "Zeile eingeben, um das Programm zu verlassen):\n";
    cin.get(pl.name, 20).get(ch);
    while (pl.name[0] != '\0')
    {
        cout << "Planetenpopulation eingeben: ";
        cin >> pl.population;
        cout << "Gravitationsbeschleunigung des Planeten "
                "eingeben: ";
        cin >> pl.g;
        cin.ignore(80,'\n');
        fout.write((char *) &pl, sizeof pl);
        cout << "Planetenname eingeben\n(eine leere Zeile "
                "eingeben, um das Programm zu verlassen):\n";
        cin.get(pl.name, 20).get(ch);
    }
    fout.close();
```

```
// überarbeitete Datei anzeigen
   fin.open(datei, ios::binary);
   if (fin.good())
   {
       cout << "Es folgt der neue Inhalt der "
            << datei << "-Datei:\n";
       while (fin.read((char *) &pl, sizeof pl))
       {
           cout << setw(20) << pl.name << ": "
                << setprecision(0) << setw(12) << pl.population
                << setprecision(2) << setw(6) << pl.g << "\n";
       }
   }
   fin.close();

   return 0;
}
```

Listing 12.17: binaer.cpp

Es folgt ein Beispielablauf:

```
Planetenname eingeben
(eine leere Zeile eingeben, um das Programm zu verlassen):
Erde
Planetenpopulation eingeben: 5333000000
Gravitationsbeschleunigung des Planeten eingeben: 9.81
Planetenname eingeben
(eine leere Zeile eingeben, um das Programm zu verlassen):

Es folgt der neue Inhalt der planets.dat-Datei:
            Erde:  5333000000  9.81
```

Es folgt ein weiterer Beispielablauf:

```
Es folgt der aktuelle Inhalt der planets.dat-Datei:
            Erde:  5333000000  9.81
Planetenname eingeben
(eine leere Zeile eingeben, um das Programm zu verlassen):
Bill's Planet
Planetenpopulation eingeben: 23020020
Gravitationsbeschleunigung des Planeten eingeben: 8.82
Planetenname eingeben
(eine leere Zeile eingeben, um das Programm zu verlassen):

Es folgt der neue Inhalt der planets.dat-Datei:
            Erde:  5333000000  9.81
    Bill's Planet:    23020020  8.82
```

Wir haben die Hauptfähigkeiten des Programmes bereits besprochen und wollen jetzt einen schon bekannten Punkt rekapitulieren. Nach Lesen des g-Wertes benutzt das Programm die folgende Zeile:

```
cin.ignore(80,'\');
```

Der Teil *ignore(80,'\')* liest und verwirft die Eingabe bis zum nächsten Newline-Zeichen, so daß die nächste Eingabe am Anfang der nächsten Zeile beginnt. Die nächste Eingabeanweisung liest den Planetennamen, der dann daraufhin überprüft wird, ob das erste Zeichen ein Nullzeichen ist. Damit dieser Test korrekt abläuft, muß die Eingabeextraktion am Anfang der Zeile und nicht am Ende der vorherigen Zeile beginnen.

Existiert auf Ihrem System die Funktion *getline()*, können Sie *cin.getline(pl.name,20)* anstelle von *cin.get(pl.name, 20).get(ch)* benutzen.

Wahlfreier Zugriff

Bei unserem letzten Beispiel wollen wir uns den wahlfreien Zugriff vornehmen. Wahlfreier Zugriff bedeutet, daß man eine beliebige Stelle der Datei ansprechen kann und die Datei dafür nicht Byte für Byte durchgehen muß. Der wahlfreie Zugriff wird häufig im Zusammenhang mit Datenbankdateien eingesetzt. Ein Programm unterhält dabei eine separate Indexdatei, von der die Position der Daten in der Hauptdatei angegeben wird. Es kann dann direkt zu dieser Position gesprungen, die dort befindlichen Daten gelesen und unter Umständen modifiziert werden. Das geht ganz einfach, falls die Datei aus einer Reihe gleich großer *Einträge* besteht. Jeder Eintrag, auch Datensatz genannt, repräsentiert eine entsprechende Sammlung von Daten. Beim vorherigen Beispiel würde jeder Datensatz alle Daten eines bestimmten Planeten repräsentieren. Ein Datensatz entspricht von seinem Aufbau her einer Struktur oder Klasse.

Wir wollen unser Beispiel auf dem Programm aus Listing 12.18, das mit einer binären Datei arbeitete, aufbauen, da die *planet*-Struktur eine Schablone für einen Datensatz darstellt. Um den kreativen Aspekt der Programmierung nicht zu vernachlässigen, öffnet das Beispiel die Datei im Schreiben-und-Lesen-Modus, damit ein Datensatz sowohl gelesen als auch modifiziert werden kann. Dies geschieht durch Erzeugung eines *fstream*-Objektes. Die *fstream*-Klasse wurde von der *iostream*-Klasse abgeleitet, die wiederum von den Klassen *istream* und *ostream* abstammt, deshalb werden die Methoden aller dieser Klassen übernommen. Es werden außerdem zwei Puffer übernommen, einer für die Eingabe und einer für die Ausgabe und die Handhabung der beiden Puffer wird synchronisiert. Das heißt, während das Programm die Datei liest oder in sie schreibt, wird sowohl ein Eingabezeiger im Eingabepuffer als auch ein Ausgabezeiger im Ausgabepuffer parallel verwaltet.

Das Beispiel wird folgendes tun:

- Es gibt den aktuellen Inhalt der Datei *planets.dat* aus.
- Es fragt, welchen Eintrag Sie modifizieren wollen.
- Es modifiziert diesen Eintrag.
- Es zeigt die überarbeitete Datei an.

Ein anspruchsvolleres Programm würde es Ihnen mit einem Menü und einer Schleife ermöglichen, verschiedene Aktionen mehrfach ausführen zu lassen, aber bei unserer Version wird jede Aktion nur je einmal ausgeführt. Dadurch können Sie sich die verschiedenen Aspekte des Lesens und Schreibens von Dateien verinnerlichen, ohne daß Sie sich mit Fragen des Programmdesigns beschäftigen müßten.

Als erstes muß entschieden werden, welcher Dateimodus benutzt werden soll. Um die Datei lesen zu können, benötigt man den *ios::in*-Modus. Für die binäre Ein-/Ausgabe benötigen Sie den *ios::binary*-Modus. (Bei UNIX-Systemen können Sie diesen Modus wieder weglassen, ja Sie sollten ihn sogar weglassen.) Damit in die Datei geschrieben werden kann, brauchen Sie den *ios::out*- oder den *ios::app*-Modus. Im Hinzufügemodus kann ein Programm lediglich Daten am Ende der Datei hinzufügen. Der Rest der Datei kann nur gelesen werden. Das heißt, Sie können die Originaldaten zwar lesen, aber nicht modifizieren. Sie müssen also *ios::out* einsetzen. Standardmäßig wird in diesem Modus die Datei gekürzt. Dadurch gehen aber Daten verloren. Sie können dies durch Einsatz des *ios::ate*-Modus verhindern. Der Dateizeiger wird dabei ans Ende der Datei gebracht und die Daten bleiben so erhalten. Wie schon erwähnt, können Modi mit dem |-Operator kombiniert werden. Sie benötigen also die folgende Anweisung, um das zu bewerkstelligen:

```
finout.open(datei,ios::in | ios::out | ios::ate | ios::binary);
```

Als nächstes brauchen Sie eine Möglichkeit, um sich innerhalb der Datei bewegen zu können. Die *fstream*-Klasse übernimmt dazu zwei Methoden: *seekg()* bringt den Eingabezeiger an eine bestimmte Dateiposition und *seekp()* bringt den Ausgabezeiger an eine bestimmte Dateiposition. (Da die *fstream*-Klasse Puffer zur vorübergehenden Speicherung von Daten verwendet, zeigen die Zeiger eigentlich auf Stellen im Puffer und nicht in der aktuellen Datei.) Sie können *seekg()* auch mit einem *ifstream*-Objekt einsetzen und *seekp()* mit einem *ostream*-Objekt. Es folgen die *seekg()*-Prototypen:

```
istream & seekg(streampos);
istream & seekg(streamoff, seek_dir);
```

Der erste Prototyp beschreibt die Positionierung einer Dateiposition, gemessen in Bytes vom Dateianfang. Der zweite Prototyp repräsentiert die Positionierung der Dateiposition, gemessen in Bytes als Offset von einer Dateiposition, die vom zweiten Argument spezifiziert wird.

Jetzt wollen wir uns die Argumente von *seekg()* anschauen. Die Typen *streampos* und *streamoff* sind Integer-Typen, die von *typedef*-Anweisungen in der Header-Datei *iostream.h* definiert werden. Das Argument *streampos* stellt die Dateiposition, gemessen in Bytes vom Anfang der Datei dar. Die Numerierung fängt hierbei mit null an. Die Anweisung

```
fin.seekg(112);
```

positioniert den Dateizeiger beim Byte 112, das ist das 113te Byte in der Datei. Das Argument *streamoff* repräsentiert die Dateiposition in Bytes gemessen als Offset in bezug auf eine von drei Positionen. Das Argument *seek_dir* ist ein weiterer Integer-Typ, der in *iostream.h* definiert ist. Es kann mit einer von drei Konstanten versehen werden, die in der *ios*-Klasse definiert sind. Die Konstante *ios::beg* mißt den Offset vom Anfang der Datei. Die Konstante *ios::cur* bedeutet, daß der Offset von der aktuellen Position aus gemessen wird. Die Konstante *ios::end* bedeutet, daß der Offset vom Ende der Datei aus gemessen wird. Es folgen einige Beispielaufrufe, bei denen angenommen wird, daß *fin* ein *ifstream*-Objekt ist:

```
fin.seekg(30);              // Zum Byte Nummer 30 in der Datei gehen
fin.seekg(30, ios::beg);    // Dasselbe wie oben
fin.seekg(-1, ios::cur);    // Ein Byte zurückgehen
fin.seekg(0, ios::end);     // Zum Ende der Datei gehen
fin.seekg(0);               // Zum Anfang der Datei gehen
```

Möchten Sie die aktuelle Position eines Dateizeigers überprüfen, können Sie die *tellg()*-Methode für Eingabeströme und die Methode *tellp()* für Ausgabeströme einsetzen. Beide Methoden übergeben einen *streampos*-Wert, der die aktuelle Position in Bytes, gemessen vom Anfang der Datei, repräsentiert. Erzeugen Sie ein *fstream*-Objekt, bewegen sich die Ein-/Ausgabezeiger parallel zueinander und deshalb übergeben *tellg()* und *tellp()* beide denselben Wert. Benutzen Sie zur Bearbeitung des Eingabestromes ein *istream*-Objekt und ein *ostream*-Objekt zur Bearbeitung des Ausgabestromes derselben Datei, bewegen sich die Ein-/Ausgabezeiger unabhängig voneinander und *tellg()* und *tellp()* übergeben unterschiedliche Werte.

Da wir in unserem Programm mit dem *ios::ate*-Modus arbeiten, geht das Programm gleich nach dem Öffnen der Datei zum Ende der Datei. (Verwendet man *ios::ate*, kürzt – wie Sie wissen – das Programm die Datei nicht.) Mit *seekg()* können Sie an den Dateianfang gelangen. Es folgt der Programmabschnitt, der die Datei öffnet, an den Anfang der Datei geht und den Dateiinhalt ausgibt:

```
fstream finout;   // Ströme lesen und schreiben
finout.open(datei,ios::in | in::out | ios::ate | ios::binary
// Hinweis: Einige UNIX-Systeme erfordern das Weglassen von
// | ios::binary

if (finout.good())
{
    finout.seekg(0, ios::beg); // Zum Anfang gehen
     cout << "Es folgt der aktuelle Inhalt der "
         << datei << "-Datei:\n";
    int ct = 0;
    while (finout.read((char *) &pl, sizeof pl))
    {
        cout << ct++ << ": " << setw(20) << pl.name << ": "
            << setprecision(0) << setw(12) << pl.population
            << setprecision(2) << setw(6) << pl.g << "\n";
    }
    if (finout.clear();   // EOF-Flag löschen
    else
    {
        cerr << "Fehler beim Lesen der Datei " << datei << ".\n";
        exit(1);
    }
}
else
{
    cerr << datei << " kann nicht geöffnet werden -- Tschüss.\n";
    exit(2);
}
```

Das entspricht weitestgehend dem Anfang von Listing 12.17, es wurden lediglich einige Veränderungen vorgenommen. Das Programm benutzt ein *fstream*-Objekt im Lesen/Schreiben-Modus und plaziert mit *seekg()* den Dateizeiger am Anfang der Datei. Dann numeriert das Programm die ausgegebenen Einträge. Und schließlich wird folgendes hinzugefügt:

```
if (finout.eof())
        finout.clear();   // EOF-Flag löschen
    else
```

```
    {
        cerr << "Fehler beim Lesen der Datei " << datei << ".\n";
        exit(1);
    }
```

Sobald das Programm die gesamte Datei gelesen und ausgegeben hat, wird das *EOF*-Flag gesetzt. Das Programm meint deshalb, daß die Bearbeitung der Datei beendet ist und verhindert alle weiteren Lese- oder Schreibvorgänge. Mit der Methode *clear()* kann der Stromzustand neu gesetzt und das *EOF*-Flag gelöscht werden. Das Programm kann so wieder auf die Datei zugreifen. Der *else*-Teil berücksichtigt die Möglichkeit, daß das Programm aus einem anderen Grund als dem Erreichen des Dateiendes (zum Beispiel wegen eines Hardwarefehlers) mit dem Lesen der Datei aufhört.

Der nächste Arbeitsschritt besteht darin, den Datensatz zu bestimmen, der geändert werden soll, und ihn anschließend zu modifizieren. Damit dies gemacht werden kann, muß der Anwender eine Datensatznummer eingeben. Multipliziert man diese Nummer mit der Anzahl der Bytes eines Datensatzes, ergibt das den Byte-Offset, an dem der Anfang des Datensatzes gefunden werden kann. Ist *record* die Datensatznummer, ist der gewünschte Byte-Offset *record * sizeof pl*:

```
        char ch;
        cout << "Nummer des Datensatzes eingeben, den Sie ändern wollen: ";
        streampos record;
        cin >> record;
        cin.ignore(80,'\n');   // Das Newline-Zeichen beseitigen
        if (record < 0 || record >= ct)
        {
            cerr << "Ungültige Datensatznummer -- Tschüss\n";
            exit(3);
        }
        finout.seekg(record * sizeof pl);
```

Die Variable *ct* repräsentiert die Anzahl der Datensätze. Das Programm endet, sobald Sie versuchen, die Grenzen der Datei zu überschreiten.

Als nächstes gibt das Programm den aktuellen Datensatz aus:

```
        finout.read((char *) &pl, sizeof pl);
        cout << "Ihre Auswahl:\n";
        cout << record << ": " << setw(20) << pl.name << ": "
            << setprecision(0) << setw(12) << pl.population
            << setprecision(2) << setw(6) << pl.g << "\n";
        if (finout.eof))
            finout.clear();                 // Das EOF-Flag löschen
        finout.seekp(record * sizeof pl);   // Zurück gehen
```

Nach Ausgeben des Datensatzes positioniert das Programm den Dateizeiger wieder am Anfang des Datensatzes. Daran anschließend können Sie den Datensatz ändern:

```
        cout << "Planetenname eingeben: ";
        cin.get(pl.name, 20).get(ch);
        cout << "Planetenpopulation eingeben: ";
        cin >> pl.population;
        cout << "Gravitationsbeschleunigung des Planeten eingeben: ";
```

```
cin >> pl.g
finout.write((char *) &pl, sizeof pl) << flush;
{
    cerr << "Fehler beim Versuch zu schreiben\n";
    exit(5);
}
```

Das Programm leert den Ausgabepuffer, um sicherzustellen, daß die Datei vor Ausführung des nächsten Arbeitsschrittes auf den neuesten Stand gebracht wurde.

Damit die überarbeitete Datei ausgegeben werden kann, positioniert das Programm den Dateizeiger mit *seekg()* am Anfang der Datei. In Listing 12.18 finden Sie das komplette Programm.

```
// wahlfrei.cpp -- wahlfreier Zugriff auf eine binäre Datei
#include <fstream.h>
#include <iomanip.h>
#include <stdlib.h>          // für exit()

struct planet
{
    char name[20];           // Name des Planeten
    double population;       // seine Population
    double g;                // seine Gravitationsbeschleunigung
};

const char * datei = "planets.dat";

int main(void)
{
    planet pl;
    cout.setf(ios::fixed, ios::floatfield);

// anfänglichen Inhalt anzeigen
    fstream finout;             // Strom lesen und schreiben
    finout.open(datei,ios::in | ios::out | ios::ate |
              ios::binary);
// Hinweis: Einige UNIX-Systeme erfordern das Weglassen von
// | ios::binary
    int ct = 0;
    if (finout.good())
    {
        finout.seekg(0);        // Zum Anfang gehen
        cout << "Es folgt der aktuelle Inhalt der "
             << datei << "-Datei:\n";

        while (finout.read((char *) &pl, sizeof pl))
        {
            cout << ct++ << ": " << setw(20) << pl.name << ": "
                 << setprecision(0) << setw(12) << pl.population
                 << setprecision(2) << setw(6) << pl.g << "\n";
        }
        if (finout.eof())
            finout.clear();              // EOF-Flag löschen
        else
        {
            cerr << "Fehler beim Lesen der Datei " << datei
                 << ".\n";
            exit(1);
```

```
                }
            }
        else
            {
                cerr << datei << " kann nicht geöffnet werden -- "
                                "Tschüss.\n";
                exit(2);
            }

    // Datensatz ändern
        char ch;
        cout << "Nummer des Datensatzes eingeben, "
                "den Sie ändern wollen: ";
        streampos record;
        cin >> record;
        cin.ignore(80,'\n');          // Das Newline-Zeichen beseitigen
        if (record < 0 || record >= ct)
            {
                cerr << "Ungültige Datensatznummer -- Tschüss\n";
                exit(3);
            }
        finout.seekg(record * sizeof pl);
        if (finout.fail())
            {
                cerr << "Fehler beim seek-Versuch\n";
                exit(4);
            }

        finout.read((char *) &pl, sizeof pl);
        cout << "Ihre Auswahl:\n";
        cout << record << ": " << setw(20) << pl.name << ": "
                << setprecision(0) << setw(12) << pl.population
                << setprecision(2) << setw(6) << pl.g << "\n";
         if (finout.eof())
            finout.clear();                            // Das EOF-Flag löschen
        finout.seekp(record * sizeof pl);        // Zurück gehen

        cout << "Planetenname eingeben: ";
        cin.get(pl.name, 20).get(ch);
        cout << "Planetenpopulation eingeben: ";
        cin >> pl.population;
        cout << "Gravitationsbeschleunigung des Planeten eingeben: ";
        cin >> pl.g;
        finout.write((char *) &pl, sizeof pl) << flush;
        if (finout.fail())
            {
                cerr << "Fehler beim Schreib-Versuch\n";
                exit(5);
            }

    // überarbeitete Datei anzeigen
        ct = 0;
        finout.seekg(0);           // zum Anfang der Datei gehen
        cout << "Es folgt der neue Inhalt der " << datei
            << "-Datei:\n";
        while (finout.read((char *) &pl, sizeof pl))
            {
                cout << ct++ << ": " << setw(20) << pl.name << ": "
                        << setprecision(0) << setw(12) << pl.population
```

```
                        << setprecision(2) << setw(6) << pl.g << "\n";
        }
    finout.close();

    return 0;
}
```

Listing 12.18: wahlfrei.cpp

Es folgt ein Beispielablauf, der auf einer *planets.dat*-Datei basiert, in der sich ein paar Datensätze mehr als bisher befinden:

```
Es folgt der aktuelle Inhalt der planets.dat-Datei:
0:              Erde:  5333000000  9.81
1:      Bill's Planet:   23020020  8.82
2:           Tramtor: 58000000000 15.03
3:           Trellan:    4256000  9.62
4:          Freestone: 3845120000  8.68
5:          Taanagoot:  350000002 10.23
6:             Marin:      23200  9.79
Nummer des Datensatzes eingeben, den Sie ändern wollen: 2
Ihre Auswahl:
2:           Tramtor: 58000000000 15.03
Planetenname eingeben: Trantor
Planetenpopulation eingeben: 59500000000
Gravitationsbeschleunigung des Planeten eingeben: 10.53
Es folgt der neue Inhalt der planets.dat-Datei:
0:              Erde:  5333000000  9.81
1:      Bill's Planet:   23020020  8.82
2:           Trantor: 59500000000 10.53
3:           Trellan:    4256000  9.62
4:          Freestone: 3845120000  8.68
5:          Taanagoot:  350000002 10.23
6:             Marin:     232000  9.79
```

Mit den Techniken dieses Programmes könnten Sie das Programm so erweitern, damit neues Material hinzugefügt und Datensätze gelöscht werden können. Wenn Sie dabei sind, das Programm zu erweitern, wäre es gut, Klassen und Funktionen einzubauen. Sie können beispielsweise die *planet*-Struktur in eine Klassendefinition umwandeln und dann den <<-Einfügeoperator überladen, so daß << pl die Klassendatenelemente im gleichen Format wie im Beispiel ausgibt.

12.4 Zusammenfassung

Bei einem Strom handelt es sich um einen Fluß aus Bytes, die in ein Programm hinein oder aus einem Programm heraus fließen. Ein Puffer ist ein temporärer Speicherbereich, der als Vermittler zwischen einem Programm und einer Datei oder einem Ein-/Ausgabegerät dient. Informationen können mit Hilfe großer Datenblöcke, die von der Größe her am besten von Geräten wie Diskettenlaufwerken gehandhabt werden können, zwischen einem Puffer und einer Datei ausgetauscht werden. Informationen können auch Byte für Byte zwischen einem Puffer und einem Programm übertragen werden, das ist manchmal für den Ablauf eines Programmes besser. C++

verbindet einen gepufferten Strom mit einem Programm und der Eingabequelle. Bei der Ausgabe wird dementsprechend ein gepufferter Strom mit einem Programm und dem Ausgabeziel verbunden. Die Dateien *iostream.h* und *fstream.h* bilden die Ein-/Ausgabeklassenbibliothek, in der viele Klassen zur Bearbeitung von Strömen definiert werden. C++-Programme, die mit der *iostream.h*-Datei arbeiten, öffnen automatisch vier Ströme, die von vier Objekten verwaltet werden. Das Objekt *cin* verwaltet den Standardeingabestrom, der standardmäßig mit dem Standardeingabegerät – meistens der Tastatur – verbunden wird. Das Objekt *cout* verwaltet den Ausgabestrom, der standardmäßig mit dem Standardausgabegerät – meistens dem Bildschirm – verbunden wird. Die Objekte *cerr* und *clog* verwalten gepufferte und nicht gepufferte Ströme, die mit dem Standardfehlergerät – meistens einem Bildschirm – verbunden sind.

In der Ein-/Ausgabeklasse befinden sich eine Menge nützlicher Methoden. In der *istream*-Klasse sind Versionen des Extraktionsoperators (>>) definiert, die alle C++-Grundtypen erkennen und die eingegebenen Zeichen in diese Typen umwandeln. Die Familie der *get()*-Methoden und die *getline()*-Methode sind für die Einzelzeicheneingabe und die Stringeingabe zuständig. Dementsprechend sind in der *ostream*-Klasse Versionen des Einfügeoperators (<<) definiert, der alle C++-Grundtypen erkennt und der diese Typen bei der Ausgabe in Zeichen umwandelt. Die Methode *put()* ist für die Einzelzeichenausgabe zuständig.

Sie können die Ausgabeformatierung mit den *ios*-Klassenmethoden und mit Hilfe von Manipulatoren (Funktionen, die in Verbindung mit dem Einfügeoperator miteinander verkettet werden können), die in den Dateien *iostream.h* und *iomanip.h* definiert sind, kontrollieren. Diese Methoden und Manipulatoren ermöglichen die Kontrolle der Zahlenbasis, der Feldbreite, der Anzahl der ausgegebenen Dezimalstellen, der Art und Weise, wie Fließkommawerte ausgegeben werden, und anderer Elemente.

In der Datei *fstream.h* befinden sich Klassendefinitionen zur Erweiterung der *iostream.h*-Methoden für die Dateiein-/ausgabe. Die Klasse *ifstream* ist von der Klasse *istream* abgeleitet. Indem man ein *ifstream*-Objekt mit einer Datei verbindet, können alle *istream*-Methoden zum Lesen der Datei eingesetzt werden. Verbindet man ein *ofstream*-Objekt mit einer Datei, können dadurch die *ostream*-Methoden zum Schreiben in eine Datei benutzt werden. Wird ein *fstream*-Objekt mit einer Datei verbunden, können sowohl die Ein- als auch die Ausgabemethoden auf die Datei angewandt werden.

Um eine Datei mit einem Strom zu verbinden, können Sie beim Initialisieren eines Stromobjektes den Dateinamen angeben oder zuerst ein Dateistromobjekt erzeugen und daraufhin mit der *open()*-Methode den Strom mit einer Datei verbinden. Die *close()*-Methode unterbricht die Verbindung zwischen einem Strom und einer Datei. Die Klassenkonstruktoren und die Methode *open()* akzeptieren ein optionales zweites Argument, das den Dateimodus beschreibt. Der Dateimodus legt zum Beispiel fest, ob eine Datei gelesen und/oder etwas in sie geschrieben werden kann, ob eine Datei durch das Öffnen zum Schreiben gekürzt wird oder nicht, ob der Versuch, eine nicht existierende Datei zu öffnen, ein Fehler ist oder nicht und ob der binäre oder der Textmodus aktiviert werden soll.

In einer Textdatei sind alle Informationen als Zeichen abgespeichert. Numerische Werte werden beispielsweise in ihre Zeichenrepräsentationen umgewandelt. Die bekannten Einfüge- und Extraktionsoperatoren unterstützen zusammen mit *get()* und *getline()* diesen Modus. In einer binären Datei liegen alle Informationen in derselben binären Form vor, wie sie der Computer intern benutzt. In binären Dateien können Daten, besonders Fließkommawerte präziser, und kompakter abgespeichert werden als in Textdateien, aber dafür können binäre Dateien nicht so leicht übertragen werden. Die Methoden *read()* und *write()* sind für die binäre Ein-/Ausgabe zuständig.

Die Funktionen *seekg()* und *seekp()* ermöglichen wahlfreien Zugriff auf Dateien. Mit diesen Klassenmethoden kann ein Dateizeiger relativ zum Anfang einer Datei, zum Ende einer Datei oder zur aktuellen Position plaziert werden. Die Methoden *tellg()* und *tellp()* melden die aktuelle Dateizeigerposition.

12.5 Übungsaufgaben

1. Was für eine Rolle spielt die Datei *iostream.h* bei der C++-Ein-/Ausgabe?

2. Warum wird bei der Eingabe einer Zahl wie *121* ein Programm benötigt, das eine Konversion durchführt?

3. Was ist der Unterschied zwischen der Standardausgabe und der Standardfehlerausgabe?

4. Warum kann *cout* verschiedene C++-Typen ausgeben, ohne daß explizite Anweisungen für jeden Typ notwendig sind?

5. Welche Eigenschaft der Definitionen der Ausgabemethoden ermöglicht die Verkettung von Ausgaben?

6. Schreiben Sie ein Programm, das nach einem Integer-Wert fragt und ihn daraufhin in dezimaler, oktaler und hexadezimaler Form ausgibt. Jede Form soll dabei in derselben Zeile in 15 Zeichen breiten Feldern erscheinen. Verwenden Sie außerdem die C++-Zahlenbasispräfixe.

7. Schreiben Sie ein Programm, das nach den unten aufgeführten Informationen fragt und das diese Informationen wie folgt formatiert:

    ```
    Geben Sie Ihren Namen ein: Billy Gruff
    Geben Sie Ihren Stundenlohn ein: 12
    Geben Sie die Anzahl der gearbeiteten Stunden ein: 7.5
    Erstes Format:
                    Billy Gruff: DM    12.00:  7.5
    Zweites Format:
    Billy Gruff               : DM 12.00    :7.5
    ```

8. Schauen Sie sich das folgende Programm an:

```
// rq12-8.cpp
#include <iostream.h>
int main(void)
{
 char ch;
 int ctl = 0;
 cin >> ch;
 while (ch != 'q')
    {
        ctl++;
        cin >> ch;
    }
 int ct2 = 0;
 cin.get(ch);
 while (ch != 'q')
    {
        ct2++;
        cin.get(ch);
    }
 cout << "ctl = " << ctl << "; ct2 = " << ct2 << "\n";
 return 0;
}
```

Was gibt dieses Programm aus, wenn folgende Eingabe vorliegt:

```
Ich sehe ein q ⌈RETURN⌉
Ich sehe ein q ⌈RETURN⌉
```

⌈RETURN⌉ bedeutet in diesem Fall, daß die Return- oder Entertaste gedrückt wurde.

9. Die beiden folgenden Anweisungen lesen und verwerfen Zeichen bis zum und einschließlich des Zeilenendes. Wie unterscheiden sie sich voneinander?

```
while (cin.get() != '\n')
  continue
cin.ignore(80, '\n');
```

10. Schreiben Sie ein Programm, das die Zeichen in der Eingabe bis zum ersten $-Zeichen zählt und das das $-Zeichen im Eingabestrom beläßt.

11. Schreiben Sie ein Programm, das Ihre Tastatureingabe (bis zu einem simulierten Dateiende) in eine Datei kopiert, die in der Kommandozeile angegeben wurde.

12. Schreiben Sie ein Programm, das eine Datei in eine andere kopiert. Das Programm soll sich die Dateinamen aus der Kommandozeile holen. Das Programm soll nicht kopieren, falls schon eine Datei mit dem angegebenen Zielnamen existiert.

Anhang **A**

Zahlenbasen

Wir schreiben Zahlen auf der Basis von Zehnerpotenzen. Nehmen wir als Beispiel die Zahl 2468. Die 2 repräsentiert 2 Tausender, die 4 repräsentiert 4 Hunderter, die 6 repräsentiert 6 Zehner und die 8 repräsentiert 8 Einer:

$$2468 = 2 * 1000 + 4 * 100 + 6 * 10 + 8 * 1$$

Ein Tausender ist 10 * 10 * 10, das kann als 10^3 oder 10 zur dritten Potenz geschrieben werden. Mit dieser Notation kann die obige Gleichung wie folgt ausgedrückt werden:

$$2468 = 2 * 10^3 + 4 * 10^2 + 6 * 10^1 + 8 * 10^0$$

Da unsere Zahlennotation auf Zehnerpotenzen basiert, bezeichnen wir diese Notation als *Dezimalnotation*. Man kann ganz leicht eine andere Zahl als Basis wählen. In C++ kann man als Zahlenbasis die *acht* (*oktal*) und die *sechzehn* (*hexadezimal*) zum Schreiben für Integerzahlen heranziehen. (Hinweis: 10^0 ist gleich 1, wie auch jede andere Zahl ungleich null zur Potenz null gleich 1 ist.)

A.1 Oktale Integer-Werte

Oktale Zahlen basieren auf der Potenz acht. Bei der oktalen Notation werden also die Ziffern 0–7 zum Schreiben von Zahlen eingesetzt. In C++ wird mit der Vorsilbe 0 die oktale Notation gekennzeichnet. 0177 ist also ein oktaler Wert. Sie können mit Achterpotenzen die äquivalenten Zehnerpotenzwerte herausfinden:

$$0177 \text{ (oktal)} = 1 * 8^2 + 7 * 8^1 + 7 * 8^0 = 1 * 64 + 7 * 8 + 7 * 1$$
$$= 127 \text{ (dezimal)}$$

Das UNIX-Betriebssystem setzt häufig die oktale Schreibweise für Werte ein. Aus diesem Grund existiert in C++ und C die oktale Notation.

A.2 Hexadezimalzahlen

Hexadezimalzahlen basieren auf Sechzehnerpotenzen. Das bedeutet die hexadezimale Zahl 10 ist dezimal 16 + 0 oder 16. Damit die Werte zwischen 10 und 15 in einer hexadezimalen Zahl repräsentiert werden können, benötigen wir einige Ziffern mehr. Bei der Standardhexadezimalnotation werden für diesen Zweck die Buchstaben a–f eingesetzt. C++ akzeptiert diese Buchstaben als Groß- und Kleinbuchstaben (siehe Tabelle A.1).

Hexadezimale Ziffer	Dezimaler Wert	Hexadezimale Ziffer	Dezimaler Wert
a oder A	10	d oder D	13
b oder B	11	e oder E	14
c oder C	12	f oder F	15

Tabelle A.1: Hexadezimale Ziffern

C++ benutzt zur Kennzeichnung der Hexadezimalnotation die Notation 0x oder 0X. 0x2B3 ist also ein hexadezimaler Wert. Um das dezimale Äquivalent herauszufinden, müssen Sie die Sechzehnerpotenzen verwenden:

```
0x2B3  (hex) = 2 * 16² + 11 * 16¹ + 3 * 16⁰ = 2 * 256 + 11 * 16 + 3
             = 691 (dezimal)
```

Bei Hardwaredokumentationen wird zur Repräsentation von Werten wie Speicherpositionen und Schnittstellenzahlen meist die Hexadezimalnotation herangezogen.

A.3 Binärzahlen

Ob Sie zum Schreiben eines Integer-Wertes die dezimale, oktale oder hexadezimale Notation heranziehen, der Computer speichert ihn immer als *binären* oder Wert zur Basis zwei ab. Bei der binären Notation werden lediglich zwei Ziffern benötigt, 0 und 1. 10011011 ist beispielsweise eine *Binärzahl*. Beachten Sie jedoch, daß es in C++ keine Möglichkeit gibt, eine Zahl in der binären Notation auszudrücken. Binäre Zahlen basieren auf Zweierpotenzen:

```
10011011 = 1 * 2⁷ + 0 * 2⁶ + 0 * 2⁵ + 1 * 2⁴ +
           1 * 2³ + 0 * 2² + 1 * 2¹ + 1 * 2⁰
         = 128    + 0      + 0      + 16     +
           8      + 0      + 2      + 0
         = 154
```

Die binäre Notation entspricht den Gegebenheiten im Speicher des Computers, wo jede individuelle Einheit, die als *Bit* bezeichnet wird, ein- oder ausgeschaltet werden kann. Der ausgeschaltete Zustand wird mit 0 gekennzeichnet und der eingeschaltete mit 1. Die Bits in einem Byte werden entsprechend der dazugehörigen Zweierpotenz numeriert. Das Bit ganz rechts ist also das Bit Nummer 0, das nächste Bit ist Bit 1 usw. In Bild A.1 zum Beispiel ist ein zwei Byte umfassender Integer-Wert dargestellt.

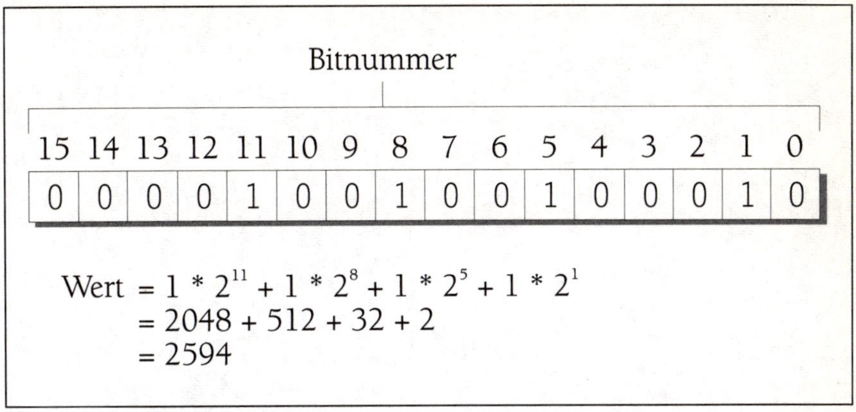

Bild A.1: Ein zwei Byte umfassender Integerwert

Anhang B

C++-Schlüsselwörter

Schlüsselwörter bilden das Vokabular einer Programmiersprache. Sie können nicht für andere Zwecke zum Beispiel als Variablennamen eingesetzt werden. In der folgenden Liste sehen Sie die C++-Schlüsselwörter. Nicht alle sind momentan implementiert. Schlüsselwörter in **Fettdruck** sind auch ANSI-C-Schlüsselwörter.

asm	**auto**	**break**	**case**	catch
char	class	**const**	**continue**	**default**
delete	**do**	**double**	**else**	**enum**
extern	**float**	**for**	friend	**goto**
if	inline	**int**	**long**	new
operator	private	protected	public	**register**
return	**short**	**signed**	**sizeof**	**static**
struct	**switch**	template	this	try
typedef	**union**	**unsigned**	virtual	**void**
volatile	**while**			

Anhang C

Der ASCII-Zeichensatz

Computer speichern Zeichen mit Hilfe eines numerischen Codes ab. In den USA und Europa wird dafür am häufigsten der ASCII-Code eingesetzt. In C++ können Sie die meisten Einzelzeichen direkt ausdrücken, indem Sie das Zeichen in einfache Anführungszeichen setzen, wie bei 'A' für das Zeichen A. Es ist auch möglich, ein Einzelzeichen mit einem Oktal- oder Hexadezimalcode anzugeben, indem man davor ein Backslashzeichen setzt. So repräsentieren '\012' und '\0xa' beide das Zeilenvorschubzeichen (Linefeed = LF). Solche *Escapesequenzen* können auch in einem String untergebracht werden, wie bei *"Hallo,\012mein Liebling"*.

Wird das »^«-Zeichen in der folgenden Tabelle als Vorsilbe benutzt, kennzeichnet es den Einsatz der Kontrolltaste.

Dezimal	Oktal	Hexadezimal	Binär	Zeichen	ASCII-Name
0	0	0	00000000	^@	NUL
1	01	0x1	00000001	^A	SOH
2	02	0x2	00000010	^B	STX
3	03	0x3	00000011	^C	ETX
4	04	0x4	00000100	^D	EOT
5	05	0x5	00000101	^E	ENQ
6	06	0x6	00000110	^F	ACK
7	07	0x7	00000111	^G	BEL
8	010	0x8	00001000	^H	BS
9	011	0x9	00001001	^I	HT
10	012	0xa	00001010	^J	LF
11	013	0xb	00001011	^K	VT
12	014	0xc	00001100	^L	FF
13	015	0xd	00001101	^M	CR
14	016	0xe	00001110	^N	SO
15	017	0xf	00001111	^O	SI
16	020	0x10	00010000	^P	DLE
17	021	0x11	00010001	^Q	DC1

Dezimal	Oktal	Hexadezimal	Binär	Zeichen	ASCII-Name
18	022	0x12	00010010	^R	DC2
19	023	0x13	00010011	^S	DC3
20	024	0x14	00010100	^T	DC4
21	025	0x15	00010101	^U	NAK
22	026	0x16	00010110	^V	SYN
23	027	0x17	00010111	^W	ETB
24	030	0x18	00011000	^X	CAN
25	031	0x19	00011001	^Y	EM
26	032	0x1a	00011010	^Z	SUB
27	033	0x1b	00011011	^esc	ESC
28	034	0x1c	00011100	^\	FS
29	035	0x1d	00011101	^]	GS
30	036	0x1e	00011110	^^	RS
31	037	0x1f	00011111	^_	US
32	040	0x20	00100000	Leerzeichen	SP
33	041	0x21	00100001	!	
34	042	0x22	00100010	"	
35	043	0x23	00100011	#	
36	044	0x24	00100100	$	
37	045	0x25	00100101	%	
38	046	0x26	00100110	&	
39	047	0x27	00100111	'	
40	050	0x28	00101000	(	
41	051	0x29	00101001	)	
42	052	0x2a	00101010	*	
43	053	0x2b	00101011	+	
44	054	0x2c	00101100	,,	
45	055	0x2d	00101101	-	
46	056	0x2e	00101110	.	
47	057	0x2f	00101111	/	
48	060	0x30	00110000	0	
49	061	0x31	00110001	1	
50	062	0x32	00110010	2	
51	063	0x33	00110011	3	
52	064	0x34	00110100	4	
53	065	0x35	00110101	5	
54	066	0x36	00110110	6	
55	067	0x37	00110111	7	
56	070	0x38	00111000	8	
57	071	0x39	00111001	9	

Dezimal	Oktal	Hexadezimal	Binär	Zeichen	ASCII-Name
58	072	0x3a	00111010	:	
59	073	0x3b	00111011	;	
60	074	0x3c	00111100	<	
61	075	0x3d	00111101	=	
62	076	0x3e	00111110	>	
63	077	0x3f	00111111	?	
64	0100	0x40	01000000	@	
65	0101	0x41	01000001	A	
66	0102	0x42	01000010	B	
67	0103	0x43	01000011	C	
68	0104	0x44	01000100	D	
69	0105	0x45	01000101	E	
70	0106	0x46	01000110	F	
71	0107	0x47	01000111	G	
72	0110	0x48	01001000	H	
73	0111	0x49	01001001	I	
74	0112	0x4a	01001010	J	
75	0113	0x4b	01001011	K	
76	0114	0x4c	01001100	L	
77	0115	0x4d	01001101	M	
78	0116	0x4e	01001110	N	
79	0117	0x4f	01001111	O	
80	0120	0x50	01010000	P	
81	0121	0x51	01010001	Q	
82	0122	0x52	01010010	R	
83	0123	0x53	01010011	S	
84	0124	0x54	01010100	T	
85	0125	0x55	01010101	U	
86	0126	0x56	01010110	V	
87	0127	0x57	01010111	W	
88	0130	0x58	01011000	X	
89	0131	0x59	01011001	Y	
90	0132	0x5a	01011010	Z	
91	0133	0x5b	01011011	[	
92	0134	0x5c	01011100	\	
93	0135	0x5d	01011101	]	
94	0136	0x5e	01011110	^	
95	0137	0x5f	01011111	_	
96	0140	0x60	01100000	`	
97	0141	0x61	01100001	a	

Dezimal	Oktal	Hexadezimal	Binär	Zeichen	ASCII-Name
98	0142	0x62	01100010	b	
99	0143	0x63	01100011	c	
100	0144	0x64	01100100	d	
101	0145	0x65	01100101	e	
102	0146	0x66	01100110	f	
103	0147	0x67	01100111	g	
104	0150	0x68	01101000	h	
105	0151	0x69	01101001	i	
106	0152	0x6a	01101010	j	
107	0153	0x6b	01101011	k	
108	0154	0x6c	01101100	l	
109	0155	0x6d	01101101	m	
110	0156	0x6e	01101110	n	
111	0157	0x6f	01101111	o	
112	0160	0x70	01110000	p	
113	0161	0x71	01110001	q	
114	0162	0x72	01110010	r	
115	0163	0x73	01110011	s	
116	0164	0x74	01110100	t	
117	0165	0x75	01110101	u	
118	0166	0x76	01110110	v	
119	0167	0x77	01110111	w	
120	0170	0x78	01111000	x	
121	0171	0x79	01111001	y	
122	0172	0x7a	01111010	z	
123	0173	0x7b	01111011	{	
124	0174	0x7c	01111100	l	
125	0175	0x7d	01111101	}	
126	0176	0x7e	01111110	~	
127	0177	0x7f	01111111	Delete	

Anhang D

Operatorrangfolge

Mit Hilfe der Operatorrangfolge wird festgelegt, in welcher Reihenfolge Operatoren auf einen Wert angewandt werden. C++-Operatoren gibt es in sechzehn Ranggruppen, die Sie der folgenden Tabelle entnehmen können. Die Operatoren in Gruppe 1 nehmen den höchsten Vorrang ein usw. Werden zwei Operatoren auf denselben Operanden (ein Operand ist ein Objekt, mit dem der Operator etwas macht) angewandt, wird der Operator, der den höheren Vorrang einnimmt, zuerst angewandt. Nehmen zwei Operatoren denselben Vorrang ein, wendet C++ Assoziativitätsregeln an, mit denen dann bestimmt wird, welcher Operator zuerst eingesetzt wird. Alle Operatoren einer Gruppe nehmen denselben Vorrang ein und besitzen dieselbe Assoziativität, entweder von links nach rechts (L–R in der Tabelle) oder von rechts nach links (R–L in der Tabelle). Eine Assoziativität von links nach rechts bedeutet, daß der linke Operator zuerst eingesetzt wird und eine Assoziativität rechts nach links hat zur Folge, daß der rechte Operator zuerst angewandt wird.

Einige Symbole wie »*« und »&« werden für mehr als einen Operator benutzt. In solchen Fällen ist der eine Operator unär (ein Operand) und die andere Form binär (zwei Operanden). Der Compiler liest aus dem Kontext heraus, welche Form gemeint ist. In der Tabelle werden die Operatorgruppen in Fällen, in denen dasselbe Symbol auf zwei Arten benutzt wird, als unär oder binär bezeichnet.

Es folgen einige Beispiele zur Rangfolge und Operatorassoziativität:

```
3 + 5 * 6
```

Der *-Operator nimmt einen höheren Vorrang ein als der +-Operator, er wird also zuerst auf die 5 angewandt. Dadurch reduziert sich der Ausdruck zunächst auf 3 + 30 und dann auf 33.

```
120 / 6 * 5
```

Die Operatoren / und * nehmen denselben Vorrang ein, aber diese Operatoren werden von links nach rechts angewandt. Das bedeutet, der Operator links vom gemeinsamen Operanden (6) wird zuerst angewandt. Der Ausdruck reduziert sich also auf 20 * 5 und dann auf 100.

```
char * str = "Whoa";
char ch = *str++;
```

Der *-Operator und der ++-Operator nehmen denselben Vorrang ein, aber sie werden von rechts nach links angewandt. Das bedeutet, daß der Inkrementoperator auf *str* und nicht auf **str* angewandt wird. Das heißt, bei dieser Operation wird der Zeiger inkrementiert, er zeigt dann auf das nächste Zeichen. Es wird also nicht das Zeichen, auf das gezeigt wird, verändert. Da ++ die Postfixform ist, wird der Zeiger erst inkrementiert, nachdem der Wert von **str ch* zugewiesen wurde. Deshalb wird mit diesem Ausdruck das Zeichen *'W' ch* zugewiesen und daraufhin der Zeiger *str* so verändert, daß er auf das Zeichen *'h'* zeigt.

Vorrang	Operator	Assoziativität	Bedeutung
1	()	L-R	Funktionsaufruf
	[]		Array-Indizierung
	->		Indirekter Elementoperator
	::		Gültigkeitsbereich-Zugriffsoperator
	.		Direkter Elementoperator
2 (alle unär)	!	R-L	Logische Negation
	~		Bitweise Negation (Komplement)
	+		Unäres Plus (Pluszeichen)
	-		Unäres Minus (Minuszeichen)
	++		Inkrementoperator, Präfix und Postfix
	--		Dekrementoperator, Präfix und Postfix
	&		Adresse
	*		Indirektion (indirekter Wert)
	sizeof		Größe in Bytes
	new		Speicher dynamisch allokieren
	delete		Dynamischen Speicher freigegeben
3 (alle binär)	*	L-R	Multiplizieren
	/		Dividieren
	%		Modulus (Rest)
4	.*	L-R	Elementdereferenz
	->*		Indirekte Elementdereferenz
5 (alle binär)	+	L-R	Addition
	-		Subtraktion
6	<<	L-R	Verschiebung nach links
	>>		Verschiebung nach rechts

Vorrang	Operator	Assoziativität	Bedeutung
7	<	L-R	kleiner als
	<=		kleiner oder gleich
	>=		größer oder gleich
	>		größer als
8	==	L-R	gleich
	!=		ungleich
9 (binär)	&	L-R	bitweise Und-Verknüpfung
10	^	L-R	Bitweise Exklusiv-Oder-Verknüpfung
11	I	L-R	Bitweise Oder-Verknüpfung
12	&&	L-R	logische Und-Verknüpfung
13	II	L-R	logische Oder-Verknüpfung
14	:?	R-L	Bedingungsoperator
15	=	R-L	einfache Zuweisung
	*=		multiplizieren und zuweisen
	/=		dividieren und zuweisen
	%=		Rest bilden und zuweisen
	+=		addieren und zuweisen
	-=		subtrahieren und zuweisen
	&=		bitweise Und-Verknüpfung und zuweisen
	^=		bitweise Exklusiv-Oder-Verknüpfung und zuweisen
	I=		bitweise Oder-Verknüpfung und zuweisen
	<<=		Verschiebung nach links und zuweisen
	>>=		Verschiebung nach rechts und zuweisen
16	,	L-R	Zwei Ausdrücke zu einem verbinden

Tabelle D.1: C++-Operatorrangfolge und Assoziativität

Anhang E

Weitere Operatoren

amit das Buch nicht zu dick gerät, wurden im Haupttext zwei Operatorengruppen nicht besprochen. Bei der ersten Gruppe handelt es sich um die bitweisen Operatoren, mit denen man die individuellen Bits eines Wertes manipulieren kann. Diese Operatoren wurden von C übernommen. Bei der zweiten Gruppe handelt es sich um die Element-Dereferenzierungs-Operatoren; sie gibt es nur in C++. In diesem Anhang finden Sie eine kurze Zusammenfassung dieser Operatoren.

E.1 Bitweise Operatoren

Die bitweisen Operatoren wirken auf die einzelnen Bits eines Integer-Wertes. Der Nach-links-Verschiebeoperator zum Beispiel verschiebt die Bits nach links und der bitweise Negationsoperator wandelt jede Eins in eine Null und jede Null in eine Eins um. Insgesamt verfügt C++ über sechs solcher Operatoren: <<, >>, ~, &, | und ^.

Die Verschiebeoperatoren

Der Nach-Links-Verschiebeoperator hat folgende Syntax:

```
wert << shift
```

wert ist der Integer-Wert, der verschoben werden muß, und *shift* ist die Anzahl der Bits, die verschoben werden müssen. *13 << 3* beispielsweise bedeutet, daß alle Bits im Wert *13* um drei Plätze nach links verschoben werden. Die leeren Stellen werden mit Nullen gefüllt und Bits, die über das Ende hinaus geschoben werden, gehen verloren (siehe Bild E.1).

Da jede Bitposition den doppelten Wert des rechts davon liegenden Bits repräsentiert (siehe Anhang A), entspricht das Verschieben um eine Bitposition der Multiplikation des Wertes mit 2. Das Verschieben um zwei Bitpositionen ist äquivalent mit der Multiplikation mit 2^2 und das Verschieben um *n* Positionen entspricht der Multiplikation um 2^n.

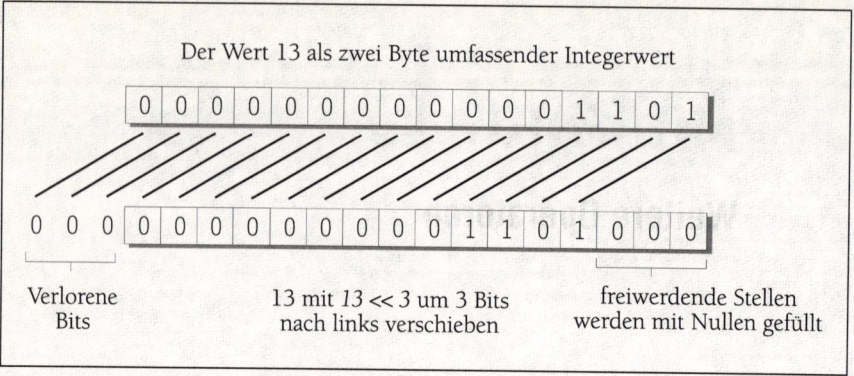

Der Wert 13 als zwei Byte umfassender Integerwert

| 0 | 0 | 0 | 0 | 0 | 0 | 0 | 0 | 0 | 0 | 0 | 0 | 1 | 1 | 0 | 1 |

| 0 | 0 | 0 | 0 | 0 | 0 | 0 | 0 | 0 | 0 | 0 | 1 | 1 | 0 | 1 | 0 | 0 | 0 |

Verlorene
Bits

13 mit *13 << 3* um 3 Bits
nach links verschieben

freiwerdende Stellen
werden mit Nullen gefüllt

Bild E.1: Der Nach-Links-Verschieben-Operator

Der Nach-Links-Verschiebeoperator verleiht C++ eine Fertigkeit, die es oft bei Assemblersprachen gibt. Ein Assembler Nach-Links-Verschiebeoperator verändert jedoch den Inhalt eines Registers direkt, während der C++-Operator nur einen neuen Wert erzeugt, ohne den existierenden Wert zu verändern. Schauen Sie sich dazu das folgende Beispiel an:

```
int x = 20;
int y = x << 3;
```

Diese Anweisungen verändern den Wert von *x* nicht. Der Ausdruck *x << 3* erzeugt unter Verwendung von *x* einen neuen Wert, genauso wie *x + 3* einen neuen Wert ohne Veränderung von *x* erzeugt.

Möchten Sie mit dem Nach-Links-Verschiebeoperator den Wert einer Variablen verändern, können Sie auch eine Zuweisung benutzen. Sie können die reguläre Zuweisung oder den <<=-Operator einsetzen, der die Verschiebung mit der Zuweisung verbindet.

```
x = x << 4;       // reguläre Zuweisung
y <<= 2;          // verschieben und zuweisen
```

Der Nach-Rechts-Verschiebeoperator (>>) verschiebt, wie Sie sich vielleicht denken können, Bits nach rechts. Er hat die folgende Syntax:

```
wert >> shift
```

wert ist dabei der Integer-Wert, der verschoben wird, und *shift* ist die Anzahl der Bits, die verschoben werden. *17 >> 2* bedeutet, daß alle Bits im Wert *17* um zwei Stellen nach rechts verschoben werden. Bei vorzeichenlosen Integern werden die leeren Stellen mit Nullen aufgefüllt und Bits, die über das Ende hinaus verschoben werden, gehen verloren. Bei vorzeichenbehafteten Integern werden leere Stellen entweder mit Nullen gefüllt oder mit dem Wert des Bits, das ursprünglich das Bit ganz links war. Was verwendet wird, hängt von der Implementation ab (siehe Bild E.2).

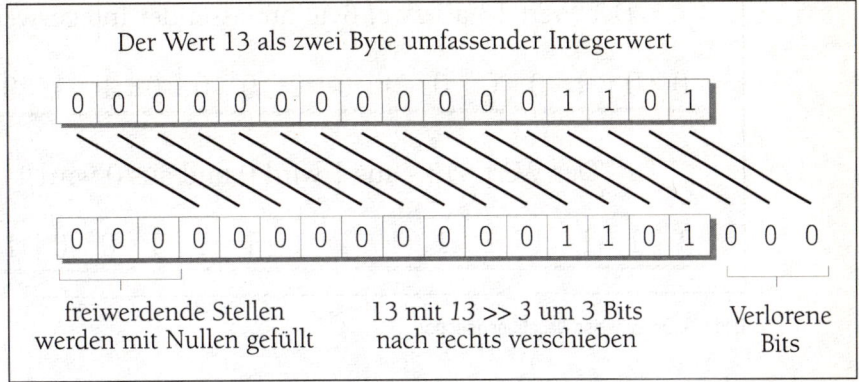

Bild E.2: Der Nach-Rechts-Verschieben-Operator

Die Verschiebung um eine Stelle nach rechts entspricht der Integerdivision mit 2. Im allgemeinen entspricht die Verschiebung um *n* Stellen nach rechts der Integerdivision mit 2^n.

C++ kennt für diese Verschiebung einen Verschieben-und-Zuweisen-Operator, mit dem man den Wert einer Variablen durch den Wert ersetzen kann, um den verschoben wurde:

```
int q = 43;
q >>= 2;          // ersetzt in q 43 durch 43 >> 2 oder 10
```

Bei einigen Systemen wird durch den Gebrauch der Nach-Links- oder Nach-Rechts-Verschiebeoperatoren eine schnellere Integermultiplikation- und -division mit zwei erzeugt als durch den Einsatz des entsprechenden Operators (* oder /). Aber je besser die Compiler Optimierungen durchführen können, desto geringer werden die Unterschiede.

Die logischen bitweisen Operatoren

Die logischen bitweisen Operatoren sind so aufgebaut wie die regulären logischen Operatoren. Sie arbeiten jedoch bitweise mit einem Wert. Denken Sie beispielsweise an den regulären Negationsoperator (!) und den bitweisen Negationsoperator (~). Der !-Operator konvertiert einen wahren Wert (ungleich Null) in falsch (Null) und einen falschen Wert (Null) in wahr (1). Der ~-Operator konvertiert jedes einzelne Bit in das Gegenteil (1 in 0 und 0 in 1). Schauen Sie sich dazu den *unsigned char*-Wert von 3 an:

```
unsigned char x = 3;
```

Der Ausdruck *!x* hat den Wert *0*. Damit man den Wert von *~x* sieht, muß er in binärer Form geschrieben werden: 00000011. Anschließend muß jede 0 in 1 und jede 1 in 0 konvertiert werden. Das ergibt den Wert 11111100 oder zur Basis zehn ausgedrückt 252 (siehe Bild E.3).

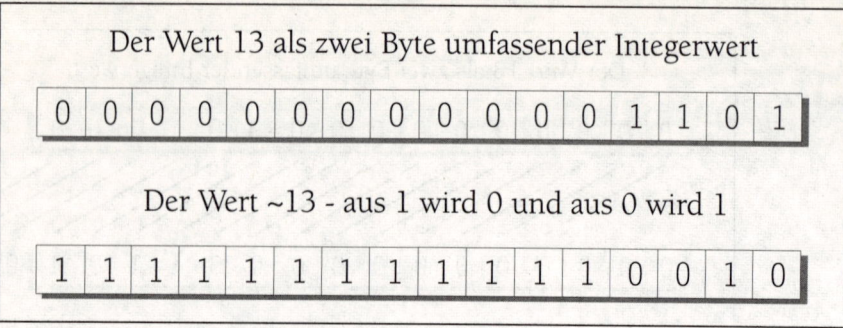

Bild E.3: Der bitweise Negationsoperator

Der bitweise Oder-Operator (|) kombiniert zwei Integer-Werte, um einen neuen Integer-Wert zu erzeugen. Jedes Bit des neuen Wertes wird auf 1 gesetzt, falls das eine oder das andere oder beide Bits des Originalwertes den Wert 1 besitzen. Sind beide entsprechenden Bits auf 0 gesetzt, wird das resultierende Bit im Ergebnis auf 0 gesetzt (siehe Bild E.4).

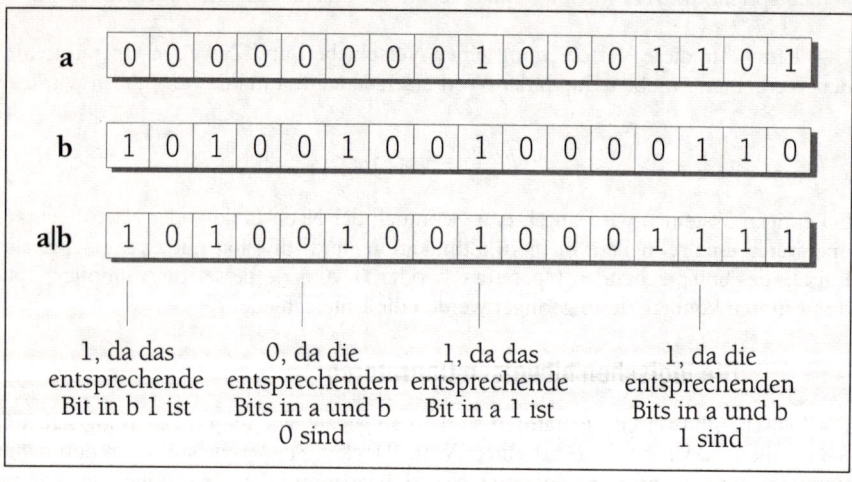

Bild E.4: Der bitweise Oder-Operator

In Tabelle E.1 sehen Sie, wie der |-Operator Bits kombiniert.

Bit-Werte	B1 = 0	B2 = 1
B1 = 0	0	1
B2 = 1	1	1

Tabelle E.1: Wert von b1 | b2

Der bitweise Exklusiv-Oder-Operator (^) kombiniert zwei Integer-Werte, um einen neuen Integer-Wert zu erzeugen. Jedes Bit im neuen Wert wird auf 1 gesetzt, falls das eine oder das andere, aber nicht beide entsprechenden Bits des Originalwertes den Wert 1 besitzen. Sind beide Bits 1 oder 0, wird das resultierende Bit im Ergebnis auf 0 gesetzt (siehe Bild E.5).

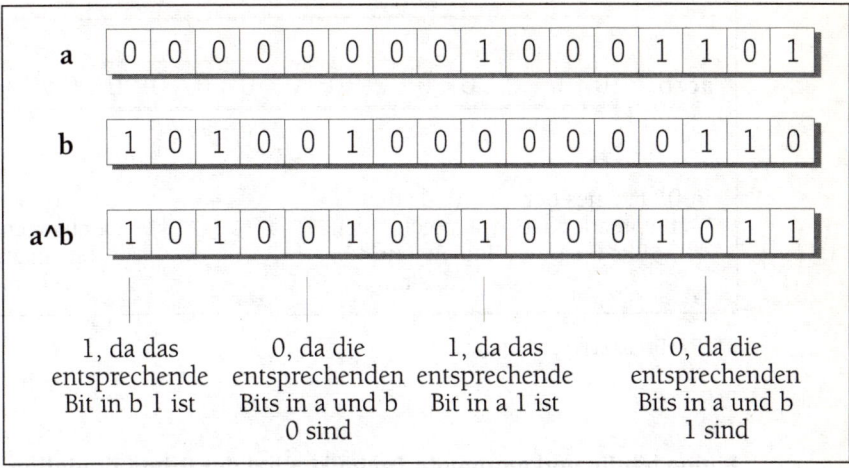

Bild E.5: Der bitweise Exklusiv-Oder-Operator

In Tabelle E.2 sehen Sie, wie der ^-Operator Bits kombiniert.

Bit-Werte	B1 = 0	B2 = 1
B1 = 0	0	1
B2 = 1	1	0

Tabelle E.1: Wert von b1 ^ b2

Der bitweise Und-Operator (&) kombiniert zwei Integer-Werte, um einen neuen Integer-Wert zu erzeugen. Jedes Bit des neuen Wertes wird nur dann auf 1 gesetzt, falls beide entsprechenden Bits des Originalwertes den Wert 1 besitzen. Besitzt eines oder besitzen beide entsprechenden Bits den Wert 0, wird das resultierende Bit im Ergebnis auf 0 gesetzt (siehe Bild E.6).

In Tabelle E.3 sehen Sie, wie der &-Operator Bits kombiniert.

Bit-Werte	B1 = 0	B2 = 1
B1 = 0	0	0
B2 = 1	0	1

Tabelle E.1: Wert von b1 & b2

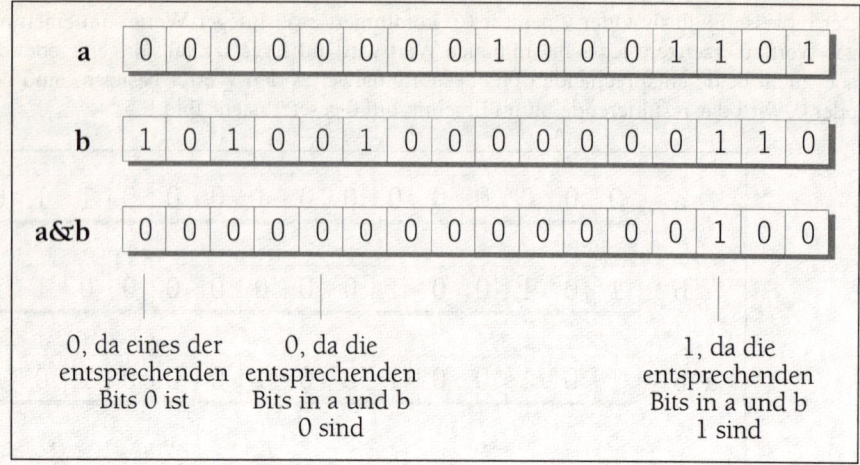

Bild E.6: Der bitweise Und-Operator

Einige häufig vorkommende Techniken bei der Bitmanipulation

Die Steuerung der Hardware macht häufig das Ein- und Ausschalten bestimmter Bits oder die Überwachung ihres Zustands erforderlich. Das alles kann mit den bitweisen Operatoren gemacht werden. Wir wollen uns die Methoden kurz anschauen.

Im folgenden repräsentiert *vielebits* einen allgemeinen Wert und *bit* einen Wert, bei dem nur ein bestimmtes Bit gesetzt ist. Bits werden von rechts nach links, beginnend bei Bit 0, numeriert, der zur Bitposition *n* gehörende Wert ist also 2^n. Ist bei einem Integer-Wert beispielsweise nur das Bit Nummer 3 auf 1 gesetzt, hat der Integer-Wert den Wert 2^3 oder 8. Allgemein kann gesagt werden, daß jedes einzelne Bit einer Zweierpotenz entspricht (siehe auch Anhang A). Der Wert von *bit* ist also eine Zweierpotenz, da nur ein bestimmtes Bit gesetzt ist und alle anderen Bits auf 0 gesetzt sind.

Ein Bit einschalten

Die folgenden Operationen aktivieren beide das Bit in *vielebits*, das dem Bit entspricht, das von *bit* repräsentiert wird:

```
vielebits = vielebits | bit;
vielebits |= bit;
```

Bei beiden Operationen wird das entsprechende Bit, unabhängig vom alten Bitwert, auf 1 gesetzt. Das liegt daran, daß eine Oder-Verknüpfung von 1 mit 0 oder 1 eine 1 ergibt. Alle anderen Bits in *vielebits* bleiben unverändert. Das liegt daran, daß eine Oder-Verknüpfung von 0 mit 0 eine 0 ergibt und eine Oder-Verknüpfung von 0 mit 1 eine 1 ergibt.

Ein Bit umschalten

Die folgenden beiden Operationen schalten das Bit in *vielebits* entsprechend dem Bit um, das von *bit* repräsentiert wird. Das heißt, sie schalten das Bit ein, falls es ausgeschaltet war, und sie schalten es aus, falls es eingeschaltet war:

```
vielebits = vielebits ^ bit;
vielebits ^= bit;
```

eine Exklusiv-Oder-Verknüpfung von 1 mit 0 ergibt 1, das heißt, ein ausgeschaltetes Bit wird eingeschaltet und die Exklusiv-Oder-Verknüpfung von 1 mit 1 ergibt 0, wodurch ein eingeschaltetes Bit ausgeschaltet wird. Alle anderen Bits in *vielebits* bleiben unverändert. Das liegt daran, daß durch die Exklusiv-Oder-Verknüpfung von 0 mit 0 eine 0 erzeugt wird und durch die Exklusiv-Oder-Verknüpfung von 0 mit 1 eine 1.

Ein Bit ausschalten

Die folgenden beiden Operationen schalten das Bit in *vielebits* entsprechend dem Bit, das von *bit* repräsentiert wird, aus:

```
vielebits = vielebits & ~bit;
vielebits &= ~bit;
```

Mit diesen Anweisungen wird das Bit unabhängig von seinem vorherigen Zustand ausgeschaltet. Zuerst erzeugt der Operator *~bit* einen Integer-Wert, bei dem alle Bits den Wert 1 besitzen, *außer* dem Bit, das ursprünglich auf 1 gesetzt war. Dieses Bit wird auf 0 gesetzt. Wird 0 mit einem beliebigen Bit Und-verknüpft, ergibt das 0 und das Bit wird ausgeschaltet. Alle anderen Bits in *vielebits* bleiben unverändert. Die Und-Verknüpfung von 1 mit einem beliebigen Bit ergibt den Wert, den das Bit vorher hatte.

Das Testen eines Bitwertes

Angenommen, Sie wollen feststellen, ob das zu *bit* gehörende Bit in *vielebits* auf 1 gesetzt ist. Der folgende Test funktioniert dann nicht unbedingt:

```
if (vielebits == bits)// Nicht gut
```

Auch wenn das entsprechende Bit in *vielebits* auf 1 gesetzt ist, kann es sein, daß andere Bits auch den Wert 1 besitzen. Die obige Gleichung stimmt nur, wenn *ausschließlich* das entsprechende Bit auf 1 gesetzt ist. Sie müssen also zuerst *vielebits* mit *bit* Und-verknüpfen. Dadurch wird in allen Bitpositionen außer der zu *bit* korrespondierenden ein Wert von 0 erzeugt, da 0 Und-verknüpft mit jedem anderen Wert 0 ergibt. Nur das zum *bit*-Wert gehörende Bit bleibt unverändert, da 1 Und-verknüpft mit jedem beliebigen Wert diesen Wert ergibt. Der richtige Test muß also wie folgt aussehen:

```
if (vielebits & bit == bits)        // Ein Bit testen
```

E.2 Element-Dereferenzierungs-Operatoren

Vor der Besprechung der Element-Dereferenzierungs-Operatoren brauchen Sie etwas Hintergrundwissen. In C++ können Sie Zeiger auf Klassenelemente definieren, aber das ist nicht einfach. Wir wollen uns dazu ein Beispiel anschauen. In Listing E.1 finden Sie eine Klassendefinition:

```
class beispiel
{
private:
    int meter;
    int zentimeter;
public:
    beispiel();
    beispiel(int ft);
    ~beispiel();
    void zeige_cm();  // zeigt das Element zentimeter an
    beispiel operator+(beispiel &ex);
};
```

Listing E.1

Angenommen, Sie möchten jetzt einen Zeiger auf das Element *zentimeter* dieser Klasse definieren. Der folgende Versuch schlägt fehl:

```
int * pi = &zentimeter;    // Ungültig in C++
```

Er schlägt fehl, da *zentimeter* nicht vom Typ *int* ist. Der Typ eines Klassenelements muß auch die Klasse aufführen, zu der das Element gehört. Damit die Deklaration gültig wird, muß die Klasse mit dem Gültigkeitsbereichsoperator dem Zeiger und dem Element vorangestellt werden:

```
int beispiel::* pi = &beispiel::zentimeter; // Gültiges C++
```

Bei dieser Deklaration ist der Ausdruck *int beispiel::** vom Typ »Zeiger auf *int*-Element der *beispiel* Klasse«. Der Ausdruck *&beispiel::zentimeter* bedeutet »die Adresse des Elements *zentimeter* der Klasse *beispiel*«.

Sie können diese Deklarationsform in Element- oder *friend*-Funktionen einsetzen. Der Zeiger *pi* fungiert als Klassenelement. Er muß daher mit einem Klassenobjekt kombiniert werden. An dieser Stelle greift der Element-Dereferenzierungs-Operator ein. Angenommen, *ex* ist ein *beispiel*-Objekt, das in einer Elementfunktion deklariert ist. Damit auf das Element *zentimeter* von *ex* zugegriffen werden kann, können Sie mit der Standardnotation *ex.zentimeter* arbeiten. Sie können jedoch genausogut den .*-Operator zusammen mit dem *pi*-Zeiger einsetzen:

```
cout << ex.zentimeter;    // Das Element zentimeter ausgeben
cout << ex.*pi;           // dito
```

Das heißt, der ».«-Operator greift mit Hilfe des Elementnamens auf ein Element zu. Der ».*«-Operator jedoch greift mit einem Zeiger auf ein Element auf das Element zu.

Angenommen, *px* ist ein Zeiger auf ein *beispiel*-Objekt. Der »->«-Operator greift dann mit dem Namen auf das *zentimeter*-Element zu. Der »->*« Element-Dereferenzierungs-Operator greift mit einem Zeiger auf ein Element auf *zentimeter* zu:

```
px = &ex;              // ex ist ein Zeiger auf ein beispiel-Objekt
cout << px->zentimeter; // Das Element zentimeter wird ausgegeben
cout << px->*pi;        // dito
```

Beachten Sie, daß *px* ein Zeiger auf ein ganzes Objekt ist, *pi* dagegen ein Zeiger auf ein Klassenelement.

Damit Sie sehen, wie diese neuen Operatoren in der Praxis funktionieren, wollen wir sie in einem Beispiel einsetzen, das die Funktion *operator+()* definiert. Diese Funktion addiert zwei Objekte. Ein Objekt ist das Argument der Funktion. Da es ein Objekt, kein Zeiger ist, können wir mit ».*« auf das Element *zentimeter* zugreifen. Das andere Objekt ist das aufrufende Objekt, das, wie Sie wissen, vom Zeiger *this* repräsentiert wird. Man kann also den ->*-Operator darauf anwenden. In Listing E.2 sehen Sie das Ergebnis:

```
beispiel beispiel::operator+(beispiel &ex)
{
    beispiel summe;

    int beispiel::*pi = &beispiel::zentimeter;
    // zeigt auf das zentimeter-Element der beispiel-Klasse
    summe.zentimeter = ex.*pi + this->*pi;
    summe.meter = 12 * summe.zentimeter;
    return summe;
}
```

Listing E.2

*ex.*pi* repräsentiert hier das Element *zentimeter* von *ex* und *this->*pi* das Element *zentimeter* des Objektes, auf das *this* zeigt. **pi* wird also wie ein Elementname verwendet.

In Listing E.3 finden Sie die restlichen Methodendefinitionen und eine *main()*-Funktion, die mit der Klasse arbeitet.

```
// ele_zgr.cpp -- Zeiger auf Klassenelemente
#include <iostream.h>

class beispiel
{
private:
    int meter;
    int zentimeter;
public:
    beispiel();
    beispiel(int ft);
    ~beispiel();
    void zeige_cm();
    beispiel operator+(beispiel &ex);
};
```

```
beispiel::beispiel()
{
    meter = 0;
    zentimeter = 0;
}
beispiel::beispiel(int ft)
{
    meter = ft;
    zentimeter = 100 * meter;
}
beispiel::~beispiel()
{
}
void beispiel::zeige_cm()
{
    cout << zentimeter << " Zentimeter\n";
}
beispiel beispiel::operator+(beispiel &ex)
{
    beispiel summe;

    int beispiel::*pi = &beispiel::zentimeter;
    // zeigt auf das zentimeter-Element der beispiel-Klasse
    summe.zentimeter = ex.*pi + this->*pi;
    summe.meter = 100 * summe.zentimeter;
    return summe;
}
int main(void)
{
    beispiel car(15);
    beispiel van(20);
    beispiel garage;
    garage = car + van;
    car.zeige_cm();
    van.zeige_cm();
    garage.zeige_cm();
    return 0;
}
```

Listing E.3: ele_zgr.cpp

Es folgt ein Beispielablauf:

```
180 Zentimeter
240 Zentimeter
420 Zentimeter
```

Anhang F

Aufzählungen

F.1 Grundlagen

Das C++-Schlüsselwort *enum* stellt eine Alternative zu *const* dar. Mit *enum* können symbolische Konstanten erzeugt werden. Sie können auch neue Typen damit definieren, aber nur eingeschränkt. Die Syntax von *enum* gleicht der Struktursyntax. Schauen Sie sich einmal die folgende Anweisung an:

```
enum spektrum {rot, orange, gelb, grün, blau, lila, braun};
```

Diese Anweisung bewirkt zwei Dinge:

- *spektrum* wird zum Namen eines neuen Typs. *spektrum* wird als *Aufzählungstyp* bezeichnet, wie eine *struct*-Variable als Struktur bezeichnet wird.
- *rot, orange, gelb* usw. werden als symbolische Konstanten für die Integer-Werte 0-6 etabliert. Diese Konstanten werden als *Aufzählungstyp-Konstanten* bezeichnet.

Standardmäßig werden Aufzählungstyp-Konstanten Werte, beginnend mit , zugewiesen. Sie können diese Standardwerte durch ausdrückliche Zuweisung von Integer-Werten überschreiben. Mehr dazu in Kürze.

Währenddessen können Sie mit dem Aufzählungstyp eine Variable mit diesem Typ deklarieren:

```
spektrum band;
```

Eine Aufzählungstyp-Variable verfügt über einige besondere Fähigkeiten, die wir jetzt untersuchen wollen.

Die einzigen gültigen Werte, die einer Aufzählungstyp-Variablen zugewiesen werden können, sind Aufzählungstyp-Konstanten, die in der Typdefinition vorkommen.

```
band = blau; // Gültig, blau ist eine Aufzählungstyp-Konstanten
band = 2000; // Ungültig, 2000 ist keine Aufzählungstyp-Konstanten
```

Eine *spektrum*-Variable kann also lediglich sieben gültige Werte annehmen.

Nur der Zuweisungsoperator ist für Aufzählungstypen definiert. Arithmetische und vergleichende Operationen sind nicht definiert:

```
band = orange;        // Gültig
++band;               // Ungültig
if (band > rot)       // Ungültig
...
```

Einige Implementationen, einschließlich Turbo C++, halten sich jedoch nicht an diese Einschränkungen. Dadurch werden Aufzählungstypen etwas nützlicher, aber die Gefahr, die Typbeschränkungen zu verletzen, steigt. Hat *band* beispielsweise den Wert *violet* oder 6, dann inkrementiert ++*band band* auf 7. Das ist nicht zulässig.

Aufzählungstypen sind Integer-Typen und können in den Typ *int* umgewandelt werden. Aber *int*-Typen werden nicht automatisch in den Aufzählungstyp umgewandelt:

```
int color = blau;     // Gültig, Typ spektrum wird in den Typ int
umgewandelt
band = 3;             // Ungültig, wird nicht in den Typ spektrum
                      // umgewandelt
if (blau > 3)         // Gültig, blau wird in den int-Typ 4
                      // umgewandelt
...
```

Obwohl 3 der Aufzählungstyp-Konstanten *grün* entspricht, wird durch Zuweisung von *3* an *band* ein Typfehler erzeugt. Wird *grün* jedoch *band* zugewiesen, ist das kein Fehler, da beide vom Typ *spektrum* sind. Einige Implementationen, darunter auch Turbo C++, halten sich nicht an diese Einschränkung.

Wie Sie sehen, sind die Regeln in bezug auf Aufzählungstypen sehr restriktiv. Aufzählungstypen werden in der Praxis auch mehr zum Definieren von verwandten symbolischen Konstanten eingesetzt als zur Definition neuer Typen. Sie können mit Aufzählungstypen zum Beispiel symbolische Konstanten für eine *switch*-Anweisung definieren. Wollen Sie nur mit den Konstanten arbeiten und keine Variablen mit dem Aufzählungstyp erzeugen, können Sie den Aufzählungstypnamen weglassen:

```
enum {rot, orange, gelb, grün, blau, lila, braun};
```

In Listing F.1 wird *enum* dazu eingesetzt, eine Reihe verwandter Konstanten zu definieren. Anschließend werden die Konstanten in einer *switch*-Anweisung benutzt.

```
// enum.cpp -- enum benutzen
#include <iostream.h>
// symbolische Konstante für 0 - 6 erzeugen
enum {rot, orange, gelb, grün, blau, lila, braun};

    int main(void)
    {
    cout << "Farbcode eingeben: ";
    int code;
```

```
        cin >> code;
        while (code >= rot && code <= braun)
        {
            switch (code)
            {
              case rot   :
                    cout << "Ihre Lippen waren rot.\n"; break;
              case orange    :
                    cout << "Ihr Haar war orange.\n"; break;
              case gelb :
                    cout << "Ihre Schuhe waren gelb.\n"; break;
              case grün :
                    cout << "Ihre Nägel waren grün.\n"; break;
              case blau :
                    cout << "Ihr Kleid war blau.\n"; break;
              case lila :
                    cout << "Ihre Augen waren purpurrot.\n"; break;
              case braun:
                    cout << "Ihre Stimmung war braun.\n"; break;
            }
            cout << "Farbcode eingeben: ";
            cin >> code;
        }
        cout << "Tschüss\n";
        return 0;
}
```

Listing F.1: enum.cpp

Es folgt eine Beispielausgabe:

```
Farbcode eingeben: 3
Ihre Nägel waren grün.
Farbcode eingeben: 5
Ihre Augen waren purpurrot.
Farbcode eingeben: 2
Ihre Schuhe waren gelb.
Farbcode eingeben: 8
Tschüss
```

F.2 Aufzählungstyp-Konstanten mit Werten versehen

Sie können Aufzählungstyp-Konstanten Werte mit dem Zuweisungsoperator explizit zuweisen:

```
enum {one = 1, two = 2, four = 4, eight = 8};
```

Bei den zugewiesenen Werten muß es sich um Integer-Werte handeln. Sie können auch nur einige der Aufzählungstyp-Konstanten explizit definieren:

```
enum {first, second = 100, third};
```

In diesem Fall ist *first* standardmäßig gleich *0*. Nachfolgend initialisierte Aufzählungstyp-Konstanten sind immer um eins größer als ihr Vorgänger. *third* hat also den Wert *101*. Es ist auch möglich, mehr als eine Aufzählungstyp-Konstante mit demselben Wert zu erzeugen:

```
enum {zero, null = 0, one, numero_uno = 1};
```

Sowohl *zero* als auch *null* sind gleich *0* und *one* und *numero_uno* sind gleich 1.

F.3 Aufzählungstypen und Klassen

Ein Aufzählungstyp, der innerhalb einer Klasse definiert wurde, befindet sich im Gültigkeitsbereich Klasse. Das heißt, Sie können den Aufzählungstyp in Klassendatenelementen und in Klassenmethoden einsetzen, aber nicht außerhalb einer Klasse. Mit dem Gültigkeitsbereich-Zugriffsoperator können Sie jedoch auf Klassenaufzählungstypen von außerhalb der Klasse zugreifen. Das haben wir zum Beispiel in Kapitel 12 beim Formatieren des Ausgabestromes gemacht. Mit *ios::left* wurde die Linkjustierung gekennzeichnet. *ios* ist dabei die Klasse und *left* eine Aufzählungstypkonstante, die in dieser Klasse definiert ist. Bei Turbo C++ werden Aufzählungstypen beispielsweise wie folgt definiert:

```
// Formatierungsflags wie sie in der Klasse ios definiert sind
// (Turbo C++)
    enum {
    skipws   = 0x0001,      // Whitespace-Zeichen in der Eingabe
                            // überspringen
    left = 0x0002,          // Ausgabe links justieren
    right    = 0x0004,      // Ausgabe rechts justieren
    internal = 0x0008,      // Hinter dem Vorzeichen und der
                            // Zahlenbasis auffüllen
    dec = 0x0010,           // Dezimalkonversion
    oct = 0x0020,           // Oktalkonversion
    hex = 0x0040,           // Hexadezimalkonversion
    showbase = 0x0080,      // Zahlenbasis anzeigen
    showpoint    = 0x0100,  // Dezimalpunkt anzeigen
                            // (Fließkommaausgabe)
    uppercase    = 0x0200,  // Hexadezimalausgabe in Großbuchstabe
    showpos = 0x0400,       // Bei positiven Integern '+'
                            // hinzufügen
    scientific= 0x0800,     // Mit der 1.2345E2 Fließkommanotation
                            // arbeiten
    fixed    = 0x1000,      // Mit der 123.45 Fließkommanotation
                            // arbeiten
    unitbuf = 0x2000,       // Alle Ströme nach einer
                            // Einfügeoperation leeren
    stdio    = 0x4000       // stdout, stderr nach einer
                            // Einfügeoperation leeren
    };
```

Hierbei definiert der Aufzählungstyp jede Aufzählungstyp-Konstante einzeln.

Anhang G

Antworten zu den Übungsaufgaben

G.1 Kapitel 2

1. Sie werden Funktionen genannt.

2. Der Inhalt der Datei *iostream.h* wird durch diese Direktive vor der endgültigen Kompilation in den Quelltext eingesetzt.

3. `cout << "Hallo Welt\n";`

4. `int kaese;`

5. `kaese = 32;`

6. `cin >> kaese;`

7. `cout << "Es gibt " << kaese << " Käsesorten\n";`

8. Die Funktion *froop()* muß mit einem Argument aufgerufen werden, das vom Typ *double* ist, und die Funktion übergibt einen Wert vom Typ *int*.

9. In einer Funktion wird *return* nicht eingesetzt, falls der Übergabewert der Funktion vom Typ *void* ist.

10.
```
#include <iostream.h>
int main(void)
{
    int ar;
    cout << "Bitte eine Fläche in Ar eingeben:\n";
    cin >> ar;
    int morgen = 25 * ar;
    cout << "Ar " << ar << " sind ";
    cout << morgen << " Morgen.\n";
    return 0;
}
```

11.
```
#include <iostream.h>
int ar2morgen(int ar);      // Prototyp angeben
int main(void)
{
    int ar;
    cout << "Bitte eine Fläche in Ar eingeben:\n";
    cin >> ar;
    int morgen = ar2morgen(ar);
    cout << "Ar " << ar << " sind ";
    cout << morgen << " Morgen.\n";
    return 0;
}

int ar2morgen(int ar), , // Definition angeben
{
    return 25 * ar;
}
```

G.2 Kapitel 3

1. Liegt mehr als ein Integer-Typ vor, können Sie den am besten für Ihre Zwecke geeigneten Typ auswählen.

2.
```
short rbis = 80;                // oder short int rbis = 80;
unsigned int q = 42110;         // oder unsigned q = 42110;
unsigned long ants = 3000000000;
```

Hinweis: Erwarten Sie nicht, daß *int* groß genug ist, den Wert 3000000000 aufzunehmen.

3. C++ kennt keine Sicherungsvorkehrung, um das Überschreiten der Integerlimits zu verhindern.

4. Die Konstante *33L* ist vom Typ *long* und die Konstante *33* vom Typ *int*.

5. Die beiden Anweisungen sind nicht wirklich äquivalent. Die erste Anweisung weist den Buchstaben *A grade* nur auf Systemen zu, die mit dem ASCII-Code arbeiten. Die zweite Anweisung funktioniert auch bei anderen Codierungsschemata. *65* ist eine Konstante vom Typ *int* und *'A'* vom Typ *char*.

6. Es folgen die drei Möglichkeiten:

```
char c = 88;
cout << c << "\n";         // Der Typ char wird als Zeichen
                           // ausgegeben
cout.put(88);              // put() gibt char- oder int-Werte als
                           // Zeichen aus
cout << char(88) << "\n";  // int-Wert wird in den Typ char
                           // umgewandelt
```

7. Die Antwort hängt davon ab, wie groß die beiden Typen sind. Umfaßt *long* vier Byte, gibt es keinen Verlust. Der größte *long*-Wert wäre ungefähr 2 Milliarden, das sind 10 Ziffern. Da *double* mindestens 15 Ziffern zur Verfügung stellt, ist keine Rundung nötig.

8.
  a. 8 * 9 + 2 ist 72 + 2 is 74
  b. 6 * 3 / 4 ist 18 / 4 is 4
  c. 3 / 4 * 6 ist 0 * 6 ist 0
  d. 6.0 * 3 / 4 ist 18.0 / 4 ist 4.4
  e. 15 % 4 ist 3

9. Die folgenden Anweisungen funktionieren beide:
```
int pos = (int) x1 + (int) x2;
int pos = int(x1) + int(x2);
```

10.
```
#include <iostream.h>
int main (void)
{
    int zentimeter;
    const int Zentprometer = 100;
    cout << "Was ist Ihre Größe in Zentimetern? ___ \b\b\b\";
    cin >> zentimeter;
    cout << "Das sind << zentimeter / Zentprometer << " Zentimeter und ";
    cout << zentimeter % Zentprometer << " Meter.\n";
    return 0;
}
```

G.3 Kapitel 4

1.
  a. `char actors[30];`
  b. `short betsie[100];`
  c. `float chuck[13];`
  d. `long double dipsea[64];`

2. `int ungerade[5] = {1, 3, 5, 7, 9};`

3. `int gerade = ungerade[0] + ungerade[4];`

4.
```
cout << ideen[1] << "\n";
```

5.
```
char lunch[13] = "cheeseburger"; // Anzahl der Zeichen + 1
```
oder
```
char lunch[] = "cheeseburger";   // Der Compiler zählt die Elemente
```

6.
```
struct fisch {
      char art[20];
      int gewicht;
      float laenge;
};
```

7.
```
fisch fisch1 =
{
    "Forelle",
    13,
    12.25
};
```

8.
```
double * pd = &ted;
cout << *pd << "\n";
```

9.
```
float * pf = treakle;                    // oder = &treakle[0]
cout << pf[0] << " " << pf[9] << "\n";
                                         // oder *pf und *(pf + 9)
```

10.
```
unsigned int groesse;
cout << "Eine positive Zahl eingeben: ";
cin >> groesse;
int * dyn = new int [groesse];
```

11. Ja, das ist gültig. Der Ausdruck *"Heim der glücklichen Byte"* ist eine String-Konstante, wird also als Adresse des Stringanfanges aufgefaßt. Das Objekt *cout* interpretiert die Adresse eines *char*, als Einladung einen String auszugeben. Aber mit der Typumwandlung (*int **) wird die Adresse in einen Zeiger auf einen *int*-Typ umgewandelt, der dann als Adresse ausgegeben wird. Kurz gesagt, gibt die Anweisung die Adresse des Strings aus.

12.
```
struct fisch
{
    char art[20];
    int gewicht;
    float laenge;
};

fisch * pole = new fisch;
cout << "Fischart eingeben: ";
cin >> pole->art;
```

G.4 Kapitel 5

1. Die erste Art von Schleifen wertet einen Testausdruck aus, bevor in den Schleifenrumpf eingetreten wird. Ist die Bedingung am Anfang falsch, führt die Schleife die Anweisungen im Rumpf nicht aus. Eine Schleife der zweiten Art wertet ihre Testbedingung nach Ausführung des Schleifenrumpfs aus. Der Schleifenrumpf wird einmal ausgeführt, auch wenn der Testausdruck am Anfang falsch ist. Die *for*- und *while*-Schleifen sind Schleifen der ersten Art, während die *do while*-Schleife eine Schleife der zweiten Art ist.

2. Folgendes wird ausgegeben:
   01234
   cout << "\n"; ist kein Teil des Schleifenrumpfs (keine geschweiften Klammern).

3. Es wird folgendes ausgegeben:
   0369
   12

4. Es wird folgendes ausgegeben:
   6
   8

5. Es wird folgendes ausgegeben:
   k = 8

6. Es ist am einfachsten, den *=-Operator einzusetzen:
   ```
   for (int num = 1; num <= 64; num *= 2)
       cout << num << " ";
   ```

7. Sie können die Anweisungen in geschweifte Klammern setzen, um eine zusammengesetzte Anweisung oder einen Block zu bilden.

8. Ja, die Anweisung ist gültig. Der Ausdruck *1,024* besteht aus zwei Ausdrücken – *1* und *024* –, die durch den Kommaoperator verbunden sind. Der Wert des Ganzen ist der Wert des rechten Ausdruckes. Dies ist in diesem Fall der oktale Wert *024* (*20* dezimal), deshalb weist die Deklaration *x* den Wert *20* zu.

9. Die *cin >> ch*-Form überspringt Leer-, Newline- und Tabulatorzeichen. Die beiden anderen Formen lesen diese Zeichen.

G.5 Kapitel 6

1. Beide Versionen bewirken dasselbe, aber die *if else*-Version ist effektiver. Was passiert, falls *ch* ein Leerzeichen ist? Version 1 testet nach der Inkrementierung von *leerzeichen*, ob das Zeichen ein Newline-Zeichen ist. Dadurch wird Zeit verschwendet, da das Programm schon weiß, daß *ch* ein Leerzeichen ist und somit also kein Newline-Zeichen sein kann. Version 2 überspringt in derselben Situation den Newlinetest.

2. ++*ch* und *ch+1* haben denselben numerischen Wert. Aber ++*ch* ist vom Typ *char* und wird als Zeichen ausgegeben. *ch+1* ist vom Typ *int*, da hierbei ein *char*-Wert und ein *int*-Wert addiert wird und wird, als Zahl ausgegeben.

3. Da das Programm *ch* = '$' anstelle von *ch* == '$' verwendet, sieht die Ausgabe wie folgt aus:

   ```
   H$a$l$l$o$!$
   $S$e$n$d$e$n$ $S$i$e$ $j$e$t$z$t$ct1 = 24, ct2 = 24
   ```

   Jedes Zeichen wird in das '$'-Zeichen umgewandelt, bevor es das zweite Mal ausgegeben wird. Der Wert des Ausdruckes *ch* = '$' ist der ASCII-Code des '$'-Zeichens, deshalb ungleich null und wahr und so wird *ct2* jedesmal inkrementiert.

4. a. gewicht >= 115 && gewicht << 125
   b. ch == 'q' || ch == 'Q'
   c. ch % 2 == 0 && ch != 26
   d. spende >= 1000 && spende <= 2000 || gast == 1
   e. (ch >= 'a' && ch <= 'z') || (ch >= 'A' && ch <= 'Z')

5. Nicht unbedingt. Ist beispielsweise *x* gleich 10, dann ist *!x* gleich 0 und *!!x* ist gleich 1.

6. (x < 0)? -x : x

7.
   ```
   switch (ch)
   {
       case 'A':a_grade++;
           break;
       case 'B':b_grade++;
           break;
       case 'C':c_grade++;
           break;
       case 'D':d_grade++;
           break;
       default : f_grade++;
           break;
   }
   ```

8. Werden Integermarken benutzt und der Anwender gibt ein Zeichen wie zum Beispiel *'q'* ein, das keinen Integer-Wert darstellt, hängt sich das Programm auf, da die Integereingabe keine Zeichen verarbeiten kann. Werden Zeichenmarken benutzt und der Anwender gibt einen Integer-Wert wie zum Beispiel *5* ein, interpretiert die Eingabe *5* als Zeichen. Der *default*-Teil von *switch* kann dann entsprechend reagieren.

9. Es folgt eine Version ohne *break* und *continue*:

```
int zeile = 0;
char ch;
while (cin.get(ch) && ch != 'Q')
{
    if (ch == '\n')
        zeile++;
}
```

10. Am einfachsten ist es, Funktionen aus *ctype.h* zu verwenden.

```
#include <iostream.h>
#include <ctype.h>

int main(void)
{
  char ch;

  while (cin.get(ch))
  {
    if (islower(ch))
       ch = toupper(ch);
    else if (isupper(ch))
       ch = tolower(ch);
    else if (isdigit(ch))
       continue;
    cout << ch;
  }
  return 0;
}
```

G.6 Kapitel 7

1. Die drei Schritte sind: Definition einer Funktion, zur Verfügung stellen eines Prototyps und Aufrufen der Funktion.

2. a. `void igor(void);`
    b. `float tofu(int n);` oder `float tofu(int);`
    c. `double mpg(double miles, double gallons);`
    d. `long summation(long harray[], int groesse);`
    e. `double doctor(char * str);`

```
f.  void ofcourse(boss dude);
g.  char * plot(map *pmap);
```

3.
```
void setze_array(int arr[], int groesse, int wert)
{
    for (int i = 0; i < groesse; i++)
        arr[i] = wert;
}
```

4.
```
double biggest(double foot[], int groesse)
{
    double max;
    if (groesse < 1)
    {
        cout << "Ungültige Array-Größe: " << groesse << "\n";
        cout << "Übergebe einen Wert von 0\n";
        return 0;
    }
    else  // Nicht notwendig, da return das Programm beendet
    {
        max = foot[0];
        for (i = 1; i < groesse; i++)
            if (foot[i] > max)
                max = foot[i];
        return max;
    }
}
```

5. Wir setzen den Modifizierer *const* zusammen mit Zeigern ein, um die Originaldaten, auf die gezeigt wird, vor Veränderungen zu schützen. Übergibt ein Programm einen fundamentalen Typ, wie einen *int*- oder einen *double*-Wert, wird der Typ anhand des Wertes übergeben. Die Funktion arbeitet also mit einer Kopie. Die Originaldaten sind also schon geschützt.

6. Ein String kann in einem *char*-Array abgespeichert werden, er kann von einer String-Konstanten in doppelten Anführungszeichen repräsentiert werden und durch einen Zeiger, der auf das erste Zeichen eines Strings zeigt.

7.
```
int ersetzen(char * str, char c1, char c2)
{
    int count = 0;
    while (*str)   // Solange das Ende eines Strings nicht erreicht wurd
    {
        if (*str == c1)
        {
            *str = c2;
            count++;
        }
```

```
        str++;        // Zum nächsten Zeichen vorrücken
    }
    return count;
}
```

8. Da C++ *"pizza"* als Adresse des ersten Elementes interpretiert, ergibt die Anwendung des *-Operators den Wert dieses ersten Elementes, bei dem es sich um das Zeichen *'p'* handelt. Da C++ *"taco"* als Adresse des ersten Elementes interpretiert, wird *"taco"[2]* als Wert des Elementes, das sich zwei Zeichen weiter hinten befindet, interpretiert, also als das Zeichen *'c'*. Mit anderen Worten, eine String-Konstante verhält sich genauso wie ein Array-Name.

9. Damit die Struktur anhand ihres Wertes übergeben werden kann, müssen Sie nur den Strukturnamen *glitz* übergeben. Zur Übergabe der Strukturadresse müssen Sie den Adreßoperator einsetzen (*&glitz*). Durch die Übergabe anhand des Wertes werden automatisch die Originaldaten geschützt. Aber es dauert sehr lange und beansprucht viel Speicher. Die Übergabe mittels Zeiger spart Zeit und Speicher, aber die Originaldaten werden nicht geschützt, falls Sie nicht den Modifizierer *const* benutzen. Bei der Übergabe anhand des Wertes können Sie außerdem mit der normalen Strukturelement-Notation arbeiten. Bei der Übergabe eines Zeigers müssen Sie den indirekten Elementoperator einsetzen.

10. a.
```
void zeige_box(box container)
{
    cout << "Hergestellt von " << container.hersteller << "\n";
    cout << "Höhe = " << container.hoehe << "\n";
    cout << "Breite = " << container.breite << "\n";
    cout << "Länge = " << container.laenge << "\n";
    cout << "Volumen = " << container.volumen << "\n";
}
```
   b.
```
void setze_volumen(box * pb)
{
    pb->volume = pb->hoehe * pb->breite * pb->laenge;
}
```

11.
```
#include <iostream.h>

int fakult(int);

int main() {
    for(int i = 0; i < 8; i++)
        cout << i << "! = " << fakult(i) << "\n";
    return 0;
}
int fakult(int n)
{
    if(n > 2)
        return(fakult(n-1) * n);
```

```
    else
       return(n != 0 ? n : 1);
}
```

G.7 Kapitel 8

1. Kurze Funktionen, die in eine Quelltextzeile passen.

2. a. `void song(char * name, int anzahl = 1);`
    b. Keine. Nur Prototypen enthalten die Vorgabewerte.
    c. Ja, vorausgesetzt, Sie geben den Vorgabewert für *anzahl* mit an:
       `void song(char * name = "Oh, mein Papa", int anzahl = 1);`

3. Sie können sowohl mit dem String "\"", als auch mit dem Zeichen '"' ein Anführungs-
    zeichen ausgeben lassen. Die folgende Funktion zeigt beide Methoden.

```
#include <iostream.h>
void anfuehrung(int n)
{
  cout << "\"" << n << "\"";
}
void anfuehrung(double x)
{
  cout << '"' << x << '"';
}
void anfuehrung(const char * str)
{
  cout << "\"" << str << "\"";
}
```

4. a. Diese Funktion sollte die Strukturelemente nicht verändern, benutzen Sie deshalb
       den Modifizierer *const*.

```
    void zeige_box(const box & container)
    {
        cout << "Gemacht von " << container. hersteller << "\n";
        cout << "Höhe = " << container.hohe << "\n";
        cout << "Breite = " << container.breite << "\n";
        cout << "Länge = " << container.laenge << "\n";
        cout << "Volume = " << container.volumen << "\n";
    }
```

    b.
```
    void setze_volumen(box & crate)
        {
            crate.volumen = crate.hoehe * crate.breite * crate.laenge;
        }
```

5. a. Verwenden Sie einen Vorgabewert für das zweite Argument:

```
double masse(double d, double v = 1.0);
```

oder die Funktionsüberladung:

```
double masse(double d, double v);
double masse(double d);
```

b. Für den Wiederholungswert können Sie keinen Vorgabewert verwenden, da Vorgabewerte von rechts nach links angegeben werden müssen. Sie können nur mit der Funktionsüberladung arbeiten:

```
void wiederhole(int anzahl, char * str);
void wiederhole(char * str);
```

c. Sie können mit der Funktionsüberladung arbeiten:

```
int mittel(int a, int b);
double mittel(double x, double y);
```

d. Das geht nicht, da beide Versionen dieselbe Signatur bekommen würden.

e. Mindestens eine Version muß in einer der Dateien als *static*-Funktion definiert werden:

```
static int mittel(int a, int b);    // Definition in Datei 1
static double mittel(int a, int b); // Definition in Datei 2
```

6. a. *homer* ist automatisch eine automatische Variable.

b. *secret* sollte in einer Datei als externe Variable definiert werden und in der zweiten Datei unter Verwendung von *extern* deklariert werden.

c. *topsecret* sollte durch Voranstellen des Schlüsselwortes *static* vor die externe Definition als statische externe Variable definiert werden.

d. *aufgerufen* sollte durch Voranstellen des Schlüsselwortes *static* vor die Deklaration als lokale statische Variable definiert werden.

7. Die Funktion sollte ein zweites Argument mit einem Vorgabewert besitzen und mit einer statischen lokalen Variablen arbeiten.

```
// Prototyp enthält den Vorgabewert
void printstr(const char * str, int mehr = 0);
// In der Definition befindet sich eine statische lokale Variable
void printstr(const char * str, int mehr)
{
    static int anzahl = 0;   // Anzahl der Funktionsaufrufe
    anzahl++;
    int wiederhole = (mehr) ? anzahl : 1;
// Wenn mehr ungleich Null ist, ist wiederhole = anzahl; ansonsten
ist wiederhole = 1
    for (int i = 0; i < wiederhole; i++)
        cout << str << "\n";
}
```

8.
```
double berechne(double x, double y, double (*pf)(double, double))
{
    return (*pf)(x, y);
}
```

G.8 Kapitel 9

1. Eine Klasse ist eine Definition eines anwenderdefinierten Typs. In einer Klassendefinition wird festgelegt, wie Daten abgespeichert werden. Außerdem werden die Methoden (Klassen-Elementfunktionen) spezifiziert, mit denen man auf diese Daten zugreifen und diese Daten manipulieren kann.

2. Eine Klasse vereint die Datenrepräsentation (Klassendatenelemente) und die Regeln zum Gebrauch der Daten (Klassenmethoden). Das wird als Kapselung bezeichnet. Datenelemente können in einer Klasse als *private* deklariert werden. Das heißt, nur Elementfunktionen können auf die Daten zugreifen, die somit vor anderen Zugriffen verborgen sind.

3. Eine Klasse definiert einen Typ und wie er eingesetzt werden kann. Ein Objekt ist eine Variable dieses Typs oder ein anderes Datenobjekt, wie zum Beispiel eines, das von *new* mit Hilfe der Klasse erzeugt wurde. Die Beziehung zwischen beiden entspricht im wesentlichen der Beziehung zwischen einem Standardtyp und einer Variablen von diesem Typ.

4. Erzeugen Sie mehrere Objekte einer bestimmten Klasse, verfügt jedes Objekt über separaten Speicher für seinen eigenen Satz von Datenelementen. Aber alle Objekte arbeiten mit denselben Elementfunktionen.

5. Hinweis: Das Programm verwendet *cin.get(char *, int)* anstelle von *cin >>*, um Namen zu lesen, da *cin.get()* ganze Zeilen und nicht nur ein Wort liest (siehe Kapitel 4).

```cpp
#include <iostream.h>
// Klassendefinition
class bankkonto
{
private:
  char name[40];
  char kontonr[25];
  double kontostand;
public:
  void setzen(void);
  void zeigen(void);
  void einzahlen(double cash);
  void auszahlen(double cash)
// Elementfunktionsdefinitionen
void bankkonto::setzen(void)
{
  cout << "Name des Kontoinhabers eingeben: ";
  cin.get(name, sizeof(name)).get();
  cout << "Kontonummer des Kontoinhabers eingeben: ";
  cin.get(kontonr, sizeof(kontonr)).get();
  cout << "Anfangskontostand eingeben: ";
  cin >> kontostand;
}
```

```
void bankkonto::zeigen(void)
{
  cout << "Kontoinhaber: " << name << "   Kontonummer: ";
  cout << kontonr << "   Kontostand: " << kontostand << "\n";
}
void bankkonto::einzahlen(double cash)
{
  kontostand += cash;
}
void bankkonto::auszahlen(double cash)
{
  kontostand -= cash;
}
// Programmtest
int main(void)
{
  bankkonto keating;
  keating.setzen();
  keating.zeigen();
  keating.einzahlen(2000.00);
  keating.zeigen();
  keating.auszahlen(20000000.00);
  keating.zeigen();
}
```

6.   Ein Klassenkonstruktor wird aufgerufen, wenn Sie ein Objekt dieser Klasse erzeugen oder wenn Sie explizit einen Konstruktor aufrufen. Der Klassendestruktor wird aufgerufen, sobald das Objekt aufhört zu existieren.

7.   Zuerst muß ein Klassenkonstruktorprototyp zur Klassendefinition hinzugefügt werden:

```
class bankkonto
{
private:
  char name[40];
  char kontonr[25];
  double kontostand;
public:
  bankkonto(char * client, char * num, double bal = 0.0);
  void setzen(void);
  void zeigen(void);
  void einzahlen(double cash);
  void auszahlen(double cash);
};
```

Dann muß die Funktionsdefinition zu den Methoden hinzugefügt werden. Beachten Sie, daß Sie *string.h* aufgrund der Verwendung von *strcpy()* einsetzen müssen.

```
bankkonto::bankkonto(char * client, char * num,  double bal)
{
    strcpy(name, client);
    strcpy(kontonr,  num);
    kontostand = bal;
}
```

Denken Sie daran, daß Vorgabewerte für Argumente im Prototyp untergebracht werden müssen, nicht in der Funktionsdefinition.

8. Ein Standardkonstruktor ist ein Konstruktor ohne Argumente oder einer, der über
    Vorgabewerte für alle Argumente verfügt. Liegt ein Standardkonstruktor vor, können
    Sie Objekte deklarieren, ohne sie zu initialisieren, auch wenn Sie schon einen Initiali-
    sierungskonstruktor definiert haben.

9. Modifizieren Sie zuerst die Klassendefinition und fügen Sie neue Datenelemente und
    eine neue private Methode hinzu, die den Schlagdurchschnitt berechnet. Hinweis:
    Der Anwender muß die Gesamtzahl der Schläge, alle Läufe über 2 Male, alle Läufe
    über drei Male und alle Homeruns (Läufe über vier Male) eingeben. Die Anzahl der
    Läufe über ein Mal kann aus diesen Daten berechnet werden. Der Anwender muß
    diesen Wert also nicht eingeben.

```
// softbl3a.h -- Headerdatei der Softballklasse
class softball
{
private:
  char vorname[15];
  char nachname[15];
  unsigned schlaege;
  unsigned treffer;
  unsigned doubles;          // neu
  unsigned triples;          // neu
  unsigned homeruns;         // neu
  float slugging;            // neu
  unsigned rbis;
  float durchs;
  float berechne_durchs(void);
  float berechne_slug(void);    // neu
public:
  softball(char * fn, char * ln, unsigned ab = 0,
     unsigned h = 0, unsigned db = 0, unsigned tri = 0,
     unsigned hr = 0, unsigned rbi = 0);
    softball(void);
  ~softball(void);
  void alles_setzen(void);
  void aktual(void);
  void zeige_stat(void);
  softball & top_quote(softball & spieler); };
```

Als nächstes muß eine Definition für *berechne_slug()* in der Methodendatei untergebracht werden. Außerdem müssen die Konstruktorfunktionen *alles_setzen()*, *aktual()* und *zeige_stat()* modifiziert werden, damit die neuen Datenelemente bearbeitet werden können. Die anderen Funktionen bleiben unverändert. Zur Berechnung der Trefferquote verwenden wir den folgenden Ausdruck:

```
int bases =  treffer + doubles + triples * 2 + homeruns * 3;
```

Auf den ersten Blick sieht das so aus, als ob ein Lauf über zwei Male (double) nur einfach statt zweifach, ein Lauf über drei Male (triple) zweifach anstelle von dreifach und ein Homerun dreifach anstelle von vierfach zählen würde. Aber der Ausdruck enthält für jeden Treffer bereits eine Wertung. Deshalb gibt der Rest des Ausdruckes die zusätzlichen Wertungen bei jeder Trefferkategorie an.

```cpp
// softbl3a.cpp -- Methoden für die softball-Klasse
#include <iostream.h>
#include <string.h>
#include "softbal3.h"
softball:: softball(char * fn, char * ln, unsigned ab = 0,
    unsigned h = 0, unsigned db = 0,unsigned tri = 0,
    unsigned hr = 0, unsigned rbi = 0)
{
  strcpy(vorname, fn);
  strcpy(nachname, ln);
  schlaege = ab;
  treffer = h;
  doubles = db;
  triples = tri;
  homeruns = hr;
  rbis = rbi;
  durchs = berechne_durchs();
  slugging = berechne_slug();
}
float softball::berechne_slug(void)
{
  if (schlaege == 0)
    return 0;
  else
  {
    int bases =  treffer + doubles + triples * 2 + homeruns * 3;
    return float(bases) / schlaege;
  }
}
void softball::alles_setzen(void)
{
  cout << "Vornamen des Spielers eingeben: ";
  cin >> vorname;
  cout << "Nachnamen des Spielers eingeben: ";
  cin >> nachname;
  cout << "Anzahl der Schläge eingeben: ";
```

```
  cin >> schlaege;
  cout << "Anzahl der Treffer eingeben: ";
  cin >> treffer;
  cout << "Anzahl der doubles eingeben: ";
  cin >> rbis;
  cout << "Anzahl der triples eingeben: ";
  cin >> rbis;
  cout << "Anzahl der homeruns eingeben: ";
  cin >> rbis;
  cout << "Anzahl der RBIs eingeben: ";
  cin >> rbis;
  durchs = berechne_durchs();
  slugging = berechne_slug();
  cout << "\n";
}
void softball::aktual(void)
{
  cout << "Statistiken eingeben für " << vorname << " ";
  cout << nachname << ":\n";
  cout << "Zusätzliche Schlaganzahl eingeben: ";
  int temp;
  cin >> temp;
  schlaege = schlaege + temp;
  cout << "Anzahl der zusätzlichen Treffer eingeben: ";
  cin >> temp;
  treffer = treffer + temp;
  cout << "Anzahl der zusätzlichen doubles eingeben: ";
  cin >> temp;
  doubles = doubles + temp;
  cout << "Anzahl der zusätzlichen triples eingeben: ";
  cin >> temp;
  triples = triples + temp;
  cout << "Anzahl der zusätzlichen Homeruns eingeben: ";
  cin >> temp;
  homeruns = homeruns + temp;
  cout << "Anzahl der zusätzlichen RBIs eingeben: ";
  cin >> temp;
  rbis = rbis + temp;
  durchs = berechne_durchs();
  slugging = berechne_slug();
  cout << "\n";
}
void softball::zeige_stat(void)
{
  cout << Spieler: " << vorname << " " << nachname << "\n";
  cout << "Schläge: " << schlaege << "   Treffer: " << treffer;
  cout << "   Doubles: " << doubles << "    Triples: ";
  cout << triples << "\nHome Runs: " << homeruns;
```

```
cout << "   RBIS: " << rbis << "\nTQ: " << mittel;
cout << durchs << "   Slugging Ave: " << slugging << "\n\n";
}
```

10.   Der *this*-Zeiger ist ein Zeiger, der für die Klassenmethoden zur Verfügung steht. Er zeigt auf das Objekt, das zum Aufrufen der Methode benutzt wurde. *this* ist also auch die Adresse des Objektes und *this repräsentiert das Objekt selbst.

G.9 Kapitel 10

1.   Eine Elementfunktion ist Teil einer Klassendefinition und wird von einem bestimmten Objekt aufgerufen. Die Elementfunktion kann ohne den Elementoperator implizit auf Elemente des aufrufenden Objektes zugreifen. Eine *friend*-Funktion ist nicht Bestandteil einer Klasse, sie wird also mit einem Funktionsaufruf aufgerufen. Eine *friend*-Funktion kann nicht implizit auf Klassenelemente zugreifen. Es muß also der Elementoperator in Verbindung mit einem Objekt, das als Argument übergeben wird, eingesetzt werden.

2.   Auf *private*-Elemente muß mit einer *friend*-Funktion zugegriffen werden. Um auf *public*-Elemente zuzugreifen, wird keine *friend*-Funktion benötigt.

3.   Es folgt ein Prototyp für die Klassendefinitionsdatei und eine Funktionsdefinition für die Methodendatei:

```
// Prototyp
diva operator*(double mult);
// Definition
diva diva::operator*(double mult)
{
  diva temp;
  temp.einkommen = einkommen * mult;
  return temp;
}
```

4.   Es folgt ein Prototyp für die Klassendefinitionsdatei und eine Funktionsdefinition für die Methodendatei:

```
// Prototyp
friend diva operator*(double mult, const diva & d);
// Definition
diva diva::operator*(double mult, const diva & d)
{
  diva temp;
  temp.einkommen = d.einkommen * mult;
  return temp;
}
```

Sie können die Funktion auch wie folgt definieren:

```
// Definition
diva diva::operator*(double mult,   const diva & d)
{
    return d * mult;
}
```

5. Die folgenden fünf Operatoren können nicht überladen werden: sizeof . .* :: ?:

6. Diese Operatoren müssen mit Hilfe einer Elementfunktion überladen werden.

7. Es folgt ein möglicher Prototyp und eine mögliche Definition:

```
// Prototyp
friend ostream & operator<<(ostream & os,   const taucher & dv);
// Definition
ostream & operator<<(ostream & os, const taucher & dv)
{
    os << "Der seriöse " << dv.vorname << " " << dv.nachname
       << " verdient.DM " << dv.einkommen << " pro Jahr\nund kann"
       << " in eine Tiefe von " << dv.max_depth
          << " Metern tauchen.\n";
    return os;
}
```

8. Es sind drei Zustände zulässig:

'i' für ganzzahlige Quentchenform (int)

'd' für Fließkomma-Quentchenform (double)

'l' für Lot und Quentchen

Das Objekt *cout* erkennt von selbst automatisch die Typen *double* und *int*. Die Ausgabefunktion muß also nicht ausdrücklich zwischen den beiden unterscheiden. Es werden im Grunde lediglich zwei Zustände benötigt. Definiert man dennoch drei, bleibt die Klasse offen für weitere Entwicklungen.

```
// lotgew.h -- Definition der lotgew-Klasse
const int Quent_pro_lot = 4;        // Quentchen pro Lot
class lotgew
{
private:
    char status;                    // Status

    int lot;                        // ganze Lot
    double rest_quent;              // restliche Quentchen
    double quentchen;               // Gesamtgewicht in Quentchen
public:
    lotgew(int qunt);               // Konstruktor für int Quentchen
    lotgew(double qunt);            // Konstruktor für double
                                    // Quentchen
    lotgew(int lt, double qunt);    // Konstruktor für Lot, Quentchen
    lotgew();                       // Standardkonstruktor
```

```
        ~lotgew();
// friend-Operator
        friend ostream & operator<<(ostream & os, lotgew & sw);
};


// lotgew.cpp -- lotgew-Klassenmethoden
#include <iostream.h>
#include "lotgew.h"
lotgew::lotgew(int qunt)
{
        lot = qunt / Quent_pro_lot;                // Integerdivision
        rest_quent = qunt % Quent_pro_lot;
        quentchen = qunt;
        status = 'i';
}
lotgew::lotgew(double qunt)
{
        lot = int (qunt) / Quent_pro_lot;           // int Division
        rest_quent = int (qunt) % Quent_pro_lot + qunt - int(qunt);
        quentchen = qunt;
        status = 'd';
}
lotgew::lotgew(int lt, double qunt)
{
        lot = lt;
        rest_quent = qunt;
        quentchen =  lt * Quent_pro_lot +qunt;
        status = 'l';
}
lotgew::lotgew()
{
        lot = quentchen = rest_quent = 0;
        status = 'l';
}
lotgew::~lotgew()
{
}
ostream & operator<<(ostream & os, lotgew & sw)
{
        if (sw.status == 'l')
            os << sw.lot << " Lot,"
               << sw.rest_quent << " Quentchen\n";
        else
            os << sw.quentchen << " Quentchen\n";
        return os;
}
```

9.   Das Element *gr* entspricht der Größe des Vektors. Die Funktion muß nur den Wert von diesem Element übergeben. Es folgt ein Prototyp und eine Funktionsdefinition:

```
operator double();          // Prototyp
vektor::operator double()   // Definition
{
return gr;
}
```

10.   Wir haben uns die Freiheit genommen, eine Funktion hinzuzufügen, von der die aktuelle Anzahl der Objekte übergeben wird. *spielerct()* ist eine *friend*-Funktion, kann also unabhängig von allen Objekten aufgerufen werden. Vergessen Sie nicht den Gültigkeitsbereichsoperator zusammen mit dem Elementnamen in dieser Funktion einzusetzen.

```
// softrq10.h -- Überarbeitete Headerdatei der softball-Klasse
class softball
{
private:
    static int anzspieler;      // Zählt die Objekte
    char * vorname;
    char * nachname;
    unsigned schlaege;
    unsigned treffer;
    unsigned rbis;
    float durchs;
    float berechne_durchs();
public:
    softball(const softball &spieler);
    softball(char * fn, char * ln, unsigned ab = 0,
        unsigned h = 0, unsigned rbi = 0);
    softball(void);
    ~softball();
    void alles_setzen();
    void aktual();
    softball& top_quote(softball& spieler);
// überladene Operatoren
    softball & operator=(softball & spieler);
// friend function
    friend ostream & operator<<(ostream & os,
        softball & spieler);
    friend int spielerct();
};
```

Im folgenden haben wir die überarbeiteten und die neuen Funktionen nur aufgelistet:

```
// softbal5.cpp -- überarbeitete Methoden der softball-Klasse
#include <iostream.h>
#include <string.h>
```

```
#include "softrq10.h"

int softball::anzspieler = 0; // Zähler initialisieren

softball:: softball(void)
{
    vorname = NULL;
    nachname = NULL;
    anzspieler++;
}

// Ein spezieller Konstruktor initialisiert ein Object mit einem
// anderen
softball:: softball(const softball & spieler)
{
    vorname = new char[strlen(spieler.vorname) + 1];
    strcpy(vorname, spieler.vorname);
    nachname = new char[strlen(spieler.nachname) + 1];
    strcpy(nachname, spieler.nachname);
    schlaege = spieler.schlaege;
    treffer = spieler.treffer;
    rbis = spieler.rbis;
    durchs = berechne_durchs();
    anzspieler++;
}

// Überarbeiteter Konstruktor allokiert Stringspeicher
softball:: softball(char * fn, char * ln, unsigned ab,
                    unsigned h, unsigned rbi)
{
    vorname = new char[strlen(fn) + 1];
    strcpy(vorname, fn);
    nachname = new char[strlen(ln) + 1];
    strcpy(nachname, ln);
    schlaege = ab;
    treffer = h;
    rbis = rbi;
    durchs = berechne_durchs();
    anzspieler++;
}

softball::~softball()
{
    cout << "Tschüss, " << vorname << "\n";
    delete vorname;
    delete nachname;
    anzspieler--;
}
```

```
int spielerct()
{
    return softball::anzspieler;   // der Gültigkeitsbereichoperator
                                   // muß eingesetzt werden
}
```

11. 1. Hört ein Objekt von diesem Typ auf zu existieren, bleiben die Daten, auf die von den Elementzeigern des Objektes gezeigt wird, im Speicher. Dadurch wird Speicher verschwendet, da der Speicher nicht mehr angesprochen werden kann. Dieses Problem kann beseitigt werden, indem der Klassendestruktor den Speicher freigibt, der von *new* in den Konstruktorfunktionen allokiert wurde.

2. Nachdem der Destruktor diesen Speicher freigegeben hat, kann es sein, daß er versucht, ihn ein zweites Mal freizugeben, falls ein Programm ein solches Objekt für die Initialisierung eines anderen Objektes eingesetzt hat. Bei der Standardinitialisierung eines Objektes mit einem anderen werden nur die Werte der Zeiger kopiert, aber nicht die Daten, auf die gezeigt wird. Dadurch zeigen zwei Zeiger auf dieselben Daten. Die Lösung besteht darin, einen Klassenkonstruktor zu definieren, der bewirkt, daß bei der Initialisation auch die Daten kopiert werden, auf die gezeigt wird.

3. Weist man ein Objekt einem anderen zu, kann es auch passieren, daß zwei Zeiger auf dieselben Daten zeigen. Die Lösung besteht darin, den Zuweisungsoperator zu überladen, damit er die Daten, nicht die Zeiger kopiert.

12. Es folgt eine mögliche Klassendefinition:

```
// strngs.h -- string-Klassendefinition
class string
{
private:
  char * str;                  // Zeiger auf einen String
  int laenge;                  // Länge des Strings
    static int anz_strings;        // Anzahl der Objekte
public:
  string(char * s);            // Konstruktor
  string();                    // Standardkonstruktor
  string(const string & so);   // Kopierkonstruktor
  ~string();                   // Destruktor
  int str_laenge();            // String-Länge übergeben
// Operatoren
  operator char*();            // In einen String umwandeln
  string & operator=(string & so);
  friend ostream & operator<<(ostream & os, string & so);
};
```

Es folgt eine mögliche Implementation:

```
// strngs.cpp -- Stringklassenmethoden
#include <iostream.h>
#include <string.h>
```

```
#include "strngs1.h"

// Initialisation des statischen Klassenelements
int string::anz_strings = 0;


// Klassenmethoden
string::string(char * s)
{
  str = new char[strlen(s) + 1];    // Speicher reservieren
  strcpy(str, s);                   // String initialisieren
     laenge = strlen(str);
  anz_strings++;                    // Den Objektzähler aktualisieren
}

string::string()
{
  str = NULL;
  laenge = strlen(str);
  anz_strings++;
}

string::string(const string & so)
{
  str = new char[so.laenge + 1];    // Speicher reservieren
  strcpy(str, so.str);              // String initialisieren
  laenge = so.laenge;
  anz_strings++;                    // Objektzähler aktualisieren
}

string::~string()
{
  delete str;                       // ist erforderlich
}

int string::str_laenge()
{
  return laenge;
}

string::operator char*()
{
  return str;
}

string & string::operator=(string & so)
{
  delete str;
```

```
  laenge = so.laenge;
  str = new char[laenge + 1];
  strcpy(str, so.str);
  return *this;
}

ostream & operator<<(ostream & os, string & so)
{
  os << so.str;
  return os;
}
```

G.10 Kapitel 11

1. Eine abgeleitete Klasse übernimmt die *public*- und *protected*-Elemente der Basisklasse.

2. Sie können immer noch den Wert eines Elementes verwenden, aber es ist nicht mehr möglich, dem Element etwas zuzuweisen:
    ```
    darray tosanjose[4];
    double n = tosanjose[2];   // OK
    tosanjose[1] = 68.8;       // Geht nicht mehr
    ```

3. Konstruktoren werden in der Reihenfolge ihrer Ableitung aufgerufen, der älteste Konstruktor also zuerst. Destruktoren werden in der umgekehrten Reihenfolge aufgerufen.

4. Ja, jede Klasse benötigt ihre eigenen Konstruktoren. Werden bei der abgeleiteten Klasse keine neuen Elemente hinzugefügt, hat der Konstruktor zwar einen leeren Rumpf, er muß jedoch existieren.

5. Nur die abgeleitete Klassenmethode wird aufgerufen. Sie überschreibt die Basisklassendefinition. Eine Basisklassenmethode wird nur aufgerufen, falls die Methode in der abgeleiteten Klasse nicht neu definiert wird.

6. Die Klasse *grenzen_dar* übernimmt die *darray*-Zuweisungsoperatorfunktion. Da die Klasse *grenzen_dar* mit derselben Datenrepräsentation arbeitet wie die Klasse *darray*, kann der *darray*-Zuweisungsoperator eingesetzt werden.

7. Ja, es ist möglich, ein Objekt einer abgeleiteten Klasse einem Objekt einer Basisklasse zuzuweisen. Alle Datenelemente, die neu für die abgeleitete Klasse sind, werden nicht an die Basisklasse übergeben. Zuweisung in der umgekehrten Richtung (Basisklasse an abgeleitete Klasse) ist nur möglich, falls in der abgeleiteten Klasse ein Konversionsoperator definiert ist, bei dem es sich um einen Konstruktor handelt, der eine Referenz auf die Basisklasse als einziges Argument hat.

8.   Eine Funktion, die ein Basisklassenobjekt als Argument hat, kann auch ein abgeleitetes Klassenobjekt als Argument annehmen, da die Übergabe anhand des Wertes äquivalent zur Initialisierung des Funktionsargumentes mit dem übergebenen Wert ist. In C++ ist es möglich, eine abgeleitete Klasse ihrer Basisklasse zuzuweisen.

9.   Das funktioniert, da es in C++ möglich ist, daß sich eine Referenz auf einen Basistyp auch auf jeden beliebigen abgeleiteten Typ der Basisklasse beziehen kann.

10.   Ist *head()* eine reguläre Funktion, dann ruft *ph ->head() corporation::head()* auf. Ist *head()* eine virtuelle Funktion, dann ruft *ph->head() department::head()* auf.

11.   Wird ein Objekt anhand der Referenz und nicht anhand des Wertes übergeben, kann die Funktion virtuelle Funktionen verwenden. Außerdem wird bei dieser Vorgehensweise Speicher und Zeit gespart, besonders bei umfangreichen Objekten. Der Hauptvorteil beim Übergeben anhand des Wertes besteht darin, daß die Originaldaten geschützt werden. Aber Sie können dasselbe erreichen, wenn Sie die Referenz als *const*-Typ übergeben.

12.   Der Konstruktor der Elementklasse wird zuerst aufgerufen.

13.   Eine Klasse, die etwas von mehreren Klassen erbt, übernimmt alle Klassendatenelemente und die Klassenmethoden ihrer Vorgänger. Eine Klasse mit Elementklassen stellt die Datenelemente und die Methoden der Elementklassen jedoch nicht öffentlich zur Verfügung.

14.   Falls zwei Vererbungslinien einer Klasse sich einen gemeinsamen Ahnen teilen, werden in der Klasse zwei Kopien der Ahnherrelemente untergebracht. Indem man aus der Vererbungsklasse eine virtuelle Basisklasse für ihre unmittelbaren Abkömmlinge macht, wird dieses Problem gelöst.

15.   Es folgt eine Beispielklassendefinition:

```
// pers_age.h -- person_alter class
#ifndef __PERS_AGE__
#define __PERS_AGE__
#include "person.h"
class person_alter: public person
{
protected:
  double alter;
public:
  person_alter();
  person_alter(char * s1, char * s2, double a = 0.0);
  person_alter(person & p, double a = 0);
  void setzen_alter(double a);
  friend ostream & operator<<(ostream & os, person_alter & p);
};
#endif
```

Es folgen die Methoden:

```
/ pers_alter.cpp -- person_alter Methoden
#include "pers_alter.h"
person_alter::person_alter()
{
  alter = 0;
}
person_alter::person_alter(char * s1, char * s2, double a)
  : person(s1, s2), alter(a)
{
}
person_alter::person_alter(person & p, double a) : person(p),
alter(a)
{
}
void person_alter::setzen_alter(double a)
{
  alter = a;
}
ostream & operator<<(ostream & os, person_alter & p)
{
  os << person(p);
  os << "; alter = " << p.alter;
  return os;
}
```

G.11 Kapitel 12

1. Die Datei *iostream.h* definiert die Klassen, Konstanten und Manipulatoren, die zur
    Verwaltung der Ein-/Ausgabe dienen. Diese Objekte verwalten die Ströme und Puffer,
    die zur Bearbeitung der Ein-/Ausgabe dienen. Die Datei erzeugt auch Standardobjekte
    (*cin*, *cout*, *cerr* und *clog*), die zur Bearbeitung der Standardein-/ausgabeströme benötigt
    werden, die in jedem Programm zur Verfügung stehen.

2. Die Tastatureingabe erzeugt eine Reihe von Zeichen. Durch die Eingabe von *121* wer-
    den drei Zeichen eingegeben, jedes wird von einem aus einem Byte bestehenden bi-
    nären Code repräsentiert. Soll der Wert als Typ *int* abgespeichert werden, müssen
    diese drei Zeichen in eine binäre Repräsentation des Wertes *121* umgewandelt wer-
    den.

3. Standardmäßig schicken sowohl die Standardausgabe als auch die Standardfehler-
    ausgabe ihre Ausgaben an das Standardausgabegerät, meistens einen Monitor. Leitet
    das Betriebssystem die Ausgabe in eine Datei um, wird die Ausgabe mit der Datei und
    nicht mit dem Bildschirm verbunden. Die Standardfehlerausgabe bleibt jedoch mit
    dem Bildschirm verbunden.

4.   Die *ostream*-Klasse definiert je eine Version der *operator<<()*-Funktion für jeden C++-Typ. Der Compiler interpretiert einen Ausdruck wie

```
cout << spot
```

wie folgt:

```
cout.operator<<(spot)
```

Es wird dabei die Methode verwandt, die den richtigen Argumententyp besitzt.

5.   Sie können die Ausgabemethoden, die den Typ *ostream &* übergeben, verketten. Dieser Übergabewerttyp hat zur Folge, daß diese Methoden das Objekt übergeben können, das sie aufrief. Das übergebene Objekt kann dann die nächste Methode einer Sequenz aufrufen.

6.
```
//rq12-6.cpp
#include <iostream.h>
#include <iomanip.h>

int main(void)
{
    cout << "Geben Sie einen Integer-Wert ein: ";
    int n;
    cin >> n;
    cout << setw(15) << "Basis 10" << setw(15)
         << "Basis 16" << setw(15) << "Basis 8" << "\n";
    cout.setf(ios::showbase);
    cout << setw(15) << n << hex << setw(15) << n
         << oct << setw(15) << n << "\n";
    return 0;
}
```

7.
```
//rq12-7.cpp
#include <iostream.h>
#include <iomanip.h>

int main(void)
{
    char name[20];
    float hourly;
    float hours;

    cout << Geben Sie Ihren Namen ein: ";
    cin.get(name, 20).get();
    cout << "Geben Sie Ihren Stundenlohn ein: ";
    cin >> hourly;
    cout << "Geben Sie die Anzahl der gearbeiteten Stunden ein: ";
    cin >> hours;
    cout.setf(ios::showpoint);
    cout << "Erstes Format:\n";
    cout << setw(30) << name << ": DM" << setprecision(2)
```

```
                    << setw(10) << hourly << ":" << setprecision(1)
                    << setw(5) << hours << "\n";
        cout << "Zweites Format:\n";
        cout.setf(ios::left, ios::adjustfield);
        cout << setw(30) << name << ": DM" << setprecision\(2)
                    << setw(10) << hourly << ":" << setprecision(1)
                    << setw(5) << hours << "\n";
        return 0;
    }
```

8.   Hier ist die Ausgabe:

ct1 = 10; ct2 = 14

Der erste Teil des Programmes ignoriert Leer- und Newline-Zeichen. Der zweite Teil nicht. Beachten Sie, daß der zweite Programmteil mit dem Lesen beim Newline-Zeichen beginnt, das auf das erste *q* folgt und er das Newline-Zeichen zu seiner Gesamtsumme hinzuzählt.

9.   Die *ignore()*-Form mißlingt, falls die Eingabezeile 80 Zeichen überschreitet. In diesem Fall werden nur die ersten 80 Zeichen übersprungen.

10.
```
//rq12-10.cpp
#include <iostream.h>

int main(void)
{
    int ct = 0;
    while (cin.peek() != '$')
    {
        ct++;
        cin.get();
    }
    cout << ct << "\n";
    return 0;
}
```

11.
```
//rq12-11.cpp
#include <fstream.h>
#include <stdlib.h>

int main(int argc,char *argv[])
{
    if (argc != 2)
    {
        cerr << "Anwendung: " << argv[0] << " dateiname\n";
        exit(1);
    }
    ofstream fout(argv[1]);
```

```
        if (fout.fail())
        {
           cerr << "So ein Pech\n";
           exit(2);
        }
        char ch;
        while (cin.get(ch))
           fout << ch;
        fout.close();
        return 0;
     }
```

12.
```
     //rq12-12.cpp
     #include <fstream.h>
     #include <stdlib.h>

     int main(int argc,char *argv[])
     {
        if (argc != 3)
        {
           cerr << "Anwendung: " << argv[0] << " quelldatei"
              << " zieldatei\n";
           exit(1);
        }
        ifstream fin(argv[1]);
        if (fin.fail())
        {
           cerr << "Kann die Quelldatei " << argv[1] << " nicht öffnen\n";
           exit(2);
        }
        ofstream fout(argv[2], ios::out | ios::noreplace);
        if (fout.fail())
        {
           cerr << "Kann die Zieldatei " << argv[2] << " nicht öffnen\n";
           exit(2);
        }
        char ch;
        while (fin.get(ch))
           fout << ch;
        fin.close();
        fout.close();
        return 0;
     }
```

Stichwortverzeichnis

Mikroprozessoren bei tewi stark

Bestell-Nr. 62164

Bestell-Nr. 62807

Bestell-Nr. 62080

Bestell-Nr. 62081

UNIX -
kein Problem

Bestell-Nr. 62157

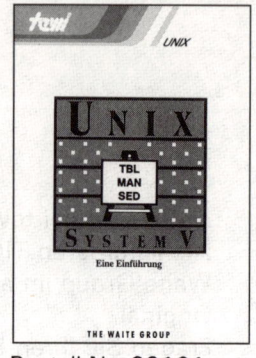

Bestell-Nr. 62101

Bestell-Nr. 62087

Bestell-Nr. 62213

Bestell-Nr. 62084

Bestell-Nr. 62086

 – die etwas bessere PC-Literatur

Programmieren mit Spaß

Bestell-Nr. 62156

Bestell-Nr. 62098

Bestell-Nr. 62077

Bestell-Nr. 62803

Bestell-Nr. 62139

Bestell-Nr. 62015

Betriebssysteme mit System

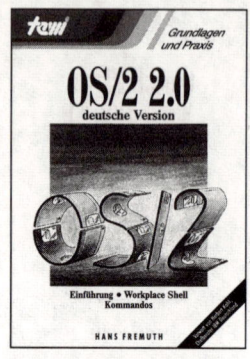
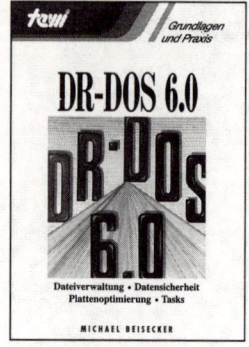